莫言心声系列

诺贝尔文学奖首位中国籍获奖者
中国艺术研究院文学院院长

对话新录

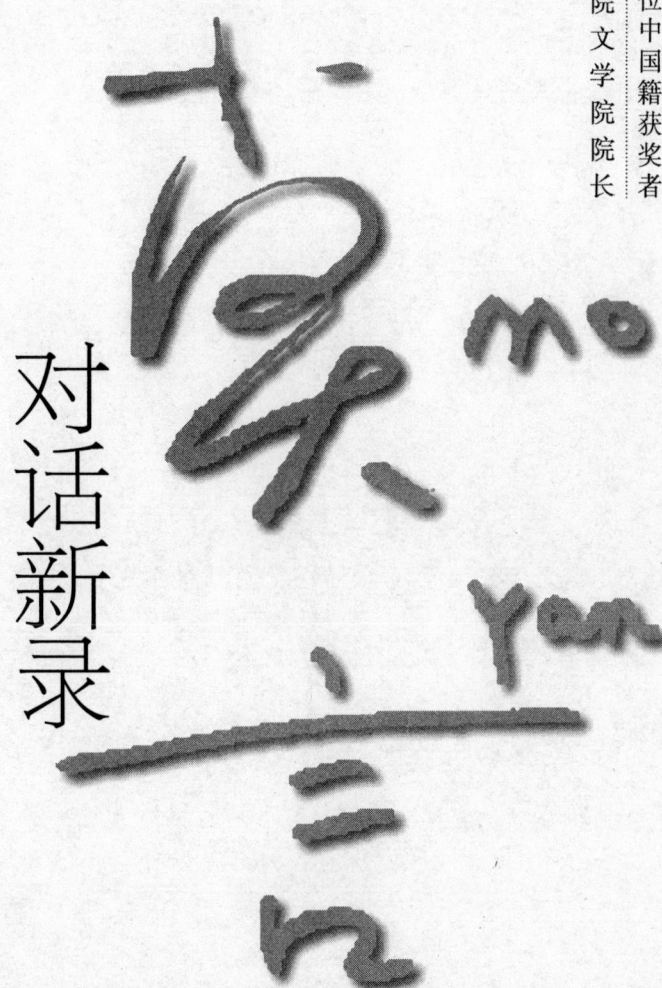

文化艺术出版社
Culture and Art Publishing House

2012年10月18日,莫言为文化艺术出版社出版的"莫言心声系列"签名

文化艺术出版社出版的"莫言心声系列"

目 录

在文学种种现象的背后 / 1
现实主义一直是文学的主流 / 176
作家进校园对作家和学生都是好事情 / 182
我写小说，小说也写我 / 185
说不尽的鲁迅 / 191
谈谈媒体与文学的关系 / 226
身体的痛苦与快乐 / 229
我想做一个谦虚的人 / 232
我的离经叛道 / 236
我对媒体有一种恐惧感 / 242
中国当代文学边缘 / 249
发明着故乡的莫言 / 258
写小说就是过大年 / 266
饥饿者的自然反应 / 279
关于男人和女人 / 284
每个人有自由选择态度与权利 / 288
不同民族要能相互理解 / 294
重建宏大叙事 / 304
茂腔大戏 / 312
追忆与青春 / 322
第一次来北海道 / 329
写作时要调动全部感受 / 337

小时候的年 / 353

莫言谈动物 / 365

谈谈战争 / 372

谈谈孤独 / 375

作家应该爱他小说里的人物 / 378

作家之间可以相互理解 / 385

先锋·民间·底层 / 390

故乡·梦幻·传说·现实 / 404

用自己的腔调说话 / 429

我认为我是必要的 / 435

小说的写作 / 440

作家需要加强技巧 / 455

童年记忆 / 458

中国作家的社会地位是很高的 / 462

耳朵的盛宴 / 468

写什么是一种命定 / 474

作为老百姓写作 / 490

在文学种种现象的背后

——2002年12月与王尧长谈

童年记忆

王尧：秋天我曾经想去北京访问您，做完这次对话，也很想到您家吃羊肉水饺——听说你请一对夫妻吃饭，那丈夫不吃水饺，那妻子不吃羊肉，但你们家却包了羊肉水饺？

莫言：很抱歉，我认为羊肉水饺是世界上最好吃的东西，怎么还会有人不吃？事实证明，后来他们都还是吃了。

王尧：转眼就是新年了，还要劳驾您到苏州来。我想，我们争取在圣诞节前做完这一对话。说是对话，主要还是想听您的高见。我知道，您不太喜欢说"思想"、"知识分子"这类词，这不要紧，我们就随便地漫谈吧，谈谈往事，谈谈天气。

莫言："思想"、"知识分子"，在这些词汇没有准确定义之前，还是不谈为妙。咱们还是"今天天气哈哈哈"吧，不过，我真怕这样的废话整理出来，既浪费纸张，又贻误读者。

王尧：也许用这样的态度，会谈出一些好玩的东西。

莫言：好，权当聊天。即便将来你整理发表，也只允许你用马粪纸印刷。

王尧：好，我们印在马粪纸上——您昨天来苏州时看我的眼光和以前不一样，等到后来您说这次发现我有点老的时候，我才知道了原因。我现在也发现自己头发白得越来越多，气色也有些苍老，似乎很难摆脱一脸的疲倦。我父亲的头发基本上白了，但在父亲身上看到人老了以后的童真。人有两次童年，一次是少年之前，一次是老年以后。我和您的第一次童年已经遥远了，只有在记忆中才是近的。冬天特别让我想到童年，那时的冬天太冷了，冷得直发抖的样子，我到现在想起来都发抖，而且是饥寒交迫。您也有这样的经验。人对童年时饥饿和寒冷的记忆是刻骨铭心的。童年生活应该说对自己的影响是非常大的，故乡的小巷子就是自己的血管，稻草就是自己的头发。童年的经历和记忆一定影响自己后来心理和精神历程的创作。

莫言：每个人都有自己的童年，但好像只有当你成了所谓的作家以后，这个童年才显得特别重要，我想这大概是一种职业性的需要，也就是说每个作家都有一个自己最初的出发点，这个出发点也就是人生的出发点。所以故乡、童年这几个概念是密切相关的，可以综合起来谈。我们现在这个年纪，似乎还没有资格来谈童年，谈故乡，仿佛一坛酒，窖藏的年头还不够，强行开封，滋味就不够醇厚。这种半自传性的谈话，应该再老一点，到八十岁了再谈比较合适。

王尧：不同的阶段有不同的立场和记忆、想法，而且童年中的一些部分其实已经被我们遗忘。

莫言：我们经常在日常生活中感觉到一个现象，就是眼前发生过的事情可能马上就忘记了，上午发生过的事情下午就记不大清了，两天以后可能忘得干干净净的了。但好多20年前，30年前，甚至是四五十年前的事情倒是记得牢牢的，这说明人到了这种状态，起码是步入中年了，甚至是老年了。

王尧：趁现在还记得牢的时候多说点，免得以后让一些学者来考证。有些事情不说，会以讹传讹。

莫言：好吧，那就厚颜无耻，自己抬举自己，先把自己幻想成一个似乎可以立传的人物，像阿Q一样。我首先要谈的，是纠正一个年龄方面的谬误。在80年代中期的时候，一直到90年代以前，需要写作家简历的时候，出生年月都是写1956年3月25日，这实际上是一个错误的日期，涉及到我个人当兵提干的一段经历。几十年前，在农村，当兵是很不容易的一件事。六七十年代正是大搞阶级斗争的时候，从理论上来讲，中农的孩子也能当兵，但事实上是不可能的，贫雇农子弟都在那排着队等候，哪里轮到你？我从1973年就开始报名应征，每年都参加体检，心心念念地想当兵，但每年都落空。一直到1976年，趁着村子里的干部带领全村人到外地去挖河，而我在县棉花加工厂当临时工，钻了个空子，偷偷报名，成为一条漏网之鱼，"混进了革命队伍"。此时我的年龄已经是21周岁，21周岁可能是当兵的最后年限了。到了部队，年龄是自己的一个压力，因为那些新兵比自己小两三岁。我一个新兵，21岁了，比班长年龄还大。一提到年龄，就觉得很羞愧。

王尧：后来就改年龄了。

莫言：1980年要提干的时候，因为超龄一岁，提不了。提干的最大年龄是24岁。我的一个很好的朋友，干部部的一个干事，常州人，这个老大哥，给我一个暗示，说，年龄嘛，也不是什么大问题，你们农村兵的年龄，很少有准确的，你们的年龄，你们的学历，都是随便填的。当然他也没说得很明确，只是暗示，我自然心领神会了。

王尧：这是一个很有意义的现象。不仅在部队，在哪个行当里都有这样的现象，我们的政策中常常有"年龄杠子"这一条，有了这一条，好多事情就会一刀切。那个时候好改，出生档案不健全。

莫言：农村孩子出生，在自家炕头上，祖母就是接生婆。你生了孩子，就到当时的人民公社，找民政助理，报上个户口，有的拖了好几年也不报户口。人民公社后来撤销，改成乡镇，变动很多，所谓档案，都是一把火烧掉了，谁帮你保留啊，不可能保留的。我就跑到乡里面，找了个朋友，开了份证明，改成1956年3月25日出生。那个人笑着说，你们这些闯外的，都回来把年龄改了。大栏村老钱家的大儿子，明明是1950年生的，一下子改成了1958年，比他弟弟都小了，你是不是也多改几岁，改成1960年怎么样？省得将来再回来改。我说，改成1956年就行了。事实上，现在那些干部们的年龄，都改小了许多，上边有政策，下边有对策。如果我走仕途，改成1960年，真会占很大便宜。我们这些人最早的档案，也就是当兵时的入伍体检表，这个就是最原始的，之前就是空白，你想怎么填就怎么填。后来经过准确查证，我的出生日期应该是1955年2月17号，那年正好是农历的羊年，正月二十五日。

王尧：当时不得已而为之，后来想想，又不安了。

莫言：后来提了干，当了作家，老觉得瞒了年龄是自己的一块心病，感觉是在欺骗世人，欺骗同志，再后来在出书时就把年龄改过来了，但身份证上还是1956年。现在要改身份证，那可就非常麻烦了。把这事回家说，他们都笑，说这算什么，老钱家的儿子，已经把出生年龄改成1960年了，最近作为青年干部被提拔成了副市长，如果照实际年龄，他都该退休了。这也不能说我品德好，如果我也在官场上混，没准儿要改到1965年出生。

王尧：母亲对孩子的出生时间是记得最清楚的。

莫言：据我母亲说，天将破晓的时候，哪个时辰也搞不清楚，鸡叫头遍。

王尧：生您的时候，你们家已经是个大家庭。

莫言：这个时候，我家庭里面有很多人，我爷爷奶奶都还健在，很年轻，也就五十几岁，我父亲母亲，我上面已经有大哥、二哥、姐姐，叔叔和婶婶与我们没分家。我婶婶已经有一个女孩，比我大四个月。

王尧：我想现在应该说到你爷爷了。你1985年前后的中短篇小说，常常喜欢用"我爷爷"这样的提法，你发表的第一篇小说《大风》就是讲"爷爷"的故事，这当然是在写小说，但生活中你爷爷肯定给你很大影响。

莫言：是的，要说到我爷爷。这个老人，现在想起来，很有性格，比较有远见，但非常固执，用我父亲的话讲，就是不会随潮流，杠子头，钻牛角尖，撞到南墙也不回头，永远是和社会对着干的。互助组时他还可以接受，邻亲百家互相帮助嘛，但初级社、高级社、人民公社，取消个人资产，集体化，他就难以接受了，心里面非常抵触。他认为一家一户，两个兄弟，都要分家，不分家就没有积极性，妯娌之间互相都计较，兄弟之间各自想着自家的小家庭，很少能够同心协力地干好一件事，一个大家庭维持很久是不可能的，亲兄弟都不行，这么一帮邻居，一帮互不相干的人合到一块干活怎么可能干好？谁会卖命地生产呢？谁能够把自己家里面最好的东西拿出来呢？但是当时社会潮流是这样啊，你如果作为一个单干户，不入社，理论上也是可以的，但你和后代的前途就给断送了。

王尧："文革"后期，我经常帮大队干点事。一次，部队来函调查一位战士的家庭情况，大概准备提干。大队领导让我回函，先是说好话，后来让我写上一句，他爷爷在入社时不太积极。

莫言：我爷爷对我父亲说，入社入社，扯淡造孽，你们入吧，我不入，坚决不入。但我父亲是一个相当开通的、追求进步的乡村知识分子。解放以前读过四年私塾，算盘打得很好。1947年共产党一过来，就给共产党做事，征粮、算账，从初级社、高级社到人民公社，一直到1984年，干了几十年会计，账目上没出一点差错，没贪污过一分钱，对共产党确实是忠心耿耿，对解放前和解放初期共产党的那些干部，提起来就赞不绝口，讲当时那些干部艰苦朴素、联系群众的作风，吃苦耐劳的精神。当然后来那些干部越变越差，他的信心也在打折扣。我父亲心里面是有入党这个梦想的，非常希望入党，共产党让他上刀山、下火海，他不会有半点迟疑。但这样的一个家庭出身，富裕中农，大伯又是地主，入党是不可能的。他小心谨慎，勤勤恳恳，白天下地劳动，账目晚上算，全县的大队会计都是脱产的，只有他不脱产，但人家还是不把他当做自己人，他确实是希望进步，希望子女入团、入党，到外面工作。在那个时候，我爷爷不入社，对我父亲造成了很大压力，但对我爷爷又不敢发火，只能好好劝说。

王尧：还有像你爷爷这样的人吗？

莫言：邻村有一个姓孟的单干户，死不入社，一直到文化大革命还不入社，其中一个，头上还留着小辫子，像满清遗老遗少。国家政策规定自愿入社，我不愿意入你不能强迫我入。单干户老孟，他的两个孩子也不上学，后来小儿子上学，在学校里备受歧视，找对象都找不到的，谁愿意嫁给单干户家？不识时务，天生一种顽固不化的形象。他们推着木轮车去推粪，生产队是马车，胶皮轱辘小车，他还用木轮车。木轮车一走就吱吱地响，听到这声音，就知道单干户来送肥了。前边小毛驴拉着，儿子后来也不帮他干了。他的老婆给赶着毛驴，他老婆是小脚，后边一个男的留着干豆角一样的小辫子，推着一辆破破烂烂的落后了几十年的木轮车，车上装着两篓子粪，往地里走，所有的人都看着，他目不斜视，老婆在前面也目不斜视，赶着小毛驴，沿着河堤往前走。

王尧：乡村里也有像王国维这样的人啊？

莫言：当时生产队非常贫困，但很热闹，队长一敲钟，所有的人都集中到一块，说说笑笑，干活就大呼隆。全队五六十号人到地头上抽烟、说故事，他们一家俩儿子就跟着爹、跟着娘在远离群众的偏僻地方，弄那么一小块土地，庄稼长得又不好，他也不用化肥，用化肥就和共产党、和人民公社沾边了。他不跟共产党、不和社会犯事，洋布、胶鞋都是人民公社的，他们家不穿。化肥、农药也是人民公社的，他拒绝使用。

王尧：他到底是一种什么样的心理来拒绝这个社会？

莫言：我不知道他到底是什么样的心理。他用原始农家肥，坚持几十年前的生活生产方式，煤油都不点，点豆油，过去都是点豆油嘛。自家织那个老土布，他们家孩子都穿老土布，当然现在都是好东西了。他很怪的，他就是对这个社会极端地抵触，家里很贫困，是贫雇农，你也不能怎么着他，出身好，要是地主早给打死了。

王尧：在我们以前的当代史里面，我们往往忽略不计这些人和事。

莫言：这种人是很值得研究的，要不他就是一个真正的很早觉悟的大智者，要不他就是一个冥顽不化的落后分子。我爷爷的个性中也有这种东西。他知道你人民公社是兔子尾巴长不了的。我爷爷在中苏友好发高烧的时候也说，"好成个什么样子，将来就会坏成个什么样子"，文化大革命的时候，还有人抖出来，说他讲"人民公社是兔子尾巴长不了"，是攻击社会主义。

王尧：我们以前的社会学者缺少这种调查。

莫言：以前很多社会学者调查一个村庄，但没有注意这样的活化石一样的个体户。

王尧：这户人家后来的命运怎么样？

莫言：他从互助组开始就不合作，自己单干。我想其实他是太迷恋土地，自家的土地，那种感觉，非同一般。后来，县里要修路，他的地正在当冲，就变成了修路的巨大障碍，县里派人做他的工作，让他让路，他就说这是我的土地，是共产党分给我的，土地改革的时候分的，地契都有，共产党还是不是那拨？如果不是那拨了，我让，如果还是那拨，就必须讲信用，说话算数，这个地就是我的，我就是死活不动。县里也拿他没有办法。正好马上就文化大革命了，文化大革命就不管这套了，把老头拉出来批斗，脖子上挂砖头，身上抹大粪，招来的苍蝇，把身体都遮没了。批斗的当天晚上老头就上吊死了，老婆也很快郁郁而死。儿子立刻就加入了人民公社，儿子感觉到真是解放了，马上融入到这个集体里去了。过去他儿子见了人，就像老鼠见了人一样的。

80年代以后，我到县里去，当时贫下中农协会那个主席，后来是宣传部长，我就提起了我们邻村这个单干户。我问，60年代时，这个县里边还有没有这样的单干户，多不多？他说，整个高密县就你们老家旁边那个陈家屋子村有这么个单干户，全县的典型，好像县里为这个还做过研究，说这是个耻辱，在这种情况下还有个单干户，要不要采取什么强制措施。县里边开常委会也没做出决定，人家也没犯什么法啊，你看那人民公社条例上规定了"入社自愿，退社自由"。为此还专门请示了省委农村工作部，省委批复说就让他单干好了，人家确实没有违反国家任何法律规定，是合法的。

王尧：虽然合法，但这个人在社会中被真正地边缘化了，排除到社会之外了。

莫言：理论上讲，他的儿子也能上学，也能参军，但实际上他是完全失去了这种可能。所有的人都知道他是很善良很耿直的人，儿子也长得很漂亮的，但没人嫁给他。等父母亲死了，他们融入集体，才找了个有残疾的女人结婚。

王尧：你说的这些事情，让我想到柳青的《创业史》。你爷爷这么固执，你父亲总得做他的工作，这是潮流啊。

莫言：后来还得说服他，不可能让他一个人在外面单干，否则我父亲就没法在外边混了。我爷爷就和我父亲讲价，我人可以，但家长不是我了，我辞去家长职务了，从今之后我什么都不管了，我也不会在人民公社里干一天活，我不干。他是当地有名的农民老把式啊，干农活是很能干、非常厉害的，无论是推,还是割,所有农村的技术活,他都干得非常好,非常出色,尤其是割麦子。割麦子实际上在农村是会友炫技,像武林中人炫耀武艺一样。

王尧:浩然《金光大道》里就有拔麦子比赛。

莫言:浩然写张金发和高大泉他们比赛拔麦子,拔麦子实际上是一种较量,技巧和体力的较量,就像比武、会友。我们那里的土质是一种黑土,不可能拔麦子,拔不出来,土壤板结得厉害,要用镰刀割麦子。用镰刀割麦子要有很高的技巧,我爷爷割麦子的技术在方圆几十里、在整个高密东北乡鼎鼎大名,很潇洒。我们那儿是洼地,到了秋天是一片汪洋,水落下去,种麦子,不可能让驴下去拉着耧,正儿八经地耩,只能人下去,用脚后跟踩上两个脚窝,前面踩窝,后面点麦种。虽然是这样粗放地播种,但到第二年,麦子还是长得特别好,因为秋天的大水使河水泛滥,就像尼罗河的河水泛滥必然带来第二年的大丰收一样。我们村后面的胶河,每年秋天泛滥,必然带来第二年小麦大丰收。胶河的水从上游带来的含有丰富肥力的黄土和沙土,退水以后,黑土上面蒙上了一层大约一公分厚的油光光的黄泥,翻到地下就能起改良土壤的作用。本来那土壤含碱的,含碱的土壤被河水一浸泡、一冲洗,就把碱给压下去了,所以第二年麦子长得是密不透风啊。当时种的时候是一墩一墩的,所以割麦子的技巧很讲究,割欻把,就是镰到手到,如果你想用手先揽住麦子再用镰刀割的话,那速度就慢了。镰刀向麦子根伸过去,手同时向麦穗脖颈处伸过去,镰刀把麦子割断的时候,手也把麦子抓住了。抓住以后,技术差的人就把割下的麦子夹到两腿之间,然后再腾出手来抓另外一把。年龄再老一点的就蹲着,一条腿支着屁股,一条腿往前移动,割下一把就放在一条腿缝里边夹着。我爷爷这种高手呢,就用手攒着,割这把麦子的时候同时把麦腰子打好,割的同时就把麦子揽起来了,割到半个麦子的时候,啪,往地下一拢,紧接着用镰刀把那个地方一绾,就是一个完整的麦个子。我们割麦子要换上最破的衣服,穿得破破烂烂的,还把袖口、裤腿扎起来,我爷爷看了就冷笑,他割麦子的时候,穿着很板的白褂子,用手挽一下袖子,人家身上根本没有灰尘的,看他割麦子真是一种享受。

王尧：《大风》写到"爷爷"割麦子，很简单，没有你现在描绘的这样传神。和你对话时，我才感受到"叙述就是一切"，和别的作家在一起没有这样强烈的感觉。

莫言：我们那个地方是洼地，麦子成熟得比较晚，当我们那儿麦子成熟的时候，上坡，就是岭地的麦子已经割完了。所以我爷爷说麦子是从西边渐渐地往东成熟。这个时候，我爷爷他们，当然这都是解放前、解放初期，以我爷爷为首的高密东北乡的割麦高手，穿着白色的纺绸褂子，拿着镰刀，背上斗笠，到上坡去，给别人打短工割麦子。有一个地主，邻居家的大地主，开着烧酒锅，青岛都有买卖的，在麦收前夕叫上我爷爷，"老二，怎么样，我们到上坡开开心去？"他们不说到上坡去割麦子打短工，而是说开心去。到了上坡，也在工夫市上蹲着啊，等人家来雇。后来人家那边也都知道了，知道了我爷爷他们这些来自高密东北乡的割麦高手，不是来挣钱，而是来开心的，于是就抢着雇佣。所以有些事情很复杂，像我家是富裕中农，我邻居家是大地主，他们也去当雇工。他们是真干，当地地主家都有好把头，领着割。如果跟不上，或者割得质量不好，是拿不到全额工钱的。有一年他们被一个寡妇家雇去，寡妇家很富，就一个儿子，继承下来很多土地。寡妇家请来一个把式，割麦子的高手，瞧不起高密东北乡来的这帮短工，口出狂言，你们这些黑土地的蝼蛄，到我们黄土地，只怕拱不动了。把头很轻狂。我爷爷他们不吱声，说，割吧割吧，是骡子是马，拉出来遛遛吧。据说那个人力大无穷，但是没有技巧，被我爷爷他们一会儿就追到了屁股后，故意不超过他，就在他后边，割一把就用麦芒子扫他的脸一次，割一把就用麦下面的根戳他屁股一下子。半晌午的时候，这个把头双手作揖，说，得罪了。让出这个位子，到了地头，背上自己的包袱就走掉了，饭都不吃。

王尧：还有比你爷爷他们厉害的吗？

莫言：我爷爷他们是真正的高手，他实际上技术已经很好了，但他说自己还不行，真正的高手都是提着画眉笼子，摇着芭蕉扇，身后跟着跟班的。镰刀的柄上镶着象牙。都是大地主，大地主也会干活？其实很多地主都是干活高手，从小劳动出来的。劳动过程当中，他们实际上也体验了很多乐趣，他出来打短工是寻开心，过瘾，在地头上吃饭也是很开心的。

王尧：这和以往小说中的叙述以及我在日常生活中形成的记忆不一样。

莫言：过去小说里面，阶级教育当中，都是说给地主家扛活，吃的是猪狗食，住的是牛马圈，而东家在一旁喝酒吃肉。实际上根本就不是这么一回事。起码不完全是这么一回事。这长工、短工，要是伺候不好的话，是不好好给你干活的。我给你把麦子多掉一点，我给你把麦子的茬子割得高一点，不就浪费掉了吗？实际上都会把家里最好的做给短工吃，自家反而舍不得吃。我们那个邻居地主家请来了雇工割麦子的时候，地主的太太、儿媳妇在家里面做最好的饭，擀饼啊、包包子啊、擀面条啊，然后炒菜啊，送到地里去，早饭和午饭没有酒，怕喝多了耽误营生。晚饭，酒随便喝，他家开着烧酒锅，酒有的是，都是好酒。有些吝啬的东家，自己舍不得吃，也要把最好的给长工和短工吃，当然我们可以说这样做是为了收买人心，让他们出大力，更多地剥削。我奶奶说，我们那邻居家，为了让长工帮着吃吃粗面，儿媳妇想了一个办法，用粗面包肉包子，长工吃着很高兴。这就是说，给长工吃粗面，长工是不高兴的，必须加上很多肉，逗引着他们吃。给那户地主家当过长工的，最后都跟那家感情很深，以至于发生了这样的怪事，1947年，他家的一个长工，回来组织了还乡团，给东家报仇。当然我们可以说这个长工是贫雇农的叛徒，但我们也不能否认，确实有像黄世仁那样的欺男霸女的恶霸地主，就像我们不能否认现在的乡镇干部和村干部中有无恶不作的坏蛋一样。

王尧：所以，千篇一律的叙述总是让人怀疑的。当所有的叙事都变成一种阶级话语时，一些现象就被遮蔽了。这种日子，可能是你爷爷苦难记忆中最美好的部分。这是70年代的另外一种忆苦思甜。这一点我感受很深，我的爷爷、奶奶从我记事开始，他们常常怀念的就是过去的日子。

莫言：我爷爷也怀念过去。尤其是70年代的时候，晚上经常给我们讲，想想那时候太阳那么毒，白日头，地都晒焦了，地上的土都烫脚，麦田是一片金黄，麦子眼看就要断穗了，晒得上面麦秆要焦了，一动，麦粒就啪啪地落下来。满鼻子都是麦子的焦香。劳动间隙坐在地头上休息,天上全是鸟在叫,周围野草野花开得茂盛,蜜蜂飞来飞去,财主家的小伙计把饭挑来了。饭里边最怀念的,就是单饼卷鸡蛋,卷大葱,后来我在《红高粱家族》里边写过单饼卷鸡蛋,然后就是猪头肉、蒜泥拌黄瓜。五月份,黄瓜刚下来,顶花带刺的小黄瓜,红烧猪头肉,加上大蒜、酱油一拌,那滋味,嗨,我爷爷说得我不断地咽口水。我们兄弟几个,特别喜欢听我爷爷这样的老人,讲述他们过去吃过的好东西,精神会餐。我奶奶就反对,说别说了,再说他们就更馋了。

王尧: 现在山东一带还有这个菜,黄瓜拌猪头肉?

莫言: 现在还有,但现在感觉没有那么好吃了。

王尧: 吃东西就是这样,总觉得困难时期的饭菜特别香,这不是味觉,是一种心理感觉,还有一种莫名的东西在心头。

莫言: 劳动一上午,送饭到地头上,喝上一碗绿豆汤,黄瓜拌烧肉,单饼卷鸡蛋,真是吃得开心,被他一描述,我们就馋得流口水。吃饱了往地上一躺,迷糊一袋烟工夫,头枕着麦个子。也是一种幸福吧。六七十年代生活那么困难,就是红薯干、高粱面、窝窝头。我爷爷就怀念当年干活的时候,也是通过这些事情,让我意识到,第一,劳动本身是充满乐趣的;第二,农民也有自己的敬业精神,他干不好活,是很耻辱的,割一手好麦子,刨一手好地,他自己也很骄傲,而且也能赢得周围老百姓的尊重,瞧人家干活像模像样的,干什么是什么。

王尧: 你说的是一种"劳动美学"。

莫言: 这种劳动模范,在农村是很受尊重的。我从小就笨,干活拖泥带水,纠缠不清,是个劣等的农民。而那些有天才的孩子,根本不用学,看一眼,就会了。我是把着手都教不会的主儿。我爷爷也批评我说,你这个样子,要是放在过去,别说挣工钱了,谁给你工钱啊?自己背着干粮,白给人干也没人雇。我想一个好农民,也是天生的,学也不行,只有一身蛮力气,没有技巧,心不灵手不巧,做个好农民都不够格。我爷爷除了农活做得好,还是一个非常好的木匠。人民公社以后,他发誓不给生产队干活了。生产队的那些人,队长啊、村长啊，动员他，有喊他二爷的，有叫他二叔的，因为他排行第二嘛，你能不能来带带那些年轻的，不用你干，就给他们指点指点。他说，不行，我不干。你能不能露两手看看？不行，坚决不干。农村都有自留地的，自留地的活我爷爷还干，在自留地割麦子，好多人来看，他的割麦子成了表演，很潇洒，他也很得意。他的镰刀磨得好，看不到手和麦子是怎么接触的，真是一柄大镰四面挥，眼前高麦立纷披。后面一穗都不掉的，麦茬子贴着地皮。低手割麦，那是滴滴落落的，像羊拉屎，掉得满地都是麦子，后面还要人捡麦穗。他后面是干干净净的，真是好。麦个子放在地上，两头膨大，中间紧束。麦穗子齐齐的，真是好看。自留地里那点活根本不够干，我们那里有些无主的荒地，他就去开小荒，但很快就被制止了。宁愿荒着长草，也不能让个人开。只好耍木匠手艺，当时做木工活也是违法的呀，而且也没有木材，1958年大跃进的时候全给糟蹋光了。我记得我爷爷就是收购一些破家具，破门、破窗，烂得不行了，或者一块木头头、木板，他都捡回来，捡回来他就因材施艺，什么样的材料他就给你搞出一个精致的小家具来，一块弯弯的木头他可以给你做出一个小凳子来。

王尧：后来你写过一篇小说《枣木凳子摩托车》，说凳子不是用来坐的，而是用来枕头的。

莫言：是的。我们家有一棵老枣树，我爷爷用它做了几十个小凳子，小凳子就是那种窄窄的、翘翘的，元宝形状的。我爷爷他一辈子不枕枕头的，他枕着小板凳睡觉，他的小板凳最后被他的脑袋磨得油光光的，像鸡血石一样，红色的，油光光的，枕着睡觉，冬天夏天都是。夏天他在树下边铺上一个蓑衣，枕着一个小板凳；冬天他也不枕枕头，一辈子枕个小板凳睡觉，他的脑袋后边坚硬无比。有什么东西他都给你做得很好的，真是没有他不会的，我记得有一年，我叔叔家的儿子捉了一只小鸟，是只云雀，那时我爷爷年纪也大了，我叔叔家的小男孩也是最小的一个，要爷爷做个鸟笼子，我爷爷说鸟笼子没做过啊，它怎么做啊。他就天天跟在他后边，要做个鸟笼子。我爷爷说，好，我给你做个鸟笼子。他就下面用木头串起来，上面是渔网形状的，他会结渔网,他就用结渔网的方式,上面蒙上一个网,给他做了一个很漂亮的鸟笼子。我记得只有一件事难住过他,农村有一种马扎子,用皮条穿来穿去,可以折叠起来,但上面是用生牛皮穿起来的,他有一次不会穿,请教我们村中一个心非常灵、手非常巧的木匠,这个东西怎么穿啊,我一辈子没请教过别人什么东西,一看就能看明白,可现在年纪大了兀弄不出来了。那个人说,这个很简单,比划两下子,他就悟开了,回家就会了,他一辈子大概只请教过这么一次人。

王尧:在农村是有像你爷爷这样的奇人。未必读过书,甚至不识字,但晓得天文地理。智慧,特别是生存的智慧有时在文字之外,人类文明有另外的承传方式。知识分子为什么会自大,就是因为他的视野总是在文字之中,在字里行间。

莫言:他不识字。当年我大爷爷是开中药铺的呀,他和我大爷爷没分家,我大爷爷、我爷爷、我三爷爷,我老爷爷死后,当然是我大爷爷当家。我大爷爷这个人也很传奇,四十多岁才开始学中医,很晚了,没有时间,在地头休息的时候,拿出书来,背一段,几年后就出道,成了一个很不错的中医。我爷爷没事,就帮他抓药去,相当于司药的,什么当归、川芎、地黄、麻黄、桂枝这些东西,他不识字,所以药橱的字他也没法对,完全靠记忆。我大爷爷说桂枝就是这种东西,在这个格子里;麻黄是这种东西,在那个格子里。几天后,他就可以给人抓药了。我大爷爷开药方,桂枝三钱、麻黄三钱、甘草一撮,他就会抓了。后来他闭着眼睛,一闻这是桂枝,一闻这是当归,一闻这是白芷,一闻这是茯苓。闭着眼睛,靠鼻子的嗅觉,能把药找到,确实有悟性。后来我和我父亲也议论过,如果我爷爷认识字的话,会是什么样子?认识字的话,可能没这么灵了,他说。

王尧:这样的人常常是很倔强的。

莫言:我爷爷性格非常耿直,而且决不向任何人屈服。他自己亲口给我们讲过,年轻的时候和一个叫马文斗的人打架的事。马文斗是高密东北乡的大力士,没人能打过他的,大个子,可能是一米八多吧,而且会点三脚猫的武术，到处欺负人，而且还有点流氓。我爷爷说，马文斗有一次遇到一个漂亮女人，就把自己的烟袋和烟锅往树上一扔，烟袋烟锅挂在树杈上，他就说：大嫂，青枝绿枝，钩之挂之。他是在调戏那个妇女，但那女人是肚子里有黄的，随口应道：我看你是文之武之，一肚子鳖脂！就是这个马文斗，有一次因为什么和我爷爷吵起来了，然后就和我爷爷动手打，他一手抓住我爷爷的脖子，一手抓住我爷爷的腿，往外一抡。我爷爷说，他往外一抡，我借着一个劲就回去了，对准他的鼻梁就是一拳，把他打得倒退了三五步，鼻孔蹿血，仰面朝天跌到水沟里去了。

王尧：我特别有兴趣的是你爷爷当时对形势和社会发展的判断，你前面也谈到了。他没有什么理论，也没有我们通常所说的立场和方法，但能够说出比知识分子高明和有远见的话。当然可以说世事练达就是学问。这值得我们思考。毛主席曾说"卑贱者最聪明，高贵者最愚蠢"，两分法，说得比较极端，但是，现在的历史叙述常常疏忽"卑贱者"的想法。

莫言：50年代，中苏友好热火朝天的时候，他就发表反动言论。中苏友好的时候，每个人好像都是中苏友好协会的会员，我爷爷说我不当这个，你别填我的名字，我不参加你们这个协会。他说：根据我的经验，两个国家和两个人一样，好到什么程度，就会坏到什么程度，酒肉的朋友不长久，中国和苏联现在是酒肉朋友，靠财物的交换，将来必有一天会翻脸，翻脸肯定要打仗，兔子尾巴长不了。他还说人民公社兔子尾巴长不了。后来这些事情一一都应验了。他是1978年去世，我当兵的第三年。中苏交恶、珍宝岛事件他都经历了。他去世时，人民公社已经是日薄西山，没人正经干活了。

王尧：过去我们常说"朴素的阶级感情"，换一个说法，朴素的人生经验是值得珍惜的。

莫言：他就是农民这种直感，可以很准确地把很多事物的本质把握住。他完全不懂那么多的理论，他就用一般的人生经验，就知道什么事情是可以行得通的，什么事情是行不通的。评论人民公社时，他最有说服力的就是：亲兄弟如果不分家，这个家庭也是没有创造力、没有积极性的。每人都有私心，亲兄弟也不行，结婚以后，弟兄们各自都存着私心，都想攒自家的私房钱，妯娌之间更难团结。何况是张、王、李、杜，百家姓的人捏到一块去，怎么可能心往一处想，劲往一处使？绝对不可能的。

王尧：我想这和你爷爷的人生遭际也有关系，人生遭际是大课堂。

莫言：我老爷爷去世以后，他跟我大爷爷、三爷爷一块生活了很多年，固然没有分家，可个人都存着私心。当时我大爷爷开个药房，我爷爷开个木匠铺，三爷爷是小弟，游手好闲，天天拿着枪打鸟，和游击队混在一块喝酒。我奶奶当时也是很有心计的，药铺里收的铜钱都放到一个竹筒里面，竹筒上面钻一条缝隙，只能放一个铜板。药铺白天营业一天，来看病的、抓药的，收了钱就投到竹筒里。我奶奶伸进一根麦秆草量一量，就知道竹筒里面已经存了多少铜钱了。等第二天早上，药铺开门了，我奶奶偷偷地去量，发现铜钱下去一大截，说明夜里被我大爷爷倒出来，拿走了，出去喝酒去了，或者到相好的女人家去了。我爷爷很耿直，他所有的收入，账都是报到我大爷爷那里的。

王尧：你奶奶很有智慧。

莫言：我老爷爷也非常有意思。我们家原先是住在离县城很近的一个地方，叫管家灵芝，我想可能应叫"灵址"，或者叫"陵址"，但现在都写成"灵芝"。那个地方的人全都姓管。一个家族时间长了以后，也分成两股势力，弟兄两个最早来到这个地方的。过去几十年，老大这股人住在前街，老二这股人住在后街，五代六代以后，照样打得头破血流，照样争权夺利，势不两立，比敌人还要敌人。我老爷爷就是和前街的本家打官司打输了，输了官司以后要卖房子、卖地，赔钱啊，打官司本身要花钱的，有时候是赢了官司输了钱，官司输了，不但输了钱，什么都输了，就呆不下去了。他三个儿子就是我大爷爷、我爷爷、三爷爷。输了官司，只好卖掉房子，到高密东北乡落户，离县城有五十多里路。在我老爷爷那个年代，民国初年的时候，高密东北乡很荒凉，只有几户人家。我们那个村叫三份子村，只有三户人家。三份子村有两个意义，一个就是那个地方只有三户人家，还有就是这个地方三县交界，平度、胶县、高密三县交界，三不管地带，河的北边是平度，河的南面是胶县，河的这边就是高密。而且经常是今天划到胶县去了，明天划到平度去了。旁边那个村叫大栏，大栏，就是以前放牧牛羊的地方，放一天把羊圈起来，用栏杆。还有个地方叫小栏，也是圈羊圈牛的地方。旁边一个村叫王家屋子，最早来了一个姓王的人家，搭了一个草棚子，到了夏天割草啊，下来捉鸟、打鱼的地方。旁边一个村叫陈家屋子，还有一个村叫黑天愁，这个村一到黑天就发愁，土匪就来骚扰。还有一个地方叫沙口子，可能就是胶河决口的时候往外面流沙子。他们来到了这么一个荒凉的地方，他们为什么来这呢？因为荒地很多，租地也很便宜，实际上就是垦荒、种地、割草、打鱼，过了几十年，人口就渐渐多了。下边什么都便宜嘛，上边混不下去的人就来了，还有外地的一些流民也过来了。县城附近的村子，像我们原来的管家灵芝，一个村就一个姓，高密东北乡这些村子，姓什么的都有，都是从外地来的啊。

王尧：这像个移民社会。

莫言：所以宗族观念不那么强。另外那些安分的农民也过不来，争强好胜啊，打官司打输了，有的人甚至杀过人，都过来了。三县不管的地方，也是法制的薄弱环节。假如发现了尸首，村里的里长偷偷地往前推两米，推到胶县地方，这个归胶县管，我们高密县不管。胶县的人发现了，赶快推到平度去，我不管，这是平度的地盘。

王尧：三不管的地方常常出土匪。

莫言：土匪特别多。再往早的话，可能就更蛮荒，没人管，一到秋天，一片汪洋，牵着牛马跑到河堤上去避水，看着房子像玩具一样地被洪水冲倒了。河里边一旦洪水来了，就像万马奔腾，上面山洪暴发下来的，洪水前峰像烈马扬鬃一样，比下面的河水要高出半米，发出巨大的喧哗声，从上面一路奔腾下来，眼看着河堤就没掉了，房子一片片坍塌，水花四溅。——我只能想象这种壮观景象。

王尧：洪水留给你的印象特别深。高密是北方怎么也像南方的泽国？

莫言：60年代以前，我们高密东北乡真是像一个泽国，水多得一塌糊涂，一到夏天就连阴，雨水缠绵不断。从80年代开始，连年干旱，一直到现在，干旱得越来越厉害，几乎都不下雨，有时候三个月都不下雨。而我的童年时期，一到夏天，真是烦死这个雨了，一会儿大雨，一会儿小雨，到了六月、七月，连续两个星期不见太阳，地里面、胡同里边全是水，家里边全是水，当时要挖地，一锹下去水就冒上来了，现在挖下五米、八米都不冒水，水位下降。我记得有一年，我脚上生了个疮，我母亲不让我下地，因为地上全是泥泞。我只好坐在炕上，透过后窗，看到河里的水，滚滚往东去，河水比房顶都高了，河堤要比房顶高，几乎看着河水要从河堤上溢出来了。我说的像马头一样的河水就是这样观察到的。当时家里没有收音机，更没有电视，每家有一个小喇叭，挂在窗台上，有线广播，一到防汛的季节，小喇叭就连续地广播，"贫下中农请注意，贫下中农请注意，下午三点将有六百个流量下来，胶河下游的贫下中农立刻上河堤，准备抢险"，村里立刻敲锣集合，危难时刻人心齐，老婆、孩子，只要能拿得动铁锹的，能扛得动草包的，都到河堤上去了。你可以看到河水排山倒海，就像钱塘江潮一样，滚滚而来。潮头一下来，扑鼻的水腥味，一浪一浪的就从我们后窗里扑进来了，水真是大啊。我大哥当时已经在上海念大学了，每年暑假回来，出了高密火车站，那会儿没有汽车，只能背个小包袱，往家走。走到离我们家十来里路的地方，就听到一片青蛙的叫声，响彻云霄。心里知道，坏了，又涝了，又淹掉了。不知道从哪里来了那么多的青蛙，青蛙的叫声彻夜不息。一到夜深人静的时候，村子里一片漆黑，你会感觉到，整个村庄是漂浮在青蛙之上的，哇哇哇，呱呱呱，又嘹亮又潮湿的一种声音，吵得难以睡觉，青蛙的叫声把整个村庄都淹没了，托起来了。那会人也不知道吃青蛙，有敬畏，不敢吃。第二天到池塘去看，到河堤上去看，好像所有的青蛙来开会，一片碧绿，全是青蛙的脊背，密密麻麻，水面都看不到，全是青蛙。

王尧：这种生活场景可能孕育了你后来瑰丽的想象。

莫言：这确实是大自然的壮观，想象也想象不到的，当然到了小说里面，就更加神奇了。一个孩子，在农村这种环境里也没人理你，很寂寞，那你只好去观察大自然。我记得我生脚疮的时候，所有的人，都跑到河堤上去了，连奶奶都去了。我一个人坐在炕头，或者树下，看着院子里那些大蛤蟆爬来爬去，看着蛤蟆怎么捉苍蝇。我啃了一个老玉米，剩下一个玉米棒子，扔在一边，立刻一群苍蝇㩙上来，碧绿的苍蝇，绿头苍蝇，像玉米粒那样的，有的比玉米粒还要大，全身是碧绿，就像玉石一样，眼睛是红的。看到那苍蝇不断地跷起一条腿来擦眼睛，抹翅膀，世界上没有一种动物能像苍蝇那样灵巧，用腿来擦自己的眼睛。然后看到一只大蛤蟆爬过去，悄悄地爬，为了不出声音，本来是一蹦一蹦地跳，慢慢地、慢慢地，一点声音不发出的，爬，腿慢慢地拉长，收缩，向苍蝇靠拢，苍蝇也感觉不到。距离到离苍蝇还很远的地方，它停住了，"啪"，嘴里的舌头像梭镖一样弹出来了，它的舌头能伸出很远很远，而后苍蝇就没有了。蛤蟆捕食的时候是一点不笨的，它的舌头是非常灵巧的，一伸出去就把苍蝇吃掉了，我就观察这些东西。看到我们家院墙上的绿草慢慢地生长，你刚刚看了河里的水，回头再看墙上的草，好像比刚才长高一公分了，很可能一下就看到知了幼虫，慢慢地爬出来，爬到一棵向日葵的茎上，看到一个嫩黄色的知了幼虫的背慢慢裂开，爬出来了，它翅膀刚出来的时候，是黏结成一团的，慢慢在空气当中伸展、伸展，知了本身也改变颜色，从嫩黄色一会就变黄，之后就变黑了，翅膀一抖，"嗡"地飞起来了。就观察那些东西，也没人理你。除了观察知了，就看我们家墙上的一墙旧报纸。当时我们房子已经很老很老了，农村也没有排烟吸烟设备，整个房子墙壁都被油烟熏得黑黝黝的，到了春节的时候，搞一些旧报纸一贴。贴的时候，我母亲不认字，有的贴反了，有的贴倒了。我天天在炕上转圈，报纸如果头朝下，我就躺着看；报纸朝上，我就站着看，翻来覆去地看十几张报纸上的消息，1958年大跃进啊，哪儿的小麦亩产一万斤啊，天津郊区农民芦苇和水稻嫁接成功啊，斯大林大元帅逝世，看了一些老报纸。看到某地农村医生发明了计划生育的新方法，让育龄妇女每次和丈夫同房之前，生吞二十只蝌蚪，可以起到避孕效果。现在一想起这些东西，真的非常有意思。那时候共产党的报纸，通篇都是魔幻现实主义小说，夸张，变形，几乎没有一句真话。我想墙上贴的报纸再多一点，我会收获更大。看看报纸，突然就发现一个很嫩很嫩的螳螂从窗户旁边爬出来了,窗外就是向日葵,蚊子、壁虎、蜘蛛,可能窗棂上一只蜘蛛正在结网,突然就看到一只小燕子撞到蛛网上了。蜘蛛结网意味着天要好了,一缕阳光慢慢从稠云当中露出来了,很快感觉到大地像一个烧开的锅炉一样,热气蒸腾出来了……把一个生病的孩子在炕上关上三十天,他真是能够观察很多东西。有时候我也玩捉苍蝇的游戏,将一点饭渣子粘在手指上,举着,苍蝇就爬上来了,指头猛一合,就把它捏住了。

王尧:你这样的叙述就像写散文一样。在一种封闭的状态中,人会有另外的敏感。

莫言:为了保村庄,一旦洪水来了,全村老少,就全都跑到河堤上去了,家里能拿来挡洪水的东西,包括被子、门板全都拆下来了,实在不行到村外去,炸开一口子放水,一放水庄稼没有了,但村子保住了。也有两个村之间为了放水打起架来的。这个坡,庄稼、玉米、高粱长得特别好,一旦开个水缺口,就全淹死了,那就以邻为壑。找一个力量特别大的青蛙,最好是从古巴引进的那种体型庞大的牛蛙,——牛蛙的事我待会儿再说——拴着牛蛙的腿,甩着一根长长的丝线绳子,猛地往对面一甩,过了河的中间,游到河的对面去了,牛蛙肯定要往河的对面游,这边牵着线,牛蛙游到岸边,要往岸上爬,牛蛙一爬这边一拽,一爬一拽,牛蛙的两个前肢就不断地扒对岸河堤,我们那个地方土质是沙土的,扒来扒去,扒来扒去,利用一只牛蛙就可以制造一起决口的事件。对岸决口,这岸就缓解了。

王尧:虽说蚂蚁也可以溃堤,但这确实有些悬乎,一只牛蛙恐怕不足以决口。你亲历过吗?

莫言:这个我倒没看过,我也觉得有点悬乎。但老人们常常这样说。到晚上就要来回巡逻,打着灯笼巡逻,生怕对岸的人过来给扒开缺口。我长大后就利用青蛙制造缺口的事问过我爷爷,他说用青蛙制造决口的可能性不太大,青蛙毕竟前肢没多大力量,但如果找一只鳖,拴着后腿扔过去,鳖的前爪的力量很大,可以扒开。一旦决堤以后,根本无法堵,摧枯拉朽,"哗"地就开了,人就只能跑掉。

王尧：太玄了，我们还是从洪水中摆脱出来，谈你的家史吧。

莫言：先讲讲牛蛙。60年代初，我们和古巴友好，为了改善人民生活，专门从古巴引进了一批牛蛙。我们高密东北乡低洼多水，还有许多湿地，特别适合两栖类动物生活。牛蛙形貌丑陋，不如青蛙漂亮，与癞蛤蟆有点相似。没人敢吃它的肉。据说是弄了几百只种蛙来，还建立了一养蛙场，但几天后就逃光了。这些东西到了我们高密东北乡，简直到了天堂，两年内，就繁殖成灾，它们什么都吃，连树叶子都吃，叫起来声音低沉，哞哞的，像牛叫一样。到了夏天的夜晚，我们高密东北乡可就热闹了，牛蛙和青蛙，大合唱，吵得人根本睡不着。后来又传说，一只牛蛙，长得像头小牛那样大，成了精……

王尧：不要讲牛蛙了。

莫言：好，谈我的家族。我老爷爷去世时也就四十多岁，四十多天没吃东西，躺在门口那棵大槐树下，唱京戏，声若洪钟。究竟是什么病那时也弄不清，年纪轻轻，身强力壮的一个大汉，忽然就不吃东西了，四十多天。我大爷爷活着的时候，我问老爷爷到底是什么病，他也说不清楚，不吃食物，拉一些花花绿绿的东西。现在看，可能就是细菌性痢疾，吃两片痢特灵就好了，可当时就治不好。拉拉拉，什么都不吃，在树下躺了四十多天。到了七月初七，突然站起来了，唱了两句京戏，《盗御马》中窦尔敦的唱词："将酒宴摆至在聚义厅上，我与同众贤弟叙一叙衷肠"，吼了两声，就倒地死掉了。他是个高傲的人，名锦城，字千里，号蜀官。剩下我们家老奶奶，活的岁数很大，她去世以后，就是我大爷爷领导这个家庭了，然后我爷爷，我三爷爷。我三爷爷，人称管三，游手好闲呀，什么活儿都不干。分家之后，闹蝗虫，许多人都到地里去捉虫，只有他不去，在大街上晃悠，人说，管三，快去地里看看吧，庄稼快被蝗虫吃光了，他说，吃去吧，吃光了，难道还要我买给它们吃吗？在他们老兄弟三个里，我爷爷实际上是最本分，也是最能干的。

王尧：除了你爷爷以外，大爷爷对你影响大吗？

莫言：我大爷爷是个风流人物，识字很多，毛笔字写得很好，他年轻的形象我没见到，晚年时，童山濯濯，明明亮亮的，真像南极仙翁，很有风度的白胡须，手里拄着一根棍，他说叫石葛，是石头缝里长出来的一种小树，长了几十年，才像拇指那么粗，非常结实，像钢一样，猛力一戳，可以在石头上留下痕迹。夏天穿着一身土黄色的蓖麻蚕丝做的中式服装，肥肥大大的，去乡诊所上班。到了晚年，不出门了，在家里给人看病。人很慈祥，腮帮子上有一个很大的伤疤，那是给日本的飞机扔炸弹炸的，被伤疤牵扯着，一个眼睛大，一个眼睛小。他儿子1947年时在青岛读书，跟着国民党军队，撤退到台湾去了，当时谁也不知道是死是活啊。他的女儿，我们的小姑姑继承了他的医术，当医生。我也曾经想跟他学医，但资质太差，没学成。

文化大革命，我们家确实也受到他们家的牵连。大爷爷的成分是地主，他的儿子虽然不知死活，但都认为去了台湾，后来事实证明也确实去了台湾。有这么一个大爷爷、一个堂叔，我们当兵、入团、提干、升学都受限制。

王尧：这就是所谓社会关系有问题，肯定要受牵累。但在日常生活中，血缘又使人与人的关系变得微妙，即使在那种革命年代，也有在实际生活中淡化阶级关系的另一面。你敢到你大爷爷家吗？

莫言：当然敢去，无论如何他是我大爷爷啊。他家有吸引力，我常去。第一我大爷爷是很善于讲故事的，肚子里故事多，见识广，医生是踩百家门子的，接触人多，他又有文化；第二，他身边也没有孙子，农村人认为有女儿、有外孙不算自家后代，必须有儿子、有孙子才算有后代。我大爷爷还是很喜欢我的。我是小学五年级辍学，父亲认为一定要学一点手艺，逼着我学医，背《药性赋》、《濒湖脉诀》什么的。没事时就跑我大爷爷家玩去了，看他给人把脉，开方，当然也会请教他一些关于医学上的问题。昨天在杭州看病，大夫开了一味药，远志，他说许多中药的名字，起得非常好，譬如远志，就是要有远大的志向，不要只是想着眼前的小事。我脱口而出，"小草远志，俱有宁心之妙"，他说，你背过《药性赋》？我说小时候背过。大爷爷对我的文学创作是很有启发的。

后来他们弟兄三个也分家了，大概日本人来那会儿。我们家族是大排行，我父亲是老大，我大爷爷那个儿子是老二，我五叔是我父亲的亲兄弟，我三叔、四叔、六叔是我三爷爷的孩子，有个二姑也是我三爷爷的女儿，还有一个小姑，都是我三奶奶的孩子，我三爷爷和三奶奶生了五个孩子。有一年，日本人来了以后，没来得及跑，我三奶奶刚生完她的小女儿，就看到一个日本兵裸露着生殖器，对着她走过来。吓得仰面跌倒了，然后就得了妇女病，产后血崩，也是四十多天不吃不喝。一提起我三奶奶的死，我母亲、姑姑她们就胆战心惊。三爷爷家住前屋，我们家住在后屋，三奶奶那种令人心悸的叫声，彻夜不息。后来更不出人动静了，用我母亲的话说，她的魂灵其实早走了。我母亲说，不知道一个什么鬼附在三奶奶身上，她尖叫："管三，我要吃小鸡，吃小公鸡！"我三爷爷闷不出声地，到鸡窝里抓着只小公鸡，摔到她脸上去，说："来了，吃吧！"后来就请了什么山人来，画符、念咒，拿着桃木剑舞来舞去，门上、窗上都贴着黄裱纸，往她嘴里灌池塘里的水，将钢铁的犁铧镇压在她的心口上，折腾死算完。

王尧：这种画符的方法现在有些地方还流行。

莫言：三奶奶去世以后，我三爷爷紧接着出事了。他贪玩，不务正业，村子里都没枪的时候，他就偷偷把我们三家共有的一头骡子卖了，换了一支西班牙造的水连珠，很好的枪。游击队的很多人经常找他玩，一起喝酒赌钱。抗日战争开始以后，我们高密东北乡很多人揭竿而起，过去的土匪们打出一个旗号，就成了抗日队伍。

王尧：这一历史后来就演绎为《红高粱家族》的故事。

莫言：当时有冷部、高营、姜部三支队伍。高营有二十辆德国造的飞人牌自行车，算是当时的快速反应纵队。高营营长叫高云生，骑车的技术好得一塌糊涂，据说能够在铁轨上双手撒把，十华里不下来。姜部有个骑兵中队，有二十匹骏马。冷部有十几支花机关枪，也就是俄式冲锋枪。这三支部队过去都是土匪。但是姜部与一般的土匪不同。我后来看过很多的文史资料，文史资料上有他的队伍的编制和军官名单，我发现他笼络了很多的人才，有北平朝阳大学的大学生，还有政法大学的毕业生，甚至还有一个留美的医学博士，担任他的医务处长。有一年，一架美国飞机被击落，飞行员跳伞，三支土匪部队都去抢这个飞行员，结果被姜部抢过去了，就住在我们家前边。我们家前边是我们村最大的一户地主，姓单。他家开着烧酒作坊，土地也是我们高密东北乡最多的，青岛还有很大的买卖。各种各样的队伍，八路军、游击队、黄皮子、杂牌队伍，到了村里以后，肯定都要住地主家、住富农家，他才不会到贫下中农家去，吃没吃，盖没盖。住在地主家，有吃的有喝的。所以当时高密东北乡财主家日子过得并不容易，谁来了都得招待，不招待的话，他们都有枪有势力，你白天活着，晚上也许拉出去把你毙了，那会儿又没法律，杀人犹如儿戏。

王尧：这如同《沙家浜》里春来茶馆。阿庆嫂不是说来者都是客，垒起七星灶，铜炉煮三江。

莫言：我父亲经常讲这个美国飞行员的故事，美国飞行员，个子很高，一下巴黄胡子，绿眼珠，穿着一件紫红色麂皮夹克，腰里挂了一支左轮手枪，穿了一双高靿皮靴，骑着一匹花爪子马。经常跟姜黎川——姜部的司令——沿街跑马，后来姜黎川跟着美国飞行员沾光了。姜部一会儿给八路军收编了，过了两天他又叛变，投降日本人，过几天又反正回来，一会儿又被国民党收编了，翻来覆去，有奶就是娘，没多少立场。解放以后这个姜黎川好像先是逃到香港，后来，美国飞行员把他弄到美国去了。就在这样的乱世中，我三爷爷跟这帮人天天混。有一次冷部的一个坐探，拿出一把枪，很小的勃郎宁手枪，给我三爷爷看，说管三你看，我最近弄了一支枪，多漂亮，象牙柄的。我三爷爷蔑视地说：你那枪，能叫枪吗？女人的玩具，这样的枪射出的子弹，钻到我鼻孔里边，我也能给你擤出去了。坐探说真的吗？我三爷爷说真的。坐探对着我三爷爷肚子打了一枪，子弹钻了进去。我三爷爷拍着肚皮说，没事，没事，喝酒，喝酒！找了块破布往肚子上一堵，继续喝酒。

王尧：竟然有这种事？

莫言：他没想到坐探会真打，都喝得迷迷糊糊的，"梆"地就是一枪。肠子可能打破了，当时也没有西医，我大爷爷，熬了些膏药给他贴上，以为封上口就好了。肚子里肠子打破了，慢慢发炎，也是四十多天，就那么烂死了。

放在现在，是小手术，切开肚皮把子弹取出来，把肠子缝起来就好了。三爷爷死了，三奶奶也死了，家里撇下一窝孩子，三叔、四叔、六叔、二姑，还有一个小姑姑，这么个情况下，分了的家只好又合起来了。我三叔、四叔、六叔都是我奶奶和我母亲一手拉扯起来的。当时我的这几个叔叔都是小孩子，我母亲是大嫂，他们身上穿的，都是我母亲负责做。

我二姑姑的婚姻值得一提。我二姑姑很漂亮，那会儿都是父母之命，媒妁之言，自己绝对不能谈恋爱的。三爷爷三奶奶死了，我大爷爷就做主，给我二姑姑找了户人家。找的时候，就听说这家儿子有麻风病，我大爷爷一看这家里有一头大黑牛，全身油光光的一头大黑牛，还养了一匹大叫驴，拴了一辆胶轮马车，一匹大驴、一头大牛、一辆大车，还有几亩好地，明摆着的好日子。我大爷爷就做主给我二姑姑订婚，和一个麻风病人订了婚。我二姑姑结婚以后，非常不幸。她那么年轻漂亮，嫁给一个麻风病人，真是太不幸了。后来丈夫死了，村子里有了相好的，但这时她的青春已经过去了。后来她学会了给人接骨，治疗跌打损伤。我们很喜欢二姑姑，她每次回娘家，我们都围上去，听她讲一些神神鬼鬼的故事。她一辈子其实一点幸福也没享到。我二姑姑因为心脏病、肺气肿，四十来岁就死掉了。我们背地里议论，大爷爷怎么这么糊涂啊？明明知道男方是麻风病，为什么还要做主嫁给他？当然，我们谁也不敢当面去问他。

王尧：《红高粱家族》里的"我奶奶"是不是有她的影子？

莫言：《红高粱家族》里"我奶奶"也是嫁给一个麻风病人，是从这个故事原型里边来的。后来我还写过一个中篇，叫《二姑随后就到》，里边也有这个姑姑的影子。我的大姑姑是我爷爷和我奶奶的孩子。我大姑姑其实也很不幸，她嫁到"黑天愁"，生了个孩子，不幸夭折，丈夫随后也死掉了，守寡。老了可以守寡，年轻如果有儿子也可以守，但我姑姑年轻，才20多岁，孤身一人，让她怎么守？后来她跟村里一个人恋爱，改嫁了。我爷爷为此嫌她，好几年不和她说话，那时候很封建。我奶奶心疼女儿，晚年也渐渐好了。我父亲当时对我大姑也有看法，他们都认为我姑姑不应该改嫁。封建意识对人的影响真是渗透到骨髓里去的。而且我爷爷、我父亲在社会上是公认的公正、善良的人，别人家发生的事，都是急公好义的，但是一轮到这种问题，就糊涂了，一点都不宽容。

王尧：这也正常，与他们的公正、善良是不冲突的，因为这在当时是伦理立场，在那个时代，对一种伦理秩序的维持，也是公正的含义。我想，应该是这样。

莫言：我出生后，三爷爷、三奶奶早就成为故人了，他们的事，都是家里的人断断续续地说的。

王尧：你这个家族本身就具有传奇性。这个传奇性的家族，对你后来创作的影响是多方面的，甚至是如影随形。

莫言：整个高密东北乡的每一个家族都带传奇色彩。后来搞了文学以后，就作了一些调查，实际上每个家庭都很传奇。像我们前边说的那个邻居，单家，也是非常传奇的。他们弟兄两个，单大、单二，开了很大的烧酒作坊，和我爷爷他们都是很好的朋友。他们开烧酒锅，大儿子主掌家业。当时地主中，确实有恶霸地主，但是也有被各种势力欺负得要命的地主。这家地主善良，所有的事情，上面来了官员什么的，都要他们招待。有了问题，全要他家来出头。每到春节的时候，都到他们家去买酒，大家都知道，即便你买半斤，他家也肯定给你灌满瓶。单家还照顾村里那些过不上年的穷人，一到腊月二十四，他们家的女人就蒸面饼，蒸了无数的馒头放在院里一个大囤里面，来了村里的人，吃不上饭的过不上年的，就装上满满的一篓子馒头拿走。

王尧：有钱，但乐善好施。面对这样善良的地主，土改时村民怎么办？

莫言：所以到了土地改革的时候，分了他们家的财富，白天拿了，晚上全送回去了，不好意思拿，后来没有办法，就再分再送。他就说你们别送了，这就是社会，这些东西本来就是大家的，散掉吧，散掉吧。后来单二，我们叫他二爷，住在过去他们家长工屋里边，他的房子就变成学校。他有两个老婆，大老婆已经死掉了，跟小老婆生活在一块，他每天读《圣经》，信基督教的。"文革"期间，每天晚上被拉去劳动，强迫他劳动，《圣经》被烧掉了，很快就死掉了。他有个儿子，是山东师范学院毕业的，解放初期还不太讲成分，好像全国只有五万个大学生，他儿子在学校期间就划成右派了，然后分配到临沂，在沂蒙山区教书，"文革"期间遭返回家。这个人说话不注意，家庭出身不好，但老是喜欢发表自己的见解，后来发配回家成了农民，挣工分吃饭。他和我一块劳动。他毕竟是学中文的，给我讲文学方面的知识，讲济南的一个作家，一天三顿吃饺子啊。从他那儿知道当个作家可以吃饺子。还说某个作家在火车上看到他的一个情人在火车下面走，从车上跳下来，把腿给摔断了。由此也让我知道了，有作家这么个职业，知道作家那么样的腐败，一天三顿吃饺子。单大儿子的后代们，"文革"期间也从青岛给撵回来了，住在我们隔壁，一家五个儿子，都是好小伙子，体育方面都有天才，他们回来，带动了我们高密东北乡的体育运动。他们用水泥铸了两个砣子，练习举重，在两棵树之间架上竹竿练习跳高，我们从他们那里知道了许多体育知识。但当时，这些小伙子都是找不到媳妇的，他们都很苦闷。后来，粉碎了"四人帮"，他们都回去了，听说都混得不错。单大还有一个儿子，现在在台湾。这人更是个传奇人物，他的事写出来，简直就像天方夜谭。我们只是一个邻居，一个晚辈，对他们家的事，了解还是不多，如果他们自己家的后代说起他们祖先的故事来，肯定就更丰富多彩了。

王尧：你后来对历史、对人性的认识显然与这些人和事有关，甚至可以说生活本身的复杂性不断改变着我们对这个世界的看法。书本上的一些知识可能与我们的生活经验完全相反。我由此理解你后来在创作中为什么能够摆脱阶级观的局限，为什么能够超越意识形态的局限。有些问题其实不是个高深的理论问题，而是生活本身。

莫言：生活远比书本复杂。我们还有一个邻居，家里六个儿子，姓王，也是很传奇的。他后来被划成富农，老太太活了九十多岁，六个儿子。大儿子是1947年被共产党枪毙的，大儿子是个闹将，喜欢热闹，其实并没有什么阶级立场。国民党回来了，他就跟着回来了，说要组织还乡团。他那个样子就像文化大革命成立红卫兵一样，组织一个队伍，要杀羊，包羊肉包子，有一把手枪,不知从哪里买的,还是捡的,成立当天,就把村里一个村干部的娘抓来,吊着打。这边杀了羊,包了包子,还在锅上蒸着呢,那边共产党的武工队就围上来了。这些家伙,其实是一拨农民,哪里会放枪?被活捉了。第二天早上,拉到桥头上,就给枪毙了。他自己觉得没有死罪,就在河堤上,往桥头拉过去枪毙的时候,喊我爷爷的名字,"二叔,快找人来保我呀!"当时枪毙一个人很简单的,拉到桥头上,一枪就毙了。他二儿子是个商人,做买卖的,后来失踪了,估计也是被人谋害的。他三儿子,老三,跟他哥闹腾,无期徒刑,在青海格尔木一带,一直到80年代给放回来了,他当过游击队的财粮副官,属于国民党的营级干部,照顾,优待,每个月发给三十元的补贴。村里边很多的老民兵、老贫农到公社闹去,"太不公道了,我们革命一辈子,什么都没有,他是个反革命,竟然还发钱给他"。那些公社干部说,这是国家政策,你们闹也没有用。他们说,革命不如不革命,不革命不如反革命,公社干部补充一句,反革命要当大反革命,你反到蒋介石那个程度,你回来还要给你个国家副主席干干呢。杜聿明,大反革命,还全国政协委员呢,你别当小反革命,你要反出点名堂。

王尧:所谓此一时彼一时,这就是历史变迁,很荒诞。也许,后来者无法理解我们那些历史。我在台湾讲学时,也听到台湾的朋友议论这方面的事,一位大学教授对我说,原来的国民党官员跑到大陆总是受到高规格的接待,所谓相逢一笑泯恩仇,这当中包含了多少历史沧桑。

莫言:这家的老四,我叫他大伯,我跟他干了十几年农活,也是一个很好的农业高手,好把式。他好像是和表妹结婚的,他的女儿是我小学同学。他的儿子还是我的干兄弟,他们家老拉不起孩子,好几个孩子都夭折了,所以要结拜一个兄弟,我们家父母双全,爷爷奶奶也健在,而且兄妹众多,身体健康,人丁兴旺,我母亲人又善良,所以拜我母亲为干娘,自然我成了干兄弟。他们家是富农,我们家尽管是富裕中农,还不是敌人,他们家是受歧视的。文化大革命前夕,每年到了大年夜,我母亲煮出饺子了,就叫我大哥,"快,给东屋的送碗饺子去。"我大哥就端了一碗饺子去。这家老五一脸麻子,我们叫他王五,也是跟着他哥哥们闹腾,当过国民党兵,后来在淮海战役的时候,被共产党用馒头吸引过来了,投降了。当时他们在徐州被围起来了,我们一个村的有当八路的,知道王五在国民党那边,就喊话,用刺刀挑着馒头,喊叫:"王五,过来吧,过来吧,这边有馒头,过来吃馒头!"他们夜里就偷偷地跑过来,帽徽一揪,就参加了解放军。王五是有种的。文化大革命中他不敢说,到了80年代开放以后,说想起来当年打八路,夜里就做噩梦,机枪一扫,前面像割麦子一样,一下子就躺一片,而且专门打膝盖,不忍心往上打了。到了这边,肯定也是好手艺,还让他当机枪手,回过头来就扫国民党的兵,一扫一片,也立功也受奖。回村里,村里面土政策,就不管他了,他说:"我有立功证书。"村干部说:"什么立功证书!"几下子就撕碎了,劳改去!他劳改在潍坊北部,放羊。结婚,找了个胶南人。他太太家里是贫农,成分很好。王五是五官端正,大眼高鼻梁,就是一脸麻子,但照片上看不出来麻子,一看,这个小伙子很端正,而且在潍北农场工作,不知道是在潍北农场劳改放羊的,而且一脸大麻子。后来文化大革命,他老婆痛哭流涕,说我真是冤枉,我娘家是贫雇农啊,嫁给一个麻子不说,还是个反革命。彩色照片又看不出有麻子,骗我说他在农场工作,吃国库粮,实际上是劳改犯。

王尧: 这种曾经是国民党反动派后来又革命的人,解放后在基层还是不被信任的。我们村上也有这种,我小时候看这些人,眼光也是很奇怪的。这种人无论是"反革命"还是"革命",都带有很大的偶然性,而不是选择了什么信仰。举参加革命的例子,一个村上两个人参加革命,甲是1949年9月31日下午去报到的,乙耽误了点时间,10月1日去报到的,这两个人的命运就不一样了。甲是建国前参加工作的,是离休干部,乙是建国后参加工作的,是退休干部。我现在这个单位就有类似的情况。甲会自豪地说,我是为建立新中国流过汗的。当然,他不会说我抛头颅,洒热血。在"后革命"语境中,如何考察"革命"是非常有意义的。

莫言: 这家的老六确实是一开始就参加八路的,他是打潍县的时候牺牲的,他们一个排在那埋锅做饭,一发炮弹把一个排炸得尸骨无存。

王尧：这个家庭在政治上怎么定性？按理应该是烈士家属。

莫言：应该是烈属，儿子确实是在战场上牺牲的呀。但不行，文化大革命期间，还是把老头、老太太拉出去斗，因为她是反革命的母亲，老太太说我们是烈属。烈属也不行，你们家只有一个烈士，但有三个反革命。

王尧：按比例算。

莫言：他们那些孙子辈也上访过，到了后期也就平反了。到了80年代老太太还是享受烈属待遇，每年给补助几十块钱，老头没份，只给母亲。尽管平反，但已经晚了，他的后代已经全部给耽搁了。这个家庭中的人，心非常大，我母亲经常感叹，你们王家爷爷和奶奶心大啊，六个儿子，折腾到解放初期，老大给共产党枪毙了，老二做生意生不见人，死不见尸，老三在青海劳改，无期徒刑，只有老四在家里，老五在潍北劳改，老六当八路给炸死了，六个儿子只剩那么一个，家里是一群孤儿寡母。那老头每天还是很高兴，在河堤上面走来走去，嘴里永远哼着小调，每天高高兴兴的，走起来是蹦蹦跳跳，像舞蹈一样，老太太活了90多岁啊。老头也是90多岁，而且老头子90多岁还和邻居一个老太太谈恋爱，发生风流韵事。就是心大。

王尧：能够承受这样的苦难，也许就是你说的"心大"，心大才能把什么都放下。

莫言：他大儿子被抓走的时候，他们家的驴也被牵走了，老太太找区里的干部，首先说把那头驴还我们家，儿子可以不要，驴要还我们，我们那头驴推磨推得特别好，别的驴推磨的时候还要歪嘴偷吃粮食，我们这头驴套上磨，粮食放在磨顶上，半晌我们可以不管的，不要人在后面催它，它会不断地转，人可以去赶集、卖菜，回来驴必定还在悄悄地走。儿子可以不还，驴一定要还。心大，这样的人想问题和我们不一样。

王尧：听你这样说，我觉得心里很难受。他们这样不是常人的思维和做法。驴子为什么比儿子重要？我们可能都会想这样的问题。是旷达还是逆来顺受？说不清楚。这两位老人大概不懂阶级理论，也不是大义灭亲的举动。我想还是生活太残酷了。

莫言：按说毛主席《中国社会各阶级的分析》也是对的，一旦具体化以后，感性化以后，那个东西就太抽象了，并不准确。

王尧：这两个人的做法和活法也反映了一种人生观。

莫言：我想，这种东西并不完全是后天形成的。有的人生下来心比一般人大，想问题的方法就不一样，王家在解放以后，整个家庭就凋零了，活着的人一个个很厉害的，尽管是在社会敌人的这个行列里，但活得很有骨气的，而且生产劳动都是一把好手，乐观和幽默是这个家庭的一大特点。按说，他们家出身不好，村里每年搞文娱活动，到了春节等节日演戏时，都吸收他们参加，因为他们能歌善舞，有这个才华。

王尧：你叙述的故事都是"小说"。

莫言：这样一想，这个村庄里面每一户人家都是很传奇的，不单单是我们这个家庭听起来很传奇，像这个王家、单家都是很传奇的。现在一想其他那些家庭也都是非常有意思的，我的小说里面所利用的素材、人物，连实际生活的百分之一都不到。

譬如还有一个郭姓人家，儿子因为当过游击队，淮海战役期间，村子里出常备伕，没人愿去，让他去，他一直跟着解放军过了长江，枪林弹雨里抬担架，抢救伤病员，立过功，同村的一个民伕死了，他千里迢迢，把尸首背了回来。这个死去的民伕是村长的弟弟，村长以为是这个人把弟弟害了，上去就给了他一个耳光，然后把他的立功证书给撕了。解放后这个人一直受管制。他给我讲过他背着死尸千里回乡的经过，一路上惊险、曲折，非常感人……

我去年甚至想过，我就这么信笔写，想起我们村哪个家庭就写哪个家庭，想写哪个人物就写哪个人物，可以写漫长的一个系列。

王尧：这就是故乡之于一个作家的意义。

黑色精灵

王尧：回想当年的生活，您最早的记忆可能就是饥饿感。你2000年3月在美国斯坦福大学的演讲，好像是谈饥饿与孤独对创作的影响。你用了"财富"这样的措辞谈饥饿与孤独对创作的意义。

莫言：是的，我在演讲中提到过，说多了也让人厌烦。

王尧：那时实在太穷了。

莫言：我记得最早的一件事就是把家里一个热水瓶给打碎了，那是1958年吃大食堂的时候。我们两个村是连在一起的，一个叫大栏，一个叫平安庄。吃饭的时候，要到大栏村那个公共食堂，打饭、打开水，提着瓦罐打稀饭。起初要求所有的人必须在食堂用餐，后来允许打回家去吃。起初还有干饭，后来就只有稀饭了。到了只有稀饭的时候，公共食堂，这一所谓的新生事物，共产主义的象征，距离灭亡，已经不远了。我记着自己提着一个热水瓶，不小心掉在地上，跌碎了。当时的农村家庭，热水瓶是很贵重的东西，一般家里面用的是瓦罐，在外面包上一层麦草保温。打碎热水瓶，等于毁了家里的珍宝。我吓得扭头跑掉，顾不上热水烫伤的身体。我钻在一个草垛里一下午没敢出来，到了晚上，听见母亲喊着我的乳名叫我，声音很温柔，不像要打我的动静。我从草垛里钻出来，看到母亲正站在星光下，喊叫我。

王尧：这就是母爱。你后来在创作中始终牵挂的一个人物就是"母亲"。

莫言：当时心里面又感动又委屈，感动的是我做了这么一件很大的坏事，母亲竟然不打我，原谅了我；委屈是因为又饥又饿又怕，草垛里面虫子很多，咬得浑身都是包。身上的水泡很痛。

王尧：童年经常会有丧魂落魄的事。

莫言：紧接着的记忆就是掉到厕所里面去了。

王尧：小时候常有这样的事，那时的厕所不好蹲，弄不好就会掉下去。我记得小时候蹲厕所时一只手要拉住一根木桩。现在有些地方还是这样。

莫言：农村的厕所是很大的，露天的，里面大概可以盛七八车粪，当时农村的粪也就是草木灰之类，也不是特别脏，到夏天里面集了很多雨水，我们家在厕所——不叫厕所，叫圈——角落上钉了根柱子，奶奶年老了，要借助柱子扳着才能站起来。我扳断了柱子，掉到厕所里去了，喝了很多脏水。我大哥当时读高中，放假在家，听到我的哭声，跳到圈里把我捞上来，扛着我就跑到河里去了。我们房后面就是一条河，正是夏天，很多人在河里洗澡，天极热，阳光耀眼，河水是滚烫的，鱼好像热昏了头了，乱撞，很多人在追鱼，追着追着鱼的肚皮就朝天了。我大哥把我扔到河里面，用一块肥皂，把我全身上下洗了一遍。肥皂是很珍贵的东西，轻易舍不得用，洗衣服用树上的皂角，或者是将草木灰浸泡后，将清水滗出来用。肥皂的气味很好闻，我经常回忆起肥皂的气味。事后，我奶奶表扬我，说如果不是我把那根柱子扳断，她掉到圈里就麻烦了。本来我是预备好了挨骂的，没想到受到表扬。

不久，又栽到院子里的水缸里，头朝下，屁股朝上，是我母亲把我提出来。

王尧：贫困的孩子大概都有过丧魂落魄的事情，那时你大概也不是个乖孩子？

莫言：在小学实际上我也不是一个特别好的学生，从小很调皮捣蛋的。因为饥饿，馋，特别碎嘴，喜欢说话。

王尧：后来的变化很大，你用了"莫言"这样一个笔名。

莫言：小时候完全不是这种性格，长大以后，意识到这种性格将会带来很多的麻烦，家长也再三叮嘱，批评，不让多说话。我的手也喜欢乱画，认识两个字，就捡了个粉笔头，找块光光的墙乱写，有一次无意中写出来一条反动标语。把家里人吓坏了。再就是喜欢热闹，哪个地方热闹就往哪个地方钻，的确是讨人嫌。

王尧：也喜欢写作文吗？

莫言：小学三年级的时候，初步地表现出一些写作的才华，小才气。原来我在班里是一个很后进的学生，一直被学校当做问题学生看待，经常说一些反动话呀，还受过一次警告处分。原因是看过一个电影，《农奴》，描写西藏的。我们的班主任老师是师范毕业生，很洋派，个子很高，会打弹弓，经常体罚学生，为了不让学生下河洗澡，中午回校后他就在你的胳臂上一划，如果你刚下过水，一划就是一道白道子，立刻就把你拉到太阳下面暴晒，美其名曰"晒油"，晒一个小时，就晕了，满身是油汗。有一次，他把两个年龄比较大的男生从河里抓上来，放在教室后边罚站，那时班里的学生年龄差距比较大，我是最小的，九岁，大的已经十六了。女生有十七岁的。那两个男生，已经发育，很难看，女生不敢抬头。现在的老师，不敢这样。但他的确是一个很有意思的老师，讲课满口普通话，满身肥皂气味。我佩服他打弹弓的技术，每到春天，鸟儿迁徙，他一中午能打几十只，那时不讲环保什么的。他讲普通话，我们听了感到很难为情，村子里的人也嘲笑他。

王尧：我的小学老师是从县城来的，也是一口普通话。那时还没有普及普通话，讲普通话别人会发笑，说你讲"洋调"。

莫言：当时讲普通话是被人笑话的，我一听到普通话就浑身发痒，过敏，听不惯。老师问我为什么听课时缩着膀子，抓耳挠腮？我说你一讲话我就浑身发冷，起疹子。他认为我故意捣乱，就罚我的站，用弹弓夹着粉笔头打我，专打我的肚脐。那时候，夏天，我们男孩子，都是光着膀子上学，赤着脚，只穿一条裤头。上一年级时，许多孩子光着屁股，后来校长把家长找到学校开会，说，光着膀子上学可以，但光着屁股是不可以的。我在下面跟同学说学校是监狱，老师是个奴隶主，班干部是老师的狗腿子，我们都是奴隶。这些话都是从那部电影《农奴》中学的。他认为这是个大问题，就向学校汇报，学校一听学生讲这样反动的言论，非常重视。像我这样十岁不到的孩子，你说怎么处理？家里也不是地主富农，是中农，父亲还是大队会计，我的大哥还是个大学生，和校长的女儿关系很好。后来学校开大会宣布，给我一个警告处分。

王尧：那时知道害怕吗？

莫言：得了个处分我不敢回家说，变成巨大的心病，不敢回家说，因为我的父亲是个极其严厉的人，整天提心吊胆地过日子，看到父亲一个眼色不对，就猜疑，是不是我受处分的事让他知道了？有时候看到老师和我父亲在路上打招呼、说话，我想是否说这个问题呀。我的姐姐到学校去找校长的女儿玩，我就紧张得受不了。背着一个沉重的包袱，心理压力很大，后来还是让家里知道了。是一个姓薛的人，一个古怪滑稽的老光棍，对我父亲说的。那时，乡村小学是村子里的闲人经常聚会玩耍的地方，我在学校里，可谓大名鼎鼎，不是好名，是恶名。因为那时我的记忆力比较好，背书冠军，有点小才，但特别调皮，经常冒傻气，做一些怪事，与人比赛吃煤炭、喝墨水什么的。有一次喝了一瓶子墨水，民生牌墨水，满嘴蓝牙，狰狞无比，我们老师见了，讥讽我是"高级知识分子"，因为在我们那里，说一个人肚子里有墨水，就等于说这个人有文化，是知识分子。

这个姓薛的人对我父亲说，你儿子了不得，在学校搞政变，把学校改造成监狱了，还受了一个特等奖励。我父亲问我得了什么奖励，我知道露馅了，只好如实交待，说我受了警告处分，你要打，就把我打死吧。如果你不愿意打，嫌累，让我去死，我就去跳河。我父亲忍不住笑起来。叹一口气，说，你还是活着吧，你死了，这个世界上就少了一个祸害精。

我受处分以后，发誓在哪里摔倒的，就要在哪里爬起来。我表现得空前积极，每天早上天不亮，就早早地跑学校去生炉子，当时每个教室里都有一个土炉子。柴火拿自家的，当然拿柴火不能让家里知道。老师养兔子，兔子窝就建在教室里，讲台旁边。我冒着严寒去野地里采麦苗子，挖野菜根，给老师喂兔子。老师的母兔子生了小兔，我感动得流眼泪。我姐姐讽刺我，说家里的活，用鞭子抽着你都不干，可给你们老师干活，你却那么积极。你们老师该发展你入党了吧？我心里话，处分还没摘掉呢，入什么党？我的表现，自然也被学校和老师看在眼里。

王尧：有悔改表现。

莫言：过了几个月，学校宣布撤销我的处分。当然，撤销处分，不仅仅因为我生炉子、喂兔子，还跟一个老师的发现有关。

王尧：说说看。

莫言：你也应当有印象，那时的学校，到了夏天，强迫学生到校午睡。男生睡在凳子上，女生睡到课桌上。当时乡下流行起一种日本式的木屐，俗称"挂搭"。

王尧：对。那种木屐声音很响。

莫言：我进教室前，下意识地把"挂搭"脱下来，赤着脚走进去了。王老师看到了，就把我叫出来，说你怎么提着"挂搭"进去呢，我说这玩意儿很响，我穿着进去会把他们吵醒的。王老师点点头，没说什么。王老师是教导主任，家里是烈属，在学校里地位很高。他在学校办公会议上说了这件事。说我看起来很坏，但其实品质很好。学校里就撤销了给我的警告处分。在全校大会上宣布这个决定时，我哭了。但这始终是我巨大的心病，以致后来填档案上"受过何种处分"一栏时，我还不知道该不该填上我受过警告处分。

王尧：小学时受的警告处分不需要填写。你太老实了。

莫言：参军入伍后，经常填表，有一栏要填上受过什么处分，每到这个时候我就特别紧张。有一天我明白了，我不应该填，那个处分几个月后撤销了，就是没有了，估计也没大碍，就不填，但心中总是忐忑，这件事，压了我半辈子。

王尧：这一阴影可能影响了你的性格。

莫言：我记得老师开始重视我的时候，是三年级，作文课。写"五一"劳动节，很多学生是记流水账，"五一"早上起来，怎样上学校，怎样上课，怎样回家。当时我家附近有个国营农场，那里收容了许多右派，什么人都有，可谓人才济济。五一节运动会，右派们也来参加，和我们学校的老师比赛打篮球，比赛跳高。右派中有好几个省级运动员，体育健将，有一个跳高的，能跳一米八七。我们学校一个姓陈的体育老师，也是右派，当兵出身，体育非常好，百米能跑十秒七，在那种乡间土路上。他是神枪手，打气枪，几乎不用瞄准，托起来就击发，百发百中。他也是鸟儿的克星。死在他手下的鸟儿成千上万。如果真有地狱，这个人，到了地狱，会被鸟儿的冤魂啄死。那时气枪子弹很贵，且涉及到枪支，有碍公安。就比赛打弹弓，在二十米外，打学校的铁钟的钟锤，一打一个准。他还唱一口很好的民歌，教过我们一首，什么"姐儿呀今年呀才十八呀，又会画画又会绣花呀"。这个老师也参加篮球赛，和右派比赛。别人写文章记叙"五一"运动会，一会儿写乒乓球场，一会儿写田径场，面面俱到，我是前面一笔带过，然后重点描写两支篮球队怎么样比赛,篮球队中,重点描写了陈老师和农场那个右派,写他们的动作,写他们的表情,写他们额头上的汗珠和奔跑时映在地上的影子,怎样和燕子的影子重叠起来。

王尧:你在《三十年前的一次长跑比赛》中写到类似的细节。老师在作文本上点了许多点,这篇作文好像对你的影响挺大。

莫言:是的。有一天,放学后,老师让我留下来。吓得我屁滚尿流。因为根据以往的经验,放学后老师让留下,就是要接受惩罚了。老师把我带到办公室,将我的作文簿拍在桌子上,问我,你这篇作文是哪里抄的?我说没抄,是我自己写的。老师说你能写这样的作文?我再给你个题目,你写一篇作文给我看看。就是《抗旱》。我要来纸笔,坐在他的对面,当场开写。连诌带"炮",云山雾罩,一会儿写小伙子往地里推冰块,一会儿写老头子打深井,堆砌了很多形容词,什么"双臂一撑,车轮飞转,一声呐喊,冰块翻滚"。老师看了,点头说,真是"人不可貌相,海水不可斗量",就你这副气死画匠的模样,竟然还能写出一手好文章。你这个作文确实写得不错。第二天就把我的作文拿到旁边一个农业中学去,作为范文让中学生朗读。我当时在我们的学校有点小名气,每周上两堂作文课,老师都要点评我的作文,老师还写了不少的批语,一直到80年代中期的时候,作文本还保留着,后来生炉子没纸,就当了引火。

王尧:应该留着,那是很珍贵的资料。

莫言:没有那么珍贵。鲁迅的手稿珍贵,莎士比亚的也珍贵,我的手稿,没有什么价值。这个世界上垃圾已经够多,还是让它化为灰烬好。这个老师,也就是用弹弓打我肚脐的那个,我很难评价他好坏,但是他确实发现了我作文方面的才能。他把很多他保存的小说,借给我看。还去做我的家访,对我父母说,允许我看"闲书"。去年我还去看过他,他已经退休,很有感慨。他说现在好像所有人都教过你作文,就是我没有教过你。我说所有人都没有教过我作文,就是你教过我。他说我也没有别的要求,把你的书拿两本给我看看。

王尧:看了你的书他有什么反应?

莫言：他说看不懂，主题模糊，还不如我在小学时写得好。

王尧：哈哈哈……

莫言：别的老师找我办事情呀，帮孩子调动单位呀，这个老师从来没提过要求。"文革"期间，我们是闹翻了的。"文革"期间我组织了一个"蒺藜造反小队"，造老师的反，把课程表都烧了，老师跟我不是一个派的，他当时是学校"革委会"的委员。

王尧："文革"期间，学生和老师构成了一种紧张的关系。这是中国当代教育中一个值得研究的问题，它与教育体制，与意识形态有关。

莫言：我小学毕业以后，初中没捞到上，我心里面一直以为是这个老师不让我上的，后来别人告诉我与这个老师没关系，是另外一个老师。当时我们家是富裕中农，因为我是跟我一个堂姐一块上的，那老师说他们家上一个就行了，就让姐姐上了，剥夺了我上学的权利。虽然我知道与他没关系，但是和这个老师心里头总是疙疙瘩瘩的，警告处分的事情呀，文化大革命的事情呀。实际上我还是感谢他在语文方面对我的培养，当时我写作文，他也批评我，我当时不理解什么意思。我们写一件难忘的事情，往往写出真事来，千方百计地找一件真实的事情来写，人物嘛，也都是用真人物，像饲养员李大叔，像队长王大海啊，全都写这种真人和真事。后来他说为什么非要这样写呢，你可以不写真事的，他实际上在启发我们，完全可以虚构的。后来我就想这怎么可以虚构呢？他说你看了那么多的小说，其实都是编的，你只要编得好，就行了，作文并不是让你完全写真实的事件。

王尧：老师在启蒙你写小说。

莫言：我想他是最早启蒙我写小说的，作文要当小说写。孩子当然意识不到这一点，以为都要写真事，写假的可能不对。我真正的学校经验，也就这么五年。那些老师，他们的许多故事后来都在我的小说里出现。我写的《三十年前的一次长跑比赛》，里边写到一个朱总人朱老师。

王尧：你在《我们的七叔》中也写到这位朱老师。

莫言：这个老师，前几年我回家还看到的，家庭是富农，他本人又是右派，但他写一手极好的毛笔字，篮球打得很好，乒乓球也打得很好。他腰是弯的，可能是年轻时候受过什么伤，残疾了。我们村上有个姓郭的人，跑得非常快，据说能追上野兔子。学校要搞基建，操场上堆着木头，从东北运来的松木，散发着香气。姓郭的人去偷，第一夜偷到了，第二天夜里又去，一到操场，就被陈老师发现了，然后他就跑，陈老师当时百米跑十秒零七，一伸腿，就把他绊倒，抓起来了。这个姓郭的飞毛腿和我也很好，后来我的小说里也出现过这个人。他跟我说，因为那天夜里他拉了肚子，速度受到影响，否则，是不可能被捉住的。他一直不服气，想跟陈老师赛跑。就像我在小说里写那个张大力非要跟学校的老师比赛跳高一样。

王尧：在小说里这人叫"郭元"，老师叫"李铁"。

莫言：小偷非常机灵，但是家里出身不好，弟兄两个都是身高一米八左右。他会当裁缝、修自行车、当泥瓦匠、木匠。偷木头被抓后，感到没脸见人，下了东北，去林场抬大木头，下煤矿挖煤，几年后被当成盲流遣返回来。从东北回来后，他讲了很多的传奇故事。过了几年，这个人又下了关东，据说在那里闯得很好，老婆有了，孩子一大群。

王尧：喜欢写作文的人一般都喜欢读文学书籍，那时学校的书并不多。有些老师家里藏的书比学校还多。

莫言：我生长在一个比较偏僻的农村，能看到的书很少。当时在学校里也是比较爱读书的，文学类的书在我们那里被称为"闲书"，读"闲书"自然是没有用处的，村子里有几个喜欢读"闲书"的人在人们的心目中大都是游手好闲、不务正业的人。我的父亲是一个十分严肃方正的人，在村子里威信很高，他对我读"闲书"十分反感。我的班主任老师是个文学爱好者。他看了很多的书，自己也有十几本书，像《苦菜花》、《青春之歌》、《烈火金刚》、《红旗插上大门岛》、《吕梁英雄传》等，还有苏联的《钢铁是怎样炼成的》。那时学校条件很艰苦，老师的床就在教室后边一个角落上。老师的书也都压在枕头下边。我每天下午都主动地留下当值日生打扫教室，为的就是能够利用这个机会偷看老师的书。我记得看的第一本书是《吕梁英雄传》，后来被老师发现了，我自然吓得要命,但老师并没有批评我的。但他认为像《吕梁英雄传》这样的书小孩子看不合适,因为书里有些色情描写,譬如说那个地主与他的儿媳妇通奸的情节。后来他就把别的书借给我看。拿到书后我也不敢公开地在家里读,通常是把书藏在草垛里,然后找个机会钻进去,冒着出来挨揍的危险,一口气看完了再出来,身上被蚂蚁咬得全是红点。我母亲知道我的秘密,经常为我打打掩护。后来我的班主任老师到我家家访,跟我的父亲谈到我喜欢读书的事,老师把我夸了一顿,说读"闲书"对提高作文水平是有帮助的,从此之后,我父亲对我的管制就少了些,我可以公开地在家里读"闲书"了,当然是在干完了我该干的活的时候。我记得两个关于读书的情节。一个是那时候农村还没有机器磨,每家都有一盘石磨,我们吃的面全靠人力拉磨来粉碎。我放学之后最主要的工作就是与我的母亲推磨。但我借了人家的书必须限期还回去,无奈,只好把书放在磨盘上,一边推磨一边歪着头看,这样实在是不方便。我母亲很同情我,就放了我的假让我把书看完,她一个人拉磨。我在读书的时候心中感到十分内疚,眼前老是晃动着母亲弯腰拉磨的身影。还有一件事就是,那时农村没有电,煤油也要凭票买,许多人家连这两斤凭票供应的煤油也点不起。所以,一到晚上,村子里一片漆黑。但晚上做饭时还是要点灯的。我家那盏油灯就挂在堂屋的门框上,灯火如豆,我个子很矮,只有脚踏在门槛上才可以就到灯火。天长日久,那条门槛竟然被踩出了一个豁子。当然,踩坏门槛并不是我一个人的罪过,我的二哥也是个书迷,他也经常踩着门槛看书。就这样,我仗着小孩子脸皮厚,到处借书,在几年里,把这批"红色经典"差不多看完了。同是"红色经典",但感觉到其中有些书的写法跟别的书不一样。譬如吴强那本描写孟良崮战役的《红日》,一开始写的是我军失败,写到了阴霾的天气和黑色的乌鸦,写到了部队的悲观情绪和高级干部的沮丧心情。我当时感觉到他不应该这样写,这样写不太革命。孩子还是希望英雄永远胜利。像《林海雪原》那样,《敌后武工队》那样。《红日》一开始写悲观,失败,我觉得很不舒服。走上文学创作的道路后,才知道当初那些让我看了不舒服的地方,恰是最有文学意义的描写。

王尧：你的这班主任老师能够借这些书给你，在当时是不容易的。少年时期读的书对人的影响是最深刻的，一辈子都会影响你。

莫言：少年时期读过的书印象深刻，终生难以忘怀。《红岩》《红旗谱》、《林海雪原》、《保卫延安》、《踏平东海万顷浪》等。当时最激动人心的阅读是读欧阳山的《三家巷》，读得如痴如醉，读到区桃牺牲时，我感到世界末日到了，趴在牛栏里就哭了起来。我在语文课本的所有空白处写满了"区桃"，被一个同学发现告诉了班主任。这个班主任不是原先那个喜欢文学的班主任，他说："你这小孩，思想这样复杂，长大以后怎么办？"

王尧：教科书和小说的英雄人物通常都是叛逆者，但现实生活中，教育的另外一面又教你循规蹈矩，这就是教育本身的矛盾。"文革"中青年学生的表现其实也是这种矛盾的产物。你在"文革"中的记忆是什么？

莫言：我觉得印象最深的就是文化大革命刚刚爆发的时候。爆发前期，我们学校实际上已经存在了一个宣传队，天天演一些小节目。我记忆力比较好，"六一"儿童节让我上去背书。我小时候最大的问题实际上是裤腰带的问题，不会扎腰带，系死疙瘩，解不开，而且是那肥腰裤。上去背诵课文，背着背着，裤子就掉下来了。后来种麦子要普及良种，就要去宣传。过去老是种那种"和尚头"，一种低产的无芒麦。老师叫我编快板，到集上去宣传，我就编那种顺口溜，攻击"和尚头"，宣传新品种。"贫下中农听我吼，今年不种'和尚头'，'鲁麦一号'新品种，蒸出饽饽冒香油……"纯粹胡编，饽饽冒香油，怎么可能？"文革"一开始我们也是跟着写大字报，编顺口溜呀，当时我们谁也不知道什么是文化大革命，当时批"三家村"，老师又让我写快板批"三家村"，我就写"三家村，四家店，都是一些大坏蛋。邓拓吴晗廖沫沙，三人合伙去偷瓜"，有一天老师说你这个都过时了，文化大革命开始了。而后我看到一个老师戴了一个大袖章，上边写着"红卫兵"。紧接着天下开始大乱，学校里的老师马上分成两派，一派是"高密红卫兵团部"，一派就是"鲁迅战斗队"，老师之间就互相打起来了，然后就打校长，斗出身不好的老师，到处贴大字报。学校站队，家庭出身贫下中农的学生站在一块，家庭出身地富反坏右加上富裕中农站在一块。

王尧：你们家是富裕中农，就是上中农。下中农可以站到"革命"那一边。

莫言：真是不一样，我们这些富裕中农家庭出身的人，确实处在一种很尴尬的状态，敌人也不是敌人，革命的依靠对象也不是依靠对象，是团结对象，所以谨小慎微，我们这代受到很多这样的教育。

王尧：有一种"不准革命"的痛苦。

莫言：当时就感觉到这种歧视是极其痛苦的。后来上面又改变了，把这些老师批评了，说富裕中农的孩子应该和贫下中农站在一块，我们又转到这边来，地富反坏右的孩子我就看着可怜。后来我就不上学了，回去放羊。我上小学五年级的时候，语文课就是背毛主席语录，背得滚瓜烂熟。学校就开始斗家庭出身不好的或者是当过右派的老师，老师这时候已经比较痛苦了，大家都在围着一个老师批斗的时候，如果你不斗，你就觉得不对，大家都在抓起泥土投老师的时候，你也必须投，我每投一下，心里边就一紧缩。因为一回家，家里的教育和社会上的教育是完全两码事，家里父母亲包括姐姐对我的教育都是传统式的，老师怎么可以打呢？你们这个朱老师、王校长是多好的人呀，人家王校长的女儿，跟你大哥是同学，你千万不要去斗他。但是他们一到了社会上，他们也是红卫兵，也是喊口号。我的大奶奶因为是地主成分，也被拉去批斗，我姐姐上去领人喊口号，我大奶奶很愤怒，跟我们四叔说，嫚领着喊口号，竟然说要我灭亡，气死我了。我四叔说这是做给人家看的，但我大奶奶不理解，几十年都不跟我大姐说话。我姐姐说，我不是为了要表现进步嘛，你们应该明白我心里什么意思。他们都在教育我，千万不要揍老师。我也面临这个问题，大家往老师身上吐唾沫，如果你站在一旁袖手旁观，那马上就有人白眼看你，所以也就别人踹一脚，自己也过去按一下，装模作样。批斗校长夫人尚老师，大家都打，我也上去按了她一下，她猛一抬头看到是我，那眼神，哎呀，我心里面慌死了。因为这个老师对我很好，我哥哥在华师大读书放暑假的时候，经常带着我到她家玩，这个老师平常也经常表扬我，说我的作文写得好。她抬头看了我一眼，我就立刻退到一边去了，心里真是非常害怕,也非常难过。学校分成两派,我大哥当时是华师大的红卫兵,回来就嘲笑我们,说你们是什么破红卫兵呀,就知道拍老师的马屁,缺乏独立性,一下子激起了我的愤怒、自尊心,我说我们也不拍老师的马屁了,我们也另外成立一个红卫兵组织,就找了几个同学成立了一个"蒺藜造反小队",蒺藜是一种植物,有刺的,扎脚,我们虽然小,但是我们有刺,能扎人。

王尧:这个名字有红卫兵的造反精神。你们真的造反了吗?

莫言:把学校的课程表放到炉子里烧了,把学校黑板报上写的"造反有理"的大字擦掉,编了"蒺藜造反小报第一期"。我记得我就写了一首诗叫《造反造反造他妈的反》。但第二天,跟我一起参加"蒺藜小队"的全都叛变了,全向老师交代了,那老师也不认为我在挑头,他们认为我大哥支持了我出来和学校的老师对抗。

王尧:那时喜欢查背景,挖后台。

莫言:实际上我大哥根本不知道这事情。我父亲特别恐惧,说如果他们告到你大哥的学校,会影响你大哥的前程。我感到压力很大,寝食不安。后来我就不上学了,干活又干不了,家里有羊,我就放羊了,非常无聊,然后就给生产队里放牛。过了一年,小学时的同学都去上农业中学了,学校就在我们家前边,两排瓦房,叫"农业联合中学"。只要是贫下中农子女全去,中农子女择优录取。我堂姐也去了,不过她很快也不上了。我赶了羊回来,看到过去的同学们站在桌子上打架,玻璃砸得没有一片是完整的,自己心里很感寂寞,非常痛苦,想起高玉宝半夜鸡叫这些事情来,在田野里一上午看不到人,就唱歌啊,喊叫啊,感觉到了很多难以言传的东西。

王尧:孤独与寂寞对一个孩子来说是残酷的,不能读书就意味着被这个社会抛弃,无疑还限制了他以后的生路。

莫言:最强烈的愿望,还是想上学,真是太想上学了,我一定要上学。我对我父亲提出了这个要求,我父亲说没办法,你在学校瞎折腾,自己造成了后果。当时感觉到前途一片渺茫,村里的人也很少有人了解我,因为我在学校时比较调皮,村子里很多坏事都找到我头上来,实际上跟我没关系。明明是我进大队部叫我父亲吃饭，恰好听到两个干部在审问村里的一个"坏分子"，我抬头往窗内一看，也没什么恶意，就想看热闹，而后他们就出来了，一脚就把我踢倒了，说，走啊，进去听。我立刻就意识到，他们肯定是认为并不是我要听，而是我父亲指示我来听的。这个我就不敢回家说，我父亲当时当个大队会计，已经提心吊胆了，他们以为我是探子。而后我们邻居家里一只小鸡死掉了，我也恰好从他家出来，他们就说我把他们家的小鸡捏死了。反复辩解，他们也不信，说小鸡刚刚还好好的，你一走就死掉了，我说冤枉啊。在我家里边，我婶婶也把很多事情栽在我身上，我堂弟爬树把腿摔坏了，栽下来了，我婶婶问他怎么回事，他说是我把他从树上推下来的，我说我没有，谁推下来谁是狗。我母亲就说你还犟，就打我，真是冤枉的，恨不得把心掏出来说，我没推他。他是个小孩子，他掉下来，我婶婶就打他了，他就推卸责任了，说是我推的。我婶婶回家就当着我母亲的面骂我，说你从小就这么坏，你什么时候能坏到死啊，这么刻薄。我母亲脸色马上就变了，就打我。我不服气，就辩解了。其实也辩不清楚。

王尧：你成了个受气包。我觉得这些刺激可能对你的心理产生了影响。你后来不太喜欢与人打交道，大庭广众之下不喜欢说话，有时还有自卑心理，可能都与当时的被歧视、被压抑有关。而一旦进入创作，你则是完全相反的风格。

莫言：那时候我就非常压抑，非常不想说话。一说话别人就骂我，任何一句话好像都是多余的，明明是满心好意。这个时候是很天真的。我记得当时有一个本家的哥哥，他原来在外县教书的朋友来看他，他的朋友穿得很破很破，我就问，你来做客，你为什么不穿得新一点呢？当然这句话是很伤人家的自尊心的，我是很傻的。所有的人都说，真是的，自己也穿得破破烂烂的，还嘲笑人。

王尧：真是童言无忌。

莫言：一次村里失火，我恨不得把起火的消息告诉所有的人，跑到一个邻居家里说起火了，他的老婆就出来看。再回家一看，家里的一块肉被猫叼去了，她就问我是不是你让猫把肉叼给你了？我娘也说所有的坏事都跑不了你，所有的好事都找不到你。你是猫头鹰报喜，坏了名头了。当时牛是不准杀的，但是没有饲料，很多牛都变成野牛了。有一天有一头牛，不知道被谁用细铁丝捆着嘴巴弄死了。我姐姐回家就审问我，说肯定是你弄的。我们家有一个破扫帚，上面有细铁丝，是不是你把牛捆死了？我说我没有，我晚上都没出去。后来才知道是一帮大孩子晚上在田野里追牛，田野一望无际，月光明亮，很有意境。追上了，把牛弄死，他们想把牛烧着吃。我当时一到人前就紧张，一见人就说不出一句完整的话来。

王尧：这是被"迫害"留下的后遗症，你原来不是这样的。

莫言：我想我小时候还是很有表达能力的，听人家讲故事我可以非常整地、甚至是添油加醋来复述。经过文化大革命这一折腾，我一见人就紧张，一讲话马上就变成结巴了。当兵的时候慢慢好一点了，当政治教员时就慢慢地有意识地改过来，恢复了讲话的能力。

王尧：小说存留了你少年时的个性。

莫言：写作的时候就像少年时候的胡言乱语了。

王尧：你不上学了，还能看书吗？

莫言：主要是劳动，但毕竟还是有一些空余时间，像下雨阴天啊，逢年过节呀，这些空闲时间还是读了一些书，当时整个高密东北乡十几个村庄里面，还是有几部经典，像《三国演义》、《水浒传》、《儒林外史》、《西游记》啊，通过各种方式，帮人干活儿，拿书跟人交换，把这些经典弄到手读了。再一个就是我大哥读初中、高中时候的语文课本，语文分成汉语和文学两种，尤其那个文学课本，里边有很多的古今中外名著的节选，茅盾的《林家铺子》，鲁迅的《铸剑》，普希金的《渔夫和金鱼》，曹禺的话剧《日出》，郭沫若的话剧《屈原》，孙犁的《荷花淀》、《芦苇荡》，赵树理的《李有才板话》、《小二黑结婚》。外国文学，除了一部《钢铁是怎样炼成的》之外，再就是在我大哥的《文学》课本上读了上边所说的那几篇。我觉得这一套文学课本对我帮助很大的，起码使我知道古今中外有这么多名著，而且又产生了想把这么多书都找到读一遍的欲望。

王尧：我有类似的经历。我一个表姐是六六届高中毕业生，她的两只木箱子里全是语文书和小说，我常去翻。我记得陆定一的《老山界》那篇散文就在语文课本上。我拿了她的小说再去换别人的，换到了《三家巷》、《野火春风斗古城》、《红旗谱》等。

莫言：后来我就进一步扩大了借书的范围，周围的几处村庄都知道有这样一个特别迷书的小孩。偶尔能够得到一本书的时候确实是不惜一切代价，家里的羊和牛就不管了，一头钻到一个草垛或者是不被人发现的地方，抓紧时间读，因为知道读完了书很可能受到家长的打骂。从草垛里出来以后，浑身都是被蚂蚁、蚊子咬的红包，这种读书的快乐确实是无法代替的。当时我阅读速度也极快，而且记忆力也好，一个下午一部长篇基本上能够看完，看过的情节基本也都能够记得。后来我就很难有这种阅读的境界了，书是越来越多，看书是越来越少。这也就是说，尽管我辍学在家，十二三岁，但是因为热爱，还是在不断地积累文学方面的知识。

王尧：我想你不能老是放羊，人在痛苦的时候，在被年长的人欺负时唯一的愿望就想长大。我记得自己被大人打了以后就想自己快长大。

莫言：放羊就放了两年，就像你说的非常想进入成人的队伍，跟着大人去干活。当时在田里干活，说说笑笑是很热闹的。我记得第一次，我四叔当队长，我说我要割麦子，割得特别慢，麦茬子也留得特别高，而后生产队的会计就不让我干了，说你割的什么麦子，是搞破坏。我四叔就叫我不要割了，到后面去捡麦穗。就是千方百计地想成为大人，而后外派民工去挖河啊，修水库啊，我每次都要报名，回家我父母亲就不让我去。年龄渐渐大了，就开始参加成人的劳动，小时候长得就比较高，跟我同年龄的小孩子还在学校里打打闹闹，我跟着一些大青年，整劳力去干一些大人的活。虽然干不好还有点累，但是还是感觉到和大人在一起，比一个人放羊、放牛要好得多。在劳动的过程中，和这些成人的接触也增长了很多知识。当时生产队的劳动也不认真，大家干一会儿、歇一会儿，干个把小时抽袋烟，然后再干个把小时再抽袋烟,然后就收工回家了。我们在地头休息的时候,老人就讲各种各样的传奇、鬼怪呀,妖狐啦,这些东西后来搞了文学觉得非常有用。

王尧:那时农村有不少青年特别爱好文学,想通过文学改变自己的人生道路。

莫言:"文革"后期我就跃跃欲试,想写点东西。这种爱好或者说是文学的幻想,可能是受了家庭的影响,我大哥在外地上大学,留在家里许多中学的语文课本,还有几本杂志,像《萌芽》什么的。到了1970年,我的邻居家遣返回来一个老大学生,山东师范学院中文系毕业的,在校读书时即被划为右派。他尽管因为嘴巴乱说话而获罪,但恶习难改,老是给我灌输"三名三高"的思想。什么刘绍棠"为三万元而奋斗",丁玲的"一本书主义"等等。在他的渲染下,我感觉到作家都是了不起的人。一个人能写出一部书来,一下子就会改变自己的命运。我问他:"叔叔,如果我能写出一本书来,是不是可以不在农村劳动、可以吃饱饭了?"他说:"岂止是可以不在农村劳动,什么都有了,你想吃饺子,一天三顿可以吃。"我最早想动笔写,是1973年在胶莱河水利工地上,我参加了水利工地的劳动,发了几毛钱的补助,买了一瓶墨水和笔记本,便模仿着当时流行的题材和创作方法,开始写一部名叫《胶莱河畔》的长篇小说。后来因为劳动太累,干完活已经筋疲力尽,吃着饭就打起了呼噜,小说也就写不下去了。假如我的作品写完并且被发表,我被调到什么这样那样的写作组里去,我会为此欢欣鼓舞,根本不会考虑别的问题,什么"四人帮",什么"帮派文学",这都是十几年之后的事情,在那种社会环境下,除了像张志新这样的极个别的清醒者,大多数老百姓是墙头上的草,根本就没有可能把是非判别清楚。

王尧:你后来好像是去厂里做工了。这在当时也是很让人羡慕的,怎么会有这种机会的?

莫言:1973年,当时我的叔叔在县里的棉油加工厂当主管会计,我就找了我的叔叔,在他的帮助下,进了这个棉油加工厂当了合同制工人,又叫季节工,就是棉花收购以后就开始来做工,到棉花加工完毕回家。在工厂做工期间,每天可以赚到一块三毛五分钱,交给生产队一半,而后生产队又给你记一个整劳力的工分,这也就是说我每个月出来能够挣到工分以外,还可以赚到20块钱。在70年代初期,20元人民币是了不得的一个数目。如果一个家庭每个月能够拿到20块钱的补助,能够解决很大的问题。当时能够去棉花加工厂做临时工的,都是有一点后门,有一点背景的,农村青年都非常向往这件事情。

王尧:这是你生活转折的开始,工厂是另外一种世界,你的眼界肯定有变化了,心思也不一样了。

莫言:眼界是要比在村子里开阔了许多,当时棉花加工厂集中了全县五六百个年轻人,其中有干部子弟,有下乡的知青,也有外边来的一些干部的子女们,当然也有每个村来的一两个农村青年,这些人要么有亲戚在厂里边、县里边负责,要么父亲是村里的支部书记,必须是有一点关系的。这样全县五六百个青年集合到一起,和每天在村里与几十个熟悉的面孔打交道大不一样。另外呢,也带来了一些外部的信息,有很多青岛的知青,他们在劳动的间隙,就经常给我们讲一些过去看过的电影,像《流浪者》啊,俄国的一些电影,讲各种各样的故事,讲都市里的一些消息,一下子就觉得大开眼界。棉花加工厂里的青年打扮得要比农民时髦得多,这些人一出门,一眼就能看出来,因为整天跟棉花打交道,棉花的绒毛沾满了全身。像我们这种农村去的青年穿一件黄军装的上衣,穿一条蓝的确良的裤子,穿一双白底的,上面带松紧扣的懒汉鞋子,留一个大分头,戴一个大口罩,就感觉到太时髦太漂亮了。那么冷的天穿着薄薄的鞋,尼龙袜,满脚冻疮也不穿棉鞋。

王尧:这时你再回家,感觉不一样了。

莫言:村子里很多人刮目相看了,有的人也嫉妒也嘲讽,年轻人都很羡慕。我当时是借了村子里一个小伙子的一件的确良军装,在厂里边穿着晃来晃去的。为了漂亮,不到二十天,就跑到公社的驻地去理一次发。棉花加工厂给我留下了很多美好的记忆,我的第三篇小说《售棉大路》就是写一群农民卖棉花的故事。在棉花加工厂我干了三年半的时间,由于我叔叔的关系,我每年都不下放,棉花加工完了,也留在厂里面,需要留下一部分人维持厂里的卫生啊、保卫厂里安全啊,我就留下来站岗,也去县城学习过棉花检验。这个时期我认识了很多朋友,眼界开阔了,想离开农村的愿望越发强烈,我觉得再不能回到我那个村里去了,不能再跟那一帮人混到一起去了,那里毫无前途,一回去前途就断送了,我只有想办法离开这个村,才可能有出路。

王尧:"文革"后期许多农村青年都想往外走。我1975年到镇上读高中时,想到的是高中毕业后如何不回乡。但当时并没有多少可以选择的道路,现在我们的孩子已经无法理解我们那时无法选择人生道路的痛苦。

莫言:当时最好的结局就是能够转正,从临时工转为正式工人。在我们前面确实转过几批,虽然不是全民所有制,是集体所有制,但是它也很保险了,第一,永远不会被下放,第二,退休可以吃劳保,每个月能够拿33块钱,而且每个月有固定的口粮,农业是丰收还是歉收已经不影响他了。当时很多转正的小伙子马上和农村的姑娘解除了婚约,再找一个吃国库粮的姑娘,这样就是"双职工",生出的孩子就是"非农业人口",长大了国家就会给安排工作。当时农村和城市之间的差别实在是太大了,农业人口和非农业人口之间,简直就是天壤之别。我们这些合同工,梦寐以求的就是能够转正,大家也纷纷传言说四届人大一开,马上要把这批人转正,又有些人说不可能。这期间,尽管我是一个小学没毕业的学生,但很虚荣,进入棉花加工厂需要填写表格,一个负责登记的老头就问,叫什么,多大了,什么文化程度?我犹豫半天,说小学五年级,也太丢人了,说高中,没这个胆量,就说初一、初中一年级。

王尧:但是许多高中生可能也没有你看的书多,没有你那样的文化水平。在工厂有表现的机会吗?

莫言:在1975年的时候,批林批孔,评《水浒》批宋江,农村根本没人管这个事,棉花加工厂是一个公家的单位,厂里边必须听上面的号召,组织批判活动。我记得有一段时间里,每个周末的晚上都把全厂的临时工、正式工集合起来开会,搞大批判。大会发言就落实到三个人身上,其中有两个高中生,我也算一个。因为我当时在厂里做的是司磅员工作,拨拉算盘子,也算是个有点文化的人，字还写得可以。没人怀疑我不是初中生，没人相信我是个小学生。我是个重要的发言人，但是实际上不会写什么文章，在报上东抄一段，西抄一段，而后就是引用诗歌，像我引得最多的就是"青山遮不住，毕竟东流去"、"沉舟侧畔千帆过，病树前头万木春"，谁的嗓门大，谁朗读起来不结巴，说明谁的水平高。至于你念的什么，谁也不去关心。就在这段时间，我多少出了一些风头。厂办公室里的人议论，几百个临时工里边老管的侄子最有才华。老管就是我叔叔。我在棉花加工厂干得不错，威信很高。刚到这个厂时，我劳动非常卖力，因为在农村经过七八年的锻炼，不怕吃苦。我想一定要好好干，不能给叔叔丢脸。有一次厂里割草，厂里的党支部书记开会表扬说，小管一个人顶三个，这是我一辈子第一次受到当众表扬，过去的十八年里，除了骂我的，除了批评我的，除了奚落我的，从来没有人重视、表扬过我，我感到一种激动和幸福。我觉得在外面的单位才能够进步，在村里无论怎么干，谁也不会表扬你。但在这个工厂里头，我割草多割了一点，书记就表扬了我。

王尧：你第一次感觉到了自己的存在价值。人有时就是这样，领导的一句表扬话会让你心里温暖，其实你的真实处境并没有改变，你的人生道路仍然在原来的轨道上。

莫言：后来工厂又办起了夜校，要职工学文化，还让我当夜校语文教师，尽管我狗屁不通，但我找了本语文基础知识，煞有介事地上去给他们讲，讲的时候也很有点幽默。乱举例子，举到我们厂长女儿头上，把她得罪了。我道了很多歉才得到了她的原谅。后来的情况就是，大家认为我这个人完全可以去教中学，放在棉花加工厂里浪费了。

王尧：这些评价是否使你重新思考自己的人生道路？

莫言：在棉花加工厂里的锻炼，使我敢在人前讲话了，以前见了人就躲，现在知道怎样表达自己的想法。更重要的是知道了：要实现自己的理想，必须动脑筋，躺在被窝里幻想是不行的，靠父母是不行的，他们在农村帮不了你，要有一个好的前途必须自己努力，必须行动起来。

王尧：我们都曾经是路遥小说《人生》中的高加林。

莫言：我一回村就会想起郭沫若《凤凰涅槃》中的诗句："在这个污秽的环境里，即便是一把金刚石的宝刀，也要生锈。"一回去就是一团漆黑，家里的活不愿意干了，嘴馋了，人懒了。有一次回去背粮食，跟我母亲讲人家都吃白面馒头，我母亲就说那你也拿点去吧，就把缸里剩下的三斤白面给我装去。我投到伙房里换了粮票，食堂会计说你拿来这么点白面干什么呀，我满脸发烧，说我们家只有这点白面。既是想吃，也是想满足虚荣心。打饭的时候那些正式工，就用筷子插着两个小馒头耀武扬威，那么得意。家庭贫寒的临时工们，就自己煮两个地瓜、窝窝头，悄悄地躲在一边吃。我想要插两个小馒头耀武扬威一次，但想到母亲把家里舍不得吃的三斤白面，给我拿来了，心里又非常内疚。我第一次打了两个馒头，吃完了还觉得不饱，然后又打了一个吃掉，还是不饱，后来就想，索性一次吃个饱算了，所以我一顿饭就用了三斤粮票，六个馒头都吃光了。他们都很惊讶，说真是个大肚子。一顿饭吃了三斤馒头，当时就觉得很内疚，现在想起来，更觉得自己不可原谅。我真是对不起我的母亲。因为不久后我母亲生病住进了公社医院，医院里没有饭，那三斤细粮被我一顿吃了，只剩下粗粮。跟我母亲同病房的是一个公社干部的老婆，每天变着花样吃。我只能给我母亲窝窝头吃。那正是中秋节前，几个亲戚来探望，带来了几斤月饼，我心中稍微好受了一点，就让我母亲天天吃月饼。我母亲得的是胆囊炎，怕油腻，我不懂，以为月饼就是好东西。幸亏我一个在砖瓦厂工作的表弟来看我母亲，问我母亲想吃点什么，我母亲说想吃点馒头。他跑回去打了两个馒头送来。我母亲吃了，身体立即好转了。后来我母亲说：月饼虽好，但不能当饭吃啊！——现在，一看到月饼，我就心中难过。

王尧：我曾经问我的一个表舅，你为什么去朝鲜当志愿军，他说当志愿军能够吃饱肚子。你前天也讲到，我们共产党的兵动员国民党的兵投诚，手段就是告诉他们这边有馒头吃。

莫言：在那时候，转正遥遥无期，我想当兵也许是我的一条出路。

王尧：那时的农村青年最好的选择就是当兵。如果能够提干，身份就完全变了，也不怕找不到老婆。我的印象，我们那儿的女民办教师，镇上的姑娘，大多都嫁给军官。

莫言：这个时候我就认识了我们厂里的两个职工，他们是我们公社的武装部部长的儿子、武装部副部长的侄子，我有意识地向他们靠拢，有意识地跟他们搞好关系，为当兵做准备，争取参军入伍。这很小人，但没有办法，因为前两年都是在村里参加体检，贫下中农的孩子成群结队的，根本就轮不到我。1976年年初，全县的人都去挖胶莱河去了，村里的支部书记、大队长、民兵连长所有的整劳力都到工地上去了，而且这个水利工地离我老家二百多里路，他们回不来。这时候征兵工作开始了，上边就说在工厂做临时工的可以就地参加体检，我就钻了个空子，在公社的驻地参加了体检，然后写了几封信给公社武装部副部长的侄子、武装部部长的儿子，让他们帮我送给他们的爸爸和叔叔，而后自己也往公社跑。过了几年后，我听我叔叔说，我们厂的党支部书记也跟武装部部长说了，说这个小孩去部队会有出息的。武装部部长是书记的老朋友，儿子也在厂里工作，他说话很管用。有一次我在路上，碰到一个帮助征兵工作的转业军人，这个人就把我叫去，他也曾经在棉花加工厂做过临时工，他就告诉我你今年有希望了，已经定了，你先别说。我真是兴奋啊，就想到没人的地方大哭一场。过了春节，有一天，我们村的民兵连长，这时候他们从水利工地回来了，骑自行车到棉花加工厂，大喊我的名字，一见面就把入伍通知书"刷"地一下给我扔过来了，扭头就走了，一句话都没有说。我捧着那张硬纸，心中悠悠忽忽，就像做梦一样。拿到入伍通知书后，心里边还是忐忑不安，生怕夜长梦多，再出什么变故，就盼着赶快走。村子里宣读应征入伍青年名单的时候，有些贫下中农大发牢骚：凭啥我们贫下中农的孩子当不了兵，让老中农的孩子当兵？

王尧：阶级观点、出身论即使在最基层也是用来维护一些人的利益。

莫言：本来每个村的新兵入伍都要送一朵大红花，敲锣打鼓来欢送，我们村没有。我走到桥头时，小学里的一个民办老师拿着一朵纸扎的花追上来说，还是给你一朵花吧。

王尧：你难受吗？你一直对别人的歧视特别敏感。

莫言：我当时没有难受，因为我知道你即使给我花也是虚假的，我根本不需要你的花。临走的头天晚上，亲戚们也来到我们家，母亲做好吃的给我吃。父母亲很高兴，儿子当了兵，我们家也成军属了，社会地位也提高了。临走的时候，我父亲让我去看看我爷爷，他那时已经八十多岁了，他说过去"好人不当兵，好铁不打钉"，不过现在年代不一样了，出去混几年，好歹也要混个什么职务。当时全县一年征收一千八百个新兵，新兵换衣服前，要洗一次澡，就把我们几百个新兵撵到橡胶厂里去，县里当时只有一个公共澡堂，橡胶厂也有一个，那个澡堂很小，是橡胶工人洗澡的地方，地面上、池子里面都是黑黑的一层焦油，其实是越洗越脏。几百个青年往池子里一跳，池子里的水全部冒出来了，我听到一个青年大喊：阿基米德定律！我用毛巾擦了擦身体就换了衣服。而后下大雪，我们被撵到一个公共汽车上去，是部队来的那种军用卡车，三十八人挤一卡车，开了车一直往东北方向走，下午两点，到了，下车了，我想这就到了吗？这么近，才几百里路。他们说，这就是你们当兵的营房，离我们高密县才三百多里，叫黄县。我觉得很失望，这么近，最好能到新疆、到内蒙、到西藏、到云南这些天涯海角去。

王尧：一上军用卡车，你的身份变了，人生道路变了。一个人在离开故乡时，感情一定特别复杂。我记得自己考上大学去报到时，心里有说不出的感觉。我们这一代人其实是被故乡的那个社会遗弃的，如果对那个社会充满信心，他是不会离开家乡的。

莫言：是的，我想我终于离开这里了。而后就开始新兵生活，刚开始住在黄县的丁家大院，大地主的院子里。1999年我又重新回到丁家大院去，现在已经改成一个民俗展览馆了，黄县也没有了，改成"龙口市"了。当时地面全是石板，我们铺了一层稻草在上面睡，我们是农村孩子，吃过苦的，不在乎。一到部队，我就想豁出去了，绝对不能落后，一定要争取进步。他们带兵的也知道我，因为我不断给部队带兵的写信，表示我到部队一定好好干的决心。所以一到部队，他们也好像知道我能够写点东西，来找我写黑板报。我在棉花加工厂毕竟也写过嘛，我就写黑板报。而后要欢迎新兵，找新兵代表讲话，他们就说你来讲吧，我就写了个草稿，让指导员看看，然后代表新兵讲话。团长讲话是坐在一个桌子前，有一个麦克风，我也一屁股坐下了，而且讲得还是不错的。讲完下台后我们班长就踹我，说你小子"稀稀"了，"稀稀"就是完蛋的意思，班长说你怎么能坐呢？那是团长、政委坐的！一个新兵蛋子讲话，你不站着，你还坐着，简直是犯上作乱！我当时一下子从兴奋的极点掉到冰窟窿里去了。我说有什么办法可以弥补？他说没什么办法弥补，你就等着两年复员回家吃地瓜干子去吧。过了十多天，突然有人告诉我，我们四个人，被分配到了国防部的一个保密单位去了，说我分配得很好，可见未受那次讲话的影响。这个单位在龙口附近，当时叫北马公社唐家泊村。去一看，心里就凉了半截。营房跟老百姓的村庄连在一块，西边就是老百姓的饲养棚，里边全是牛圈、猪圈，右边就是一个大的臭水坑。这个村呢，有生产龙口粉丝的最大的一个厂，前边是一片麦田，我们的营房只有三排房子，也没有暖气，就是一个小煤炉子。跟济南军区一个单位合用一个小小的操场，只有半副篮筐。有一个露天厕所，有一个破破烂烂的伙房。老兵说你们来这么个单位算是倒霉了，因为它是属于总参系统下面的一个最小的单位，技术干部多，入党也特别难，我们后勤战士只有八个人，两个做饭的，六个站岗的。后勤干部没有编制，只有一个管理员，那是一个老同志。他说你们在这里干得最大也只能干到警卫班的班长，我们的上级机关远在北京，这个小单位就由黄县的一个团代管，尽管只有十来个人，但是矛盾重重，几乎每天都打架。我们没有什么事，就是每天两班岗，我们也不知道警卫什么东西，有一个小小的办公室，经常传出发电报的声音，那就是我们的保卫对象。下了岗，前面有几十亩空地，叫我们种地，栽白菜呀，割麦子呀，干各种各样的农活，比在农村干活还要累。也不训练，没有地方训练。我们刚去，班长说老百姓结婚，我们闹洞房去。我们在新兵连里受到严格的新兵教育，三大纪律，八项注意呀，要和老百姓保持鱼水关系，男女有别之类的。他竟然带我们去闹洞房，而且是地主家娶媳妇。这事后来传到代管我们那个团的团长那里，他发火道:这真是解放军里少有的现象,简直是奇耻大辱,居然由班长带着战士闹地主家的洞房去!黄县在渤海边,夜里的风特别大,深夜两点起来站岗就站在一个木板钉成的小岗楼里,黄豆大的石子被风吹得飞起来,打得岗楼"啪啪"响。远处就是大海澎湃喧哗的声音,穿两件大衣腿都冻得冰凉冰凉的,非常的绝望。

王尧: 这和你想象中的部队不一样。不过,部队应该有文化生活啊。

莫言: 部队也放电影,像《春苗》啊,《决裂》啊。也会让我们去搞一些批邓的活动,而且济南军区也出现了几个反邓小平的英雄。有一个排长,就在邓小平刚刚出来工作的时候,写了一封信给中央军委,说邓小平是复辟倒退,后来就说这是一个反潮流的勇士,一下子提拔到济南军区副政委的高位上去了,这个人给我们做出了很好的榜样。我们几个战士就联名写信给上级领导机关,由我执笔,要他们来处理这个单位的问题,我们说我们都是农村青年,抱着满腔热情来保卫祖国、追求进步,结果来到这个单位,作风不正,军容不整,干部天天吵架,根本没有一点军人素质,让我们非常绝望,希望上级领导能来调查解决我们的问题,或者把我们调到别的连队去,当时也有干部签名,一直往上告。上面领导机关看我们这个单位确实很乱,就派了一个工作组过来。青岛海军的一辆吉普车把他们送过来,住又没地方住,把我们战士挤在一个大房间里,给他们腾出一个小房间。他们就天天调查,了解情况,开会,开会也吸收了我参加,因为我签名了嘛。尽管有人对我写信持不同意见,但是上级的领导发现这个战士的字写得很漂亮、文笔很好,是有文化的,给他们留下了好的印象。工作组走了以后,就把两个主要干部调离了,而后工作组又来了一个干事,就是我们局干部部的江干事,常州人,他当我们的代理教导员。这个人真是太好了,他很欣赏我,他认为我是有才华的,他待了一年,又调了一个新的教导员来。我就和江干事一直保持着联系,希望通过他调到局里去。这时候他就告诉我,上边给了一个考大学的名额。当时是1978年,解放军郑州工程技术学院电子计算机系招生,从各个基层单位招收一批战士。我的学历又是个大问题,我的表格上写着初中,但是他们都以为我是高中。

王尧：你一直想读书，有了考大学的机会，兴奋吗？

莫言：听说让我考大学，心里复杂得饭都吃不下去，非常矛盾。我感觉到这确实是天赐良机，如果我能够考上大学，成为军校的大学生，就满足了我毕生的追求。但要是考不上的话，那就丢大丑了。但是不管怎样，既然机会来了，我想还是试一试吧。

王尧：那是考理工科，你是文科基础好，理科不行。

莫言：是啊，我只上过小学五年级，语文还能马马虎虎对付，政治我也能对付，数理化怎么考啊？我在小学里边，只认真学了两年算术，分数都不会算，二分之一加三分之二我以为等于五分之三。这个时候就叫家里把我哥初中、高中，甚至小学的书都寄给我，一大包，我就开始了艰苦的自学。我们单位有个无线电技师，他的数学是不错的，他就教我，从通分、约分开始学起。六个月的时间要把初、高中的全部数理化学会，这怎么可能？完全不可能，但还是咬着牙学。我也没时间做习题，这个地方看明白了，就继续往下看，就这样一点一点地，把数学课本全部看完了，物理大概把初中物理的部分看完了，高中物理我是确实看不懂，化学就根本看不懂，没来得及弄。而且有人也告诉我，说你们这个考试吗，就是走过场，是要提拔一批条件比较好的战士。村子里有一个中学，我经常去请教这些老师。单位里有一个小仓库，里面放满了劳动的工具，我下了班，整夜在那里熬，熬了半年，地面上，墙壁上也画满了数学和物理的公式。我记得到了七月份的一天，教导员来通知我，说你出来吧，上面来电话了，没有名额了，你不用考了。

王尧：尽管失去了机会，但是体面地解脱了困境。

莫言：我心里面当时感觉到一块石头落了地了，我要考的话，肯定考不上，但是也许还有机会蒙上了呢，所以心里面半是欣慰，半是难过。我们教导员当时就跟我说，你自己决定，你这个水平，回地方上也可以报考，考文科，也有可能考上，如果你留下，我们也欢迎，在部队入党，然后再想办法找机会。我想我回地方上也考不上呢？还是要在部队继续干一年。到了第二年的七月份，我就回家结婚了，结了婚大概一个星期，部队就拍电报来说，立刻归队。

我知道可能有什么事情，心里知道应该是一件好事。一回部队领导就告诉我说，立刻打背包到保定去，先去了再说。1978年不让我高考以后，我们局里的政委又来视察，这时候号召学习学习再学习，部队也搞业余学校，我们的教导员让我当语文教员、数学教员。语文还可以蒙两天，人家那些干部都是老高中生，1968年的兵，我只有硬着头皮讲。后来这个政委说，我要听听这个小管讲课。教导员对我说明天王政委要听你讲课，你要好好讲。当天晚上我就好好地准备了一下，第二天讲三角函数，那是高中的课程，上面有三道例题我确实看明白了，背得滚瓜烂熟，就那么一个多小时，他们也不太懂，也无法提出一些我解决不了的问题，就听我一个人说了。我们政委是老大学生了，他旁边的一个干事是大学数学系毕业的。他听完了就问我，小管你是哪个大学毕业的呀？我说我哪上过大学呀，我农村来的。我心里想，我要上过大学我还在这里干什么？我可能给他留下了很好的印象。我记得我们单位的大卡车到龙口附近的矶碥角，拉政委他们去看海景，我们都爬到后车厢里去了，驾驶员旁边有两个座位，政委上去了，还空着一个座位，政委就喊：小管，你下来，把我叫下去与他一起坐。我们的主任、教导员披了大衣坐在露天车厢里边。我当时有种说不出来的感觉，受到一种至高无上的礼遇，一方面是受宠若惊，一方面是胆战心惊。而劳动嘛，他们也看到了。我们有三十亩麦田。收割的时候，那些城市来的战士，是不会用镰刀的，我在农村正好是锻炼过的，所以我一个人割的和我们全站十二个人割的一样多。我说我习惯一个人割，他们十二个人，每人一行，从西头往东割，我一个人跑到东头往西割，然后在中间会合，那么一会合就发现，我一个人割的和他们十二个人割的一样多。这种想法的确也很卑劣，但这是我们那时的真实想法。虽然我在村里是个不称职的农民，但是到了部队变成了一个劳动专家。政委一看，这个战士文能讲三角函数，生产劳动又这么棒，能文能武，他实际上当时就有心把我调出去了。第二年呢，我回家结了婚。他说正好有个机会，把我调到一个训练大队。

王尧： 在这个训练大队主要干什么？

莫言：当时，解放军郑州工程技术学院在江苏和四川招了一批高中毕业生，是一批落榜生，就是高考分数不够，但是他们的数理化成绩很好，文科不好，招这么一批学生。因为学院内教室不够就下放到各个局的训练大队来代培，教员有的是从工程学院派下来的，有的是各局自己选拔的。调我去当班长，让我像训练新兵一样训练这帮学员，其实我在新兵连只待了十五天，队列技术是很差的，我心里很慌。我刚到部队的时候，老觉得自己是个文人，在队列方面也没有下功夫，但到了这个环境呢，我想我必须好好表现。所以我就晚上自己练习队列，白天咬牙切齿地训练这些学员，有一次把一个学员训哭了。新兵训练结束以后，我自己感到进步很大。大队长告诉我，你不用回去了，你已经调过来了。我这才知道，局里把我调来，是想把我提干，但局里没有名额，训练大队缺干部。训练大队的领导对局里说我，他刚来一个月，我们也要考察一下，明年再提吧。这恰好是1979年的年底，总政治部发来文件，不允许再从战士里面直接提干，必须经过院校或者训练大队的培训之后才能提。这个时候我已经是二十四周岁，年龄也大了，到1980年就一下子搁浅了。怎么办呢？这时候江干事就千方百计地给我想办法。队列训练结束了，工院没有这么多教员，缺政治教员，他就问我，你能不能讲政治？这可是个机会。我一咬牙，说我试试看。当时讲的是哲学、政治经济学、科学社会主义三门课。我就找了艾思奇的《辩证唯物主义和历史唯物主义》，找了政治经济学的读本，死背硬记。那个时候记忆力比较好，而当时的政治课只能是照本宣科，你不可能发挥，发挥不好还发挥错了。谁能够在课堂上脱稿讲，滔滔不绝，大家就认为这个人的水平高。我年轻，记忆力好，是可以做到脱稿演讲。每周只有两堂课，又提前三个月就告诉我了，有时间准备。当时还让我兼任了保密员，有一段时间还让我负责分发报纸信件，负责烧开水，非常忙。河边有一片白杨树林，我一大早就跑到树林里对着树练习演讲，背诵要讲的内容。试讲了两次，反映还不错。刚开始很紧张，普通话也不会说，满口高密话。在这段时间里，他们一直想把我提干，但是一直提不了，一直拖到了1982年夏天才破格提拔。这时候我当兵已经七年了，每月津贴费已经到了二十六块钱，当时干部才五十二块钱，而且干部还要交伙食费。再提不了干，我怎么办？我确实感到前途一片渺茫，这时候就开始写小说。

发现民间

王尧：我们现在可以讨论你的创作历程了。如果不谈"文革"当中的写作，你从什么时候开始写小说？

莫言：1979年在黄县的时候就开始写，调到保定后，起初是一门心思想提干，后来一看提干无望，就再次写，写了就往保定的刊物《莲池》投，1981年的第五期发了一篇《春夜雨霏霏》，1982年第二期发了《丑兵》，紧接着第五期又发了一篇《因为孩子》。

文学跟我的个人前途是联系得很密切的，如果没有这两篇作品，提干的可能性就小许多。回到农村，你多大的才华也没用。不可能人家下地劳动，你关在家里写小说呀，那不现实。如果1978年我真的被招收到郑州工程学院去学电子计算机的话，那我现在可能就是一个修电脑的，或者是修电视机的，能不能称职还是另一码事。

两篇小说一发表，《莲池》的一位老编辑毛兆晃先生就到我们部队来看我，然后他带着我去白洋淀深入生活，这件事在我们部队引起很大的反响。每一篇小说就有72块钱的稿费，两篇就是144块钱，一时也传为美谈。当时一个连级军官每月工资才52元，他们说我如果每月能发表一篇小说，就能顶一个营级干部了。我们局里也知道训练大队有这么一个战士，干着干部的工作，还能够写小说。

王尧：你的命运开始悄悄改变。

莫言：我们局政治部肖里千副主任和宣传科王科长，到训练大队来视察工作。我在保密室听到训练大队的政委向局里的首长汇报工作，提到了我的问题。我们政委说，这个战士，水平还是蛮高的，能讲政治，能讲数学，而且发表了小说，被地方的刊物认为是很有潜力的青年作者。作为战士，二十五岁已经很大，但作为干部还是很年轻的。这是个人才，能不能作为特殊的例子照顾一下？肖副主任就对宣传科长说，老王，我们明天去听这个战士讲课，不要提前告诉他，明天讲课的时候进去就行了。我在保密室听到了，晚上我们大队政委也悄悄对我说了，让我好好准备一下。我知道胜败在此一举。本来第二天应该是讲新课，但是我觉得把握不大，临时作了调整，就是复习，讲生产力和生产关系，最熟的一节。第二天我就讲了，两个班的大课，一百多个学员，我一去就看到肖副主任和科长坐在后面。刚开始的五分钟很紧张，舌头都感觉到不灵光，后来一想，有什么好紧张的？该怎么讲就怎么讲吧。生产力和生产关系，我几乎是倒背如流，非常熟，一堂课五十分钟，叽里呱啦从头背到尾，嗓子大得让别的教室都抗议，说管教员一上课我们旁边教室就无法上课。宣传科长跟我们政委说，水平果然不低，但有待规范，假以时日，前途无量。后来我就回家探亲了，暑假期间，突然收到了一封信，是大队政治处干事的一封信，说提干的命令下来了。一般的干部提干要体检、填表，很多程序，我什么也没有，直接下了命令。后来知道是局政治部肖副主任拿着我的小说，带着我们局干部科的科长，专程去了总参干部部，说这个战士确有水平，不提太可惜，总参干部部就说你们打个报告，我们特批，这样就提干了。这是1982年暑假，提干命令上的日期是1982年7月28日。当时我大哥带着我侄子正好也在家探亲，我把信给他看，他看了，也很高兴，正好我父亲从外边回来，我大哥对他说："谟业（我的原名）提干了！"我父亲把信接过去看了看，一句话没说，扛着锄头就下地去了。我们知道他心里特别高兴。他就是这样，如果遇到不痛快的事，就拼命干活；碰到了高兴的事，他也拼命干活。

王尧：这很有戏剧性。

莫言：提了干以后，继续当政治教员。这时候的心思就慢慢地往创作方面转，和保定文学界建立了很好的联系，河北省文学界也知道了保定地区有一个当兵的写小说。到1983年6月，就来调令了，让我到局宣传科去报到。我不愿意去，我给局干部科江干事打电话，说我刚刚在保定文坛有了一些影响，希望不要调我走。他说这是局里定的，他说了不算。他接着劝我，说北京的刊物更多呀，北京的天地更宽广啊，你老在保定待着，有什么出息呀，眼界要开阔，争取到更大的刊物去发表更多的作品。听他这么一说，我就只好去了。部队在长城外边，距离龙庆峡很近。夏天很凉，经常有震耳欲聋的雷声和鸡蛋大小的冰雹。因为这附近有官厅水库，背后是高山，形成了一个独特的小气候。每年为了防雹，要发射很多土火箭，当乌云密布，雷声隆隆时，那些土火箭，就如一道道激光，直射到云层中，然后爆炸。我那时是两地分居，每到周末，就和我教出来那些学员们，翻到山后去玩，那里的风景非常独特，非常优美，人迹罕至，鱼和鸟都不怕人。这个地方就是后来大名鼎鼎的旅游圣地龙庆峡，说起来，还是我们发现的呢。

在宣传科让我担任理论干事，负责干部和战士的理论教育。刚到的时候，大概是要摸摸我的底吧，科长让我写了一个政工简报，我写完以后，交给科长，科长送到了主任那里。过了一会儿，就是那个副主任肖里千，他已经提升为主任并兼任了副政委，打电话叫我到他的办公室去。他说你这篇文章写得还是不错的，但逻辑上有些地方是不通的。他就给我讲逻辑，大概念要管小概念，大词要管小词。他没像语文教师那样讲，他有一套很实用的理论。他是解放前武汉大学的毕业生，老学底，号称我们总参系统的文件大王，给他一句话，他能写出一篇文章。他就给我讲了半天，跟我讲学无止境，人要谦虚，当然也没有批评我什么，就是讲人要谦虚，要好学。他说，世界上没有天才，那个写《滕王阁序》的王勃，说是下马之后，一挥而就，他说那是骗人的，王勃一路上都在打腹稿。他讲自己年轻时去参加一个亲戚家的葬礼，知道到了那里肯定要写对子，一路上就绞尽脑汁构思，到了那里，已经胸有成竹，自然拿起笔来就写，对句公正，词义贴切，赢得一片赞誉。他讲文化大革命期间，他有一次到历史博物馆去参观，带着我们政治部的几个干事。他是武大历史系毕业的，自然对历史很了解。在历史博物馆，就面对着展品讲给我们的两个干事听，他说他讲的时候后边站着一个穿中式服装的老头，脸上带着微笑，他以为是一个普通的观众，想借光听一听，就越讲越来劲。讲了半天，这个老者就上前来说，解放军同志，你学问很好，但是刚才你讲的，有两个地方不对，这个东西是什么朝代，那个东西是什么朝代，你刚才讲的是不对的。我们副主任就问他，请问老先生尊姓大名，这个老先生就说，鄙人沈从文。

王尧：遇到高人了。

莫言：肖副主任说他从此再也不敢乱讲了，讲的时候先要看看旁边有没有老头。不要老是以为自己懂得很多，山外有山，人外有人，人不可貌相，很多有学问的人是看不出来的，没有学问的人才咋咋呼呼的。

王尧：这是个不错的领导，他实际上是告诫你。

莫言：告诫我要谦虚，不要以为发了几篇小说就了不起。他对我的影响是很大的。1983年冬天，我给全局的战士讲中国近代史，那时没有现在这么多影像资料，全凭一张嘴，我的一个学生跟着给我录音。反映还不错，战士们说像听评书一样。在这期间，我还请假出去参加了一些文学活动，去保定参加讨论我的《民间音乐》的会议，到石家庄参加《长城》的笔会，还到任丘参加过河北青年作家创作会议。局里边呢，感觉到我全部精力没有放到理论工作上来，就让我兼任新闻干事。1984年的夏天，派我出去学习科学社会主义理论，为干部理论教育做准备。在学习期间，我就发现也是我们总参系统的一个干部，老在那里复习现代汉语呀，汉语语法呀，我就问他，你复习这个干吗？他笑而不答。后来一直到七月份。他说，我告诉你吧，解放军艺术学院成立了一个文学系，向全军各大单位发了通知，要招收一批干部学员。他说他要报考解放军艺术学院文学系，我说我可不可以报。他说好像是营以上的干部才能报吧，你好像不行。又过了一段时间，他说我打听了，你也可以报。我一听这个消息，立刻赶回局里去了。我们宣传科长说，确实有这个事，但是得跟政委、主任商量。主任说，舍不得让你走，你刚上来一两年，很有前途，希望你能留在这儿。我说还是让我去吧，我估计我也当不了个好干事，而且我说我能当个科长又有什么呢，假如我能写出小说来，那不是比当宣传科长还好吗？他就说跟政委商量商量。后来主任说你要报考就报考吧，不过现在有点晚了，报名早就结束了，而且你也没有时间复习了。他让我自己到总参政治部负责院校招生的地方去问问。我当时电话都不会打，不知道什么叫蜂音,什么叫忙音,我不会用这种拨号电话。进城后,也不会坐公共汽车。但我这时是豁出去了,打听着到了总参干部部,找到一个徐干事,他说你自己去军艺问问吧,看看还能不能报名。他告诉我怎么去军艺,怎么坐车,然后又把我送到车站。去了以后,一进走廊就碰到了刘毅然,他穿了一件灰色的衬衣,英俊潇洒;我穿着一身的确良军装,戴着军帽,汗流浃背,背着个挎包,一见他,"啪"地一个敬礼,说报告首长,我是总参来的,叫什么名字,来报名考军艺。他说报名早就结束了,怎么才来报?我说我刚听到消息。他说你带作品了吗?我说带了。他说我们研究研究,他说徐主任很忙,今天就不见你了。我看到徐怀中主任坐在办公室里写什么东西,印象很深的就是两道很长的眉毛。过了段时间我就打电话问,刘毅然说,徐主任看了你的作品很高兴,同意你参加考试,你赶快准备文化考试去吧。后来我知道这次军艺文学系招生,从每个大单位招两三个人,像李存葆、宋学武、钱钢、李荃,都得过全国奖。当时李存葆的《高山下的花环》已经轰动了全国,而钱钢的报告文学也得过全国的奖。另外很多人呢,都有很多作品。因为我讲过政治课,又参加过党政干部基础科的考试,一年考了四门,底子较好,虽然没有复习,但文化考试考得很好,是我们局里的最高分,后来知道我的文化考试成绩是我们三十五个学员中的第二名,专业课是第一名,所以很顺利地进入了解放军艺术学院文学系。

王尧:解放军艺术学院文学系人才济济,进了文学系,你的文学道路才真正开始了。

莫言:到军艺使我的创作产生了一个巨大的转折。刚进军艺我也不知道什么是好小说,什么是比较差的小说。当时也觉得小说应该配合形势,记得我写过一个名叫《黑沙滩》的小说,发表后成为整党的形象化教材。我觉得很兴奋,但是后来我们同学就批评,说你这是图解政策,好的小说不应该是这样子的。

王尧:不知道小说为何物。

莫言:系里请了北大、北师大等大学的教师来讲课,脑子才渐渐开窍了,开始知道了应该写什么东西,但怎么写还是不太清楚,不知道什么是小说的结构、语言,完全凭着一种直觉在写。当时是一股狂气呀。我写了一篇课堂作业叫《天马行空》,里面包含了许多对同学的不满,对他们的猖狂不服气,因为他们当时在军队系统都很有名,瞧不起人。像我这种从农村来的,没有发表过几篇小说,被他们蔑视。他们早就参加过各种笔会,有的在"文革"期间就发表过作品,这个管谟业是谁,他们根本不清楚。我们系里组织过一次讨论会,讨论李存葆的小说《山中,那十九座坟茔》。我确实感觉到不好,把这个小说贬得一塌糊涂,话说得很过分。我现在有点后悔,说人家那根本不是一篇小说呀,有点像宣传材料一样,就这么直接讲的。而李存葆《高山下的花环》是上一届中篇小说的首奖,改编成电影、话剧,名声大得不得了,是当时全国最红的作家,被我当头打了一棒,座谈会没人说话了。李存葆表现出老大哥的涵养,一声不吭。主任说莫言同志应该再读读这部作品,你的看法太片面了,这个还是一篇悲剧性作品,还是一部力作。紧接着第二届全国中篇奖又拿头奖了。

王尧:当时普遍认为没有《高山下的花环》写得好。但你把话讲过头,等于把自己逼到死路上去了。

莫言:我自己把自己逼到一个悬崖上了。很多人都说你既然把人家得全国头奖的小说贬得一文不值,那你写一部作品出来让我们看看。我紧接着就写了《透明的红萝卜》,然后《爆炸》、《枯河》、《白狗秋千架》等一系列作品也出来了。当然我还是努力想跟李存葆恢复关系,我觉得很后悔。这件事情当时文坛传得很广的,说明我当时很幼稚,一点也没有城府,现在你就是写得再差,我也不会这么说了。后来李再也没有写小说,一篇也没有写,而是写报告文学,写散文,成就很大。

王尧:那会不会和你的发言有关系呢?

莫言:我不知道有没有,反正李存葆写了那篇《山中,那十九座坟茔》后,就再也没有写过一篇小说。而假如我后来没有写出来的话,就成了一个笑柄。

王尧:当时你是不是觉得自己有把握写出好作品来?

莫言：我确实觉得有股气在那里撑着，而且我觉得我能写出很好的东西来，写什么我也不知道，所以写这个《天马行空》时也非常狂妄。

王尧：李存葆对你的小说有没有什么反应？

莫言：李存葆还是比较客观的，《透明的红萝卜》出来以后，他也没说什么，但是看到我的《白狗秋千架》以后，他说，这小子还是有点造化的。所以，我觉得李存葆是个大男人，有胸怀。

王尧：徐怀中老师对你的发展起了作用，你现在跟他还有联系吗？

莫言：联系很少，外界可能以为我是徐老师的高足啊，实际上联系很少，我非常怕打扰他。

王尧：作品有没有送给他？

莫言：也没有，不好意思送，不愿意打扰他。但是这两年，因为我离开了军队，不必再避嫌疑，有时候也见见面，我太太倒是经常说的，你也不给你老师打个电话，算什么学生？我说我真是不好意思，见了他就紧张，两个手心直冒汗，还是1984年第一次见的那种感觉，非常强烈，我没有跟他讲过这种感觉。尽管我想我也快五十岁了，我家乡的年轻作者看到我也是局促不安的，但我在徐老师面前，依然是那种做学生的感觉，感觉到局促，不知道该说什么话。

王尧：他是个真正懂文学的作家。他对你的创作有没有说过什么话？

莫言：他没有说过什么，但是《丰乳肥臀》这件事情让我感觉到非常对不起他，出版社的人非要拉他做这个首届"大家"文学奖的评委会主席。评委们又把那个奖给了我。后来这本书招致了众多的批评，而我们部队不少对他有看法的老同志，就把我和他联系到一块了，就说我是徐怀中培养出来的所谓的高足，竟然写出了这样的作品，而且还把这样的大奖给了这部作品。我感觉到我自己很对不起徐老师。

王尧：他也从来不提这件事吗？

莫言：他后来还说《丰乳肥臀》是部有价值的作品，尽管有值得商榷之处，但还是有价值的。第一届"冯牧文学奖"中的军事文学奖项，据说是应该给我的，后来为了避嫌，先给了别的人。我转业离开军队以后，第二届的给了我。对我的评语里面，说我一直在坚持不懈地探索，尽管有过犹不及之处，但成绩还是很大的，精神还是值得赞赏的。这评语不知是谁起草的，但最终是徐老师定稿，我想这个评语也代表他对我的创作的看法。

王尧：对文学的重新理解，唤醒了你对故乡的一些记忆。这对你来说，具有"革命"意义。

莫言：假如我生下来就一直在高密东北乡，到四十岁、五十岁，我还在这个地方，那我就非常麻木，一点新鲜感都没有，而且根本想不到这些东西竟然会和文学产生关系，甚至会直接地变成你文学里边的部分。

王尧：你突然就觉得这就是文学本身？

莫言：这有个漫长的认识过程。刚开始创作的时候，也没有意识到这些东西可以变成小说。当时认为"文革"期间看的那些东西才是小说，想不到我身边的这些普通的事情也能变成小说。我当时的想法，小说应该像《林海雪原》那样的，《红岩》那样的，《野火春风斗古城》那样的。身边那些鸡毛蒜皮的，鸡鸭鹅狗，爷爷、叔叔、兄弟姐妹，这些零零碎碎的东西怎么可能和文学有关系呢？这个过程是非常漫长的，一直到1984年考上军艺，我想是1984年的冬天，我才觉悟到，如果我想搞文学，这些东西对我来说是最重要的。

王尧：在《透明的红萝卜》之前，你的小说写军营生活的，并不是你的特长。

莫言：现在回头一看，初期的习作，是依靠翻字典、依靠看很多外国作家的书，依样画葫芦的模仿，起码有两部作品是这样的，《售棉大路》、《民间音乐》，有很明显的模仿的痕迹。当然也有可能把一些编辑给唬住了，但自己回头看，知道写这些东西，自己有多么的艰难，一个字一个字的往外挤，没有个人生命体验在里边。

王尧：《透明的红萝卜》让你发现了童年生活的意义，发现了童年的梦境。

莫言：这和后来学到的文学知识结合在一块了。《透明的红萝卜》中调动的某些真实事件，应该发生在60年代末期。我十二三岁的时候，在一个桥梁工地上当过一段小工。白天打铁，晚上就睡在桥洞里。洞外是生产队的黄麻地，黄麻地外是一片萝卜地。

王尧：我看到你在文章中说，因为饥饿，嘴又馋，就偷萝卜了。

莫言：偷了一个萝卜就被人抓住，哭着认错了，向毛主席请罪。我二哥看到，告诉了我父母，我被父亲痛打一顿。

王尧：《透明的红萝卜》是你第一次写童年的记忆？

莫言：此前的《大风》也算一个尝试。那天晚上写了三个短篇，一个《大风》，一个《石磨》，还有一个是《五个饽饽》。晚上写的，教室里没暖气，披着大衣写了三个短篇，每个五千多字。《大风》写和爷爷去割草，我爷爷不是发誓永远不给生产队干活嘛，他就割草卖。我们村子旁边有个胶河农场，"文革"以前，是改造右派的地方。到了90年代，我写过一个《三十年前的一次长跑比赛》，反映过这段生活。省直机关的所有右派在60年代初期都在胶河农场劳改，这右派当中有《大众日报》的总编辑，省建筑设计院的总工程师，省医学院的归国华侨、校花，还有画家、省民族乐团的首席二胡演奏家，还有水利局的干部、大学生。我们经常去那里，胶河农场对于我也是意义非同一般的。这么一帮人集中在那个地方，而且当时我们村也划在里边，是国营农场的一部分。我父亲、我姐姐也是那个农场的，不是农民，是农业工人，每月发工资。还有长跑运动员，省里边的运动健将，跳高的，全山东省跳得最高的那个人就在胶河农场。这么一批人，对高密东北乡的文化发生了重大影响。比如一个右派，是山东大学中文系的教授，在农民夜校给农民讲课，在黑板上写了一个"人"字，讲了三个晚上还没讲完，从甲骨文开始讲，一直讲到人民公社，学问真大，把我父亲他们佩服得五体投地。还有《大众日报》总编辑，这个人学问也大，农场分派他办黑板报，他背着个粪筐子，在田野里晃了一圈回来，拿起笔来就往黑板上写，根本不用打草稿。农工们佩服极了。其实，堂堂的省报总编辑，写个黑板报，还用写草稿吗？农场还有个畜牧组，养鸡的、养羊的，一群新疆细毛羊，而且还有两匹马，一匹是日本大种马，还有一匹也是进口名马，蹄子大得像脚盆一样，大概是苏联的挽重马。这个胶河农场不得了。

王尧：一些文化人下放，实际上也改变了下放地的文化，他们带来了现代文明的某些东西。

莫言：当时我们村建了一个仓库，就是那个右派——山东省建筑设计院的总工程师设计的。建了一个二层的仓库，红砖红瓦，是整个高密东北乡最高的建筑物，也是高密东北乡土地上第一次出现楼房。农民哪见过这个啊，说，瞧人家右派，真是有胆量，有想象，竟然能在房子上面摞房子。这个胶河农场的存在，使我们意识到这个世界上能人太多了，认识到行行出状元，任何一行干好了都是不得了的事。拉二胡的那个人，那时不敢拉《二泉映月》那种酸曲子，但他拉当时流行的革命歌曲，也能拉得人热泪盈眶。还有唱吕剧的，那嗓子甜得啊，简直是红瓤西瓜蘸蜂蜜。我每到放学以后，牵着羊就往那边跑，要不就背着篓子去，我站在胶河农场后边的河堤上，看着农场里那一片红砖瓦房，痴痴迷迷，一棵草也割不回来。当时我想，长大了，我一定要做一个右派，而且要做大右派。

王尧：你不是羡慕"右派"，是羡慕他们的本领。

莫言：村里实际上对"右派"是非常尊重的，提起"右派"，那不得了，不得了，一般的人可当不了"右派"。一说这个人是"右派"，那就意味着他本事大得不得了，学问大得不得了。场里面养了名贵牲畜，大种马啊、大种牛啊。因为它是畜牧场、良种场，负责配种的都是省农学院畜牧系的学生，学生"右派"，老师"右派"。还有一个专门给牛去势的人，叫老董，也是"右派"。我在中篇小说《牛》里边也涉及到他，他手段高明啊。给我们村子阉猪，那速度快得呀，还没看到他怎么动手，已经把一头小猪阉好了。要是那些农村土兽医，那可不得了，好像要把猪肠子全部拉出来，捯一遍，才能找到它的卵巢。人家老董只切一个小口，一按，就冒出来了，一刀镟下来，碘酒一擦，好了，小猪跑出去继续吃食去了。

我爷爷不给人民公社干活，就割草卖给农场，也不卖钱，60年代，生活困难，就换红薯干，一百斤草换两斤红薯干，红薯干是半烂的，发霉的。爷爷割草，我放学就帮着拉车。碰上一场大风，龙卷风，看到龙掉尾巴。农村说"龙掉尾",也可能是说"龙调雨",现在一想就是龙卷风,我看到过好多次。很怪很怪,云彩下边,整齐的云下沿弯弯曲曲地伸出几条尾巴来,弯弯曲曲的形状,不断地扭动着,非常形象。我爷爷说是龙掉尾,龙调雨。我爷爷说他有一年去割草,大风刮起,车子、草全部给卷跑了,他急中生智,紧紧抱着一棵柳树,才没被卷走。看到身边河沟里的水哗哗地往天上冲,河底、池塘马上就干了,干干的,满池塘的水、鱼,都没有了,被龙卷风全部吸上去了。而后突然就是倾盆大雨,狂风暴雨。我爷爷确实看到过。因为我们东北洼方圆五六十里,没有村庄的,生着很多野草,很多水泡子里有水、有鱼。小说《大风》就是根据这个来的。这个小说写完以后,我没信心,投给了保定的《莲池》,他们发表了,过了不几天,《小说选刊》选载了。我们当时认为,能被选载,水准肯定是比较好的。我隐隐约约感觉到,这种东西如能被大家认可的话,那就太容易了,这样的事情很多。

王尧: 接下来就是《透明的红萝卜》。

莫言: 这篇小说实际上使我信心大增,野心大增。

王尧: 这是你的成名作。还能记得当时的创作情景吗?

莫言: 一天早晨,天刚亮的时候,我迷迷糊糊做了一个梦,眼前出现了一片很广阔的红萝卜地,北方的大红萝卜,很鲜艳的。太阳初升,一轮红日,很大的一轮红日从地平线上冉冉升起,萝卜地中央有一个草棚子,草棚子里出来一个红衣少女,很丰满穿红衣的姑娘,手里拿了柄鱼叉,叉起一个萝卜,举着,朝太阳走过去。这时起床号响了,我醒了。起床后,对同学说,我刚才做了个梦,能不能写小说啊?我同学说,好啊,写啊。然后我就写,就把我少年时代在水利工地上当小工,帮人家打铁的一段事情写进去了,故事自然放到了"文革"背景中。写完以后,我自己也拿不准,这个小说能发表吗?而且里边很多是通感的东西,像小男孩奇异的感受,超出常人的嗅觉、听觉,以及在铁匠炉看到的萝卜的变幻啊,红萝卜在他眼睛里变成一个很神奇的东西,是透明的;里边活泼着汁液。拿给徐老师看,他很快看完了,第二天很高兴地告诉我,很好很好。他的夫人于老师,是总政歌舞团的一个舞蹈家。她也看了，说，这小说写得很好。起初题目叫《金色的红萝卜》，徐老师给改成《透明的红萝卜》。

王尧：这个细节鲜为人知。

莫言：我当时还感觉有点不太好，觉得"透明的"不如"金色的"好。多少年以后我才感受到改得太巧妙了，"透明的红萝卜"要比"金色的红萝卜"好得多了，意境一下子就出来了，有种空灵感。然后就发表在1985年第二期的《中国作家》上，这个杂志刚创刊，冯牧老先生主编的，《中国作家》一个编辑叫萧立军，到我们系组织一个座谈会，配合着小说发表。那天刮大风，他说能不能请来徐主任主持一下座谈会。我说，我怎么好意思请。他说，你还是请一下。我就给主任打电话，主任就说我去我去。过了一会儿，他骑了辆自行车，穿着件棉大衣来了。我们一帮同学座谈。整理出来配合小说发表。发了以后中国作家协会在华侨大厦开了个讨论会，冯牧主持。当时开讨论会和现在也不一样，很少有，比较隆重。冯牧先生是作协的领导人，德高望重，他亲自主持，北京的评论家大多数都去了。尽管会上也出现了一些争论，还是对把我推上文坛起到了重要的作用。紧接着很多报纸、杂志发出这次讨论会的消息。这篇小说的成功增强了我的信心，使我意识到原来这就是好小说。接下来很快就出来了一批，像《爆炸》、《筑路》、《秋水》、《三匹马》、《白狗秋千架》、《老枪》，都是这个时期写的。这一批小说基本上奠定了我所谓青年作家的地位，文坛上知道了有这么个人。

王尧：给你带来更大声誉而且具有文学史意义的作品，是《红高粱家族》，这部作品让人感觉到莫言横空出世了。

莫言：在军艺学习，对军事文学是很关注的，而且系里面也希望同学能写出来几部有影响的军事题材的小说。写农村题材当然也好，可你能写一篇和军事、战争有关的小说更符合解放军艺术学院部队作家的身份。一次我们去西直门的总政招待所，开一个军事题材小说座谈会。当时座谈会不是为我们开的，但把我们军艺的几个比较活跃的学员吸收进去了。会上一批老军事作家对中国军事文学创作现状忧心忡忡，他们拿着苏联的战争文学作比较，苏联的卫国战争只打了四年，可反映卫国战争的文学层出不穷，描写卫国战争的作家也是一批又一批，说有五代描写卫国战争的苏联作家。我们中国共产党领导的战争历史和共产党差不多是一样长，28年新民主主义革命历史，但是真正反映战争的文学，像《战争与和平》、《静静的顿河》这样的经典著作一部也没出来。他们马上分析到是由于文化大革命和极"左"路线，扼杀了老作家的才华。现在改革开放，老作家创作的黄金时代已经耽搁了，年轻作家虽然精力旺盛，但是没有战争考验，没有经历过战争，所以他们对中国军事文学创作，很忧虑、很着急。我当时就说我们实际上也能写，写我们心目中的战争。我说我们虽然没有见过日本鬼子，但我们可以通过查资料来解决。我们虽然没有亲身的打过仗，但间接的经验还是有的。我们毕竟当过兵，也搞过军事演习。没有亲手杀过敌人，但看过杀猪、杀鸡的，都可以移植到小说中来。对我这看法，一些老作家不以为然，年轻人呀，狂傲。当时我就憋着一股气，一定要写一部战争小说，后来就开始写《红高粱家族》，1985年春天写的，还是1984年底写的，我记不清了。发表在1986年3月份的《人民文学》上，这是准确的。

王尧：我看你以前写的文章、演讲，应该是1984年年底写的。

莫言：是1984年年底写的。写了个草稿，我当时也没有把握，放了一段时间，然后就把它抄出来了。出来以后，给我几个同学看了，他们摇头说不怎么样，一般化。但此书走红后他们的观点也变了。这是《人民文学》编辑朱伟约的稿，我刚把稿子誊抄出来，《十月》的一个老编辑来了，说要拿回去看看，看了以后要发。朱伟给我打电话问，稿子呢？我说给人拿去了。朱伟听了很生气，说你不是给我写的吗？我说，他要拿过去看看。《十月》这样的大刊物，对我也很有吸引力。朱伟找到《十月》的郑万隆，硬把稿子给追回来了。结果那个老编辑对我很有意见，朱伟对我也有意见。这当然是我的错误。我短语1985年回家过年的时候，收到朱伟的一封信，说王蒙看了《红高粱家族》，很喜欢，决定明年第三期头条发表。王蒙当时是《人民文学》的主编。朱伟在之前看过我的作品，在发《红高粱家族》之前，《人民文学》发过我的《爆炸》，这个中篇，许多人评价比《红高粱家族》还要高，然后就是《红高粱家族》。我记得因为《爆炸》修改的问题，光明日报社的冯立三先生带我去王蒙家，王蒙家当时住在虎坊桥，他正在和鲍昌、唐达成商量事情，也没说几句话，王蒙就说改一改。冯立三说为什么要改，你认为好就不必要改啊，我觉得他说得也有道理。朱伟给我写信，说王蒙看了《红高粱家族》很感叹，说莫言是写什么有什么。原话记不得了，反正是两句赞赏的话。被王蒙赞赏，我心里面沾沾自喜，信心大增。

王尧：那时能被王蒙肯定就像五六十年代被茅盾先生肯定一样。《红高粱家族》一发表，确实是影响很大。

莫言：马上就有从维熙先生在《文艺报》上发表一篇文章，叫《五老峰下荡轻舟》，五老峰就是指老套子、老框子等等。接着李清泉也写了评论文章，题目叫《该说的和不该说的都说》，有批评有肯定，主要还是表扬。李陀、雷达等先生也写了赞扬的文章。本来也没想过写长篇啊，写个中篇就拉倒了。紧接着有约稿的，继续往下写嘛，《高粱酒》、《高粱殡》、《狗道》、《奇死》，连续写了四篇。那时记忆力比较好，能够记住那些细节，就那么个故事，反复地讲，同时把一些零零碎碎的东西弄进去。所以《红高粱家族》是没有结构的结构，本来是一个系列中篇，人物是一贯的，故事是有关联的，所以就变成系列中篇组合成的长篇。

王尧：后来有人认为，你的《红高粱家族》系列作品受到了《百年孤独》的影响。

莫言：这是想当然的猜测，《百年孤独》的汉译本1985年春天才在中国出版，或者是我1985年春天才看到，那时根本没空逛书店，更舍不得花钱买书。《红高粱家族》完成于1984年的冬天。我写《红高粱家族》第三部《狗道》时，才读到《百年孤独》。假如在动笔之前看到了《百年孤独》，《红高粱家族》可能是另外的样子。

王尧：韩少功写《爸爸爸》，别人也说他受了《百年孤独》的影响，少功说他那时还没有看到《百年孤独》。不过，在80年代外国文学对作家的影响还是很大的，这未必说哪部作品受到了国外哪部作品的具体影响。

莫言：作家受到的影响其实是身不由己的，你是一个50年代开始写作的人，不可能不受到苏联文学的影响，你是一个"文革"期间写作的人，不可能不受到"四人帮"文艺思想的影响。你是一个80年代开始写作的人，如果说没有受到过欧美、拉美文学的影响，那就是不诚实的表现。

从50年代开始，包括"红色经典"时期，文艺界提倡的一些东西其实也有几分道理。譬如他们提出文艺工作者要向老百姓学习，学习他们生动活泼的语言。当然1958年的民歌运动和"文革"后期小靳庄的诗歌运动，就是纯粹的瞎闹了，那些东西并不是老百姓的，有好多是文人代写的。向老百姓学习语言，这个提法本身是没有错的，因为很多老百姓的口语和生活中的语言是非常形象、非常生动的。一部文学作品之所以能在当时与其他文学作品区别开来，实际上是得力于向老百姓去借鉴语言。但是把这个东西提高到高于一切的地步，也是一种狂热症。在这种思想的指导下，命令作家下去"体验生活，深入生活"，好像不如此就无法写作了。结果也成了形式化的东西。这种强制性的、口号式的东西，形成了逆反心理。你让我下去，我偏不下去，我就要躲到书斋里闭门造车。你要我向老百姓学习语言，我偏要向外国作家学习语言。所以我说我们受外国文学的影响不是偶然的，而是时代的必然。

从50年代到80年代这段时间中，我们对西方文学基本上是不了解的。西方的文学家在这30年里发明了什么文学思想，掀起了哪些文学的浪潮，创作了哪些文学作品，我们几乎是不知道的。我们知道的只是苏联的一点点东西，日本的我们知道一个名叫小林多喜二的《蟹工船》，因为他是日本的共产党。其他国家的，我们几乎全都不知道。"文革"后期好像也在内部发行过、供批判用的外国文学读本，有白皮本蓝皮本什么的，但能够读到这些书的人，都是当时的贵族或者是贵族的后代，与一般的读者没有关系。80年代开放后，这些东西铺天盖地地压了过来。大家拼命阅读，耳目一新，感觉到小说表现的天地一下子宽广了许多。许多作家在阅读当中被激活了许多的灵感。每看几行字，脑子里浮想联翩，勾起了我们以前的许多生活。过去深藏在记忆里的许多东西，以前认为是不能进入小说的，现在都可以写到小说里去了。在这些记忆被激活后，你就想马上把别人的书丢掉，自己来写。在这种冲动下写出来的东西，肯定会带有借鉴甚至是模仿的痕迹。像我早期的中篇《金发婴儿》、《球状闪电》，就带有明显的魔幻现实主义色彩，因为我那时已经看过马尔克斯的一个短篇小说集，里边有《巨翅老人》等具备魔幻特征的小说。这个过程也是非常正常的、甚至是十分必要的，如果没有这个近乎痴迷地向西方学习的阶段，中国作家也就不会有今天的冷静和成熟。我们在三五年间把人家30年间的东西全都接受了过来，就像中医学里所谓的"恶补"一样，正面的作用是巨大的，副作用也是巨大的。

到了1985年，韩少功写了《文学的"根"》，阿城写了《文化的制约》，实际上就是一种反思和觉醒。他们的文章的深层意蕴我不可能理解，但根据我的粗浅理解，那时候我也意识到一味地学习西方是不行的，一个作家要想成功，还是要从民间、从民族文化里吸取营养，创作出有中国气派的作品。是否存在一个"文学寻根"运动，我看了一些不同的说法，有人说有，有人说无，但他们的文章在当时引起了强烈的共鸣是肯定的。当然，所谓的"寻根"很快又走向了反面，那就是出现了一批专门描写深山僻壤落后愚昧痴呆病态泼妇刁民的作品，好像这就是我们的根子，其实这是巨大的误解。但就是在这样的翻来覆去的过程中，作家们都慢慢地找到了自我，各自的面貌在这个过程中越来越清晰了，优秀的作家都渐渐地具有了自己的写作面孔。

王尧：《红高粱家族》当然是你自己的"面孔"，有些年轻作家在向西方学习上把自己的面孔变了。

莫言：后来出道的一批年轻作家，单个看都很不错，但放在一起看就有问题。他们的语言风格是一致的，基本上都用一种腔调在说话，我觉得这是一个要命的问题，一个作家怎样使自己的作品具有鲜明的个性，在当今作家成群结队涌现的时代显得尤为重要。许多年轻作家不爱写对话，这也是西方作家的特点，他们不擅长中国的白描。因为白描是要通过对话和动作把人物的性格表现出来。西方就直接运用意识流来刻画心理。后者的难度实际上要比前者小。我认为学习我们的古典小说主要就是学习写对话，扩大点说就是学习白描的功夫。这有点像初习书法者练习正楷。我在《檀香刑》后记里讲的所谓"大踏步的撤退",实际上是说我试图用自己的声音说话,而不再跟着别人的腔调瞎哼哼。当然这也不可能一下子就与西方的东西决裂,里面大段的内心独白、时空的颠倒在中国古典小说里也是没有的。在现今,信息的交流是如此的便捷,你要搞一种纯粹的民族文学是不可能的。所谓纯粹的民族语言也是不存在的。

王尧: 读《红高粱家族》,不少人觉得你很残酷,像"剥皮"等细节描写受到一些人批评。我想,这恐怕也表达了你对人性的一些看法?

莫言: 我觉得人要是真的坏起来会超过所有的动物,动物都是用本能在做事情,而人除了本能以外,还会想出许多办法来摧残自己的同类。人一方面可以成佛、成仙、成道,可以是无限的善良,但要是坏起来就是地球上最坏的动物。在《红高粱家族》里,一个中国的屠夫在日本兵刺刀的威胁下,活剥中国人的人皮。有人批评说这是自然主义的描写,不美,我当时的辩论是如果不写日本士兵对中国老百姓施加的无与伦比的残暴的酷刑的话,就不会激起老百姓强烈的反抗情绪。实际上,中国的老百姓确实是最能忍受苦难,最能委曲求全的。如果还有口饭吃,如果生命还可以保全,他一般是不会反抗的;只有到了要么是饿死要么是被敌人杀死的时候,才会奋起反抗。用鲁迅的话说,就是连奴隶也当不成了时就会反抗。与其今天夜里饿死,不如下午去抢一家饭店,吃饱了再说。所以像《红高粱家族》中的那些描写,我觉得还是需要的。再一个就是这些土匪本来也没有这么高的觉悟,在没有外敌入侵的情况下,他们也是破坏社会安定的力量。多数的土匪都是真正的贫农,吃不上饭了,要饿死了,没有办法,只有当土匪去;还有很多是大户,日子过得很好的,被土匪糟蹋得没有办法了,索性毁家拉起杆子,也当上了土匪。所以如果用阶级观点的方法来分析土匪就会陷入到困境里去。现在的这个社会里还有没有土匪?我觉得还是有的,不过是换了称谓。社会腐败,一些干部横行霸道,欺压老百姓,他对社会极端不满,铤而走险,活不下去,只有当土匪去。90年代的土匪与30年代的土匪有什么区别?理论家说不清楚,其实性质是一样的,土匪是超阶级超社会超制度的一个产物。我们共产党对待他的态度也是如此,在革命的初期是想利用他们,把他们转化成革命的力量;革命一旦成功以后,我们也是要剿匪的。解放初期,我们的解放军也是在剿匪的,那时的土匪有的与国民党的残余部队有联系,有的与他们没有联系,就是一种不带党派政治色彩的危害社会的力量。他们在国民党时期,危害的是国民党的政权;在共产党得了天下以后危害的是共产党的政权。所以我觉得这是一个超阶级超制度的现象。现在称为"黑社会"。他们有钱之后就要争取社会的承认,花钱买一个这样那样的委员,为的是取得更大的权益。

王尧:不分党派,不论英雄还是土匪,常常都是江湖中人。《红高粱家族》也是江湖的历史。

莫言:江湖在金庸的小说里是存在的,在我们的现实生活中也是存在的。所以江湖也是超阶级超制度的。江湖是一种若有若无的社会存在,与其说它是物质性的,毋宁说它是精神性的,它有一套自己的游戏规则。写《红高粱家族》的时候也没有想到写江湖。

王尧:土匪成了抗日英雄,余占鳌成了人物,文学的人物谱系和读者的阅读心理都发生了变化。后来用"新历史主义"来解释,很有道理。

莫言:写土匪抗战,事实上也是有一点历史根据的。在抗日战争初期,我们的胶东地区冒出了几十支游击队,一帮土匪摇身一变,树立一个旗号,我不是土匪了,我是抗日游击队,实际上还是按照过去的生活方式在生存。当时是遍地的司令,有的给八路军转化了,有的给国民党收编了,有的投靠了日本人,有的跳来跳去,有奶就是娘,今天是国民党,明天是共产党,后天又投靠日本人了。刚开始写的时候,我想写的是农村生活,是写高粱地,如果你从里边读出了江湖,那也是我迷迷糊糊,误入江湖。

王尧:你在日本演讲时,提到了"红高粱"的红与"红太阳"的红,两者象征意义当然不同,但我觉得主要还是涉及到描述历史的不同方式,也是一种历史观的问题。

莫言:我们这些经过文化大革命的人都知道"红太阳"有一种特别的含义,

是指毛主席；红高粱是民间的。红太阳是天上神圣的东西，红高粱是野生的、民间的，植根于土地的东西。

王尧：《红高粱家族》一改成电影，你成了家喻户晓的人物。

莫言：也没有那么夸张。1988年春节期间，当时我在高密东北乡的一个供销社仓库里写作。我一个在供销社工作的堂弟，拿了一张报纸，跑来跟我说，你看你看，《人民日报》副刊整整一版，《红高粱西行》，写电影《红高粱》在西柏林得奖的经过，是中国电影第一次在世界三大电影节上得奖。我回北京以后，深夜就听到一个小伙子的吼叫声："妹妹你大胆地往前走啊！"满大街在唱这个电影的插曲。

王尧：有没什么感觉？

莫言：觉得莫名其妙的，有一种浪得虚名的感觉，难道这样就成为一个作家了吗？这么容易，写了这么点东西就成为作家了吗？这就产生疑问了，也不是瞎谦虚，确实感觉到浪得虚名，心里越来越没有底，这时候创作上就越来越野蛮了，我只能用野蛮这个词来形容当时这种创作状态。我当时在写《欢乐》，然后就是《红蝗》。

王尧：在张艺谋改编《红高粱家族》的时候，你和张艺谋没什么联系吗？

莫言：没什么联系。1986年暑假，我还没走，其他同学都回家了，我当时正在写《筑路》这个中篇。有一天楼道里有人喊我的名字，我看到一个人，穿着一双老百姓穿的那种用轮胎缝的简易凉鞋，可能在公共汽车上，鞋带被人踩断了，提着个鞋找我来，晒得黑黑的，可能当时正在西北拍《老井》。他说自己是张艺谋，想改编《红高粱家族》为电影，我说随便改吧，无所谓的。我当时很明确地告诉他，我又不是什么名作家、名人，你绝对不要忠实原著，你愿怎么改就怎么改。当时也没有版税意识。一切按规定去办，当时小说的电影版税是800块钱。后来我就参加了两次讨论，执笔的叫陈剑雨，当过福建电影制片厂厂长，这位老先生执笔的，我和朱伟参加讨论。到了1987年暑假，到高密拍摄的时候，因为高粱是种在我们高密东北乡的，我正好回去休假，到现场看了一眼。拍电影对高密县来说，是一件很新鲜的事，很多老百姓都来看，但他们很失望，说拍电影一点不好玩，半天也拍不了一个镜头。我带着女儿看了一眼，就不管这个事了。高粱，我认为种得太少了，长得也不好，天太旱，拍出来也是捉襟见肘的。

王尧：《欢乐》在这个时候受到批评。

莫言：1987年《人民文学》一、二期合刊发表了《欢乐》，一发表马上就有人批评，很多老作家感到惋惜，说这个作家太可惜了，写这个东西。但极个别人认为《欢乐》确实好。

王尧：你自己认为怎么样？

莫言：我认为《欢乐》是我写作状态非常好的一个中篇，九天写了将近七万字，而且是实打实的，没有分行的。感觉分不了段，更别说分行了，一连贯下来，一气呵成。写到兴奋状态了，觉得笔根本赶不上思维，一大堆好句子滚滚而来，自己控制不住。我弟弟说，在窗外能听到我腿哆嗦的声音和喘粗气的声音，我自己意识不到。当时我戴耳机听音乐写作，音乐放什么我不知道了，就是一种节奏感很强的东西，好像是京剧唱段。这个小说的创作状态至今是我怀念的，后来再也没有出现这样一种状态，写得那么顺畅，一泻千里，而且信息量很大。其实这个故事很简单，讲一个连续五年参加高考，到第五年依然落榜的这样一个人。家庭条件非常差，非常贫困的一个学生，连续五年落榜，要去他女朋友的坟墓前自杀，这样一个故事，整个是他的意识流。我觉得这个小说有很强烈的社会性，反映高考对农村青年的压力，反映农村这种麻木不仁的生活，有很多华彩乐章在里面，那么多的形容词，那么多的东西堆砌到一块，现在肯定是没有那种状态了。所以《欢乐》还是值得我经常回忆的一篇小说。我并不认为这部小说比其他小说高到哪里去，而是这种状态再难找回了。

王尧：阅读这篇小说很累。

莫言：把《欢乐》分分行，差不多可以分成九万字的版面字数，稍加演绎，就是一个现在流行的小长篇。记得当时上海的评论家吴亮说，这个太难读了，简直像心电图的符号。当时骂声很多，几家报纸整版地批判《欢乐》，对我进行了很多人身攻击,说这是一个戴着作家桂冠的坏人啊,说小说在亵渎母亲啊。之前我已经预感到了在我这部小说发表以后,会有很多的批评。《人民文学》还是有胆量,有胆识的一批人,既然作家这么写了,就这么发表,也没提意见让我修改。刘心武当时是《人民文学》主编,1987年《人民文学》一、二期合刊,因为这期刊物,他下了台,真是抱歉。

王尧:那一期因为马建的小说出了问题。

莫言:《欢乐》应该没有政治问题,小说描写了一般认为小说不能描写的东西。然后到六月份的时候,第四期的《收获》就发表了《红蝗》,是1986年寒假写的。当时我的同学就说,就怕莫言回高密,一回来肯定带回一重磅炸弹。我暑假回去带回《欢乐》、《弃婴》两个中篇,寒假带回《红蝗》。老家当时找不到一个有炉子的房间,春节就在我们家厢房里面写,彻骨的寒冷,我穿着大衣、棉鞋,戴着棉帽、手套写作,写着写着鼻涕水就流下来了。春节结束回学校,同学们就看到我两耳的冻疮,流黄水,手上也是冻疮。我的同学里面没有一个像我这种家庭环境的。钱钢当时已经是《解放军报》记者处处长,师职干部了,他问你怎么还起冻疮,你们家没暖气吗?我说我们高密县都没暖气。但也有家在农村家庭条件比我好的,我们家太冷了。放在屋里的水缸里都结了厚厚的冰,我母亲起来做早饭,要先用镪锅铲子把冰敲开。好处就是在寒冷的环境里面,头脑特别清楚,感觉脑袋像一块透明的冰一样,一切清楚,你想写的字句好像在你脑袋透明的冰块上印着,当时唯一的痛苦就是手不听指挥,字写得很难看。

王尧:手稿还留着吗?

莫言:手稿都不知道到哪里去了。那时也没有手稿的意识,当时也没有复印机,更没有打印机,当时就给了编辑。杂志社早把稿子烧掉了吧?那么多烂稿子,谁还保留着啊。《金发婴儿》也是在厢房里写的,当时我女儿才两三岁,旁边就晾着很多尿布,有电灯了,但老停电,一直到晚上十二点才来电,用电高峰的时候全停电,没电的时候就点蜡烛,不舍得老点蜡烛,蜡烛贵,多数是点油灯,冒黑烟,一夜下来,鼻孔里全是黑的。每次寒假暑假回去,都能写一点东西。

王尧：在老家你有底气。

莫言：那时老家也没什么人知道我在写作。

王尧：第一次面对那么尖锐的批评，紧张吗？

莫言：《欢乐》、《红蝗》，引起了很大的批评，尤其是《欢乐》。《红蝗》使得一些以前吹捧我的人也发出了怀疑的声音，这个作家在挥霍自己的才华，浪费，感觉泛滥，挥霍才华，表示担忧。这个时候实际上已经写完了《天堂蒜薹之歌》，《欢乐》、《红蝗》之后，第二部长篇。

王尧：这个长篇的写作好像与一起蒜薹事件有关。

莫言：山东苍山县确实发生了震惊全国的蒜薹事件，是因为当地的干部玩忽职守、不负责任，导致农民的蒜薹卖不出去。对外地来拉蒜薹的车乱收费，把人家外地客户都吓跑了。农民一怒之下，就把大量的蒜薹推到了县政府，把县政府的门都用蒜薹堵住了。人们要去见县长，县长躲着不见，让人把自家围墙加高，上边还拉了铁丝网。然后导致了更过激的行为，农民冲进县政府，砸了县长办公室，放火烧了县政府办公大楼。后来领头闹事的给抓了，县里的主要领导也撤职了，调到别的地方去了。这在当时算很大的事件，《大众日报》发了整整的好几版。我一看报道，各打五十大板，第一批评农民没有法律观念，过激行为，政府是人民的政府，楼是人民的大楼，人民怎么能砸自己的政府呢？反过来就批评官僚主义、玩忽职守，不为农民负责。我看了这个报道以后，内心马上就很冲动，当时感觉到是想替农民说话，实际上我是替我自己说话。直到现在我一直认为自己和农民有千丝万缕的关系，在1987年我更感觉我就是一个农民，家里都是农民，农村的任何一个事情都会影响到我的生活。我写《天堂蒜薹事件》，实际上是把我积压多年的、一个农民的愤怒和痛苦发泄出来。写的时候我也没去过鲁南的苍山县，地理环境我也不了解，故事的环境自然又回到高密东北乡，包括那条河流，河边的槐树林、桑树林，包括那些胡同，写我生活的那条胡同，前边那片黄麻地，那条河、桥梁、集镇、火车站的候车室、四叔的家，我觉得都是我身边的那些家庭、房子,按照那个样子写的。写的时候我脑子里有一个完整的乡村,就是我们的村庄。当然没有那么大面积的蒜薹,但在我们村也是种过的。里边写到一个四婶、四叔,就跟我那个四叔的遭遇有点像。我四叔和他的亲家,每人赶了一辆牛车,到县城里送甜菜。回来的路上,迎面而来的一辆汽车,把我四叔的车给撞翻了,把他一下子撞死了,牛也撞死了,一头怀孕的母牛,小牛在母牛肚子里当然也死了。赔了大概三千块钱,司机没有驾驶证,原先是个开拖拉机的。三千块钱,一条人命,两条牛命。是给乡党委书记送盖房子材料的汽车,那个党委书记是我姨夫的亲侄子,原来是我们公社的党委秘书,和我父亲很熟,还沾亲带故的。这边是我四叔,我回去被我四婶一哭,心中悲愤,当然是站在我四叔这一边的。我父亲考虑得多一点,这个党委书记一直对我们很好,事情他也没想到。他也托人来说情。但后来他一句话把我惹得很恼,他说要告就告去吧,我们不怕。县里面交通大队处理这个事情的时候,肯定是偏他那边的,司机无证驾驶、酒后开车,应该要判刑的。我的四婶也很大度,她说我也不要他判刑,只要他来看一看我,我就满意了,我甚至可以拜他做干儿子的。但这个人心虚,不来看,书记也不露面,我当时就给他写了一封信,措辞很激烈,你一个公社党委书记,一个小芥菜子那么大的官,撞死一个人就像撞死一条狗一样。我说我四叔固然是农民,但也是一条命,你竟然置之不理,赔三千块钱就拉倒了,两条牛命值多少钱啊?一个农民的命在你们手里只值一千块钱?!他们看了这个信也不知道什么反应,后来也不露面,我还想往上闹。但我那些堂弟的表现也让我很不满意,完全就是为了闹钱,想多要一点钱,本来也不孝顺,然后也没有多少同情心。他爸爸尸首停到了乡政府的院子里,兄弟两个还到乡政府里边看电视去,父亲的遗体就在院子里停着,两个人就去看电视。我二哥说,真是不懂事,你们看什么电视,还看得下去吗?所以后来我父亲说,算了算了,你不要为他去闹了,这边也是你姨的亲侄子,固然你姨没说什么,把司机闹到监狱去,让他党委书记当不成了,又能怎么样呢?就算了吧。然后他们送了一捆带鱼来,我说扔到大街上去。我父亲说那不好。这件事,就这样了吧。父亲就把这个事给抹平了。我四叔一死,我原想他那些孩子就落到地上了,怎么活下去?结果就像催化剂一样的,一夜之间这些孩子就长大了。我就在这样一个外来事件的刺激下,重新回到那个村庄,以四叔家的遭际作为故事的原型,大概是35天还是34天就写好了,1988年春天在《十月》发表的,然后作家出版社出的单行本。出版以后,无声无息的,一篇评论文章也没有,当时还有人要搞电视剧,后来一看,这个怎么拍呢,这是农民暴动啊,怎么能拍呢?而且用的是比较传统的手法来写的,与原来的风格不一样,有区别的。

王尧:那时注重小说实验,写实手法不是很受欢迎,直到新写实小说有影响后才有改观。

莫言:当时在文学界,还是以追逐新潮为时尚,我在《红蝗》和《欢乐》之后,写了这么一篇,他们感觉我这一步也倒退得实在太大了,几乎没人来评价。

王尧:这和当年《欢乐》受批判没关系吧。

莫言:这我就不太清楚了,毫无反响,过了几年以后,反而有人重新来考虑《天堂蒜薹事件》的结构问题,也有人研究小说的语言问题。

王尧:到了写《十三步》这部长篇小说,你的探索又变得非常前卫了。

莫言:《十三步》这部小说我想真正看懂的人并不太多,确实写得太前卫了,把汉语里面所有的人称都实验了一遍。写《十三步》让我认识到了所谓的人称变化、视角变换,实际上就是小说的结构。

王尧:《红高粱家族》已经在人称上有了变化了。

莫言:《红高粱家族》通过"我爷爷"建立了"我"和祖先的一种联系,打通了过去和现在的一个通道。如果我用全知人称写历史,那么和一般历史小说差不多,第一人称写显然你是没有亲身经历过,一旦用"我奶奶"、"我爷爷",就使我变得博古通今,非常自由地出入历史,非常自由地、方便地出入我所描写的人物的心灵,我也可以知道他们怎么想的,我也可以看到、听到他们亲身经历过的一些事情。说起来很简单的,雕虫小技,《十三步》就是在这个基础上做了更大胆的、更频繁的变换。

王尧：《欢乐》是用"你"来写的，七万多字都是用"你"来写。

莫言：写得很别扭。但是我想用第二人称写成《欢乐》这么长的东西，也是达到了一个极致，我的极致，做了巨大努力。《十三步》索性把所有的人称都试验一遍。我记得这篇小说发了以后，林为进发了一篇评论文章，他可能比较喜欢这个。还有一些零星的文章，认为比《红高粱家族》还要好。再就是无声无息了。《十三步》后来被翻成法文了。这部小说前边很多闲笔到后来突然发现都是有用的，刚开始没有意识到，后来突然发现都是有用的，前后呼应起来的。再版的时候名字改成过《笼中叙事》。

王尧：为什么要改呢？

莫言：我觉得《笼中叙事》的题旨更贴近这部小说。《十三步》里边最后有一个寓言故事，讲麻雀是跳跃的，不会单步走，如果一个人看到麻雀像鸡一样一步步走，看到一步能够走鸿运，看到两步能够发大财，看到三步能够升高官……一直看到十三步。《十三步》每步有四个章节。《笼中叙事》更符合我写这个小说的本意。就是想在叙事上做一些试验，笼中叙事实际上是有一个超级叙事者来讲的。就是有一个关在笼子里的人来讲故事。关在笼子里的人就象征一个中学教师。《十三步》写完以后，1988年，开始写《食草家族》中的几篇，《复仇记》、《马驹横穿沼泽》，断断续续地把这几篇写完了。到结集出版的时候，已经是1990年了。

王尧：文学也是只笼子，就看作家能不能跳出来。

小说气味

王尧：90年代与80年代是有很大差异的，包括文化语境等。你的创作经历了八九十年代，怎样看待差异和变化，哪些因素对你自己的创作可能会有影响？

莫言：我真正走上创作道路应该是1984年以后了。到军艺以后，发表了《透明的红萝卜》，得到了社会的承认。1986年发表《红高粱家族》系列，名声到达一个高点,得到了很多赞誉,当然也有批评的。1987年发表《欢乐》、《红蝗》,毁誉开始参半,这是我个人的情况。从整个的文学界来看,1989年是一个坎。1989年以后别说是作家的心态,老百姓的心态也发生了一个根本性的扭转。老百姓的政治意识一下子淡化了很多,作家纷纷下海经商。谈起文学,一时之间仿佛是一种耻辱的事情。很多作家也用这样的方法来安慰自己:"写什么呀,干点别的吧!"我的一个同学的墙上就贴着"莫谈文学"的帖子。到了90年代初期,"陕军东征",文学开始复苏了,贾平凹的《废都》、陈忠实的《白鹿原》等,掀起了新时期长篇小说创作的高潮,然后慢慢地,形势越来越好,一大批年轻作家也在这时候冒出来了。1989—1993年这一段是非常消沉的,这一时期我虽然一直在坚持写,但心态也受到了影响,写了很多游戏的文字,但一直坚定不移地知道自己还是要靠文学吃饭,不可能干别的。其实作家的创作即便没有外来因素的干扰,本身也有高潮和低谷,不可能每一部作品都那么好。以我的经验,假如一个作家出来就是完美无缺的,他的作品第一篇或连续几篇都完美得让人挑不出毛病来,他的创作生命一般来讲也比较短,要突破是很难的。一开始站到一个相当高的高度,出手时已非常成熟,然后他只能是在一个平面上扩展,一篇一篇水准不下降就相当不容易了。而一个作家一出来带有非常明显的个性特点,很难说是优点,也很难说是缺点的特点,这类作家在他不断地跳动的过程中连续发生蜕变,像蛇一样不断地蜕皮,不断地抛弃一些东西,吸收一些东西,逐渐地走向成熟。我想这样的作家可能潜力会大一点。

王尧:从80年代到90年代,不单是时序的转换,许多作家的创作也发生了大的变化。根据我的阅读、观察和交谈,我感到在80年代末90年代初当时不少作家是很困惑的。现在的研究,对新时期作家本身的变化重视不够。"六四"风波当然是影响作家的一个因素,但事实上许多作家在此之前已经开始有了变化。

莫言:1988年我去鲁迅文学院读书。在鲁院期间,《十三步》和第二个短篇小说集《欢乐十三章》都由作家出版社推出来了。

王尧：还是想读书，读学位。

莫言：上鲁院本来是想学点英语。我个人认为，还是应该学一点，去了以后发现不行。我们是1988年秋天去的，到第二年四五月份，社会已经很不安定，整个上半年都这样。"六四"风波以后，都没心写作了。这期间我写了一个中篇，叫《你的行为使我们恐惧》，发表在《人民文学》1989年第6期上。

王尧：那段时间看作品的人少。在做这次对话前，我找来这篇小说看了看，我觉得不错，是个比较成熟的中篇小说。作家出版社的《莫言中篇小说集》收了这篇小说。

莫言：这个中篇我个人还是比较满意的，但是在那个时候发表，再好的作品，谁还看呀！这篇小说也没什么反响。但我自己认为还是一个比较成熟的中篇。整个中国新时期文学应以1989年作为一个分界线。1989年以前大家对文学热情很高，1989年以后整个社会调整过来，进入商品社会，很多文人下海。文学突然从社会的热点变得边缘了，没人再理睬了。我预感到我不可能像别人一样去下海经商做生意，我知道我肯定还要写作，但也很难坐下来。

王尧：这时候是你创作的低潮期。我印象之中，当时文学界有些人似乎对你往后的创作前景颇有疑虑。你自己也一定非常困惑。

莫言：非常困惑。1990年的暑假50天，我住在高密县城的家里。买了一个旧房，院子很大，大概有二百平米，种了一片葵花，葵花长得比人还高。

王尧：你在1986年的《弃婴》中曾写到成片的葵花地，黄色的葵花地里藏匿着红色的婴孩，这一印象很深。现在很难看到大片的葵花地，新疆的朋友寄来照片，那是大片的葵花，但是油葵。

莫言：我白天没事就在葵花地里转来转去。手里拿着一个苍蝇拍子，葵花地里有很多巨大无比的苍蝇，都是绿的黑的，像杏核那么大的苍蝇。一下午能打几百只苍蝇，我拿着苍蝇拍子天天在葵花地里打苍蝇。我想到了《静静的顿河》葛里高利和阿克西尼娅幽会的那个葵花地。那个葵花还很矮，只能在里面蹲着，我想这个时候我净在葵花地里转来转去，外边就是县城的生活，院子里还有一条小狗，到了晚上，非常地安静。月光照着，有时候月光下还在葵花地里转来转去，想写作但心无论如何静不下来。

王尧：有这样的葵花地，一篇东西都写不出来？

莫言：我记得当时写过一个中篇，名叫《革命样板》，用一种戏谑的笔调来写《沙家浜》，写成武侠小说了。郭建光、阿庆嫂都是武林高手，身带暗器，能够飞檐走壁，在芦苇尖上奔跑。寄给《花城》的文能，他给退稿了。他今年碰到我问《革命样板》还在不在？我说退稿以后给烧掉了。你退稿，我自己也觉着不好，就烧掉了。现在很遗憾，改改也许是很有意思的东西。将一个革命样板改编成一个武侠小说。阿庆嫂是武林高手，擅长使迷药。郭建光身藏十二把金钱镖，出手即可伤人。还会轻功，在荷叶上跑来跑去。文能就给退稿了。我也觉得是个不合时宜的稿子，生炉子时烧掉了，四万五千字。现在再也写不出来了。

王尧：这很有意思，是"戏说"革命历史。"样板戏"应该说也是"红色经典"，在后革命时代对这类作品是否可以改写，我觉得是可以探讨的。你可能也有印象，80年代杨子荣打虎上山的音乐就用来跳迪斯科舞了，谁也没有说那是亵渎革命英雄。但你把样板戏"武侠化"，别人就觉得不合时宜。这是一个有意思的文本，可惜你把它烧了，当时的心情看样子是很糟糕。转机在哪呢？

莫言：1990年这个暑假50天，陷入一种创作的困惑，脑子里似乎什么也没有了。找不到文学的语言了，我想我真是完了，我的创作能力已经彻底没有了。1990年我在鲁院期间还去了一趟香港，访问香港中文大学。到了1991年春天，我去了一趟新加坡，又去了马来西亚。在新加坡，碰到了台湾作家张大春、朱天心，大家在饭店里讲故事。张大春就向我约稿，你说的故事能不能写成每篇四五千字的小说寄给我，我在台湾帮你发表。我说好啊，回去试试。1991年的暑假，我母亲生病，接到县城里，上午用自行车把她驮到医院里，打吊针两个小时，打完以后，再把她从县医院驮回来。去是上坡，步步艰难；回来时下坡，风驰电掣。到了医院门口，自行车不让进，离我母亲打针的地方大概还有半里路，我母亲走路走不动，她肺气肿，一走就喘，我就背着她上楼。有一天碰到县办公室主任，他说：哎哟，你还挺孝顺的嘛。我把母亲接回来以后，就开始写小说。在这个暑假期间，我写了16个短篇，《神嫖》、《地道》、《鱼市》、《翱翔》、《夜渔》、《麻风的儿子》、《屠户的女儿》、《姑妈的宝刀》、《粮食》、《初恋》等。

王尧：《夜渔》写得美一点，《神嫖》是一个真正的传奇故事。写完这组短篇小说，你又找到了感觉。

莫言：这组短篇写完以后，我感觉到恢复了写作能力，我突然感觉到我又有了讲故事的兴趣和能力。当时写的时候实际上也没有信心，放一段时间回头来看，觉得还不错。在高密的环境里，短篇一天写一个，最多两天写一个。写了一个又一个。写完十六个短篇，我感到自己又可以写作了。紧接着回北京，到了春节又回来过寒假，在寒假期间，写了5个中篇。《白棉花》、《战友重逢》、《红耳朵》、《怀抱鲜花的女人》，还有一个我忘记了，写了五个中篇小说。

王尧：好像是《模式与原型》吧。

莫言：可能是。这五个中篇也是越写越顺，到了《怀抱鲜花的女人》，三五天写完了，这个中篇写得非常快。因为我哥哥住在中学，我白天没事儿，就骑自行车到他家里去，穿过一个铁道的隧道，全是水，隧道旁边的人行道，高高地离开地面，一下雨隧道里全是避雨的人。我看到里面一个穿得很洋的很时髦的女的，站在那个地方，抱着一束塑料花，我想假如这个女人抱着一束真花呢？假如一个解放军干部回来探家，在避雨的时候碰到这个女人，会发生什么事情呢？我写了个中篇小说。1991年就这么过去了。

王尧：这时你又开始写长篇小说，作家有信心时往往要写长篇小说。1992年你完成了《酒国》，这部小说的重要性直到现在还没有引起充分的注意，这是一部真正意义上的先锋小说。我知道，你自己也认为这是你最完美的一部长篇小说，而且只有你才能写出的长篇小说。我看得出，你最大的委屈之一，就是别人不懂你的《酒国》。

莫言：谈不上什么委屈。1992年《酒国》就最后完成了。1989年我在鲁院就开始动笔写了。当时是因为痔疮,非常痛苦地跪在椅子上写,余华说我是劳动模范。1992年写完这5个中篇以后,《酒国》后面的十万字我就一鼓作气写完了。《酒国》这部小说它最早的动机还是因为强烈的社会责任感。看到一篇文章《我曾经当过陪酒员》,作者已经退休,他是大学中文系毕业的,因为家庭出身不好分配的时候被贬到了东北的矿区,教小学。很苦闷,一个大学生分配到偏僻山区,找对象也找不到,天天和一帮矿区的蓬头垢面的孩子在一起,就喝酒。有时候就想,醉死拉倒。但从来没喝醉过,慢慢喝酒的名声越来越大,矿区宣传部听说小学里有个千杯不醉的怪才,请来试验,果然酒量无边。以后来了客人就要他去陪酒,他大学中文系毕业的,嘴巴又会说,能编各种各样的有文采的劝酒词,酒量又大,慢慢变成了人物,离开了子弟小学,变成了宣传部的副部长。我读报道时想,假如这人找到一个特别能喝酒的女的,两个人喝酒,每天他们马桶里一股酒味,生出的小孩也是个酒孩,生下来不吃奶,喝酒,一旦离开酒就不行了,那会非常有意思啊。紧接着我想起了很多关于酒的传说和我自己喝酒的经历。

王尧:这就和《红高粱家族》接上线了。

莫言:是的。我家邻居地主家就是开烧酒锅的,我爷爷年轻的时候在这家干过。村子里洋溢着一股浓浓的酒香,还有酒糟的气味。到了冬天,烧酒锅热气腾腾,全村弥漫着酒香。那真是好酒,不加任何水勾兑的。还有关于酒虫的传说,说一个人特别能喝酒,一次能喝一坛,说他肚子里有一个酒虫,必须每天喝。后来人家把他骗出去,关了三天,不让他喝酒,也不让他喝水。等他渴得实在不行了,突然把他拉到一个酒缸边,说你喝吧。他一低头,那酒虫突然从他嘴里钻出来,跑到缸里去了,红红的,像个小河马一样的东西,这也是神话传说。一旦确定这个想法以后,真实的事情、魔幻的传说都来了。写着写着,《酒国》就变成了语言的狂欢节,进行了各种文体实验,有"文革"大字报那种文体,也有当时流行的所谓新写实小说,也有对鲁迅早期小说的模仿。我让小说中的人物李一斗始终处于一种半醉的状态,思维不太正常,醉话连篇,用他的嘴把我不便于说的话说出来。当然作家叙述这个小说故事的时候是清醒的。小说中的李一斗不断地和作家莫言通信,并把自己的习作寄来,李一斗所有的通信和他的小说,都是醉话连篇,醉意朦胧,似真似假,然后把对社会强烈的批判、毫不留情的批评就放到了李一斗身上和他的小说里,这是一种技术措施。

王尧: 我认为《酒国》是关于当代中国的一则寓言。酒在中国,不仅是物质的,也是精神的,酒文化成为观察中国社会转型的一个重要方面,酒文化中包含的人与人的关系,太丰富复杂了。这个社会的许多奥秘就在酒中。

莫言: 这个小说应该有一些话题可以探讨,文体方面的实验、酒神精神、狂欢精神,再有社会批判意义,以及对酒文化本身的一种探索。

王尧: 另外关于这部长篇小说的结构,也值得研究。

莫言: 有一些批评家也注意到了这一点。

王尧: 现在很多作家没有长篇小说的结构意识,或者没有这样的能力。

莫言: 现在很多小说的结构意识不强,那些为有闲阶级、有钱阶层服务的消闲文学更没有结构意识。我对长篇小说的结构的追求从《红高粱家族》之后才比较自觉。

王尧: 写作《红高粱家族》时如果有比较自觉的长篇小说结构意识,《红高粱家族》可能是另一个样子。

莫言: 在80年代末的时候,《解放军文艺》组织了一批人座谈,当时批评界那匹著名的"黑马"刘晓波也参加了。他提出了一个观点:假如《红高粱家族》不是由五个中篇组合而成,莫言一开始就把它当成长篇来写,或许会产生石破天惊的效果,但是用五个中篇的方式发表,就使读者感到重复,前后的叙事风格、语言风格没有变化。但如果作为长篇一次推出,就不存在风格重复的问题。1986年时,大部分作家还没有开始写长篇小说,那时正是中篇小说的黄金时代,大部分作家是靠中篇成名的。长篇只有张炜的《古船》等。

王尧: 你是否觉得在写长篇小说时最困惑的就是结构问题。

莫言: 通常是这样的,现在我手边的几个长篇构思难以动笔,就是因为结构问题没有解决。我不愿意四平八稳地讲一个故事,当然也不愿意搞一些过分前卫的、让人摸不着头脑的东西。我希望能够找到巧妙的、精致的、自然的结构，这个难度是很大的，甚至是可遇而不可求的。现在我写中篇、短篇感到很轻松，但写长篇却感到很沉重。写长篇要有毅力，有体力，既是复杂的脑力劳动，又是沉重的体力劳动。

王尧：你真正意义上的长篇小说应该是？

莫言：《天堂蒜薹之歌》算我真正意义上的第一个长篇，这部小说也是从不同的角度来讲同一个故事。以前也有作家用过这种方式。卷首用民谣，用一个瞎子的口来唱一遍，正文用作家的客观叙述，结尾用报纸的官样文章，把一个故事讲三遍。写《十三步》时我认识到视角就是结构，人称就是结构，认识到一旦人称确定之后，你就不是在叙述故事，而是在经历故事。如果用传统现实主义小说笔法来写，很容易变成作家叙述故事，但是你一旦赋予小说特殊视角，就变成经历故事。我确定了物理教师的视角，就变成了我跟着物理教师经历他的冒险传奇故事，这个物理教师的所闻所见，所经历感受到的事，是跟作家一致的。

王尧：《十三步》让你意识到小说叙述视角的奥秘。

莫言：实际上，人称的变化就是视角的变化，而崭新的人称叙事视角，会制造出来一个新的叙述天地。像《红高粱家族》中的"我爷爷"、"我奶奶"的视角，就是人称与视角的结合，是一个复合的叙述时空，"我爷爷"、"我奶奶"确定了我用一个后人的角度来叙述前辈的事迹，但又是非常自如、非常方便，全知全能，一切都好像是我亲眼所见。这种视角同时也是一种对历史的评判态度。为什么后来出现许多"我爷爷"、"我奶奶"的小说，就是因为叙述起来太方便了，感觉似如鱼得水，所以一个视角的确立就能使一部小说水到渠成，如果《红高粱家族》没有这种独特的人称叙述视角的话，写出来就是一部四平八稳、毫无新意的小说。

王尧：《酒国》又有新的变化。

莫言：《酒国》更多地考虑到故事叙述者与作家之间的关系，分几层叙述，最高一层叙述是作为作家的我在叙述，当这个我变成了"莫言"出现在这个小说里,他就成了我的分身,他既是小说中的小说叙事者,又是小说里的人物。他和小说中的另一个重要人物酒博士李一斗是平级的。最高叙述者是拿着笔的我,我的分身变成了小说里的人物,由我写"我",由"我"观我。这会产生一种几分调侃、几分荒诞、几分深刻的独特效果。这跟那所谓的"元小说"叙事还不太一样。

王尧：你对小说的叙事学已经钻研得很深。

莫言：过奖！从某种意义上讲,这是逼出来的。对社会极端黑暗和丑恶的现象,如果不用这种方式来处理的话,写出来也难以发表。这实际上是一种戴着镣铐的舞蹈,反而逼出了一种新的结构方式,从这个意义上看,结构也是一种政治。

王尧：结构也是一种政治,这个说法非常深刻。这是你最重要的文学见解之一。以前我们用西方的话表述,讲形式的意识形态性。以你的这一观点来看,我们对新时期文学的一些重要文本可以作出新的解读。

莫言：到了小说的中部,李一斗叙述的故事和作家叙述的故事越来越像,两个人各自讲述的故事渐渐融为一体。假作真时真亦假,真作假时假亦真。最后写作者莫言也到了酒国,去了以后的莫言和莫言写的小说里的侦察员的命运是一模一样。莫言到了酒国,立刻把李一斗和莫言两个人营造的小说瓦解了。李一斗在自己的小说里扮演了一个桀骜不驯的角色,好像彻底看破了红尘,看破了官场黑暗,是一个为了艺术献身的人。但莫言一到酒国就发现,李一斗其实是党政机关里的一个小公务员,是巴结领导干部、功利熏心的那种小人物,根本不是什么"酒博士"。莫言一到酒国立刻就和那里的腐败官员同流合污,沉浸其中不能自拔。莫言小说里的侦察员一到酒国就沉醉不醒,最后稀里糊涂地掉到茅坑里淹死——这个大茅坑是欲望的象征——莫言也是这样,他到了酒国就被灌醉,连澡盆里都加了酒,在加了酒的澡盆子里面醉得迷迷糊糊,漂亮女人也来了,他的意志被彻底瓦解,如果酒国里真有吃人筵席,他也会像侦察员一样,成为那些食人者的同犯。我想,《酒国》可以从多个角度供读者来想象、再创造,如果新时期真有一个先锋派,那我就是第一先锋。可惜那些先锋的爱好者,多半是叶公好龙。

　　这部小说发表时也颇费周折,先是让北京几家刊物看,不能发表,后来让余华背到浙江去,也不能发表。1993年湖南文艺出版社出了一套"当代著名青年作家长篇系列"丛书,《酒国》混在其中面世。出版以后,一直无声无息,很多评论家都不知道我写过这么个长篇。后来李陀在国外读到了。一帮评论家说"六四"以后中国没有好长篇,李陀说《酒国》就很好。美国的杨小滨有一篇《酒国》的评论,写得很到位。上海的张闳也注意到这个作品,写了很长的、有独到见解的文章。这时候才有一些作家、批评家看到《酒国》。后来南海出版公司又重新出版了一次。

　　我的书从《十三步》开始没有什么好的命运,到《丰乳肥臀》就更糟糕了。这个没有办法,很多书出来以后有个重新发现的过程,一本书放了十年二十年,也许才会被人重新发现。很多书当时非常红,非常热,过了十年二十年,又是另一番景象。

　　王尧:文学史是需要时间的,时间可以去掉非文学、非艺术的因素,凸现出经典之作。我注意到,很多新历史主义小说家几乎都在写旧的历史,我也不想像其他人那样说这是回避现实。但我觉得,你在文坛常常是例外,其实你现实感很强,责任感也很强,是个血性男儿。包括后来《丰乳肥臀》引起一些人的非议,总感到有些人是误解了你。

　　莫言:我觉得我还是一个有几分血性的农民,在小说里有强烈的干预社会的意识。

　　王尧:《天堂蒜薹之歌》就充满了愤激之情。但你在表达这种意识时用的是比较虚幻的笔法。

　　莫言:对,不像写实小说、官场小说那样。

　　王尧:官场小说的流行,反映的是一种社会心理,读者是在阅读小说中确立与现实的关系,包括对现实中一些现象的批判、嘲讽、鞭挞。

　　莫言:我想我这种现实意识与农民,与下层人,与老百姓息息相关,正义感很强烈。

王尧：你去年在"小说家讲坛"演讲时，说自己是作为一个老百姓在写作，而不是为老百姓写作。这是一个重要的文艺观，还没有引起足够的重视。作家如何确定自己的文化身份从来就是个问题，有人说自己是知识分子作家，也有人说自己是市民作家，现在确实有些人是在为中产阶级写作。你说自己是老百姓，别人相信，贾平凹说自己是农民别人也相信，但有些人一说自己是老百姓，是农民，别人就觉得太矫情、太虚伪了。现在一些"小资"常常说些虚伪的话。所以还是要看一个人骨子里的东西。

莫言：我想还是会有人明白我的写作方式，我是一个不入流的作家，不是一个主旋律作家。

王尧：我想，入流的作家从来不是最好的作家，中国从来也不缺少入流的作家，那些真的是入流的作家几乎也不说自己是入流的。其实，对主旋律的理解有点狭隘化了，林建法讲过一句很有意思的话，他说只要反映了先进文化的发展方向，就是主旋律。

莫言：这听起来像江泽民的话嘛！实际上我想了很多的问题。中国延续几千年的封建制度使我们社会主义体制产生了先天不足的缺憾，但这些问题你一旦明说出来的话，就会遭到一些人的批判。

王尧：知识界从80年代开始也探讨这一问题，像历史学家黎澍他们都发表过这方面的意见，有些人的说法甚至很尖锐。但是，谁也不能不承认，我们是在几千年封建历史的基础上，或者说是在半封建半殖民地的历史上建设社会主义的，这种历史的影响根深蒂固，无所不在。理论写不了小说，口号也不能变成小说。小说还是要写人。

莫言：小说就是要写人嘛，写人性的东西；图解口号，教训惨重啊。

王尧：你始终保持自己的思考，但又不破坏自己的感觉。

莫言：《酒国》写完以后，我搞了一段影视，当时也是迫于经济的压力，要养家糊口，搞了一段影视。很快就感到后悔，固然可以赚钱，但丢掉了很多人的尊严。

王尧：为什么搞了影视就会"丢掉了很多人的尊严"？令人思考。电视作为一种媒体，作家参与其中是不是也与权力、资本发生了不正常的联系？我在和李锐交谈时，他也对电视剧创作的负面影响提出了批评。我想，文学的不同样式并不决定一个作家会不会丢掉人的完整性，即使是写小说，个别甚至是为数不少的小说家也损害了人的完整性。关键还是看创作背后的东西。如果再写电视剧，可能就没有《丰乳肥臀》。

莫言：搞电视剧，为人家写剧本，必须牺牲个性，他给你钱，你就必须按他的要求写。电视剧本和电影剧本，其实都可以写，但要为自己写，我想写，我才写。你要拍，必须按照我写的拍，要把关系颠倒过来。1993年底，我终于从一个电视剧组里解脱出来，真是焦头烂额，身心疲惫。不久，我母亲去世了。

那是1994年1月29日，农历甲戌年腊月十八日。

1994年秋天我已经开始构思这部《丰乳肥臀》。我和好几个人讲过，我在北京积水潭地铁站，看到一个农村妇女，估计是河北一带的，在地铁通道的台阶上，抱了一对双胞胎，一边一个，叼着她的乳房在吃奶，夕阳西下，照着这母子三人，给人一种很凄凉也很庄严的感受。妇女满面憔悴，孩子们却长得像铁蛋子一样。

王尧：你当时的感觉这位母亲就像受难的圣母。

莫言：这时我意识到围绕哺乳、生殖应该写一部很大的书。母亲呀，土地呀，祖国呀，都是重大的文学母题。但是当时我没想那些宏大主题，就想写一个男人从小被溺爱，吃奶到老大，一吃别的东西就呕吐，有过敏的反应。结婚以后，跟自己的孩子争老婆的奶吃，最终导致家庭破裂。我起初就想写这么一部有现代派意味的，有象征意味的小说。但开笔以后小说自己就膨胀起来。

王尧：我注意到，在谈《丰乳肥臀》时你就提到你母亲，是不是你母亲的经历影响了这部小说的写作？

莫言：母亲去世后，我就想写一部书献给她，但不知道该从哪里动笔。这时候，我在地铁出口看到的那个母亲和她的两个孩子，我大概知道该从哪里写起了。小说先从母亲生育最后一胎写起,一直写到她去世,这个老太太活了九十五岁。这个小说里有我母亲的影子。我母亲也是三四岁的时候我外婆去世了,然后在她大姑姑的抚养下长大成人,很小的时候就裹脚,一辈子也是饱经苦难。这个过程有点像,其他的情节都是虚构的。我们的家庭也和小说里完全不一样。《丰乳肥臀》继承了《红高粱家族》的很多东西,也是用民间的视角、民间的观点,来写民间的历史,但它比《红高粱家族》丰富、广阔、多义。

王尧:"高密东北乡"的历史就这样呈现出来。一个母亲受难的历史,几乎涵盖了一个民族的历史。另一方面,那个有恋乳癖的上官金童,也以他的独特方式呈现了我们这个民族的一种文化心理。就像你所讲的,上官金童性格中的缺陷几乎可以在我们每个男人身上找到,我们每个人心中都隐藏着一个小小的上官金童。

莫言:上官金童是中国文学中从来没有过的一个人物形象,这样说会让那些恨我的人痛心疾首,但我是这样认为的。

王尧:上官金童是小说中的母亲和一个传教士生的,这部小说一开始就和宗教有了联系,宗教生活成为这部小说一个不可分的叙述内容,这在当代的小说创作中是很特别的。据我所知,当代还没有一部长篇小说像《丰乳肥臀》这样写了宗教与人生的关系。这与你老家的社会状况可能是吻合的。

莫言:天主教在我们高密东北乡确实有较长的历史。1894年,瑞典和挪威的传教士就到达了高密地区。随着1900年胶济铁路的开通,周围铁路沿线各个乡镇和县城纷纷建成了天主教堂、基督教堂。我作过一些调查,德国人在中国修建那么长一条铁路,好像是他们掠夺了很多财富,其实他们没赚多少钱。当时农村经济还是一种自然经济,交换的货物很少,胶济铁路列车每天跑一次,根本坐不满客。那时候什么人会去坐火车?尽管我们村距离青岛一百多里路,但我们村子里的人,70年代时,绝大部分人都没坐过火车,何况清朝末年?所以德国人几乎是年年亏损。上个世纪1900年的时候,从青岛修到济南的一条铁路,投资这么巨大的一个工程,他们得到的回报实际上是很低的,德国人的目的大概不是为了赚钱,而是通过这条铁路把山东变成他们的殖民地。胶济铁路的开通,对开启山东老百姓的心智发挥了巨大作用,一下子就把视野拓展了,把仿佛一潭死水的农村自然经济和农村日常生活给搅动了。形形色色的人随着铁路来了;形形色色的思潮,随着铁路的开通活跃起来。为什么抗日战争时期胶东地区一下子冒出几十支队伍?我想都和铁路有关系的。整个胶东半岛那么多在外边做买卖做生意的,也出了那么多有见识的走南闯北的知识分子,都和铁路有关系。它除了提供一种交通便利之外,我想还是因为铁路来回跑,本身就是一个文化现象。火车一响,黄金万两;火车一跑,天下通晓。不仅仅文以载道,而是道以载文,铁道承载文化啊。胶济铁路的开通,让山东老百姓知道原来世界如此之大,外面的世界很精彩,外面有很多新奇的东西。

王尧:一个世纪过去,交通在今天对人的意义还是同样重要。交通的变化,改变了时间和空间的概念,人对世界的认识对自身的认识都发生了变化。

莫言:帝国主义在中国修建铁路,目的是要霸占地盘,赚钱,掠夺,但实际上带来的结果不是那么简单。除了负面以外还有很多积极的意义。这些我在写《丰乳肥臀》时也都考虑到了。基督教进入胶东半岛,进入山东各地,老百姓知道除了佛教之外,世界上还有这么一种教派。教会也并不完全像一些近代史教科书写的那样,都是干坏事的,奸淫民女啊,把婴儿做成丸药啊,假洋鬼子依仗教会的势力欺男霸女,霸占良田,这种行为当然有,但并不是普遍现象。

王尧:就本质而言,宗教也是帝国主义侵略的产物。

莫言:大部分教会还是比较规矩的,像我们高密那个瑞典传教士,和挪威的传教士,他们生活非常简朴,就像我们镇上那个瑞典的女传教士,她完全是自己劳动,开了两亩荒地,养了一头奶山羊,每天挤奶,非常吃苦,戴着斗笠披着蓑衣,在地头上和老百姓一边干活一边讲解上帝的教义。加入教派的人有很多游手好闲的地痞流氓,也有善良的农民。我有个同学的爷爷加入了,他给孩子起名,大孙子叫摩西,二孙子叫马太,三孙子叫约翰,四孙子叫大卫,他们一家子全都是洋名。我们当时也不知道为什么有这样怪的名字，后来才知道他爷爷是教徒。

王尧：这在当时有点不伦不类。

莫言：有很多的笑话。地里长草了，他就跑到地头祈祷："主啊，帮助我除草吧。"地里生了虫子，"主啊，帮我来灭虫吧。"但上帝不管这些事。别人的庄稼长得很好，他们的庄稼全都荒死了，或者被虫子吃光了。别人就说，你把上帝当成你的长工啊？帮你除草？帮你灭虫？

王尧：这和一些人拜菩萨没有区别，这不是信仰。解放以后一些教堂被关闭了。我读大学的这座城市也这样，80年代以后一些教堂又开始活动。

莫言：80年代以后死灰复燃了，过去教堂的产业，都还给他们了，他们自己也成立了一些组织。我们县一中的办公室的房子最早就是教堂的。这是当年高密最大的一所房子，北欧的那种建筑风格。80年代教会又恢复活动了，还是过去那些人，还有他们的儿子孙子。

王尧：那个叫摩西的也参加了？

莫言：摩西在外地工作，摩西的父亲成了一个片的负责人，到处发展信徒。我到县城那个教堂去看过，就是一个普通农家院子，一到礼拜天上百个人来做礼拜，多数是老年妇女，也有些年轻妇女，也有小伙子，小伙子一看就不是真正的教徒，坐在那里用两枚硬币拔胡须。我看过韩少功的短篇小说《西望茅草地》，描写一个生产队长，用两个硬币往外拔胡子。小伙子在下边用硬币拔胡子，牧师在上边传道讲经。有很多老太太看样子是从很远的地方过来的，风尘仆仆，包袱里背着窝窝头、大葱，一边吃一边听。

王尧：你的小说里也写到这个教堂。

莫言：是的。当小说里的母亲皈依了天主教，确实是因为她感觉到在尘世中没有任何出路。她这一辈子，和八个男人睡过觉，为了借种，为了生一个男孩，为了在这个家庭中取得地位，非常痛苦，非常无奈。最后她只有在牧师马洛亚那里得到了真正的爱情。

王尧：对这位母亲来说，这是一种苦难，而不是淫荡。分歧或者说误解就在这里。小说出来以后,这个母亲形象,受到了很多诋毁。

莫言:很多人说你写的什么啊,写了一个荡妇,写了一个破鞋。这是我非常痛心的。我想一个社会一个制度对女人的迫害,除了肉体的迫害以外,更大的迫害是精神的迫害。对一个妇女来说,最大的痛苦莫过于把自己的身体交付给她不爱的人,为了一些别的目的跟人睡觉。一个封建时代的妇女,你跟人家结了婚,不能生孩子,你作为一个女人是不完整的。别说你在家里没有地位,在村里面也是很难抬头见人的。你的婆婆可能骂你说养了个母鸡不下蛋。即使你能生孩子,如果只能生女孩,生不出男孩来,你一样无法在家里取得地位,你的婆婆、你的公公、你的丈夫还是要瞧不起你。在几十年前的山东农村里,在那种封建制度下,一个家庭哪怕有十个女儿,没有一个男孩,这个家庭依然被称为绝户,因为这家没有人来继承香火。

王尧:多数地方是这样的,即使现在也未完全改观。一个女人如果不能生产特别是育子,别人对她的歧视和欺负就变得合情合理了。所以,小说中的母亲反抗的不是一个家庭,而是一种伦理秩序。我记得小说中的上官寿喜骂鲁璇儿说,母鸡不下蛋,反倒埋怨起公鸡来了。

莫言:女孩儿是不算孩子的,是人家的人,不能继承香火的。小说里的母亲不生孩子,实际上是丈夫的问题,她丈夫是性无能,她为了生孩子,在她大姑姑的启发下,不断地变换男人睡觉,但每次都是生女孩,她的婆婆和丈夫联合起来虐待她,到最后把她的身体烫伤了,生命垂危。在这个时候她听到了村子里教堂传来的钟声,她爬到教堂里去,然后听到牧师讲经,她突然感到来自心灵深处的一种感动,这个女人到了这个地步,唯一支撑她活下去的力量就是来自于上帝的召唤。

王尧:人有了创伤后,很容易走向宗教一途。

莫言:我觉得对小说中的母亲来说,最深重的痛苦莫过于被逼不断和自己毫不相识、更不爱的男人去睡觉。战乱、病痛、饥饿,相比之下还是能让人承受的。他们不是号召我们反对封建道德吗?我觉得这是对封建主义最沉痛的控诉。很多道德批评家如果连这一点都没有看懂的话,如果不是"数典忘祖",

就是别有用心。

王尧：你对封建制度的揭露这一笔是最有力量的，是最深刻的一笔。有些人是出于意识形态的原因，有些人是卫道士，智商应该没有问题，但是由于这些原因，一些人失去了正常思维的能力。好多人的智商是这样才有了问题。

莫言：如果是那些搞大批判出身的人这样看，我还可以理解，但有一些中文系的教授，也这样看，并且用一种邪恶的腔调、用一种迹近人身攻击的方式来批判我，这让我感到不可理解。

王尧：睁眼说瞎话一直是部分知识分子的做法。这部小说人物众多，关系复杂，结构也宏大。

莫言：我想长篇小说都应该有一个别出心裁的结构。因为小说比较长，50多万字，历史跨度也比较大，描写人物也比较多，如果玩得太花哨的话，势必影响阅读。所以这部小说前边还是按部就班，按照顺时针的方向叙述，从1938年日本人进攻村庄写起。在日本人进攻村庄的同时，母亲在生她的最后一胎，双胞胎，生下了本书的男主人公上官金童和他的姐姐上官玉女。这个时候在厢房里，她家的毛驴也在生骡子，丈夫和公婆对母驴的关注远胜于对难产的儿媳妇的关注。儿媳妇前面已经生了七个女儿了，最后一胎他们依然不抱希望，他们费尽周折请来兽医帮助毛驴接生，都围着母驴在转，母驴也是难产。这时在河堤上，母亲的七个女儿在大姐的带领下在河里摸虾，河堤边的柳丛里面埋伏着游击队，桥头上司马库布下了烧酒阵，摆了很多干草，洒了大量烧酒，准备用火攻的方式拦截日本人。对面是日本人的马队正在向这个村庄逼近，小说一开始就两条线齐头并进，非常紧张。母亲生下了本书的主人公，日本人也占领了村庄。日本人杀死了母亲的公公婆婆，她的丈夫也被杀死了，但日本人救活了上官金童和上官玉女。小说进入第二卷，母亲已经成为家长，带领她的一群孩子，开始了艰难的人生旅程。紧接着是战乱、饥饿、动荡的社会，然后是孩子们自己的命运，女儿们在这种动乱的环境中长大，恋爱，结婚，生子。紧接着是解放战争时期的大逃亡，接下来是土地改革、三年困难时期、文化大革命、改革开放、90年代商品社会，小说是按照这个历史的脉络走下来的。

王尧：在这部小说中，关于战争的撤退场面的描写堪称经典。

莫言：这个撤退场面，我觉得我是放在一场宏大的战争之中写的。我是把淮海战役挪到了高密东北乡来打，这也是我提出的用小说扩展故乡的一次实践。淮海战役当然是发生在苏北的，但我在写的时候，那淮海战役的战场就在我们高密东北乡的荒原上。母亲推着车子，带着孩子，跟随着人群逃亡的那段艰难历程，实际上也是他们人生旅途的一个缩影。她们不知道前途在哪里，走了一段以后母亲下决心不走了。母亲决定回去，回故乡，死也要死在自己的故土上。艰难的逃亡转变成生死未卜的回故乡之路。尽管家乡已经被战火笼罩，她说我们要回到家乡去，这个回故乡的路是一种象征。她们回到故乡后，村庄几乎被夷为平地，但是她家的破房子还矗立在这个地方，院子里面落满了弹片，墙上有硝烟烈火烧灼后过留下的痕迹，但她还是回来了，立刻就在废墟上生活。这时候尽管村前村后还是硝烟弥漫，炮声隆隆，但是她们在自己家里，心里就感觉到很安定。具体细节我也忘记了，写过这么多年了，但是写的时候这个地方文思是很澎湃的。写完这一章后，感觉到有一点欣慰的就是：我知道我能够写大场面了。过去我对自己是否能写这种巨大的场面缺乏信心，写完这一章我觉得我能够写这种大场面。大场面毫无疑问是对一个作家能力的考验。有的人可以把故事的小场面写得很精致，故事发生在一个客厅里，发生在一个胡同里，发生在一个房间里，一个小客店里，他们可以写得非常得心应手，真要给他一个巨大的场面，他未必能够把握得了。写完《丰乳肥臀》以后，我觉得脑子里可以容纳下千军万马。

王尧：你这是在想象中遭遇战争，写这种战争场面好像在写自己的遭遇一样。

莫言：这种战争场面，我没有经历过，我根本没见过坦克怎样冲锋，飞机怎样轰炸，成千上万的老百姓怎样冒着硝烟、弹雨向前进，部队像走马灯一样你来我往，车水马龙，车轮滚滚，满地都是尸首。写这个的时候也让我想起了《战争与和平》里的巨大战争场面。那是经典，我确实还差得很远。现在回头来想，这个地方应该更加从容地展开。

王尧：修订的时候你重写了这一部分吗？

莫言：没有激情了，就像一个房子造起来以后，再怎么装修，也改变不了房子的结构。

王尧：小说写到第七卷，你把读者的感觉完全颠覆了，小说的框架也重构了。

莫言：写到第七卷的时候，回头从母亲出生开始写起，那是1900年德国人包围村庄的时候，那也是一场战争，德国人包围这个村庄也引发了大屠杀，然后母亲的母亲和母亲的父亲带了一帮人去抗击德国人的包围，都在战斗中牺牲了，母亲变成孤儿，孤儿怎么样一步步长大，母亲怎么样一步步为了生孩子跟多个男人发生关系，前面的六卷，我塑造了一个忍辱负重、宽宏大量、无私奉献、像大地一样宽厚、传统的、经典的母亲形象。

王尧：到了第七卷，大家一看，这么多的孩子来自于这么多的父亲，母亲原先的形象彻底瓦解了。这实在出人意料。但这一卷是关键，没有这部分内容，《丰乳肥臀》的价值就不一样了。你刚开始构思时就是这样想的吗？

莫言：刚开始没有这么想，写到第五卷时我意识到这些孩子应该来自不同的父亲。开始想法没这么明显，到第五卷的时候我突然对这部小说的整体结构非常明晰了。写到第六卷的时候，小说当然也可以结束，但那将是一部四平八稳、司空见惯的小说，我不会这样结束。尽管我预见到第七卷会让这部小说饱受诟病，甚至会给我带来麻烦，但这时我只能听从小说的召唤了。我想大家读完第七卷以后，会不由自主地猛然回顾，发现前面六章建立起来的母亲形象一下子土崩瓦解了。母亲究竟是什么样一个人？这到底是个什么样的母亲呢？你自己判断吧。我在前面六卷中没有透露任何蛛丝马迹，这实际上是一个没有结构的结构，我想五十万字的作品，如果玩弄过多叙述和结构的技巧的话，会更加让读者难以卒读，只能老老实实地写，然后在结构上有大块创意，玩大结构，写大块文章，不玩小把戏。这本书1995年年底出版，得了"大家"文学奖，奖金十万，当时十万元是笔大钱，影响巨大，紧接是铺天盖地的批判，部队的一些老作家，进京串联，联名给上边写信。我当时还在军队工作，我们那个领导，不时地把那些转来的告状信让我看，看得我胆战心惊。其实很多人并没看书，他一听那个书名就觉得这个作家低级下流，完全为了商业炒作。我也反复回答过多少遍关于书名的问题，但无济于事。我今天还认为这个书名是最贴切的，尽管后来为了能再版我也一度答应了出版社的要求，想把它改成《金童玉女》。但就像我当年改不了《红高粱家族》里边王文义的真实名字一样，我发现这个书名和这本书已经牢固地焊接在一块了，敲不下来了，其他名字都不对了。

王尧：对这部小说的叙述风格也有不同意见。

莫言：有人批评小说的后半部分有些松懈，整个的叙述腔调发生了变化，前边用的是所谓史诗的笔调，庄严宏大的叙事，一旦进入80年代立刻就充满黑色幽默反讽的东西。我是想严肃到底，但小说一进入80年代，就严肃不起来了。因为社会生活中充满了荒诞和黑色幽默。

王尧：所以还是用《丰乳肥臀》作书名好。

莫言：小说名字是符合作品本身的。丰乳可以当做一个歌颂的东西来看，肥臀就是一种反讽，和小说的后半部分的风格恰好是符合的。80年代后期，政治淡化，欲望横流，标新立异，异想天开，整个社会就像一个乱糟糟的大集市，天天都像狂欢节，各种各样滑稽、怪诞、丑恶的现象纷纷出笼，纸醉金迷，灯红酒绿，繁华后面充满了颓废，庄严后面都暗藏着色情。整个社会重点好像都转移到女人身体上去了，似乎所有的男人都变得阳痿，都要壮阳；所有女人的乳房都嫌小，"没有什么大不了的"、"挺好"，打开电视机，翻开报刊，铺天盖地的广告，多半充满了性暗示和性意识，90年代之后的社会，从过去那种高度政治化变成高度的色情化，高度的欲望化，疯狂的金钱欲，变态的食欲，夸张的性欲，我觉得这是社会普遍的堕落，比所谓的"腐朽的资本主义"有过之而无不及。所以，导致这部小说中途风格变化是和现实生活有关系的，我自己也意识到了这个问题，但我无法改变。

王尧：过去我们强调一部作品的整体性。

莫言：我觉得应该对"整体性"有新的理解，不能说小说风格前后统一就是整体的，中间风格发生变化就丧失了整体性。

王尧：理论家要守规则，作家非要破规则不可。

莫言：我觉得还是有很多高明的读者，对《丰乳肥臀》给出了我非常满意的解释，比我想得还要充分。像张清华用新历史主义文学的观点对《丰乳肥臀》的研究。陕西的一个老同志，搞党史研究几十年，也姓党，他写了一部长达六万字的文章，分析对比研究《丰乳肥臀》和《白鹿原》，文章没有发表，是通过网络发给我的，他用一种比较传统的写法，和过去一些老的批评家一样，宏大的社会批评，很难发表，但他的文章里包含了很多对历史的不同意见。像武汉大学哲学系教授邓晓芒，残雪的哥哥，他对上官金童的分析，我是很信服的。他认为我们每一个人心中都暗藏着一个阿Q，每一个人的灵魂深处都藏着一个上官金童。

王尧：是这样，上官金童的这种恋乳症是一种象征的东西，对乳房的痴迷眷恋实际上在很多人身上可以发现人的弱点、人的特性。邓晓芒是位哲学家，我最早读他的《灵之舞》印象很深。他在《灵魂之旅行——九十年代文学的生存境界》中论述了许多作家。

莫言：每个人都有自己的眷恋。你仔细一想有价值吗？古董商对古董的眷恋，官员对权力职位的痴迷，商人对金钱的追逐，每个人生命过程当中都被一些和生命无关的东西所占有。当《丰乳肥臀》在一片骂声中被踩到地狱的时候，有一些评论家，像邓晓芒、张清华，还有琼州大学的毕光明，对《丰乳肥臀》作了认真的解读。有一个叫张军的，他也看得很准，说这是一部反讽小说，莫言是一个反讽艺术家。我觉得他对小说的后半部分概括得很准确。小说后半部分我对司马粮、上官金童创建乳罩中心的嘲讽非常明显，根本不是我要赞美这个东西。

王尧：好像叫"独角兽乳罩大世界"，开张时有两条大标语："抓住乳房就等于抓住女人"、"抓住女人就等于抓住世界"。

莫言：有些人就把它政治化了，从社会的政治的角度来批判。有的人说我是在为国民党唱赞歌，反对共产党，丑化共产党。他不允许你按照民间的观点评价国共斗争这段历史。在他们心目中，国民党就是惨无人道的，没有人性的，而共产党就是没有缺陷的。真实的历史生活是不是这么简单？他们知道得比我们要清楚，但他们是不敢承认的。小说中的好多事件都是老人对我讲的，都是他们的亲身经历。1987年8月，我去井冈山参加军事文学座谈会，和鲍昌坐一个车厢，当时他是作协的领导，他说，你的《红高粱家族》写得还真是不过分，他说他亲眼看到在北平附近，一帮贫农光天化日之下把一个地主肢解了，一人撩了一块。山东昌潍地区还乡团如此猖獗，报复得那么惨烈，一星期之内杀了两千三百多位共产党基层干部和土改积极分子，就是因为在土改过程中，执行了康生的极"左"政策，把地主富农打死了很多，而且斗争了中农，每人都有份，每人都要来砸一下，号称"抹血政策"，提出的口号是"打死一个富农，胜过打死一只野兔"，打死一个富农，能分很多财产，比打死一只野兔油水要多，这样每个村都要杀一个地主，分配指标。很多村里边没有地主，看谁最有钱，就把谁打死。当时杀人像杀条狗，抓一个地主来，拉到台上去，然后贫农团主席对下面喊：乡亲们，穷苦的爷们儿，这个地主怎么处理？下面说：枪毙！立刻架到台下，"砰"，就枪毙了。又拉上一个富农来，贫苦的爷们儿，这个富农怎么处理？下面喊：抽他五十马鞭！就把他踹倒，抽五十马鞭，一脚踢下台去。尤其是我们昌潍地区，康生在这儿抓点，搞土改复查，一片混乱，红色恐怖。我小说里边写了一个张生，实际上就是写康生。紧接着国民党1947年重点进攻山东，还乡团跟着回来了，回来肯定要报仇，你杀了我的爹，我能不报仇？人之常情嘛。一报仇肯定要变本加厉。还乡团的疯狂屠杀，与土地改革极"左"政策有直接关系。

王尧：这在张炜《古船》里已经有所涉及了。

莫言：为什么《古船》迟迟得不到茅盾文学奖，一个致命的问题就是写了历史真实。什么叫历史真实，难道他们写的历史就是真实的吗？你可以说我是历史唯心主义，只见树木，不见森林，只看到革命过程中一个片面、局部的现象，没看到整体性的东西。我觉得一个小说家他不应该去考虑整体和片面的关系，哪个地方最让他痛苦，就应该写哪个地方。当年苏联的肖洛霍夫写《静静的顿河》，顿河哥萨克为什么叛乱？是因为布尔什维克对他们的镇压过分了，波及了中农，杀了很多不该杀的人，当然他们要叛乱了，很多无罪的人都枪毙了，活着的人人自危，一有机会，我当然要叛乱。《静静的顿河》第二部在杂志上一发表，也是一片骂声，讨伐声一片，说肖洛霍夫是为白匪写作，是白匪的帮凶。斯大林还是有胸怀的，懂文学的，不管斯大林是什么样的暴君，但他对待肖洛霍夫的态度，对待《静静的顿河》的态度，还是宽容的，他说我们出版第二部。当时肖洛霍夫搜集了几麻袋的资料，研究顿河哥萨克为什么会叛乱，他自认为证据在手，铁证如山。但如果不是斯大林保护，这些都没有用处。斯大林一歪嘴巴，就会要了他的小命。我们历史上的还乡团现象与顿河哥萨克的叛乱有几分相似。他们批判我时，我本来也可以这样辩解，也可以举出很多的例子来，譬如我们大栏村的张姓地主就是个善人，乐善好施，走路都怕踩死蚂蚁，他没有罪，但贫农团把他打死了。高平庄我四叔的表弟是雇农，一直给人佃工夫，扛长工，日本人要选维持会长，谁也不愿当，没办法，只好抓阄，不巧让他给抓到了。当了两年，经常挨日本人的枪托子，低三下四，委曲求全，但共产党还是把他枪毙了。这种现象不是个别的。这些东西我写了，还乡团的残酷报复我也写了，我已经很明确地点清了产生还乡团的前因后果，这是一种真正的历史，是比教科书上更加真实的、更加让人痛苦的历史。你可以批评我写的是局部的现象，不是整体的现象，但我是写高密东北乡的小说，我不是写中国革命史啊。我总感到这些人的批评未必是出自公心，真正的艺术批评我是可以接受的，但问题是这些人本身是一些矛盾体，他对历史真相比我了解得要充分，有很多是亲身经历过的。批评我的很多老人耳闻目睹革命过程中的残暴和黑暗现象要比我多得多，但他们批评年轻人作品的时候，马上就忘掉事实，变成一个卫道士，用文化大革命和历次政治运动中别人曾经对付过他们的那些方法来对付我们。断章取义，周纳罗织，欲加之罪，何患无辞。

王尧：这就是"文革"时的大批判，好在大环境不一样了。他们的真实心理是什么？

莫言：我很清楚这些人的本质，所以我很愤怒。我觉得你们批我如果是发自内心的，我倒可以接受。

王尧：但情况不是这样？

莫言：我和这帮人一起开过会，一谈到80年代以来的各种社会丑恶现象，他们也是骂不绝口，愤恨之情溢于言表。讲到个体户坐飞机、坐软卧，他就拍桌子大骂：不就有几个臭钱吗？我们革命一辈子才有资格坐飞机、坐软卧，你们凭什么坐？狭隘的心理啊。讲到贪污腐败、买官卖官、卖淫嫖娼、横征暴敛，他们也是愤激之情溢于言表。但我的小说里一旦写到这些，他就认为我在丑化，明明你对这个现象也是恨之入骨，为什么年轻作家写了，你就难以忍受呢？很奇怪的一种心理。所以我就怀疑他们对我的批判里面怀有很多不可告人的目的。他们的马列主义都是用来打人的，骨子里根本就不相信。

王尧：部队里也有一些既懂艺术也很宽容的老作家，像徐怀中老师。

莫言：徐怀中是一个能够包容各种艺术流派的作家，他对文学的理解一直是很人性化的，他在60年代极"左"的年代里写的小说也是充满人情味的。冯牧的"左"是表里一致的，甚至刘白羽的"左"，都是与他们的信仰有关的，值得尊重。

王尧：理论界像陈涌也是这样，坚持自己的思想。

莫言：批判我的那帮人里，这种人很少。他们其实没有理论，连"左"的理论也没有，他们就知道找关系往上送告状信，他们当时下手很狠，用心极毒，竟然把告状信投寄到部队保卫部门和地方公安部，这哪里还是文学批评？全是"文革"那一套。后来有人说你干吗不发言？为什么不反批评？我对这帮人能发什么言？我只能沉默，随你们便吧。

王尧：你选择了沉默的方式。这是对你伤害最大的一次。

莫言：《丰乳肥臀》之后，我沉寂了两年，心里面当然很不痛快，感觉到自己有口难辩，另外对这帮人不正当的手段很愤怒。他们写给有关领导和部门的告状信我都看了，完全是大批判，是诬陷。1996年这一年没有写作，当然和转业有关系，我觉得不应该再呆在部队了，给部队的领导添很多麻烦，手下有这么一个作家他们也是提心吊胆。第二个我感到我的人身自由也受到了很多限制，我要去海南岛开个会，他们也不批，出国更不行。更重要的是一种精神上的禁锢，也没人批评你什么，但你知道这样一写很可能就被批评了，那样一写又很可能被批评了。我觉得我确实不适合在部队干了。我在部队呆这么多年，本身也够荒谬的，因为我的创作和部队的要求是格格不入的，部队能容忍这么多年，也真不容易，所以我想得赶快走，这样对自己也好，对部队也好。1996年我就开始联系转业的事，同时也在思考一些问题，看批判我的有没有一些道理，有一些还是有道理的。确实充分地考虑了他们提出的一些问题，比如小说语言的粗糙、拖泥带水不讲究等。

王尧：回头去看看，当时围绕《丰乳肥臀》引起的争论也是很有意思。

莫言：我坚信将来的读者会发现《丰乳肥臀》的艺术价值，这两年其实已经有很多评论家发表了让我欣慰的评价，主人公上官金童的恋乳症实际是一种象征，每个人的灵魂深处都有污点，每个人都有一些终生难以释怀的东西，有的人追求官职，有的人追求金钱，有的人追求古董。总有一些东西的价值是被你放大了，其实没有那么重要。放大了某事物的价值，然后产生一种病态的冲动去疯狂地追求，其实完全不需要这样。我在写这篇小说时，也无法左右自己，这也是作家写作中经常碰到的一种现象：小说中的人物摆脱了你，战胜了你，人物自己要这样做，我无法左右他。上官金童的恋乳症，实际上是一种"老小孩"心态，是一种精神上的侏儒症。固然已经到了满头白发的年纪，但他还是儿童的心态，他永远长不大，他是一个灵魂的侏儒，最近我把《丰乳肥臀》润色了一下，作了一些技术性的删节，当时写得太仓促了。在修改的过程中，我更加明确地意识到，《丰乳肥臀》是我的最为沉重的作品，还是那句老话，你可以不看我所有的作品，但你如果要了解我，应该看《丰乳肥臀》。

王尧：我发现一个有意思的现象，你一旦遇到困难，往往是由写短篇小说获得转机。我觉得大家对短篇小说重视不够，好的短篇小说几乎也是可遇不可求。70年代出生的作家,好多人短篇小说没有写好,就认为自己能够写长篇小说了。

莫言:1997年开始写短篇,写《拇指铐》,写一个孩子给母亲抓药,莫名其妙地被一个老头用拇指铐铐起来。何向阳说这是我写得最好的短篇。然后写了一个中篇《我们的七叔》,写一个革命神经病,每到八一、国庆等国家节日,他就穿上一身旧军装,戴上一个淮海战役的纪念章,走来走去,写这么一个有一点点变态的老人。"四类分子"摘帽,"右派"摘帽,他痛心疾首,骂大街,要到天安门前去自焚,说中央出了修正主义,这也反映了一部分人的心态。尽管在解放以后他也没享受到多少待遇,实际上人家说他是俘虏兵,你别吹了,你给哪个元帅、哪个将军当过马夫、警卫员?你别瞎吹,你就是俘虏兵。但他自己不把自己当外人,老觉得自己是为中国革命立过大功劳的,是大功臣。对任何一个社会现象、改革措施、个体经营、土地承包,他都是深恶痛绝,说我们的革命不是白搞了吗?坏人都摘了帽,我们和谁去斗争?怎么活啊?就写这么一个人。

王尧:"七叔"尽管是神经病,但是反映了一些人士对现实的心态,这种心态是真实的。一些老干部,包括普通老百姓中的一些人还有这样的心态。

莫言:给"四类分子"摘帽时,我还在农村,连我心中都隐隐感到不解,其实我们家也不是什么好成分。人的心态真是奇怪啊。

王尧:经常会听作家说我喜欢小说里这个人物,不喜欢那个人物,对你自己写的小说你有这种感觉吗?

莫言:我几乎没有想过这个问题。"我爷爷"、"我奶奶"是性格比较鲜明的人物,上官金童也是比较鲜明的,其他的人物脸孔是模糊的。但是《檀香刑》里的人物,我在写的时候甚至可以看到他们的容貌,脸上的一颗痣,什么样的胡须,形象很明确。《丰乳肥臀》这部小说里面,我最喜欢还是司马库这个人物,他是一个还乡团,是一个敌人,从阶级斗争的意义上说,喜欢他就和敌人站到一边了。但从文学意义上,我确实喜欢他,喜欢他敢作敢为的性格。

王尧:《檀香刑》让你真正摆脱了《丰乳肥臀》带来的阴影。

莫言：1997年下半年开始，创作热情比较高，从《丰乳肥臀》的阴影里渐渐走出来了，一连串写了几个中篇，十来个短篇，像《祖母的门牙》、《白杨树下的战斗》、《儿子的敌人》，中篇里边有《野骡子》、《师傅越来越幽默》、《三十年前的一次长跑比赛》、《司令的女人》、《藏宝图》，连着四个中篇都在《收获》发表了，这中间也写过一个长篇，叫《红树林》，写现代生活的，写反腐题材的，这个时候我已经转业到检察系统去了，让我写个电视剧，出版社对电视剧做了投资，然后出了条件，就是让莫言将电视剧改成长篇，看起来《红树林》是不太成功的。《丰乳肥臀》之后我好几年没出长篇了，后来又听说很多人又盯上了《红树林》，往上面告状，说怎么不好，我觉得《红树林》还是歌颂法制建设，批判腐败现象，是主旋律啊。

王尧：一些人不相信莫言会写主旋律的作品。这之后的《檀香刑》是你的又一部重要作品，这部作品在结构、形式和语言上对当代文学创作有很大的启示，也可以说是部具有标志性的作品。

莫言：《丰乳肥臀》之后，1996年开始就断断续续地写《檀香刑》。关于结构问题，一直没有想好，拖到1999年底、2000年初，几个月的时间把它完成了。解决了几个问题，第一，就是语言的问题，这个时候我已经写了那么多的小说了，如果还是用过去那套语言，自己也感觉到没有意思，突然想起故乡猫腔戏来，就想在故乡小戏的基础上搞出新的变数，一段戏文，一段小说，发现两块永远合不到一块去，拼起来的这么一块东西，索性就打乱这个，完全用一种我认为的民间戏剧语言来写，特别注意语言的音节，注意到可朗读性，注意到文字的声音。当然也有一种批评意见，认为小说实际上是不能朗读的，不能朗读的才是好小说。但我认为民间艺术的一个最大特点就是可以口头传诵，可以朗读的、出声的。

王尧：关于小说写声音的问题，李锐也有自己的看法。我印象中，郜元宝兄曾经在文章里对你们两位的写作有批评。我想，单从音本位还是字本位来讨论，不能完全说明问题。

莫言：我在《檀香刑》后记里讲的"大踏步的倒退"，实际上是说我试图用自己的声音说话，而不再跟着别人的腔调瞎哼哼。当然这也不可能一下子就能与西方的东西决裂，里面大段的内心独白、时空的颠倒在中国古典小说里也是没有的。在现今，信息的交流是如此的便捷，你要搞一种纯粹的民族文学是不可能的。所谓纯粹的民族语言也是不存在的。这个小说结构也不是我的发明，利用了古典小说的小说理论，"凤头、猪肚、豹尾"，我看到很多人批评这是雕虫小技。用二月河的方式来写长篇历史小说，肯定不是我的强项，而且三四十万字的篇幅不可能把这个事情讲完。用现在这种方式，"凤头、豹尾"变成人物的内心独白，"猪肚"部就是把所有的材料都塞进去来证明"凤头、豹尾"。这个结构脉络清晰，操作性很强，很容易写。这种写法我得心应手，是我的强项。

王尧：你在《檀香刑》后记里面讲到，你曾经在当时与一个人编过猫腔？

莫言：那是在"文革"后期的一个小戏，是一种革命的话语，把孙丙等人拔高到了共产党员的地步。

王尧：我听得出来，你对那种政治指向特别明确的作品是十分反感的。

莫言：我甚至认为作家这个职业应该是超阶级的，尽管你在社会当中属于某个阶层，但在写作时你应该努力做到超阶级。你要去努力怜悯所有的人，发现所有人的优点和缺点。中国缺少像托尔斯泰、陀思妥耶夫斯基这样的作家。多半是因为我们没有怜悯意识和忏悔意识。我们在掩盖灵魂深处的很多东西。80年代的一批年轻作家的自嘲式写作，敢于自己践踏自己，当时也让人觉得痛快淋漓。其实这仅仅是对流行话语一种反动，对权威的一种消极反抗，也可以说是一种高级的无赖。看起来不把自己当人，其实正是用这种方式争取做人的权利。这种方式是对外的，是愤怒然而不敢正面冲突的变种，看起来是在骂自己，其实是在骂别人。这就像小孩子的自虐，看起来是毁坏自己的皮肉，实际上是在刺激父母的心。这样的方式与灵魂深处的忏悔完全不是一回事。一种是宗教情结，一种是人生态度。

王尧：《檀香刑》中有很多残酷的场面，如凌迟，你自己在写这种场面时是一种什么样感觉？

莫言：我写的时候也觉得过分，甚至有一种要受惩罚的感觉。今后还是应该节制一点。小说中关于凌迟的场面，出版社跟我商量这个地方能否删去一点，我删掉了一些，即使这样，很多读者还是难以接受。现在批评最多的就是关于凌迟的描写，有的文章甚至说我是虐待狂，我辩解的理由就是读者在批评小说时，应该把作家和小说中的人物区别开来。那是刽子手的感觉，不是作家的感觉，当然刽子手的感觉也是我写的，是我想象的。应该相信一个正常的作家能够写出病态的感觉来。我写一个神经病，不代表我就是神经病，我写刽子手并不说明我就是刽子手。实际上我们很多文学批评，常常混淆了这种常识。过去就有很多人批评我别的作品，也都是很低层次的批评。

王尧：我对《檀香刑》的评价是比较高的。

莫言：这次写完以后，我也没有把握，不知道这次实验有没有成功，事实证明总的反映还是好的，得到很多读者的认可，当然也有很多尖锐的批评，这个也很正常。如果一个小说出来，众口一词、众口称誉，这未必是件好事，有点意思的东西必然是毁誉参半，有五个人说坏，五个人说好就是一个最佳的状态。

王尧：好像说坏的人还是少了一点。

莫言：老有人对我说谁写了一篇骂《檀香刑》的文章，哪个网站上有一篇骂《檀香刑》的文章，我说这个很好，我愿意听到不同的声音。骂得最彻底的是李建军，彻底否定，我觉得能被他彻底否定也不错了，起码说明他还是看了这本书。起码他还没有在政治上给我上纲上线。如果有朝一日，李建军赞扬我的一篇小说，反而会让我感到不安了，因为他赞扬过的那些小说，我并不喜欢。

王尧：80年代曾经时兴过"骂派"批评，刘晓波是代表性的人物。那时，我们已经能够理性地看待"骂派"批评了。我不想把这种骂派批评和以前的大批判联系在一起，因为大批判是一种政治批判。但是，一棍子打死的思维与行为，是应该被清算的，我想应该用"清算"这个词。

莫言：但从历史上来看，"骂派"批评还是在不断翻新，从刘晓波开始一直发展到李建军,过两年总会冒出一两个人,骂出个"黑马"来,亮一枪,渐渐地一大批跟风的上来,过了三五年大家把这个事忘记的时候,又来一次,依然是有效的。所以很多文学史上的重复,回头一思考蛮有意思的。

王尧:这文坛上没有过时的手法。历史有相似之处,但不惊人了。

莫言:我觉得,有这么几个人,是一件好事,就像一潭死水里,有两条狗鱼,会让所有的鱼活跃起来。渔民运送鱼苗,死亡率很高,放上两条狗鱼,活跃起来了,鱼苗的死亡率就大大降低。所以,文坛需要这种狗鱼批评家。但这种狗鱼批评家,必须坚持到底,不畏权贵,如果见了什么书记、主席,也是摇尾讨好,满口谄言,那狗鱼就堕落成走狗了。

王尧:所以,我一直觉得应该建设一种良性的文化生态。这可能太理想化了。另外经济因素对八九十年代作家的影响是很大的,现在的长篇小说写作周期比较短,与市场经济有关,一些作家似乎把很好的材料轻率地处理了。

莫言:这个现象可能是有的,90年代以后文学商品化,作家要为自己的将来做物质准备,想赚点钱养老,这是可以理解的。同时也有一些竞争的心理,不服气的心理,看到同行们出了一篇反响很好的作品,他按捺不住了,或者说他技痒,也赶紧弄出一篇。我很少听说小说写了五年、八年还放在那里的,多数是没写完出版社就盯上了。许多出版人把目光盯在目前比较活跃的中年作家身上。这是好事,但也有不好的一面。对我们来说,小说有市场,当然是好事,可以拿版税,也可以满足虚荣心,但确实很少有时间来精心地打磨一部作品。其实,一个作家写100部一般化的长篇,不如写一部优秀的长篇。另外,电脑的普遍使用,技术上的进步也为写作提供了方便,提高了写作的速度。以前我打一遍草稿之后改一遍,抄一遍,第三稿弄好了,一部长篇,光抄两遍半年就过去了。现在在电脑上写作,改得方便,确实提高了生产率。

王尧:你手上还有未完成的长篇小说?

莫言:《檀香刑》之后,想作一些调整,等一等,看一看。我觉得写到这个程度,再写十部一般化的跟过去作品区别不大的东西,还不如不写。你要写,起码要自己感觉到有点新意,没有这种崭新的想法也就不必再写了。现在长篇有两部大概都写了十万字，在电脑里放着，一努力三两个月就能完成一部了，但是意义不大，写到十万字的时候，一点兴趣都没有了。我觉得故事这样讲不对，故事本身很精彩，人物形象也很明确，但我觉得叙述的腔调是不对的，不是能让我千言万语往外流淌的状态，找不到那种状态，每一句都写得很艰涩，自己都觉得语言是那么样的枯燥乏味，没有文采，所以放一下，再思考一段。

王尧： 这意味着你的下一部长篇小说在叙述上肯定会有新突破。

莫言： 天知道，鬼知道。这个年头也没必要写那么多，出版物太多了，我出那么多干嘛。在有生之年能够再写一两部自己觉得很好的长篇就可以了，哪怕写一部好长篇，不要太多，我觉得现在什么都是过剩的，包括作家的创作也是过剩的。你说我写这么多东西，能够减少一半也好，我现在有8部长篇，我觉得有4部长篇就可以，用写成8部长篇的精力和素材写4部长篇；有24个中篇，如果能精简到12个中篇；有80个短篇，能精简40个短篇，那会很好。甚至可以更少。

王尧： 这些作品其实是包括替代的。林建法先生提出长篇小说的文体问题，我觉得很重要。长篇小说的文体问题不能漠视了。

莫言： 毫无疑问，好的作家，能够青史留名的作家肯定都是文体家，我们讲现代文学，首先列出来的是鲁迅和沈从文，这两个作家的不朽地位与他们的文体关系巨大。他们的文体差别太大了。一个普通的读者一读两人的作品，也能判断出这是谁的。鲁迅为什么会用这样的语言来写，沈从文为什么会用那样的语言来写，这必须考察作家的全面。他的生活、他的家庭，甚至他的耻辱、他居住的环境，都对语言风格的形成有直接的或间接的影响。语言本身也是一个调子，一开始起调就是一个花腔、高音，那你只能唱歌剧；一开始起的调就是江南的采茶调，那就只能唱采茶戏。但是有文体意识肯定比没文体意识好得多。比如我们俩都讲同一个故事，所有的细节都一样，对话也一样，但叙述出来的肯定不一样。你调动的词汇，你的语言结构，句子的长短，这些很技术层面的问题会把两个作家一下子区别开来，而且觉得这两种东西有高下之分，哪一个可能好一点，哪一个可能差一点，可能有人喜欢这样，有人喜欢那样。当然我想还是有高下之分的，这可能就是纯粹技术方面的一些东西，纯粹语言风格问题。没有做过这种实验。

王尧：你也写了不少散文，大家也在看，我看你的散文文体观也很特别。

莫言：我们的散文载道的太多，每一篇散文都想讲出一种哲理，这种五六十年代留下的散文病毒一直延续到现在。每一篇散文最后都要升华一下，或先有个哲理，然后再找一个故事来图解。我觉得散文就是怎么痛快就怎么写。

王尧：可以虚构？

莫言：关于散文的真实与虚假的问题。我开始也认为散文必须写作家的亲身经历，写确实在生活中遇到的让他感悟很深的一件事。后来我发现不是这么一回事。包括很多大家的著名的散文。我成为作家以后，发现许多貌似真实的散文虚构的成分太多了。

王尧：沈从文的湘西肯定是有虚构的成分在里边。

莫言：肯定有大量的虚构在里面，基本上是用散文笔法写的小说。我认为散文可以大胆地虚构，而且我相信百分之九十的作家已经在这样做了，只是不愿意承认而已。哪有那么多巧事全部被你碰上？我读《读者文摘》，发现了一些名家散文的"原版"，从《读者文摘》上抄了，改头换面后变成自己的经历，一看特别感人，其实都是一种阅读过来的东西。所以我就说索性把散文真实性的定义彻底否定掉。虚构的散文，散文无非是一种文体，并不一定是亲身经历。爱怎么写就怎么写。

王尧：贾平凹过去认为散文的细节是可以虚构的。

莫言：细节既然可以虚构，那么还有别的什么不能虚构呢？比如我想写一篇福建的散文，细节虚构好了，为了证明真实性，明天买了一张飞机票，去一趟福建回来，难道就成了真的了吗？有些人批评三毛的散文，说像"荷西"、"撒哈拉沙漠"都是假的，因此说三毛不诚实。我说这有什么不可以？不是感动了你们很多人吗？有多少少男少女一时间都迷上了三毛，为三毛落泪，这有什么不可以？三毛的目的已经达到了，你愿意上当是你的事。人家三毛也没告诉你这是真的，人家也没说这是我的亲身经历。

超越故乡

莫言：我能不断地写作，没有枯竭之感，农村生活20年给我打下了坚实的基础，在那20年里，我就是一个地地道道的农民，做梦也没有想到以后能以写作为业。在这种情况下体验的东西与成为作家以后有意识地体验是大不一样的。后来当兵入伍，到了北京，上了军艺、鲁院，接触了西方的小说和理论，这些后来的训练，起到了发现自我的作用。发现自我从某种意义上说，也就是发现故乡。

王尧：于是又超越故乡，超越故乡才能重返故乡。我想，你离故乡最近的时候应当是写作之中。你的硕士论文题目好像是《超越故乡》。

莫言：我必须说明，我这个硕士，是有名无实，是混的，与你们这些按部就班制造出来的不能相提并论。《超越故乡》确是我硕士论文的题目。毕业之后，1991年，正是文学低潮期，我根本不想做什么论文，北师大童庆炳老师动员我，你还是做吧，对你们这种人也不会像对其他那些学生那么严格，大概有那么一万五千字就可以过关。童老师说，这个硕士头衔，现在的确没用，但将来没准儿有用。于是我就糊弄了一篇。实际上也没什么新的发现，也没有新的观点，只是把对故乡的认识、概念梳理了一下；文章中那些引经据典之处，都是童老师给我加上的。我觉得每个人都有自己的故乡，并不一定都是你的父母之邦，出生长大的地方就应该算故乡。这个地方有祖先的坟茔，更重要的是要有母亲生我时候流的血，故乡首先应该是"血地"，我出生在这个地方，跟这里的土地建立了千丝万缕的联系。

王尧：说得太好了，故乡应该是"血地"，人与故乡的关系是血缘关系。像我的孩子，她不是在老家生的，她对故乡的理解与我完全不同，没有那种刻骨铭心的感觉。

莫言：上个月我在台湾作演讲的时候，他们给我设定了很多题目，童年与不幸啊、作家与故乡啊、作家故乡的真正意义啊，反复地讲。我拿台湾的几代作家举例子。像朱西宁、段彩华、司马中原，他们这批作家都是1947年的时候，随着国民党军队，撤退到台湾去的。当他们20世纪五六十年代，拿起笔写作的时候，他们到达台湾已经十年、二十多年了，但他们笔下所描写的全是他们故乡的风景，全是故乡的故事。这批作家刚开始创作的时候，我想很可能也尝试过写台湾的事情，他们已经在台湾生活了将近二十年，占了他们人生的一半，但他们没有留下写台湾的作品，他们的名作都是写故乡的，写对于故乡的记忆。我听他们说，写台湾没有感觉，但当他们的笔一写到故乡，他们出生长大，留下了童年，留下了母爱，留下很多他少年回忆的地方，立即就得心应手。由于时间和距离，写起来更加真切，更加历历在目。所以我与台湾作家张大春对谈时说：故乡既是一个空间的概念，也是一个时间的概念。

王尧：不远离故乡，没有时间和空间的概念。离开了，那地方才有了"故"的意义。

莫言：空间的概念也就是说，只有你离开这个地方，你才会发现这个地方的独特，发现你的故乡和别的地方不一样，发现故乡的美。时间的概念就是说，你只有拉开距离你才能发现故乡，拉开时间距离，隔了十年二十年，你再来回忆这个地方，反而更加真切。如果没有空间的距离和时间的延续，你沉浸在其中也就无所谓故乡了。

王尧：像台湾这批作家，写起来的感觉和我们不一样，他们或许更加真切，更加深切。他有家难还，只能远望故乡。能不能回到那个生于斯、长于斯的土地是个未知数，很可能他们此生就难以回去。这就有了"乡愁"这一文学主题。

莫言：他们是北望家国，热泪盈眶。他们做梦也没想到，过了四十多年，两岸能够开禁，可以互相探亲。刚到台湾的时候，他们希望有一天能跟随"国军"反攻大陆；随着时间的推移，形式变化，反攻大陆成为一个梦想；回家乡几乎成为不可能的事。所以这批作家写故乡要比我们这批作家写故乡更加有痛感。我们想回去，坐个车两天、一天就回去了，但他们回不来，他们不是淡淡的乡愁，是浓浓的乡愁。

王尧：到了第二代就不一样了。

莫言：这些作家的第二代，像朱西宁的两个女儿朱天文、朱天心，她们书的扉页上都写着山东临朐人。但她们写临朐的东西不可能像她父亲写得那样好，写台湾的事情她们才写得好。尽管有人攻击她们是外省人，不是本土人，跟台湾人离心离德，但她们真正的故乡是台湾。朱天文、朱天心的故乡不是临朐，临朐是她父亲的故乡，她们的故乡是台湾，是高雄，她们在眷村出生、长大。那里才是她们的"血地"。张大春父亲的故乡是济南，但他的故乡也是台湾，在那里出生、在那里长大，这个地方有他的童年，有他的母爱，有他少年成长时期的经验。而父辈的故乡对他们来说只是一个传说，他们这批人，祖籍是山东，是河南，是江西，但他们自己的故乡都是台湾。

王尧：当然，我们也不必把"故乡"狭隘化，现代人有了精神问题，常常是把乡村看成自己的"故乡"。

莫言：只有农村才有故乡，我觉得这是不对的。像史铁生是北京人，出生在地坛附近，他的故乡就是北京，城市实际上也是乡土；王安忆尽管是在南京出生的，但是在上海长大的，两岁的时候就跟着妈妈到上海去了，所以上海应该是她的故乡。她父亲是福建的，她母亲是哪儿的，这些对她都没有意义，写上海就是写她的故乡。

王尧：《纪实与虚构》是王安忆的一次"寻根"。你第一次写到"高密东北乡"是小说《白狗秋千架》。

莫言：小说的第一句就是："高密东北乡原产白色温驯的大狗，流传数代之后，再也难见一匹纯种。"这是我的小说中第一次出现"高密东北乡"。

王尧：此后就一发不可收拾。

莫言：过去我感觉没有什么东西可写，在这之后，我感觉到要写的东西奔涌而来。从1984年到1987年，我写出了大约一百万字的小说。有许多个人的经历，小说中的不少人物都有原型。我对故乡的感受太深了。我熟悉的就是那个小村庄，如数家珍地把村东头家里的男主人、女主人一直讲到村西头，每家每户的人物，活灵活现的七百多口人，每个人我都能叫上名字来，他们有什么生理特征，有什么爱好，说话的腔调、走路的声音，我闭着眼睛都可以想到。即便过了多少年，突然传来一声咳嗽，我一听，也能辨出这个人的咳嗽怎么这么像我们村那个大爷咳嗽的声音。这些都是难以磨灭的印象。

王尧：太熟悉了可能也会限制自己的创作，小说家的想象需要超出故乡的生活。你自己很快意识到需要扩展故乡、超越故乡。

莫言：一个作家哪怕在农村生活三十年、四十年，他的个人经验毕竟是有限的。这些东西长期地写总还有面临枯竭的一天，不可能靠这么一点点东西支撑一辈子，可以在这些经历的基础上扩展、编造。当做家创作技术成熟以后，我想他就具备了扩展故乡的条件了，这时候可以把一些天南海北的、四面八方的、古今中外的，你认为引起你创作冲动的故事材料，移植到你熟悉的故乡背景里来，但是这要靠个人的经验把这些外来的故事同化，用你的想象力把它变成好像你亲身经历过的一样，不是在叙述故事，而是在经历故事。你要我写制造原子弹，克隆一头黄牛，这种经验我是没有的，我在农村生活了二十年，不可能有这样的经验，那时也没有这种克隆技术。假如我来写，我必须先做案头功夫，知道克隆是怎么一回事，然后我要亲眼看到克隆过程和克隆出来的东西，最后借助想象力，把它变成我自己的经历，我写一个人在克隆黄牛，感觉到应该是我在亲手做，尽管用的可能是第二人称、第三人称。有了这点本事以后，故乡就是无边无垠的，高密东北乡只是一个方圆几十里的地方，但它实际上是无边的，是完全突破地理界限的。

王尧：故乡是一个开放的概念，而不是画地为牢。

莫言：我创造了"高密东北乡"，是为了进入与自己的童年经验紧密相连的人文地理环境，它是没有围墙甚至没有国界的。我曾经说，如果说"高密东北乡"是一个文学的王国，那么我这个开国君王应该不断地扩展它的疆域。

王尧：《丰乳肥臀》就是一个扩展了的疆域。

莫言："故乡"也就是文学意义上的"故乡"，是文学的地理学。譬如我写的"高密东北乡",在《红高粱家族》时期某些故事还是有原型的。到了《丰乳肥臀》就突破了所谓的"真实"。像小说里面描写的一些植被啊、动物啊、沙丘啊,这些东西在真正的高密东北乡里是根本不存在的。《丰乳肥臀》的日文翻译者根据小说画了很详细的地图,到高密去找沙丘,找沼泽,但来了一看,什么也没有,只有一块平地,一个萧瑟的村庄。我想一个作家能同化别人的生活,能把天南海北的有趣生活纳入自己的"故乡",就可以持续不断地写下去。

王尧: 这个扩展是思维空间的扩展。我同意你的看法,在这个意义上,超越故乡是一个哲学命题。你长期保持这样一种活力,而且始终能够提供独特的新鲜的东西,这样的作家在近20年,甚至新文学运动以来也是不多的。由高密这个地方来解读历史,我觉得你是做得非常成功的。仔细地把100年算下来,能够真正成功通过创作将文学地理成为历史空间的作家不是很多的,像鲁迅笔下的绍兴,沈从文笔下的湘西并不是能举很多的。在寻根文学那段时间,有些作家努力过,但持续时间不长,像李杭育、郑万隆等。我觉得文学中的地域、空间,应该超越地理学的意义。

莫言: 过奖了,但我自己心中有数,因此不会忘记自己姓什么。作家大多数都有自己的这么一块土地,叫文学王国也好,叫文学共和国也好。每人都有自己的依托,沈从文依托的是湘西,鲁迅是绍兴,王安忆是上海。王安忆写苏北农村也可以,但给她赢来巨大声誉的还是写上海。我觉得现代的这批作家与五四时期那批作家有点区别。鲁迅写的绍兴就是绍兴,连人物都能找到原型,像阿Q、闰土,很多是真实的人物。沈从文的湘西呢,也带有某种地方史地方志的意义。现在的作家对"故乡"的理解比五四时期的那批作家有一定程度的超越。我的硕士论文题目就是《超越故乡》。当然我那所谓的硕士论文基本上是胡言乱语,与规范的论文不能相比,姑且也算是论文吧。一个作家能不能走得更远,能不能源源不断地写出富有新意的作品来,就看他有没有这种"超越故乡"的能力。"超越故乡"的能力实际上也就是同化生活的能力。你能不能把从别人书上看到的,别人嘴里听到的,用自己的感情、用自己的想象力给它插上翅膀,就决定了你的创作资源能否得到源源不断地补充。比如你作为一个作家不可能成为刽子手去杀人，但是能不能设身处地地想象到刽子手的心理，就决定了你的作品的说服力。我记得在军艺读书时，福建来的孙绍振先生给我们讲：一个作家有没有潜能，就在于他有没有同化生活的能力。有很多作家，包括"红色经典"时期的作家，往往一本书写完以后就不能再写了，再写也是重复。他把自己的生活积累、亲身经历写完以后，再往下写就是炒剩饭。顶多把第一部书剩下的边边角角再来写一下。新的生活、眼前火热的生活、别人的生活很难进入他们的头脑，进入了也不能被同化，所以尽管搜集了素材一大堆，技术上也没有问题，譬如他到钢铁厂去深入生活三年，熟知了炼钢的全过程，但写出来依然不像，因为他没有把别人的生活同化为自己的生活。现在有许多年轻作家具备同化别人生活的能力，写什么像什么，什么都可以写，这是时代的进步。

王尧：当你在创作中、精神上超越了故乡的时候，再重返故乡，对故乡的认识可能就不一样了。

莫言：重返故乡，意识到故乡已经是一个半真半假的东西。80年代我写完《透明的红萝卜》、《红高粱家族》之后，我们单位有一个搞摄像的，拉我回去拍一个有关我的纪录片。我领他去当年我做小工的地方，也就是《透明的红萝卜》所写的桥洞。我在那里面呆过三个月，给铁匠当小工，生煤炉子，拉火，有时也帮着敲几下边锤。白天在里边干活，夜晚在里边睡觉。这个桥洞留给我的印象非常高大，但当我带着摄像师到了那里，突然发现，当年在我心目中高大宏伟的桥梁变得那么低矮，伸手就能摸到桥顶。这时我确实比童年时长高了一点，还可能我长期在外面看高楼大厦，看到宏大的东西多了，回头再来一比较，就显小了。我写《透明的红萝卜》时已经二十九岁，这时候我所调动的经验完全还是童年时候的经验，是童年的、孩子的视角，或者说我记忆的还是孩子时期的感受和印象。看到那个桥洞感觉完全不对了，由此我想我小说里描写的故乡已经不存在了，已经成为历史，成为记忆，从这个意义上来讲，写故乡就是写记忆。眼前发生的很多事情，热闹的集市啊、街上人的吵闹打架，这些东西很难马上就进入小说，只有当它们变成记忆的时候才能变成小说。人的记忆能将过去丑陋的事件、悲惨的事件美好化。有这么一种心理倾向：你记住的往往都是非常美好的事情，你小时候受过的很多屈辱、做过的很多丑事，记忆帮你选择的时候会努力帮你遗忘，或者说藏在意识的深层，只有当一个作家具备了自我批判的精神时，才能把它们挖掘出来。

王尧： 记忆是美好化的，所以故乡这个地方一分钟也不想多呆，能够离开这个地方是无比的兴奋。中国的青年人，特别是农村青年，大约多数都想逃离自己的故乡。

莫言： 这也不是中国青年的独特现象。今年春节我和大江健三郎对谈的时候，他提到20世纪50年代他们这批日本乡下的青年人，最大的梦想也是逃离故乡，要逃到东京去，逃到京都去，逃到城市去，离开他们生活了几十年的偏僻闭塞的小山村，不管出去做什么都要逃离。逃离以后，如果拿起笔写东西，肯定是先写到那个地方，写他的故乡，写他的童年记忆，像他的成名作《饲育》，就是写他那个被森林包围的小山村里一帮小孩子的事情。

王尧： 逃离以后故乡才成为一个精神居所。

莫言： 我想这是大多数作家的出发点，或者说是归宿。像沈从文、鲁迅，都是这样。沈从文早期也写了一些风花雪月的东西，但那不是好东西，写这些玩意儿他永无出头之日。后来他写他的湘西，犹如惊鸿照影，一个作家的独特性表现出来，或者说一个独特的作家冒出来了。这独特性代表了一方乡土，他实际上成了湘西对这个世界的发言人，他就是湘西的代言人，他代表湘西向全中国、全世界昭示：我这个地方是这个样子，我这个地方的人是这个样子，我这个地方的人的生活状态是和别的地方不一样的。鲁迅先生的小说大部分也是写绍兴的，那海边上的沙地，那碧绿的西瓜，那深蓝的天空中的一轮明月，那乌篷船和如在云端中缥缈着的戏台。像美国的托马斯·沃尔夫就更加直接了，他就更加强调一个作家要写亲身经历，他不要扩展那个故乡，所以他的很多人名都是真的，事件都是真的，因此他的《天使望故乡》发表以后他都不敢回去，回去以后他的乡亲要揍他。

王尧： 故乡的人有没有从你的小说里找到自己的影子？

莫言：我写《红高粱家族》的时候也有点像托马斯·沃尔夫。给小说人物起名字是很麻烦的一件事情，为了写起来更有现实感，索性先用了真名。小说里的王文义、大老刘婆子、孙五都确有其人。我当时的想法是把小说写完以后，再把人名换了，但等小说真写完了，却换不掉了。把王文义换成张文义、把孙五换成李五，对读者也不会有什么影响，但我觉得换了就不对了。换了就不真了，人物就没有灵魂了，这不仅是符号的问题了，而是一种本质的问题，所以王文义、孙五等人的名字还是保留着。拍电影的时候，我对张艺谋说，这几个名字最好改掉，王文义才五十来岁，和我们家还有点亲戚关系，我爷爷的姑姑是这个人的祖母，我应该叫这个人表叔吧。这个人也是个传奇人物。当年我和他在大队的苗圃里一起劳动过两年。他是家里的小儿子，他的爷爷逼他去上私塾，读了三年私塾，《百家姓》、《千字文》，哇啦哇啦从头背到底，一个哏都不打。但是你把单独一个字抽出来，比如把"人之初，性本善"中的"善"抽出来问他，他就说："我花了好多钱学的，凭什么告诉你？"实际上他不认识，他就是学了一口唱。他口才极好，讲起话来，用雅言来形容那就是"口若悬河，滔滔不绝"，如果用俗言来形容那就是"热锅里炒屁"。"屁"如何炒？我不知道，但老乡们都这样说。他惧怕打雷，一打雷吓得要死，他母亲在的时候，就钻到母亲怀里头去，一动不敢动。他母亲去世后，一下雨一打雷，就浑身颤抖，用被子蒙着头。有人问他，是不是年轻时候做过亏心事？他也没干过什么坏事，就是对雷电特别恐怖，后来弄得我们一听见打雷也哆嗦，恐惧啊。关于打雷，农村有很多传说，雷公要劈人了，火球滚来滚去。我写过一个中篇小说《球状闪电》，就是写这些事的。他后来知道我在小说中用了他的名字，到我家和我父亲说，你儿子在外面写小说，怎么可以把我写死呢？我活得好好的。还有，我一辈子就做了那么件丑事，还给我抖搂出来，实在是不像话。他当八路时，参加过打麻湾的战斗，冲锋过壕沟时，一颗子弹射穿了他的耳朵。他一摸，发现有血，把大枪一扔就往回跑，一边跑一边大哭大叫："连长啊，我没有头了呀，没有头了呀！"连长一脚踹倒他，骂道："他妈的，没有头，你还会哭啊？你的枪呢？""枪扔到壕沟里去了。"连长冒着枪林弹雨，跳到壕沟里，把那支枪摸上来。当时八路的枪很少啊，丢一支枪了不得啊，缴一支枪是要立功的，丢一支枪是要枪毙的。他说他那时候就怕吃饺子，因为八路一吃饺子，就意味着要打仗了。一吃饺子有些当兵的就开始唉声叹气。有一天晚上要杀猪包饺子了，饺子没吃他就跑回家了，第二天被五花大绑给押回去了。他到我家发脾气，我父亲说，写小说嘛，诌书咧咧戏，哪里有真事？送给他一瓶酒，他也就不说了。《红高粱家族》里还有个杀猪的孙五，就是给鬼子逼着剥人皮那个。有一次，孙五村里一个姓王的中学教师，在酒席上鼻子不是鼻子脸不是脸地批评我父亲，说孙五家和你们家有什么过节？你们怎么能那样写人家呢？我父亲说，儿大不由爷，他这么大了，我怎么去说他啊，再说，他在外边写了些什么我也不知道啊。你们去问他就是了，你让孙五去找他领导去吧，让领导批评他，处分他。我听说这事后，心中也感到很歉疚，一是伤了乡亲们的感情；二是让我父亲替我受人巴数。我浪得虚名后，老家很多人不服气，说那个莫言有什么了不起啊，小学没毕业的人，斗大的字认识不了一箩筐，胡编乱造，谁不会啊。他们说得其实挺对。我家乡的人，比我有才的比比皆是。

王尧：这也正常，文化人还对号入座，不要说农民了。

莫言：他们对作家这个职业评价并不高，后来就传说我现在混好了，不当做家，提拔成记者了。

王尧：记者要比作家高一档，无冕之王。

莫言：记者可以帮老乡办很多事情，打打官司。他们认为记者是和邓小平、党中央住在一个院子里的。我回去，就有人问，你现在是不是每天都和邓小平一个锅里摸勺子啊，你经常能够见到胡耀邦他们吧？我说，很熟，天天在电视上见到。他们认为记者天天见邓小平，听说你给邓小平写过信啊。我就说，写过啊，但他没给我回信。有一次，我们家建房子，我那些堂兄弟都来帮忙，吃饭时，我四叔的三儿子，喝了两杯酒，红着脸，气烘烘地说："三哥，你有什么了不起？你那脑子一般化，空心不大。"空心不大，就是说不聪明，满脑子糨糊，塞得满满的。他说："你脑子里的空心并不比我们大，你无非是运气好。"我说你说得很对，我就是运气好一点。我们家一把茶壶上写着"天下第一关"，图案是山海关，"关"字是繁体，我那个堂弟端起茶壶，念道："天下第一门啊。天下第一门！"我六叔的儿子刺他说："好好看看，那是个门？好好看看是不是个门？"他说："你说不是个门，是什么？"我六叔的儿子义正词严地说："天下第一阁！"我一看，说："老弟们，既不是'天下第一门'，也不是'天下第一阁'，好像是'天下第一关'，我看着这图案的样子有点像山海关。"他们满脸通红，说："这个造茶壶的，简直是胡闹。谁批准他写繁体字的？"他们还说："三哥，你有什么了不起，你脑子没多少空。上学时，我们作文比你好，就是运气不好，没碰上好机会，所以在家当泥瓦匠，盖房子，你运气好，就写小说了。"我说你们也可以写啊。他们说："那玩意儿，胡诌乱扯，我们不写，我们要写就写元旦社论。"

王尧：回到故乡，是不是和童年的朋友有一种隔膜？

莫言：隔膜应该是很大的。他们的心理也很复杂，一方面看到你这样也很羡慕，另外一方面也不服气。他有什么了不起啊，小时候的丑事、馊事全给你讲出来，小学三年级还尿过裤子，被老师罚站呢。

王尧：我们同龄中有一些人是很聪明的，因为其他原因，机会失去了，没有发展了。

莫言：是有一些。多数人瞧不起你，80年代中期阶级斗争虽然取消了，地主富农摘"帽"了，但贫下中农心里还是不满意：你们这些坏蛋怎么和我们一起看戏？我记得本来大年初一"四类分子"都要扫街的，刚刚摘"帽"的人却换了崭新的服装，骑着自行车到邻村听戏去。贫农在那里咬牙切齿，说什么狗仗人势，你们甭抖擞，哪天再把"帽子"给你们戴上。我当兵走的时候，很多贫下中农很生气，说他们家怎么能当兵呢？他们家是富裕中农，他大爷爷又是地主，大爷爷的儿子又在台湾，他怎么能当兵呢？我到了部队，他们就写信到部队告啊，幸亏新兵连指导员也是富裕中农家庭出身的。指导员给我看信，吓得我满身冷汗。指导员说，你好好干，不要受影响。如果这些信落到另外一个人手里，报到团里去就麻烦了。

王尧：所以这么多年的阶级斗争，改变了许多人。

莫言：他们这种由自豪感而带来的失落感啊，持续了很长时间。过了两年，很多地主的孙子当兵去了，贫下中农更愤怒，"他妈的，是不是改朝换代了？还是共产党的天下吗？地主富农的孙子怎么也当兵了呢？国民党要反攻大陆他们还不把枪口掉过来打我们？"这帮人心里很难接受的。地主富农摘帽了，人家也是公民，公民的孙子当然可以当兵。像我这样当了兵，提了干，上了大学，成了作家，他们心里面真是酸溜溜的，见了面以后满脸尴尬啊。过去整我们的那些人满脸尴尬，但他们也知道无能为力了，再写什么人民来信往上告已经不起作用了。这个时候我父亲才从大队会计这个位置上退下来了，他说你们应该没问题了，再有人写信、告状，也没问题了。我说确实没问题了，我们家没有杀人放火，也没有干任何的坏事，都是老农民，只要我自己在外面不犯错误，谁也无奈何了。我父亲之所以委曲求全地、义务地当着那个大队会计，就是为了在大队部里可以见到上边下来调查的人，接到上边发来调查的信。他是被吓坏了，"文革"时，华东师大发函来调查我大哥的情况，大概是为了吸收他入党吧，村里一个革委会副主任，就把我叔叔岳父家的情况给填上了。我叔叔岳父家是富农。幸亏被我父亲发现，找到了村里的正头，那人还算有良心，骂那副主任，说那是他叔叔的社会关系，你给他填上干什么？胡闹。那副主任就红着脸装糊涂。这种事很多，每年征兵时，体检、目测之后，部队下来带兵的，都要到村里来家访，哪个人被家访了，他就十有八九被选中了。这时候，就会有那些奸人，跟当兵的人说这家人的坏话，不是说人家有历史问题，就是说人家是麻风病人的近邻。当时年轻人找媳妇比较难，甚至有专门给人"戳茬"的，何谓"戳茬"？就是跑到女方家里，去说男方家的坏话，把这门婚事拆散。

王尧：一个社会发生转型，就会有许多结构性的变化和冲突。改革开放这么多年了，现在应该好些了？

莫言：从1949年到文化大革命，战争结束只有十几年的时间，前边是炮火连天，土地改革，还乡团报复，怨怨相报，血流成河，记忆还没抹去，再加上一浪高过一浪的仇恨教育，政治运动，人跟人之间，是敌对仇恨的关系，所以发生那些事情，是很正常的。改革开放到现在，20多年过去了，阶级斗争已经淡化，分田到户，各家干各家的活儿，人跟人之间有了距离，八仙过海，各显其能，人们之间的仇恨也慢慢消解了。

王尧：逐渐工业化以后，随着经济的发展，老家会有很多变化。

莫言：原来以粮为纲，别的不敢种。现在农民不愿种粮食，种粮食赔钱，种水果、栽桃树、栽杏树，植桑养蚕，种蔬菜。

王尧：农业是有危机的。有乡镇企业吗？

莫言：农民实际上是搞不了工业的，第一没有技术，第二不懂管理。80年代初期那批乡镇企业，多半是在瞎闹腾。把大城市淘汰下来设备买回来，利用工厂那些离退休人员，生产一些假冒伪劣的东西，糟蹋好的原料生产劣质的东西。银行鼓励贷款，老百姓当时不敢贷款。80年代初期乡镇企业脱胎换骨变成现代企业的也有，主要在江浙、广东，比较发达的沿海地区。内地的那些，多半都成了一堆乱砖头，一本烂账，一群贪污犯，工厂垮了，银行的账烂了，少数人腰缠万贯享福去了。

王尧：你爷爷这些人是最后一群老把式了。

莫言：他那种人，说不好听的是顽固不化，说好听是独立人格。

王尧：到了80年代，再重分土地的时候，别人佩服你爷爷了。

莫言：我们村的人就说，还是二叔说得对，几十年前就预见到的，人民公社是兔子尾巴长不了的。

王尧：在大的潮流下，人的命运通常是无法掌握的。

莫言：就当时的认识水平，我们也认为像我爷爷这样的人是不跟社会、逆历史潮流而动的。尽管你可以保持一个独立的人格，可以被人传诵多少代，但你这一辈子不会有什么好事找着你，你要接受痛苦的煎熬，物质上的、精神上的。

王尧：在生产方式发生变化以后，现在的高密东北乡可能没有什么传奇了。

莫言：过几十年以后，我就变成传奇故事了。

王尧：现在老家可能已经把你当做传奇人物了。

莫言：首先我发现多出了很多教过我作文的老师。回老家喝酒，就有人说，你记得吗，我当年教过你作文的。实际上是没有的，教过我作文的只有一个张老师。然后多了很多对门的邻居。他们去赶集，别人说你们那出了个作家？他说就住我们家对门。实际隔了好几条胡同，有的甚至不是一个村。其实他们心中对我很不以为然的。我父亲非常低调，经常提醒我要知道自己姓什么。我自然知道。

王尧：这可能与文化传统有关。

莫言：山东是个官本位的地方，山东人受孔孟之道的影响太深，普遍认为，一个人最大的出息是当官，当官越大出息越大。你不当官，搞什么文化，他们瞧不起你的。我回县里，参加宴席，有明显的感受，没有别人的时候，县委书记把我拉到他身边坐，假如来了一个省里的处长，我就得到偏席去了。招待所所长就说，委屈你了。我说这有什么？我最怕的就是和领导坐在一起吃饭。

王尧：传奇是不断制造出来的。

莫言：我想很多所谓的传奇人物也是和大家一样的人，他们自己没感到有什么特别。像我爷爷、我老爷爷、我们邻居那些故事，他们都是司空见惯的，这有什么了不起，日常生活就是这样的。我们搞了文学了，而且时间又过了那么多年，我们在讲他们的时候，已经在"传奇"他们了，制造传奇。明明事情不是这样的，我们在不知不觉地添油加醋，把他们理想化、传奇化。

王尧：这和今天媒体制造传奇还不一样。

莫言：媒体这种力量来得快，过得也快，媒体针对面是很广的，乡村这种传奇是在一个半封闭的状态里进行的。我们众口相传的也是高密东北乡这十几个村的事情，传来传去，是一种纵向的发展，不向外横溢的。这时候正好出了个写小说的，有可能把这个东西写成一个小说，把这个东西向社会扩展去。

王尧：因为有了你的小说，高密东北乡与原先不一样了。好像大江健三郎也去过高密。去年春节，《南方周末》发了你们的对谈。

莫言：是一部分，我们两个一块谈了起码有十个小时，整理出来的仅仅是很小的一部分。谈话也很少对应，大家呱啦呱啦说一段，翻译就是提纲挈领地说五六句话，我讲了一大段，他几句话也就翻过去了。很多东西没出来。

王尧：当时有没有做现场录音？

莫言：当时日本 NHK 做了一个 60 分钟的节目。大江到我出生长大的老屋去看了看，他推开后窗，看河，河里边根本没水，早成了枯河多少年了。他说以前读我的小说《秋水》，里面描述河水像马头一样，奔腾而来。他看到这个环境以后，说他可以想象到河水像马头一样奔流而来的情景。从地理面貌、自然风光来讲，他的小山村跟我的肯定不一样。他那儿是群山环抱，被森林包围的一个小山村，大概有几十户人家。我们高密东北乡是一马平川，一点起伏都没有，一眼可以望到地平线。他去的正是最荒凉的时候，田野一片光秃秃的，荒村、炊烟、鸡鸣狗叫。田野里安静得啊，风刮过去，草叶滚动的声音都听得清楚。他说要找一个合适的时间带我去看看他的故乡。他得了诺贝尔文学奖以后，日本政府授予他文化勋章，他拒绝接受，村里的乡亲感到不可理解，说天皇授予你勋章，你怎么可以不接受呢？

王尧：大江在日本是以左派的形象出现的。

莫言：右派势力对他攻击，甚至是人身迫害。他对中国是非常友好的，他是站在非常高的地方对日本军国主义提出批判的。中国政府应该珍视大江先生的友谊。

王尧：我们在谈论故乡的时候，实际上也在谈民间问题。有学者说你是民间之子，我赞叹。就新文学来看，对"民间"的关注是个传统。"民间"是个多层次的概念。譬如现在大家都喜欢讲"民间立场"，习惯于以"民间"对立"体制"。但是，持"民间立场"是否就能修成正果？对体制的批判，出发点也常常不一样；"回到民间"也有各种各样的途径。赵树理认为民间文学是正统，我们对他的评价比较高，甚至认为他在五六十年代的许多作品是反主流的。我认为没有那么重的分量。民间问题实际上是个非常复杂的问题。陈思和先生关于"民间"的研究，是个重要的学术成果，但其后的研究者不能仅依据一个概念、一种命题和一种理论来概括一个作家，我认为这常常会把许多很丰富的东西遗漏掉，而且会造成研究者的惰性。

莫言：民间这个问题到现在也没有真正弄清楚。民间的内涵到底是什么东西，我看谁也无法概括出来，就像文化一样。我们现当代的文学作品中，很多好的小说都来源于民间，这样一来，就有两种对立，一种是在封建制度下的"宫廷文学"，是为了娱乐皇帝，像李白当时写那些歌颂杨贵妃的诗歌，就肯定不是民间的。"民间"作为一个特别的口号来提出，还是对我们的某些文化命题和"文革"后的一种被官方所提倡的文学的反拨。这跟一个作家的地位、心态也有关系，如果你自己认为比老百姓高出一头，你的创作也就失去了民间的性质。假如你是按照一种口号提倡来写作的话，就要牺牲个人的某些立场，来迎合、来适应。包括我们刚才提到的"红色经典"，实际上大家都遵循着一种口号在写作，文学要为政治服务，文学要有阶级观点。在这种创作思想的指导之下，我觉得这些作品就很难赋予它民间的称谓。但这些作品里面是不是就没有民间的因素？很难说。譬如刚才提到的《苦菜花》里有没有民间的东西，有没有民间的观点，我想还是有的。像梁斌的《红旗谱》，像孙犁的作品，都是有民间立场的。赵树理的一些小说实际上是在"延安文艺座谈会"之后才写的，他写时应该有向《讲话》靠拢的主动，但是一旦进入写作过程中，他就必须调动他的民间知识，调动他的民间生活。到了现在，创作的外部环境大有改善，我不喜欢的东西，你偏要给我一个，不行。我的作品是为了表现我自己的观点，我不管你是什么旋律，我就按照我的想法来写，这就是比较纯粹的民间写作了。

关于民间，存在着许多误解。譬如我回到了农村，写农村生活就是民间写作，王安忆在上海写《长恨歌》就不是民间写作？上海也是民间，城市里的市民也是老百姓。像卫慧、棉棉她们的作品价值如何我们姑且不论，但我觉得她们写的也是一种民间，写了这么一帮人，而且也是些小人物，没有职没有权，按照他们所热爱的方式真正地在社会中生活。哪怕他出入的是五星级的饭店，是欧洲风情的酒吧，也是一种民间生存状态。所以提到民间，我觉得就是根据自己的东西来写，在诗歌界，我觉得这种对立就更强烈了。在官方办的刊物上发表的诗都不算民间的？只有在学生社团里、诗界同仁之间办的没有刊号的刊物上发表的才算是民间的？这就太极端了。

王尧：在你看来，回到民间的意义究竟是什么？

莫言：我觉得它的意义就在于每个作家都该有他人格的觉醒，作家自我个性的觉醒。别人的意见，或者是官方倡导的东西你可以看，好的东西可以吸收，不同意的东西就不要勉强。一个作家为了受到某种嘉奖，来讨好某些人、某个团体，牺牲自己的东西，当然就不是一种民间写作。民间写作，我认为实际上就是一种强调个性化的写作，谁的写作张扬鲜明的个性，谁就是真正的民间写作。

王尧：在谈到民间写作时，我想到另外一种体制内的写作。六七十年代，在农村乡镇，甚至在县城，有一些读书人、文人，甚至说没有怎么读书的人想搞创作的很多。我小时候有这么一种想法，想写小说啊怎么怎么样，我有一个老师就跟潮流写了一部小说。在文化馆弄一点东西出来就觉得是非常高兴的事情。整个70年代有这样一个群体，"文革"后期政治上也稍微有一些松动。这实际上是一个非常重要的现象。我觉得蛮有意思的。从一个群体来讲，90年代以后就已经基本消失了。

莫言：文化馆这批人是集体经济的产物，很值得研究。这些人的作品在油印刊物上或文化馆的橱窗里发表，一首快板诗，一篇广播稿，就使他在乡村的地位发生了变化，这是公有制集体经济的产物。那时候公社里面有报道组，县里每个单位都有自己的报道员。我当时在棉花加工厂工作，加工厂总共只有20多个正式工人。棉花收购的旺季大概有二三百个临时工。这么一个季节性的厂里居然还养着三个专门写材料的人，他们拿着最高的工资。一般的人卖命干10个小时才1块3毛5，报道员天天悠悠晃晃，每天却拿1块4毛钱。他们也写不了多少东西，就是到每年的11月份写年终总结，写领导讲话，不定期出黑板报。这些人在写总结、讲话之余，也跃跃欲试地投稿，向省里的报纸投，也向刊物投。用他们稿子最多的是县广播站。县里的广播站每天三次向农村广播，如果广播里把某个人的稿子播了，他就有很大的荣耀了。年终的时候县委宣传部开通讯员会议，谁的稿子被广播站采用的多谁就受表彰，发个镜框，发个奖杯，发个笔记本，也许还有一点点奖金。这一大批农村秀才就是"文革"期间的写作者群体。很多农村文学爱好者，包括发过几篇稿子的，都是这种出身。要创作首先要有一定的文学基础，起码要小学毕业，初中高中时阅读过一定量的文学作品，他们对依靠文学来成名成家、改善自己的地位这样的程序是了解的。他们也有些闲暇时间。纯粹的农民写作者也有，但不多。农村白天那么沉重的体力劳动，人民公社时期的农民也不像现在的农民这样自由，现在的农民，农闲季节，如果不愿意出去打工的话，可以整天在家里玩耍。那时候不行，那时每年365天，除春节放两天假以外每天都要出工劳动。不劳动的话，第一，不给工分，第二，生产队不给分粮食，你得每天跟着大伙一起去劳动，所以也没有时间。我当时在棉花加工厂，在批林批孔时也写过稿子往《大众日报》投，是批判曾国藩的稿子。我买了一套范文澜主编的《中国通史简编》，一共五本，近代史部分只出了上册，下册没出。当时我还没去棉花加工厂当合同工，手中一分钱也没有，我母亲非常慷慨地给我钱买了这套书，4块5毛钱哪，当时是一笔大钱。这套书我看得很认真。我看了这套书以后就敢批判曾国藩，真是不知道天高地厚。稿子写好后，寄给《大众日报》，然后就天天盼望着发表。如果《大众日报》发表了我那篇批判曾国藩的稿子，那我的命运就改变了。能在《大众日报》上发表半版的文章，肯定调到县委宣传部了。去不了县里，公社报道组也会像宝一样抢去。当时真是一篇小文章就可以改变命运的。包括部队里也是这样。后来我到军艺的时候，我们第一批35个学员中大概有20个人是部队报道员出身的。像有的部队，奖励制度是很诱人的。一个战士，能在军报或军区的报纸上连续发表三篇文章，就可以破格提干。而且是发表一篇文章就给你记一次三等功。到了80年代，农村的生产方式发生了很大的变化。人民公社的集体劳动、集体经营变成了一家一户的独立生产。人民公社已经不存在了，报道员的数量大大减少了。当然在80年代末，一个人能连续发表几篇小说，也很快会被县文化馆注意到，并被调到里边去专职写作。"文革"刚结束时，我们县文化馆确实有几个发表过小说的人，他们每年都要召开全县文学爱好者培训班，我们村里一个小伙子每次都去，每次他去了，他的父亲就在村子里扬言，说我们家的儿子这次去了肯定就成了作家，再也不要下地出力了。但他去了好几年也没发表过作品。后来这个小伙子还把他的小说让我看过，确实写得不上道，我给他提意见，他基本上不接受。

王尧：这种现象是与生产方式相联系的，与所有制、体制联系在一起的。

莫言：是农村人民公社体制的产物，也是共产党的革命传统。好像蒋介石说过，国民党其实是被共产党用笔杆子打败的。"文革"期间，每个县都有一个剧团，每个公社都有一个专业的文艺宣传队，养了一大批文艺人才，我当时所在的济南军区内长山要塞区34团京剧团养了几十个战士，唱戏的，拉二胡的，有一点文艺特长的都进去了。那个时代轻物质重精神，需要一大批文艺人才，能写点东西的人就成为宝贝。现在有很多毛笔字写得好的人，是文化大革命期间写大字报练出来的，现在很多作家、诗人是"文革"期间在理论组、通讯员队伍里呆过的。一旦社会生活商品化之后，就存在一个谁养你的问题。90年代以后别说是县一级的剧团垮掉了，省一级的剧团也垮掉了，中央级的剧团，国家级的大的艺术团体也都是今天要解散，明天要承包，一副惶惶不可终日的样子。

王尧：当时这些人非常的活跃也是与他们的身份有关系的，因为知识分子本身是没有话语权的，那时的工农兵写作是很被重视的。那个年代民间文艺也很活跃，当然是为主流意识形态服务的。随着你的《檀香刑》的出版，民间文学的形式问题再次引起大家的关注，我来之前我们系里的一个老师，又提出了这个问题。你在你的后记里也提到了自己大踏步的后退。这里面有两个问题我比较感兴趣。一个是民间文艺通常是我们这些人最初的文学经验，后来我们所受的现代教育往往是要把这些经验摒除掉，甚至是压抑住。到了一定的时候，我们有许多人往往又会重新回到这样的原点上来。有时候，不是唐诗也不是宋词，而是非常普通的民间说唱、文艺形式，甚至是老人讲故事等都是我们最初的文学经验。后来我们到大学里来受教育，往往是把这部分东西剔除掉，在文学史上也是这样的，但后来还是回到了原点上去了。

莫言：民间说唱文学，民间口头文学，对我的影响也蛮大。民间口头文学可以分成两大类，一大类是关于鬼怪的故事。另一类就是历史人物英雄传奇。鬼怪的故事往上一接，就与蒲松龄的《聊斋志异》联系起来了。《聊斋志异》里的很多故事在写之前就已经在民间流传了。反过来，《聊斋志异》被很多乡村知识分子看后再回到民间变成口头流传的东西。历史人物、英雄传奇，就是我的《红高粱家族》的源头。我多次说过，口口相传的过程就是制造传奇的过程，人们对身边的人往往不肯正视，但对先人，却不吝赞美之词，敬古人畏先贤啊。

王尧：你是否也会写像《聊斋志异》这样的小说？

莫言：我也尝试写过类似的短篇，如果要用"聊斋"的方式写长篇巨著肯定是不行的，但在我的长篇里也用了鬼神的情节。《丰乳肥臀》中也有，最近修改时删掉了一些，因为它使小说显得不协调。

域外影响

王尧：我想换个角度来讨论你的创作和新时期文学。应该说，"中国"和"西方"构成了一幅文学地图，我们不赞成以西方的标准包括以西方的奖项来确认中国文学的成就，但是，观察西方的反应也是考察中国文学的一个角度。

莫言：我觉得中国新时期文学在海外的介绍和翻译有个曲折的过程。"文革"以前，主要侧重在社会主义阵营的介绍，苏联、波兰、保加利亚、捷克斯洛伐克等东欧国家，还有越南、朝鲜这几个亚洲的社会主义国家。80年代初期，西方的汉学家大多数认为中国当时没有什么文学，即便是粉碎"四人帮"

以后的文学,还是带着浓重的为政治服务的痕迹,还不是那种真正意义上的文学。这时候西方的汉学家对中国文学的翻译实际上是满足西方想了解中国社会的需要。

王尧:"伤痕文学"在西方的译介,使西方一些人士重新认识中国的社会主义。一位在美国教书的学者告诉我,西方一些左翼知识分子的转向与"伤痕文学"有关。这个时期的文学,成为西方认识中国社会的素材,可能还不是作为文学来接受它。

莫言:他们想以文学作品作为一种了解中国当代社会发生变化的媒介。这个时期一批作品被翻译过去,你不能说这种翻译不是文学行为,但这个文学行为中包含了很浓重的社会政治的背景。西方汉学家开始对中国的关注,并且承认中国确实有了真正意义上的文学,应该是从80年代末,或者从80年代中期开始的。当然这只是我的一孔之见。

王尧:我们自己通常也更看重1985年前后开始的文学革命。如何把中文翻译成外文,中文作家自身比较关心,一些作家甚至认为中国作家不能获得诺贝尔奖,与翻译有关。张承志就曾经说,美文不可译。

莫言:文学的翻译大概有三种可能性,一个就是一流的翻译把二流的作品翻译成一流的作品。比如说一个法国翻译家法文特别好,把一部中国二流小说翻译得非常棒,法国读者看到的自然是法文,他会觉得这个中国作家太棒了。像傅雷翻译的巴尔扎克、罗曼·罗兰的作品,据说翻译过来的汉语要比原文好得多。在我们心目中他们两位是了不起的。我们甚至于可以说他们的语言是非常好的,而据一些法国人说巴尔扎克和罗曼·罗兰的语言在他们同时代的法国作家中并不是一流的。再一种情况是一部一流的作品被一个蹩脚的翻译者翻译成了二流的甚至三流的作品。最好的情况当然是一流的小说,遇到了一流的翻译家,那就是天作之合了。越是对本民族语言产生巨大影响的,越有个性的作品,大概越难翻好,除非碰上天才的翻译家。国外的汉学家,在很长一段时间内,对中国文学的介绍,是主题先行的,是政治第一的。实际上把文学和政治联系在一起了,有一些政治性很强但文学性并不强的东西,他也把它翻译过去了。

王尧：90年代情况有些变化。

莫言：90年代开始，有些了解中国文学的人，不一定是专职的汉学家，开始影响西方的出版社。像我认识的一个意大利人，她就负责向意大利最有名的出版社推荐中国作家的作品。法国也有一些对中国文学比较了解的人，为出版社选择作品。各国都有汉学家在做这种工作。当然，中国作家同行之间的互相介绍也很重要。外国的汉学家，视野毕竟有限，这种来自中国作家的看法，对他们会产生影响。据说西方人出版小说不是总编辑负责，而是总会计师说了算。他首先考虑这部小说翻译过来会不会赚钱。赔钱的话肯定不做或慢慢做。当然也不排除个别出版社确实有志于介绍中国文学，大部分出版社首先考虑的还是经济问题。

王尧：80年代末，汉学家的眼光就开始关注到你们这一批50年代中期出生的，当时三十来岁的一些年轻作家的作品。

莫言：经过了1985、1986年新时期文学的黄金时代，西方的汉学家也认识到，中国的一批中青年作家已经大踏步地赶上来了，把过去缺的课基本上补上了，所谓缺的课就是二十多年来对西方文学了解的欠缺。极"左"的文学思潮，"四人帮"搞的"三突出"文学，这些玩意儿基本上被抛弃了。真正的文学已经出现，最早的一些作品，像那批"右派"作家的作品，在欧洲一些国家，在美国，引起了一定的反响。前苏联对中国新时期文学的关注是非常偏向的，俄罗斯发生剧变以后，它已经没有精力来考虑文学问题。那些非常老的翻译家，关注的基本上是"右派"文学，也就是50年代已经成名，作为"重放的鲜花"，在80年代开始重新写作的这批作家，翻译的多是一批中短篇小说。我觉得俄罗斯对中国新时期文学的介绍几乎是空白。

王尧：你的作品呢？

莫言：我个人的作品被翻译应该是在1987年的时候。当时北京有一个外文局，有一本杂志叫《中国文学》，分法文和英文两个版本，对外介绍在国内引起了比较大影响的作家的作品。1987年他们就翻译了我的《枯河》等短篇小说。这个外文杂志翻译的质量较差，它聘请的专家水平有限，这本刊物在西方影响很小，进入不了西方的读者圈子。有可能进入西方的某些大学里，进入了解汉语、想学汉语的人的圈子里，所以我觉得外文局对外翻译中国当代文学作品的成绩平平。当然他们也有杨宪益、戴乃迭，把《红楼梦》翻译成英文，但那是"文革"前的事情了。

王尧：韩少功也有这样的感觉。

莫言：这跟五六十年代的时候，苏联对外介绍自己的作家时所做的巨大努力不能相比。苏联政府出钱，请国外最好的翻译家，翻自己国家的小说，一弄就是几十种文本。我们国家不大可能做到这一点。但台湾做得就不错，他们设立了一些基金，吸引翻译家来翻译台湾作家的作品。

王尧：我们也有很好的翻译家，他们翻译的西方文学或者俄罗斯文学多好。可能还是要西方的汉学家来翻译中国文学，就像我们这里翻译英语和其他语种的文学一样。当然，另外一种可能是，文学翻译的组织者对中国文学、中国作家的认识也有问题。究竟翻译哪些作品曾经在很长时间内不是单纯的文学问题。

莫言：在80年代末，首先和我联系的是美国的汉学家葛浩文，这个人是柳亚子的儿子柳无忌的研究生，在台湾学过很多年的中文，他的太太也是中国人，他的汉语说得甚至比我都好。葛浩文翻译当代文学功劳确实很大。

王尧：他翻译了很多的作家，我知道像王安忆、苏童、刘恒、贾平凹等作家的作品他好像都翻译过。

莫言：贾平凹的《浮躁》也是他翻译的，他还翻译了台湾很多优秀作家的作品。

王尧：你对葛浩文的翻译非常赞赏，你在演讲中甚至说过，他的译本为你的原著增添了光彩。

莫言：葛浩文翻译了大概有四十本中国当代文学。我的小说他翻译了《天堂蒜薹之歌》、《红高粱家族》、《酒国》、《丰乳肥臀》四个长篇，还有《师傅越来越幽默》这个中短篇小说集，还零星地翻译了我的一些短篇小说。他最早和我联系是在1988年，我当时在鲁迅文学院学习，他说要翻译《天堂蒜薹之歌》。同时法国的一个翻译家尚德兰也和我联系，也是翻译《天堂蒜薹之歌》。

王尧：那时你们有版权意识吗？

莫言：当时我根本没有版权意识，中国也没有加入国际版权组织。有人把自己的书翻译成外文，那是很高兴的事情，根本就考虑不到我要拿版税，没有版权意识，所以有时候连合同都没有。法国的尚德兰把《天堂蒜薹之歌》翻译成法文在法国南部的一个共产党的出版社出版了，当时给我签了一张纸，根本不是合同，就说这本书由她翻译，条件是书出来以后，请我到法国去转一圈，然后付给五千法郎的酬金。这在当时应该是很好的条件。书出版后，我去不了，因为当时在部队，出国手续不好办，然后这家出版社就倒闭了，他们寄了二十本样书就算了事，那五千法郎也就泡汤了。早些时候，日本也开始关注我的作品。张艺谋的电影《红高粱》一出来，我的《红高粱家族》分上、下册在日本的德间书店出版，日本方面连作者都没通知，还是张艺谋从日本带回一本给我看。那时大多数中国作家意识不到要跟这些人签合约，要版税。1988年，东京大学的藤井省三翻译了我的一个中短篇小说集，起了个书名，叫《来自中国乡村的报告》，这个书首印三千册很快卖光，然后又印了一千册，藤井给我来信，很兴奋，说这是中国现当代文学继巴金、鲁迅之后在日本卖得最好的一本书。他是这样说的，是真是假我不知道。日本大使馆的一些官员、日本驻上海领事馆的官员，给我打电话要这个书，我说你们自己回国去买好了，我上哪儿找？紧接着藤井省三又把《透明的红萝卜》、《怀抱鲜花的女人》等翻成了日文，出了一本集子。翻得据说也不错。

本来葛浩文想先翻译《天堂蒜薹之歌》，看了《红高粱家族》，他马上和我商量，说我们还是应该先翻译《红高粱家族》，把《天堂蒜薹之歌》作为第二部。1993年，《红高粱家族》在美国的企鹅公司出版，首印是一万册，据说读者反映很好，一些外文的书评，他们给我寄来，我也看不懂，就随手扔掉了。这本书进入了美国国家图书俱乐部畅销书的排行榜，我估计这本书让出版商赚了钱的。过了两年，他又把《天堂蒜薹之歌》翻译出来了，这本卖得可能不如《红高粱家族》好。同时呢，德文版的、西班牙文版的、意大利文版的、挪威文版的、瑞典文版的、希伯莱文版的、荷兰文版的，都陆续出来了。第三部翻译的作品就是《酒国》，那是2000年出版的，它的英文版刚出，法文版也出来了，法国有一个外国文学奖，就是每年要评一本最好的翻译小说，就给了《酒国》，这个奖我觉得主要还是奖励翻译家的，这个翻译家名叫杜特莱，翻译过阿城、苏童、高行健等人的作品。他现在正在翻译《丰乳肥臀》。《红高粱家族》在意大利引起的反响也是很好的，我看他们寄给我的版税清单已经卖了一万三千多部了。

王尧：这在西方来说，数字是比较大的。

莫言：而后意大利推出了我的中短篇小说集《养猫专业户》。日文的《酒国》，1999年也出版了。

王尧：还是藤井省三翻译？

莫言：是的。《酒国》在日本的影响主要在知识分子圈里，一般的读者看了可能莫名其妙，作家和评论家的评价是比较高的，他们认为这个小说里面包含了许多现代的东西，是一部非常现代派的小说，绝对不是一部传统意义的作品。接下来是瑞典文版的《红高粱家族》出版，翻译者名叫安娜，《天堂蒜薹之歌》也是她翻译的。她是万之的夫人，我2001年去瑞典时才知道她是我的小说的翻译者。《十三步》1993年在法国出版，翻译者林雅翎，一个法国人，丈夫是德国人，长期在中国工作，翻译《十三步》很难，请教了我无数问题，此书出版后也有一些影响，但并不是很大。因为这本书太复杂。法国巴黎大学一个博士生说她用五种颜色的笔做着记号才把这本书看懂。我说我即便用六种颜色的笔做着记号，只怕也读不懂了。现在我的作品法文版的出版基本上都归瑟伊出版社，《十三步》之后，是《酒国》、《丰乳肥臀》，还有短篇小说集《铁孩子》。他们选取了我18篇用儿童视角写的短篇，题目叫《铁孩子》。他们还有意把《天堂蒜薹之歌》和《筑路》的简装本版权从那家法共的出版社买过来，我说你们根本不要买，直接跟我签约就行了。这个法国共产党的出版社已经倒闭了，我也没来法国，他们也没有付我五千法郎的版税，违约它在先。瑟伊还想出版《红高粱家族》的全本，因为 ACTER SUD 只出版了第一章。这家出版社不那么"够哥们"，他们从1990年出版此书，至今没和我结算过一次版税。我也懒得去跟他们理论。下次去法国，也许找他们谈谈。小说集《透明的红萝卜》是菲利普·比基艾出版的，这家出版社同时出版了很多中国作家的作品。

法国现在已经出版了我九本书，还有几本正在翻译中。

日本已经出版了《来自中国乡村的报告》、《怀抱鲜花的女人》、《透明的红萝卜》、《红高粱家族》、《酒国》、《丰乳肥臀》、《幸福时光》，现在正在翻的是《檀香刑》，明年就可出版。另外还有一个短篇小说集《白狗秋千架》，估计在明年的3月份也可以出版了。

我的作品进入韩国比较晚，前几年他们出过《红高粱家族》，一本小册子。今年翻译出版了《酒国》了，明年出《檀香刑》，《丰乳肥臀》的合同也做好了。韩国对中国新时期文学的译介起步较晚，最早在那里造成影响的是余华。《活着》、《许三观卖血记》，反映很好，影响很大。翻译我作品的韩国翻译家名叫朴明爱，是一个博士，汉语很好，用汉语写过小说，也曾经将韩国很多作家的作品翻译成了中文。她的先生好像在上海常驻，汉语也不错。刚开始她叫我莫言先生，看完了《酒国》，她马上改口，叫我老师，说我不能叫你先生，应该叫你老师，非常谦恭。《酒国》搞得她头昏脑涨，她说太难翻译了，翻译完后，差点崩溃，休养了好几个月。这是她自己说的，我不知道有没有夸张。现在她正在翻《檀香刑》，同时为翻译《丰乳肥臀》做准备。

明年应该是出书比较多的一年，下半年《丰乳肥臀》英文版可以出来了，法文版的也可以出来了，今年七月份意大利文版的《丰乳肥臀》出来了。

王尧：日本、法国对中国当代作家的作品有热烈的反映，意大利怎么样？

莫言：在意大利，他们告诉我，《丰乳肥臀》三个月内卖了七千部，那么厚，价格很贵，相当于人民币四百元，他们翻译的是全本。当时我就跟翻译家说，这么厚的书在意大利有人要买吗？他说也许越厚越有人买。它摆在书店里头，厚厚的，很招眼，是中国作家的一本书。他说你在意大利还是有点知名度的，没准儿还能卖得挺好。三个月里卖了七千部,出版社很高兴,9月份叫我去意大利北部的一个小城曼托瓦,参加一个文学节。去了以后发现意大利的读者很热情,人家小城市的文化节搞了七八年,已经有国际性的影响了。完全是民间的,根本没有一个官员出面。就是一个二十七八岁的姑娘,带了一群高中生,一群志愿者,搞了那么大的一个活动。整整一星期,来自全世界各地的作家和游客,川流不息。小城热闹得像过节一样,饮食业、旅游业,都跟着大发其财。

王尧:他们已经有比较成熟的文化产业了。我们在体制上、观点上都有些问题,这方面需要改革的问题不少。

莫言:这期间,文学节广场附近的饭馆都和文学节建立了关系。各国作家来了以后,可以拿着他们赠的券,随便一家你都可以进去吃饭。当然有一定的限额,一顿饭不超过三十欧元,足够了。刚开始把我放到饭店里,我说怎么办,到哪儿吃饭?后来一打听,他们说你可以拿着这个单子,到广场周围的任何一家餐馆吃饭。去了以后他们果然是很热情地接待,而且都有些宣传品挂在饭店里,特别招待。我第一天不知道,就点了一瓶很好的葡萄酒,吃超了,他也没跟我再收钱。在中国的大街上你很少碰到一个人找你来签名,在意大利的大街上,经常碰到认识你的读者找你签名,当然也是文学节的特殊环境所致。

王尧:那他们如何来介绍你和你的作品?我想一定也很有趣。

莫言:我和当地电视台的一个有名的节目主持人做过一个节目,他们对《丰乳肥臀》的评价让我有些高兴,他们认为上官金童绝对是一个文学画廊里的典型人物,他们所看到的西方文学里面还没有过这样的人物形象。他们感觉到这个人物是有象征意义的,至于象征了什么,他问我,我说我也说不清楚,我说你们理解是什么就是什么。

王尧:这个书评人能够体会到上官的象征性,也不是一个等闲之辈。这很有意思,看来《丰乳肥臀》的知音不少是外国读者。

莫言:是个非常有名的书评人,影响蛮大的。我跟他搞了两次座谈,露天的五百个座位，都坐得满满的。我知道这些人主要是来听他讲的。他主要就是讲了他读了这部书的感受，他搞了几十年节目了，满头白发。那天温度很高，我穿了T恤衫都流汗，他竟然是西装革履，打着领带，我说你干吗穿得这样正规？他说跟中国来的作家在一起，我一定要穿得规规正正的，以示尊重。

王尧：在正规场合大致都是穿戴得齐整的。他把和你座谈看成一件大事了。

莫言：这就使我意识到西方人确实是很注意礼节的。大江健三郎去年春节到我家去，我给我母亲上坟烧纸的时候，他就说你等等，我要换装，他换了一套西装，扎了一条金黄色的领带，头发梳得非常整齐，我自己反而是随随便便的。

王尧：我们就很少注意到这些细节。

莫言：翻译说这是日本的礼节，对你是最大的尊重。我母亲的墓连墓碑也没有，在一个桃园，要钻进去，全是桃树，桃树下面一个小土丘，很小。

王尧：大江先生看了一定感慨。

莫言：他看到以后很感慨，说中国一个作家母亲的坟墓竟是如此之简朴，什么都没有。

王尧：那个意大利电视节目主持人说了些什么？

莫言：他主要是谈了读《丰乳肥臀》的感受，他说他感受最深的就是关于战争场面的描写，尤其在第三部中，写母亲一家跟随着她的女婿鲁立人穿过茫茫的盐碱荒原，向东北方向撤退。他的话我这样来转述，我都不好意思。他说这一个巨大的撤退场面的描写，让他联想到托尔斯泰的《战争与和平》里的一些场面。所以他说我对你非常尊敬，尽管我年龄比你大。他的表扬让我很不好意思。当然我自己知道在《丰乳肥臀》里的战争描写上是花了大力气的，但与托尔斯泰相比，那就是小小巫见大大巫了。他怎么说是他的事，我自己心中有数。

王尧：在前面我们也谈到这场撤退的描写，应该说是有点大手笔的意思。这是小说的第二十六章，是这部长篇小说中诸多最精彩、最有功力的部分之一。

莫言：《丰乳肥臀》刚出来，一片骂声，黄子平在香港的一家报纸上发表了一篇大概有两千字的文章，里边提到了《丰乳肥臀》，说别的都可以不看，但战争和撤退这一段具有某种经典意味，一定要读一读。所以说意大利这个电视节目主持人第一是真看书，第二是真懂小说艺术是怎么回事，这跟我们国内的许多读书节目的主持人不一样，那些人是瞎侃，实际上根本没看你的书。我们很多读书节目的主持人明天要和你对谈了，顶多是头一天晚上到网上搜索，打上你的名字去看一看有关的一些资料拉倒，他不可能认真地把你的书读完，能翻翻大概就很不错了。人家意大利老先生确实是把《丰乳肥臀》看了，而且看得非常认真，人物、细节，连我都记不清了，但他说得头头是道。他对小说中的母亲这个人物评价很高，认为是一个很好的母亲形象，充分表现了人的尊严，充分表现了女人在中国封建社会里所忍受的难以想象的苦难，她在这个苦难当中不是颓废，而是坚强地活着，排除万难地活下来。他理解到中华民族之所以能延续千百年就在于有母亲这种伟大的力量。

王尧：这是一个懂文学的书评人。如果说到意识形态的原因，其实每个读者都是有意识形态背景的。究竟是什么限制了或者扭曲了一些人的阅读，可以思考。从一个方面来说，还涉及到读者的文化素养问题。一个外国读者阅读中国文学，是"跨文化"的阅读，一般认为，这种阅读常常会产生误读，比如我们常常误读外国文学。我觉得文化素养很重要，高素养会自动消除一些阅读偏见。

莫言：日本读者对我的小说的理解也让我很兴奋。我1999年去参加《丰乳肥臀》的首发，参加完活动以后，翻译家吉田富夫教授就把我带到一个他们经常去的名叫"白桦"的小酒吧喝酒庆贺，酒吧的侍者，一个二十多岁的年轻人，听说我晚上要去，他就在下午写了一篇翻译成中文大概三千多字的文章，谈他对《丰乳肥臀》的理解，他也首先谈到了上官金童这个人物的象征意义，我觉得他的很多观点超出了我的想象。他只是一个调酒的小伙子，但他用这样很独特的、连原作者和翻译家都想不到的角度来解读小说，由此可见西方国家一般读者的水准很高,他们的文化教养确实是在那儿摆着的。

王尧: 原来我们一直认为西方的批评家、翻译家,对中国文学认识的偏差是比较明显的,包括我们认为诺贝尔文学奖的评委对中国文学也存在很大的偏见,应当说这种偏见是存在的,但现在我们不能不看到国外有一批学者、读者是读懂了中国文学的,像一些学者和普通读者对《丰乳肥臀》、《酒国》的理解,就超越了意识形态和文化的差异。它作为一种参照,反衬了我们研究中的局限。这种局限使我们在阅读、研究中看不到中国当代作家在创作中已经超越了意识形态的限制,超越了现实的拘束,而能在叙述中国中表达某种"世界性因素"。我觉得研究新时期文学,必须看到这个变化,这是一个大的变化。这个变化可以说是世界观的变化。

莫言: 我们这一批作家,作品已经开始超越狭隘的阶级观念。张狂一点说,我们已经站到了一个比较高的角度上,从人的角度来写作,不像我们前辈的作家一样是用阶级的观点来写作,只站在无产阶级的立场上,用所谓的无产阶级的世界观、所谓的无产阶级的方法来指导写作。当然我并不是批评我们的前辈作家,如果我在那个年代,我也只能那样写。他们即便那样写,还被打倒,还被批判,所以说我不是批评他们,只能说我们运气好,碰到了一个允许我们这样写的较为宽容的时代。所以我说西方作家能从文学的观点,而不是从阶级的观点,用文学的方法来读,而不是用政治的方法来读,是从我们的文学里来读文学,而不是从我们的文学里来读中国的社会政治。

王尧: 这是西方汉学家的一次超越,他与你们这批作家的作品具备了这样的素质有关。你在哥伦比亚大学演讲时曾经说,一个有良心有抱负的作家,应该站得更高些,看得更远些,应该站在人类的立场上来写作。

莫言: 是这样。而我们的某些批评家,他不是一个平常心,我们的评论家往往不甘心首先作为一个普通的读者来读书,然后来发感慨,他一开始就是居高临下的态度,不把自己当成一个普通的读者。他读书是为了写文章,他没话也要找话说,他不是因感而发,他是为了发而来找材料。这完全不一样的,他是一种职业。一般读者呢,我就是要读书,我就是个读者。像日本酒吧里那个小伙子一样，读完这本书，我有感慨，我从读这本书当中悟到了很多东西，我有很多的感受，那我把它写下来，正好那个作家来了，让翻译家把我对书的理解翻译给作家听，看看我理解得对不对。我的回答当然是：很对很对，每个读者的看法都是对的，因为文学的魅力就在于可以被"误读"，没有"误读"就没有文学。这是我的看法。

在日本的时候我还认识了一个和尚，是日本知立市称念寺的大和尚。这个和尚平常都是西装革履，腰里别着手机，走到哪里都是背着一个高级的笔记本电脑。他自己还开了一个幼儿园。晚上在他的佛堂前打了地铺，我跟他一块在佛堂前睡觉。他说，你来了，我不跟我太太睡了。佛堂前打地铺，我、翻译，都睡那儿。我睡眠不好，但那夜睡得特别好。第二天他召集了许多信徒来，让他的两个女儿演奏音乐，演奏的曲子叫《红蜻蜓》、《故乡》，他非常理解我，选的很多曲子和我的小说主题暗合。他大门口的黑板上写了《丰乳肥臀》的一段话，大意是上官金童离开劳改农场踏上回故乡之路的时候，回头望了一下他走过的一条灰白的、被野草渐渐遮没的道路，他就仿佛看到了他的人生历程。原话记不清，大概就是这个意思。庙里的和尚出了这么一段告示，他原本应该写明天做谁谁谁的法事，却摘录了《丰乳肥臀》，许多人围着看。

和尚和我谈了很多，也让我感受很多。他带了我去参观墓地。和尚要管理墓地的。日本每个家庭的墓地是很节约的，一个墓地实际上就是一个石龛，上面一个墓碑，下面一个小门可以拉开，死者的骨灰都倒在里面，一个家庭就占了一点点地方。爷爷去世以后，爷爷的骨灰倒在里边，后代去世，还是倒在里面。他拉开墓门让我看，说这是什么？其实都是泥土。人死了都要化为泥土。但是他做法事的时候可是一本正经，一边做法事一边对着我们点头示意，那些孝男孝女，一个个在那里痛哭流涕。他是真正悟到了生死的本质。他带着我们去逛夜总会，那里都是中国去的姑娘，成群结队的，他说让你知道一下日本的地下生活。我说你作为一个和尚到这种场所是不是有悖教义？他说这看你怎么理解。他说和尚只有了解人间疾苦，佛教才能够深入人心。

如果我作为一个和尚不知道俗人和凡人各种各样的欲望、想法，我也无法进行佛教的宣传。和尚只有体验了人间的各种事物，我才能知道我的佛教为什么能够产生效应，我才能够知道人在某些关头最需要什么东西。他的话充满了辩证法。他首先生活在红尘里边，人间的荣华富贵，各种各样的事件都经历过了，而后才能彻悟。我要出家当和尚了，我首先要知道女人是怎么回事；我没过过阔少爷的日子，没花天酒地过，当了和尚，我会有遗憾。荣华富贵，过过了，就像过眼烟云一样飘过去了，他才能获得一种真正的彻悟。和这个日本和尚短短的两三天的交往，让我知道了很多东西，当然，他也是一个非常好的读者。

王尧：你在谈《丰乳肥臀》时说过这个和尚的观点，他认为上官金童是中西文化结合后产生出来的怪胎，上官金童对母乳的迷恋，实际上就是对中国文化的迷恋。他还谈到如果不彻底扬弃封建文化，中国就不可能真正地实现现代化。这些想法是很有见地的。

莫言：这个和尚读了大量的书，我提到的日本现代文学史上的一些有名的作家的作品，他都很熟悉。一说川端康成哪部小说，他立刻从书架上搬下来了，他的知识面，尤其对文学的了解，很广很广。

王尧：你可能看重的是和尚对人生的率真态度。

莫言：作为和尚，他的坦率令人吃惊。谈论性的问题，谈论男女的问题，非常坦率。这个和尚还是一个很好的文化活动组织者。我和翻译一块去东京了，他发来了回程的安排，事无巨细，连每顿饭的食谱都定好了。他让一个信徒，从北海道运来了大米，拿来了银杏，银杏蒸米饭，而后叫我在庙门口栽一棵银杏树。他的女儿演奏什么音乐，选什么曲子，都在计划书里写了。我们晚上睡在什么地方，让我题什么词，题完词后参观什么地方，都准备得有条不紊。他把书店的老板请来，让我给书店题名。他家门口有一个点心铺，师傅是他的信徒。他让点心铺的师傅设计一种"莫言馒头"，先做出三种馒头样品让我来品尝。都很甜，花花绿绿的。我就说回去再说吧，其实三种我都不太满意，都太甜，都太漂亮。我想"莫言馒头"应该是一种古朴的颜色，看起来比较朴素。到2000年的春节,大年三十了,他带着馒头店的老板来了北京,把新试制的馒头样品带来,让我选定一种。有一种焦黄色的,我说这个像小麦的颜色,就是这一种了,就定型了。他们回去以后就和出版社达成一个协议,买一套上、下册的《丰乳肥臀》,就赠送一盒"莫言馒头",买馒头的钱大概都是和尚出的。他是想用这种方式来扩大中国文学在日本的影响,想让更多的人了解《丰乳肥臀》这本书。后来又来过两三次,他说要学中文,为着跟我交流。2001年来的时候,一般简单的对话能跟我说了,希望我能到他的庙里去写作,去住半年时间。我说以后再说吧。去了以后也很麻烦的,不懂语言,无法交流,那是很痛苦的。

王尧:这种方式超出我们的想象。你上次到"小说家讲坛"演讲,我们就没有想到把讲坛活动与文化产业联系在一起,如果让那家设计一种"莫言馒头"、"莫言蛋糕"什么的,倒也别开生面。我们还是死脑筋。

莫言:这种事闹着玩玩可以,真要认真起来那也麻烦。我觉得日本学者有一种特别认真的态度,为了一个小问题他可以飞越大海,不远千里地来问你,为了搞清楚一个东西,他会坐上火车,十几个小时跑到高密东北乡去看。藤井省三翻译《酒国》时,为了其中描写的一种豆虫,专门跑到高密县去。我说我忙我没空,他就自己去了,先到山东大学,然后从济南坐火车到高密。我跟我大哥说好了让他们接待他。吉田富夫教授也很认真,他的中文说得太好了,一点口音都没有。翻译《丰乳肥臀》时,他要了解小说中所写的"过堂"是什么——农村厢房里面,最头上一间和大门连接的是"过堂"——他也搞不清掏灰耙是什么。他一定要去看看我描写的沙丘、桑树林。我说掏灰耙也许还可以看到,但沙丘没有,桑树林也没有。我说小说里描写的东西很多你是找不到的,小说里描写的沙丘、芦苇荡、草甸子就是那种小草原,都没有。那种大磨房,现在也没有了。实际上大磨房就是我虚构的一个东西。他说那我还是要去看看。掏灰耙我们家还有一个,看到了。其他的什么都没看到。他跑了一趟高密,就看到了一个掏灰耙。那天特别冷,一到我们村里,人们看到吉田胖胖小小的,戴着一顶带耳沿的帽子,都憋不住地笑。我听到一个小伙子悄悄地说:"鬼子真的进村了。"

吉田富夫先生翻译《丰乳肥臀》,有特别的优势。他说,你这部《丰乳肥臀》我看了以后,特别亲切。小说里写的铁匠世家,与一般的铁匠家不一样。一般的铁匠家都是丈夫掌钳,儿子打锤的。但你这个小说里是婆婆掌钳,丈夫打锤。他说他家也是铁匠,他父亲抡大锤,他母亲是掌钳。这在日本乡村也很少见。上官金童的奶奶光着膀子打铁,一下子让他想起他们家当年打铁的情景来了。他小时候是个小铁匠,那种打铁的感觉就一下子找到了。找到了打铁的感觉,《丰乳肥臀》的翻译当然就差不了。他一看《檀香刑》,又要翻译,我说翻译《檀香刑》难度在于戏文部分和戏的感觉无法转换。他说已经想了一个办法,他了解一种日本民间的小戏,他把日本民间小戏和我《檀香刑》里的猫腔相对应,把戏的感觉传达过去。我说这个非常好,我一定让你翻译。

王尧: 日本和中国一衣带水,文化上有很深的渊源。明治维新以后,日本对中国的影响加大了。中国新文学的发生,与日本文化有些关系。鲁迅兄弟、郭沫若、郁达夫等都是留日的。而且很有意思,留日的作家中,有左翼倾向的很多,留学英美的,自由主义倾向的作家则多些。

莫言: 日本和中国文化有很深的历史渊源。去日本,跟去欧美感觉不一样的。举目可见汉字,文化上有一种血缘关系。另外,毕竟都是亚洲嘛,感觉上比较亲切。我觉得日本翻译界、出版界和日本读者还是有胸怀的。像我的《红高粱家族》,他们丝毫也不认为是揭了他们老祖宗的疮疤,他们把它当做文学作品来看,他肯定不是想通过我的小说来了解日军侵华的历史。和日本的下层老百姓接触以后,一个非常深切的感觉,就是几十年前在中国烧杀奸淫的那些鬼子,跟他们后代很难对上号。我一贯坚持的观点,就是在一种特殊的环境下,无论多么善良的人都会发生人性的变异。战争是人类历史上最不正常的一种环境,在这个环境里边,你如果是作为一个正常人,很难生存。正常人是不应该杀人的,但是在战争这种环境里面,就是要鼓励你杀人,杀人越多越是英雄好汉,如果怕死,不敢杀人,那你就是懦夫,就是怕死鬼,会变成被谴责的对象,甚至被当做叛徒枪毙。战争就是要唤起人类最残忍、最残暴的一面,而把最人性的那一面给你压抑住。

王尧:既有人性被压抑的一面,也有兽行暴发的一面。人有兽性的一面。侵华日军当然也是日本军国主义的牺牲品,更大的牺牲是被侵略国家的人民承受的。小时候听我奶奶讲日本鬼子飞机轰炸的恐怖,现在想来都紧张。战后忏悔的日本人是有的,这些人后来也促进了中日友好。当年,孙犁的小说选择了一种不同于《吕梁英雄传》的方式,孙犁写出了战争中的人性之美。你从《红高粱家族》开始,打破了过去战争小说的模式化写作,你写出了人的复杂性,战争小说因此有了大的变化。

莫言:我想在当年的中国战场上,东南亚的战场上,那些杀人不眨眼的日军,实际上是一些被异化的、在战争的大环境下变成了野兽的这样一批人。如果这批人回到了正常的生活环境,那么他们很可能要忏悔他们过去的罪行。

王尧:从你和其他新时期作家作品的翻译情况来看,中国文学与西方文学的互动增强了。在这个过程中,中国当代文学对西方文学、西方读者的影响是可以期待的。我在访问余华时,他也说到,新时期这批作家跟国外同年龄层次的作家相比,是胜于他们的。

莫言:我们通常说中国作家受了西方作家的影响,那我的理想就是经过真正的平等交流后,外国作家影响了我们,我们也影响了外国作家。我希望过了十年、二十年以后,外国的作家说,我的小说是受了中国的莫言或者王安忆,或者苏童,或者余华的影响。假以时日,这种情况我想是会出现的。现在不管怎么说,这么多的书已经被翻译出去,我们还是有读者的。《丰乳肥臀》在意大利三个月卖了七千册,那肯定就是有七千个读者了。这些读者里假如有一个是写作的人,那么他读了这个书,这里边的有些东西就会对他产生潜移默化的影响。我们将来能不能出现像马尔克斯那样,或者像卡夫卡那样,或者像福克纳那样具有世界影响的大作家,为一代又一代的外国读者所赞赏是问题的关键所在。因为一个时代一个国家能够出现一两个大作家已经不容易了,大多数的作家还是一般性的作家,像过眼烟云一样过去了,文学史上也许有一点点记录,专门研究文学史的人可能知道,而要产生那种世界性的广泛影响,深入到千家万户,太难太难了。我们这茬作家,很可能都是铺垫,都是过场人物。西方的读者,文化素养比较高,阅读的面也比较广,这是出现大作家的基础。但对中国来说,中国农村有这样一个庞大的不阅读的群体,阅读的人群基本上局限在城市,按说中国有十三亿人口,好像有庞大的潜在的读者群,但是你一分析,发现这读者群并不是特别大,有八亿农民基本上不读文学,城市里边真正接触文学的也不太多。

王尧:在谈到相互影响的时候,我们需要说到从鲁迅先生就开始说的话题,"民族"与"世界"的关系。以前一直说,文学越是民族的,越是世界的。你如何看?

莫言:我们过去一直认为,文学越是民族的,就越是世界的,仿佛讲了一句非常辩证的话。过了多少年以后,回过头来看,这句话也未必完全对。越是民族的越是世界的这一观点,很容易把作家或者其他行当的艺术家误导到追求一种奇怪的民风民俗上去,没有这样的民风民俗,就伪造。我觉得所有文学它首先是世界的,是人类的,然后才是民族的。你这个小说必须能够揭示人类普遍认可的一种感情,能够揭示人类的最基本的特性,那么这才有可能被别人所理解。如果我们了解原始部落那种不被外界理解的奇风异俗,这种东西有人类学的价值,有动物学的价值,但并不具备文学的价值。所以我觉得比较准确的说法是,文学或者是其他艺术,首先应该是人类的,首先应该是全人类的,能够被全人类所接受,然后才有可能走向世界。应该具备这种普遍素质,在这个前提之下,把民族特色的东西融合进去。这包括我们的语言,我们所描写的日常生活,我们处理某些感情的独特方式,但前提必须是你所写的东西应该是全人类都能够理解的。我们所读的西方作品,能打动我们的也就是最普遍的那部分。像《战争与和平》、《静静的顿河》,马尔克斯的《百年孤独》、福克纳的《喧哗与骚动》,我觉得他们尽管描写的民风民俗跟我们不一样,俄罗斯的那种方式,拉美的一些方式,美国南方的一些独特的东西,但基本的内核还是人类普遍的东西,也就是说当他们小说里的人物痛苦的时候,我们也会感受到痛苦;当他们欢乐的时候,我们也感觉到一种愉悦,有了这个内核，我想我们才能够接受。过分强调越是民族的就越是世界的，这句话本身不太符合辩证法，强调过分就会走向反面。现在在我们的小说里面情况可能好一点，在电影里边，在美术里边，在其他的艺术门类方面，这种越是民族的就越是世界的观点，已经毒害了一批人。

王尧：有一些批评家批评过张艺谋的电影。

莫言：张艺谋的电影，《红高粱》表现得还并不过分，他越往后面走呢，就越过分，已经明显看出了某些民俗的非真实性。在视觉上，当然会造成一些强烈的刺激，但是越来越破坏真实性的原则。很多我们美术方面的作品呀，某些影视作品呀，误导了西方的很多观众，长此以往呢，西方观众也就不买账了。我在写《檀香刑》的时候，在后记里讲，大踏步地向民间撤退，我觉得这个撤退主要还是在语言方面，主要还是要向民间语言学习，是对那种翻译腔调的反动。翻译腔调你也不能说它就不是汉语，实际上也是汉语的一种独特的文体。但是现在大批作家对这种翻译文体入迷，这是没有办法的，越是缺乏底层生活经验，越是缺乏对下层老百姓生活体验的，越是缺乏个性化感受的人，越容易变成这种翻译腔调的模仿者，因为它太容易模仿了。

王尧：好的外国文学翻译家对汉语的发展也是有贡献的，比如像傅雷对法国文学的翻译。翻译腔是现代汉语的一种"变体"，一个翻译家他个人的语言素养，他使用母语写作的能力，都影响了他的翻译文本。以前我们常常批评欧化的语言，现在一些先锋作家走得更远，用翻译腔写作显示了他们对自己母语的隔膜。我不赞成把这种写作看成什么语言探索。能够在汉语中出生入死，让汉语出神入化的写作才是语言探索。

莫言：没有出生入死，大概就不会有出神入化。其实我觉得这些作家用翻译腔写作，便于掩盖他生活的平乏，便于掩盖他缺少个体性的体验，或者说缺少个体性想象的能力。所以我觉得所谓的先锋作品的最大的问题，就是缺乏原创性，缺乏独创性，缺乏具有鲜明的个性的东西。

王尧：你是很快就摆脱了模仿痕迹的作家，你有语言天赋。如果没有你自己的语言和文体，就不可能有文学的"高密东北乡"，你的超越故乡，实际上包括语言的超越。但你没有把自己的语言感觉凝固化,《檀香刑》和《丰乳肥臀》是不一样的。

莫言:早期的一些作品里,还是有这种痕迹。我对语言的探索,从一开始创作就比较关注,因为我觉得考量一个作家最终是不是一个真正的作家,一个鲜明的标志就是他有没有形成自己独特的文体,而且我又觉得如果过早地让自己的语言风格定型的话,那么这个作家实际上也就没有发展了,就终结了他的艺术生命,应该是一个不断发展变化的过程。我写过一篇文章,题目就是《我抗拒成熟》,我很怕自己被别人评价为一个非常成熟的小说家,已经形成了鲜明的风格。只有在不断的探索当中,包括语言的探索,小说其他的一些技术层面上的探索,才能时刻处在具有创造精神的状态,一旦很成熟的话,立刻变成一个很熟练的工匠,进行一种非常熟练的操作,变化的只是故事,其他的全是一种技术性的平面推进。

王尧:比较早的时候,我有一个邻居,是外文系的教授,在一次聊天时,他就说我们读的外国文学,实际上是一种翻译文学,当时我很有感触。这几年大家又在谈这个话题。

莫言:去年在大连的一个会议上陈思和教授提出过,这种翻译语言算不算是汉语的一个部分。应该也算吧。受了西方小说家影响的是翻译家,他们看了人家的原文以后,千方百计地想找到一种类似原文的腔调,在汉语当中找到一种可以和它原来的语言对应的风格,找来找去也受到了翻译家自身汉语素养的影响,结果很多翻译小说都很像,他们之间也是在互相影响,翻译家影响翻译家。我们这些不懂外文的写作者,就是把翻译家的语言当做西方的语言来模仿,实际上隔了很远。我们写出来的小说在西方汉学家那儿,他是分不出来的。比如说我读了李文俊、陶洁翻译的福克纳的小说,我的语言中有了李文俊、陶洁风格,当然也会残留一些福克纳原文的风韵,西方的翻译家来读我的小说,他根本感觉不到我是从福克纳那边过来的,因为中间已经倒了一手,他再把我的小说翻回去,肯定跟福克纳的原文相去甚远。即便是把李文俊、陶洁翻译的福克纳小说就当做中国小说翻译回去,也肯定和福克纳不是一回事了。

王尧：其实我们也无法了解美国或者是法国人翻译你的小说，距离你的语言风格有多远或者用非母语有无可能传达你的语言风格？其实我们也不清楚。这就像你所说的，一般的读者并不知道英语的福克纳是什么样子。

莫言：他们究竟翻译成什么样子，我也无法了解，只能是人云亦云。对大多数中国作家来说，在作品被翻译的问题上只能撞大运。前辈作家中和新进作家中，如果有精通外语的不在此论。像德国的君特·格拉斯，他的一部新作出版，他就跟出版商提个要求，你出钱，把全世界各个国家的翻译家请到德国来，开发布会，让他们每个人提出他们读了我的新作的问题，我来统一地解答，大家都按照我最权威的解释来翻译。那么他有一个前提是他能用英语来和翻译家对话，或者翻译家可以用德语来和他对话。我们就不具备这样优越的条件，我们任何一个作家都没到这个份上，要求出版社出钱来开这么一个国际会议。即便出版社出钱，也未必有人愿意来。

王尧：这对他的作品翻译有一些帮助，但恐怕只能解决一些技术层面上的问题，就是对小说里的某一句话，某一件事情，作些解释。我想，小说语言的精妙之处，还是要看每一个翻译家本身的素养，母语和非母语的素养。比如说，我们如何教外国学者翻译"床前明月光，疑是地上霜"？

莫言：我们现在可以把握一点，就是一个中国人去了法国，去了美国，你自己也认为他的英语和法语很好了，但让他来翻译你的作品，将你的作品译成英文或是法文，你还是不愿意。你还是应该找一个英语或者法语是他的母语的翻译家，哪怕是中文次一点，这样你的作品翻译成外文以后还是有保证的，因为西方读者读到的是法语、英语，不是中文。一个人，他在美国呆了二十年三十年，自己认为他的英语已经非常好了，但英语不是他的母语，他可以看懂，他也可以用英文写作，但是很难写出有独特风格的英文来，他大概也难以体会到语言背后的东西。但据说从东北去了美国的哈金，就写出了很有风格的英文，但究竟如何，不得而知。也有人说林语堂、辜鸿铭都可以用有自己风格的外文写作，也许是真的。

王尧：你的外文版小说不知译得如何？

莫言：我现在知道我的小说英文版是译得不错的。因为葛浩文在美国是公认的汉学权威，没有人像他这么多地翻译了中国的文学。至于读者的反映嘛，香港理工大学的刘绍铭教授对我说过：你怎么碰到葛浩文的？他是最好的。英文版《红高粱家族》一出版，他就撰文赞赏，说葛浩文的翻译和莫言的原文，是旗鼓相当，《红高粱家族》英译本的出版，是英译汉语小说的一大盛事。

王尧：刘教授后来到了岭南学院，我在文学院工作时，聘了他做我们学校的兼职教授。刘教授是台湾大学外文系毕业的，英语非常好。余光中、白先勇、李瓯梵、王德威他们几个都是台大外文系毕业的。

莫言：我们以前很多作家的书被西方翻译实际上并没有进入它的真正的图书商业渠道，大都是研究机构的翻译，大学的出版社呀，研究性的文艺社团啦，有的甚至只印那么三五百本。譬如日本那本《中国当代文学》，就是一些汉学家和汉学爱好者办的同仁刊物，它一期期地出，翻译过很多中国作家的作品，但每期也就印那么三百本五百本，在圈子里很有影响，但并没有进入图书市场，一般日本读者也根本不知道有这么一本刊物。《红高粱家族》它一开始就是作为一种商业的运作，由西方大的出版社出版，进入了西方俱乐部的畅销书榜，它是作为一本一般的图书，不是作为一种研究的图书，面对着最普通的大众的读者推出来，所以这也是刘绍铭把它当做盛事的一个主要的原因。

日文呢，我知道翻译都是不错的，因为书出版后的反响还是很强烈的。有人说藤井省三是学院式的翻译，吉田富夫是乡土式的翻译。藤井省三和吉田富夫应该是日本汉学界的两座重镇，一个在东京，一个在京都，关东，关西，遥相呼应，他们成为我的作品的译者，说明我的运气真的很好。藤井的《酒国》译得很好。吉田来自一个小山村，对农村生活非常了解，用一些关西地区的方言土语，对应我的高密土语。《丰乳肥臀》也是翻译得非常不错的，因为有很多普通的读者，像和尚啊，像酒店的老板啊，读了以后，感受很好。

我的法语译者杜特莱先生，他在法国汉学界也是一个权威，声望日隆，他翻译了高行健、苏童、阿城等人的作品。他是夫妻两个联手作业，他的中文好一些，他妻子的法文好，有人说他们是技术专家，他不放过任何一个细节，不含糊其词，所以很多非常具体的问题，他必须要搞清楚，他绝对要求忠实于原著，能不能把原来语言的风格译过去，现在我也很难确定，但是根据法国读者对《酒国》的反映来看，他做到了这一点。另外一个译者就是尚德兰女士，任教于巴黎第七大学，翻译过北岛等人的诗歌。她早在80年代中期就开始翻译我的小说，《天堂蒜薹之歌》、《筑路》都出自她的译笔。她正在翻译我的《铁孩子》和《檀香刑》。据说尚德兰女士的文笔有尤瑟纳尔之风，那可真就了不得了。

王尧：我想这些西方的汉学家在阅读、翻译、研究你的作品时，他们有没有注意你的作品是否受他们哪个国别哪个作家的影响，他们有没有提出这样的问题？

莫言：很少有人提出过这样的问题，他们大概也找不出这个痕迹来。

王尧：这很有意思。我们这里的批评家习惯这样思考问题，所以李锐反对别人说"中国的卡夫卡"、"中国的福克纳"这样的说法。

莫言：1987年的时候我就在《世界文学》发表了一篇随笔，叫《两座灼热的高炉》，专门谈中国作家受外国作家影响的问题。我说马尔克斯、福克纳都很好，但绝对是两座灼热的高炉，我们必须离得远一点，我们是冰块，离得近会融化掉，而且我们也不要试图去超越一些东西，像那些文学史上的大作家都是一座座不可超越的山峰，你只能在旁边另立山头；远离山头，另立山头。

王尧：我又想问刚才谈到的版税问题，外国的学者翻译你的书，他这个版税怎么算？

莫言：因为在80年代的时候，我前面也讲过，根本就没有版税意识。第一，中国没有加入国际版权组织，我们翻译人家西方作家的书根本不跟人家打招呼，西方翻译我们的书也不可能有版税；第二，当时中国当代文学只要能译到西方去，就是一个很大的光荣，大家也不去争什么版税。慢慢地，中国加入了国际版权组织，中国文学在西方也慢慢地有了一些市场，版税意识也慢慢觉醒，这才好谈版税问题。我是和葛浩文的版税连在一块的，各拿50％，就是说翻出这个作品来，各拿50％。后来很多作家认为这样是不合理的。翻译家的版税你跟出版社另外立一个合同，而后我单独和出版社一个合同。但我跟葛浩文不谈钱的问题，我觉得我们第一不应该为了一点点版税的争夺就轻易放掉一个好的翻译家；第二我这人不忘旧交，艺术第一，金钱第二，这是我的原则。

王尧：截止到目前为止，你在国外出版了多少本外文译本？

莫言：已经出版的有四十多种，正在翻译当中很快就可出版的有十几种。

王尧：回顾一下，有这么多小说被译成不同的外文，也真是不容易。考察这样一种情况，实际上也就是考察中国文学的输出问题。一种文学，或者一种文化，如果不能输出，我在台湾时，看到那里也出版了不少你的繁体版的小说。新时期很多重要作家，有书在台湾出版。90年代初期，我认识的一个朋友，在业强出版社当总编的陈信元做了很多介绍工作。

莫言：台湾在蒋经国统治时代是一党专政，对文学的封锁也是很厉害的，当时一提到毛字都要回避，朱字也不能提，而且涉及到共、红这些字都是大忌。鲁迅的书都是禁书，鲁迅的书实际上就是国民党在大陆执政的时候写的嘛，经过了他们的新闻检查官的检查了，到了台湾还是禁书。

王尧：我听陈映真先生说，连沈从文的书都被禁。

莫言：新时期文学最早在台湾造成影响的是阿城的"三王"，然后就是柏杨主编了一套《新时期文学大系》，林白出版社出的、新地出版社出的，其中也出了我一本《透明的红萝卜》。后来香港的西西这个非常有远见的作家，就开始陆续地把大陆的作品往台湾介绍，我们这一批人的作品开始过去。我的小说最早是在洪范书店出版，这是家同人书店，有四十年的历史，痖弦、杨牧等人共同创建了这个书店，老板叶步荣先生，是一忠厚长者，在台湾出版界威望很高。这个书店始终是不随流俗的，去年他们还在用铅字排版，拒绝使用电脑。我最早的书就是在那儿出版的，先是《红高粱》、《爆炸》，然后他们就陆续出版了《红高粱家族》、《天堂蒜薹之歌》、《十三步》、《酒国》、《丰乳肥臀》、《怀抱鲜花的女人》、《梦境与杂种》。我和洪范书店建立了非常密切的联系，后来我产生怀疑，我老是给它作品，是否会给它压力？我没好意思问叶老板。别的出版社呢，因为我是洪范的作者，他们也不敢过来约我的稿。一直到王德威编一套文学大系，其中非要编我一本，我说懒得编书，后来就是缺我一本。王德威和陈雨航来北京请我吃饭，王德威说，你还是编一本吧，我就编了一部《红耳朵》，内收四个中篇，给了麦田出版社，然后就在那里连续出版了《食草家族》、《白棉花》、《檀香刑》、《会唱歌的墙》、《冰雪美人》。在联合文学出过《传奇莫言》。截止到目前，在台湾出了十九本书。我的书还是有一定的销路，借着电影《红高粱》的余威，《红高粱家族》到目前为止在台湾卖了一万三千多册，这是很好了，《天堂蒜薹之歌》、《十三步》都是三四千册，《丰乳肥臀》五千册，《天堂蒜薹之歌》最近又加印了一千册，台湾是一千册一千册地加印，因为它没有盗版。

王尧：想过在台湾出文集吗？

莫言：没想过。台湾的出版社比较规范，它注意市场，一旦书店缺货，它会主动加印，和我们大陆的出版社不一样，我们这边大多数是电灯泡捣蒜——一锤子买卖。一本书印完，就像黑瞎子掰棒子一样，扔到一边不管了。既然台湾的出版社可以不断加印，出文集的必要不是太大。一个作家到了晚年，纪念性地出一套文集，从此封笔了，研究者就买一套他的文集。

王尧：在香港出过书吗？

莫言：我在香港只出过一本书，是丛书中的一本。许多作家都是台湾出一个版本，同时出一个香港版本，我没有。香港的出版社跟我联系，我都拒绝了。我觉得真正的好书，台湾版的也可以拿到香港来卖，没有必要再出一版。这样，作家的收入肯定会少一点，无所谓了。我的书在台湾基本都出了，还有一些中篇和短篇没出，有一些散文没出，最近同时编了两本给他们，散文和杂文是一网打尽。接下来就是写作长篇，长篇在大陆出，和春风文艺出版社说好了。现在事情太多了，从台湾回来，什么也没干，一个月晃过去了。主要是琐碎事情越来越多，包括给人写序，都是一些难以拒绝的朋友，今年欠了五个序，催得很急。

王尧：这就是名人之累。在西方的汉学界有一批人原来从大陆和台湾去的，像李欧梵、王德威是从台湾到美国的，你跟这些汉学家有没有什么交往？

莫言：这一批汉学家我接触得不多，王德威我认识。我知道这些人视野开阔，他们的目光基本上覆盖了整个的华文世界，香港、台湾、东南亚、马来西亚这些国家和地区，大陆是他们逐渐重视的焦点。在80年代初他们的视野集中在港台、东南亚，近年来他们的视线向大陆转移。大陆确实涌现了一大批值得他们注意的作家，出现了一大批引起他们关注的作品。他们比国内学界眼界宽广，因为他们生活在西方，他们对西方的各种文学思潮、各种文学批评方法比大陆学者了解得多。他们的外文非常好，而我们国内的大部分批评家还是缺腿，有的懂一点外文，但是多半不能熟练运用。我想国内学者对西方理论的阅读基本上借助于翻译，这跟王德威、李欧梵他们相比就隔了一层皮了。我觉得即便从国学这方面看，我们国内的学者也是比较欠缺的。现在国内比较活跃的批评家年龄都和我差不多，四十多岁，或者五十出头，这一批人，有一个共同的特点，就是在学养方面先天不足，除了少数几个有家学渊源，绝大多数都是农村子弟或小城镇贫寒子弟，上过山、下过乡，粉碎"四人帮"以后考入大学，在古典文学这一块和外语这一块都是欠缺的，你无论后来怎么努力，也难臻化境。他们都没有童子功，而外语和古典文学没有童子功是不行的。我大哥跟我谈过他的岳父，这个老先生对四书五经了如指掌，从小就背那个，在不理解意思的时候，已经背得滚瓜烂熟了，完全是咀嚼着这个长大的。我们作家里头极少有这样的作家，叶兆言是一个特例，也不是他比我们多学了什么东西，是他爷爷、他爸爸，这个环境起的作用。你像他爷爷的朋友都是俞平伯呀、王伯祥呀，这样一部分人，他接触的人和我们接触的人不一样，他即便是在旁边端茶倒水，听这帮老人聊天，得到的东西就比我们读经典要多了。所以尽管我知道有些人读书比叶兆言多，但是他没有叶兆言的书卷气，这种书卷气是在长期的生活环境里边熏陶出来的，是潜移默化的。别的人当然也可以引经据典，说很多掌故，但是那个味道不对。

王尧：叶兆言发在《收获》上的那组随笔就是这样，即便是研究现代文学的专家，也写不出那种境界来。

莫言：评论家里头有没有像叶兆言这种例子呀，我不太清楚。

王尧：我觉得一个人的成长过程中，教育背景很重要。汪曾祺也是一个例子，他有家学，然后又在西南联大读书，像穆旦他们一批人，他们一出手就不一样。

莫言：对作家来讲，家学好像还不是特别重要，沈从文他也没有什么家学，对学者来讲，这个就很重要了。那几位大师，都是几代的学问了，从爷爷辈上就是举人进士，就是大学者，然后一代一代地往下传。像陈寅恪、钱钟书这些人，那都是好几代累积的结果。作家的家学并不是特别重要，我觉得主要是他自己有悟性，有一点点禀赋，有很深厚的底层生活的经历，没准儿就会成为一个很不错的作家。批评家如果欠缺了童子功的东西就比较麻烦，要成为引领一代风骚的大家，有所创建的大家，那可能是比较难了，他们的儿子孙子辈来实现这样的理想有可能。这样说可能会得罪一大批人。

王尧：没有问题，这一点批评家、学者多数都是非常清醒的。我在大学这么多年，只听到有一位老师说自己是大学者。

莫言：另外，我觉得，像李欧梵这样的评论家，他们对30年代，对上海十里洋场特别迷恋，对张爱玲这种作家特别醉心，迷恋旧上海。

王尧：这个现象不是单纯的审美问题，我认为是有意识形态原因的。

莫言：对这一部分人来说，大陆就是上海，旧上海就是大陆的代表，代表了中华民国时期纸醉金迷的繁华梦，一种绮丽的颓废，这个在创作上也延续下来了。

王尧：白先勇的创作也有这部分内容。

莫言：他们的情调是30年代的上海。

王尧：或者说文化故乡是上海。那种生活方式，可能我们现在也无法真正理解。

莫言：台湾又掀起上海热来了。卫慧、棉棉的红啊，也不完全是没有道理的，跟世界范围内的上海热有关系。上海现在毫无疑问是世界的一个经济热点，吸引了全世界的企业家、冒险家的目光，一个新的冒险家的乐园，然后有关上海的文学就随之成为一个热点。在亚洲来讲，上海更是一个热点，是热点中的热点。

王尧：所以说现在一种文本的流行背后有很复杂的因素，譬如强势的经济因素。

莫言：你说文学和一个国家的经济发展有没有关系啊？完全否认是不对的，应该还是有关系的，包括一种语言是不是强势语言，跟一个国家的经济是有关系的。所以我觉得我们汉语还是一个弱势语言。我前不久去意大利，海关的官员问我，你懂不懂意大利文，我说不懂，英文懂不懂，我说不懂，他就很轻蔑地看了我一眼。我就说难道你们去中国的游客都懂中文吗？他就笑了。你看我们北京所有的公共建筑，像地铁呀、厕所啊，都有英文标志，西方国家，谁给你标中文呀？他认为你必须懂我的英文，你必须懂我的法文、意大利文。中国人到外国去，你不懂外文他就嘲笑你；他到中国来，他不懂中文就是理所当然的。我相信在唐朝的时候，西域的人都要学汉语，汉人根本没有必要在街道上给你刷上别的文字，这个我想只能等经济慢慢发展了，等国家成为一个强国，语言变成强势语言，文学肯定会受到重视。

王尧：现在有一些作家作品被翻译过去，也在改变汉语的位置。

莫言：也是一个慢慢累积的过程。一本一本地累积，每译过去一本书，它卖两千册，就多两千个人知道中国文学，所以这不是靠一个人、两个人的努力，要靠整整一代人甚至是几代人的努力。当然假如我们中的某个人真的写出了像《百年孤独》一样伟大的作品，而且也被翻译得很好的话，会整个地把中国文学在西方的影响提高一个台阶。60年代拉美文学在西方引起爆炸效应，打前锋的，主要是马尔克斯，然后他的兄弟们在后边集团冲锋。如果中国的某个作家在西方引起巨大影响，商业上也获得了巨大成功，就会带动许多的出版社来出中国作家的书，出中国文学。

王尧：说到这里，我们已经不能回避中国作家与诺贝尔文学奖这一问题。

莫言：诺贝尔文学奖是个好东西，我觉得没有必要回避。好像说鲁迅曾经拒绝过诺贝尔文学奖，但那仅仅是几个中国人要给他提名，并不是瑞典文学院把奖给了他他拒绝。所以说鲁迅拒绝诺贝尔奖仅仅是一个态度，并没有成为事实。尽管对这个奖有各种各样的评价，但它的诱惑是挡不住的。在百年的历史上，诺贝尔奖授予了一些伟大的作家，但也有不少得奖者经不起历史考验，几十年后被人忘掉了，这也是正常的。我们的许多文学奖项，开评了没有多少年，得奖的作家在当时也是轰轰烈烈，但现在谁还记得谁得过什么奖呢？任何一个奖项都有评奖标准，选择的标准，得奖的最根本的理由是你的作品符合了人家设奖的标准，并不完全因为你写出了最好的作品才得了奖。鲁迅文学奖每次评出一群人，但依然还是有些我们认为不错的作品被遗漏，依然有些我们认为是垃圾的作品得奖。这很正常。所以用作品的好坏来衡量得奖是不科学的，你只能用是否符合设奖的标准来衡量，这样就没有什么不好理解的了。诺贝尔奖作为一个世界范围内的文学奖，不可能把所有好作家都容纳进去。有些好作家没来得及评就已经去世了，也有些作家本来没有这种资格但也得了奖，我觉得这基本上不影响诺贝尔文学奖的巨大权威，因为它评出的大部分作家还是真正了不起的。我想大多数作家不会为了得奖而去写作，事实也证明，当你想得什么奖而去写作的时候，你多半是得不了的。别说诺贝尔文学奖，就说想得"五个一工程奖"吧，我们拍电视剧时总是说，好好拍，争取得"五个一"，但费了半天劲别说"五个一"，连一个一也没得着。再就是，当某人得奖呼声很高的时候，这个人往往是得不了奖的，得奖者经常是那些仿佛是突然地从地球深处冒出来的一样。譬如当年，意大利最有希望得奖的，最有资格的，众望所归的，我想是卡尔维诺，如果他得了奖，全世界都会鼓掌，但最后是达里奥·福，一个喜剧演员得了奖，文学界一片哗然。这就是我前面说过的，不是达里奥·福比卡尔维诺好，而是达里奥·福比卡尔维诺更符合诺贝尔文学奖的标准。

碎语文学

王尧：这二十多年来，文学改变了你，你也改变了文学。

莫言：文学改变了我，当然自己也可以这样说；我改变了文学，那我就不敢说了。太夸张了，说出来会让人喷饭。

王尧：我觉得你是个有才华的作家，这样说也许你自己不一定接受。和你一样，许多人都是在饥寒交迫中长大的，我也是这样，但不一样的是谁也没有像你这样的写小说的才华。我觉得你天赋非常高。我不知道你自己怎么看你的才华和写作方面的能力。

莫言：我一直非常实事求是地感觉到自己的才能是在中等之下的，我觉得我没有什么值得骄傲的。小时候记忆力确实很好，但我的记忆力大多浪费掉了，本来可以学东西的时代我没有学，没有人教我，我自己就天天胡思乱想，记下了一些乱七八糟的东西。当我有时间、有条件、有书读的时候，已经二十多岁了，这个时候我就感觉到很多东西我已经记不住了，假如我能够得到按部就班的受教育的机会，会成为一个跟现在完全不同的人。

王尧：你在高密东北乡长大，生活很压抑，可能养成了你这种很谦卑的性格。我以前不是很了解，这次才知道通常在一篇作品成功以后，浪潮过了，你好像一下子对自己又没有自信心了。

莫言：每一部作品出来我都忐忑不安。

王尧：这很奇怪，这和有一些作家正好相反。

莫言：那我不知道。譬如写完《红高粱家族》之后，我真是一点把握都没有。当时在军艺，同学之间还有很好的风气，写完后互相把作品看一看。我的几个同学帮我看了以后，有的说好，有的说不好，我一点信心都没有。

王尧：这种心理因素可能也是你往前走的原动力，促使你往前走。

莫言：还有一个怪现象，一个作品写完后，当时感觉不好，放在那，回头来读，会感觉到不错。我一部小说写了几万字，突然感到不好，甚至很糟糕，放在那个地方，不愿意再动，但是过几年再拿出来读，竟然感觉不错，就继续往下写了。我一直私下里感觉自己是浪得虚名，我说这算什么呀，就这样几篇小说，就成了作家？到现在我已经快五十岁了，常常忘记自己的实际年龄，老是有一种儿童的心理，感觉到自己还在成长，这很荒诞，会被高人嗤笑，但这是真实的心理。

王尧：我很羡慕一个人能够始终保持生活在童年的感觉，还有长不大的感觉。

莫言：后来我也想过，确实有一种没长大的感觉。而且我许多感兴趣的东西是和儿童很像的，在某些问题上也可能考虑得很复杂、很吓人，大部分的时候还是儿童式的直觉式的思维。见了生人实际上还是怕羞。当年在保定，编辑部的老师听说我在部队当政治教员，他们就很吃惊，说见了人头都不敢抬，怎么能当政治教员呢？我说我是真的在当政治教员，每次上讲台，前五分钟我真是不敢抬头，讲几分钟我就豁出去了。这种情况现在还有，哪怕是我在国外的大的演讲，前面的几分钟还是放不开，讲着讲着就进入了一种比较自如的状态了，越讲越得心应嘴。2001年6月，我去澳大利亚，有一个很大的演讲，刚开始很紧张，讲开了之后，就非常地自如，反应也很敏锐，感觉妙语连珠，发挥特别好，经常有这样的状况。

王尧：说话就如同写作。

莫言：是的，写作也是这样。有时候感觉到词多得写不过来，有时候半天都憋不出一个字。家里人对我的评价是，你真是，多大了，还这样。但我觉得一旦进入顽童状态，写作就得心应手。我觉得一个作家的童心很重要，假如一个人过分成熟，过分理性的话，写出来的小说，生活气息就要淡薄得多，理念大于形象。而一个作家长期不懈地保持了这种童真、童趣，童年的情结，作品会很有生命感。

王尧：你的小说语言那么酣畅，成功的演讲也是这样吧。

莫言：在澳大利亚我感觉到有两次演讲真是非常流畅，无需讲稿，非常连贯，像眼前出现了应接不暇的美景一样，而我所做的，就是对他们描述这些美景。几十个世界各地来的作家和数百听众在那里听讲，包括澳大利亚前总统的夫人，当地的一些名流。我讲完了，很多人来和我打招呼，我大概地能猜到他们表扬我的话。有个德国记者提出了一个问题，就是中国人是否特别残酷，看到你们中国作家写的文化大革命，你写的《酒国》，你们中国人是不是本性里要比别的民族残酷啊。我说人类的残酷是基本差不多的，无论一个现在看起来多么和善的民族，他们灵魂深处都隐藏着残忍的一面，我说你们德国人现在看起来文质彬彬的，但是想想二战时期，德国人的残酷令人发指，难道那些德国人不是你们的祖先吗？另外我们看现在的日本人，一见面就是点头哈腰，九十度的鞠躬，但是想想日本在二战期间在中国和东南亚战场上，对中国人民和东南亚人民所犯下的暴行，跟现在的日本人之间会产生怎样的联想呢？我说中国的文化大革命也是这样，它是在一个特殊的、不正常的社会环境下，人性当中被压抑的部分，恶的方面就膨胀出来。只有当一个社会高度文明和进步以后，人性中的恶才会得到有效地控制，人性的善才会放出光芒，我觉得这也是我们这次世界作家大会最重要的宗旨之一，就是为什么要通过文学，暴露人性恶的一面，批评人性恶赖以产生和膨胀的社会现实，然后我们共同创造一个美好的世界。

王尧：直率而机智，很有风度。

莫言：反映很好，但风度谈不上。我是风度的敌人。但我知道一个人最好的风度就是他的本色，是那种毫不掩饰的坦率。他们说中国作家第一次来参加这个会议，和我们想象的中国作家不一样，就是不回避任何问题，观点非常鲜明。所以我觉得真正的作家他永远当不了政治家。政治家是回避任何实质性的问题，在概念上绕圈子。政治家需要成熟，不需要天真。

王尧：我看到一则汽车的广告，说"离常规越远，离自由越近"。

莫言：自由这个东西，我觉得是有限制的。我们过去所想象的无拘无束啊，完全地不受人的管辖呀，只是一种理想。只要是生活在人类的社会当中，就要受到限制，然后在限制中争取自由。

王尧：自由在限制与反限制之中。我们的问题是限制太多了。

莫言：我觉得值得检讨的就是，社会对个人限制的东西太多了。我们的法律不是特别健全，便用道德的武器来干涉了过多的个人自由。慢慢地走向法制社会以后，所有的人都应该设立了一个底线，就是法律的底线。在法律允许的范围内，个人愿意做什么就做什么，这是一个社会文明性的标志。有人道德观念强一点，他自律得好一点。有人道德水准差一些，自律就差一点。我觉得应该建立一个法律的底线。我们过去实际上是把人往好里想，把人想象成可以通过教育，通过道德来解决问题的这么一个体制，但人的道德水平并不是那么高，通过教育也无济于事，那么各种问题就出现了。

王尧：文学创作中的自由和社会中的自由可能又不太一样。

莫言：我觉得文学创作中的自由和人在社会中的自由，有一些共同之处。在文学创作上，完全的自由也是没有的。写小说还是要遵循一些小说的基本规则，哪怕你是一个崭新的突破，但是你的前提是必须能够让人看懂，哪怕是多数人看不懂，也要让少数人看懂。语法你还是要遵循的，汉字你还是不能生造的，起码你还是要让人看懂你的汉字，写了许多不认识的汉字，那就成为一种行为艺术，成为书法、美术作品。文学创作的自由也是"戴着镣铐在跳舞"，一种限制的自由。

王尧：这就像当年闻一多先生说新诗。

莫言：我们在各种各样的限制中生存，革命就是最大限度地冲撞这个限制，但要彻底打破限制是不可能的。我曾经写过一篇散文，就是说各种文体实际上就是对作家的束缚就像笼子对鸟的束缚一样，鸟在笼子里是不安于这种束缚的，要努力地冲撞，那么冲撞的结果就是把笼子的空间冲得更大，把笼子冲得变形，一旦笼子冲破，那可能是一种新的文体产生了。唐朝的一些鸟努力冲撞把律诗的笼子冲破了，紧接着就出现了一个更大的鸟笼，就是宋词。宋词的笼子被冲破就出现元曲。写小说的努力冲撞又把元曲的笼子给冲破了。我想写小说也是这样，每个人都在努力，通过各种各样的手段，使小说的含义越来越丰富，越来越多样化，什么叫小说呢，定义确实越来越多，但一些基本的规则还是应该有，用大家都看得懂的语言，大家都认识的汉字，你也要讲故事，但是什么样的讲法，怎么样最大限度地让你写出来的东西有一点独创性,使你的镣铐舞蹈姿态优美一点。挣脱这个笼子也是多少代、多少鸟的努力,突然有一天,不自觉地就冲破了,不是一个人能够完全改变的。但一种新的文学形式的出现,并不意味着旧的文学形式死亡。即便现在也还是有人热衷于用旧的格律赋诗填词。

王尧: 从文学的惰性和资源限制的角度来看,对你来说文学的鸟笼意味着什么?

莫言: 小说的笼子,就是已经存在的小说。存在的小说越多,笼子里的空间就越小,编制笼子的铁条就越粗。我要想有所创新,就要努力地冲撞笼子,撞弯曲几根铁条,局部地改变一下笼子的形状。这也是想想而已,实际上是很难做到的。

王尧: 自己也不知道能走多远。

莫言: 不知道能走多远。年轻的时候是感觉到自己无所不能,随着年龄的增长,越来越清楚地认识到的一个问题就是一个作家的局限性,无论多么伟大的作家,都有自己的局限性,创造力不可能是无限的,更不可能是永恒的,创造力会逐渐减弱,慢慢消失。

王尧: 但我听到有许多作家他们总说我最好的作品是下一部,其实下一部未必比上一部要好。

莫言: 第一个人这么讲,是一种很机智的说法,所有人都这样讲,就是无聊的重复了。另外,这大概也是作家的愿望,希望下一部更好。

王尧: 从你的写作和整个文坛来看,你觉得今天汉语的写作问题在哪里?

莫言: 我觉得最大的问题就是一种不谋而合的趋同化。这也不纯然是主观的原因,更多的是客观存在造成的。许多作家生活经历相似,所受的教育也差不多,因此写出的作品雷同,作家的个性也就比较模糊了。我们当然不是要做什么判定,因为每个人都在发展,每个人都有自己的悟性,他们很快就会意识到:重要的不是写作,而是通过写作把自己跟别人区别开来。

王尧: 网络文学的出现对我们已经变化了的文学观和写作是否构成挑战?一些所谓的网络文学其精神的东西正在消失,或者就是缺席。语言是复制的,也就是你讲的趋同化,编辑发表的方式和过去也大不一样。

莫言:没有个性的语言,模仿和复制是非常容易的。没有个性的语言实际上是建立在某种文化现象上的。还可以这样说,最没有个性的语言,恰恰是用最有个性的方式表现出来的,譬如《大话西游》那一类的语言垃圾。对语言个性的追求是一种悲壮的奋斗。我的老师徐怀中的一句话我老是忘不掉,他说从某种意义上讲,作家的语言是作家的一种内分泌。虽然福克纳也说过作家要写自己的内心不要写内分泌,但这里的内分泌和我老师说的不是一个意思。一个作家的语言风格与后天的追求当然有一定的关系,但更重要的是,一个作家的语言风格是与他所生长的环境和他童年时期的经历密切相关的。

王尧:我看有些作家是内分泌失调。今天的模仿与复制,与"文革"期间实际上有什么差异?

莫言:"文革"时期的模仿和复制是强制性的,你不这样写第一不可能发表,发表了也很可能带来批判、批斗等灾难。现在的模仿和复制则是一种时髦。

王尧:这种现象反映了部分中国作家精神和艺术的残缺。你觉得中国作家缺少什么?

莫言:我觉得起码缺少一种叩击自己灵魂的勇气。固然自己有时说我是流氓,我是坏蛋,但内心里并不这么认为。这句话的潜台词是:这个世界上谁不是流氓?

王尧:这是不是中国作家的根本性局限?

莫言:很难说这是一种局限,出现这种东西也是一种必然结果。1949年以来,文化大革命前后的历次政治运动,发展到了80年代,必然要产生这样一种东西。我觉得这种东西是政治社会的产物。一大批作品对过去的神圣话语的奚落,让你哭笑不得。譬如一篇小说中写一男人嫖娼的时候引用了毛主席语录,类似这种情节你说是笑还是哭?

王尧:对"文革"话语的戏拟是不少先锋作家的话语策略。

莫言:但如果没有这种语言经历的,十八九岁的读者,他就不知道是怎么回事，不理解那就没什么好笑的。这种自嘲实际上是一种政治的产物，你公开地要与社会对抗是不行的。但这还是一种表层、对外的抗争，像俄罗斯的一些作家，对社会反而没说什么，但对自己心中善与恶的搏斗却写得淋漓尽致。我觉得这些东西是超越国界的，属于全人类的。我们这种语境下的产物在中国读者中可以理解，更局限一点就是在我们这一年龄段的人，经过"文革"或"文革"前极左思潮的读者，看了才会会心一笑。但像陀思妥耶夫斯基的《罪与罚》再放50年，尽管读者没有到过俄罗斯，也没有经历农奴制，看了后还是感觉到一种震撼，触及到灵魂，也就是说写到了我们灵魂深处最痛的地方。

王尧：像王朔，他们是在用一种虚伪的方式？

莫言：不能说他是虚伪，但也不能说他真诚。我觉得这是环境的产物。在这种环境下只能这样，它甚至是文化大革命的造反精神的变种延续。文化大革命把知识分子打得一落千丈，所有神圣的东西都被狗屎化了。文化大革命过去后，这些东西恢复了神圣地位并被强调到不合适的态度，什么作家是"人类灵魂的工程师"啊，是"人民的代言人"啊，这些头衔太重了，没有一个有自知之明的作家敢于承担。但确有很多作家在这些桂冠下沾沾自喜，忘乎所以。

王尧：优越感。

莫言：以为自己真是肩负重任，以为自己和老百姓不一样，已经不是普通老百姓的一员，而是带有神圣光环的，救世主式的人物。这种想法在粉碎"四人帮"后大量的作家心中还是存在的。50岁的作家中有有这种想法的，80岁的作家中也有有这种想法的。很多我们这个年龄段的人也有这种想法。有几个作家说话口气大得惊人，用语方式都模仿当年毛泽东的风格，什么"最近我要到下边走一走"、"要到一个山洞里去躲一躲"。提到某些领导人的名字，总是在"××"后边加上个"同志"，譬如"王尧同志"，王朔嘲弄的是这么一批人。

王尧：好多作家都说自己不看同时代作家的作品。

莫言：这有两种情况，一种是真的不看，一种是看了说不看。因为你说看了就要有评价。你对某某新作有何看法？你说好当然是可以啦，你说不好很可能就得罪了朋友。而明明不好而说好就要违心。"对不起，我还没来得及看"就谁也不得罪了。我是真看，但我看得不是特别认真，如果前面二三十页不能吸引人的话，我就不读了。一些特别好的作品看过七八年后，回头还会再找来看。

王尧：评论界则是另外一种状况，对中国作家和外国作家的评价常常有不同的尺度，形容词都不一样。

莫言：外来的和尚会念经，这是一种很普遍的现象。大家总是认为翻译过来的外国作家都是伟大的作家，如果不好，也总是认为自己没有看懂。事实上假如能接触到真人的话，那种神圣感、神秘感就给彻底地消解掉了。大江健三郎没来中国的时候，我们没有接触的时候，想他是诺贝尔文学奖获得者，而且在大学里学的是法国文学的专业，法文讲得很好英文也不错，肯定是个特别了不起的人。但是你跟他一见面一谈话，发现他也是个很普通的人，性格很随和，一点架子也没有。一下子就把神圣的东西给消解掉了。这时候你再来读他的作品就能获得一种亲近感，一种平等感。这样你可能更加明确地知道它的好处和坏处了。对其他外国作家也应该有这种认识。现在一提福克纳，一提海明威，我们还是把他们神圣化了，动不动就拿他们跟中国作家比。实际上这些作家本身也存在着我们现在作家的很多问题，他们之间也互相攻击。海明威骂福克纳的作品是重庆嘉陵江里用船拖的那些东西，是"龙船载狗屎"，又臭又长。还说他的句式像牛马反刍出来的东西。福克纳反过来攻击海明威，说他写的东西像痴呆儿讲的话，断断续续的，也是贬得一无是处。他们之间的矛盾是很深的。当然也有和解的时候，福克纳赞扬海明威的《老人与海》时说：你写出了很多优秀作家都能写出的作品。这种表扬也是很有技术的。

我们可以说伟大的福克纳，伟大的马尔克斯，作家可以这样说，评论界也可以这样说，但假如我今天说哪个当代中国作家伟大，那肯定是会被人嗤笑的。"外来和尚会念经"的反面就是"骗子最怕老乡亲"。

王尧：这种心理也很奇特的。这一百年来中国知识分子没那么自信了。

莫言：海明威不自信的时候比他自信的时候要多得多，为什么自杀呀，他对自己的才华也是没有信心的。狂起来的时候是老子天下第一；沮丧的时候、一个字也写不出来的时候感觉自己像头笨猪。中国作家也是这样，包括我个人也是这样。有时候感到自己才华横溢，有时候感到自己蠢笨如驴。

王尧：我看巴金也经常不自信的。

莫言：那肯定的，沈从文我想也是经常不自信的。永远自信的人，不是白痴，就是魔鬼。

王尧：在中国文学种种现象的背后，除了文化传统与历史因素外，是一个复杂的现实在起作用。也就是说，考察作家的现实处境也是必要的。现实可以说是鸟笼子，也可以说是海阔天空。作家在这当中有的不知所措，也有的故作姿态，也有的泰然处之。作家如何回应现实，其实始终是个问题。

莫言：作家与现实的关系是难以摆脱的，任何一个作家的创作都不可能不受到时代的局限或者影响，即便是写远古的生活，你写远古生活也是作为一个现代人写，现代生活中的所有信息，势必都要反映到你所描写的远古生活中去，如果写历史那就更是这样。任何历史小说都浸透了作家的现代性，完全是原汁原味地复制历史，第一，没有意义；第二，也不可能。

王尧：那你主张怎样介入？因为讲到现实就不能不提到政治。

莫言：当然我也不赞成作家以那么明朗的态度直接介入政治，但有的作家可以这样做。在某些重大政治关头他站出来说话，站出来签名，像当年那些拉美作家那样，跟政治保持那么密切的联系。日本的大江健三郎，支持韩国的诗人金芝河，搞绝食运动。当然这也是一类作家，这类作家干预社会改造社会的意识非常强，确实在某一个时刻他认为他有责任站出来充当社会良心，充当人民的代言人，扮演这么一个角色。他认为他是必要的。我个人认为，首先这和个人性格有关系，和作家本人的性格有关系，我的性格可能不太合适扮演这种台前角色，以非文学的方式扮演社会良心、社会代言人的角色。

一个作家的良知还是存在的，我生活在这个社会里，我对这个社会的重大事件，我对社会的下层老百姓同情。也不仅是同情，而是跟基层的老百姓同呼吸共命运，因为我就是一个老百姓。这种说法会被某些人骂作虚伪，但我自己知道这不是虚伪，这就够了。

王尧：所以你在苏州大学演讲时主张应当做为老百姓来写作，而不是为老百姓写作。

莫言：对。但要我跳出来，站到社会政治舞台上来，用非文学的方式说话，是我的性格难以做到的。

王尧：你是用写小说的方式表达自己的态度。

莫言：我通过小说的方法，把我对社会现实的态度，对强者的批评，对弱者的同情，已经表现得非常充分了。从《天堂蒜薹之歌》到《十三步》到《酒国》到《丰乳肥臀》已经是表现得淋漓尽致了，我的政治观点、历史观点，我对社会的完整看法，已经在小说里暴露无遗了。

王尧：《红高粱家族》也表达了你对现实的看法？

莫言：《红高粱家族》这部小说，你说里面有没有对社会现实政治的看法，对眼前社会的批评？有。对那种传奇式的、祖辈英雄人物的赞美欣赏，实际上就是对现实生活的人性的懦弱，人的猥琐不满的一种反射。假如对现在很满意的话，也没有必要过分推崇祖先那些所谓的英雄行为。《红高粱家族》实际上是对几十年来不正常的社会环境对人性的压抑的一种痛心疾首的呼喊。为什么我有痛感呢？我们这几代人越来越灰暗，越来越懦弱，越来越活得不像个男子汉，越来越不敢张扬个性，越来越不敢在自己的社会生活当中显示出个性色彩。人越来越趋同化，人好像都一样。这种东西你可以用人的性格来解释，更重要的还是因为不正常的社会环境对人性的压抑。

王尧：你就是受到压抑而改变了自己性格的一个人。

莫言：我在童年时期、少年时期，非常能说话，非常愿意说话，非常喜欢热闹，非常喜欢凑热闹，哪里有热闹我就往哪里钻，哪里有热闹就会出现我这么一个小孩子，但是由于父母的教育，由于社会的压制，导致我成年以后变成一个谨小慎微、沉默寡言的人，在公众场合不愿意出现，即使出现了也手足无措。我的天性不是这样，这是长期的压抑、长期不正常的社会环境造成的。所以《红高粱家族》对"我爷爷"、"我奶奶"的这种赞美，包含了对现实社会的一种批判。

王尧： 作家还是应该用这种方式来扮演所能扮演的角色，用文学的方式来干预社会，尽量不要用非文学的方式。

莫言： 用非文学的方式，总感觉作家不应当承担这种角色，不应该扮演这种社会活动家的角色，而且很多人的这种表现让人产生怀疑。

王尧： 90年代初期，包括作家在内，好多人的角色、身份有些错乱。

莫言： 纷纷下海、经商、炒股票、做房地产，以谈文学、写文学为耻辱，但大部分真正的作家他还是应该知道，他的本质、他的职责应该是什么。所以在大家纷纷下海，许多人对文学表现出一种厌恶的时候，我知道我还是应该写小说。这个时候有人来拉我搞影视，我就参加了一些。很快我就意识到，搞影视是不对的，还应该写小说。

王尧： 长篇小说的高潮就在这个时期出现了，因为有一批作家开始沉潜下来。

莫言： 这么一转眼，就1995年前后了。这时候陕军西征，文学慢慢热起来了。90年代初期，出版社根本就没书可出，我当时参加了华艺出版社搞的一个当代作家大系，能够进入丛书的作家很荣幸，想竟然还有人肯出书。1994年贾平凹他们的书一出来在北京掀起一个小高潮，大家纷纷回过头来，我想这也是新时期的第一个长篇小说创作高潮。但早此一年，我的《酒国》就出版了，出版后无声无息。

王尧： 我的一个老师说，你们这一代人没有经过很多事情的磨炼，没有受过考验。其实人的思想成熟与遭遇到什么事情是没有关系的。一个人思想成熟常常是他内心矛盾冲突的结果。

莫言： 作家内心深处的矛盾冲突肯定要改头换面的、曲折的、隐讳地在他作品里得到表现。一个作家如果没有矛盾冲突的话，也就失去了创作的能力，只有当他感到矛盾痛苦，有一种很激烈的情绪的时候才能来写作。当然，要写那种冲淡的散文也许不需要这样的激烈。至于成熟作家与不成熟作家之间的区别，像我在《红高粱家族》时期就是在呐喊，这大概可以视为不成熟。成熟一点后就可能把情绪压得深沉一些，可能用极其平缓的，平和的腔调讲述一件非常激烈的事情。说到底，作家编造故事的能力是非常重要的，根据自己的痛苦，编造出一个故事。能编出一个精彩的故事，但不一定能写好。有的人讲故事，讲构思真是精彩，但写出来后却味同嚼蜡。我的一个同学向我讲他的小说构思的时候我觉得太棒了，等他写出来后就完全不是那么回事了。他一写出来，感觉每个细节都虚假得要命，他不会写，为什么？像我前面说的，他没有同化生活的能力，故事编得很好，却无法用文学性的语言来描述他讲的故事。他没有用自己的感觉赋予他小说中的人物以生命，没有让人物活起来。有了同化生活的能力，小说中的人物就能活起来。能不能让自己用各种各样的方式来思想，或者说是能不能想他人所想、你能不能代替他人思想，对一个作家来说是至关重要的。作家的本事就在于能够代替别人思想。他能够设身处地地把自己想象成一个人物。写妓女的时候，就应该想我就是个妓女；写刽子手的时候就把自己想象成刽子手。我在写《檀香刑》时，一阵阵灰白的感觉在心里闪烁，感到脊背在发凉。

王尧：你是不是认为小说就是讲故事，好的小说就在于作家会讲故事？

莫言："会"字里面很丰富。会讲故事，也就是说故事已经存在了，剩下的是怎样讲法。所谓的"会"，就是指你能用文学的精血让存在的故事受精，赋予它生命，灵魂，或者更直接地说能想人物所想，急人物所急。你能在写作状态时真的和人物融为一体。再一个，我认为作家还是要有一种对象征的敏感，某些细节，某些人物，某些特点，你当然不一定把它讲得很清楚，这工作要让读者和理论家来做，作家起码应该敏感地意识到这一地方有戏。举例子就举我自己的吧，有一点自吹的嫌疑了，我写上官金童的时候，就觉得这个眷恋乳房的混血儿形象里面包含了很多东西，可以和很多的观念，很多的思想挂上钩。比如说他是一个外国的传教士和一个中国农村最底层的妇女结合而生的这么一个混血儿。这个混血儿象征着什么呢？基督教文化和中国民间传统文化结合？他的"恋乳症"，直到长大后吃到什么东西都会呕吐，只有在母亲身边吃了奶才能生存下去，发展到一种对乳房的病态的眷恋。我觉得这也不仅仅是生理学、病理学的意义，它还有别的解释。如果要我把这些都想清楚，反而写不好。好小说弹性特别大，是多义的，仁者见仁，智者见智。《红楼梦》为什么伟大？因为什么人都可以从里面读出自己所需要的东西来。我们现在回头想想"红色经典"时期的作品和"文革"中的作品，只有一个答案，主题非常鲜明。青松象征高洁，红旗象征革命，太阳象征毛泽东。

王尧：这里我们谈到"红色经典"。前面你也谈到我们小时候能够看到的也就是这些书，什么《苦菜花》、《野火春风斗古城》、《三家巷》这类书，没有其他的书好看。这类书在"文革"初期也是受到批判的，我现在还藏有一本《一百部毒草小说批判》，我们提到的这些"红色经典"都在批判之列。实际上《苦菜花》已经部分超越了当时按照阶级分析的那种方法，来安排人物、情节等所谓"革命现实主义"的写作方法。我觉得你后来的创作实际上就提供了用小说来重新解释历史的一种方式，有学者用"新历史主义"的理论来解释你的创作。我感觉到在过去的百年，包括现在还有许多作家的小说创作，有一个非常特别的东西，往往用写"正史"的方式来解释来叙述历史，现在看大多数作为小说几乎是失败的。用"野史"的方式来写小说却是另外一番景象。我们刚才所说的"红色经典"，那些打动我们的东西往往是在当时的主流话语之外，是一些边缘性的东西。所以我一直觉得用"正史"的方式来写小说，来写百年历史，包括像黎汝清的《海岛女民兵》这种方式都已经过去了。

莫言：在文化大革命之前，"红色经典"是主流话语。"文革"尽管打倒了"红色经典"，但"文革"中的文艺作品实际上是"红色经典"的延续。也就是说，"四人帮"的帮派文艺不是从天上掉下来的，就像"文革"不是突然爆发而是建国以来极"左"路线的必然结果一样。这种写过去革命战争的小说基本上都是在图解毛泽东的军事思想。作家很少在作品里表现自己的思想，作家对战争的认识是没有表现的，所以可以大胆地说，大部分"红色经典"是一批没有个性的作品，如果有个性，那这点个性也正是被批判的靶子。当时的作家都遵循着"革命的现实主义"和"革命的浪漫主义"相结合的创作方法，都是在毛泽东的《在延安文艺座谈会上的讲话》指导下写作。对战争的荒诞本质，战争中人的异化，战争中侵略者和被侵略者双方灵魂的扭曲都没有、也不敢表现。当时作家的最高理想就是希望能够用作品再现人民战争的壮丽画卷，希望能够再现某一段历史。"红色经典"中什么都有，就是没有作家自己。"红色经典"的作者大都是从革命队伍里出来的，他本身就是八路军的战士，或者是解放军的战士，他亲身参加了历史上的战斗，因此他的这种爱恨肯定是特别的分明。他肯定地说我就是无产阶级的，我就是要站在无产阶级的立场上，写这种阶级立场特别分明的作品。当然这也不能说不对，但就小说来说就显得比较单薄，包含性不够。我觉得好的战争文学应该站在比较超阶级的观点上，应该站在人类的高度上来写。我们在写国共两党的战争时，按照"红色经典"的写法，国民党里全是凶残的敌人，全是野兽，是没有正面人物的。国民党里的官兵在外貌上也一个个都是獐头鼠目，或者是独眼龙什么的；但是写到解放军时，就像我们在电影里看到的那样都是浓眉大眼，威武英俊。连小孩都能从电影里辨别出来谁是好人，谁是坏蛋。我想这也是可以理解的。但这种看法肯定是片面的。他想再现历史，想搞现实主义，但因为他的鲜明的阶级性，使他不可能客观地、全面地来看问题。用这样的视角来搞土改，搞革命当然可以，但用这样的视角来搞文学，大概不行。我们村里面有当过国民党兵的，也有当过共产党兵的，从相貌上来讲，那几个当"国军"的人竟然是很英俊的、浓眉大眼的小伙子，而当过我们八路军的却有几个是脸上有麻子的，甚至是有残疾的。"红色经典"从这一点上来说已经是不真实的了。就村子里的情况来说，那几个当了国民党士兵的孩子家里其实是很贫困的，其中一个的母亲常年讨饭，家里穷得真是"无立锥之地"。而有几个地主富农的孩子反而去当了八路。我在农村时，与那个劳改归来的国民党士兵聊天，我问他为什么不当八路当"国军"，他说，当时家里没饭吃了，当兵吃粮去。父母说你当"国军"就是了，你不要当八路，当国军吃得好穿得好有前途有希望。于是就去当了。从教科书上看到的历史，泾渭是很分明的，但一旦具体化之后，一旦个体化之后，就会发现与教科书上大不一样。究竟哪个历史才是符合历史真相的呢？是"红色经典"符合历史的真相呢还是我们这批作家的作品更符合历史真相？我觉得是我们的作品更符合历史的真相。当然，这里我们不涉及到对那批写作了"红色经典"的作家们的人格批评和对他们的才华的判断，其实这批人里边不乏具有真知灼见者，他们之所以那样写，是他们不得不那样写，就像许多在新时期大红大紫的、批判"文革"不遗余力的作家在"文革"期间也发表过歌颂"文革"的作品一样。就是我，不是也在水利工地上写过那样的小说吗？没有发表只能说我写得还不合当时的标准，不是我不想发表。

王尧：我想知道，"红色经典"对你的创作有没有产生积极的影响。

莫言：当然有。像《苦菜花》就是如此。我举个例子：当时的小说中描写的爱情，革命的意义大于生理的意义，总是那样理想，完美，其实是遵循着英雄爱美女的老套，《苦菜花》里的爱情描写我看了很难过，八路军排长王东海是个战斗英雄，驻地有个女人名叫花子，丈夫为掩护八路军牺牲了，她成了一个寡妇，带着一个小孩。另外还有一个八路军的卫生队长叫白芸的，又漂亮又有文化，她对王东海说我们之间的关系能不能比同志关系更进一步？那个排长说不行。这时候，花子左手抱着一棵大白菜，右手抱着个孩子，进来了。因为她的丈夫是为了掩护这个排长而牺牲的，这就暗示着说我要对这个寡妇负责。于是白芸就抱着花子说了声"好姐姐"后主动地走掉了。我当时特别难过，我觉得这样写不好。我觉得英雄排长王东海和白芸好才是真正的郎才女貌，英雄配美女。而找了个农村寡妇，带着个小孩，感到很不舒服。这说明当时的我虽然年轻，但脑海中的封建意识已经根深蒂固了。在传统的思维中，认为只有那些没有本事的人才会去找寡妇结婚。这种对女性的歧视，对再婚寡妇的歧视，这种封建文化的影响直到现在在我的故乡还是存在的，再下去十年八年也不会消除。我走上文学道路以后，才觉得这个排长的行为是非常了不起的，回头想想花子和白芸这两个女人，我竟然也感到花子好像更性感,更女人,而那个白芸很冷。这些都是很主观的联想。《苦菜花》里面,有许多残酷的描写,对战争中性爱的描写也是非常大胆的,里面写到了长工与地主太太之间的爱情等,写到了一个有麻子的男人与自己的病秧子媳妇的爱情等,当然也有革命青年德强与地主女儿(实际上是长工的女儿)杏莉之间美好的爱情,但就是这唯一美好的爱情,作家竟然让他们没有成功,他把那个美丽的女孩子杏莉给写死了。我觉得《苦菜花》写革命战争年代里的爱情已经高出了当时小说很多。我后来写《红高粱家族》时,恰好写的是抗日战争时期的事情,小说中关于战争描写的技术性的问题,譬如日本人用的是什么样的枪、炮和子弹,八路军穿的什么样子的服装等等,我从《苦菜花》中得益很多。如果我没有读过《苦菜花》,不知道自己写出来的《红高粱家族》是什么样子。所以说"红色经典"对我的影响是很具体的。语言方面,影响到我语言风格的因素包括你提到的"红色经典",包括"文革"期间所流行的毛文体,准确地说是"文革文体",也可以叫"红卫兵文体"。这种文体发展到后来最为典型的表现就是那时候每年都有的"两报一刊"元旦社论。这种文体把汉语里华而不实的部分极端放大,是一种耀武扬威、色厉内荏的纸老虎语言。汉语里我觉得有很多不准确的形容。像《史记》里就有"怒发冲冠"、"目眦皆裂"这样的说法,实际上这种现象是不可能出现的。头发再硬人再发怒也不至于把帽子顶起来,这种语言说起来很解恨,但不准确。我不知道在外国语言里是否有这种东西。这种东西在我们汉语里特别多,"文革"期间把这种东西极端放大,但这种东西对我的小说语言还是有潜在影响的。

王尧:我们谈到了小说中的爱情,但我们没有提到生活中的女人和爱情。

莫言:这应该是自己对自己谈的问题。真正的情感,应该珍藏在心,一拿出来示人,就是亵渎。

现实主义一直是文学的主流

——2006年3月与《芙蓉》杂志编辑努力嘎巴对话

编辑：我比较关心，内心激情澎湃的你住在由四名士兵把守的军事大院，某天黄昏出门，当你抬头看见飞机滑翔如大鸟在晚霞中消失时，你是否产生了类似于被高密东北乡抛弃的感想？（开个玩笑）

莫言：我住的还是当年在部队时的房子，许多转业干部住在这里。内心澎湃，未必非要大声吼叫才可以宣泄，对一个写小说的人来说，可以把被禁锢的激情贯注到小说里去啊。关于高密东北乡，其实更多的是想象的产物。每当夜深人静时，当我独处幽室、面对稿纸时，便忘记了自己身处北京闹市。但长期住在这里也不是办法，争取尽快搬走吧。

编辑：你曾作过《饥饿和孤独是我创作的源泉》这样一个报告，现在回想起来，有了哪些不一样的感想？

莫言：现在依然认为那是我创作的源泉。饥饿和孤独，是人生的经历，更是经验。经历不能重复，但经验可以反复回味，并且可以成为以己度人的尺度。沿街乞讨过的人，可能真正体验到人世的冷暖。因为他已经沦落到社会的最下层。

编辑：莫言老师给我的感觉一直在埋头不懈地用小说来描绘、拓展着令人震颤的心灵世界，并在数量和质量上逐一巩固它。从我最初看到的中短篇集《透明的红萝卜》到十多年后的《檀香刑》和《四十一炮》，这中间出版和发表的非凡成绩让你如何看待自己对小说这种超乎一般的热爱？

莫言：从1981年发表作品到现在，已经25年。回头检点一下，我用在写小说上的时间，连五年都没有。其余的时间，都悠悠晃晃地混过去了。我总觉得我应该写得更多一些，写得更好一些。许多人劝我少写，这也是对的。但我总觉得心中有话，就该说出来。就像母鸡，肚子里有了蛋，你不让它下出来怎么可以。我不习惯"十年磨一剑",习惯"不在沉默中灭亡,就在沉默中爆发"。我的所有的小说,凡是被大家认为好的和比较好的,都是一鼓作气写出来的,那些磨磨蹭蹭的产物,多半是不好的和不太好的。对小说的热爱,近乎成癖。成癖,或者成痴,是世间许多行当中成就大器者的一种状态。名利是动力之一,但到了一定的程度,就与名利无关,而是一种沉浸其中的巨大乐趣。我只是近乎成癖,所以,还应该往前发展。

编辑:在人们越来越习惯用社会学式的眼光对待文学特别是小说作品的今天,你对当下以题材取胜的现实主义回归潮流有何看法?

莫言:以前我在军校当教员,给学员讲社会发展史,讲社会的螺旋式发展。社会历史上,经常出现循环现象,但事实上,这种循环,不是简单的重复,而是一种上升的方式。文学艺术其实也是这样,许多东西,似乎是在回归,似乎是在重复,但决不是简单的重复,而是一种吸纳了新的精神元素的发展。

关于现实主义,我认为其实一直是文学的主流,只是它的某些表现形态发生了变化。不能一提到现实主义,就是巴尔扎克,就是托尔斯泰,不能把与他们的小说形态不一样的作品和作家排除在现实主义之外。你能说卡夫卡的作品不现实吗?能说普鲁斯特的作品不现实吗?能说乔伊斯的作品不现实吗?能说福克纳的作品不现实吗?能说马尔克斯的小说不现实吗?

我近来也装模作样地进行了一些"理论"思考,我觉得,小说的形态,不仅仅是外在的东西,它本身也是社会现实的产物,或者可以说,形式也是内容。巴尔扎克、托尔斯泰之后的所有小说家的努力,都是对现实主义的拓展。所不同的是他们观察现实的角度不同,反映现实的方法不同。至于那些小说流派的名称,大半是研究者的发明。当然,许多小说家,主观上也表达了离经叛道的决心,但主观意图是一回事,客观结果是另一回事。就像左拉,号称用自然主义、绝对客观的态度写作,但事实上做不到。对于成为经典的东西,人们起码有两重心理,一是顶礼膜拜,一是敬而远之。敬而远之是为了生存,是为了形成自我。

基于上述,我想,所谓题材取胜,确实能够满足一部分读者的要求。但发展着的现实主义，不可能彻底地回归到巴尔扎克、托尔斯泰，既注重题材，也注重形式，才是螺旋式上升的文学发展的正确道路。

编辑： 你怎样看待商业背景下的写作？娱乐精神对作家的创作而言是一种自觉奉献还是相反？

莫言： 前不久我去北京师范大学参加了一个论坛，论坛的论题是"市场经济条件下的中国文学"。我的观点十分明确。我不认为当前的文学形势有什么不好。我也不认为市场经济条件或者商业背景就会使文学陷入灭顶之灾。中国的60年代没有商业背景，出现了什么好文学吗？而西方，一百年来都是商业背景，但许多我们摆在案头、挂在嘴边的经典，不都是在商业背景或者市场经济条件下写出来的吗？所以我认为，出不了经典，出不了伟大作家，不能归罪于商业背景或者市场经济。现在，大家动不动就怀念20世纪80年代，所谓文学的"黄金时代"，其实，那个时代才是不正常的，那是长期禁锢之后初获解放的过激反应，文学，如果要说对公众的吸引力，那我们的50年代、60年代，比80年代牛多了，那时候，一本小说，印数动辄数百万，为了买一部新小说，新华书店门前排开长龙。但你能说那时代是文学的黄金时代吗？

我们必须承认，商业社会在某种意义上就是法制社会。而法制社会，人的行为的底线是法律而不是道德。一个人，不管他做什么，只要没有违法，那就是正常的、合理的，你可以不同意他的做法，但你无权干涉。文学领域的活动同样如此，人家要包装，要炒作，要迎合读者口味，要通过写作挣大钱，那是人家的自由；你高尚，有道德，你可以不那样做，但你无权干涉别人。但问题在于，那些激烈批判文学商业化的人，有时候也不得不妥协。接受记者采访，签名售书，登报上电视，不都是促销行为吗？而这样的活动，哪一个作家没有参加过呢？

我认为商业背景下的写作，也许正是出现伟大作品的外部条件。乌鸦在花丛里鸣叫还是乌鸦叫，凤凰在荆棘中鸣叫还是凤凰鸣。这里用得上郑板桥那首著名的题画诗：咬定青山不放松，立根原在破岩中，千磨万击还坚劲，任尔东西南北风。

至于娱乐精神,这个问题比较复杂,阅读算娱乐吗?写作算娱乐吗?文学品种繁多,有的能让读者开颜一笑,有的让读者掩卷而泣。写作过程中有时快意浮大白,有时垂首长叹息。这个问题我不好回答。

编辑: 有人说你早期的作品充满了通体自由难以言说的人文关怀,激情澎湃中杀出了一条深邃、沉静、广阔的个体生活的精神道路,而近期的《檀香刑》以"大踏步撤退"的姿态扑向历史、民间文化,其狂野的文学抱负和狂欢式的语言试验让人目瞪口呆,由此人们担心某种作家的身份意识会左右你的写作。你本人怎样看待这种无节制的先锋精神?

莫言: 你的说法夸张了。二十多年来,我只是有话要说,然后就写。追求写作的个性化和作品的个性化,是我坚持不懈的努力。我相信这也是大多数作家的努力。我早期的作品,带有受西方文学影响的痕迹,但我很快就意识到应该努力摆脱西方文学的阴影,1987年我在《世界文学》发过一篇短文,表达的就是这种急于摆脱西方文学影响的心情。一直到了新世纪,我在《檀香刑》里才部分地实现了这种愿望。实现文学变革,古今中外,大概都是遵循着从外边借鉴和到民间去寻宝这两条途径。80年代的大量借鉴,改变了当代中国文学的面貌,但并没有形成具有鲜明特色的、像拉丁美洲爆炸文学那样的、将外来文学和本民族的文化水乳交融地结合起来的文学,而只有这样的文学,才可能既是世界文学的一部分,又是具有民族个性的文学。这要靠所有作家的长期努力。当然,这样的标志,很可能只是一部或是几部作品先行,然后后续跟上,成为一个群体。我的《檀香刑》只是朝着这个方向的一次努力,问题还很多,相信很快会有天才的同行们,用伟大的作品,来矗立起中国文学的世界性标杆。

编辑: 就你所经过的生活与写作的历程来看,小说的世界或者说小说家眼中的世界能在多大程度上与人类的命运息息相关?道德或者价值判断的禁区对你的创作有影响吗?

莫言: 小说的世界,或者说小说中的世界,也就是小说家眼里的、心中的世界,从主观的角度,也就是小说家的角度,那应该跟人类的命运息息相关。

但客观上能否达到这种程度,那就要看小说家对现实生活的介入程度,和他自身的命运和人类整体命运的契合程度。命运是个庄严的词汇,某种意义上也是个苦难的词汇。

道德和价值,都是历史的范畴,随着时间,许多东西都会变化。但我相信,道德和价值的真正有价值的内核,那是恒定的。譬如,善和爱。作家应该坚持道德内核,对那些历史性的、与政治紧密相连的道德和价值大胆问疑。我前年接受北京文学编辑的访谈时,曾经提出了"有价值的个性"和"没有价值的个性"的说法,我的意思是,在人类历史的长河中,产生了许多有个性的人,用小说表现这些个性,是小说家永远的任务。但小说家应该有辨别有价值的个性和没有价值的个性的能力。譬如贾宝玉、林黛玉,他们的思想行为,是不符合那个时代的道德和价值的,他们是逆子,但曹雪芹发现了他们的个性价值,他们的行为虽然与时代不合,但符合人性,虽然与封建道德相悖,但符合以善和爱为核心的永恒道德标准。

当然,坚持道德的善和爱的恒定内核,并不是要在小说中,像传统戏剧那样劝善抑恶,我认为只有暴露了恶,才可能让人意识到什么是善。一味美化,那是伪善。另外,在善和恶、爱与恨之间,还有一片模糊的开阔地,这也许是小说家大显身手的地方。

编辑: 很想知道你是怎样理解宏大叙事的。

莫言: 宏大叙事并没有什么不好,但因为宏大叙事经典太多,逼得后来的作家不得不另辟蹊径,不得不从渺小处入手。宏大叙事往往要有历史跨度,要有家族变迁,要有巨大的社会动乱和变革,这些都是好东西。但如何把握,或者说如何表现这些东西,那确实要看小说家的胸怀和才力。另外,宏大叙事,总是跟经典的现实主义相连,跟《战争与和平》、《静静的顿河》这样的作品相连,如同要拓展现实主义概念一样,宏大叙事的方式,也要改变。否则,写出的作品,也许会有一定的历史学价值,但艺术的价值就谈不上了。

编辑: 作为一直在用作品说话的小说家,文学理论、批评对你的创作有影响吗?你估计言不及物的、程式化的评论乃至以商业为目的的文学批评还能走多远?

莫言：我缺乏理论方面的训练，也比较少看文学批评文章。80年代初期，我在军校的图书馆兼任管理员时，曾经读过别、车、杜，看不太懂，但被他们那雄辩的文风所吸引。感到他们真是才华横溢。当然，在某种意义上，也可以说是我们的翻译家是才华横溢。至于程式化的、商业化的批评，这也不是什么坏事。前面我说过，这个时代，应该以法律为底线，不应该以道德为底线。只要不违法，干什么都可以。

编辑：关于小说和现实中的高密东北乡，你谈了很多，到现在为止，你认为这两个实际不同的世界哪一个更为真实？

莫言：这两个世界，有很大的重合部分。现实中的高密东北乡是物质性的真实，小说中的高密东北乡是心理性的真实。

作家进校园对作家和学生都是好事情

—— 与《青年思想家》记者齐林泉对话

记者：招到开门弟子，一定挺高兴的吧？

莫言：当然很高兴，但同时也担忧，感到这是一件责任重大的事情。上次来学校时，我就对校里领导和文学院领导说过，聘任我做兼职教授，我感到受宠若惊，但更怕误人子弟。一方面我的创作和工作与教学有较大的冲突，而且家住北京，在时间上恐怕不能保证，另一方面，我觉得自己的理论修养很难说达到了一个文学教授应有的水平。

去年六月我来学校，从展校长手中领到兼职教授证书的时候，心中确实感慨万千。童年时因为"文革"，小学未毕业就辍学回乡务农，那时对上学的热望，一点不亚于高玉宝。后来兴起了"工农兵大学生"，我的大学梦也做得很猖狂。别说是山东大学，就是随便一个中专，只要能让我去，我都会欣喜若狂。"文革"结束，恢复高考，我的一个小学同学考上了山东大学中文系，我对他的羡慕那是无以复加的。山东大学是我心中一座高不可及的圣殿，"文革"期间我在农村劳动时，就知道山大很多事情，因为我的邻居有一个被错划为右派的大学生，听他谈山大的事情，是我的一大乐趣。几十年后，我竟然也成为山东大学的兼职教授，虽然自觉有愧，但心中还是很激动。

十几年前我在解放军艺术学院做学生时，知道了同是教授但有很大的差别，要做个好的教授是很不容易的。我感到当教授要比当做家难，作家写不出好作品臭的是自己，而做教授做不好会误人子弟。

记者：您的谦虚和严谨真让人感动，既然这样，打算怎样来解决您教学与创作的矛盾呢？

莫言：去年六月接受教授聘书的时候，就跟展校长和谭院长谈了我的设想，带几个对文学创作感兴趣的学生，在创作上我可以帮他们一下，虽然我没有多少理论，但实践经验还是有些的，毕竟搞了20年文学创作了嘛。在理论方面，由院里选派别的老师带他们，让这些学生享受"双导师"待遇。这样，就会让我心中感到踏实些。即便我不中用，还有一个导师嘛。这次研究生院和文学院就是这样定的，由我和贺立华老师（山东大学文学院现当代文学教授）一块带，我们俩会努力合作，把招收到我们名下的学生带好。

记者：这种办法倒是具有可行性，说不定真能为现在的文学教育闯出一条新路呢。这么多年来高校的文科教育一直是个令人困扰的问题，不知您是怎么看待高校文学教育问题的？

莫言：这个问题我很难回答。我看到一篇文章，说"文革"前北大中文系一个姓杨的老系主任就明确地提出，大学的中文系是培养学者的不是培养作家的。而另一篇文章说华东师范大学的钱谷融教授招收研究生时，免了学生的所有考试，只要学生写一篇文章，他就根据这篇文章来决定是否录取。我想这两位先生的说法和做法都有他们自己的道理，我们很难评判是非。我没有受过正规的大学教育，对高校的文学教育是没有发言权的。我只是感到，随着时代的变化，大学中文系不培养作家、不出作家这个说法正在改变。事实上，现在有很多作家都是从大学中文系里出来的。像叶兆言、刘震云、陈建功、苏童、杨争光，等等，我们可以开列出一个很长的名单。

我觉得应该支持甚至是鼓励学生在校期间尝试写作，有过创作实践和没有实践是不一样的。也就是说，一个写过文学作品的学生，应该更容易理解别人的作品。

记者：按中国的传统，无论哪行哪业，技艺高超了，自然就带一批徒弟，您现在可以说是当代的小说高手了，到大学带学生是不是您的初衷？

莫言：首先我并不认为自己已经是小说高手，而是感到越写手越生。越写越胆怯。这绝对不是谦虚，是真实的感受。到大学带研究生，这是我从来也没有想过的。当年我从军艺毕业时，学校想留我，但我想到要讲课，就不想留了。我有过几次把自己的知识系统化、理论化的机会，但没有抓住，结果成了现在这样子，似乎什么都知道一点，但什么都是半瓶子醋。

记者：您现居北京，那里有好多知名高校，为什么来山东大学带学生呢？

莫言：山东是我的故乡，我对山大的感情原本就很深，前面我对你说过，几十年前，通过我的那个邻居的描述，我已经对山大很熟悉了。后来我又结识了很多在山大工作和从山大毕业的朋友。我的女儿又在山东大学学习，这使我对山大的感情又加深了一步。让我当兼职教授，我当然首选来山大。

记者：以作家身份走进高校带学生，在国外并不鲜见，在国内也越来越多，您是怎么看待这一现象的？对学校和作家双方各有什么影响？

莫言：我感到这是一件很好的事情。作家从封闭的书斋走出来，进入学校，设帐授徒，直接和年轻人打交道，会使自己年轻起来。在社会生活中，大学生总是站在时代潮流的最前端，与他们交往，肯定可以从他们身上学到很多东西。一个作家要想使自己的作品保持锐气，必须不断地从外界汲取新鲜的东西。作家进入校园，对作家的写作会产生积极的影响。从学生的角度看，学生如果直接和作家打交道，听作家谈创作，也会获得许多从正儿八经的高校老师那里得不到的东西。所以我觉得作家进校园，对作家和对学生都是好事情。

记者：在一家媒体上看到：据称具有"诺贝尔"级别的英美学界重量级文学评论期刊《今日世界文学》，推荐75年来40部顶尖文学名著，您的《红高粱》不仅榜上有名，并且是仅有的中文创作，尤其是20世纪80年代以降20年中唯一的入榜书，这些年您在创作上一直试图超越自己，那么您认为是否还有一部作品超越了《红高粱家族》？

莫言：从小说艺术的角度看，《红高粱家族》并不是我最成熟的作品。譬如《红高粱家族》之后的《欢乐》、之前的《爆炸》就比《红高粱家族》成熟一点。

我写小说,小说也写我

—— 与《中国空港》记者赵学美对话

记者:《生死疲劳》是您的第十部长篇小说,诞生于您五十岁的时候,孔子说,五十而知天命,而您《生死疲劳》的扉页上便醒目地印着"生死疲劳,由贪欲起,少欲无为,身心自在",小说中也传达着一种经历了各种苦难之后的豁达和平和,这与您在前两部长篇小说《四十一炮》中的对欲望的探讨和《檀香刑》中对民间自由精神的赞扬很不相同,您在创作这部新作的时候心态与以前有什么大的不同吗?在现实生活中,又有什么特殊的事件促成了您的这种变化吗?

莫言:从1981年发表处女作到2006年推出《生死疲劳》,时间过去了25年。我也由一个青年,变成了一个中年人——按照农村的看法,已经是个老年人了。回头看我当年的作品,譬如《红高粱家族》等,确实有不胜唏嘘之感。也就是说,那样的作品,现在的我,已经写不出来了。我的意思是说,一个人的创作,必然地会受到多方面的影响,自身的和社会的。年龄也是影响创作风格的一个原因。我在五十岁时写出的《生死疲劳》如果还像《红高粱家族》、《红蝗》那样剑拔弩张,那就说明我二十年来没有变化。其实,关于苦难,关于命运,关于人的痛苦和欲望之关系,这些大道理,几十年前我就明白,但明白并不说明信奉,折腾到了五十岁,一切都基本上成了定局,回首往事,才可能有那么点沧桑命运感吧。佛教之禅宗,是讲究顿悟的,当头棒喝,豁然开朗,瞬息间明白了天地间的大道理。其实,所谓顿悟,也是建立在长期的痛苦探索基础上的。一个人获得一种豁达和平心态,那是长期挣扎后的结果,即便有某个事件为契机,但顿悟的能量,还是在长期痛苦中累积起来的。

记者:《生死疲劳》得到了评论界的一致好评,评论家大都高度评价作品中讲述到的人和土地的关系、农村题材等,但是,我以一个普通读者看来,作品中倾诉感情更多的是对生命、生存的思考,不管是西门闹的六次"喧闹"轮回还是蓝脸在现实中的默默承受,这都是生命所承受的"疲劳"表现,这不禁引起人们的思索。一个理科研究生在看完之后说,刚看完第一页的"生死疲劳,由贪欲起,少欲无为,身心自在"不太明白,看完整本书之后,很多感觉就出来了。我猜测,不管是土地、农村,还是生命话题,都是您关心的,那您最关心或者说在创作过程中最想表达的是什么呢?

莫言:你的感觉是准确的。农民跟土地的关系问题,是个经济问题,更是个政治问题。在小说里,这样的关系比较难以表现。我想大多数读者也并不希望通过我的小说来了解中国的农村经济问题。真正属于文学的,真正让读者能够感动的,还是小说里所描写的人的命运。人的命运,也可以说是人的情感的历程。同样,我作为一个作者,所真正关心的,也是人的命运和人的情感。所以,尽管我带着这么重大的问题来写小说,但一旦进入创作过程后,我的笔只能跟着人物的命运和感情走了。所以,我在创作之前所确定的主题,在小说中变成了副题。其实,这也就够了,重大问题点到为止,让它成为一个若无若有的背景音乐就行。如果它轰然而起,那反而没有力量。许多批评家其实并不明白政治和小说的关系,他们大概更希望看到那种"问题"小说。至于我引用的佛教经典里的几句话,乍一看似乎跟整部小说很游离,因为我在小说中,对蓝脸等坚持抗争的人,还是倾注了很多的感情,持肯定的态度。但从佛教的角度看,人世中这些为了名利的纷争,其实都没有价值。为猪为狗,为官为民,都是"生死疲劳",只有灭欲忘我,才能永脱轮回,进入福慧境界。我引用的经典,是笼罩一切的,我和小说中的人物、动物,都在这只慈悲巨眼的注视下轮回表演。

记者:您在小说中,让冤屈的西门闹轮回了六次,分别降生为驴、牛、猪、狗、猴和大头儿,在选择前五种尤其是前四种的时候,您为什么会选择驴、牛、猪和狗呢?在这六次轮回中,您又赋予各个动物何种性格呢?您自己更喜欢哪一个呢?

莫言:因为这部小说写的是农村和农民,驴、牛、猪、狗,都是跟农业社会密切相关的。另外，我在农村生活了二十多年，放过牛、驴，养过猪、狗，对这些动物的习性十分熟悉。我放过的那些牛的面目和个性，就像我的朋友一样，在我的脑海里留有鲜明的印象。至于选择猴，是因为后来的故事，进入了城市。城市里没有驴、马、牛的安身之地。而猴子，跟人相近，有一个成语叫做"沐猴而冠"，我们老家人说就是"猴子戴帽装人"。用这个动物，有一定的象征意味吧。在西门闹转生的这些动物中，我最喜欢那头猪。因为，前面为驴为牛时，它们更多地还是受到西门闹的牵制，动物性受到人性的压抑，到了猪，动物性开始压倒了人性，那种狂欢的劲头儿淋漓尽致地表现出来。这一部分，单独拿出来，可以当做儿童文学给孩子们看。

记者：我始终认为您的骨子里有一种对自由精神的偏爱，从《红高粱家族》开始到大大小小的中短篇到《檀香刑》中的孙丙、媚娘，但是，我认为以前的自由精神都有一种英雄式的远离百姓的色彩，恰恰是在《生死疲劳》中，沉默寡言的蓝脸才是坚守了自己的主见，在众人压力中坚持"自由"的一个，他是距离我们的现实生活最近的具有自由精神的一个。您是如何看待种种体制下的自由精神的？

莫言：自由都是有限制的，也都是要付出代价的，这是常识。社会、集体，永远都是自由的限制。我不是无政府主义者，我的看法是，人应该在遵纪守法的前提下，最大限度地争取个人的自由。但从另外的角度讲，对人的自由发生最大的钳制作用的，其实是人自身。我们受到种种道德的清规戒律的约束，委曲求全。在《红高粱家族》和《檀香刑》那样的故事背景里，个人的抗争，带着浓厚的英雄主义色彩，也就是说，他们做的事，是一般人难以做到的。《生死疲劳》中的蓝脸，跟《红高粱家族》、《檀香刑》中的人物比起来，似乎很蔫，但其实他抗争的力度更大。他是一个人跟整个社会抗争，跟历史抗争。而《红高粱家族》、《檀香刑》中的人物，主要是跟自己抗争。做"我奶奶"容易做"蓝脸"难。我是满怀着激情赞颂这种敢于坚持个性的人物的，这也是几十年来我们的社会对个性的漠视所累积的心理能量所致。当然，在佛家的巨眼里，这些都属于"生死疲劳"。都没有价值。——现在，你也就进一步明白，我在此书的前面，引用经典的用意了吧。我跟书中人物一样，也在轮回中痛苦挣扎而不觉悟，我既是写小说的人，也是小说中的人。我写小说，小说也写我。

记者：在小说中，蓝脸和洪泰岳被塑造成一个硬币的两面，都有自己的不可动摇的原则和信仰，在我读来，对于蓝脸，您有一种敬佩和同情，而且他的结果在整个小说中也是比较好的；而对于洪泰岳，则是有点揶揄的成分在其中，而且最后他在自己的教条信仰中与西门金龙同归于尽，那么您对这两个人物是何种感情呢？

莫言：这就是我曾经说过的"有价值的个性"和"没有价值的个性"。当然，这里的价值是一个社会学的标准，不是文学的标准。在文学中，一个"反派"人物，只要具有典型意义，那就是有价值的。我对蓝脸尊敬，对洪泰岳同情。

记者：《生死疲劳》叙述了从1950年1月1日到2000年千禧之年的元旦钟声响起来的整整五十年的历史，其中，小说以文学的形式讲述了农业合作社、四清运动、文化大革命以及平反和平反之后商品经济大潮等时代潮流，而在您的另一部名作《丰乳肥臀》中，也同样涉及到了这段历史，您觉得在先后不同的文学描述中，这同一段历史您是如何区别讲述的呢？

莫言：《丰乳肥臀》写到解放后，笔调是反讽的。《生死疲劳》则一直是严肃的。当然，这严肃并不是板着脸说教，而是在动物的狂欢和戏谑中展现人世的痛苦和无奈。

记者：在小说的最后，我们看到了一堆的坟墓，联想到其他小说，您的小说好像从来没有过老百姓喜欢的大团圆结局，这是您有意安排的吗？还是您的心里对命运比较悲观？

莫言：大团圆有两种，一种是才子得中状元、小姐终嫁才子；另一种是每个人物都有了自己的结局。从这个意义上说，《生死疲劳》是大团圆之书。这本书的最后一部分，很多人死去，似乎是绝望的，那片象征着自由精神的土地，也变成了坟地，但我还是让西门闹最终转世为人，尽管他带着先天就有的、无法治愈的疾病，但女人的头发，可以维持他的生命，生命还是可以延续。这就是希望。这个大头婴儿,身体的其他功能萎缩,但智力和口才超常,这是我对未来人类的一种想象,因此也可以说,这个大头婴儿,是一个象征。

记者:小说采用了章回体的结构,这是与以前的任何一个长篇都不同的,我们知道求新求变一直是您对自己的重要要求,那么您如何认为章回体适合于这篇小说的内容思想呢?在接下来的新的长篇小说的结构上,您又有什么新的打算或者尝试吗?

莫言:求新求变,我认为是一个作家的本能,当然也有人反对,这个也没有必要争论,各人写各人的就是了。至于这部小说使用的章回体,我想这不单纯是一种形式,章回体是一种叙事节奏。《生死疲劳》的变化,也不仅仅是在章回体上。写什么,怎样写,我认为是每一个作家在构思新作时都要考虑的问题。考虑的时间,绝对超过实际写作的时间。我现在正在为下一部小说冥思苦想。写什么的问题基本解决,但怎样写的问题还没有考虑成熟。变是一定要变的,肯定不会使用章回体了。一定要有个新颖的形式,因为深层的形式,也就是内容。以前有人说小说形式是酒瓶子,内容是酒。这说法有一定道理,但我不满足于这种比喻。如果酒瓶子本身也是用酒做的呢?酒瓶子非用玻璃不可吗?酒没有固体形状吗?液体不能盛液体吗?总之,在创作之前,发疯般地想想没有什么不好。

记者:您的小说选材始终围绕在农村,创造了一个"高密东北乡"的文学世界,即使涉及到一点城市的点缀描写也仅仅限制在高密县城里。您入京已经20余年,我想城市生活一定也曾经打动您创作的神经,您有没有创作一部城市题材作品的打算呢?

莫言:这是老问题。其实我写过很多非农村题材的小说,中短篇不论,单说长篇,《酒国》反腐败,写城市和煤矿;《十三步》写学校和县城;《红高粱家族》写战争;《檀香刑》写历史,写京城;《红树林》写南国城市。但评论家总说我只写农村,当然这也不是对我的贬低。我想,没有必要去考虑什么题材,只要是写人就行。

记者:您从1981年发表处女作《春夜雨霏霏》之后,到今天文学创作经历了整整25年,这些年里,文学的社会地位发生了很大的变化,人们都认为,如果您从事电影或者电视行业,以您的那些奇思妙想一定会是商品经济的宠儿,可是您执著于纯文学的那片领地,是什么使得您对纯文学如此坚守?

莫言:我很满足自己的选择。搞影视,当导演,那要有领导才能,要和人打交道,太麻烦也太可怕。写小说,我自己领导自己,关上门称王称霸,太好了。

说不尽的鲁迅

——2006年12月与孙郁对话

孙郁：我是从80年代开始关注您的作品的，记得看到《透明的红萝卜》都傻了，我记得刘再复写过一篇评论，谈到与鲁迅传统的关系，80年代文学多少受外国文学和中国现代文学影响，但"五四"以来的传统，沈从文、张爱玲，甚至茅盾身上的传统似乎都离你要远一些，我感觉你更亲昵的是鲁迅。

莫言：心理上当然是感到鲁迅更亲近。我觉得鲁迅说出了很多我们心里有，但不知该怎么说的话。我阅读外国文学是80年代中期的事。读鲁迅的书是从童年时开始的。我读文学书大概有三个阶段。第一个阶段是七八岁时，刚刚具备阅读能力，如果哪个老师有一本书，就会去找那个老师借。那个时代是红色经典流行的时代，我看的第一部长篇是马烽、西戎的《吕梁英雄传》。书在老师床头，我偷着看。那时学校条件很差，老师睡在教室里。我每天下课后，就借打扫卫生的机会，偷读这本书。后来被老师发现了，老师说这本书不适合你读，他就把他的一些认为适合我读的书借给我。第一次读鲁迅是上小学三年级的时候。我哥放在家里的一本鲁迅的小说集，封面上有鲁迅的侧面像，像雕塑一样的。我那时认识不了多少字，读鲁迅障碍很多。我那时读书都是出声朗读，这是我们老师教的，老师说出声朗读才是真的读书。很多不认识的字，我就以"什么"代替，我母亲在旁边听了就说：你"什么什么什么呀，别'什么'了，给我放羊去吧！"尽管是这样读法，但《狂人日记》和《药》还是给我留下了深刻的印象。童年的印象是难以磨灭的，往往在成年后的某个时刻会一下子跳出来，给人以惊心动魄之感。《药》里有很多隐喻，我当时有一些联想，现在来看，这些联想是正确的。我读《药》时，读到小栓的母亲从灶火里把那个用荷叶包着的馒头层层剥开时，似乎闻到了馒头奇特的香气。我当时希望小栓吃了这馒头，病被治好，但我知道小栓肯定活不了。看到小说的结尾处，两个老妇人，怔怔地看着坟上的花环，心中感到无限的怅惘。那时我自然不懂什么文学理论，但我也感觉到了，鲁迅的小说，和那些"红色经典"是完全不一样的小说。

孙郁：红色经典对我们这代人有很多影响，碰到鲁迅时，这两个传统是不一样的，在你心里更具吸引力的是哪个呢？

莫言：那时没有选择，碰巧遇到哪本就读哪本，作为毛泽东时代成长起来的少年儿童，读"红色经典"和革命英雄主义小说，与社会和学校里的教育完全一致，而鲁迅是属于另一个层次的，要难懂、深奥得多，他究竟说什么，探究深思，字面后面似乎还藏着许多东西，这种感觉很神秘，也很诱人。但"红色经典"浅显、简单，与少年的心理期待完全一致，能够毫无障碍地来理解。

《三国演义》、《聊斋志异》、《封神演义》又是另一种东西，我少年时期阅读的作品大概可分三类，古典的小说、以鲁迅为代表的现代文学（我从我哥的教材中读到过茅盾、老舍等人的早期作品），还有就是红色经典。

孙郁：俄国作品读过没有？

莫言：只读过普希金的《渔夫与金鱼的故事》，契诃夫的《万卡》。《钢铁是怎样炼成的》，这算苏联的了。还读过安东诺夫的《信》，讲一个小孩子赶着马车去接一个到集体农庄送一封重要信件的信使。一路经历了许多艰难。那人到了农庄，拿出科学院院士李森科的信，那孩子用牙齿把信撕开，原来这信就是寄给这个热爱农业科学的孩子的。我觉得苏联的小说比我们的"红色经典"要好一些，好在真实。它们暴露了革命队伍内部的阴暗面，实际上读的时候心里面是抗拒的。当看到描写革命队伍内部阴暗面的时候，心里很不舒服，因为我们的"红色经典"里是没有这个的。比如看到保尔的哥哥，那个用拳头教训过欺负保尔的恶棍的好汉，后来竟然跟一个带着好几个斜眼小男孩的寡妇结了婚，过着那么平庸的生活，心中很难过。

孙郁：对深层次的东西印象最深刻。

莫言：《钢铁是怎样炼成的》应该是苏联的"红色经典"了。他们的"红色经典"比我们的水平高。我十几岁时到我姥姥家，看过我舅舅的一套连环画，是《静静的顿河》的电影版。浅蓝色那种。看不够啊，每年去都要找出来看一遍。印象非常深刻。

我读鲁迅比较早，要感谢我大哥。他上大学后，读中学时全部的教材都放在家里。我没书可看，只好看他的教材。当时中学课本选了很多鲁迅的作品，小说有《故事新编》里的《铸剑》，杂文有《论费厄泼赖应该缓行》。我最喜欢《铸剑》，喜欢它的古怪。

孙郁：很多人都喜欢《铸剑》，那里有鲁迅的现代意识和很多重新组合的方式。

莫言：我觉得《铸剑》里面包含了现代小说的所有因素，黑色幽默、意识流、魔幻现实主义等等都有。1988年我读那个北师大与作协合办的研究生班，老师要交作业，我就写了读《铸剑》的感受，题目是《月光如水照缁衣》。《铸剑》里的黑衣人给我留下了特别深的印象。我将其与鲁迅联系在一起，觉得那就是鲁迅精神的写照，他超越了愤怒，极度的绝望。他厌恶敌人，更厌恶自己。他同情弱者，更同情所谓的强者。一个连自己都厌恶的人，才能真正做到无所畏惧。真正的复仇未必是手刃仇敌，而是与仇者同归于尽。睚眦必报，实际上是一种小人心态。当三个头颅煮成一锅汤后，谁是正义谁是非正义的，已经变得非常模糊。他们互相追逐的时候，已经没有了好人坏人的区别。这篇小说太丰富了，它所包含的东西，超过了那个时代的所有小说，我认为也超过了鲁迅自己的其他小说。

孙郁：1912年，鲁迅31岁刚来北京时，就翻译了关于美术研究的文章，他关注到印象派等前卫的东西，后来一直在关注，在创作手法上也借鉴。

莫言：什么是黑色幽默？我觉得鲁迅的《故事新编》，特别是《铸剑》这篇小说就是真正的黑色幽默，铸剑的颜色就是黑色，你能从中读出一种青铜的感觉来。

孙郁：鲁迅的每一部作品都不重复，我感觉你的基本也是不重复的。

莫言：无法相提并论。我觉得鲁迅的小说里，最重要的是有他自己的看法。有时候是反向思维。比如《采薇》里面的伯夷、叔齐，到首阳山上来，不食周粟，大多数人把他们哥俩当贤士来歌颂，可是，"普天之下，莫非王土，率土之滨，莫非王臣"，薇也是周王的，那就只好饿死。这种转折一下子就显示出鲁迅深刻的洞察力。

孙郁：鲁迅还有一部分写知识分子的作品，比如《孤独者》、《在酒楼上》，这些你喜欢吗？

莫言：蛮喜欢的，还有《伤逝》。

孙郁：刘恒的《虚证》似乎也受到《孤独者》的影响。

莫言：那个魏连殳好像鲁迅自己的写照，特别是在精神气质上。这类小说，比他的《祝福》、《药》似乎更加深刻，用现在时髦的话语说，《药》、《祝福》这类小说是"关注底层"的，而《孤独者》、《伤逝》是关注自我的，是审视自己的内心的，有那么点拷问灵魂的意思了。这样的小说，太过沉痛，非有同样的大悲大痛，难以尽解。

我少年时，还是喜欢阅读《朝花夕拾》里那些散文。《社戏》也适合少年读，而且是出声的朗诵。记得我上小学时的三年级语文课本上，节选了鲁迅的《故乡》，题名《少年闰土》，老师带我们大声朗诵，然后是背诵。眼前便出现了：深蓝的天空中挂着一轮金黄的圆月，下面是海边的沙地，都种着一望无际的碧绿的西瓜，其间有一个十一二岁的少年，项戴银圈，手捏一柄钢叉，向一匹猹尽力地刺去，那猹却将身一扭，反从他的胯下逃走了……

谈到鲁迅，只能用天才来解释。尤其是看了他的手稿之后。在如此短暂的创作生涯里，写了这么多作品，还干了那么多了不起的事情，确实不是一般人能够做到的。

孙郁：你注意到罗曼·罗兰和纪德了吗？鲁迅翻译了两篇纪德的东西，追问这些人干了什么。

莫言：鲁迅是站在世界文学的立场上来写作的，当然他写作时未必会想到"世界文学"这个概念。但对世界上的文学，第一，他相当关注；第二，他密切追踪，翻译，介绍。

孙郁：巴别尔是世界性作家，鲁迅是中国第一个介绍巴别尔的人。我觉得鲁迅的眼光太棒了。

莫言：这个眼光太了不起了。去年一家出版社重新出版了《骑兵军》，我又读了一遍，确实是好东西。退回去七十多年，鲁迅就看过了我们今天还赞赏不止的东西。毫无疑问鲁迅当时是站在世界文学的高地上，密切地关注，紧密地追踪，非常地了解。鲁迅当时就翻译过尼采的《查拉斯图特拉如是说》，我们是80年代改革开放之后，才把尼采又一次介绍过来，大家才知道什么是酒神精神。另外，我1987年读鲁迅翻译的厨川白村的《苦闷的象征》，读到后来我忘掉了厨川白村，我认为那就是鲁迅的创作。什么非有大苦闷不可能有天马行空的大精神，非有天马行空的大精神，不可能有大艺术……

孙郁：那就是鲁迅的文字，文章翻译得非常之美，鲁迅完全以自己的风格翻译出来的。

莫言：我认为思想也是鲁迅的思想，或者说正暗合了鲁迅的思想。我是把它当做鲁迅的言论来读的。

孙郁：其中对日本国民性的批判，鲁迅觉得中国人也一样。

莫言：鲁迅对中国文化的把握是建立在深厚的学养之上。这要童子功，要从经史子集里边沤出来。后来他到日本留学，学医学，学医的人对人的认识与一般人不一样。我觉得学医的人，和学天文的人，似乎应该更超脱一些。学医的人比一般人更明白人是怎么一回事，学天文的人比一般的人更知道人在宇宙中的位置是渺小到几乎可以忽略的。

孙郁：周作人先讲人是生物，然后才讲人。

莫言：鲁迅对事物看得非常透彻，首先他明白人是一个动物，人的生命非常有限，他是学医出身，眼光不一样。他没有那些神鬼迷信。他有科学头脑。他从中国文化里浸泡出来，知道中国文化的本质是什么。真正的叛徒肯定是从内部出来的。他对中国文化的批评能够一剑封喉，就在于他太了解中国文化，知道死穴、命门在何处。我们读一点四书五经，知道一点皮毛，然后就敢来指点江山、说三道四、指手画脚,那肯定说不到点子上。

孙郁:我感觉鲁迅内化到你的作品里了,你有意无意地受到他的影响,是从哪部作品开始的呢?

莫言:集中表现是《酒国》、《枯河》。小孩被打死的情节,与读鲁迅有关系。《药》与《狂人日记》对《酒国》有影响。《酒国》是1989年下半年写作的,对于重大的社会事件,每个中国人都会受到影响。作为一个小说写作者,我对这一事件不可能漠然视之,也在思考一些问题,尽管肤浅,但也在思考。一个写小说的人还是应该用小说来发言。作为社会的代言人来说话,作家里也有这样的人,比如说,左拉、雨果,但我缺乏这种能力,我从小所接受的教育,使我不愿意跳出来,在大庭广众之下发表空泛的宣言,而是习惯用小说的方式,有了感受就诉诸形象。

孙郁:我开始以为是一种传奇,但越读越觉得不是那么回事,你的叙事技巧和结构都很独特。

莫言:这部作品里有戏仿,有敬仿,比如对《药》的敬仿。小说里那对夫妻平静地像出卖小猪崽儿一样出卖了自己的孩子。很多国外评论者,喜欢把中国妖魔化,他们宣传这是一部描写吃人的小说。其实我的本意并不是去说中国有食人现象,而是一种象征,用这个极端的意象,来揭露人性中的丑恶和社会的残酷。我每次出去都要纠正这种有意的误解。《酒国》是小说,不是纪实。是虚构的小说。作品中对肉孩和婴儿筵席的描写是继承了先贤鲁迅先生的批判精神,继承得好还是坏那是另外的事情,但主观上是在沿着鲁迅开辟的道路前进。

孙郁:《酒国》是震撼心灵的,是你长篇小说成熟的标志,尤其对百姓生活的描写很逼真,有像鲁迅的一面,残酷、惨烈。

莫言:拷问灵魂是鲁迅最先提出来的吗?

孙郁:在中国应该是。你对鲁迅与陀思妥耶夫斯基之间有什么感受?陀思妥耶夫斯基对你有影响吗?

莫言:鲁迅评价陀思妥耶夫斯基"是人的灵魂的伟大的审问者,同时也一定是伟大的犯人。审问者在堂上举劾着他的恶,犯人在阶下陈述着他自己的善;审问者在灵魂中揭发污秽,犯人在所揭发的污秽中阐明那埋藏的光耀"。这评价真是精辟之极,看起来是说托氏,是不是也是在说他自己呢?还有:"把小说中的男男女女,放在万难忍受的境遇里,来试炼他,不但剥去了表面的洁白,拷问出藏在底下的罪恶,而且还要拷问出那罪恶之下真正的洁白来,而且还不肯爽利地处死,竭力要放它们活得长久。"鲁迅真可谓是托氏的知己。"伟大的犯人"的说法真是惊心动魄啊。我读《罪与罚》,读了三分之二,《卡拉玛佐夫兄弟》多少次想读完总是读不完。因为我觉得鲁迅已经把陀思妥耶夫斯基的精神内核提炼出来了。

孙郁:鲁迅写的是看客,《檀香刑》写的是刽子手,这是对鲁迅思想的一个发展。

莫言:不敢轻言发展,否则会乱箭穿心!但毫无疑问《檀香刑》在构思过程中受到了鲁迅先生的启发。鲁迅对看客心理的剖析,是一个伟大发现,揭示了人类共同的本性。人本有善恶之心,是非观念,但在看杀人的时候,善与恶已经没有意义了。譬如清朝时去菜市口看一个被杀的人,当杀人犯在囚车上沿街示众的时候,根本没有人去关注他犯下了什么罪恶,哪怕这个人犯的是弥天大罪,杀害了很多人,是一个令人恨不得食其肉、寝其皮的坏蛋,但因为他上了囚车,脖子上插着亡命牌,这时候所有的看客都不会关注这个人到底犯了什么罪,纯粹是在看一场演出。这个死刑犯,能在被杀前表现得有种,像个汉子,慷慨激昂,最好唱一段京戏,最好能像鲁迅笔下的阿Q那样喊一句:"二十年后又是一条好汉。"这就会让看客们得到极大的满足,获得精神愉悦。

孙郁:鲁迅说阿Q是无师自通地喊了这么一句,"无师自通"这个词用得真好。

莫言:那说明阿Q也深受看客文化的影响,或者说他也曾经当过看客。死刑犯表现得好,看客心理得到了极大满足,便将罪犯过去的罪恶一笔抹杀,并使之成为被赞美的对象。今天这个犯人真有种,视死如归啊,这个人作为一个罪犯在被追捕的过程当中,所有人都认为一定要对其千刀万剐,但一旦他成了被看的对象后,他的罪恶被消解了。这是一个非常奇怪的现象。但我们难道有理由谴责成千上万个父老乡亲吗?实际上,我们也是看客。

文化大革命期间,为了警戒老百姓,汽车会拉着罪犯在全县的村庄游行示众,有的是死刑犯,有的是一般的罪犯,偷盗犯、强奸犯,当然还有杀人犯。罪犯一旦被押赴刑场,罪恶就消解了,就开始进入戏剧表演过程。在那个时代我们也当过看客。为了让老百姓受教育,公审一个人,就开万人大会,大家倾巢而出前去观看。不知东北有没有这种情况?

孙郁: 有,有,看杀人的时候,人山人海呀!

莫言: 公审大会,全县的每个生产队要去50%左右的人,是要开工分的,不让你白去看,算你参加劳动,回来记一个劳动力的整日工分,中午还给五毛钱的补助费,我们都抢着去,当时五毛钱是一个很大的数目,可以买一对大无畏牌的电池,当时农村青年手里唯一的现代化用品就是手电筒。我们县在一个叫做五里桥的地方处决犯人,那里是一片沙滩,实际上所谓的万人大会不止一万人,有好几万人,先开会宣布罪行,然后,把这个人拖下去,执行枪决。叫花子一拥而上,那时专门有一批在刑场附近等待的叫花子,好像也是公安局给他们一个特权,上去就把被枪毙的罪犯身上的衣服扒光。这些在劳动间隙休息的时候,会成为谈资,没人去想遵纪守法的问题,只有看热闹,听热闹。我们没有理由批判父老乡亲,我们可以做自我批判,这种看客心理不对。

孙郁: 鲁迅说是茶余饭后的谈资。

莫言: 解放以后对死刑犯的处理不像以前了。过去被执行死刑的犯人有一个特权,比如说北京要将犯人押往菜市口时,犯人要酒喝,道路两边的酒店,都必须无偿地端出来,给他喝。

我心里面一直埋藏着的素材,第一是胶济铁路百年历史,胶济铁路从我们村前面经过,阴天时,气压低,能听到火车鸣笛的声音和火车过铁桥的声音,铿铿锵锵,震耳欲聋。第二是地方戏猫腔,我是听这个戏长大的,革命样板戏,"红灯记"啊,"沙家浜"啊,都被改编成猫腔。我也演过猫腔,演匪兵甲什么的。1980年在保定当兵时,我写过一个小说叫《闹戏班》。素材有了,但一直找不到切入点。胶济铁路修建过程中,高密地段出现了孙文抗德事件,当时袁世凯任山东巡抚,镇压了。其实民众想得很简单,铁路会占自己的地,毁坏墓地,破坏风水,这应该是给赔偿的。我查了资料,当时德国人给的赔偿金额是蛮高的,但最终到农民手里面的,可能连十分之二三都不到,大部分赔偿银两被官员从中克扣了,层层剥夺,雁过拔毛。二鬼子狗仗人势,在集市上强买强卖,调戏妇女,这成为大规模反抗的导火索。我爷爷奶奶对这段历史都有记忆。德国军队用那种克虏伯大炮,用骡子拉着。那些土圩子,哪里顶得住大炮轰?有一个沙窝村,几乎被德国军队灭绝。胶济铁路修成,这对当地自然经济是个巨大的冲击。台湾有个作家,叫朱西宁,他在20世纪60年代的时候写过一个短篇小说《铁浆》。他的老家是潍坊地区的临朐县,铁路没有修通前,交通运输很不方便,卖官盐是一个特别肥的缺,为了抢夺官盐的专卖权,几个大家族进行生死争夺,其中一个人把一只手指剁下来,送到竞争者家中,表示自己志在必得。另一个人为表现一种更大的决心,就把一只手剁下来送过来。为了争夺对官盐的专卖权,他们对自己的身体进行自残,最后两家就在广场上进行角斗。最暴烈的一场,是在铁匠炉边熔化了一炉铁浆,其中一人喝下去一瓢铁浆,把自己烧成了焦炭,为自己的儿子挣来了官盐的专卖权。但刚刚把这个权力拿到手,第二年胶济铁路通车,运输方便了,盐变得非常便宜,他们的争夺就变得毫无意义。2002年,我在台湾看到了朱西宁的《铁浆》,很崇拜,这部2万字的短篇完全可以扩展成一个长篇。我对他的女儿朱天文和朱天心说,如果我在写《檀香刑》之前读过他的《铁浆》,我想我可以写得更加丰富。

　　西方科技文明来到古老的中国大地,对几千年来的乡村自然经济带来极大破坏。我写猫腔,是写民间文化。我最早的思维就是火车与猫腔这两种意象,这是一种民间文化意义上的对抗。猫腔是观念上的,意识形态上的,象征着古老民族的生命力,铁路代表了西方文明,是有形的,是钢铁,代表了一种无坚不摧的强势的入侵。猫腔是一种声音，男女演员都是血肉之躯，它是软的，调子特别悲悲切切，属老娘们戏，专门演给老太太们看的，唱腔非常的凄凉，很多农村的妇女，一听猫腔，眼泪汪汪，都带着两块手绢，没手绢看一场戏要哭湿两个袄袖子，这样一种软的、悲凉的东西，跟来自西方的火车这种强硬的东西之间的对抗，可以构成一种象征意义，就是东西方文明的文化对抗。

小说构思阶段，我还联想到两个非常不平凡的女性，张志新和林昭。她们被押赴刑场时，张志新被切断喉管，林昭被橡皮球充塞口腔，当张开口大声喊的时候，橡皮球就自动膨胀，越想喊越膨胀，最后把口腔撑到不能再大。可见那时的政府，在对待死刑犯的处置上，比封建王朝还凶残，这些可都是借助了革命的名义堂皇地进行的啊。我觉得对这两个女人的辱杀，是中华民族的耻辱。她们犯了什么罪？她们不过是独立地思想了。我想到鲁迅揭示的看客心理，要往这方面发展，使这部小说具有现实意义。猫腔作为一种叙事方式，就是要重点表现封建王朝维系了几千年的残酷大戏，最高导演实际上是皇帝，或者说是封建制度。

后来我也做了一些别的方面的资料搜集，发现这种看客文化、看客心理，不仅仅在中国独有，西方社会也大量存在。从古罗马时期到希腊的时候，西方有很多酷刑令我们感到毛骨悚然，尤其在法国大革命时期，刽子手发明了断头台。我看过狄更斯的《双城记》，其中有一大段老百姓在广场观看杀人的描写，官场周围楼房阳台，最便于观看杀人的地方，都被重金出租，而且全都被贵族家的太太小姐们租去。看的过程当中，她们会晕倒，会发出尖叫，但等下一次杀人的时候，她们依然会来看，而且还是要花重金租阳台来看。这说明看客不仅仅属于中国，西方也有。《檀香刑》在法国出版后，我去法国，接受记者采访，他谈到中国人的麻木，我说你们法国人难道不麻木吗？我谈到断头台和看断头的人，我说这是人性当中的阴暗面，鲁迅揭示的也不仅仅是中国人的心理，而是全人类的心理。当被杀的人跟自己的家庭亲人无关的时候，人们就会把它当做戏来看。鲁迅先生非常深刻地揭示了看客心理，揭示了人类灵魂的阴暗面，为我们开拓了非常宽广的创作领域。这就是"不但剥去了表面的洁白，拷问出藏在底下的罪恶，而且还要拷问出那罪恶之下真正的洁白来"。我们一般的作者，能拷问出洁白底下的罪恶就很好了，但鲁迅和陀思妥耶夫斯基能更进一步地拷问出罪恶之下真正的洁白。这就是一般作家与伟大作家的区别。

孙郁：当时你这个小说在参加茅盾文学奖评奖的时候，初评是满票，后来有人投票反对，大概是觉得揭露了中国的阴暗面，其实读一下历史就知道，张献忠、李自成的杀人，那也是很厉害的，中国人的历史有时是吃人的历史，但当时有一部分人在观念上还是接受不了。

莫言：每个人文学观不一样，这很正常。我看到西方有人批评《檀香刑》是国家主义的，是为义和团张目的，但我们的批评家却认为我是在丑化义和团，丑化中国人。我曾经开玩笑地对中国作协的人说过，你们天天呼唤主旋律，其实我的《檀香刑》才是真正的"主旋律"啊！

孙郁：但是大部分读者还是喜欢的，应该说刽子手写得好。

莫言：我想，再写看客，写罪犯，鲁迅先生在前边伫立着。那我就想，鲁迅先生的作品中，似乎没有特别多地描写刽子手。《药》里有一个刽子手康大叔，给华家送来人血馒头那个，那么牛气，活灵活现，但似乎没有把这个人物充分展开。我想，如果在一部小说里，把刽子手当做第一主人公来写，会非常有意义。通过鲁迅的作品我们可以知道看客的心理，也可以知道罪犯的心理，但是我们不知道刽子手到底是什么心理。而刽子手在一场杀人大戏里，是不可或缺的角色啊，是铁三角的一个角啊。刽子手这么一个特殊的行当，这样的人，实际上在社会上也是备受歧视的，我在小说里面描写的，当然也是虚构的了，在菜市口附近，刽子手居住地附近有一家肉铺，这个肉铺很快就倒闭了，没人敢去买肉了，因为刽子手老带他的徒弟们到那里练活去，所以人们就会产生一种很不愉快的、很可怕的联想，不敢再去那个肉铺买肉了。他们是真正的"千夫所指"啊，是一种什么样的东西支撑着他们活下去呢？刚开始，他们也是普通人，因为各种各样的原因入了这个行当，肯定要有一个很长时间的心理调适过程。刚开始"干活"时,手肯定是要哆嗦的。毕竟是杀人,不是杀鸡。那种巨大的心理压力,常人难以想象。在很多情况下,罪犯还没有瘫倒,刽子手反而瘫倒了。罪犯没尿,刽子手自己先尿了一裤子。这种现象是有的,在历史上也都存在过,没有种的人是不能干这一个行当的。那么,我想在这个行当里杀人如麻者,坦然自如者,"德高望重"者,必定有精神方面的支柱,他会有他一套独特的思维逻辑。写到了这个时候我只能是推己度人,按照我们的生活经验和常识,站在刽子手的立场上,想象一下,我如果是个刽子手,我会怎么样想?我会怎么样来想,才能使我毫不手软,心安理得地去完成任务?那么,我只能想成不是我在杀人,我是在一部戏剧当中扮演一个角色,这是一个安慰。另外,我是这个国家机器的一个零件,是不由自主地跟着运转。当然他不一定会想到国家机器,但会想我是替皇上干事,真正杀人的是皇上,是国法,我不杀,别人也会来杀,但如果让别人来干,会让罪犯受到更多的痛苦,我干得更漂亮,会表现出残酷的优美。你们可以咒骂我,但我是在为你们表演,你们这些看客,实际上比我这个刽子手还要虚伪、凶残。这跟屠户与肉食者的关系是一样的。一个满口肉渣的人,有什么资格谴责屠户呢(事实上满口肉渣的谴责者成群结队)?他只能用这样的想法来安慰自己,然后获得一种精神方面的自我解脱,但真正的刽子手是否会这样想,我们现在也无从确认了。

现在,关于死刑的讨论很多,欧洲国家提到死刑问题,谴责的声音非常强烈。中国近20年来关于死刑的问题也是越来越向与世界同步的方向发展,第一要减少死刑的数量,第二在执行死刑的过程中也转向文明执行。枪毙比过去是一种进步。实际上腰斩和凌迟都是光绪二十五年才废止的,这只是上边下的命令,在下边县一级这种刑罚一直存在到民国初年。现在开始有电刑、注射,注射的时候为了减轻刑警的心理压力,给一个罪犯注射,会准备五个针管,其中只有一管是致命的毒药,其他都是蒸馏水,每人都打了一针,究竟是谁那一针致命的,大家都不知道,大家都怀着侥幸心理,心想我那一管可能是蒸馏水。这就是减轻刑警精神压力的做法,也说明这个问题确实是一个非常极端的、非常残酷的问题,但又确实是我们生活当中的一个现实,一个存在。所以我想,如果作为一场戏剧,过去在封建王朝时代把这种杀人当戏剧来看,那么作为戏剧,有了看客,有了罪犯,还缺一个演员,只有有了杀人者以后,杀人者、被杀者、看客才构成一场完整的戏剧,当然上面有导演者,基于这样的考虑,我想就把刽子手作为《檀香刑》的第一主人公来写。

孙郁:在《檀香刑》中可以找到与鲁迅作品相似的主题,当然你的创作是自己的一个艺术世界,有和鲁迅不一样的地方。当代的小说一旦切入到了中国社会的母体、本质的时候,会发现有一种鲁迅的主题在延续。我看了《檀香刑》之后,对民俗的东西印象深刻,猫腔写得实在高妙,几个人的对话、开头很有气势。好像以前没有这么写过吧,第一人称,那样的一种语言,非常非常有意思。

莫言:这个小说,我自己对它的评价是一部戏剧化的小说,或者是一部小说化的戏剧。在我的个人创作里面应该是有一定特殊性的文本。

孙郁:你进入了中国人智慧表达的方式。

莫言:正是因为戏剧的小说化和小说的戏剧化,小说中很多人物实际上是脸谱化的,比如,被杀的孙丙,如果在舞台上应该是一个黑头,用裘派唱腔。钱丁肯定是个老生了。女主角眉娘是个花旦,由荀派的演员来演的花旦。刽子手赵甲应该是鲁迅讲过的二花脸,不是小丑,但鼻子上面要抹一块白的这样一个人物。他的儿子赵小甲肯定是个小丑,他就是个三花脸,所以这些人物实际上是按照戏曲脸谱走的。正是因为这部小说的戏剧化,导致了人物的脸谱化,所以很多情节按照常理是经不起推敲的,按照我们现实主义的小说传统,要准确地表现人物的心理,很多细节包括很多情绪的转换,是缺乏心理转换的铺垫过程的,突然由一个大悲可能一转脸就变成了大喜,可能有很多没有说服力的细节来决定一个人物的行为和动机。按照经典现实主义文学的批评方式,如果按照托尔斯泰的小说写法,按照左拉那种小说的写法,《檀香刑》肯定有很多地方经不起推敲。包括这个小说的语言,如果按照我们标准的现代白话文的语法来要求也是经不起推敲的,但这些东西,在戏剧中是允许的，不能算毛病。

孙郁：我看后，觉得它的情调、内蕴都很美，小说内有一种声音感，意境非常好，其实我们并没有想哪个人怎么样，只是感觉情境很棒。

莫言：我在写的时候，耳边确实缭绕着猫腔的旋律，大部分的语言都是能够演唱的。成功不成功确实没有想过的。我想我是在搞一种实验，既然是实验，那就允许它失败，当然更允许、欢迎人家批评。允许、欢迎批评并不一定我要接受批评，你说服了我，我才能够心悦诚服啊。

孙郁：这确实是一个有意思的文本，我想到黑衣人对个人的怀疑。鲁迅的一个特点，就是他首先认为自己不行，有一种失败感，鲁迅最讨厌作家和学者装孙子，做导师去指导别人，鲁迅说连自己的路都不知道怎么走，怎么能给你们当老师呢？所以鲁迅一直在摸索，但我看你的《生死疲劳》里面，其实写了人的一种挫败感，那种叙述语态很有意思，特别是你对莫言自身的嘲笑，太有意思了，我觉得一个很有意思的作家他都会拿自己开玩笑的，对自己有限性的审视，包括王小波也是这样，他首先把自己解构掉了，把自己看得很低，然后再去解构别人。这是很有特点的。

接下来的话题是，你提出的"作为老百姓的写作"这个口号反响特别大。我现在想到一个问题，其实作为普通老百姓来写作，这种观点是没问题的，只不过中国的百姓呢，按照鲁迅的观点是有惰性的，创作其实是有反惰性的，是超越了民众，尽管他也是民众的一员，但是有一种智性的创造，是一种独舞，一种高蹈在上面的存在，心里面有一种脱离大众的语境。尽管你的猫腔，还有《生死疲劳》用了民间话语，用了民俗的东西，但其实你像尼采一样，飞扬在里面，像河流一样在流淌，是你自己的，是一种天马行空的东西，在个人的创造性里面，你还是超越了这个东西。

莫言：实际上我觉得这是作家的立场问题，换句话说，是怎么样来看待自己的职业的问题，严格地来讲，"作为老百姓的写作"这个说法也经不起推敲，因为目前，你不管承认还是不承认，肯定不是一般意义上的老百姓了，跟我家乡的父老，还有城市胡同里的老百姓，还是不一样的。我之所以提出这样一个口号，是基于对我们几十年来对作家地位的过高估计，和某些作家的自我膨胀，这个我觉得也是从苏联来的。

孙郁：称作家是人类灵魂的工程师。

莫言：对，还有"人民艺术家"、"人民演员"，动不动就拿出"人民"这个口号来往自己脸上贴金，而且我觉得，我们这个年龄的作家，可能对自我还是有一种比较清醒的认识，知道自己是谁，知道自己吃几碗米的干饭。王朔就说，我就是个码字的，是吧？对作家职业的神圣性进行一种消解，但这种消解是一种矫枉过正，是一种对那些满口神圣满肚子龌龊的写作者的反抗，建立在自嘲基础上的反抗，其实也是一种高级阿Q精神，"我是流氓我怕谁"？潜台词是谁不是流氓？你们还不如我呢。对这种自认为比别人高人一等，自己把自己当救世主，自认为比老百姓高明，自认为肩负着拯救下层人民重担的作家，我很反感，因为我知道他们这些冠冕堂皇的话语背后的真实面孔，所以我提出"作为老百姓的写作"这样一个低调的口号，这也是我对自己的要求。

孙郁：你这个思路非常重要，为什么呢？"五四"以后，其实中国的文化是按照两条路走下来的，一个像鲁迅，始终把自己当做边缘人，自我流放在社会底层，不找导师也不当导师，另一个就是自认为真理在握的人，比如胡适他们，包括一些左翼文化人。

莫言：他们那个时代自认为真理在握的，可能还不是胡适，而是后来30年代在上海的左翼人士，比如郭沫若、成仿吾、周扬他们。胡适还是很有雅量的，我看到苏雪林写给胡适的信，用泼妇骂街般的语言，咒骂鲁迅，把鲁迅的文学贬得狗屎不如，把鲁迅的人格贬得禽兽不如，胡适很冷静地回应她，肯定了鲁迅的小说创作和小说史研究，这不容易。

孙郁：当认为自己掌握真理的时候，那就是排他主义，最后就是社会的灾难，文化的灾难，这是一种单一的东西，而鲁迅的最基本命题是"人各有己，自他两利"，也就是说每个人都能发展自己，而且是互利的，对个人的潜能可以进行无限的开掘，要尊重每个人的个性。我觉得这个提法很好。你的个性飞扬是一种姿态，作为一种很清醒的自我认识，在你的具体创作里面，是如何表现的呢？

莫言：在具体创作里边，所谓"作为老百姓的写作"就是从自我出发的一种高度个性化的写作。我的观点就是说，一个人的作品不可能只写给自己看，还要有广大的读者来看，尽管不承认要用作品来教化这个社会，但作品还是在影响着别人。这种东西是一个客观存在，无法避免。一个作家从自我出发写作，如果他个人的痛苦、个人的喜怒哀乐与大多数老百姓的喜怒哀乐是一致的，这种从个性出发的个性化写作客观上就获得了一种普遍意义。比如说，我是一个白领，我就写白领的生活，当然它也会获得白领阶层的认可。甚至某些所谓的下半身写作，我觉得也有它的价值。从这种意义上来讲，还要做一种对自我个性的开拓扩展。如果你本身视野狭隘，个人的体验非常肤浅，那么你这种所谓的个性化写作，出来的成果或作品，它的普遍意义也会非常的有限。

我想，我们几十年来，特别是"文革"前后，很多作家对作家的职位给予了过高的估计，对自己给予了过高的估计，有很多作家对不应该关注的东西给予了特别的关注，比如说社会地位。口口声声为人民来写作，但是真的让你一个正局级身份的作家出差住到马车店里边，你肯定不满意。我在军队时，一个部队的老作家，在火车上跟人家吵架，为什么？因为那些人是做生意的，没有任何级别，竟然也跟他这个有正师职级别的著名作家坐在同一个软卧车厢里，他感到这是不可忍受的，他的逻辑是，江山是我们打下来的，就该我们享受这些高级待遇，你们没有资格——这就是我们的"人民作家"的心理。这些心理在我身上是不会出现的。但将来会不会变？随着年龄的增长，暮气沉重，惰性增大，也可能会不知不觉地沾染很多我过去曾经极力批判的，非常厌恶的东西。

孙郁：现在看你的文章还是非常清醒的。

莫言：如果有这么一个清醒的认识，有这么一个自我警戒，可能就稍微好一点。

孙郁：我发现写的过程中，你一直试图在向一些极限挑战，比如审美方面，鲁迅认为不美的东西、不能写的，你却去写了，对于那些意象，或者说敏感的东西，你在写的过程当中，是超越性地写，还是从那里获得了一种快乐呢？

莫言：鲁迅先生讲的毛毛虫不能写，鼻涕、大便不能写，从美学上来讲毫无疑问是对的，但文学创作过程当中，一旦落实到每一个作家的创作上来，落实到某一个特定的创作的社会环境上来，有时候这种东西反而会赋予文学之外的意义，我想这也不是我的发明，我们看拉伯雷的《巨人传》，里面写了很多大便，已经变成了一种创作风格，韩国作家金芝河的"屎诗"，他们以这种方式对社会上所谓的"庄严"进行亵渎，对一些所谓的神圣的东西进行解构。包括我们现在的很多年轻诗人的诗歌，都是一种"小人物"对压迫着他们的东西的反抗。其实在农村也存在很多这样的现象，报仇时或发泄怒火时，莫过于用人的排泄物，抹到人家的门窗上，这当然很低级。包括俄罗斯也是，当出了一个奸夫奸妇的时候，人们就会往他的门窗上刷柏油，用这种方式，来表现自己这种小人物内心深处的愤怒，实际上已经超出了文学的审美范畴。我想起80年代写的一部分作品，《红蝗》、《欢乐》，实际上是对整个社会上很多看不惯的虚伪的东西的一种挑战，并不是我真的要歌颂大便。这里面所谓的大便，其实像马粪一样，并不脏，我们农民经常可以用手来捡马粪蛋子，特别是要劳动要播种的时候。

孙郁：你在写这些所谓龌龊的意象的时候，与贾平凹是不一样的，你写龌龊的意象是飞扬起来的，是飞动的。说到你向极限挑战这个话题，当我读你的《生死疲劳》时，开始比较担心，关于变驴变马那段，我担心会写不好。但是读完后我完全接受了阴阳两界，因为这种转换是很难的。过去《聊斋志异》写那些狐狸等意象的时候，写得很真，一点假的没有，你能做到这点是很难的，其实，中国人一写阴阳两界，特别是阴界的东西，就让人感到一旦和阳界的搞到一块去，会很假。这与你狂欢的笔法有很大关系吗？

莫言：我觉得是狂欢笔法，是获得了一种说服力。像我们乡下日常生活当中有这样一种人，哪怕一个很平常的事件，被他神采飞扬地一讲，虽然知道是在信口胡编,但你感觉到很有说服力,这种说服力是一种艺术的说服力,不是事实的说服力。他那种夸张,那种对事物的渲染,使你感觉到类似艺术的愉悦。听这种讲话,已经忘掉了事物本身的意义。他的讲述,讲述过程当中的艺术夸张,让你感觉到获得了一种巨大的欣喜。另外,我想《生死疲劳》之所以能够在阴阳两界的转换上,让大家觉得还比较自然,除了整个小说的叙述腔调极度夸张之外,还有一点就是我对这部小说里面所描写的几种动物非常熟悉。小说里的牛啊,驴啊,猪啊,狗啊,我确实是跟它们打了大概有二十年的交道,我多次讲过我和牛的关系,我从五年级被赶出校门,就与牛在一起呆了两三年,与牛有一种心灵上的沟通。另外,我从小生活在聊斋氛围之内,那种村庄文化里面充满了浓厚的聊斋气,高密也算是聊斋文化圈吧。高密东北乡处在高密、平度、胶州三县交界之地,也是过去的一个荒凉之地,民国初年还没有多少人烟,县城周围一些日子过得不太好的人,打架打输了,破产了,或是犯下什么事了,就会跑到下面去。三县交界的地方,谁也不愿意管啊,互相推诿,谁也不会去普查这么一个村庄,另外这个地段生存比较容易,可以随便盖房子,开发上几亩荒地,在这样一种环境下,我想人与大自然会产生很多很奇妙的关系,人更容易产生幻想,人跟鬼怪文化、动物植物之间的关系,比人烟稠密的城市里密切得多,亲切得多。我从小就是在这样一种聊斋文化的氛围中长大的,谈狐说鬼是我日常生活的重要一部分,而且我小时候也不认为他们说的是假话,是真的认为那是存在的。

孙郁:80年代我看《红高粱家族》,曾经写过一篇文章,提到中国作家没有宗教背景,色彩比较单一,但在《红高粱家族》里出现了完全像梵高、塞尚的绘画那样的色彩。我觉得你找到了一种中国人表达乡土世界的底色。这么美,这么漂亮。梵高有一幅关于芦苇的画,你记得吗?你认为那种红黄之间的颜色,我觉得是找到了一种底色。20年后,《生死疲劳》转换成中国的鬼魂,像《聊斋志异》的谈狐说鬼,但仍有早期的灵动在里面,应当说,你真正找到了属于你自己的底色,逐渐拥有了一种更适合我们中国人的智慧表达方式。

莫言:我自己倒没想这么多。讲到《红高粱家族》那个时期,1985、1986

年的时候,当时很多人说我是文化寻根,但我觉得《红高粱家族》更多是受到了西方画家的影响,我在军艺上学,学校图书馆里面有一套印象派画家的画册,包括梵高的、高更的、塞尚的画,我每天都去看那些东西,我当时想梵高的画里面,树木像火焰一样,星空都是旋转的,他是想象的,但后来我们看到高空中的星云图,星云形状跟梵高的画里的星云几乎是一模一样的。梵高完全凭了天才的直觉破解了宇宙的奥秘,梵高的时代肯定没看到现在的星云图,他怎么会知道星云是哪个形状的?我们现在一看这种彩色的星云图,发现梵高多少年以前已经用他的画画出来了。

孙郁:我觉得鲁迅意识到了这一点,但他没有表现出来,他提出来了,但没有尝试。当我看到《红高粱家族》时,我对同学说,莫言厉害,因为我小时候画过画,了解一些美术知识,我感觉到你是把印象派的画风引入文学了。一次在沈阳召开批评家会议上,我说中国作家从此找到了一种属于自己的底色。在这样一种底色下来写小说,过去很少有的。当时我看你的《生死疲劳》里六道轮回的色彩就更有意思了,这是中国的版画、中国的木刻、中国的乡间音乐、中国的狂欢。

莫言:你看《红高粱家族》里面,包括《红蝗》里早期那些小说,我自己实际上并没有意识到在浓墨重彩地写颜色,后来读了陈思河的一篇文章叫做《声色犬马皆有境界》,我才发现自己原来写了这么多的色彩,从此以后反而注意了,后来就不愿有意识地去强化这种描写,本来是应该写颜色的,也不写了。越往后写,颜色写得越来越少了,有意识地回避这种颜色。到了《生死疲劳》里面几乎没有这种颜色的特意渲染了,浓墨重彩,像泼墨一样地写颜色,没有了。

孙郁:但《生死疲劳》是充满了声音的,我读起来感觉到阴阳之间的独白,还是很有意思的。你的每一部长篇小说都是不重复的,比如《十三步》写了你想象当中的奇迹。我觉得你每一部长篇小说在结构上总是在试图寻觅新的样式,《酒国》、《十三步》、《天堂蒜薹之歌》的结构都不一样,这是煞费苦心的。

莫言:《十三步》严格意义上来讲应该是我的第三部长篇小说,现在所谓的第一部长篇小说《红高粱家族》其实是中篇的连缀,第一部是中篇,后来催着约稿,那就继续写吧,写了五篇,实际上是组合起来的系列中篇。《天堂蒜薹之歌》应该是第一部严格意义上的长篇小说。1988年的春节前后,我在高密东北乡的一个供销社仓库里边开始写作《十三步》。当时我突然感觉到,其实人称就是视角,视角就是结构,当人称变化了以后,观察点也就变了。它本身就变成了小说的一种结构,所以《十三步》就把我们现代汉语里所有的人称都试了个遍。我、你、他、我们、你们、他们,还有它们。我今年读土耳其作家帕慕克的《我的名字叫红》,他这部小说的结构方式跟我的《十三步》类似,当然,他比我写得好。

孙郁: 我很喜欢《十三步》,它好像是你的第一个城市题材小说吧。

莫言: 这实际上也是一部关于社会问题的小说。我最早的构思,就是想为教师鸣不平。当时我大哥他们刚从湖南调回到县城,在县第一中学当老师,那个时候社会上教师地位比较低,知识分子的收入也很低,当时流行的说法是,"拿手术刀的不如拿剃头刀的,卖茶叶蛋的胜过造导弹的",而中学教师或者小学教师更是一个弱势群体,收入很低,工资还欠发,我对此深有感触。回家探亲时,看到我大哥大嫂他们读了二十多年书,然后又教了二十多年书,日子过得还是那么穷哈哈的,真是非常清贫,勉强能够生活,而当时社会上有很多小商小贩,成了万元户,因此我就想写一篇为教师鸣不平的小说。

孙郁: 所以我看了《十三步》之后,包括《天堂蒜薹之歌》,当时我觉得你的复杂性在于,你其实有创新性前卫性的一面,但你的现实情怀还是很厉害的,批判精神很厉害。

莫言: 实际上,我觉得这是很多评论家对我的评论中都忽略了的一个重要方面,其实我对弱势群体的关怀是一以贯之的。

孙郁: 我看了很感动,有的地方都落泪了。

莫言: 我对弱势群体的关注一以贯之,对腐败群体的批判也是一以贯之的。早期的作品里面,有对极"左"路线的批判,后来从《天堂蒜薹之歌》开始,有了对当代腐败政治的强烈抨击,甚至有时候尖锐到"危险"的程度。我想大概也不是批评家没有发现我作品里面的这种东西,而是过分尖锐使他们不敢刻意强化这方面的批评。

孙郁: 他们强调了你的另一点,而把这个忽略了,你批判现实很强烈。

莫言: 他们更多关注我在小说语言上、形式上、艺术上的离经叛道。对我小说当中对现实的关注,对政治的批判关注得少。

孙郁:《酒国》就很有意识,发出的批判是相当深刻的。

莫言: 在我目前所有的创作里面,下刀最狠的是《酒国》。因为它所触及的问题是极其尖锐的,而且是在那么一个时期。1989年春夏之交这一场学生的运动,最早的起因是对社会腐败现象极其强烈的不满。之后,对于反腐败的话题实际上有两年渐渐消沉,被一种强烈地要求"安定压倒一切"所遮蔽,在这种情况下,《酒国》对腐败政治的批评,不仅是对腐败官员的批评,也是对弥漫在我们社会当中极其腐败的东西的批评,譬如大吃大喝,穷奢极欲,道德沦丧。

孙郁: 看完后我对林建法说,这是当代中国吃人的寓言。

莫言: 这种腐败波及到每个层次,不仅仅是官员的腐败,当权者的腐败,包括下面的每个小人物,他也在用他的方式来进行他力所能及的腐败。

孙郁: 你对现实的批判,超越了当下一般的简单道德化,变成了一种寓言。

莫言: 这要感谢鲁迅先生开创了"改造中国国民劣根性"主题的发现,它没有使我把反腐败小说变成一种正义和非正义的文本,没有变成对弱势群体的道德关怀,和对腐败群体的道德义愤,没有停留在这个方面。

孙郁: 是超越。我觉得比那种主旋律的作品高超多了。

莫言: "超越"还不太准确,应该是"深入"了一些,他们是附在一个膜上,我是戳到膜下面去了。之所以能戳到膜下面去,我想更大力量是一种同情。这种同情不仅仅是对弱势群体的同情,而更多的是对所谓的强势群体的同情,就像鲁迅在《药》里面刽子手康大叔讲到夏瑜时说,这小子竟然说打他的狱卒阿义可怜,他觉得很奇怪,我是手握屠刀的,是吧,我是可以杀你的,我怎么会可怜呢? 这小子竟然说我可怜,这一句给我留下了非常深刻的印象。后来我看了林昭日记，林昭的谈话，林昭对那帮虐待她的罪犯，女牢里面受公安人员指使虐待她的人，她不恨他们，她可怜他们。

孙郁：林昭那时候已经是一个基督徒了。

莫言：对虐待她的狱卒们，她说，我真同情你们啊，我真可怜你们啊，我想，这样的同情，这样的怜悯，就不是那种对弱势群体廉价的怜悯，哎呀，我看到你小孩没学上啊，我看到你衣食没有保障啊！我想这种对弱势的怜悯，当然也很宝贵，也很高贵，假如我们能够深入到对强势群体的一种可怜上，像鲁迅讲的，夏瑜这个革命者的眼光就太高了，你真可怜，你彪形大汉，你膀大腰圆，你手握屠刀，你声若洪钟，拳头比我脑袋都大，但是你没有灵魂，我可怜你们。我想林昭也是这样，我是一个弱女子，被你们关了十几年，我已经是伤痕累累，百病缠身，但面对你们这种虐待，你们这种酷刑，我不恨你们了，我可怜你们，我同情你们，这个我觉得就上升到一种宗教的高度，不是一般意义上廉价的东西了。所以，我觉得《酒国》稍微让我满意的一点就是包含着对这种所谓强势群体的悲悯。

孙郁：这个是很高的，写作也涉及到一个审美的问题，有一些作家和艺术家，他日常对写作和对自身充满了一种焦虑感，但是他创作的时候，比如说梵高，他在焦虑，在反抗黑暗，但他在用金黄的颜色画的那一刹那间，是有一种精神上的愉悦感的，很快乐，当然他是一种挣扎的快乐。还有的作家，他生活也是很不愉快的，但他写得也很美啊，他不写不愉快的东西，他自己也很痛苦，但他写很美的东西。那你呢？我想你肯定也是焦虑的，你在写惨烈的现状时，获得的是一种什么样的快感？

莫言：我想这是发现的快感，是一种"痛快"，既痛又快，因痛而快。我发现了人可以在不正常的环境下，变得如此残酷。这也是鲁迅所说的人类灵魂的实验室。当然，这种极端的写法，本身也包含着狂欢的东西。

孙郁：与巴赫金关于拉伯雷研究中的广场狂欢相似，那就很有意思了，你既有鲁迅那样的一种传统，又有和鲁迅精神不完全一样的传统。鲁迅是从尼采、克尔凯戈尔、叔本华、陀思妥耶夫斯基这样的传统下来的，实际上拉伯雷是另一种传统。

莫言：其实我那时并不了解这些。

孙郁：但这两种传统在你身上兼而有之，所以就显得你的作品是声调多部的，而且很丰富很复杂。

莫言：去年，我女儿要用巴赫金复调小说理论研究拉什迪，逼得我没办法，看了巴赫金分析拉伯雷的书，我一看真是感觉相见恨晚，每句话都往我心里送。

孙郁：这是两种完全不搭档的传统，王小波也是走的这个传统的，王蒙他们基本是从苏联的现实主义过来的，那么鲁迅是从尼采、陀思妥耶夫斯基这一脉过来的，鲁迅身上没有巴赫金的这种狂欢，他有黑色幽默。但是鲁迅的传统和你身上的癫狂、戏谑，很奇妙地叠合在一起，有人从这个角度来评论你吗？

莫言：好像有人谈过吧。最早是80年代时说的酒神精神，还有很多人讲过拉伯雷的传统。

孙郁：那你当时没看关于拉伯雷的研究？

莫言：他的书没有看，《巨人传》也没看。去年就是因为女儿做论文，读了巴赫金，真是感觉到相见恨晚，精神上产生强烈的共鸣。鲁迅里面有一些调皮的东西和因素，跟狂欢差不多的，《铸剑》里面那三个头在鼎里边追逐撕咬的场面，我觉得就是属于狂欢的。我们读到这一段描写的时候，没有太多愤怒和痛苦，读者也是获得一种狂欢的快感。

孙郁：巴金在写苦难的时候，他写自己的挣扎流泪，就有很大的痛苦，但你完全没有这样，当然你会有痛苦，但你有一种戏谑在里面。

莫言：刚才你讲到沈从文跟鲁迅是两种不同传统的作家，我觉得鲁迅是用手术刀把遮盖在美丽外表下的东西剥开了。假如有一个疮疤，鲁迅会把疮疤豁开，把脓挤出来，假如是同样的一个疮疤，沈从文会用彩笔把疮疤给遮盖住，涂上一层美丽的颜色。我个人认为沈从文的小说有一种美，但那种描写是一种病态的美，他写沿江两边的妓女啊、水手啊，等等，是一种病态的美。

鲁迅的小说就毫不留情,但是他的整个作品里面也有很多非常温馨、伤感的东西。他的《朝花夕拾》,早期的一些短篇,《故乡》等等,跟沈从文确实不是一个审美方向。还有,我觉得巴金的人与文章是很一致的。

孙郁: 因为他比较单调,比较简单。

莫言: 后来我也发表过一个谬论,我觉得很多作家的人与作品是一致的,有很多作家的人与作品是不一致的,我觉得还是这种不一致的作家,张力更大一些。有的人,你读他的文章,想象到这个人是个什么样子,见面之后,果然就是这个样子,有的则完全不是这个样子。他的人格、内心、风格反差越大,这个作家的创造力就越大。当然我不是在说自己,但我是这么认为的。

孙郁: 应该是这样。

莫言: 鲁迅的文章与人有很大的反差,表现在他作品风格有很多类,他的杂文、小说、散文都属不同的类,但我觉得沈从文小说就一类,无论是《边城》还是《长河》,还是别的早期晚期的作品,都是花开一朵,基本一以贯之的。

孙郁: 包括老舍,也没有太大变化。

莫言: 我觉得老舍的作品就是一种色彩、一个腔调一直延续到底,没有花开几朵。

孙郁: 中国作家我们谈了很多,那外国作家你读得最多的是谁?

莫言: 我是个不认真的人,这个没有办法,小时候书少,借了要马上还给人家,所以要快速阅读,后来到了80年代,很多书,读的同时自己也开始创作了,一开始创作,时间的分配上就更多地给予了创作。很多外国作家的书看的时候就感觉很冲动,然后就赶快去写,很难把书从头到尾读完。

孙郁: 马尔克斯的《百年孤独》读了吗?

莫言: 20年前就开始读《百年孤独》,到现在也没读完。到了目前这个年龄,更很难把一本书从头到尾读完了,我特别佩服评论家读那么多著作,有那么大的阅读量,那么认真地在读书,特别是理论著作,我读了后面就会把前面的东西都忘掉,不会像你们这样专业的评论家从头到尾读那么多理论书,然后一二三四地谈出自己的观点来。

孙郁：你对意大利的卡尔维诺好像很感兴趣？

莫言：卡尔维诺早期的小说里面，我觉得有与我的个性相符合的东西，最典型的是他的《我们的祖先》三部曲，《看不见的骑士》、《分成两半的子爵》、《树上的男爵》。我觉得他第一个明显的特征就是在写寓言，包括他的很多短篇。

孙郁：我当时看到时说，中国作家这样写的时候就会写得很假。卡尔维诺写得不觉得假，而是很真，这很奇怪。

莫言：问题在叙事者的腔调，后来我看了卡尔维诺整理的意大利童话，他的小说从中汲取了太多的营养，你可以想一想，他的《分成两半的子爵》、《树上的男爵》，都是带有很浓厚的童话色彩。第一，这两部小说都是儿童视角，是一个外甥在叙述他的舅舅的故事，是一个弟弟在叙述他哥哥的故事，另外与意大利民间童话、民间故事的传统之间的血缘关系太明显了，在他整理的意大利童话里，《分成两半的子爵》、《树上的男爵》故事的原型都有。童话里面经常讲一个放牛娃由于各种各样的原因突然变成了国王的女婿，一般我们中国的童话到此就结束了，他没有结束，还要加上两句，"这个小子进到皇宫享福去了，可是我，还他妈的在这儿放牛！"哈，讲故事的身份一下子点明了，这里边非常有意思。略萨在写给青年读者的信里面讲到了，一种叙事腔调一旦确立以后，实际上就建立了一种说服力，作家在读者心目当中获得了一种说服力，然后无论你编造的故事离现实多么的远，也会使读者津津有味地读下去。刚才提到乡村很多口头文学家在讲一个事情的时候，讲得头头是道，比如说，邻村老张家今天发生了一个什么样的事情，你明明知道他这种讲述已经离真实的事件相去甚远了，但是你依然会津津有味地听下去，而且跟着他的讲述，被他的情绪所感染，或者是忧伤，或者是捧腹大笑，讲述者的身份确定了，你已经认可了，这个人就是这样的，你不要去追究这个人讲的这个事件的真假，更重要的是，这个人在讲故事给我们听，然后我们会在他这种讲述的过程当中获得快感。马尔克斯的《百年孤独》，魔幻现实主义的作品都是一样的，包括卡夫卡的小说也是一样的。一开始就确定了讲述者的身份、腔调，无论怎么样去描写，你都不会去质疑这个故事的虚假性。卡夫卡的《变形记》在现实当中不存在，但他用这种腔调来讲述，人变成甲虫事件本身已经无关重要，关键是他变成甲虫的过程和变成甲虫以后的遭遇，让你感觉到细节方面、心理方面的描写是非常真的。

孙郁：我觉得俄国小说应该推荐巴别尔。

莫言：巴别尔的《骑兵军》我读完了，我很久没完整地读完一本书了，因为它很薄，随笔一样的短篇，严格意义上来说都不是小说，很多都是真实发生的事情，很像斯坦贝克写的《战地随笔》，应该是真实的报道性的东西。

孙郁：但他写得真是太好了，色彩、结构都很出色，通常是长篇小说的容量，他用一千多字就表现出来了。

莫言：翻译家太了不起了，语言太好了，把巴别尔的俄语用非常好的汉语，把它对应地翻译过来，巴别尔对人的了解很深刻。真正的作家，太了解人了，才可以写好，不了解人根本就写不好的。我记得有一个短篇是写鹅的故事，讲他作为一个知识分子，进入骑兵军，这是支跟土匪差不多的部队，后来戴上了红军帽子而已，跟这么一帮人混到一块儿，要摆出小资产阶级的臭脾气来，他们会把你当外人，所以他就违心地，咬牙切齿地，把女房东一只鹅的脖子给拧断了，然后被女房东咒骂。骑兵战士就说：哥们，你是我们自己人，你能用这样一种方式，这么残酷地把鹅给拧死。"我们自己人"，这种说法一下子就让他融入到这个群体里去。他在拧死鹅的过程当中那种心理的痛苦，那种心灵的煎熬，激起我们心中许多的联想，它唤醒了我们人性当中普遍性的东西。我们会想在自己的生涯中有没有这样的遭遇，有没有过类似的事件，肯定有的，我马上就想到了"文革"初期的时候，我们批斗一个女老师，这个老师跟我们家很好的，我大哥当时是大学生，回家度暑假，跟老师的女儿是朋友。我觉得人的好坏不完全是后来学的，是遗传的。有的人年龄跟我差不多，我们受的教育、生活的社会环境是差不多的，但他们打起人来，折磨起人来，有一种天分，下手之狠，想象力之丰富，真是匪夷所思。我看到他们挖空心思地想出一些侮辱性的方法折磨这个老师，心中很痛苦。但作为一个中农家庭出身的孩子,你也加入了红小兵,所有人都上来打,很多人是不得已为了表现,最后剩下我打不打?大家都看着我,红小兵的头目也看着我,我也捡起了一块土坷垃,从背后投到了这个老师的背上。这个女教师一下子就回过头来,用那样一种眼神来看我,看得我无地自容,恨不得找个地缝钻进去。为了获得在群体里面生存的权利,你必须这样干。后来这个老师和校长对我成见很深,若干年后,我在路上遇到校长,向他问好,给他敬礼,那时我还当兵,但他把头一歪就过去了。我感到心中痛苦万分,当然我也不希望他能原谅我。所以,巴别尔的小说,一下子让我联想到了自己的童年时期的这个事件,从这个事件一扩展,我又想到了"文革"前,反右和历次运动当中,多数人的粗暴行为,实际上就是为了保留住自己在这个群体里面的地位,或者说不被甩到这个群体之外去,他不得不这样违心地做坏事。我想,巴金《随想录》的精髓就在这个地方。

孙郁:他讲到对胡风投小石头,批判胡风的时候,他也发言了。

莫言:所以我觉得这带有普遍性,每个人都能从这部小说里发现自己。

孙郁:我发现你好像不写纯粹的知识分子。

莫言:《十三步》就是写教师的,也算是小知识分子,到了比较高层次的知识分子就没写过了,比如说大学教授之类。

孙郁:但你对这个东西很敏感,对学术对理性也是很敏感的。

莫言:对知识分子我还是有些肤浅想法的。20世纪50年代毛泽东有个形象的比喻,就是在阶级社会里面,阶级是皮,知识分子是毛,"皮之不存,毛将焉附"?知识分子你不是附在地主资产阶级的皮上,就是附在无产阶级的皮上,不可能"毛"离开"皮"游离存在,这就把知识分子的依附性一下子就给讲出来了。这个论断虽霸气,但确实是一种现实。在中国社会里面,知识分子能够独立存在吗?我觉得真是不可能存在的。当然,西方有所谓的自由知识分子,但这种"自由",并不是说他脱离了阶层或者阶级,他跟政治和体制保持了一种独立的姿态,知识分子可以跟体制保持一种对抗姿态。但在中国社会里面,一个知识分子如果与体制保持对抗姿态是很难生存的,大学教授能独立于体制之外吗？当然有很多写作者没有单位，但没有单位难道就能完全与体制剥离关系吗？文章要在国家的报纸刊物发表，在国家的出版社出版，要拿国家的版税。

孙郁：就像鲁迅在《采薇》里写的一样，完全脱离政治是不可能的。

莫言：由此想到我们的批评家和有关部门倡导的现在比较热门的关注弱势群体的话题，要用小说为弱势群体说话，这个提法我觉得本意、出发点都非常好，而且我多年来也一直在这样做。我本人认为，我从80年代开始写作的时候，就给予了弱势群体巨大的关怀，写的时候是热泪盈眶、热血沸腾。但我们这种写作究竟能够跟弱势群体有多大的关系呢？有时也有人问我，你写了这么多小说，想没想过究竟谁是你的读者呢？我写农民，但农民读我的小说吗？这个我是有发言权的，别的我不说，就说我那个村庄，按说这个村庄出了个作家，而且据说很多小说里面都以村里的人作为模特儿来写的，但我的村里面没有人读过我的书啊，我的父亲从来都不读我的书，我们村里的年轻人根本不会想到读一下同一个村里出来的作家莫言的小说。闲了看看电视多好啊，白天他要劳动，要谋生，要糊口，到了晚上回来累得筋疲力尽，能看看电视就不错了，看着电视就睡着了，谁来读我的小说？所谓为弱势群体的写作，到底是写给谁看的？到底能不能用小说改变弱势群体的命运？我们把写作当做一种改变社会、改变某些群体生存状态的工具来使用，这种想法出发点非常可贵，但实际上是一种很虚伪的写作方式，由此我又想到了70年代末80年代初的问题小说，因为某个社会问题我来写一篇小说。不可否认，这也是启发作家创作灵感的一种方式，古已有之，很多人，像司汤达的《红与黑》是因为一个案件，果戈理写《死魂灵》是普希金给他的一个故事。但它们为什么能够成为经典？就是因为它虽然是从问题出发，但最后却突破、超越了问题，没有停留在对问题的揭露、批判和阐述上。它是从这个问题进入了人生，进入了人的灵魂，最终还是在写人。只有写了人，才可以成为真正意义上的文学作品。我们仅仅关注某一个问题，仅仅停留在描述弱势群体的悲惨的生存现状上，没有对产生弱势群体的社会体制进行批评，没有对弱势群体的心理状况进行分析和揭示,那是不大可能写出好东西的。我们应该给弱势群体以巨大的同情,但也不应忽视对他们的某些方面进行批判。弱势群体也是人,并不因为他弱势,就变成了精神方面的完美无缺的花朵。这跟过去的作品把贫下中农描写得完美无缺,把地主富农丑化得一无是处,有很多类似的地方。弱势群体并不是天生的道德完美者。他灵魂深处的阴暗面,甚至一点都不比强势群体少,一点都不比那些一掷万金的暴富者头脑里的阴暗面少。而且他也未必就满足于弱势群体的现状,他向往着的大概也正是强势群体的生活,向往而不得,于是就转化为仇恨,但这种仇恨经常披着正义和公理的外衣。

蒲松龄在小说里面对科举制度进行了揭露和讽刺,但内心深处,他对科举制度痛恨吗?没有啊,他非常向往,他其实是牢骚满腹,他到了晚年,人家看他这么大年纪都不忍心了,最后给他一个贡生,算是"恩贡"吧,比秀才高一点点。他留下一张珍贵的画像,穿戴着贡生的服装,是专门请人画的。说明他到了晚年,内心深处对功名的迷恋还是非常强烈的,就是因为他对这个有非常强烈的迷恋,怀才不遇,转化成创作,当时的社会又不允许他畅所欲言,只好托词鬼狐,成就了警世文章。我想,我们现在的弱势群体对财富的向往,对城市的向往,对现代物质的向往也是非常强烈的。而且他们内心深处那种阴暗面依然存在,我们不能因为为了给弱势群体说话,就把弱势群体的弱点给忘记了。鲁迅已经为我们提供了很好的榜样,"哀其不幸,怒其不争",既描述他们的悲惨处境,也不忘记揭示他们的劣根性。阿Q算不算底层人物?算不算弱势群体?但他对王胡友爱吗?他不也欺负小尼姑吗?他内心向往的是什么东西?难道是无产阶级革命吗?但你能说《阿Q正传》不是关注底层的小说吗?

孙郁:周作人不同意左翼的思想,他曾经说过一句话,中国的有产阶级与无产阶级其实是一个思想,都是想升官发财,这是一种普遍的国民性。上海左翼那帮人,白天在咖啡屋,晚上在跳舞,然后写左翼文学,问题很多的。

莫言:杜荃、夏衍这帮人在上海都是西装革履,在物质上甚至比鲁迅还要优越。

孙郁：是的，小布尔乔亚嘛，与底层老百姓的关系不是彻骨的。

莫言：所以我觉得更多的是一种精神自慰。对弱势群体关注不应该建立在对社会贫富分配不均的道德仇恨上，应该关注对人的灵魂的发现和开掘。好像有人认为我是在反对描写底层，实际上我同意啊，我自己早就是这样写的，我只是认为，我们不应该停留在对问题的关注上，应该超越了这个问题，上升到对人的关注上，从文学的意义上来关注，不是从非文学的政治的角度来关注。实际上，二十多年来的小说，绝大多数都是写底层的，作家听从良心的召唤，根本不需要你来号召。

孙郁：宣传还是宣传，艺术还是艺术。

莫言：西方所谓自由知识分子，独立发言的知识分子实际也没有脱离他们的阶级，他们代表了中产阶级，两头小，中间大，西方自由知识分子从自己的立场出发就是代表了大多数。西方对弱势群体的关注，也不是依靠知识分子的呼吁，我看到很多西方的知识分子，包括前年去世的苏珊·桑塔格，她也没去关注弱势群体，对弱势群体的关注在西方是依靠法律的手段，强制执行的。

孙郁：苏珊·桑塔格对艺术独特创造性是尊敬的，她的小说包括评论写得非常好。

莫言：西方社会是依法立国治国，不像我们的社会建立在道德基础之上，封建制度肯定是用道德来教化，忽略法制，"礼不下庶人，刑不上大夫"，西方在资产阶级革命之后，是依法治国，严格的法律，胜过知识分子的呼吁。对弱势群体的关注和对暴富群体的限制，都是在法律的范畴之内来运作的。一旦个人财富危害到国家的时候，他就要求你分开财产。他用税收和法律来限制你。不是用道德来限制你。对弱势群体，对失业者的救济，对残疾人的关照，都有严格的法律规定，不管你哪个党派上来执政，这个不会改变。要盖一个楼，你必须考虑到残疾人的通道。中国天天宣传关注残疾人，但你去商场看看，去饭店看看，去那些会堂看看，去那些剧院看看，有几家为残疾人准备了无障碍通道？

孙郁：鲁迅说的知识分子主要参照了俄国历史。

莫言：西方很多自由知识分子一个重要的职能就是挑政府的毛病，当然我们也有这样的知识分子，对社会上各种不公平的现象，对垄断利益集团发言批评。但这样的发言有一个度，不可能像西方那样百无禁忌。有一些禁区是不能触及的。应该有一大批这样的知识分子存在，应该拓展知识分子发言的空间。

孙郁：很多问题都是知识界提出来的，像金融方面很多问题就是一些研究人员提出来的，一些大学教授发现经济有问题，就不断写文章呼吁，最后政府就接受了。

莫言：这样的知识分子非常宝贵，千人诺诺，不如一士谔谔。但是不是每一个作家都应该扮演这样的知识分子角色呢？应该因人而异，有的人具备这方面的才华，具备这方面的知识结构，我觉得他当然可以扮演这样的角色。

孙郁：当时李立三找鲁迅谈话，要求鲁迅像法国作家巴比塞那样发表一个声明，公开抗议国民党政府，鲁迅说我不能这样，我这样的话，我就被通缉了，我就没地方住了。后来两个人不欢而散。鲁迅是用杂文、用艺术这样的方式来斗争的，而且化了各种各样的笔名。他也不是说像赤膊上阵那样，他也反对游行，他选择的是那样一种方式，不一定每个人都赤膊上阵。

莫言：社会的改变确实是一个非常复杂的问题。每个人的知识结构不同，每个人的生存状态不同，应该允许有的作家不做谔谔之士，这并不代表他没有良知和勇气。他没有这方面的知识结构，他说不到点子上，而且搞不好还要说错话，应该允许他用自己最熟悉、最擅长的方式，用文学的方式、艺术的方式，来表达自己的一些思索和看法，我觉得也是可以的。就像《青春之歌》里，应该给余永泽式的人物一线生机。抗战时期，如果西南联大的所有教授都上了战场，那也就没有杨振宁、汪曾祺这些人了吧。

人是感情动物、经济动物。当然现在马克思主义也不流行了，但马克思的很多理论还是正确的，经济基础和社会地位还是决定了人的思想方式，用《中国社会各阶级的分析》来分析文学作品，指导文学创作，毫无疑问是狭隘的，但用这个分析我们社会的结构是有效的。当一个作家的地位改变了以后，住在别墅里，开着豪华轿车，让你去关注底层，这我觉得非常虚伪。你关注不到点子上，不是说这种行为是一种虚假的沽名钓誉的行为，你的动机可能是非常真诚的，但是我觉得你关注不到点子上，为什么呢？你已经体验不到下层劳动者、弱势群体真实的心理想法了。他们的心理状态你已经无法体验到了，即便你改头换面去体验。你根本无法体验到那种处在毫无希望的绝境当中的绝望心理。只能期待着像杰克·伦敦那样的人冒出来，但冒出来之后，花天酒地，盖豪宅"狼舍"，最后也是一个"马丁·伊登"，彻底完蛋。所以像我们这些五十来岁的，80年代出了名的作家，当然可以把口号喊得震天响：我要关注底层，了解底层，为底层人民说话！出发点可能很真诚很美好，但已经写不出真正反映底层人物灵魂状态的作品，这是我的判断。首先是我本人，然后兼顾着猜测别人，也许有伟大的天才可以，那就另当别论。当然你可以说托尔斯泰是贵族，他不也写出伟大作品了吗？他也没有吃了上顿没有下顿，不也写出了了不起的作品来吗？这就是谈到了什么是好的文学的问题，也是最关键的问题，也是我们这样的作家还有没有资格继续写作的问题。是不是只有写了底层的文学才算好的文学？写了贵族的文学难道就不是好的文学了吗？《战争与和平》没有写多少农奴的悲惨的生活啊，普鲁斯特的《追忆似水年华》根本没写弱势群体啊，写的就是贵族生活啊，《西游记》也没有写下岗工人啊。

孙郁：他们表现的是一种智慧。

莫言：什么应该是好的文学？我还是那句老话：只要写得好，写什么并不重要。不要那么狭隘，批评作家不去关注底层。其实，那些批评别人不了解底层的人，自己了解吗？你不也是生活在大城市里，过着衣食无忧的生活吗？你说某某的作品虚假，那你必然知道真实的生活，但你是怎样了解了真实生活的呢？其实，只有底层最了解底层，别的阶层，都是在想象底层。

孙郁：《南方周末》一篇文章，要求鲁迅必须为社会设计出那么多的方案来，我说这个有很多问题，这是不可能的。

莫言：这还是80年代之前那套主题先行，政治先行的思路，作家不是救世主，鲁迅不是，我们更不是。我想起俄国作家库普林描写妓女的小说《火坑》，一帮知识分子，慷慨激昂地批评妓女和卖淫制度，但到了最后，那个最慷慨激昂者，又悄悄地溜进了妓院。他们要拯救妓女，其中一个还把妓女接到家中同居，但最后，他制造了一个通奸事实，用冠冕堂皇的理由把那妓女赶走了。其实，我们每个人，处理生活时，跟阅读文学时，都有巨大的差别。你那么赞美林黛玉，但假如贾宝玉是你的儿子，你是赞成他娶林黛玉还是赞成他娶薛宝钗？我当年看《青春之歌》，看到大年之夜，余永泽和林道静小两口正要欢度春节，这时，余家的老长工来了，满身污脏，散发异味，余永泽给他一点钱，让他走。老长工发火，林道静也和余永泽掰了。这是小说，但如果在现实中，我们遇到这种情况，能比余永泽处理得更好吗？

孙郁：不能要求作家承载太多的东西。

莫言：所以，我认为我现在已经写不了那所谓的"底层文学"，但是不是我就不能写作了？

孙郁：汪曾祺写《大淖记事》和《受戒》，就是回忆早期苦难的生活。

莫言：他把苦难的生活写得很温馨啊，命运多么悲惨，他这里面是带着欢笑的，他跟他的老师沈从文是一脉相承的，所以我觉得一个写作者不管处在什么地位都可以写作，无论是家产千万，还是不名一文，他都可以写作，写什么并不十分重要，关键是一个写作者必须有一种切肤之痛，有一种刻骨之爱，或者有一种不共戴天之恨（不是狭义的恨），而这些痛、爱、恨都应该转化成一种怜悯。总要有一种强烈的感情在那个地方作为一种支撑，这你就可以写下去。一个贵族，经历了灵魂炼狱的痛苦，当然可以写出深刻的作品来，歌德写《浮士德》时，日子过得很好啊，鲁迅后来也没有过得很苦啊。另外我觉得一个写作者他不应该接帮拉伙，一个写作者最好的处境，应该是众叛亲离、孤军奋战。前呼后拥，门前车盖如云，不是一种好的处境。一个写作者，不管怎么样，只要在灵魂深处有深刻的痛苦，或者深刻的感悟，他就可以写出好的作品，真实的不虚伪的作品。

孙郁：我觉得你身上的特点，第一是对自己特别清楚，第二，你的精神能量是非常旺盛的,这和一般作家不一样,比如《檀香刑》、《生死疲劳》你一气写下来。汪曾祺是绝对不能这样写的,他的能量就是一碗,你是一缸。这个能量一下子下来,是很不简单的。

莫言:可不敢这么说啊,这是风格决定的。汪先生是大才子,我是说书人。说书人要滔滔不绝,每天都要讲的,必须不断讲下去,然后才有饭碗。说书人的传统就是必须要有一种滔滔不绝的气势和叙事的能量,要卖力气。而大才子是风流倜傥,饮酒赋诗,兴趣所至,勾画几笔,即成杰构。

孙郁:你早期与后期语言发生了很大变化。80年代你写《红高粱家族》的时候,特别是《透明的红萝卜》,语言非常的温润,有一种质感,在青年作家中包括老作家,你的语言是非常特殊的,我特别怀念那个时候的语言,实在是好。后来我估计你是故意放弃了这样的一些东西。

莫言:越写技术越熟练,越写越注意消灭病句,考虑用规范的汉语。现在回头看《透明的红萝卜》很多句子是不完整的,有的缺谓语,有的缺主语。

孙郁:但就是那种句子有魅力。鲁迅的句子要完全用主谓宾定状补也是说不通的,比如《孔乙己》当中说:"大约孔乙己的确死了。"

莫言:鲁迅那个时候,白话文还在初创时期。

孙郁:所以一个人在不懂规范的时候,那种完全朦胧的表现反而效果更好。你后来的语言也不错,但我觉得变化很大,也可能你故意用一种粗壮的、浑厚的,"咚咚咚"轰炸的东西出来,表达另一种审美态度。不是说你现在的语言不好,现在也是一种风格。我在读《生死疲劳》的时候,有这样的体验,如果这种语言再节制,或者在某些方面再停一下,住一下,再涵蕴一下,是不是能够更好?《生死疲劳》不可能要求像知识分子那样温文尔雅,可能你就是这种狂欢的风格。在语言上你还是有各种各样的潜能的、语言天赋很好,看你55岁以后能不能写出另外一种东西。我觉得你在韵律上、在意象上得了中国传统民间很多好的东西,但我觉得在语言本身的表现方法上好像应该能够更好,在语言本身的魅力上再干练一点,这可能有点过多地要求作家了。如果这样的话,文本的意义可能更大。

莫言：干练的语言，也实验过，比如《酒国》里边《肉孩》那部分，还有一些短篇的语言。

孙郁：《酒国》的语言好。

莫言：也有很多别的披头散发狂欢式的语言。

孙郁：如果你要是过分地重视语言，走向像某些作家那样矫揉造作的路子，还不如就这样。

莫言：有个成语叫"得意忘形"，作家进入写作状态，叫"得意忘言"。

孙郁：我觉得你的语言空间还是很大的。不管怎么说，会有更多的人来研究你，而且20年来，你是中国当代小说家中仅有的几个可以让人来不断解释的存在。鲁迅是条河，你也是一条河，当然河有大有小，你的变化和你的丰富性，给我们的记忆，给20年来的文学还是提供了很有价值的文本的。

莫言：提供了批判的样本。

孙郁：不是。新中国以后，我们的文学怎么样？中国真正的文学转向是从80年代，从你们这拨人开始的，我想每一个读者都从其中悟到了些什么，并且是难以忘怀的。

谈谈媒体与文学的关系

——与《检察日报》记者孙丽对话

记者：有人认为在传媒日益发达的今天，媒体写作客观上也造成了对纯粹文学的某种伤害，曲高就难以和众，快餐文学的流行将文学的高雅纯粹隔离得越来越远，您同意这种观点吗？

莫言：回头想想几十年前媒体上的文章，再来看看现在媒体上的文章，变化之大，令人咋舌。我想任何事情大概都有正反两个方面，一方面，现在这种文章，是对几十年前那种僵化的、冷漠的语言的一种反动，有它生动活泼、轻松幽默的一面。另一方面是，现在的文章，抖机灵，耍贫嘴，矫揉造作，有泡沫化的倾向。但语言的变化，几乎是不以人的意志为转移的。社会发展，时代进步，生活在发生着日新月异的变化，许多新的事物、新的生活方式、新的人生观念不断出现，与之相应的大量词汇也出现了。而大量的新词必定会改变语言和文章的面貌，这是不可阻挡的洪流。网络进入人们的生活后，网络写作，成为一种独特的方式。网络写作对语言的影响就不仅仅是在词汇方面，在某种程度上，它正在改变着或者可以说已经改变了我们的某些语法规则，这种改变，也许具有革命性的意义。我想，语言就像一条大河，具有"自净"的能力，许多泡沫、杂质，最终会被淘汰。另外，"高雅纯粹"，也不是固定不变的，每个时代都会有每个时代的经典。像文言文中那些经典，好处不容置疑，但距离现代生活，毕竟是越来越远，其实，它们的素养，早就融入了后来的经典中。我的意思是，我们在写作时，应该追求语言的准确和文品的高雅，但也应该吸收流行语体中生动活泼的因素，借以提高文章的表现力和亲和力。

记者：我们的传媒，尤其是报纸传媒，自产生之日起，就与文学渊源深厚，20世纪二三十年代，许多作家的成长都离不开报纸副刊的土壤。而在传媒日益发达的今天，随着文学式微，文学在副刊中的分量日渐减少，已是不争的事实。许多报刊甚至已经撤销了文学版面，流行文化占了主导，您作何评价？

莫言：这也是没有办法的事情。大到某种文体的衰落，小到副刊的影响力式微，都有它的必然性。报纸副刊的冷落和大部分文学期刊的冷清，我觉得都跟网络有关。我每天可以看到十几份报纸，许多副刊的水平，我认为并不比过去低，譬如《文汇报》的"文萃"，《羊城晚报》的"花地"，我们《检察日报》的"绿海"，都办得很生动，但影响力与20世纪五六十年代无法相比了。这也就逼着我们变化，与时俱进，既要坚守，又要扬弃。"流行"的并不都是垃圾，重要的是我们要披沙拣金，创造出我们自己的"流行"来。

记者："华语文学传媒大奖"的主办单位说，其设立该奖项的目的就是为了拓展文学发展的平台，您从作家的角度看，媒体这个平台除了具备在宣传声势上为文学发展加油的优势外，还可以具体从哪些方面入手？

莫言：媒体介入文学乃至影响文学，是一件好事。这个奖项的宗旨和准则，都在向作家和公众提倡着一种文学理想或者说是理想的文学，如果能坚持下去，必将发挥作用。除了用评奖的方式介入外，开设有品位的书评栏目、发表优秀的文学作品，都是经典的方式，但这些不可能像设立一个大奖那样，在短期内制造出轰轰烈烈的新闻效果。

记者：反过来，作家的作品要接受大众的阅读和检验，无论如何也是离不开媒体的，作家又该为这个"拓展文学发展的平台"做些什么呢？

莫言：作家能做的其实很简单，那就是写出好的作品。平台其实就是展台，如果没有一流的作品放上去，那这个平台无论怎样豪华，也就失去了意义。

记者：当前很多人批判说，文学批评庸俗化了，媒体已经成为炒作作家的工具，您怎么评价？您对目前媒体与作家这种关系满意吗？您认为健康的关系应该是什么样的？

莫言：文学批评的庸俗化由来日久，并不是从现在开始。媒体的炒作，我想也有它正面的意义。炒作一部坏作品，那自然是不好的，但如果炒作的是一部真正的杰作，那就是好事。媒体炒作的质量，如果没有任何的干扰因素的话，那就取决于负责记者和编辑的审美水平。我想一个好的娱乐记者，应该具有很好的鉴赏力，有自己的见解，不是人云亦云。当然，敢于并且能够发表独到的见解，也不是一件容易的事。当然，记者有时候未必以批评者的姿态出场，他也可以站在相对客观的立场上，综合发表别人的意见。媒体和作家的关系，其实也就是负责文化版的记者、编辑和作家作品的关系。健康的关系，那就是一切从作品出发。记者如果站在主观的立场上写文章，那就要对得起自己的艺术良心，好就是好，不好就是不好。如果站在客观的立场上，那就尽量全面地报道正反两方面的意见，不要有明显的偏向性。

身体的痛苦与快乐

—— 与波兰记者对话

记者：我们波兰共产主义时期的反对运动领导 Jacek Kuron, 说他虽然被关进监狱，但他还喜欢那个时代，因为那时他还比较年轻。在看《丰乳肥臀》的时候，我一直在考虑：是不是即使是年轻人，也有可能喜欢中国的40、50、60年代？

莫言：我已经五十二岁，不太知道现在的年轻人对20世纪40、50、60年代的看法。但我相信就像前几年年轻人崇拜古巴的切·格瓦拉一样，也会有很多人崇拜毛泽东。五六十年代，我是亲历过的，那是一个充满了浪漫、冒险精神的时代，尤其是文化大革命，我当时只是个十几岁的儿童，我感到整个社会在狂欢，所有的权威都被打倒了，人们只崇拜毛泽东一个人。那是一场灾难，但灾难中有年轻人的狂欢。

记者：我的感觉是，您关于中国20世纪历史的看法和教科书中历史的看法有些不一样。在中国，写不公认的历史是不是还有一点危险？您这本书出版后，您个人有没有什么麻烦？

莫言：我写的是民间的历史，代表了老百姓对历史的看法，与官方的历史当然会有很大的区别。但我认为我用小说表现的历史是真实的，而官方的历史充满了片面性。《丰乳肥臀》出版后遭到了猛烈的批判。我当时还在军队工作，不得不写检查。然后此书就被禁止。过了一年，我就转业离开了军队。

记者：您小说里的人物最重要的事情好像是如何在20世纪的中国生存下去。那样的生活策略是否影响了现代中国社会的许多代人？

莫言：因为近百年来，中国社会动荡不安，物质贫乏，战争频繁，人的生命犹如草芥。在这样的社会环境中，生存自然就是最重要的问题。这样强烈的生存观念，是中国人对于生命的热爱，也是中国人对于未来充满了理想和希望的表现。直到现在,生存,依然是中国人最为关注的问题。

记者:您的小说里最坚强的、最骄傲的、最聪明的人是女人。我朋友从军队回来的时候说:"男人是世界上的大笨蛋。"您对男人的能力,智商的怀疑,是不是受军队的影响,还是别的原因?

莫言:我对男人的怀疑,与我在部队工作过没有关系。这是我几十年农村生活经验给我的启发。因为女人一旦成为母亲,她身上就会焕发出伟大的力量。在面临巨大困难时,女人总是表现出比男人更加强烈的生存欲望和生存能力,当然还有她们保护下一代的能力。

记者:您在部队的时候得到了什么经验? 这些经验对您的作品有什么影响?

莫言:我在部队工作了二十二年,但我一直在部队的文化部门工作,对军事根本不了解。所以,部队没给我什么经验,它仅仅是给了我一个职位,让我脱离了农村进入了城市。

记者:您小说里的20世纪中国历史,好像围绕人的身体旋转:这段历史好像是被满足性欲、身体的痛苦所统治的。这个身体的最主要的部分就是女人的乳房。对西方读者来说,该怎么理解这个概念?

莫言:历史学家眼里的历史是经济的、军事的、社会制度变迁的历史,小说家关注的是人和人的命运以及情感的历史。人的身体,在中国文学中,一直是被忽略的。我想把被他们忽略的写出来。要写人的身体,自然要写性欲和身体的痛苦和欢乐。乳房,是我的图腾。我崇拜乳房,因为我认为这是生命的源泉,它代表着母爱,也代表着性爱。没有乳房就没有人类,希望西方读者能从生命本源和图腾崇拜这个角度来理解我这部小说。

记者:您作品的美国翻译家 Howard Goldblatt(葛浩文)引用您的话,说:"除了《丰乳肥臀》以外,其他小说您都不必看。"您是不是认为这部小说是您最重要的作品? 为什么?

莫言:《丰乳肥臀》是我投入精力最大、投入感情最多的一部小说。我之所以对葛浩文教授说那样的话,就是为了引起他的重视。第一,这本书描写了"高密东北乡"的百年历史,而我认为"高密东北乡"就是中国社会的一个缩影;第二,这部小说比较完整地表达了我对历史的看法;第三,这部小说表现了我对女人的看法。

记者:您说得很多,也很大声。您为什么为自己起了"莫言"这个笔名?

莫言:我少年时期,正当中国的文化大革命时期,那时候,阶级斗争搞得很激烈,人跟人之间的关系很紧张。常常因为一句话说错,就给家庭和自己带来沉重的灾难。我少年时恰好是个喜欢说话的孩子,我母亲特别担心我出去乱讲话给家里带来灾难,多次叮嘱我,让我少说话,最好不说话。我开始写作时,就给自己起了"莫言"的名字,这名字的意思就是提醒自己要尽量地少说话,多干一些事情。当然,我一点也没少说,正所谓"江山易改,本性难移"。

记者:您评价得很多。但是,我看过,您曾经也写您自我评价。这本书评是不是关于《丰乳肥臀》?您在什么情况下写了这本?里边您写了些什么话?

莫言:我曾经针对着对《丰乳肥臀》的批评,写过几篇辩解文章,篇幅都不长。这些文章的主要内容就是我为什么要写这样一本书。我说我想写一部献给我的母亲、同时也献给天下母亲的书。

记者:美国作家 Jonathan Safran Foer 说,作家描写过去的时候,实际上他们不描述事实(事实在历史书上),只描述过去的人在某时期,某种情况下有什么样的感觉,描述过去的生活是什么样的。您同不同意这种看法?如果您同意的话,您可不可以说,生活在您书中所写时期的中国和您记忆中的生活是怎样的呢?

莫言:他说得没错,我关注的历史不是事件,而是人和人的情感,人在历史中的情感变迁。我这部小说,一方面用民间的历史跟官方的历史唱了反调,一方面围绕着人的身体、情感,写出了历史生活的最重要的方面。

我想做一个谦虚的人

——1999年3月与《中国图书商报》记者陈年对话

记者：我现在知道，《红树林》的故事首先是你为一个电视剧所写，那么电视剧的写作与小说的写作有什么不同？

莫言：这部小说在我所有的小说中，就创作过程的曲折复杂来说，是首屈一指的。它作为小说，构思于1995年底，当时我与一个朋友去一个南方的滨海城市采访一家工厂，准备写一篇所谓的报告文学。我对采访对象没有什么兴趣，却对这个城市的珍珠养殖产生了浓厚的兴趣。在此之前，我就看过有关珍珠加工和养殖的书，这种富有传奇色彩，既是昂贵首饰又是名贵药材的物品引起我很多联想。有两组画面经常出现在我的脑海里：一组是青春健美的渔家姑娘裸着身体、冒着生命危险潜入海底采集珍珠；一组是高贵的女人裸着肩头、脖子上戴着璀璨的珍珠项链在灯火辉煌的大厅里翩翩起舞。我感到这种对比富有深意。从南方回来后我进一步搜集有关珍珠方面的材料，这些材料有历史掌故、有神话传说，也有纯粹技术方面的。准备得差不多了，1996年春天，我动笔写这本书，当时的书名叫《珍珠奇谈》，写到大约五万字时，我原来的单位分给我一套房子，在房子问题上我可不敢拖拉，把小说扔到一边，赶快找人装修，然后又忙着搬家，搬完了家就忙着办理转业的事，小说的事根本顾不上了。转到报社影视部后，就张罗着写了一个十八集的、反映检察官生活的电视连续剧。剧本出来后，我自己也不满意，于是决定推倒重来。为了打破这种行业剧的套子，我决定首先应该给故事寻找一个美丽的环境，一个让大多数观众感到新奇的环境，就像电影《红高粱》那片高粱地一样，于是就想到了南方的珍珠养殖。我与两个同事去了广西的珍珠之乡，在那里意外地发现了一大片红树林。红树林是生长在海里的树林，过去我在资料上见过，但到了实地一看，感觉大不一样。当时就决定，检察官的故事应该放在珍珠里,珍珠的故事应该放在红树林里。剧本写完后,大家都比较满意,我自己甚至有点得意,我认为还没有一个写电视剧本的舍得像我这样在一部十八集的戏里浓缩进去这样多的东西。去年九月,剧组去广西拍摄,我坐在书桌前,重新面对《珍珠奇谈》,连续半个月,我没有在原稿停住的地方往前推进一步,我感到自己处在了一个分岔的路口,无法按照原先设定的道路前进了。我舍弃不了《珍珠奇谈》,但前边的《红树林》又在强烈地诱惑着我。最终我决定走一条中间道路,在《珍珠奇谈》和《红树林》之间左顾右盼,我希望能够左右逢源,但难度很大。写到大约一半时,我索性在一个章节里把《红树林》全部解决,然后从容地讲《珍珠奇谈》。

电视剧本与长篇小说的创作不是一回事,但也不是绝对的没有关系。长篇小说好像一棵大树,而电视剧本则像一套家具。用大树造成家具比较容易,但要把一套家具复原成一棵大树几乎是不可能的。我的这次创作就有点像把家具复原成大树的妄想,虽是妄想,但也充满恶作剧般的乐趣。搞到一半时,我不得不把那些家具全部劈碎,圈成了一个栅栏,然后在栅栏里重新栽了一棵树。

记者: 前些天你对我说,现在把小说写"好看"就是你对自己的最高要求了,如何理解这里的"好看"?或者说,是否认为自己过去的小说"不好看"?

莫言: 关于小说的"好看"和"不好看",看起来是个很简单的问题,其实是个很模糊的问题。什么是"好看",什么是"不好看",并没有一个放之四海而皆准的标准,几乎是因人而异。我心目中的"好看"小说,第一,要有好的语言;第二,要有好的故事;第三,要充满趣味和悬念、让读者满怀期待;第四,要让读者能够从书里看到作者的态度、看到作者的情绪变化,也就是说,要让读者感到自己与作者处在平等甚至更高明的地位上。不是一个成年人讲故事给孩子听,而是一个孩子讲故事给成年人听。这样,作者在叙述中可以故意地、也可以无意地犯一些错误,让读者感到自己的阅读居高临下。

我过去的小说有的好看,有的不好看。当我写得不好看时,就是我试图把故事讲得完美无缺的时候。我总想在一部小说里把所有的好话说尽,结果就造成了对读者的蔑视。其实，我想，无论是在生活中还是在小说里，都不应该把好话一次说尽，应该一次说尽的是坏话，好话应该多次说，慢慢说，有所保留，点到为止。另外，好看的小说既让读者充满期待，但也不必每次都让读者的期待得到满足。你应该让读者骂你：这个笨蛋，他应该往这里写啊！但我就是不往这里写。我没写出的，读者在阅读时其实自己已经写了，甚至比我写得还要好。

记者：你是否关心其他中国作家的创作？如果关心，关心谁？出于一种怎样的心态？与此相关的问题是，你对当代中国小说写作的现状如何评价？

莫言：我非常关注同行们的创作。前些年年轻时，出于一种古怪的心理，我曾经撒谎说不看同时代作家的作品，好像那样就显得不同凡响。现在我已经四十多岁，应该努力做一个坦率的人。现在活跃在文坛上的作家，都在我的关注之内。我不开列名单是因为这个名单会漫长得如一条红绸腰带。我阅读他们，第一是想向他们学习，第二还是想向他们学习，第三还是想向他们学习。人到中年，我除了想努力争做一个坦率的人，我还想努力争做一个谦虚的人。做一个坦率的人是为了夜里不失眠，做一个谦虚的人是为了能够进步。至于当代中国小说写作的现状，一个谦虚的人是不会回答这种问题的。

记者：读《红树林》以及你以前的作品，我发现女性角色在你的叙述中往往作为被赞美的对象，男性角色则大多卑琐不堪，你是否同意我所说？同意与否，我都想知道你是如何看待性别差异的？以及，你如何看待女性与世界的联系？我希望你能以《红树林》中的林岚为例。

莫言：我没有理由不赞美女性，因为女性是我们的奶奶、母亲、妻子、情人、女儿、密友。我的遗憾是我还没把她们写得更好一点。我作品中的男性角色也不都是卑琐不堪，也有余占鳌、司马库那样的好汉子。我的小说里没有完人，不论男女，都是有缺点的，正因为他们与她们有缺点，才显得可爱。我从来不去考虑男女性别差异这种麻烦透顶的问题。我是男人，我在写作，写作并不能改变我的性别，我也从来不去试图用女性的态度看男人或是其他，因为这是不可能的。梅兰芳在舞台上男扮女装时，胡子也在同时生长。一个男人能够自如地扮演的角——其实也不须扮演——只能是孙子、儿子、丈夫、情人、父亲、爷爷，或者是嫖客。《红树林》主要是写女人，当然是用男性的态度写女人。男性对女性的第一态度就是性爱，《红树林》中的主人公林岚，自然也就是为了性爱而生，为了性爱而死，她的一生都被性问题围困着，就像我为本书写的卷首语："在欲火如炽的红树森林里，烦躁不安的叙述，宛若一匹东奔西突的马驹……"

记者：日本诺贝尔文学奖获得者大江健三郎在其获奖演说中提到你的叙述语言令他羡慕，你是如何看待这种称赞的？我还想问的是，你认为自己的语言特色特别在哪里？尤其是与其他汉语写作者相比较。

莫言：大江健三郎精通多种文字，但好像不能阅读中文。他读过的大概是我的作品的日文译本。这说明，我的作品的日文翻译者是很出色的，我不知道他是否忠实于我的原著，但我知道他写出了很好的日文，否则也就不会得到大江的称赞。所以我现在拿不准大江称赞的是我还是译者。

你让我自己评价自己的语言，其实是给一个正在努力想学习谦虚的人出了一个难题，更给一个正在努力争做坦率的人和谦虚的人出了一个双重的难题，知难而进从来就不是我的天性。

我的离经叛道

——1999年7月与《丰乳肥臀》日文译者吉田富夫对话

吉田富夫：《丰乳肥臀》这个题目非常显眼醒目，你为什么定下这个题目呢？它象征什么？或者也可以这样问，它与这篇小说的主题有什么关系？

莫言：关于这个题目，我回答了大概有一千遍了，但我还是愿意回答您，因为回答日本人的提问是第一次。

丰乳和肥臀，从字面上来理解，就是健康、丰满的乳房和肥大壮硕的屁股，这是女性身上最令人神往的宝贝，孩子喜欢大人也喜欢，一个男人，如果不喜欢它们，那他很可能有问题。我用它作为书名，最初的用意在于歌颂母亲，或者也可以说是歌颂女性，歌颂生殖和抚养，往更深一层里说，也有歌颂大地的意思，因为把大地比作母亲，是一个惯用的比喻。当然，我不讳言丰乳和肥臀所包含着的性意识，有的人看到这个书名就想到裸体，就想到性交，这是他们的事，这样的人已经有我们的先贤鲁迅给他们画过像，他们看到女人的胳膊就会联想到性交，我就没有必要再说他们了。

这个书名的另一面，就是我对社会的一种强烈的反讽。"丰"字是绝对的褒义字，"肥"字比较复杂，用它来修饰"臀"字，讽刺的意义昭然若揭，而这种可以强烈地感觉到的反讽性，实际上大大地减弱了这个题目的性意味，那些对这个题目大加讨伐的先生们，他们连我的讽刺都看不出来，如果不是装糊涂，就是别有用心。

我在没有动笔写这部小说之前，就决定了这个书名。出版社的人很害怕，希望我能改一个书名。我知道他们的忧虑是有道理的，我也知道用这个书名很可能会给我带来很大的麻烦，甚至会影响这本书的命运，但经过深思熟虑之后，我还是决定用这个书名，因为无论换上一个什么样的书名，都很难表达这本书的内容，也就是说，只有这个书名是最合适的。

至于这个题目象征着什么，我实在是说不出来，即便我能说出来，也不应该说，我相信读者比我聪明，每个读者都可以根据自己的经验赋予它一个象征意义。它与小说主题的关系，我也不能说，作家应该少说话，让读者说。

　　吉田富夫：听说这部小说出版后虽然获得"大家奖"，但有些争议而遭禁，可不可以给日本读者介绍具体事实，以及你自己的看法？

　　莫言：《丰乳肥臀》获得的"大家奖"，是迄今为止中国奖金额最高的一个文学奖，是由《大家》文学双月刊和红河卷烟厂联合设立的。因为是首届颁发，又授予了这样一部书没出版就因为书名而被炒得沸沸扬扬的作品，所以备受关注。首届大家文学奖的评委都是著名的作家、学者，他们每个人都写出了很负责任的评语，整个的评奖过程应该说是很严肃的。领奖之后，我就有一种不太好的预感，我知道中国人好犯"红眼病"，尤其是那些已经丧失了写作能力的"老作家"，他们早就对我在文学上的"离经叛道"恨之入骨，现在又看到我得了这样一个奖金丰厚的大奖，妒火和仇恨就像毒蛇一样咬着他们的心。果然没用多久，他们就发动了对《丰乳肥臀》的猛烈进攻。他们污蔑我在《丰乳肥臀》里歌颂国民党、攻击共产党，这样的罪名倒回去二十年，无疑会要了我的命。他们还利用老关系，到北京来活动串联，妄想把对《丰乳肥臀》的批判搞成一场政治运动，搞成一场阶级斗争。他们给国家领导人和政府有关部门写信诬告我，给我罗列了许多吓人的罪名，他们绝对想把我往死里整。我看过他们写给上边的信，使用的完全是文化大革命时期的语言，打棍子，扣帽子，断章取义，罗织周纳，欲加之罪，何患无辞？他们还利用被他们把持的那份臭名昭著的刊物，连篇累牍地发表攻击我的文章，他们的文章水平很低，充满了"文革"气息，像大字报一样。

　　《丰乳肥臀》受到批评时，我还在军队工作，上级很快就追查下来，并且成立了两个审查小组，每个成员分一章，连夜突击阅读《丰乳肥臀》，试图做出结论。他们让我作检查。起初我认为我没有什么好检查的，但我如果拒不检查，我的同事们就得熬着夜"帮助"我，帮助我"转变思想"。我的这些同事，平时都是很好的朋友，他们根本就没空看《丰乳肥臀》，但上边要批评，他们也没有办法。其中还有一位即将生产的少妇,我实在不忍心让这位孕妇陪着我熬夜,我看到她在不停地打哈欠,我甚至听到了她肚子里的孩子在发牢骚,我就说:同志们,把你们帮我写的检查拿过来吧。我在那份给我罗列了许多罪状的检查上签了一个名,然后就报到上级机关去了。第二天,我们的头儿找我谈话,说光写检查还不行,必须要有实际行动。我说您指的实际行动是个什么行动?他说,你能不能给出版社写一封信,以你个人的名义,要求出版社停止印刷这本书,已经印出来的要封存销毁。我说要禁你们去禁,我自己不能禁自己的书,但我们领导知道我的弱点,就再次组织我的同事们帮助我,其中当然还有那位少妇,我这个人意志薄弱,一看到那位孕妇,我的心就软了,我想,不就是一本书吗?禁就禁吧,与她肚子里的小孩子相比,我的《丰乳肥臀》算什么?于是我就给出版本书的出版社写了一封信,请他们不要加印,印出来的也要就地销毁。出版社一禁印,盗版书就铺天盖地而来,最保守的估计,盗版的《丰乳肥臀》起码有五十万本。让我弄不明白的是,既然《丰乳肥臀》有那样严重的问题,是大毒草,为什么面对着大张旗鼓的盗版他们却不管不问?我想如果他们想管的话,顺藤摸瓜,用不了三天,就会把那些盗版的不法书商揪出来。

就在那些人疯狂地批判《丰乳肥臀》时,吉林大学文学院的一群研究生竟然英勇无畏地组织了一个大型的讨论会,讨论《丰乳肥臀》,他们肯定了《丰乳肥臀》的成就,给了我很大的支持。事后,一家勇敢的小报,用很大的版面,将研究生们的精彩发言登载出来。这件事使我大受感动,深感到时代已经进步,公道自在人心,那些想拉历史车轮倒退的人,注定是不能如意的。

吉田富夫:以上官金童为首的人物各有各的特色,确实丰富多彩,他们是从哪里来的?他们与作者之间有什么样的"血缘"关系?他们与你自己生长的经历有没有直接或间接的关系?

莫言:他们是从天上来的,因为现实生活中找不到这样的人。我想,一个作家在一本书里塑造出了一些在现实生活中找不到的人物,这就是作家存在的价值,也是文学存在的价值。但这是问题的一个方面,问题的另一方面是,尽管在现实生活中找不到一个上官金童，但上官金童性格中的缺陷，却几乎可以在我们每个男人身上找到，或者说，我们每个人心中都隐藏着一个小小的上官金童。

《丰乳肥臀》的最初构思是在1990年春天的一个上午，我在北京积水潭地铁站的入口处，看到一个农村来的妇女给两个孩子喂奶，看样子那是一对双胞胎，他们一边一个，贪婪地吸食着母亲的乳汁，而那位母亲的脸，被斜射的阳光照耀着，简直就像一位受难的圣母。我站在地铁站的外边，久久地注视着她们，内心深受感动。我由此联想到我的母亲和我的童年。我是母亲的最后一个孩子，吃奶吃到大概五岁，这种情况在当时的农村很普遍，因为生活艰苦，没有现在这样的营养物品喂孩子，为了不把孩子饿死，母亲们就牺牲自己的健康，尽量地延长哺乳时间，我们这些孩子，把母亲几乎吸干了。上小学时，我的同学之中有一个特别娇惯的，大概八岁了吧？在课间休息时，还要跑回家去吃一次奶，老师和同学们对此熟视无睹，并没有人取笑他。由此我还想到了解放后流传在社会上歌颂党的那首民歌：党是亲娘俺是孩儿，一头扎进娘的怀，咕咚咕咚吃个饱，谁拉俺也不下来。这首民歌按时下的观点，可以算是"主旋律"作品，然而却从反面揭示了某些共产党的干部入党根本不是要为老百姓做事，而是要向党要好处。这些吃"党饭"的寄生虫，一旦党给他们断了"奶"，那就要活活饿死。开始我只是想写一个得了恋乳症的男人，吃母亲的奶吃到四十岁，母亲死了，又吃妻子的奶，与自己的儿子争食，妻子忍无可忍，与他离婚，结果这个男人饿死了。这样一个故事，我感到含有丰富的象征，当然，究竟象征着什么我还是说不清楚，我只是感觉到这里有深厚的意味。但是进入创作过程之后，"高密东北乡"的"历史"就毫不客气地参与进来，结果使这部原计划写二十万字的小说，变成了五十万字。那个离开了乳房就没法生活的男人的故事，就变成了上官金童的故事。

吉田富夫：你开始写小说，主要的动机是什么？在你的小说创作经历当中，你自己觉得《丰乳肥臀》占有什么位置？

莫言：我曾经多次说过，我最初的创作动机一点儿也不高尚。我当时在部队当兵，许多战友都有手表而我没有手表，如果想买手表就得跟父母要钱，而我的父母在农村艰苦劳动，生活困苦，仅能糊口而已，他们没有钱，即便他们有钱，我也不忍心要。在这种情况下，我就想写一篇小说，换点稿费，买一块手表。但最终还是我的父母卖了一头牛，帮我买了一块手表。

中国作家们一向有一种可怕的政治情结，总是以人民的代言人自居，总是过高地估计了自己的社会地位，走到大街上，恨不得在自己脸上贴上一个帖子，标明自己的作家身份，越是上了年纪的作家，这种毛病越重，其实，他们一点也不高尚，他们的道德水平很低，文化修养也低，非常肤浅，但就是这些人发动了对《丰乳肥臀》的批判。

在我二十年的创作过程中，写下了将近四百万字的作品，《丰乳肥臀》集中地表达了我对历史、乡土、生命等古老问题的看法，当然，我在写作这本书的过程中，关心的只是上官金童们的命运，其他的问题是无暇顾及的，我好像与他们一起生活了一百年，然后才与他们挥手告别。毫无疑问，《丰乳肥臀》是我的文学殿堂里的一块最沉重的基石，一旦抽掉这块基石，整座殿堂就会倒塌。

吉田富夫：您过去的作品中《红高粱家族》被拍成电影，在日本也很出名。看了那部电影，作为作者，有什么感想？《丰乳肥臀》有没有电影化的可能性？

莫言：我想，一部小说被改编成电影的过程，有点像把一棵树做成一套家具的过程。好的改编，应该是导演和编剧的再创造，小说提供给编剧和导演的只是一些思想的材料。我看了张艺谋的《红高粱》，我认为那既是我的作品，又不是我的作品，这有点像一个外祖父看一个外孙女，说是自己的孩子，也不是自己的孩子；说不是自己的孩子，又跟自己的孩子有血缘关系。

《丰乳肥臀》刚出版时，前来找我的导演和制片人很多，但他们很快就消失得无影无踪，他们不会去拍一部受到批评的小说。这也是用《丰乳肥臀》做了书名的代价，当然我不会后悔。我想，这部小说，完全可以拍成一部场面恢宏的巨片，也完全可以拍出一部关于东西方文化交流与冲突的巨片，但什么时候、由什么人来拍就很难说了，也许明年就有人开始操作这件事，也许永远没人来干这件事。

吉田富夫：古今中外的文学家和作品中，你比较受过影响的是哪些？日本的文学家，比较喜欢谁？

莫言：中国古代的文学家，我喜欢很多，如果开列名单，那这个名单会很长。中国现、当代的文学家，像鲁迅、沈从文我喜欢，当代文坛上活跃着的作家，我也喜欢很多，恕不一一列名。外国的文学家，对我产生过巨大影响的，有马尔克斯、福克纳、托尔斯泰、萧洛霍夫、卡夫卡……日本作家，我喜欢川端康成、三岛由纪夫、水上勉、谷崎润一郎等，当然，对大江健三郎先生的作品我也很喜欢，这并不是因为大江先生在他的讲话中提到过我就说他好。大江先生的作品中有许多让我感到亲切无比的描写，他写的许多事情，在我的家乡、在我个人的生活中都曾经发生过。我感到大江先生的作品中有一股蓬勃的生命气息，读他的作品如同进入了繁茂的森林。

吉田富夫：你在专为日译本写的序言中里说："我对人类的前途满怀着忧虑，我盼望着自己的灵魂得到救赎。"这里所说的"忧虑"指什么？

莫言：我感到人类对科学技术的追求，在利润的驱动下，已经到了丧心病狂的程度。许多新产品的开发，并不是为了满足人类的生活需要，而是为了获得超额利润。人类正在疯狂地攫取地球资源。科技越发达，人类越脆弱；科技越发达，精神越空虚。这大概可以算作我的忧虑，而一个满怀忧虑的灵魂是不得安宁的。我当年信仰的许多东西，已经很难安妥我的灵魂，我正在苦闷中，正在探索中，我相信我会在某个时刻得到一种庄严的启示。

吉田富夫：此后有什么写作计划？

莫言：计划很多，今年以来，我写了八篇小说的开头，有的写了几万字，有的写了几千字，原因是我在写一篇小说的过程中，经常有新的构思让我激动不安，不得不放下正在写着的小说，写新的，但这个新的还没写完，又有更新的构思发生，就这样在不到半年的时间里，我写了八个小说的开头，这种状态什么时候才能结束，我也不知道，我只好听从小说的命令，所以看起来是我在写小说，实际上是小说在写我。

我对媒体有一种恐惧感

——2000年3月与千龙网记者王正对话

记者：你的作息习惯是怎么样的？

莫言：我一般是在夜里写作，早晨起得比较晚。但这几年孩子上学要早起，我也就跟着起来了。但我午休的时间比较长。年轻时我特别能睡觉，在鲁迅文学院学习时，我的嗜睡是出了名的。现在上了几岁年纪，睡得就少了一点，但跟其他的人比起来，我睡得还是很多的。

记者：自从《丰乳肥臀》之后，你写得好像比较少了？

莫言：1996年之后，将近两年没有动笔，前年开始写了一些东西，主要是中短篇小说。《拇指铐》、《牛》、《我们的七叔》、《三十年前的一次长跑比赛》、《一匹倒挂在杏树上的狼》、《师傅越来越幽默》、《祖母的门牙》、《野骡子》、《藏宝图》、《司令的女人》、《儿子的敌人》、《天花乱坠》等，另外还写了一部长篇《红树林》。

记者：听说张艺谋已经把《师傅越来越幽默》改编成了电影？

莫言：有这码事，剧本的名字好像叫《幸福时光》，据说正在大张旗鼓地选演员。

记者：能谈谈你跟张艺谋的合作吗？

莫言：我跟张艺谋的合作是十分偶然的，可能是我的作品中的某种东西打动了他吧？我想一个导演与一个作家的合作能否成功，关键的是能否取得一种精神上的默契。有了默契什么也不用说，没有默契说什么也没有用。我想起码是在《红高粱》时期，我跟张艺谋是有这种默契的。这种状态可遇而不可求。我曾经说过，一个作家与一个导演只能合作一次。

记者：《红高粱》之后，你的创作是否发生了变化？如果有变化，你对自己的变化如何评价？

莫言：《红高粱家族》是十五年前的事情了，这期间的变化我自己也说不清楚。但我可以说一直在进行着变化的努力。变化在某种意义上说也就是脱逃，解脱掉旧作对自己的束缚，就像蝴蝶从自己的茧里钻出来，然后开始新的一轮否定之否定。《红高粱家族》之后，有《欢乐》、《红蝗》，这之后有《天堂蒜薹之歌》、《十三步》、《酒国》、《丰乳肥臀》，每一部都在变化，也许变得好，也许变得不好，但一直在变是肯定的。1996年之后的作品，受到了一些朋友的表扬，我很高兴，这说明我还在变，而且变得比较成功。

记者：能不能谈谈你对媒体的感受？

莫言：我对媒体有一种恐惧感，从某种意义上说，现在是媒体的霸权时代。去年夏天，我接受了一家电视台关于高考语文试卷的采访，我说了这张语文试卷的好处，但也对其中的三道题提出了批评，但出现在节目里的，只剩下我对试卷的表扬，我对试卷的批评却被剪辑得干干净净。观众只能从剪辑出来的节目里看到我对这张卷子的赞赏，并不了解我的全部态度（至于我是否有资格对高考试卷提出批评另当别论）。由此我想，所谓民意，也是可以剪辑的。他们完全可以根据需要强剪民意。报纸和刊物也是一样，只要他们需要，没有表扬，可以制造出表扬，没有批评，也可以制造出批评来。一个刚刚从大学毕业的小编辑、小记者（我说的是他们的年龄小），就可以制造出所谓的新闻热点。

媒体尽管有它可恶的一面，譬如说强剪民意，譬如说弄虚作假，譬如说制造热点，譬如说肉麻煽情，譬如说无耻吹捧……但媒体也有它伟大光荣的一面。在某些地区的老百姓心目中，媒体甚至是一个比人民法院还要公正还要有力量的地方。许多按照正常的司法程序长期得不到解决的问题，只要在媒体上一曝光，很快就会得到解决。许多本来不太可能得到公正解决的案件，因为媒体的介入造势，激起了巨大的民愤，执法部门也就不敢徇私枉法。譬如前几年的郑州公安张金柱开车轧死人命案，譬如最近的霸州公安杜书贵开枪射杀平民案，如果没有媒体的介入，这两个恶棍大概很难被判决死刑。即使在媒体的穷追不舍下，霸州市委的负责人不是还公开宣称，杜书贵是为了自卫才无意致死人命吗？按照该官的说法，杜书贵不但不该判死刑，而且还应该记功。为什么媒体会有这样大的力量？我想，是因为在媒体上曝了光的东西，很有可能被某个领导批示，领导一批示，下级们就忙不迭了。那些官员们怕的不是媒体，他们怕的是他们的上级，怕他们的上级撤了他们的职，对某些"人民公仆"来说，他们最大的痛苦不是死了爹娘，也不是妻离子散，他们最大的痛苦是丢了官，反过来说他们最大的幸福就是升了官。

对某些官员来说，升官是为了发财，千里做官为发财，不为发财哪个来？但也有的人做官不是为了发财。在中国，做官做到正县级以上（当然是指有实权的，不是泛泛的县处级干部）其实已经可以不和人民币打交道了，住房、用车、看病养老，一切都有了铁的保障，小到吃饭穿衣、喝酒抽烟，都不必自己操心了。我不相信一个地委书记甚至一个县委书记还用得着自己去商店买烟买酒（他们的太太把别人进贡的烟酒放到商店里代售倒是常有的事），而在老百姓的心目中，官员们吃点不花钱的肉，喝点不花钱的酒，抽点不花钱的烟，甚至泡个把不花钱的妞，都是应该的，根本算不上腐败，只要不弄得太过分，大家也就认可了。因为如果按照60年代四清运动的标准来衡量当今手中掌握着实权的干部，说一个好的没有那肯定是夸张了，但说大多数有问题应该是实事求是的。一直有人在说，官员的腐败是因为工资太低，要搞什么养廉费，其实，如果实事求是地算算账，就会发现，养活一个县委书记，那一年不得百八十万？养活一个省长一年需要多少万谁知道？给一个县委书记每月开一万元工资，不算低了吧？但从此之后，他们的住房要自己买，他们坐车要花钱，他们吃饭要掏钱，他们看病要花钱……我看未必会有几个人愿意要这高薪。只怕是工资涨到了一万元，那些不花钱的享受和待遇一样也不少。这样，老百姓或者说是纳税人才成了真正的冤大头。前几年吵吵闹闹地要对领导干部的用车进行改革，很多家报纸都发了消息，但最后还是不了了之。为什么？还不是怕用车补助发到了个人手里，但该坐公车的还是坐公车！另外，说当官就是为了钱也是冤枉了人家，有许多东西是有钱也买不到的，那种前呼后拥、颐指气使的感觉，那种种的特殊待遇，都是无价的。许多发了财的大款,成了名的什么家,宁愿花钱或是走门路弄个政协委员、人民代表什么的当当,虽不是什么正儿八经的官,但也可以神气神气,也可以挡风遮雨。譬如说在饭店或者在公园干什么色情事被人当场捉住时,就把牌子一亮:老子是政协委员!老子是人民代表!当然如果碰上了愣头青公安,就会说:抓的就是你这委员代表!但大多数情况下还是管用。

民间传说:"做牛要做印度牛,当官要当中国的官。"这从某个角度说明,大部分中国老百姓对官员们的要求其实很低,什么"公仆"?你就是官嘛,你享受的香车宝马、山珍海味、高堂华屋在我们心目中都是应该的,你只要能为老百姓办点好事,你只要不是额外地再去搜刮,就是一个清官大老爷了。也就是说,老百姓给官员们确定的道德底线很低,根本没用"人民公仆"的标准去要求他们。在中国,最舒服的事情就是做官,最风光的事情也是做官,如果为了贪钱把官丢了,那就太不值得了。像成克杰、胡长清这个级别的官,只要你不犯错误,或者说你不犯大错误,你生前的事儿不必说,连你死后的骨灰盒、悼词、墓地、鲜花,一切的一切,党都为你准备好了,你还要钱干什么?难道你还有什么东西需要用钱来购买吗?有人说了,人家可能是要为妻子儿女攒点钱,且不说马上就要开征遗产税,且不说留钱等于害子孙,其实,只要您不把头上的纱帽丢掉,您的妻子儿女孙子孙女在您的余荫下还能缺了钱花?有成千上万的工人下岗,有成千上万的农民外出卖苦力,别说大官了,您找找看,能找到一个下了岗的县委书记的老婆吗?能找到一个在建筑工地上搬砖头的县长的儿子吗?

离题太远了,还是说媒体。正因为中国的媒体能够间接地甚至直接地影响到官员的升迁,所以中国的媒体就具有了独特的力量。媒体是反腐败的工具,也是搞腐败的工具;媒体是揭露黑暗的工具,也是遮掩黑暗的工具;媒体是揭穿谎言的工具,也是制造谎言的工具。中国的媒体向来就是独特的媒体,在眼下这个独特的历史时期的中国媒体更是独特中的独特,这将是一个巨大的课题,值得有心人研究。

记者: 你转业离开军队,是不是与《丰乳肥臀》受到批评有关系?

莫言：没有关系，我在部队人缘很好，也就是说，如果我不想走，我就可以在部队一直混到退休。我之所以下决心转业，是因为我感到自己已经不是一个合格的军人了。我认为，部队的文艺工作者就应该写出像《英雄儿女》、《南征北战》、《上甘岭》那样的作品，鼓舞着战士们去勇敢战斗，写不出来这样的作品就应该让自己下岗。另外，我觉得，部队的文艺工作者应该有一个强健的体魄，应该是一个能跟战士们一起送炸药包炸碉堡的好汉，即便送不了炸药包，起码能跟着部队急行军，做不到这一点，就应该自觉地下岗，否则就是占着茅坑不拉屎。所以我说我提出转业其实是我有觉悟的表现，领导并没有让我走，是我自己要走。你说人家一群小伙子笔挺地站在那里，一个个生龙活虎，英姿飒爽，你挺着个大肚子，弯腰驼背地站在那里，你不自惭形秽吗？这不是明明地给人民军队抹黑吗？所以我说，因为我爱这支军队，所以我必须离开。

记者：全世界的军队中，大概只有中国的军队里养着一群作家，你怎样评价这个现象？

莫言：全世界的军队里大概只有中国的军队里有唱歌的、跳舞的、画画的、说相声的、演小品的，还有话剧团、杂技团、京剧团。前几年我在军队时，想当官想得发疯，但单位里没有适合我的位置，我灵机一动，就撺掇领导往上打报告成立一个解放军马戏团，由我担任团长，解放军马戏团的团长，全军独一份，出门上街，骑着高头大马，身后跟着一群骑小马的女演员，一个个明眸皓齿杏眼桃腮，在马背上翻跟斗拿大顶，我这团长该有多么神气！但我的领导说我胡闹。我说既然有京剧团、杂技团，为什么不可以有马戏团，我们领导说这就是政治，你不懂。那么，我现在可以用我们领导的话来回答你这个问题，为什么全世界的军队里唯有中国军队里养了一批作家？这就是政治，我不懂，你也不懂。

记者：我最近看到一本《当代文学教程》，把你列在先锋文学一章里，你对这个问题怎样看？

莫言：那是他们的事，是他们的需要，其实，先锋们很可能耻于与我为伍。

前几天我接受过一个台湾研究生的采访,谈到过先锋问题。我认为先锋其实是一种内心需要,是一种重压之下、急于宣泄的内心需要,其实是一种最诚实的人生态度。先锋不能用年龄画线,也不能以出身画线,当别人还不敢说真话你说了真话时,你就是当之无愧的先锋。当别人都戴着假面生活而你撕破了假面时,你就是先锋。我认为先锋并不完全是少数几个人的特立独行,恰恰相反,真正的先锋,必然地具有广泛的群众基础。衡量先锋的最重要的标准是看他是否具有诚实的品格。所以,在这种意义上,写出了《随想录》的巴金,也是一个老先锋。

记者:许多农村出身的作家,包括你,总是在自己的作品中表现出一种对城市文明的仇视,为什么会这样呢?既然如此,为什么不告别城市,回去守望你们的田园呢?

莫言:说仇视似乎太激烈了。我不知道别人,就我来说,对待城市文明并没有一概地否定。城市中的许多东西我不但喜欢,而且已经须臾不可离开,譬如自来水、电、暖气、抽水马桶。我深恶痛绝的是城市中那种代表着小市民的庸俗与奸诈的东西。另外,我在批判城市的同时,并没有忘记对乡村的落后和愚昧的批判。当然,乡村中许多东西是我至今留恋的,譬如说那种人与人之间的淳朴感情,那些其实早就已经不存在了的自然的风光,那种也许是我虚构出来的侠骨柔情、古道热肠,但真正回去一看,就发现这一切都是梦幻。现在的乡村,那种在自然经济下产生的文明,早被商品经济的大潮冲击得荡然无存。在我早期的作品中,表现出了这种矛盾:我忘不了来处,但又回不了来处;我在城市无法安妥自己的灵魂,但又眷恋不舍;我感到自己很像那头在两堆干草之间的著名的哲学驴,我比驴子高明的一点就是我没有守着两堆干草把自己饿死。现在,我觉得城市和乡村的问题,不是一个值得为之付出毕生精力的问题,我觉得一个四十多岁的作家,应该考虑一些别的问题。

记者:那么你认为一个四十多岁的作家应该考虑一些什么样子的问题呢?

莫言:你简直是得寸进尺,步步紧逼嘛。我想中国人关的问题不归我考虑,两岸的统一问题也用不着我考虑,我能够考虑的只能是从城市和乡村这个问题派生出来的一个问题。刚才我说过,我忘不了来处,但又回不了来处,即便我回到来处,又发现这里已经不是我心中的来处。这样翻来覆去的一倒腾,我就可以借用一个非常古老又非常现代的命题来回答你了:我现在考虑的是"我们从哪里来,我们要到哪里去?"这样一个问题。

中国当代文学边缘

——2002年7月与法国汉学家杜特莱对话

杜特莱：莫言先生，由我翻译的您的长篇小说《酒国》，在法国获得了"最佳翻译小说奖"，现在我正翻译您的另一部长篇《丰乳肥臀》（即将出版——译者），相信也会深受法国读者喜爱的。在这个过程中，我感觉到您代表了当代中国小说一股不可忽视的力量。我很想知道，就您而言，文学在您生活中处于什么位置，它在当代中国扮演一个怎样的角色呢？

莫言：创作既然是我的职业，那么对我来说，文学当然很重要了，我要靠它生活嘛。对我的精神生活，它也同样重要，因为可以通过写作发泄我复杂的情感。如果没有小说这个发泄方式，我可能做出很多不可思议的事情，它是我情感向外传输的渠道，多亏有它，我才能够心境平和。

在20世纪后半期，文学在中国是一个非常复杂的角色，小说更是这样。尤其在中国这样一个政治色彩很浓的国家里。回顾一下1949年以来发生的一系列事件，我们不难发现文学在中国有多么重要，一篇小说可以对整个民族产生重大影响，这种影响渗透到各个层次，上至中央领导，下至平民百姓。但随着社会的逐渐发展，这种影响也逐渐变弱。1978年开始，也就是文化大革命结束后，出现了"伤痕文学"和"反思文学"。这个时期，一部非常简单的小说甚至都与成千上万的中国人有关，像刘心武的《班主任》和卢新华的《伤痕》。这种不正常的文化现象，是源于长期以来整个民族备受压抑的现实。这样，小说和小说家就在某种程度上成了人民的代言人。小说所表现出来的，是每个人想说的话，是长时间埋藏在人们内心深处的感情喷薄和迸发。不过，这些应该放在那个时代特定的社会政治形势中去理解。

20世纪90年代以来，中国进入了一个商业社会，文学作为代言人的角色也逐渐变得模糊，甚至完全消失。今天我们可以看到，随着生活水平的提高，多种传播媒体层出不穷,娱乐方式也变化多样,再加上国民素质的普遍提高和日常生活中政治的淡化,使得小说开始变得脱离社会,它远远不及舞蹈、音乐和其他艺术形式所引起的反响。一篇小说在全国引起轰动的时代已经远去了。虽然也会有这样或那样的作品引起一阵骚动,但那只不过是流行或消费的问题,和它本身的文学价值没有多大关系,跟一种新样式的衣服或舞蹈引起一阵流行风是一样的。文学不再为社会负责或负有为人民说话的责任。我觉得这种情况很正常。就像在法国产生的"新小说"一样,那些作家只是把小说当做艺术品,他们去研究小说的创作,而不考虑它的销售及社会影响。自然,这样的结果也导致了阅读群的缩小。

杜特莱:莫言先生,一些人预言中国小说正在走向灭亡,您是这样认为的吗?

莫言:如果仅从它的销售量来看,我们可以说是。正像我刚才说的,20世纪70年代末80年代初,小说是整个社会的焦点,所有人的目光都凝聚在它身上。但现在,它已经处于社会边缘,即使不消失也要经历一个衰落期。不过我想,在一个正常发展的,也就是一个健康发展的社会,文学理应处在这样一个社会边缘的位置。如果一篇小说仍然能够动摇政治权力,引起社会变革,这才是不正常的。这种衰退是自然而然的事情,不必去限制或阻碍它。

杜特莱:让我们谈谈您刚刚在法国获奖的小说《酒国》吧。1993年第一次出版时,在当时中国文学界没有引起注意。但是,2000年3月再版,并且法文本于2000年春天在法国发行之后,它受到了国内外评论界的高度赞扬。小说牵涉到"吃人"的故事,应该说这是一个令人恐怖的主题,那么首先我想问的是,它是来源于社会现实还是纯粹的想象?然后我还想知道这篇小说引起了怎样的反响。

莫言:我在1989年7月开始创作《酒国》,当时我身体不太好,有时候是跪在凳子上写作。从1989年开始,我强烈地感觉到腐败已经到了一个非常严重的程度,如今更是到了让人无法忍受的地步。我认为官僚的腐化是整体性的,我们的社会正处于一种非常可怕的状态,不仅仅是官员们想捞钱的那种腐化，而且是大家都希望通过非正常的手段占有金钱的普遍社会心理疾病。这种现象已经触及了社会的每一个成员。比方说，一个工人想让他的孩子上大学，他就要托关系找门路；如果我的一位亲戚要动手术，我就要千方百计地给主治医师送一个红包，否则，我将不得安心。事实上，一位好医师总能成功地做好手术，而一个坏医师，不管你给他什么，他都不能保证手术的成功。但家属们总是送了红包才能放心。腐败已经使人和人的关系成为了纯粹的金钱交易关系，人和人之间失去了最起码的信任。当然，各行各业都应该具有的起码的职业道德也沦丧得很严重。这种心灵的腐败，比物质的腐败还要可怕。这就是我要写《酒国》的原因。

至于小说中写的所谓的"吃小孩儿"的故事，应该当成一个寓言故事来理解。为了表现这个故事，我用了很巧妙的表达方式：整个"吃小孩儿"的情节，都是由一个和作者通信的人来写的。《酒国》中有一个人物叫李一斗，是个写小说的业余作者，他写的小说也就是我小说中的小说，我们可以断言这个"小说中的小说"是虚构的。但同时，它和我所写的小说又是浑然一体的。而李一斗这个人物——小说中小说的作者，又成了我小说中的人物，而我自己呢，最后也成了这篇小说中的一个人物。真真假假，虚虚实实，都融合在一起。你完全可以说它是虚构的，也可以说是真实的。没想到这种本来是用于自我保护、为了免受批判而选择的结构方式，结果却促成了一种新颖独特的写作方式的产生。

那么在中国是否真的存在"人吃人"的现象呢？历史上，确实有。像战国时期的易牙，就将自己的儿子做成菜给齐桓公吃了。在封建社会，还存在一种情况就是，割自己的肉来为父母治病，这是一种医学上的愚昧。……在小说《三国演义》和《水浒传》里，同样也可以找到这样的事。当今社会，确实还没发现吃孩子的现象。当然我们也不能排除极个别的变态狂做出这样的事，西方社会中也有这样的现象发生。我在小说中所写的，是寓言，是象征，应该从文学的角度来理解。鲁迅在他的小说《狂人日记》中也曾发出过"救救孩子！"的呼喊，这也是象征，并不是说一些人真的要吃孩子。

促成我选择这个情节的一个原因，是我的在医院工作的几位朋友告诉我的一些事情：他们收集流产的胎儿，用来做成一种粉，这是一种药——确实存在一种用胎盘做成的叫紫河车的中药，据说这是一种非常有效的补品。有些医生自己也吃。中国人还吃一种未出壳的雏鸡，叫毛蛋，跟这是一码事，同样是一种补品。在中国存在这样一种说法，叫"生食大补"，比方说吃鱼的时候，当它还活蹦乱跳时就端上桌，割驴肉则要从活着的驴身上割，这叫"虐食"，史书上有记载，生活中也存在。在这里，我要说的只是一种传统，我想西方人不敢吃胎盘，他们觉得恶心。在中国，还存在一种神秘的医学观念，认为"吃啥补啥"，如果你肝有病，你就吃动物的肝脏，如果肾脏有病，就吃动物的肾脏。

这本书写好后，我曾把它送到一家杂志社，但他们不敢出版，不仅因为它的内容，还因为它的形式。他们对我说，"怎么能写这样的小说？"后来，到了1993年，湖南文艺出版社出版了，首印了9000册。中国文学界有一种惯例，就是小说先在杂志上刊登然后才到出版社出版，而《酒国》没有在任何杂志上刊登，就直接出版了。书出版后，一片沉静，在报刊上看不到一篇文章评论它，只有一位普通中学教师写了一篇评论寄给我看。我想也可能是因为此书未在刊物上登载，评论家没有看到，也许是看到了他们不喜欢。1995年后，才有几位旅居美国的评论家谈过它，认为是20世纪90年代长篇小说的一大收获。此书日文版1996年即由岩波书店出版，是东京大学的藤井省三教授翻译的，在日本受到了好评，尤其是年轻的日本作家和评论家比较喜欢，一般的日本读者我估计也不会感兴趣。

杜特莱：我们可以说《酒国》是一篇成功的寓言小说吗？

莫言：是的，如果人们问我对哪部小说最满意，当然是这个了。然而，最后一章不是很成功，在再版中，我已经对它重写了。

杜特莱：在中国文坛，您怎样为自己定位？是自成一家还是属于某一个流派？

莫言：我想我是独立的。有人说我属于"寻根派"，也有人把我归入"先锋派"。事实上，我自己也不知道属于哪一派，我对这个不感兴趣，也没什么意义。我想一个没人能够说出属于哪一派的作家，才是一位有存在价值的作家。我以我内心的感受为基础，用心去写作。

杜特莱：您比较偏爱哪些外国作家？

莫言：哦，那可以列一个很长的名单。"文革"时，我在农村读小学，语文课本是《毛主席语录》，没有条件去学语言文学。有一年，在台湾的一个两岸作家讨论会上，在座每个人都回忆自己童年的阅读生活，他们有的说在5岁时读了《三国演义》，有的说9岁时读了《红楼梦》，而我说，当你们用眼睛阅读时，我正在用我的耳朵阅读。因为在农村根本就找不到书，偶尔找到一本书，也没有时间看。然而，我感谢我的耳朵：我听祖父还有乡亲们讲了好多的神话故事和历史传奇。后来我当了兵，才开始大量地阅读。当时我是政治教员，兼着图书管理员，利用职务之便，看了很多书。但那时看的多半还是中国作家的书和部分苏联的"无产阶级文学"，阅读面很狭窄。直到1984年，我才开始真正意义上的阅读，广泛地接触了西方文学。当时我进了解放军艺术学院文学系学习，那个时候，已经有很多国外的作品翻译成了中文。

在"文革"前，翻译成中文的主要是苏俄文学，很少有西方现代作家的作品。很多比我们老一点的作家，比如那些"右派"作家，都是听着苏俄歌曲读着苏俄小说长大的。而在80年代，我可以阅读卡夫卡、马尔克斯和一些拉美的小说，美国作家福克纳、海明威，法国的罗布－格里耶、西蒙的小说等等。至于法国古典文学，巴尔扎克、司汤达、莫泊桑、左拉、大仲马等人的作品，在此之前都读了。这些名著在"文革"前就已经被傅雷翻译了。我也读过德国文学，古典的如托马斯·曼、歌德等，尤其是二战后的三个伟大作家Heinrich Boll、Gunther Grass、Siegfried Lenz，对我影响很大。还有日本的川端康成、三岛由纪夫、谷崎润一郎等等。对我触动最大的国外作家是马尔克斯、福克纳和卡夫卡，后来又有了君特·格拉斯。对于法国文学，我最喜欢罗曼·罗兰的《约翰·克利斯朵夫》，还有普鲁斯特的《追忆似水年华》，当然我至今也没有读完这些书，只读了部分章节，他们都很优秀。我觉得法国文学特别优雅、细腻、考究,很优美。某些国家的文学就像土布裙子,但法国文学就像精工制作的绸裙,而且还绣着蕾丝花边。但是法国当代作家中缺少像马尔克斯、君特·格拉斯这样具有极大影响力的重量级人物。尽管西蒙也得过诺贝尔文学奖,但缺乏广大的影响力。我觉得法国当代文学,对形式的追求走得太远——据说讲故事的传统又在回归——现在中国年轻一代的作家也有这样的倾向。纵观上世纪末,对中国作家影响最大的西方作家是马尔克斯、乔伊斯、博尔赫斯,还有卡夫卡。当然别人不一定同意我的看法。

中国文学,小时候我看了诸如《水浒传》、《三国演义》、《红楼梦》这样一些名著。现在我特别喜爱鲁迅、沈从文、萧红,老舍也很好,但是不欣赏另外几个在现代文学史上著名的作家。因为他们不曾创造新的风格,他们的小说像是从外国文学翻译过来的。如果让我列出这些作家中两个我最推崇的,那就是鲁迅和沈从文。

杜特莱: 对于当代的中国作家呢?您最推崇谁?

莫言: 我们可以用当代的中国文学与唐朝时候相比。刚开始,这个朝代的文学达到了以李白、杜甫为代表的巅峰期,然后又到了一个高原期,出现了成百的优秀文学家和诗人,但是却再也没有达到李白、杜甫那样的高度。从建国以来,中国缺少像鲁迅、沈从文那样有影响的大作家,没有人创造一种新的风格。当代的作家写得也很好,但是缺乏力度。从20世纪80年代以来,出现了几批作家,但是让人看不出他们的作品有什么不一样,让人觉得全是出自一人之手,每批整体上是一位作家。

"文革"后,在原来的"右派"作家中,有几个有自己的风格,但他们受苏俄文学的影响太深了,他们总是在表现一种理想,在追随政治路线,在维护一种很强的责任感。我想,他们响应了斯大林的一句话:"作家是灵魂的工程师。"对于他们而言,作家应是人民的代言人,应该有改造社会的责任感,应该站在人民的前列。这些人给文学染上了浓烈的政治色彩,被认为是"右派"作家,在"文革"时遭到批判,但是他们坚持:我们是党的好孩子,我们曾受到不公正的待遇,我们的母亲——党——错误地对待我们,我们应该帮助母亲去改正。在这方面，我们与俄国作家陀思妥耶夫斯基或者肖洛霍夫不一样，后两者从不替哪一个阶级说话，比如，肖洛霍夫写作时党派意识很淡，是从人的角度写人。他的小说《静静的顿河》中的主人公葛利高里既是红军也曾经是强盗，他既杀过共产主义者，也杀过白匪。但是他栩栩如生地展现了一个人的命运。而我们的作家，则总是强调他作为一个政治上的人的一面，忘记了他自然人的一面。

继这些老的"右派"作家之后，又出现了一些年轻的受过教育的作家，这些人曾生活在城市，接受过中等教育，然后被送到过遥远的贫穷落后的农村，当时最小的才十五六岁，最大的也就十七八岁，他们充满激情，认为可以改造中国和整个社会。但当他们发现所在的那些地区农民的贫穷与愚昧时，理想破灭了。一旦返回城里，他们就不断回想那个时期，好像生活给他们添上了沉重的心理负担。他们觉得那是一个历史性的错误，党欠了他们一笔债，他们本不该受这么多苦，这些痛苦的经历让他们在回味中受尽煎熬。但是，和生在农村的我相比，差别就大了。他们其实是作为被邀请者，是从外边儿过来的观察者，他们当时的生活条件其实比当地的农民还要好一点。我们一出生就生活在农村，我们能怎么做？那些一代又一代生活在农村的农民又能怎么做？愚昧，痛苦，我们根本就感觉不到，这就是为什么我觉得原来的那些年轻时接受过一定教育的作家，并不能形成一个有影响的流派的原因，因为这段经历只不过是一部分人的一个小插曲，反复地思考这段痛苦的经历并没有什么意义。

杜特莱： 与您说的这些作家不一样，作家阿城却说他在农村只不过度过了10年，好像这10年并没有如此恶劣。

莫言： 阿城是一个例外。他们中很少有人能达到像阿城那样的思想深度。他是一个有渊博知识，有教养，但却没有"知识分子"气味的人。他能够不带任何色彩地去思考他年轻时受教育的那个特殊时期，而不像其他人那样。他能客观地观察并深入事物的实质：金钱、性、人与自然的关系。再后来，山西的李锐，湖南的韩少功，还有史铁生，他们也都写出了有深度的作品。

至于那些最新的作家，他们接受过良好的教育，拥有小圈子的生活经验，他们单独的作品并不引人注意，而他们整体则形成了"一个"值得注意的作家。

杜特莱： 对于写小说这份创造性的工作，您已经在以前的小说中写过了高粱、大蒜、性、酒，接下来要写什么呢？

莫言： 事实上，我走了两条不同风格的路，我现在好像处于十字路口，第一条可以《红高粱家族》、《丰乳肥臀》为代表，从大众的角度或个人的角度，反映历史，这被称为"新历史小说"，我笔下的历史与官方的历史显然是不同的——小说带有揭示什么的性质，这也是《丰乳肥臀》受批评的原因。举例说，我承认，小说中涉及到共产党领导的"土改"、"文革"、"改革开放"，我都是站在超越阶级的角度去写的。……我想以具体的人为出发点去理解并解释历史。在"二战"期间，纳粹党是令人害怕并厌恶的，但是如果我们从成千上万的纳粹分子中抽出一个士兵去观察，也许会发现这是一个多么温和的人，他有妻子，有孩子，有父母，有祖父母，在现实生活中，说不定杀一只鸡他都会抖个不停。但是为什么战争能把他塑造成这样呢？这就是我希望理解历史的出发点。有评论者断言这一条路由《红高粱家族》开头，以《丰乳肥臀》结束，但是，我还有可能创作另一本小说，当然仍是从这个角度出发。另一条路是类似于《酒国》的，猛烈地抨击社会中的黑暗和愚昧现象，同时在表现形式上作进一步的探索。在这类小说中，我们可以发现已扭曲的现实、幻想、鬼神等，同时，我还可能采用现代手法，在这个方面，我已写了一些东西，但还没最终完成，也许会改变。一个作家不可能总能预见他的作品是怎么样的。当我开始写《酒国》时，我本打算写成一部侦探小说，但最后却成了这样！

杜特莱： 您是怎样开始您的写作生涯的？关于文学您又有哪些最根本的想法呢？

莫言： 我觉得跟其他作家一样，刚开始写作时，有非常实际的功利目的。刚开始时，我不知道要写什么，也没有什么自己的观点。我们的老师总是讲文学与政治相关并为它服务。1981年，很多人建议我写关于整党的小说，我于是写了别人让我写的。这个时期，我很多作品是反映为知识分子平反昭雪事件的。渐渐地，我认识到完全可以写别的东西，我于是就写了一篇叫《白狗秋千架》的小说，之后就像洪水开了闸，不再是我寻找灵感，而是它们奔涌而来，好像我写本来就在我脑中的东西，写我自己一样，我于是理解了所谓的"小说都是自传"的意思。一个作家的完整的作品就是他最好的自传，比如卢梭的《忏悔录》，我们可以发现许多真实的事件，当然也包括来自于无意识状态下的成分。这就回到了另一个问题：究竟是我写小说还是小说写我？刚开始是我写小说，后来中间有一段时间是小说写我，最后也许又回到我写小说吧。

杜特莱：通常，您的工作节奏是怎样的？

莫言：以前，在20世纪80年代，一个宿舍4个人，我每天能写10000多字，现在我用电脑，工具现代化了，也有了更充裕的时间和更好的工作环境，但是我却写不了那么多了。现在我一个人在书屋，每天写1000字都有困难！以前总是一气呵成，很少修改，可现在总是修改很多，以前是小说写我，可现在是我写小说，很难说是好还是坏。

发明着故乡的莫言

——2002年3月与《羊城晚报》记者陈桥生对话

记者：小说家以故乡为写作背景，古往今来不乏其人，因此而获得成功的也大有人在，如马尔克斯、福克纳等。但似乎并无人像您那样走得彻底，所有的小说都以高密东北乡为背景。

莫言：小说家笔下的故乡当然不能与真正的故乡画等号，故乡高密在我的创作世界中，刚开始还有现实的意义，越往后越变得像一个虚幻的遥远的梦境，实际上它只是我每次想象的出发点或归宿。最早使用"高密东北乡"这个概念是1985年在军艺念书时，当时也没有十分明确的想法，就在《白狗秋千架》这篇小说里，几乎是无意识地写出了"高密东北乡"这几个字。后来成了一种创作惯性，即使故事与高密毫无关系，还是希望把它纳入整个体系中。但我也觉悟到一个问题：一个作家故乡素材的积累毕竟是有限的，无论在其中生活多久，假如要不断用故乡为背景来写作，那么这个故乡就必须不断扩展，不能抱残守缺炒剩饭。要把通过各种途径得到的故事、细节、人物等都纳入到故乡的范围里来。后来我给故乡下了一个定义：故乡就是一种想象，一种无边的、不是地理意义上而是文学意义上的故乡。

记者：自21岁离开故乡后，当兵、创作、走南闯北，如此丰富的人生经历却似乎很少直接进入到您的小说中，这些经历对于您的故乡写作有怎样的关联？

莫言：海明威就说过，不幸的童年是作家的摇篮；当然，幸福的童年也是作家的资源。一个人的童年时期，正是世界观、思想的形成发展时期，求知欲旺盛，记忆力最好，如果童年不幸，有可能获得一些独特的感受和经验，而这些独特的东西，恰好是最富有文学意义的。至于当兵以后的生活，则变得趋同化、政治化、格式化、整齐划一，单调，好像后来的生活与文学是断电的。

游子返乡式的写作，从"五四"以来一直是创作的重要主题，每个作家都有类似的写作。沈从文更典型，离开湘西就无东西可写，或根本写不好，但一写湘西，立时在文坛上显得非同凡响。而他当了教授后，写起大学生活就缺乏个性，一般化了。他写湘西，写船上的船夫、吊脚楼的妓女，一个个活生生的人物呼之欲出，让我们眼前立刻想象出自己的湘西，感到一种水汽，一种泥土气息，吊脚楼的颜色、形状都可想象出来，这样的作家就是找到了故乡，找到了自我，找到了童年，找到了根。

　　为什么作家都要用作品寻找故乡？因为他们离开了故乡。试想，如果沈从文不离开湘西，可能也写得不错，但肯定形成不了一种居高临下的目光，他不会用一种比较的态度来看故乡。他背井离乡在上海、北京闯荡，接受了现代文明的熏陶，再回头来观照过去的生活，眼界就比原来高得多。

　　《透明的红萝卜》是以我当时生活的经历、感受为基础生发的一部小说，记忆中那个涵洞非常高大，但后来我带着电视台的记者去拍这个涵洞时，才发现它原来那么矮小，一方面可能是人长高了，一方面在城市里，看到的都是高楼大厦，再回头比较农村的草房、童年记忆中高大的涵洞，马上就觉得过去的记忆很不真实，童年的东西迹近梦幻。

　　记者：那也就是说，您记忆中的故乡与现在的故乡有着较明显的失落。

　　莫言：是的，这种失落感是很沉重的。在北京写文章怀念故乡，或者说创造故乡，发明故乡，可一回到故乡，发现已经是面目全非了。不仅乡村的外貌发生了明显的变化，原来熟悉的人也越来越少了，所以我想，故乡实际上是在路上。生活在大都市，繁华的街市、人与人的隔膜，不禁回想起乡土社会家家鸡犬之声相闻，人人互相帮助的淳朴。但一回去，又发现根本不是这样，那里也有刁民泼妇、小偷小摸、村匪村霸。事实上我记忆中的故乡根本就没存在过，就像那个涵洞根本就没这么高大。乡村里的人物原来也没这么了不起，不是像爷爷奶奶那样敢说敢做，也是唯唯诺诺。人与人的关系事实上从来就没想象中那么美好。故乡是在童年记忆基础上想象的产物，事实上是发明了一个故乡。

记者：这么多的失落会影响您对故乡的那份情感吗？

莫言：故乡说起来很具体，实际在我头脑中故乡是很抽象的产物，但故乡的概念，还是有很浓的感情成分。当年当兵因家庭成分不好，颇费周折，很多人嫉妒，当时就想走得越远越好，很厌烦。但过了两年，我出差去北京顺便回家，一到车站就听到了一间小饭馆里正播放的猫腔，顿时百感交集，眼泪都出来了，一下子听到了故乡的声音，闻到了故乡的气息。原来只想逃避，一回来就感到特别的亲切，可能生活两天后又很厌烦。故乡是一个情结，比如猫腔能让我如此感动，但外地人听起来可能觉得是鬼哭狼嚎。

记者：可您写的故事都是您所没有经历过的历史，但却与故乡相结合？

莫言：一个作家应有同化生活的经历，我可以把我没经历的事情写得像我经历的一样，实际上也是一种想象力。我写刽子手但我不是刽子手，也没见过刽子手行刑的场面，甚至也没查到有关的一条资料记录，只能靠想象。写到刽子手行刑那一刻，就要使自己变成刽子手，用他的思想来思想，用他的感觉来感觉，这种能力的大小决定着作品的可信程度和是否活灵活现。

记者：那也就是说想象越多越放得开？

莫言：早在军艺时，我就有一个谬论：没见过大海的人写出的海最美，没谈过恋爱的人写出的爱情最感人。

记者：读您的小说，最大的感觉是对民间悲苦生活的表达和讲述，既不是哭诉，也不是记账式的恐吓，而是充盈着一种欢乐的力量，这是为什么？

莫言：人不在其中的时候，往往替别人思想。前两天看阿富汗难民，想象其苦难无以复加，但电视上两个孩子却在一片废墟上嬉笑打闹，其乐融融。回想农村困难时期，身在其中也并未感到多大的痛苦。所谓的痛苦是后来进城后的回想，其实，无论物质生活多么苦难，老百姓都有天然的乐观精神来抵抗生活加给的重担，挣扎着活下去。何况"文革"时物质生活比上世纪60年代初要好得多，"文革"中的农村我感到了一种狂欢，有如西方的嘉年华的那种集体狂欢：锣鼓喧天，宣传车上大喇叭播放着悠扬的《浏阳河》，一会儿是毛泽东思想宣传队，一会儿是红卫兵团部，一会儿又是鲁迅战斗队来了。武斗像小孩子打斗一样热闹。而且我们家旁边就住着生产建设兵团，每星期放一场露天电影，周围十几个村的孩子都跑来看，青岛人能看到多少电影，我们这些乡村孩子就能看到多少电影。

记者：同样可以感受到的，还有您对于小说中"我爷爷、我奶奶"主人公都寄寓着的敬仰之情，据说这些人物都是您的大爷、大娘、大婶子，那么，从感情与艺术创作上，您是如何去面对这些原型？

莫言：虽然写了很多土匪强盗这些坏人，但在小说中对他们充满着感情。我想我的思维、爱憎、价值标准是与我的乡亲们完全一致的。父辈们在讲述他们时是带着一种仰慕，是把他们当成人中的龙凤来看待的。虽然他们杀人如麻，多行不义，但他们的行为毫无疑问是不同凡响的，是一般的人难以做到的。这其实是一种英雄情结的变种，人们总是对那些敢做大事、哪怕是大坏事的人心存敬仰。

记者：关于《檀香刑》，您说这是您写作过程中的一次有意识的大踏步撤退，为什么？

莫言：这个说法受到了很多人的质疑。我说的这种撤退是针对目前写作界的状况而言。20世纪90年代中期开始，文坛弥漫着伪中产阶级的写法，准贵族化的写作，我作为一个经过了训练的作者，有意识地与其划清界限，才不致沿着时尚的东西往下滑。其次，是对80年代以来流行的文学语言的反抗。翻译腔调对当代作家影响巨大，翻开杂志，看看那些文章，发现使用的语言都非常纯熟，非常华丽、流畅，似是而非的比喻充斥其中，但实质性的东西特别差，都是没有生命力的语言，像是在水面上漂，像鹅毛一样，轻飘飘的，太像丝绸，但这是时尚，人们愿意模仿。一方面与伪中产阶级的态度对抗，一方面在书写语言上营造自己强悍的风格，然后有了《檀香刑》。

记者：有没有考虑到也是对自己此前创作的一种撤退？

莫言：起码是要与过去的作品有所区别。

记者：《檀香刑》用猫腔来写，在语言上怎么能做到和猫腔统一，是用其语言还是旋律？

莫言：猫腔是渗透在我血液里的一种声音，假如故乡有声音，那就是猫腔。近年来，评论界提到民间语言、民间写作、民间立场，我是一直在坚持着它，让它更纯粹。首先要想到对华丽的丝绸般的语言拉开距离，找一个载体，民间语言要完全进入小说不太可能，突然想到了猫腔。我想就是在寻找一种母本，把小说的语言嫁接到猫腔的母本上。在思维过程中首先想象这个小说母本就是一部戏，《檀香刑》是一部民间戏，主人公是戏的班主，思维方法也是戏剧的思维，结构上也是戏剧的结构。上星期在人民剧场看京剧时突然意识到，如果将《檀香刑》改编成京剧的话，人物竟可以一一脸谱化：孙炳——大花脸，县令——老生，孙媚娘——花旦，赵甲——白脸，小甲——小丑，县令夫人——青衣，袁世凯——大白脸，虽然当时写作时并没意识到。

记者：大家总是有这样一种认识，您的小说总是充斥着那么多的残酷与暴力。这种嗜暴到底是出自于内心的一种本能，还是情节发展的不得不为？

莫言：首先要澄清：作家与小说中人物肯定不能画等号；其次，我也不是每一篇都充斥暴力。最给人深刻记忆的是《红高粱家族》中剥人皮、《檀香刑》中凌迟的两段描写。但我想这是没办法的，一个作家哪怕只写过一次这样的小说，也给人以特别的刺激。写时并未想到暴力场面究竟要代表什么、说明什么，只是根据小说需要来写，笔就往那里去了。但认真分析起来，《红高粱家族》如无剥人皮的场面，小说就站不住，接下来几部中，中国农民反抗的暴烈程度与日本人令人发指的暴行是互为因果的。《檀香刑》则是由刽子手本身的行当决定的，刽子手把杀人、执行酷刑当一件艺术来完成，是其得意之作，只好这样写。当然也值得考虑，以后是否应尽力避免这种暴力场面，即使需要也应含蓄克制，能够做到这一点。

记者：我想是的，譬如《透明的红萝卜》中那节性爱描写，就是一条紫红色的头巾在黄麻地里随风飘落，含蓄之至、优雅之至，与《红高粱家族》的写法迥异其趣。

莫言：回头来检讨，可能还是《透明的红萝卜》里的处理方式更加符合中国人的审美习惯。它是含蓄的节制的描写，给人留下想象的空间；《红高粱家族》则是一览无余，该写的都写了。很多人就认为《透明的红萝卜》是我最好的作品。

记者：不过，《檀香刑》在描写行刑场面的时候写到的挽歌声，又不禁让我想起了贾平凹《废都》里的那段埙声，落日下遥远的古城墙上飘来的阵阵埙声，使整部小说弥漫在一种凄凉的氛围中而大大削弱了书中赤裸裸的性爱描写，您是否也在有意地借助这阕挽歌来弱化故事的残酷？

莫言：有意说不上，也许只是水到渠成，凭着感觉，是长期训练的结果吧。

记者：您的小说几乎出一部火一部，回过头来看，您觉得自己是否一直在做着某种探索？有的话，其内在探索的轨迹又是怎样的？

莫言：写长篇时与中短篇有个重大区别，那就是考虑结构了。中短篇比较随意，不考虑结构，尤其是短篇，常一气呵成。

回头一想，《红高粱家族》是没有结构的，是由五部中篇构成的组合式的长篇。《天堂蒜薹之歌》开始有了结构，用三个不同的视角来讲述蒜薹事件过程，民间艺人瞎子——作家全知视角——官方视角。比较复杂的是《十三步》，把汉语的人称全部使用了一遍，视角变换让人眼花缭乱。视角实际上就是结构，人称实际上就是视角。如用"我"，只能是"我"所感所见所触，而"我们"则扩大了，有一种霸气，一种集体观念。"你"有亲切感、述说感。但这部长篇发表后我估计读者不会超过500人。《食草家族》也像《红高粱家族》，是中篇组合式的。

在结构上我比较满意的还是《酒国》。一方面有强烈的社会批判性，另外，在语言上进行了多种多样的戏拟，游戏性地模仿当时各种各样的文体。小说的整个组成包括虚与实两大部分，一方面我作为作家写一篇反腐侦探小说，同时又有一个文学爱好者给我通信，把他写的小说寄给我，后来我的小说与文学爱好者的小说融为一体，人物互相参照、印证，事件也是这样，最后结尾，作家真的到了文学爱好者的故乡那里去，发现这个在小说中桀骜不驯的人其实是个唯唯诺诺的小职员，最后小说中的主人公喝得醉醺醺地掉到茅坑里淹死，作家在酒国里也醉得昏天黑地。但小说发表后毫无反响，五六年内无一文提及，后来被国外翻译，才开始有人注意，但估计大多数人不喜欢。我认为在小说结构上它是比较巧妙的一部，而且我也知道它不为大多读者接受是非常正常的。

《丰乳肥臀》先是得了"大家"文学奖，后又受到了猛烈批评。我比较满意的是小说中塑造的几个人物——母亲，过去几十年小说历史中有很多成功母亲形象，但我写的母亲与那些母亲是不一样的。上官金童，是高度象征的人物，他相貌堂堂，但却是那种感情上永远不能断奶的精神侏儒，他对母亲乳房的眷恋实际完全是一种象征。这部小说当时是两种意见，后来过了四五年，有一些学者重新解读，一位教授说："实际上我们每个人的灵魂深处都暗藏着一个小小的上官金童。"这话令我欣喜若狂，终于有人看出了我的意图。当然这部小说肯定有问题，不是完美的。它体积庞大，披头散发，有很多臃肿的赘笔，语言不讲究，如果我现在修订一下，压缩成50万字，这部长篇应该是我的代表作。

《红树林》是写作上的一个特殊情况，先写了电视连续剧，再应投资商要求改编为小说，招来很多批评，确实也有很多问题。

《檀香刑》具体写作时间并不长，但拖的时间很长，1996年就写了10万多字。后来感到很难往下叙述，当时完全按照一个历史小说的做法，像二月河，后来发现这样写不得了，至少要写几百万字，就放下了。直到去年11月份，终于想到了大的结构，用猫腔的结构。完全想好是小说写到一半时，开始感觉和猫腔有一种关系，但怎样处理这种关系，如何天然融合为一体，费了很多思量，直到想到大的结构"凤头、猪肚、豹尾"，心里才有了数。

记者：您这种探索有无一个明确的希望达到的目标？

莫言：这是不可能的。文学不像比赛，有一个具体的目标，小说只能有一个朦胧的感觉。每部作品都有追求，对我来说，就想下一个作品要和之前的不一样，起码有很大的区别，让读者感觉到这个人不是在重复自己，这就是最高理想。

记者：在当今文坛有没有您比较看好的作家？

莫言：已成名的不需我来看好。从去年开始，我有一个阅读感受，我认为西北地区正在崛起一个非常了不起的作家群，如大名鼎鼎的四川的阿来、宁夏的石舒清、宝鸡的红柯、新疆的刘亮程，四人已成气候。他们一是有丰厚的宗教背景，小说中表现出一种宗教情结，但不是传教而是信教；其次是其语言出现了一种新鲜素质，如石舒清的小说中有很多很陌生化、很传神的词汇，可见他良好的汉语素养，且本民族的口语也已融进去了。红柯的语言是建立在中亚游牧文学基础上的马背上的语言，刘是标准的汉语写作，但与新疆辽阔的地理环境有密切关系。西部不仅在经济上将开发，在文学上也会形成一种很宏大的气象。几年内应见分晓。

写小说就是过大年

——2003年1月与《中国教育报》记者齐林泉对话

得奖不是什么值得张扬的事情

记者：莫老师，首先祝贺您新年伊始就喜获首届"21世纪鼎钧双年文学奖"。这是一年的好兆头！对于这个奖项，因为是首次颁发，好多人还不太了解。可以先谈谈有关这个奖项的情况吗？

莫言：这是由民间人士出资赞助、由从事文学工作的专业人士组成的评委会按照严格、规范的程序操作的奖项。详细的情况我还不太清楚，但我感受到了这个奖的严肃和专业性。在简单的颁奖仪式上，出资设立该奖基金的人并没有张扬，甚至拒绝向媒体透露自己的身份。这样就与借设奖以扬名做广告的诸多奖项有了区别。

得奖当然是好事情，但也不是什么值得张扬的事情。那种因为一个短篇得了奖就成了"著名作家"的时代早就过去了。这件事仅仅说明了社会上有人还关心热爱文学，有人还喜欢我的作品。

记者：有媒体认为鼎钧双年文学奖是带有同仁性质的奖项，评选结果完全建立在11位专家评委个人阅读的体验上，与主流观念、市场标准都没有关系。目前在市场上遍地开花、大红大紫的作品，完全没有进入评委们的视野。您是怎样看待"专业标准"与"流行趣味"在评奖上的这种分离的呢？

莫言：专业标准也是相对而言，一部小说，其实包含着多种因素。我也不敢说我的《檀香刑》里就没有"流行趣味"。但这些评委因为他们的职业和教养，对文学的认识与一般的读者有差别也是客观事实。换一帮评委，我的书别说得奖，只怕连提名也轮不到。即便在所谓的"纯文学"的小圈子里，对我的小说持异议的人也很多，即使在这十一名评委里边，不喜欢《檀香刑》的也有，而且不止一个，这也恰好说明了这个奖的可爱之处。

记者：可以谈谈您对其他国内外奖项的看法吗？比如国内的"茅盾文学奖"、您去年在法国获得的"卢尔·巴泰膺"奖、还有您呼声很高的"诺贝尔文学奖"等，您认为这些文学奖项对文学的繁荣起多大作用呢？

莫言：关于文学奖，其实没有什么好谈的。总而言之，任何奖都有自己的标准，符合了就得奖，不符合就不得。得了奖也不说明你的作品就比别人的好，没得奖也不说明你的作品比得了奖的不好。文学奖跟文学的繁荣，我认为基本上没有关系。唐朝的时候没有文学奖，但文学不是很繁荣吗？现在有这么多的文学奖，几乎每个作家都得过这样那样的奖，有的人还得过数百个奖，这也很难说是文学的繁荣，更不能说那些得了数百个奖的作家就有多么了不起。

好的作家，大概像一个语言的炼金术士

记者：在这个奖项说明里面，我们看到它有两项专业性质的标准：一个是水准在其个人创作史上处于高峰状态，一个是对汉语写作有创造性的贡献。对于前者，我想了解一下，一个作家怎样来界定自己是否处于创作高峰？从作品数量看，1996—1997年是您的创作低潮期，但这两年内您不但开始创作了您的第一部话剧剧本《霸王别姬》，而且后来更具创新更加成熟的第8部长篇小说《檀香刑》也是在那个时候构思动笔。之后推出的《拇指铐》等一批中短篇小说更是风格焕然一新，所以我想作家自己对创作高峰的界定是不是与评论家不一样？您认为自己现在处于高峰状态吗？《檀香刑》后您的创作不多，是不是又在酝酿新的长篇？还是做其他小说形式的尝试？对于现在方兴未艾的科幻小说（如日本的《银河英雄传》等），打算尝试过吗？

莫言：评论家和读者评价一个作家是否处于创作的高峰状态，当然是以他公开发表的作品为准。但这样难免会有误差。譬如他们认为我目前处于高峰状态，但这两年我恰好什么也没有写。而如你前面提到的那批作品恰好是大家都认为我的创作处于低潮的时期写出来的。至于我目前的状态，很难用低

谷或是高峰来描绘。我承认过多的与文学没有什么关系的活动,侵占了不少的写作时间,但一个作家也的确不能每天关在屋子里写作。对于我来说,一切活动最终都要和小说发生直接或者间接的关系。我正在为新的小说做准备,不着急,慢慢来。科幻小说,我很喜欢,但这种小说很难写,如果你不掌握很多的现代科学知识,是科幻不起来的,许多科幻小说中描述的情景,最终都变成了现实。前辈的科幻作家,都是后辈科学家的老师。

记者:至于上面问题里提到的第二个标准——对汉语写作有创造性的贡献,我记得您在2002年9月份给研究生上课时提到,一个文学家必须首先具备这样的素质,这是文学家有别于作家之处。在您的作品中,也极具体现。而在现实生活中,一些通俗小说以及影视作品、网络传媒,甚至服饰广告可能对汉语言和汉文化潜移默化的改造更大,金庸、亦舒等的小说,痞子蔡、安妮宝贝等的网络作品,周星驰的电影,琼瑶的电视,日本的动画,韩国的爱情剧、MP3、FLASH、波波族等等,不知道在您的眼里,它们这种也不乏创造性的更大改变算不算是贡献?是不是文学家的贡献更纯粹一些?一个好的文学家应该如何对自己所处时代中的流行趣味作出自己有品位的甄别?

莫言:你这个问题很尖锐。是的,流行的东西,对语言的影响很直接,简直就是语言的传染病。但这种东西来得快也去得快。最终沉淀下来的不会太多,但每一个时代的流行语言都会在文学作品中留下痕迹。好的作家,大概像一个语言的炼金术士,他攫取语言中的一切粗矿,与自己的语言气质相结合,加以锻炼,然后形成独特的文体。

记者:像众多大的文学奖项一样,"鼎钧双年文学奖"对诗歌、散文不是太感兴趣。我国曾经是诗的国度,诸子百家、唐宋八大家等代表散文传统也源远流长,古代的小说却是勾栏里巷的俗物,现在诗歌、散文反倒不能登大雅之堂,尤其诗歌现在在中国的待遇还不如国外,像诺贝尔文学奖不乏诗人作品入选,不知道这是中国传统文化形式的悲哀呢?还是中国文学与世界接轨的大幸?

莫言:我不懂诗歌,不敢妄加评论。但实际上诗歌还是很热闹的。号称诗人的人，大概有几十万吧？而且各式各样的诗歌奖更是多如牛毛。你去看看那些诗人的小传，就会发现，诗歌奖比小说奖要多得多。

记者：我知道您已经出了三本散文集了，您的散文随意亲切，遐思飘荡，弥散着大家之气。可以讲一讲您散文创作的历程和其创作体会吗？

莫言：三本散文集，其中篇章重复的很多，只能算一本散文的三个版本吧。我那些文章，都是漫不经心之作，没有经营过，粗糙得很。你不要胡乱表扬。我也不知道散文做法是什么，连小说都没有做法，散文就更没有做法了。你想到哪里就写到哪里，心里怎么想，笔就怎么写就是了。

"穷神啊穷神，到我家来吧，我们一起过大年！"

记者：莫老师，您是自2000年来新闻发生率最高的作家之一，话剧《霸王别姬》、热身诺贝尔文学奖以及大江健三郎的击节赞赏，《檀香刑》再掀您的创作高峰，到山东大学任客座教授，英美文学界重量级文学评论期刊《今日世界文学》，推荐75年来40部顶尖文学名著，您的《红高粱家族》入选，大江健三郎与张艺谋相约到您家座谈，大江健三郎先生到高密您的老家过年等等，直到现在，新年之际喜获大奖，这些使您一直并不寂寞。但您对待这些浮名保持着良好的心态，您是怎样把握的呢？

莫言：我那所谓的话剧，纯属凑热闹，不值一提。"热身诺贝尔奖"，更是荒诞的说法，这可不是体育比赛，还要热身。大江健三郎先生对我的一些夸奖，也只是一个作家对同行的夸奖，没有媒体渲染的那般邪乎。《檀香刑》毁誉参半，有人认为是鲜花，有人认为是狗屎，都对。我有一群坚决的反对者，他们看到我的文字就反感，就愤怒，甚至不看到我的文字一听到我的名字就反感就愤怒，而且这些人里边有许多非常年轻的写作者，并不仅仅是老人。这个群体对我来说非常重要，这说明我的写作触及到了某些讳莫如深的领域，我的存在让他们不舒服，从某种意义上说，让这些人不舒服，正是我的价值。当然，也还是有喜欢我的读者，他们几十年来始终支持着我。到山大担任客座教授，是真正的滥竽充数，我是有自知之明的。写了几篇小说，浪得虚名，自己心中知道自己能吃几碗米的干饭。至于美国那家刊物的排名，只能代表他们一家的观点，有多少好小说被遗漏了啊。我其实一直很自卑，知道自己的"本钱"，狂妄不起来。当然，我也反感那些写过几篇小说就忘记了自己姓什么、自以为是伟大人物的作家。

记者： 说起作家的心态，我想一个作家的心态肯定会在他的作品中不自觉地展露出来。都知道浮躁是一种很有害的心态，但它仍很普遍地存在。还有一种较为普遍的心态，现在我很难说它对作家本人和对社会有利还是有害，这就是宿命和悲观的心态，很多人认为这种心态更接近于文学的本质，也更具有人文精神。我认为您的作品中没有这种东西，因为我能感觉到您作品中处处游荡的那种不散的英魂。就宿命和悲观的这一心态的存在和作用，我想听听您的看法。

莫言： 浮躁心态的产生，一个重要的原因，就是太把文学当成了伟大的事业，或者是太把文学当成了升官晋爵的敲门砖，比如，你看看有些作协换届时，为了争夺一个头衔，一些人就结帮拉伙、四下串联，就会明白这些人看重的到底是什么了。还有的作家，因为本身就是高等华人，尽管他们口口声声地说要为人民写作，其实，他们哪里能体会到老百姓的心情？一个老百姓，无法不悲观，无法不宿命。我回老家，经常听说村子里出现了仙姑看病，许多老百姓都去看。你可以批评老百姓迷信，但到了那样的环境里，你无法不迷信。你知道一个百姓去医院看病的艰难吗？你看过那些医务人员可怕的嘴脸吗？你知道医院宰人的凶狠吗？你知道老百姓吃的药有多少是真的吗？你知道老百姓对官员们的真实看法吗？关键是，你知道一个老百姓辛苦劳作一年，能收入多少钱吗？但老是这样悲观，宿命，也不行，为了活下去，他们发明了幽默，也就是苦中作乐。而苦难到了极端后，老百姓就要抗争，我说的不是造反啊，是不向命运低头的抗争。我们那里，有一个穷人，过年时家家都接财神，他却到大街上去喊叫：穷神啊穷神，到我家来吧，我们一起过大年！好玩的是，这个穷人的日子从此竟发达起来。这故事中包含着很多意思。我的小说里也有这种东西。

也许用不了二十年，道德就要发生巨变了

记者：现代科技的发展，使人们在拥有巨大物质财富同时，却面临着许多精神困惑，有人说在宗教盛行的国家里，这种困惑可能小一些，而在中国这个有"泛神"传统的民族，这是极为迫切的问题。在这种情况下，寻找我们民族力量的源泉，挖掘我们民族文化的生命内核，来给现代生活一个有力的支点，应该说是每个以文化为业的人所必须考虑的。从您的《红高粱家族》以来的一系列小说中，可以看到您的这种努力。您试图从人们对历史传奇完美的寄托中寻找我们今天前行的动力，您认为这种努力现在已经收到了多大的效果了？怎样再继续下去？

莫言：我们也信神，但都是很功利的。你去南方看看，那些庙宇，都是香火鼎盛。听说每年的第一炷香都是达官贵人用高价买断了的。人们求神，是为了升官晋爵，发大财，总之是很功利，这跟真正的宗教精神相去甚远。解决一个民族的精神信仰这样一个重大的问题，几篇小说是无能为力的。别说是我的小说，连那些伟大作家的小说也解决不了这个问题。

记者：您在《檀香刑》后记中提到，这部小说的创作过程是一次有意识的大踏步撤退，其实这种后退的取向在《红高粱家族》里，"种的退化"一经说出时，就被规定了。对今天"种的退化"的肯定，恰是您在高扬"尚古"，但这跟守旧复古又不一样，而是类似于文艺复兴对于古希腊文化的态度。但又不完全雷同，这里面还含有了中国古文化思维中那种逆向的时间崇拜，即以"上古"或过去为仪范，像"人心不古"、上古之时如何如何等这一本民族文化内涵的东西，只不过这次《檀香刑》的创作从内容到形式做得更彻底更老到。让人感觉到您在逆流行大潮而上，寻找失落的民族文化，并以充沛的现代内涵孕育催发它，以便使在全球化的今天，恢复和保持我们民族的一份自信，并为人类的多方面健康发展探寻一种可能性而进行不懈努力。不知道我理解得对不对？

莫言：你可以这样说，但我写作时并没有考虑这样多。其实，古代也未必像我们想象的那样美好，那时候的人，跟现在也差不多。你看看《儒林外史》，看看《金瓶梅》，就明白那时候的小人，一点也不比现在少。作家大都是不满时代的，为了表现自己的理想，只好将古代理想化。至于我在《檀香刑》后记中所谓的"大踏步撤退"，也只是一种感觉而已，是我对那些假先锋的反感，假民间的反感。我一向反感大词，什么"民族文化"、"民族自信心"，一个写小说的，如果陷落在这些大词的泥坑里，那就毁了。当然，评论家可以这么说。评论家必须玩弄概念，而写小说的，只应该关心人物和故事，当然还有语言、结构什么的。

还有一个问题是，也是一个可怕的问题，这就是福克纳说过的，一个作家如果在作品中说过一次假话，那他就永远也不会说真话了。而且，他还会把假话当成了真话。我看过那些高举着"伟大"、"神圣"等等大旗写作的作家的作品，发现他们关心的问题与老百姓关心的问题相去甚远。他们自我标榜的许多东西更是不可相信。这样的人当然不可能喜欢我的作品，如果他们喜欢我的作品，那才是真正的咄咄怪事。古人说"道不同，不与谋"，样板戏《红灯记》里的李玉和对鸠山说"我们是两股道上跑的车，走的不是一条路"，我这样说也是一种浮躁，但这样的浮躁会使我更加极端，会使我离这些高贵的作家越来越远，背道而驰，直至让他们望不见我讨他们厌的背影。

记者：谈到《檀香刑》，不得不谈到死的问题。您认为有什么东西可以超越死亡吗？您怎样认识它？

莫言：其实没有什么东西可以超越死亡。文人们总是认为自己的作品可以流传千古，超越了死亡，这也是一种精神胜利法，高级阿Q，其实，从肉体的意思上，你还是死亡了。后代人们心中的你，与真实存在过的你早就不是一回事了。我们心中的李白、杜甫，与真正的李白、杜甫有什么关系？我觉得，只有繁衍后代，才勉强可以算作超越了死亡。当然，克隆小孩子，造一个与自己一模一样的人，就更加超越了。这是违背现时的道德但终究拦挡不住的事情。再过二十年，也许用不了这么多年，道德就要发生剧变了。

记者：死亡本是一种自然的生理现象，但当它成为了一种强迫性的惩罚和威慑的手段时，就有了死刑。在刑架上，从受刑的人身上产生的是宗教；在刑架旁，施刑的人身上产生的是专制；在刑架下，观刑的人身上产生的是服从甚至奴性。这样，被杀的上了天堂，看杀的就下了地狱，只有杀人者乐在其中。在《檀香刑》里，受刑的死难者的宗教是一幕轰轰烈烈、传唱千秋的大戏，施刑的统治者的专制是一项冷艳夺目、精美绝伦的艺术，观刑的看客们的服从和奴性是不寒而栗两股战战的巨大恐惧和麻木不仁的两边喝彩。由于小说的多义性和隐喻性，人们的理解还可以有很多。但就上面我所理解的这三种人，如果要选择一种，您希望人们做哪一种选择呢？

莫言：哪一种也不要选择。受刑之苦，无法想象。看客之昏，难以忍受。执刑之人，心中之苦，不亚于受刑。因此，三种人都不要去当。其实，每一个人身上，都具有受刑、施刑、观刑这三种属性。这三种角色是可以互相置换的。只有在写作这部小说时，我既是受刑人，又是施刑人，也是观刑者。

"芳林新叶催陈叶，流水前波让后波"

记者：评委们认为您的长篇小说《檀香刑》，比以往任何"民间性小说实践"都走得更远，也更内在化。小说中有民间戏剧、说唱、民歌、民间风情，地域特点浸淫于字里行间，被移植到小说中的语言风格中，形成妙不可言的回声，对本土叙事资源和语言资源实现了回归，为新世纪的中国小说确定了一个新的艺术方向。确实，您的这种艺术风格让人耳目一新，而且，您也在多种场合说您是作为老百姓写作的，专家对您的评价和您的写作态度，很容易让人想到老一辈作家赵树理，您认为自己跟赵树理有哪些相同和不同之处？

莫言：我跟赵树理肯定不一样。首先赵树理就不会同意自己是"作为老百姓写作"的。相同之处，是我们对农村生活都很了解。他们那个时代的作家，是很无奈的。我看过丁玲1931年在光华大学的一次演讲，说她再也不想去写恋爱的小说了，也不会去写工农的小说，她的理由是自己不是工农，她说要写一部有关她的家庭的小说。她说她的家庭是一个大家庭，各个支系加起来有三千多口人，祖父当过高官，她的父亲，把家产全部挥霍光了。她说她们家养着一个手艺高强的绣工，专门绣马鞍子上的垫子，但她父亲是一个不会骑马的人，他备好马，让长工骑着在前面奔跑，他跟在后边追着看。她父亲还经常向人挑战，比赛买东西。她还说她们家那一支，住在一个有二百多间房子的门院里，房间里有许多大床，雕花的，床上都带着窗户。院子里有许多空房子，每到晚上，无人敢进去。她说她一个叔叔当了土匪，家中几乎没有一人是读书的，全在酒色中完了。家中藏着许多杆枪，白天都躲在屋子里，不敢出来。我想，丁玲如果能用她写《莎菲女士的日记》的笔，用一个大家族破落户飘零子弟的眼光，而且是女子的独特眼光，写出这部家族小说，将是一部什么样子的书啊？那时候，拉丁美洲的马尔克斯还没有出生吧？但丁玲没有写出这部书，她成了后来那个政治色彩远远大于文学色彩的丁玲。实在是可惜啊。丁玲的才华，不在张爱玲之下，她原本是可以完成这部伟大作品的，一切都是现成的，但是她没有写。我想，赵树理也有类似的遗憾吧，更大的遗憾也许是他们没有意识到自己的遗憾。

记者：相比丁玲、赵树理一代而言，就创作环境来说，曹雪芹、蒲松龄他们应该是幸运的，那种自觉创作、心无旁骛的自由轻松，造就了他们小说的经典性。关于蒲松龄，也是我们的老乡，他坐在门前大柳树下搜集过往行人讲的民间故事，在他笔下创造了一个狐仙花怪的世界，他家离您家二三百里路，地域的基本重合，同是齐国文化渊源，年代也不过相差300来年，我想这个狐仙花怪的世界，跟您"高密东北乡"的文学王国，应该有很多瓜葛吧？

莫言：曹雪芹和蒲松龄也是有所顾忌的，否则蒲松龄就没有必要去写鬼怪，曹雪芹也就没有必要在书中布下那么多迷魂阵。但他们的写作没有那么多功利心倒是真的。去年九月，我们陪法国翻译家杜特莱夫妇去过蒲松龄故居，看到了他的聊斋，但我想现在的聊斋，肯定不是当年的聊斋，蒲家不会有那么漂亮的花园。我觉得只有那铺小土炕是真的。蒲松龄坐在大树下摆着烟茶请人讲故事，也多半是后人的演绎。前几天我回高密，看到了一个高密的朋友写了一篇关于我的文章，说我父亲逼着我背书，而且是让我倒背，还说我过目不忘，无论什么书看一遍就可以倒背如流。这不是在编造神话吗？倒背文章，多么艰难，你背一篇试试看。如果我有那么好的记忆力，何必写小说？当年我小学辍学，我父亲让我跟大爷爷学习中医，一篇药性赋，不过万把字，我背了一个月，才磕磕绊绊地勉强背过。但我那位朋友的文章，白纸黑字地摆在那里，再过去几十年，难免不被人误以为真。我觉得，神鬼魔幻的故事，是跟封闭和落后的环境紧密相连的。我甚至觉得，自从有了电，有了电灯，人们的想象力就急剧地衰退了。我之所以有点谈狐讲鬼的"才能"，是跟我们村子直到1982年才通了电有关系，如果我出生在一个灯火通明的地方，连街道和厕所都被电灯照亮，我就不会讲这类故事了。蒲松龄先生的时代自然也没有电。读古典小说和古典诗歌，经常可以读到关于月光的描写，非常优美，原因就是那时没有电。有了电，就没有了月亮。我们不能说外国的月亮比中国的圆，但我们可以说过去的月亮比现在圆。我爷爷生前曾经多次对我说，1947年中秋节的月亮，明亮得异乎寻常，说那晚上，男人可以在月光下读书，女人可以在月光下做针线。抬手可以看清掌纹。爷爷的说法，我也不是完全相信，因为很可能那时候的人眼神特别好。

记者：对与您一起获得"鼎钧双年文学奖"的作家李洱，您对他的为人和作品了解多吗？对于他们这批年轻一些的作家，与你们那一代作家比，更为可贵的品质是什么？在您眼里，他们目前还欠缺什么？

莫言：李洱我不熟悉，见过几面，但都没有深谈。你知道我是一个不善结交的人，在文坛混了二十多年，也没有几个可以谈文学的朋友。但李洱的作品我还是看过一些，在他没有写出《花腔》之前，我就看过他的几部中篇，很喜欢，并且我在三年前就跟人说过，李洱是他们这茬作家里既有比较深厚的生活积累，又熟谙叙事技巧的一个。他的《花腔》一出我就看了，开讨论会时他们邀请过我，但我好像是要出差没有去成。在颁奖那天，有记者提问我对这部作品的看法，我说《花腔》很像《檀香刑》的姊妹篇。《檀香刑》写了声音，

《花腔》也是在写不同的声音。

至于这茬作家的欠缺，这个问题不是太好谈。其实，每一茬作家都有自己的欠缺，说局限也许更妥当些。我们这茬作家有我们的局限，李洱他们有他们的局限。我大概地知道他们喜欢什么样子的作家，也能从他们的作品中看出他们的"家传"。不要去看他们关于小说的理论，任何作家的小说理论都是云山雾罩，一读他们的小说你就会知道他们的底细。他们这茬作家对我这样的作者多半是嗤之以鼻的，这我很清楚，而且我也知道，他们中的多数人，基本上没看过我的任何作品，不看一个作家的作品而彻底地否定一个作家，听起来很荒诞，但这在文学史上是常有的事。同样，比他们更年轻的作家很可能也会对他们不以为然，"芳林新叶催陈叶，流水前波让后波"，这很正常，也很必要，因为任何创新都是从不满开始的。

我心中的理想世界，就是人人都很善良，不要欺负人

记者：在您的小说里，可以看到曾被五四新文化运动抛弃的中国古代小说的神韵，也能感到曾一度被人嗤之以鼻的"红色经典"小说的浸润，还可以领略到不同时期异域小说的风情，您这种艺术上的兼容并包也许成就了你成为现今文坛上的集大成者，使你达到了正如金庸小说中称道的"侠者，大也"的境界。外界评论也是褒奖有余，但作为一个明智的作家，您一定有自己很客观很明确的定位，我想知道，您是怎样给自己定位的？您认为自己最大的不足是什么？怎么来克服？

莫言：我前面已经说过，我是浪得虚名。更不敢说自己是什么"侠者，大也"。我的理论素养很差，认字不多，看书也很少。我最大的不足就是没有学问，但到了这个年纪，再要学点什么也很困难了。所以索性就不去克服了吧。

记者：一个真正的作家应该是属于全人类的。我看到您的作品不仅在国内很受欢迎，并且它们已经被译成十多种文字，承载着我们民族特有的文明走向世界，可以说，不管你是否出于本意，在全球化的今天，您正通过您的作

品塑造着我们民族的新形象,也给整个人类提供着一个新的理想模本,让人们不断看到惊喜——这似乎有点像走上 NBA 赛场的姚明。我想,在您的心里,有没有这种新形象?如果有的话,他具有什么样的品质?您心目中的理想世界是什么样的?

莫言:我的那几本小说,承担不起这样的重担啊。我也可以坦率地说,用文学作品也不可能"塑造我们民族的新形象",更不可能提供什么"理想模本"。在改变"东亚病夫"形象方面,一万个作家加起来也比不上一个姚明。

我心中的理想世界,就是人人都很善良,不要欺负人,但这是不可能的。

记者:翻译过您的《酒国》、《丰乳肥臀》等小说的法国汉学家杜特莱先生曾经说,翻译您的小说时直想笑,可见您的幽默在国外也很被接受,您的作品也正跨越国界跨越文化差异给更多的人以欢乐。我想,其他国家民族跟您同代的作家中也一定有这样的好作品带给你欢乐,如果有,他们是谁呢?

莫言:肯定有,但我的确不知道他们的名字。

记者:上个月您刚刚从台湾访学归来,这次台湾之行有什么收获呢?可以谈谈台湾文学给您的印象吗?

莫言:我在台湾期间,那里正在选举,十几万农民上街游行,很热闹,很狂欢,让我联想到我经历过的文化大革命。我去台湾,原想能写点什么,但却一点也没有写。外边锣鼓喧天,口号连连,我坐不住。台湾文学,跟大陆文学景况差不多。在台湾流行的作家,到了大陆也流行,就说明了这个问题。但台湾也有很多的作家在寂寞地坚持着自己的文学理想,不为市场写作。他们在文体的试验上,比我们走得远。

记者:过两天就是大年啦,现在我们已经隐隐听到鞭响了,在这里让我先向您拜个早年!去年过年是您跟大江健三郎先生一块儿在高密老家过的,新年新气象,今年这个年打算怎么过?以后有何打算?

莫言:时光比马跑得还快。今年我就不回老家了,前几天刚刚回去了。其实所有的节日都是为小孩子准备的,对于成年人来说,什么年不年的。对于一个写小说的人,写小说就是过大年。年是儿童的节日,因此年也是有神秘感的节日。年是色彩最丰富的节日，年也是食品最丰盛的节日。我觉得现在的年也不如过去的年了，因为有了电，把儿童的想象力扼杀了许多。

至于以后，当然还是写小说。

饥饿者的自然反应

——2003年10月与法国《新观察报》记者对话

记者：您什么时候成为专业作家？您在农村和军队的生活经验对您今天的创作，特别是题材的选择有什么影响？

莫言：我1981年开始发表作品，1984年考入解放军艺术学院文学系。毕业之后，又考入北京师范大学研究生院学习创作。然后就开始专业创作。1997年我脱离军界，现在在一家报社工作，但主要时间还是用在写小说上。我在农村生活了20年，这段生活，对我的创作，影响很大。我写的小说，大部分是农村题材。军队的生活，对我的创作影响不大，但因为当了兵，我才得到机会离开农村，在城市里接受了大学教育，开阔了眼界。如果我一直在农村，每天忙于劳动，大概很难走上文学道路。

记者：您选择"莫言"作为笔名有什么特殊的意义？

莫言：我从小喜欢说话，那时的中国社会很不正常，一语不慎，很可能给家庭带来灾难，我的母亲和父亲，多次教育我要少说话，但我总是改不了。开始写作后，我就给自己起了这样一个笔名。"莫言"，也就是不要说话的意思。但事实上，我一点也没有少说。现在，我的原名已经不用，我的身份证和护照上，都是"莫言"了。

记者：您每篇小说的叙述结构都各有特点，叙述者的身份变化也常令读者惊讶，您是有意地试验叙事方式还是随着故事本身的要求自然选择叙述结构？

莫言：在刚开始写作时，根本顾不上去考虑叙述结构问题，后来写的小说越来越多，我就不满足于简单地讲述一个故事了。当然，一部小说的叙事方式，是与故事有一定的联系的。我总是希望能够找到最适合故事的叙述结构。我认为，能够不断地变化，是对一个作家想象力的考验，也是对自己的挑战。

我最怕的就是重复自己。

记者：您强调作品要有原创性，而不是附属于某个流派，这一点和西方的创作观点很接近。像您这样的原创作家中国是否很多？您觉不觉得这是个人主义在中国抬头的一种表现？

莫言：一个作家，如果没有个人风格，这个作家就没有什么价值。而所谓的原创性，是作家个性的最集中的表现。当然，从根本上说，一个作家的原创性，是一个作家在他还没有成为作家之前的全部生活决定了的。后来的努力，只不过是发现自己跟别人的不同而已。中国现在比较活跃的作家，都有一些属于他自己的东西，否则也不可能在文坛站住脚跟。重要的和困难的是，在成名之后，怎样继续保持这种刻意求变的精神，使自己的每一部新作，不但跟别人的作品不一样，而且还要跟自己过去的作品不一样。要跟别人不一样，并不是十分困难，最难的是跟自己过去的作品不一样。

记者：您的作品经常有关于肉体痛苦和心灵折磨的描写，这是否有陀斯妥也夫斯基对您的影响？或者这种写作特点来源于您的经历？

莫言：陀斯妥也夫斯基是我很敬仰的作家，他有一颗病态般敏感的灵魂。他的人物都在忍受着精神和肉体的双重煎熬。我个人早年的生活经历，对我后来的写作风格，毫无疑问具有重要的影响。因为在我的记忆里，我熟悉的人，包括我自己，几十年来，一直在为了生存而挣扎。

记者：对法国读者来说，您的语言很直露，而且文章经常描写人的器官和粪便，选择这种语言风格来描写中国风土人情，是否与您个人对农村的认识有关？这是否是中国文学的新潮？

莫言：我的小说语言，的确比较刺激。我之所以使用这样的语言写作，是因为我心中积郁太深，几十年压在心头不敢说的话，几十年不敢表露的感情，一旦得到了宣泄的机会，其势也就如大河奔流，滔滔不绝，泥沙俱下。我这种写法，在20世纪80年代，的确是引起了很大反响，说是新潮，也不是不可以。至于我在小说中描写过人体器官和粪便，多是从象征的层面上来描写，在我的小说中，器官也许不是器官，粪便也不是真正的粪便。

记者：中国的民间故事和神话传说是否对您的作品偏向于魔幻现实主义有影响？您承认马尔克斯、福克纳、海明威对您的影响，是否能解释西方作家对您写作的影响？

　　莫言：我在农村生活了二十多年，从小接触到的，就是这些东西。民间口头文学，对我的影响很大。我老家那个地方，盛产鬼怪故事，上了年纪的人，脑子里都装满了这些东西。我的少年时期，就是听着这样的故事长大的。到了20世纪的80年代，我接触到拉美的魔幻现实主义和欧洲的一些现代派小说，感到很震惊，同时也感到很不服气，我觉得这样的小说我也可以写。于是就写了起来。对我的创作产生过影响的西方作家，其实不仅仅是您提到的那三个人，还有很多作家，譬如法国的莫里亚克、雨果、左拉、莫泊桑、西蒙、罗伯格利耶等等，我从他们的作品中，都学到过一些有用的东西。

　　记者：在您近期在法国出版的《藏宝图》一书中，有些段落有没有对毛文体的讽刺？您怎样看待文学的"政治导向"作用？

　　莫言：《藏宝图》是一部试验性很强的作品。主要是想验证一下，一种有着巨大冲击力的语言，能不能自己产生出故事。我在动笔之初，根本没有想到我要在这篇小说中写个什么故事，一切都跟着语言走，就像一个人，骑在一匹发疯的烈马上，不加控制，随着马自己奔跑一样。至于其中某些段落，那种夸张的语言风格，确实是对"文革"期间盛行的毛文体的戏仿。

　　文学的"政治导向"，是一个令我厌恶的问题。我不认为文学应该承担这样的功能。我认为一个好的作家，是超阶级的，因之也应该是超越了狭隘的党派政治的。他应该站在人类的高度，而不是站在党派的立场上来写作。

　　记者：另一本将于2004年初在法国出版的获奖小说《丰乳肥臀》在中国出版时引起很大争议，你曾经做过修订，您对此有何看法？您预测法国读者的反映会是如何呢？您选择的故事发生地在中国山东，是《红高粱家族》的背景地也是您的出生地，这是因为写起来容易或者纯是你寻根的心理表现？

　　莫言：《丰乳肥臀》经过了翻译家杜特莱夫妇的艰苦劳动，终于要跟法国读者见面，对此我感到十分高兴。这本书可以说是多灾多难，出版之初，即因为书名和书中的内容遭受了激烈批评。但我一直认为这是我投入感情最多、展示的社会生活面最为广阔、塑造的人物最富有象征意义的一本书。今年，此书得以再版，我所做的修订主要是文字上的，并没有改变我的任何观点。

此书的意大利文版本去年出版，销售情况不错，我在意大利也遇到过对此书表示赞赏的读者。我相信此书中所描写的一切，会让法国读者感到震惊和新奇，同时也会让他们联想到法国的乃至当今世界上许多现象。其中的人物，譬如那个一辈子离不开女人乳房的上官金童，会让法国读者浮想联翩。我祈望能在法国读者中遇到我的知音。

这本书的背景放在我的故乡，是为了写来亲切、方便。但我认为，小说中的"高密东北乡"，应该是中国的一个缩影。我在写的时候，是有这样的野心的。

记者：《丰乳肥臀》是您献给母亲的作品，您在小说中清楚地描写了恋乳情结及母性的力量，这本书是否可说是献给所有母亲和所有女性的书？

莫言：这本书中的母亲，其实代表着许多的母亲。女人是大地，女人是秩序。在特别困难的时刻，母性的力量，总是表现得特别伟大。中国一个评论家曾经就这本书中那个恋乳的人物上官金童发表过精彩的评论，他说，"其实每个男人的灵魂深处都暗藏着一个上官金童。"从这个意义上来说，这本书当然是献给所有的母亲和所有的女性的。

记者：在您的小说中，经常出现有关孩子的题材和用孩子的眼睛看世界，为什么喜欢这个题材？在《透明的红萝卜》中，有一个孩子形象是自私、残酷、极端现实主义的，您有意将成人世界的缺陷用在一个孩子形象上吗？为什么？对童年的回忆使您运用儿童视角描写故事更得心应手？

莫言：儿童视角，更加本真率直，不加掩饰。在孩子的眼睛里，也许更能发现世界的真相。我喜欢使用儿童视角写作，还与我个人的生活经历有关。我觉得我在少年时代，就把人世的基本秘密看穿了。至于《透明的红萝卜》中那个孩子，我不认为他是自私的，我认为他是非常孤独无助的，但是他有着极强的生命力，他忍受苦难的能力，使他能够在那样的社会中生存。在一个不正常的社会中，一个儿童的心灵当然也不可能健康发展。但这种病态的发展，其实是很文学的。

记者：在题目和故事中您经常写到食物、烈酒、大蒜、萝卜……这是否有意为之？有什么象征意义？您也经常以食物比喻女性，这是否是很中国式的比喻特点？

莫言：因为我曾经很长时间处于饥饿状态，对食物的关注，是饥饿者的自然反应。我曾经说过，饥饿和孤独是我创作的两大源泉，我在小说中写了许多食物，大概与此有关。我在写的时候，并没有意识到这些，也没有考虑什么象征的意义。用食物比喻女人，其实和性的隐喻有关。至于这是不是中国才有的比喻方式，我不知道。

关于男人和女人

——2006年10月与越南方南出版公司阮丽芝对话

关于女人

阮丽芝：在您的作品中，妇女的形象特别强。不知道您创作人物的时候，特别是女人形象是从哪个根据？

莫言：刚开始我并没有注意到这个问题，后来看到一些评论文章，尤其是美国的一些评论文章，对这个问题给予了特别的关注，我才发觉，在我的小说中，的确存在着这样的问题。《华盛顿邮报》的资深书评人乔纳森·亚德利（Jonathan.Yardley）甚至送我一个"激情女权主义者"的称号。在斯坦福大学任教的陈颖也曾为《世界文学今日》撰文，专门探讨我从"父权世界"（《红高粱家族》）向"母权世界"（《丰乳肥臀》）转变的过程。她指出我在《丰乳肥臀》里歌颂乳房象征着"爱、诗、无限的天堂和被金色麦穗覆盖的大地"，并同样代表了"骚动的生命和汹涌的激情"，却嘲弄和讽刺小说里的每一个男人。从《红高粱家族》饮酒的爷爷到《丰乳肥臀》叼着女人乳头而永远长不大的金童，我持着一种怀疑历史的态度，沉痛地描述和再现了这一"男性种族"退化现象。

为什么我的小说中会出现这么多的强大的女性形象，我想大概与我个人的经验有关。在我的青少年时期，中国社会正是文化大革命时期，在那些饥饿和混乱的岁月里，我发现了男人的外强中干和脆弱，发现了女性的生存能力和坚强。男人是破坏者，女人是建设者。女人总是一次又一次地把被男人破坏了的家园建设好。女人较之男人，更能忍受苦难。我想，这是一种母性的力量。为了孩子，女人可以做出最大的牺牲，可以干出惊天动地的事情。我在《生死疲劳》中也塑造了这样的女性。

阮丽芝：看以前的妇女和现在的妇女有什么不同？不同的原因主要是什么？

莫言：以前的妇女是大地的女儿，也是像大地一样的无私的奉献者。现在的女性（当然只是一部分），生活在与大自然隔绝的状态下，就像温室里的植物一样，更加精巧而美丽，但丧失了那种忍受苦难的能力和伟大的奉献精神。至于原因，我想，科学和技术的进步，不仅是对人的能力的削弱，也使人的情感日趋病态化。这是进步的代价。这当然不仅仅是指女性。

阮丽芝：对您来说，在家里和在社会上，现代妇女的形象是什么？怎么样能够让妇女做好两个方面（家庭和工作）？

莫言：要求一个妇女，既要做好社会上的工作，又要做好家务劳动，这是不公道的。这是对妇女的迫害，是男性霸权主义的表现。我认为家庭工作应该是高尚的专职工作，而且未必只有女性去做，完全可以女子在社会上做事，男人在家里做家务。现代女性的最重要一点就是和男子平等。

阮丽芝：在现代社会里，女强人越来越多，她们的事业成功得到社会上的认可，但是男人一般只欣赏她们，而不敢追求她们，或跟他们结婚。您以为是什么原因？是男人没有自信？是嫉妒？或者有压力？等等。

莫言：我想，更多的是不自信。一般的男人，面对着女强人，会产生自卑感。男人还是希望女人比自己弱一点，这是一种由生理决定的心理。男人面对着女强人，总是会忘记她们是女人。

阮丽芝：有不少人说现代的女人越来越看重钱，很现实，失去浪漫，爱情也计较。您看如何？

莫言：我不这样看。我觉得把钱看得比爱情还重的女人是少数，过去有，现在也有。现在也有为了爱情不顾一切的女人，过去也有。我认为大多数的女人，是既要爱情，也重实际的，这是对的。为了爱情不顾一切的是少数，为了金钱不顾一切的也是少数。

阮丽芝：对您来说，有没有完美女人？一个想得到完美的女人需要什么条件？女人需不需要像男人那么强？

莫言：没有完美女人，就像没有完美男人一样。我觉得一个比较完美的女人，一要美丽，二要有教养，至于有无学问，有无事业，都无关紧要。

阮丽芝：为了保持夫妻良好关系和维持幸福家庭，女人需要做什么？

莫言：女人做她应该做的。

关于男人

阮丽芝：在您看来，一位真正的男人需要什么要素？

莫言：我想，一个真正的男人最主要的要素，一是要有责任心，对家人，对社会，对朋友，都要负责。二是要有包容心，要能容忍别人的弱点，容忍别人的误解和伤害，不要斤斤计较。第三，要有事业心，要有远大的志向，要以干出有利于人类的事业为自己的最高追求，不是为钱，也不是为荣誉。

阮丽芝：以前的男人和现在的男人有什么相同和不同？

莫言：以前的男人和现在的男人其实是差不多的，也是形形色色，良莠不齐。大家总感觉现在的男人不如过去的男人，其原因是"时人眼里无英雄"。

阮丽芝：现在的男人的苦难和压力是什么？怎么能解决？

莫言：现在的男人，有的生活在艰苦地区，为温饱而努力；有的生活在城市，为金钱名利而奋斗；处境不同，感受到的苦难和压力也不一样。我想，乡村中的男人，痛苦来自辛劳，来自物质短缺；而城市中的男人，苦难大半来自精神空虚，没有理性，没有人生的追求，当然也有来自感情方面的痛苦。

阮丽芝：对您来说，男人最喜欢的生活风格是什么？

莫言：我最喜欢简单的生活，朴素的生活，相对悠闲的生活。

阮丽芝：对您来说，男人最喜欢的是什么？

莫言：我坦率地说，最喜欢的是美丽、聪明、善良的女人。

阮丽芝：对您来说，男人最讨厌的是什么？

莫言：最讨厌虚荣、虚伪的人，最讨厌那些欺软怕硬、欺下谄上的人。

阮丽芝：对您来说，男人可以分成几个种类？每个种类的特点？

莫言：不太好说。

阮丽芝：您认为您属于哪一类男人？有什么缺点和优点？

莫言：我是那种软弱善良的人，是那种缺乏斗争精神、宁愿自己吃亏也愿意息事宁人的人。我的缺点是优柔寡断，干不了大事，优点是能够耐心做事，比较容易相处。

阮丽芝：有空儿的时候，您常做什么？

莫言：有空我就看书，看电视。

阮丽芝：过年时，一般您做什么？2007年您有什么打算？

莫言：过年我回老家高密县，去陪我的父亲。他已经85岁了。在老家过年，按照古老的民俗，半夜会起来吃饺子，吃年糕，放鞭炮，接财神。会接待很多亲戚朋友。2007年我准备写一本新书，也可能去意大利坎帕尼亚地区考察。

阮丽芝：听说以前张艺谋导演和一位著名日本作家也来过您家乡高密过年？是不是？请您说一说他们来的情况。

莫言：张艺谋拍《红高粱》时去过我的老家。2002年春节，日本作家大江健三郎先生，到我老家高密去过春节，那是日本 NHK 安排的一个节目。大江先生在我家的热炕头上，与我谈了他自己的文学经历，也谈了他对中国文学的看法，他特别提出，亚洲的作家们，应该创造世界文学之一环的亚洲文学的构想。大江健三郎先生在北京我的寓所时，我把张艺谋请来，我们在一起谈了电影，谈了文学，谈得很愉快。

阮丽芝：通过《生死疲劳》，读者可以看出来您对动物的观察非常细腻。您是否喜欢动物？最喜欢是哪类动物？您的年龄是属什么动物？有没有影响您的性格？

莫言：我从小放牧牛羊，跟它们在一起度过了很长的时间。那时我感到，牛羊都是通人性的，它们对我很好，人经常欺负我，但牛羊对我很好。我喜欢牛，也喜欢羊。我1955年出生，是属羊的。我的性格，大概很像羊，绵羊。

每个人有自由选择态度与权利

——2006年3月与加拿大汉网栏目主持人川沙对话

主持人：莫言，听说多伦多只是你为期二十天的北美之行的匆匆一站，请你简单地介绍一下来北美的情况好吗？

莫言：十年前就有过几次到北美的机会，但因为我当时还在部队服役，不能出来。这次是为了《酒国》的英文版出版发行而来。原计划四十天，但我女儿今年要高考，过了四月之后，家长会就会一个接着一个，在当今中国，孩子的问题是头等大事，不敢马虎，所以就把行程压缩成了二十天。来加拿大是最后添加的项目，是这边的读书会听说我要到美国，邀请我拐过来一下，老板许诺让我吃法国大餐，住豪华饭店。这就使我本来已经紧张的行程更加紧张。我的美、加之行即将结束，但美国和加拿大的好玩的好看的我一概没有接触，忙忙碌碌，从机场到旅馆，从旅馆到大学，除了演讲签名就是吃饭睡觉。但我感觉很好，很充实。因为我原本就是一个懒人，对游山玩水一向不感兴趣。我家乡的老人说，"看景不如听景，听景不如想景"，他们的话是对的，许多著名的景观，真到了眼前，总是感到大失所望。

主持人：你可以谈谈你对北美的感受吗？

莫言：走马观花，脑子里只有一些浮光掠影，如果就敢谈北美印象，那有点厚颜无耻的味道。有的人出来半个月，回去就能写一本书，我第一没那才华，第二没那胆量。

主持人：但我听人说你根本没去过俄罗斯却写了两篇很精彩的《俄罗斯散记》。

莫言：那是我跟他们开了一个小小的玩笑。因为前几年国内曾经就散文随笔的真实性问题展开过讨论。我的观点是，现在所谓的散文游记其实大部分是虚构的，是小说。科学技术的发展使人们获取资料的方式大大地方便和丰富了。你完全可以在电视上看到一个远隔你万里的地方甚至是外星球上的风景。所以，我那两篇关于俄罗斯的游记，其实就是小说。

主持人：说到北美，人们常常将你的作品与美国作家福克纳的作品进行类比，你自己似乎也认同这样的比较。福克纳的小说表现了废奴制之后美国南方的一种颓丧和没落。你认为你书中描述的中国北方与福克纳的美国南方有什么相似之处？

莫言：所谓的比较文学，在某种意义上就是拉郎配。尽管我的"高密东北乡"与福克纳的"约可那帕塔法县"毫无共同之处，但我还是坦率地承认我受过这位前辈作家的影响。我与福克纳有许多可比之处，我们都是农民出身，都不是勤奋的人，都没受过正规的教育，但我与他的不同点更多。我想最重要的是福克纳的创作自始至终变化不大，他似乎一出道就成熟了，而我是一个晚熟的品种。晚熟的农作物多半是不良品种，晚熟的作家也好不到哪里去。我从事小说创作二十年，一直在努力地求变化。就像我不愿意衰老一样，我也一直在抗拒自己的成熟。这种抗拒成熟的努力，就使我的小说创作呈现出比较多彩的景观。

主持人：在《泥泞的坦途》一书中，文学评论家周政保将你的《红高粱家族》归类为"寻根小说"。他在书中认为你满怀激情地讴歌了神话般的高密东北乡的自由精神和强烈的抗争意识。但是也有人认为，"寻根小说"是陷入了深山老林，是对现代文明的一种逃逸。你如何看待这个问题？

莫言：一部小说发表之后，就只能任人评说。譬如《红高粱家族》，有人说是"寻根小说"，有人说是"新历史主义"小说，有人说是"先锋小说"。我认为他们说得都很对。一篇好小说，就应该让仁者见仁智者见智，当然《红高粱家族》是不是好的小说还要等待历史的考验。至于寻根文学，好像也没形成严密的理论，只不过是个说法而已。作家提出的理论，多半是从感性出发，如果把它当成严格的理论来推敲，就有点缘木求鱼的意思了。

主持人：在中国文坛上，60年代以前出生的作家，大多数都有一种沉重的社会使命感。在他们身上，作家、思想家、社会活动家的角色常常混淆不清甚至相互干扰。他们的作品与70年代出生的"晚生代"作家形成强烈的对比。你认为一个成熟的作家是否应该从其他的角色中分离出来,把关注点更多地放在叙述而非评判上。

莫言:一切都不绝对。有"沉重的社会责任感"未必就写不出好的作品,一点责任感也没有,也未必就能写出好的作品。我想问题的关键不在于你有没有社会责任感,问题的关键在于你有没有强大的想象力。

主持人:作为一名纪实文学作家,我想知道,你是如何评判报告文学在文学范畴里的地位和作用的?

莫言:首先我认为报告文学不是歌功颂德的文学,报告文学是暴露性的文学。报告文学的立足之本是它的纪实性,然后才是它的文学性,文学性其实也可以理解成为技术性。也就是你用什么样子的语言和结构把事实讲清楚。报告文学应该和黑幕、丑闻、惊天动地的大事件紧密相连,所以除了它的纪实性、文学性之外还有它的传奇性。但是现在很多报告文学变成了广告文学和马屁文学,这首先是社会的堕落然后才是文学的堕落。我没有批评作家的意思,因为许多人是身在其位,不得不写。

主持人:你昨天提到了台湾作家的文化准备问题,可否谈谈海峡两岸作家的异同之处?

莫言:1998年我与几个大陆作家去台湾访问,与几个台湾作家一起参加了《联合文学》组织的一个座谈。谈话围绕着几个话题进行,其中一个话题就是童年阅读经验。台湾作家一般地都在比较优裕的环境中长大,受到的教育也很好。他们很小的时候就开始了阅读生涯,譬如一个作家在三岁就开始读《水浒传》,五岁就开始读《红楼梦》。大陆的作家就没有这样的条件。轮到我发言时,我说,当你们在用眼睛阅读时,我正在用耳朵阅读。我只上了五年小学就辍学回家务农,一是阅读的能力有限,二是乡村中可供阅读的书实在不多。但我在劳动的过程中和劳动的间隙里,听到了许多故事。这些故事有妖仙狐鬼,有奇事轶闻,有人物传奇。这些不经意中听来的故事,只有在我成为一个作家之后,才意识到它们的宝贵价值。大概地说,台湾作家受教育的程度比大陆作家要高一些，来自书本的知识比大陆作家要丰富，而大陆作家大多从底层冒出来，对民间的东西了解得可能多一些。但这只能是泛泛而谈，姑妄言之姑妄听之，面对着海峡两岸如此庞大的作家群体，任何归纳和概括都是找死。

主持人：中国相当一部分的知名作家，都已经基本形成了自己的叙事风格，变化很少。而你的作品（尤其是长篇小说）却一直在变化，风格迥异。这是你还没找到一种适合你的叙述风格呢，还是你在刻意地避免重复？

莫言：这个问题我在前面已经谈过了，我一直在抗拒成熟，尽管这也是一种悲壮的努力。

主持人：你的小说之所以有广泛的读者，是因为你描写的主要对象是农村，而中国又是一个以农民为主要构成人口的国家。即使是城市人口，他们的文化和传统渊源依旧是农村。你的小说讲述的是他们的父母辈和祖父母辈的故事。不知你在未来的小说中，会不会涉及到城市？

莫言：中国固然是一个农村人口占大多数的国家，但农民基本上不读书。所以我的读者基本上还是城里的人。我猜想，来自贫寒农村的大学生可能是我的主要读者。其实我的创作早已从农村跨入了城市。譬如我的长篇小说《十三步》写的就是一个中等城市的生活。我的长篇小说《酒国》基本上也是写了城市。《丰乳肥臀》的后半部分也写了城市生活。现在评论界似乎有一种先入为主的观点，凡是农村出身的作家，一旦写了城市生活，明明写得很地道，他们也感到不好。

主持人：你在东京大学演讲时提到：你以前并没有想到，你的小说部分地改变了当代文学的面貌。你认为你对当代中国文学的最大贡献是什么？

莫言：因为近年来不断地有朋友对我说，在外国人面前，你千万不要谦虚。于是我就斗胆放了一句狂言。其实，我哪里能"部分地改变中国当代文学的面貌"呢？这个互联网实在是有点可恶，我在东京吹了一句牛，你们在加拿大马上就知道了。早知如此，我就不那样说了。

主持人：作家依赖于生活土壤和读者而生存，对生活在海外的作家来说，他们是既失去了生活的土壤,又失去了本土语言的读者,你认为海外文学的方向和希望在哪里?

莫言: 我不认为这是个多么严重的问题。一切全在作家的心态。如果你在海外无衣食之忧,国外的环境不是更好吗?你的想象力比互联网快得多嘛。在加拿大写温州,与我在北京写高密会有什么区别?我认为大家也不必去考虑国外的或者是国内的读者,写你最想写的,必然就是好的。写出来没人喜欢是很正常的,国内现在每年出的书汗牛充栋,读者喜欢的也就是几部。

主持人: 中国文坛有一个独特的现象,大部分中青年作家都受过文学或文史相关的专业训练,具有高等教育文凭。文艺理论是对创作思维的规范,您认为专业文艺理论的训练对文学创作是一种促进还是一种禁锢?

莫言: 高等教育的文凭与作家的质量我认为没有什么必然的关系。所谓文学理论基本上是一些套话。你懂得一点也不会有害,你一点不懂也无妨。

主持人: 近几年中国文坛上出现了一种"敢把名家拉下马"的趋势,譬如王朔的骂人,余杰的《铁屋中的呐喊》,摩罗的《耻辱者手记》,还有发起文化暴动的《十作家批判书》,都是这一趋势的典型代表。批评者大都是一些名不见经传的小人物,而被批判者却是余秋雨、钱钟书甚至是鲁迅这样的经典名家。你如何评价这种趋势?

莫言: 非洲的自然保护区内,为了防止食草动物群体的退化,必须葆有一定数量的狮子、狼,还有鬣狗。

主持人: 在出版业日趋商业化的大潮流中,作家与市场、作家与读者应该是一种什么样子的关系?

莫言: 作家和市场应该保持着多样性的关系。我的意思是说,每个人都有自由地选择一种态度的权利。你有本事写出畅销书很好,用正当手段得来的钱毕竟是好东西。你要保持你的高风亮节,不为金钱而为理想写作,那也可敬可佩。我的态度比较中性。我希望我的书能够畅销,但我不会为了畅销而写作。因为我即便为了畅销而写作,写出来的也不一定畅销。该怎么写还怎么写。

主持人：近期读到一些对余秋雨、郭沫若等人的批评，其中涉及到他们在"文革"中的表现。西方的文学批评界在承认某些文学巨匠在人品上的缺陷的同时，却依然尊重他们的创作天才，中国批评界似乎受小农意识的影响至深，将作品和人品过分地关联起来，我们的传统是否让作家背负了太多的责任？

莫言：一个小流氓天天泡在窑子里也不会有人去管他，但克林顿和一个小姐挺煽情地温存过几次，就成了惊天动地的大事件，谁让你是美国总统？

不同民族要能相互理解

——2007年8月与奥兹对话

莫言：来和您会面之前，我选了我们家乡的嵌银红木筷子送给您，希望您能够更多地了解我们的文化。

奥兹：谢谢。我和夫人也为您准备了礼物，但因为出来时匆匆忙忙，夫人忘记了携带。等下次见面时带给您。

莫言：您的作品就是给我和中国读者最好的礼物。

奥兹：我读过两本您的已经翻译成希伯来文的作品：《红高粱家族》和《天堂蒜薹之歌》。这两部作品向我和我的夫人展示了中国的乡村生活，也讲述了中国作家对战争的记忆。

莫言：谢谢。昨天下午我刚从香港回来，随意翻了一下过去几天的报纸。几乎所有的报纸都发表了你们夫妇来中国访问的消息。有好几家报纸还发表了整版的关于您的访谈。我一方面为您感到高兴，一个外国作家在中国引起了这么广泛的注意，确实是件幸事；另一方面，又有些同情您，因为您的日程安排得很满，一直在工作。

奥兹：我很喜欢这个紧凑的日程安排，我到中国是来工作的。我希望看到更多的东西。

莫言：（笑），既然您来中国是工作的，那么就希望您继续工作，请您为您作品的中译本签个名字吧！

奥兹：我非常高兴地给您签名，但抱歉的是我不能用中文写字。

莫言：希伯来文是由左向右写吗？

奥兹：由右往左。能够给您签书是我的一种荣幸。

莫言：非常感谢。我在很多照片上看到过奥兹先生，把奥兹先生照老了。而生活中的奥兹比照片上显得年轻。

奥兹：我不相信照片，而是相信写下来的文字。您作品的希伯来文本，翻译得非常好。有震撼力，画面逼真，生动感人。

莫言：非常高兴听您这么说。

奥兹：读了您的《天堂蒜薹之歌》后，我仿佛真的到了中国农村，到那里生活。

莫言：您作品的中文译本也翻译得非常好，语言生动，有个性，我相信译文基本上传达出了您作品原文的风貌。一个人不可能去许多地方，但通过阅读文学作品，却可以到达世界每个角落。我尽管没有去过以色列，没有去过耶路撒冷，但是读过奥兹先生的作品之后，我仿佛成了一个土生土长的耶路撒冷人。

奥兹：从一个国家到另一个国家旅行的最好方式不是买一张国际旅行机票，而是买一本书。因为你买一张机票到另一个国家旅行，看到了那个国家的纪念碑，博物馆，与那里的人们相遇；如果你买了一本书，那么等于邀请你走进一个家庭，看到这个家庭的客厅、厨房和卧室等很多细节。

莫言：是这样，进入一个家庭，成为他们的朋友。

奥兹：您在从事创作的时候一定做了大量的学术研究。

莫言：我做了一些关于地方历史的调查工作。研究分为两部分，一部分是阅读关于地方历史的书籍，另一部分就是倾听老人们口头讲述。我认为对于一个写作者来讲，老人们口头传说的历史故事更有意义。在《爱与黑暗的故事》里您讲述了祖父、祖母家族在敖德萨的故事，讲述了外祖父、外祖母一家在波兰的故事。这些遥远的故事和资料我想您也是通过老人们的口头讲述而获得的。

奥兹：我二人拥有一个共同之处，把死者请到家中，来理解他们。

莫言：您有一个观点我很赞同，您说自己在作品中写到爷爷奶奶父亲母亲等长辈时，是把他们当做自己的孩子来写。小说中描写长辈青年时期的生活，他们那时的年龄，比我们现在的年龄小。把自己的长辈当成自己的孩子来写，我想这不仅仅是一个年龄问题，也是一个心理问题，一个艺术问题，一个道德问题,这对于作家是很有意义的。

奥兹:我在读《红高粱》时,也意识到,您在写"我爷爷、我奶奶、我爹"等几代人的时候也是把他们当做自己的孩子来写。

莫言:有时我把他们当成我自己的孩子,但我更多的时候是把他们当成我自己来写。

奥兹:读了您的两部作品之后,确实感到老一代人已经复活了。

莫言:是用文学的方式使他们复活。从作家个人的体验说,他们既是我们的父亲母亲、爷爷奶奶,又是我们自己;但是从文学角度来说,他们是活生生的人,是艺术中的典型。

奥兹:我特别欣赏您笔下的自然风光,您笔下的农村风情,令人有一种身临其境的感觉。

莫言:因为我从小在那片土地上出生长大,对那个地方的一草一木、每个人物、每条街道、每条河流都具有一种很深厚的感情。其实,我从来没有有意识地进行风景描写,对于一个小说家来说,纯粹的风景描写是不应该存在的。

奥兹:对此我非常赞同。

莫言:小说里人物的思想感情和景物描写应该紧密地结合在一起。读过您的许多作品后,我逐渐感觉到,耶路撒冷不仅仅是一个城市,耶路撒冷是个有生命有情感的人物,耶路撒冷的每座建筑物就像人的一个器官,每一条街道就像人的一根血管。所以整体上说她是有生命的。

奥兹:你的这段描述非常优美。

莫言:您自己也说过,如果要问我的风格,请想想耶路撒冷的石头。我在《爱与黑暗的故事》中,看到你们一家人穿过整个耶路撒冷前去看望你的伯祖父约瑟夫·克劳斯纳,整个过程像一个非常长的电影镜头,我在阅读时的真正感受是跟随在你们一家人的背后走过了整个旅程。

奥兹:谢谢您恰到好处的描述。我在读您的长篇小说《天堂蒜薹之歌》时也产生了类似的感受,当时我正坐在书房里,我仿佛亲自来到了你笔下的小村庄,闻到了那个村庄的气味,目睹了那个村庄的风情。我的书房里仿佛飘起了蒜香。

莫言:在《爱与黑暗的故事》接近结尾之处,您描写了母亲两次雨中漫步。这也是非常优美的电影长镜头。这段景物描写与前面一家人前去探访亲友时的景物描写情感氛围截然不同,前者充满了欢乐的气氛,后者充满了沉重忧郁的气氛。

奥兹:我确实不知道母亲漫步这一场景是否真正发生过,它只出现在我的想象世界里。

莫言:我相信那是您的想象,但有"基因般的忠实"。

奥兹:莫言先生非常敏感,细腻。《爱与黑暗的故事》这部作品开始时格调比较欢快,而最后则以悲剧告终。

莫言:我想这一效果并非作家有意识地来营造的,是作家在无意识创作中实现了这一效果。

奥兹:我在创作《爱与黑暗的故事》时有一种感觉,就像在创作音乐乐章。有时是合奏,有时是双人演奏,有时是独奏。

莫言:对的。而且里面有高潮。中间的一个高潮就是1947年11月29日联合国公布《阿以分治协议》表决结果前的那个夜晚。几乎耶路撒冷的所有犹太人都走上了街头,仿佛一个乐队的全部乐器同时发出了震耳欲聋的声音。

奥兹:这一场景并非我想象世界的创造,而是确有其事,一直保存在记忆深处。尽管过去了六十年,那一切依然在脑海里历历在目。在以色列的一家读者俱乐部,我曾经向大家读过这段文字,许多人热泪盈眶。而在读您的《天堂蒜薹之歌》时,有时也让我感动得落泪。当农民们在店铺前排起长队,等待店铺收蒜,而忽然得知店铺关门的消息失望至极时,我不禁百感交集。

莫言:我刚才用多年前学的一句英文表述说,"您是我的老师"。从小说创作的意义上说,我从您这本书里学到了很多。

奥兹:我们都从对方那里学到了东西。

莫言:我在写《红高粱家族》和《天堂蒜薹之歌》时,以及我以前的一些创作中,描写了悲剧和战争,不过,我在处理这些事件时剑拔弩张,慷慨激烈。奥兹先生在创作时也处理了许多重大历史事件,而采用的则是一种非常宽容舒缓的笔调,我觉得您这种手法比我要高明,所以我说您是我的老师。

奥兹:我们的创作技巧不尽相同,但我不能确定是不是我的创作手法就比您的高明。我在阅读莫言先生的作品时,有一点感触很深,即使您在描写特别残酷、特别血淋淋的场景时,依然透露出一种悲天悯人的情怀。这种把怜悯与残酷结合在一起的描写手法,从创作角度来说,也是很高明的。

莫言:既要描写残酷场景,揭示人物的悲惨命运,又要充满了悲悯的情怀,把握这个分寸很难。

奥兹:我们都曾经是军人,但是时至今日,我从来也没有一部作品描写战争,描写军旅生涯。而您却成功地描写了军旅生活,这一点确实令人羡慕。尽管我也多次尝试着描写军旅生活,但始终没有如愿以偿。

莫言:实际上我也没有描写自己的军营生活,我写的是历史上的战争。

奥兹:我意识到,您在《红高粱家族》中描写的小型战事,确实令人难以驾驭。

莫言:我写的是我想象中的战争。

奥兹:战争记忆具有某种与众不同之处。营造出战争气息并非一件轻而易举之事,我个人的词汇表里尚未储存有如此丰富的词汇。

莫言:我从军22年,但在军队里主要从事文职工作。我没有上过战场,我打靶时从来没有打中过靶子,投弹时却击落过班长的门牙。我不是个好兵,所以我写战争,只能写过去的战争,写想象中的战争。

奥兹:我虽然上过战场,但是我从来写不出战争。我也不是个好兵。在战场上诚惶诚恐。

莫言:我想,很难将一个作家同一个好兵联系在一起。托尔斯泰尽管写了《战争与和平》,可他要是当兵也不会是个好兵。威廉·福克纳也不是个好兵。海明威是不是个好兵我不知道,估计也不会是个好兵。

奥兹:区别就是他们目睹了战事。

莫言：尽管我不是一个好兵，但我对中东战争颇为关注。中国在20世纪80年代曾出版过许多描写中东战争的书籍，我读这些书津津有味。我没有去过以色列，也没有去过任何一个阿拉伯国家，但是感情上却站在阿拉伯一边。我看到在一次次中东战争中，只要是阿拉伯人占据上风，我就非常高兴。每当阿拉伯国家惨败时，我心里就感到很难过。我不明白我为什么像小孩子看电影一样，先入为主地同情一方，同情阿拉伯世界，仔细想想可能和中国当时的宣传有关。当时我们是这样划分世界的：苏联美国是第一世界，超级大国；欧洲许多国家属于第二世界，中国、非洲和阿拉伯国家都是第三世界。当时即便一个没有文化的中国人，在思想感情上也是天然地偏向阿拉伯一方。到了20世纪80年代中期，我听一个中东问题专家讲了两堂课，改变了我的观点。这个专家讲述了犹太人数千年来的悲惨遭遇。他们数千年来流亡异乡，没有安身立命之处。尤其是在第二次世界大战期间，希特勒屠杀他们，斯大林也屠杀他们，因此他们逃往当时的巴勒斯坦这小片土地上。我想犹太人希望建立自己的国家，希望有自己的祖国，是非常正义和正当的要求。奥兹先生在《爱与黑暗的故事》中关于联合国表决之夜那激动人心的场面描写之所以震撼人心，就在于写出了历史的真实和犹太人的真实心境。但反过来从另外一个角度来说，阿拉伯国家也很有道理。去年我看到一个电视场面，以色列重炮轰击贝鲁特时，轰炸刚刚结束，一个满身尘土的阿拉伯老太太就搬着纸箱出来卖蔬菜。面对着摄影机镜头，阿拉伯老太太庄严地说：我们世世代代生活在这片土地上，谁也不能把我们赶走。我们即便吃这里的沙土，也能活下去。从这两个角度来说，巴勒斯坦阿拉伯人和以色列犹太人都是受害者，都有自己正当的理由，难以简单做出究竟谁对谁错的判断。因此我尤为钦佩奥兹先生在《爱与黑暗的故事》中描写巴勒斯坦阿拉伯人和以色列犹太人时，能够站在一个很高的角度。尤其是描写你跟随着红脸膛的格里塔大妈到服装店，掉进了贮藏室，是一个棕色脸膛的有两个大眼袋的阿拉伯大叔把你救了出来；你也描写了和阿拉伯小姑娘阿爱莎的交往，你误伤了她的小弟弟，深感负疚。多年来您一直对他们念念不忘，担心着他们的命运，您发自内心地希望他们幸福。所以，从总体上说，阿拉伯人和犹太人似乎是势不两立的，是仇人。但是具体到每一个阿拉伯人和犹太人，情况就发生了变化。大家都是一样的人，都是人，都是好人，完全可以和平共处，可以成为朋友。我刚才说这么多就是要表达这样一个意思；我特别敬佩奥兹先生不是站在犹太人立场上来进行民族主义的描写，而是作为一个有良知的艺术家，站在了全人类的高度上，对巴勒斯坦和以色列问题，对阿拉伯人和犹太人的关系进行了包容性的、人性化的描写。因此，我在为您这本书写的一篇文章中说：不仅犹太人要读一下奥兹先生这本书，而且阿拉伯人也要读一下奥兹先生这本书。尤其是各个国家的政治家应该好好读读这本书。

奥兹：我非常感谢您刚才说过的话。我不能用某种黑白分明的方式来描写阿以关系。也希望世界上的犹太人和阿拉伯人不要以某种黑白分明的方式来对待对方。每场悲剧基本上都是正确者与正确者之间的冲突。许多中国人和世界上其他国家的许多人把以色列当成第一世界，把阿拉伯国家当成第三世界，这种观点有偏颇之处。称其偏颇，主要是因为居住在以色列的许多犹太人以前都曾经是被逐出欧洲的难民。从这个意义上说，以色列也应该属于第三世界。

莫言：犹太民族确实灾难深重，没有一个民族在历史上遭受过犹太人所经历的种种苦难。正因为此，犹太人在以色列建国后表现出的恒心与创造精神也令人惊奇。

奥兹：钟志清在博士论文《希伯来语大屠杀文学与中国抗日战争文学比较研究》追寻的就是以色列和中华人民共和国建立后两个民族记忆历史创伤的方式，我想这种文化记忆的比较，对增进我们两个民族的相互了解尤其重要。我在小时候，也像莫言先生早年一样，把世界划分为好坏两个世界。现在我对世界有了更多的理解，也通过书籍阅读，慢慢地了解中国，也理解了中国人所经历的苦难。您的作品确实帮助我更好地了解了中国的悲剧。

莫言：您的作品没有特别描写政治，但处处充满了政治；没有刻意直面描写宗教，但却处处洋溢着宗教气氛。这也是一种以小见大的艺术表现方式。

从一个家庭出发，实际上描写一个民族的历史。

奥兹：这种说法带有普遍意义，任何伟大的作家都能够管中窥豹。从描写家庭，延伸到一个民族，您的作品也是这样。描写一个农村小伙子爱上一个姑娘，但遭到家庭反对，描写一个农民去卖大蒜，但却让人看到了当时的社会生活场景。

莫言：就像少年奥兹和阿爱莎一样，虽然说的是两个小孩子的小故事，但却表现出一种广大的背景。阿爱莎背后站的是阿拉伯民族，奥兹后面站的是犹太民族。历史、现实、友谊、仇恨、理解、误解、痛苦、负疚表现得淋漓尽致，因此我认为你是一个了不起的小说家。能用一个很小的细节，表现出非常重大的问题。

奥兹：谢谢。我相信以色列和巴勒斯坦的冲突将来能够解决。希望巴勒斯坦建国，两个民族在一片土地上和平共处。

莫言：这两个国家的关系就像中国一则童话中描写的两只黑山羊，试图跨越一个山涧。山涧上横着一座独木桥，两只羊就站在独木桥中间，顶住了，谁也不肯退后一步。

奥兹：二者都可以跨过山涧，但不能同时通过。在任何情况下都需要一种妥协，但是狂热主义者们总是想把这种冲突转化为宗教战争。其实，应该把这片领土一分为二，让以色列人和巴勒斯坦人都有自己的居住地。尽管这片土地很小，但对两个愿意和平地居住在那里的民族来说已经足矣。就像把一个房子分成两个不同的单元。因为有两家人要居住在同一房子里，就得合住。

莫言：合住的两家人会磕磕碰碰。

奥兹：所以要把房子分为两部分。一部分给以色列，一部分给巴勒斯坦。

莫言：这种理想的模式听来简单，但要执行起来就困难了。

奥兹：两只黑山羊的比喻倒是贴切。如果一个先退回去，另一个先跨越山涧则比较容易；但两只羊想同时过，就比较困难了。

莫言：中国有句古话：冤冤相报何时了。

奥兹：在希伯来语中也有类似的表达。

莫言：尽管文学不能改变社会，但文学应该能够发挥其作用。这就是我刚才说的，希望双方政治家和老百姓都要读读奥兹先生的作品。

奥兹：但是希望政治家对文学感兴趣。您知道吗，这部作品的阿拉伯文版将于明年出版，而出资赞助的则是一位阿拉伯富翁。

莫言：那太有意思了。这是小说的延续，阿拉伯文版的出版变成了小说的一章。

奥兹：我想给您讲一下这个故事。三年前，一个名叫乔治·胡里的阿拉伯小伙子在耶路撒冷郊外开车，被恐怖主义分子当成犹太人，头上中弹身亡。这个小伙子的家庭非常富有，他的父母在他死后，决定出资把《爱与黑暗的故事》翻译成阿拉伯文，以纪念他们被恐怖分子杀害的儿子。小说的阿拉伯文版献词上会写道："谨以此书纪念乔治·胡里，一个阿拉伯年轻人，被阿拉伯恐怖分子当成犹太人而遭到误杀。希望以此增进阿以两个民族之间的相互理解。"改善两个民族之间的关系。现在我和我的夫人和这个阿拉伯家庭成了好朋友。

莫言：可见在阿拉伯世界里，也有很多理智的人。但这理智，需要付出沉重的代价换取。您的小说中描写过类似的故事。我感觉《爱与黑暗的故事》的任何一个译本，都不如阿拉伯文本重要。

奥兹：我非常赞同。阿拉伯文版《爱与黑暗的故事》比任何版本都重要。某和平运动机构的主席决定购买1800册阿拉伯文《爱与黑暗的故事》，捐给约旦河西岸的阿拉伯读者。希望以这种方式增进两个民族之间的相互理解。

莫言：相信它会发挥很好的作用。因为文学所起的作用不是强制的，但一旦发挥作用，就是持久的。

奥兹：文学就是要读者想象。请你走进一个家庭，看到那里的一切。当你看到这一切后，你就不会对其产生敌意了。

莫言：相信阿拉伯读者读过您的作品后，意识到原来犹太人也是人。他们也有喜怒哀乐，他们有和我们相同的客厅、厨房，他们欢乐和流眼泪的原因和我们一样,他们与我们是一样的人。

奥兹:我非常喜欢和您之间的这场谈话,分分秒秒都令我感到愉悦,非常感谢您。原来只喜欢您的书,现在也喜欢您的人。等您有机会来以色列,欢迎您到我家里做客。

莫言:好,请您一定要把我带到您生活过的基布兹看看,我在您的小说《何去何从》、《沙海无澜》中已经很熟悉这个地方。尽管我不是一个好兵,但从事农业生产,也许勉强及格。

重建宏大叙事

——与李敬泽对话

吉典农民的活化石

李敬泽：昨晚看完《生死疲劳》，先兴奋，后茫然，它庞大、驳杂、浑浊，看得痛快，但对批评是一个挑战。这是一部关于历史的小说、关于人与土地的小说、关于人与灵的小说，关于生与死的小说，关于苦难与慈悲的小说，也是关于白昼和夜晚的小说。《生死疲劳》中很少写到太阳，但月光下的世界写得极为诡魅华美，这让人想起你的山东老乡蒲松龄：夜色降临时，万物苏醒，大地恢复了灵性，白昼属于人和历史，黑夜属于灵，属于大地。小说中的人物蓝脸，是把夜印在脸上，印了一半，有点像脸谱。

莫言：这来自生活，那人的外号就叫蓝脸，脸上有一个大痣。

李敬泽：蓝脸这个坚持到底的单干户是小说中最动人的形象。

莫言：这部小说的创作冲动来自于我家旁边村庄里的一个单干户。

李敬泽：我猜就是这样，肯定实有其人。

莫言：我上小学的时候，我们学校就在路边上。1965年的时候，我们每天上完第二节课，做广播体操的时候，这个单干户和他老婆推着一辆木轮车，吱吱咯咯地从我们面前经过。那个时候，到处都是人民公社。他赶了一头瘸驴，拉了一个木轮车，发出刺耳的声音，在乡间的土路上，压出深深的辙印。在"文革"期间，他活活被打死，因为他坚持单干，他的儿子、女儿全部与他决裂，就剩下他一个人，因为在"文革"中，一个单干户的儿子的名声比一个地主的儿子还要臭，当时大家用了一个比喻形容他"他就是茅坑里的石头，又臭又硬"。批斗也好游街也罢，但他就是不入合作社，道理很朴素：亲兄弟还要分家，你们闹到一块没有道理。他这样的单干户在高密县是唯一的。后来，大家说一定要消灭这个黑点。他的土地只有窄窄的一条，在人民公社土地的重重包围下，奄奄一息，他种庄稼的时候，人家种高秆的农作物，遮挡他地里的阳光；他没有农药，人家都用好的农药，害虫都往他的地里跑，他活得很艰苦，但他就像汪洋大海中的一道堤坝。到了20世纪80年代一分地，大家回头一想，还是那个单干户明智。

李敬泽：从这个小人物迸发出这个宏大的故事，关于中国乡村的历史。

莫言：几千年以来中国改朝换代，农民起义，围绕的核心问题就是土地。土地兼并再均分，反反复复。1949年之后，农村的变迁实际上还是土地的问题。《金光大道》和《艳阳天》说的都是土地的问题。写农村改革的小说大多写党的政策好呀，联产承包呀，但并未涉及根本，根本问题就是农民与土地的关系。到了今天，这种关系又发生了变化，农民纷纷逃离土地，出现新一轮的土地荒芜现象。我最开始就是想围绕土地，写一个50年来农村的变迁的故事，但是以一种什么样的方式来写，如果以《金光大道》或《创业史》的方式来写，至少在形式上是陈旧的，所以借助六道轮回来写这个问题。

李敬泽：现代文学以来，土地在不同时期的乡土写作中都是一个意义中心，它是历史的焦点，也是人们可以安身立命的终极价值。但现在的问题是，这个中心在当下生活中、在人心中正在瓦解。而在小说中，你坚持了这个中心，这是对现实的一种回应吗？

莫言：我还是认为，农民和土地还是亲密的关系，一旦逃离土地，农民没有了根本，蓝解放以进城当官的方式离开了土地，西门金龙以开发旅游的方式毁掉了土地，只有蓝脸，他坚守着土地，他是古典农民的活化石。我认为，不应毁掉或离弃土地，那必将使农民陷入更深的苦痛，前途更加未卜。我无法预见，也无法解决，但在我小说的结尾，展示了逃离土地或背离土地的凄惨景象。当然最后还是有希望的，希望寄托在女性身上。

李敬泽：在这部小说里，蓝脸孤独但是雄辩，他用黑夜的逻辑对抗白昼，但是现在，恐怕已经很难想象有一个农民特别是年轻人愿意走进黑夜，坚持他对土地的忠诚。

莫言：是啊，农民已经不爱土地了。

恢复说书人的光辉传统

李敬泽：这是一部章回体小说。20世纪80年代以来，主流小说采用章回体的很少，"五四"以来就已经很少了，我记得《吕梁英雄传》是章回体。

莫言：新时期的有一部《破晓记》，还有《烈火金刚》是章回体。

李敬泽：在中国古代几乎所有的长篇小说都是章回体，其实西方传统中的早期小说也近似章回体，像《堂·吉诃德》、《痴儿西木传》，只是他们不讲对仗。章回体基本上是死掉的文体，现在《生死疲劳》让它活过来重振尊严。章回是一个形式，但应该不仅仅是形式，它也是一种特定的叙事态度，不知道你是怎么考虑的？

莫言：关于从中国古典小说和民间文化中寻找创作灵感，是我近年来考虑比较多的问题。当然，这不是什么理论问题，是技术问题。《生死疲劳》写到一半的时候，我发现按照以往的模式写下去，形式和内容的结合不是很熨帖。而且读者在阅读的时候，章节之间的界限也有些模糊，读着这一章可能就忘记了上一章。后来，我想是不是可以给每一章起个小标题。这倒是我们现代小说里常用的手段，但小标题很难把这一章的内容概括，就想到用章回体，因为章回体的标题字数多，能够全面地把这一章的内容概括出来。目前的五十多章，依然有一些是不符合对仗、平仄的技术要求，尤其是到了第五部尾声的时候，也就没用章回体。应该说这不完全是一部章回体小说，这样处理是出于技术上的考虑。另外，也是希望让读者通过阅读这部小说怀念中国古典小说。毕竟，我们过去的经典小说都是章回体。

李敬泽：向章回体小说致敬。

莫言：从深层考虑，是恢复古典小说中说书人的传统。因为章回体小说一般是从话本小说演变而来，是话本小说之后相对成熟的小说形式，作者作为说书人的姿态出现。

李敬泽：说书预设了读者——听众的在场，说书人是一种声音，一种包含和模仿所有声音的"大声"，古代的小说是"说"出来的，而且是"大说"，现代的绝大部分小说是"写"出来的，顶多是"小说"，这是非常重要和复杂的区别。《生死疲劳》就是一次罕见的大说特说。

避免和大师正面交锋

李敬泽：《生死疲劳》的叙述角度异常复杂，大头儿是近乎纯粹的精神，是巫一般全知的说书者，通天彻地。蓝解放是常人，是日常经验水平上的有限视角，小说中的"莫言"是个"知识分子"，没他什么事，但是瞎起劲，到处为故事提供似是而非的阐释，又像一个插科打诨的小丑。这三位叙述者构成了复杂的张力关系。

莫言：大头儿与蓝解放构成对立的关系，对话的关系，又彼此消解，又互相矛盾，像一部复调，书中的莫言不纯粹是一个作家，他的出现使原小说的叙述者存在，马原小说中早已有过这样的表达，"我是一个汉人"，这是他的一个品牌。大头儿、蓝解放、莫言这三者构成三重对话关系，再现了乡村50年变化的历程。起码，在形式上，这比单一的全知视角要丰富，给读者提供想象和思考的空间更广阔，更是对历史的确定性的消解，多角度的叙事对小说的多义性提供了可能。不过，当时我仅仅是凭直感来写作的。

李敬泽：我感觉大头儿的声音还是压倒一切的，他丰沛、鲜明和全面，这使其他两种声音显得比较弱，实际上，真正有力的对话我认为是在大头儿声音的内部展开的，驴、牛、猪、狗，每一次转换都是新的一重调子。中国的小说家常常把复调简单地理解为叙述中的自我"抬杠"，实际上复调是力求从总体上想象世界，它有宏大的总体性志向，在这个意义上，《生死疲劳》是一种重建宏大叙事的努力。

莫言：纵观小说发展的历史，到了托尔斯泰、巴尔扎克之后，史诗性的宏大叙事已经到达了顶峰。如果要写一部所谓的带有历史意义的作品，按照传统的现实主义的写法,显然是写了一个故事,仅仅是和过去的故事不一样。即使天才的现实主义作家也只能写出一部跟《静静的顿河》类似的作品。在这样的境遇下,逼得现代作家在小说叙事上不得不另辟蹊径。这么多年来,中国的、外国的许多小说家挖空心思地尝试着离经叛道,是因为那些大师的作品已经到达无法超越的高度,新小说派也好,感觉派也好,福克纳也好,卡夫卡也好,都是在寻找另外的叙事角度,而真正的原因是为了避免和真正的大师正面交锋,显然不是对手。但是,宏大叙事确实是每个作家内心深处的情结。所有的作家都梦想写一部史诗性的煌煌巨著。而我既不想落入窠臼,又舍不掉情结,还想独树一帜,所以《生死疲劳》只是另辟蹊径的一种努力。看起来这是一种重复,向故事回归,向宏大叙事回归,向全知视角回归,似乎昭示了小说历史或者说是文学历史的循环,但事实上这是螺旋式上升,看起来回到原点,其实高于原点。他毕竟吸纳了很多新鲜的因素,而不是简单地重复过去,更不是简单地回归。

开掘中国的魔幻资源

李敬泽:《生死疲劳》中的轮回转世为小说提供了结构,也为全知视角提供了不断变化的纵深,主要叙述者转世为驴、牛、猪、狗、猴,眼光各不相同。

莫言:《聊斋》里也有过这样的故事。在《生死疲劳》中,西门闹作为被冤死的地主,急于转世,要讨个说法。随着他不断地转世,慢慢地他认同了动物性,而淡忘了最初他坚持的人性,反而是动物性越来越强,直至高过原有的人性。故事的刚开始,西门闹转世成一头驴,但他认为他仍是一个人,对人世的仇恨时时控制着他,他以人的目光体察人间的一切,即使是驴还是以人的思考方式来介入一切,当他想去安慰他的媳妇白氏时,他才发现自己的声音只是驴叫。但转世为猪时,他做了猪大王,他很满足。关于西门闹的记忆,他渐渐淡化。转世为狗,他已得意于作为主席狗的身份,狗性越来越浓,控制着他的其他所有行为。当他最终转世为人后,只剩下一个局外人的身份。

李敬泽：所以《生死疲劳》的主题很复杂，它也是关于记忆和遗忘的小说，随着记忆渐渐消失，仇恨也渐渐消失了。在轮回的观念中，忘是很重要的，为什么要有轮回？某种程度上，就是为了让你忘，喝了孟婆汤，让你不要执著。西门闹一次次轮回，就是为了反抗遗忘，但是同时，时间发生了效应，记忆慢慢消失。

轮回是一种东方想象，西方想象是地狱与天堂、拯救与救赎，是一条直线，而在东方想象中，世界和生灵是在一个圆轮上，循环不息，这种想象曾是中国人基本的精神资源，在古典小说中比比皆是，但在现代小说中基本上被摒弃掉了，《生死疲劳》使这种古老的、陈旧的想象重新获得了力量。

莫言：近20多年来，当代作家或多或少地受到魔幻现实主义的影响，我们也写过很多类似的小说。但魔幻是西方的资源，佛教是东方的魔幻资源，六道轮回是中国特色的魔幻资源，我们应该写一部有中国特色的魔幻小说。假如，我们还是按照《百年孤独》的方式写作，实际上动用的还是西方的魔幻资源。

李敬泽：魔幻不是装神弄鬼，它应该是抵达一种精神、一种对世界的看法。在后记中你多次提到"悲悯"，我认为不太准确，悲悯属于希伯来宗教传统和西方启蒙传统，它都预设了拯救，上帝的拯救或人的自我拯救，《生死疲劳》不是要抵达拯救，而是力图抵达安宁，所以我更愿意说小说最后呈现的是"慈悲"。

莫言：在佛教的概念里，并没有悲悯，却有慈悲，慈悲比悲悯更广博。站在超脱六道轮回的角度，超出人，超出动物，也超出了鬼，我希望这部小说有一种波澜不兴的平静，尽管底下岩浆涌动，但大地的表面异常安静，慈悲好像就应该是这样一种东西。我对佛教确实没有研究，只是借用这个结构完成这部小说。关于六道轮回，现在已经非常民间化了，即使目不识丁的老百姓也都知道轮回报应，六道轮回是一种无形但巨大的道德力量，社会还能比较安定，就是因为在老百姓的内心里有这样一种天然的自律。

李敬泽：在佛教中，六道轮回是为了破"执"，也可以说，《生死疲劳》是一部关于"执著"的颂歌和悲歌，人之所以苦就是因为放不下，最终安放我们的是这片土地。

莫言：一切来自土地的，最终也回到了土地。

捍卫长篇小说的尊严

李敬泽：你在后记中讲到，长度、密度、难度是长篇小说的标志，我想，这三点是一件事，就是"重"。卡尔维偌讲轻逸，昆德拉讲生命中不可承受之轻，"轻"几乎成了主流美学，成了我们这个时代的中心观念，在"小资"那里，"轻"成了意识形态。捍卫长篇小说的尊严实际上也是捍卫世界之"重"。

莫言：长篇越来越短，与流行无关，与印刷与包装无关，与利益有关，与浮躁心态有关，也与那些盗版影碟有关。长度、密度、难度是长篇小说的标志，也是这伟大文体的尊严。长篇小说没有必要为了适应某些读者，把自己变得短、浅、媚、俗，就像大象没有必要为了适应某些动物而改变自己的体形和性格一样。我们惯常听到是把长篇写短的呼吁，我却在这里呼吁，长篇就是要往长里写。当然，好是长的前提，只有长度，就像老祖母的裹脚布一样，当然不好，但假如是一匹绣着《清明上河图》那样精美图案的锦缎，长就是好了。长不是抻面，不是注水，不是空心草，不是纸老虎，是真家伙。是仙鹤之腿不得不长，是不长不行的长，是必须这样的长，万里长城，你为什么这样长？是背后壮阔的江山社稷要它这样长。长篇小说的长度、密度、难度，造成了它的庄严气象。它排斥投机取巧，它笨拙，大度。泥沙俱下，没有肉麻和精明，不需要献媚和撒娇。它是老太后，不是小妾和二奶。尽管真正的长篇小说，知音难觅，但知音难觅是正常的，伟大的长篇小说，没有必要像宠物一样遍地打滚赢得那些准贵族的欢心，也没有必要像鬣狗一样欢群吠叫。它应该是鲸鱼，在深海里，孤独地遨游着，响亮而沉重地呼吸着，波浪翻滚地交配着，血水浩荡地生产着，与成群结队的鲨鱼，保持着足够的距离。长篇小说不能为了迎合这个煽情的时代而牺牲自己应有的尊严。长篇小说不能为了适应那些根本不懂命运和苦难为何物的读者而缩短自己的长度，减少自己的密度，降低自己的难度。我就要这样长，就是要这么密，就是要这么难，愿意看就看，不愿意看就不看，哪怕只剩下一个读者，我也要这样写。

李敬泽：《生死疲劳》是一部向我们伟大的古典小说传统致敬的作品。这不仅指它的形式、它对中国经验和中国精神的忠诚，也是指它想象世界的根本方式。在中国古典小说中，人的命运就是世界的命运，人物带动着他的整个世界，比如《红楼梦》，整个世界跟着那个人颓败下去，《金瓶梅》、《水浒传》、《三国演义》也是如此。这一点过去很少有人注意到，这恰恰是古典小说的根本精神，现代小说已经遗忘了这样的志向，而《生死疲劳》让我们记起了那种宏大庄严的景象。

茂腔大戏

—— 2001年6月与《南方周末》记者夏榆对话

高密东北乡是我的精神故乡
我用写作发现故乡返回故乡超越故乡

记者：《檀香刑》出版以后，读者和评论界反响挺大。时隔几年你的写作又回到高密东北乡，你重新让读者看到鲜活的创造激情和创造力量。那么你想用这部书表达什么呢？

莫言：我想写一种声音。在我变成一个成年人或中年人以后，回到故乡，偶然会在车站或广场听到茂腔的声调，听到火车的鸣叫，那些声音让我百感交集。好像不仅仅是戏剧，不仅仅是火车开过的声音，包括我童年的记忆少年的记忆全部因为这种声音被激活。在十几年前，我在听到茂腔和火车的声音时就感觉茂腔这种戏和火车开动的声音最终会在我的内心成长为一部小说。

到1996年的时候，我想到胶济铁路修建过程中，在我的故乡有一个戏班的班主，也就是小说描写的孙丙，他领导老百姓自发地与入侵中国的德国人抗争。当然他们的抗争用现代的观念看很愚昧。孙丙这个人在近代史和地方志都有记载（他的名字竟然和孙中山先生同名，叫孙文），但被拔高得很厉害，他被塑造成一个不亚于李自成甚至八路军式的英雄人物。后来我做了大量的调查，走访了幸存的老人，发现没有那么复杂。孙丙作为一个农民，作为一个乡村戏班班主的那么一个人，他还没有意识到反帝反侵略那样重要的问题，实际上他的想法很简单，就是修胶济铁路要穿过祖先的坟茔，要迁坟，迁坟肯定就会破坏风水。甚至认为火车冒出的烟会熏坏地里的庄稼。村里由祖先沿袭下来的生活会因此而改变，他们不愿意，就抗拒。然后就引发一场轰轰烈烈的暴动。我就写了这么一部书。

记者：我注意到你的写作，好像在你回到故乡，回到高密的时候，就跟你天赋的气质、激情、灵感甚至血脉吻合，达到一种合一的状态。《透明的红萝卜》、《红高粱家族》、《红蝗》、《欢乐》、《丰乳肥臀》都如此，这样的写作饱满、酣畅，具有神性。你怎么看自己的故乡，高密是你的精神故乡吗？

莫言：我想故乡对一个作家是至关重要的，即便是一个城市出生的作家也有自己的故乡。对我这样的成长经历或写作类型的作家，故乡在生活和创作历史所占的位置更加重要。二十年前我刚开始写作的时候，文学还有很多的清规戒律，还有很多禁区，我们那时还要从报纸、领袖讲话和中央文件里寻找所谓的创作信息。我当时还在部队，做过一段代理保密员的工作，有条件比一般人通过新闻媒体更早知道一些国家、政治、政策的变化，报纸可能会两个月后才知道，而我们通过中央内部文件就可以及时获知信息，比如关于刘少奇的平反，别人都还不知道刘少奇要平反的消息，我知道了，就可以创作一部老贫农怀念刘少奇的小说。

1984年，我从部队基层到解放军艺术学院，环境的改变和视野的扩展让我突然之间开窍了，那时我写了一篇小说《白狗秋千架》，第一次出现高密东北乡这个地理概念。从此就像打开了一道闸门，关于故乡的记忆故乡的生活故乡的体验就全部复活了。此后关于故乡的小说就接二连三滚滚而出，就像喷发一样，那时候对故乡记忆的激活使我的创造力非常充沛。

记者：那时读者和评论界对你的出现感到吃惊。

莫言：到80年代末我有意识地做了一下调整，我想到一味地写故乡，写高密是不是会重复，我想读者会不会厌倦？后来写《十三步》、《酒国》这些小说就模糊了故乡的特征，代替的是小城或小镇，当然是很熟悉的小县城小集镇，我那时写过《怀抱鲜花的女人》，尽管写的不再是故乡，不再是高密东北乡的地理环境，但依靠的还是那些记忆和体验。

直到写《丰乳肥臀》的时候，再一次明确地以高密东北乡作背景，写它怎样从一个蛮荒的状态，经过一百年的变迁发展成一个繁荣的城市，从一个地方的变迁反映一个地区一个民族的变迁。当时这部书因为一些写法、思想、观念的差异引起争议,甚至被无限上纲批判。

我在写《红蝗》的时候,在后记写了一个补缀,我说故乡是文学的概念,不是地理的概念,我写的"高密东北乡"是文学化的,实际并不存在。我写的那些地理环境、风土民俗包括植物在实际的高密是不存在的,包括那种红高粱现在也并不存在。有好多外国读者看到《红高粱家族》后就想去山东寻找那些植物,肯定找不到,那是我内心的产物。"高密东北乡"实际上是作家的一个精神故乡。

我记得美国作家托马斯-沃尔夫在写《天使,望故乡》时,故乡的人都攻击他,指责他诋毁故乡,但实际上他写的故乡是他自己的精神故乡。所以我提醒读者不要对我笔下的高密东北乡对号入座,尤其高密的老乡们不要对号入座。

我想作家在开始创作的时候是寻找故乡,然后是回到故乡,最后是超越故乡,超越故乡是一个非常艰难的过程。

城市也是我精神的城市
我写我视野中的城市感觉体验中的城市

记者:那么城市呢?现在你身处一座城市,在城市的生活影响你的写作吗?

莫言:作为一个农民出身的人,我在农村整整生活了二十年,最后进入城市,进入中国最大的城市。实际上我现在在城市生活的时间要比在乡村生活的时间要长,为什么我在写到城市生活时就感觉笔下无神呢。好像读者或评论界也有这个看法。

我觉得长期以来读者或评论界形成一个先入为主的定势,就是他们划定一个界限:这个人是写城市题材的,那个人是写农村题材的,写农村题材的人写城市生活是不可信的。包括贾平凹,有评论家曾经在一个讨论会上提出贾平凹城市生活的创作是失败的,我不同意这个说法,我当时说这个说法是先入为主的偏颇。不能因为作家不是出身城市就断定他们写的城市不成功不可信。比如格非，也是一个农民出身的人，为什么就没有人觉得他的城市题材的写作不成功呢？而王安忆、李锐，他们也都是城市出生，但写农村就写得很好。为什么我和贾平凹写城市人们就有看法呢？

我觉得每个人心目中都有一个自己的城市，即便我们写的城市跟大家写的城市不一样。我就是用我自己的眼光看我生活的这个城市，有什么不可以呢？贾平凹写的西安难道不是一个很独特的视角吗？棉棉、卫慧写的上海也有人不认可，但它就是一个女大学生眼中的上海。有什么不可以呢？

我写故乡，它是我的一个精神故乡，而我写城市也是一个精神的城市。

记者：你在写《檀香刑》的时候就没有了这些约束。

莫言：到写《檀香刑》的时候就不管了，该怎么写就怎么写，自由无忌，我没法再把我的故乡虚幻掉，不管别人喜欢还是不喜欢。因为这涉及到我成年记忆中最深刻的东西，火车和茂腔。如果我把它换成江南腔或东北腔我会感到特别别扭，历史上高密东北乡也确实出现过在当时可说是惊天动地的农民起义，在当时的情况下不管那些农民的动机是多么朴素，甚至带有愚昧色彩，但他们的行为现在看确实有非凡的意义，他们利用戏剧的方法，甚至借助岳飞这样的英雄人物作依托，跟掌握着最先进的武器的德国入侵者抗争。

把茂腔、火车跟孙丙抗德的故事连在一起，我就必须回到故乡，回到高密，我要非常鲜明地把"高密东北乡"这个旗帜高高地举起来。因为有这些跟童年跟故乡跟历史紧密联系的写作资源，所以写《檀香刑》时确实是得心应手痛快淋漓。

《檀香刑》的写作是对优雅的
中产阶级情调写作的抵抗

记者：这几年你经历过很多变迁，人生际遇、文学环境都发生了变化，社会环境、公众心态和以往也极不同，现在你怎么看自己的写作，怎么看当下的时尚化写作?

莫言:时尚化的写作是不可抵抗的,也是无法抵抗的,就像时装跟美人无法抵抗一样,只能顺其自然。好在文学发展到现在有了这样一个共识,就是再没有一种权威的主流的东西主宰一切,每一个作家都有他自己的独特的价值,每一个作家都有他自己独特的世界,每一个作家都要发出自己的声音。

在这个情况下所谓的时尚化写作就都有各自存在的价值,包括"少年作家"、"美女作家"都有他们存在的价值。你当然可以反感他,拒绝他,但他还是有自己存在的理由和价值,比如韩寒,比如棉棉、卫慧,你尽可以不喜欢,但你就是无法忽视他的存在。他们会一步步走下去,他们有喜欢他们的读者。

反过来他们对我们也可能不以为然,我觉得这些都需要以平常心看待。

真正让我反感的还不是这些另类的写作,另类写作一旦取得话语权力以后马上就会进入主流,一个作家的突破很可能会在边缘,一旦突破他马上会进入中心,变成一个流行话语,会走到自己的反面。另类的作家很可能会变成主流的作家,反叛的作家很可能会成为一个传统的工具被别人反叛。这是一个规律。

我觉得现在真正可怕的是一些已经取得了写作话语权力的作家,他们用一种伪装得很优闲很典雅的中产阶级的情调写作,这些人充斥于出版和传媒界。这当然不只是一个孤立的文学现象,它还是一个社会现象。

90年代开始,社会上确实有一些人发了财,不管通过什么手段,他们对西方一些中产阶级一言一行进行模仿,包括他们的情调。大概在90年代中期的时候,北大的一些学者提出在下一个世纪谁决定一部书的命运,究竟是什么人在读书的问题。他们提出了一个"中产阶级"的概念,声称要为中产阶级写作。他们说你要想自己的书卖得好的话你就得讨得中产阶级的欢心。我当时就说在中国,中产阶级的提法还为时过早。我觉得一个中产阶级的审美情趣,那种精神的优雅和灵魂的高贵并不是有了钱就能培养起来的,我想真正的一个贵族要经过几代人的培养,真正的中产阶级要经过几十年的培养才能形成。而当今的中国有几个人能有超出普通中国人的意识呢?

写作《檀香刑》如果有什么挑战性的话，我觉得就是和这种所谓的中产阶级的对抗。

先锋是一种生活态度

记者：我刚才听到你说的你的写作是一种对抗式的写作。几年前你就被看成是先锋作家，你怎么看当初的先锋或反叛的姿态？

莫言：我觉得先锋并不仅仅是一种姿态，先锋也不只是写作态度，实际上是一种人生态度。我觉得你敢于跟流行的东西对抗，你敢为天下先，就是先锋的态度。甚至在很多人都不敢说心里话的时候你敢说就是一种先锋态度。"文革"期间敢跟流行话语对抗的地下文学就是一种先锋，巴金在80年代写《随想录》的时候就是先锋。就我个人的经历，我觉得实际上"文革"前"文革"中对作家的写作的禁锢，实际上有的是靠意识形态控制，有的就是作家头脑本身就有的。你从小生长的环境、你所受的教育、你的阅读决定了你不能那样写。我当时的写作就是带着对这种禁锢的突破的意识写的。

我写《欢乐》写《红蝗》的时候有一些非常表面化的东西，一种对抗式的写作。《红蝗》里写到对排泄物的感觉，《欢乐》里有的地方几十段文字不分段不分行，还涉及到对母亲身体的描写，现在回头看都是一种表面化的对抗。当时引人注目，让很多人咋舌。90年代以后，随着年龄的增长，创作量的累积，那种有意识的对抗越来越少。到了《丰乳肥臀》之后又掀起一个高潮。到1998、1999年以后的写作我变得低调，很多的锋芒被藏起来了，当时往后退了一步，有意识地压低写作的调门。我觉得评论家喜欢的那种东西我知道怎么写，比如我写的《三十年代前的一次长跑比赛》、《牛》、《我们的七叔》、《拇指铐》等等。但当我突然变成我从前的调子的时候，很多人又会不喜欢了。

《檀香刑》就是这种写作，我已经压了三年了，用那种低调的写作，用那种比较优雅的态度写作。开始写《檀香刑》的时候也想写得不那么剑拔弩张，但压着压着就不想再压了。

记者：像这种《檀香刑》的写作是不是很符合你的写作天性呢？

莫言：当然，如果从写作的痛快淋漓来说很符合我的天性。

记者：通常人们把先锋的姿态或者态度归结到青年，但是我们看到世界很多优秀的作家，随着他们年龄和阅历的增长，他们对人世的洞察更加敏锐，写作的态度也更加激进反叛更加彻底。

莫言：一个十八岁的孩子可能是非常保守的，一个八十岁的老人可能是非常先锋的。我觉得衡量一个作家是否先锋就看他是不是虚伪，他是不是在用一种虚伪的态度写作。当然小说是虚伪的，用余华的话说作品是虚伪的，但你注入到写作中的情感不能虚伪。我觉得我们生活中最让人切齿的就是虚伪的话语。这甚至不仅仅是一个文学的话题。

到21世纪还穿着军装写作
我感觉不合时宜

记者：你以前是军队作家，现在转业了，那么作为一个军人和作为一个平民这两种社会角色对你的写作影响有什么差异吗？

莫言：我觉得这个差异是巨大的。在部队我尽管天天不穿军装，天天吊儿郎当，我经常受到作风稀拉的批评，但实际上军营对我的束缚还是无形的。在军队，我们经常被要求"你们首先是军人然后才是作家"。虽然你常常故意与这种意识对抗，但你在潜意识里时刻都会意识到你是军人，你也忘不了你是军人。我想这对一个作家是太多的束缚。作家和军人这个职业本身是一个矛盾，作家追求的是创造、自由、情感、叛逆，军人恰好相反。它强调整齐划一和服从，消灭个性。如果没有个性，作家是不存在的，而军营如果全是个性，军营也不存在。

我想在世界文学里也没有这种现象，西方有很多优秀作家都有过军营甚至战争的经历，但真正在军营里写作的很少。中国的军营里养了这么多作家，几百个，我想和中国独特的国情有关。中国最早的时候所有的人都是军人，所有的人都要上战场，在战争时代所有的人都穿军装，哪怕跳舞的。

我觉得到了21世纪还穿着军装写作是不合时宜的。我现在感觉1997年我决定转业离开部队的决定是对的，现在后悔离开得太迟了。当然你不能说军营不好，如果你要生活要过日子在军队是太舒服了，永远没有下岗之忧，没有发不了工资的忧虑，生活会很舒适，很安全。但你要想做一个好的作家的话就应该选择离开它。

转业到地方以后我明显地感觉是腰板挺直了。我原来在军队的时候固然没有人说我坏，但我总觉得我是犯过严重错误的人，是一个异类。我这么一个人写这样的东西，又拿着部队的薪水，我总觉得欠军队的很多，平时见了领导就避开，希望大家忘掉我。

到了地方以后这种心态就不存在了，我发现我的觉悟很高，同事们对我的评价也不错，我觉得我原来是一个好人。在军营的时候我感觉很痛苦，一方面要忠实于自己的艺术信念，保持自己叛逆的文学个性，另一方面又有负罪感，我写作越能表达自己的个性，越有负罪感。长期下去我很痛苦。

但到了地方以后我可以按照最低的道德底线生活，最低的道德底线就是我遵纪守法，我就是一个好公民，至于其他我想就是一个觉悟的问题了，我愿意把自己的道德水准提高到雷锋式的标准也行，不愿意也没人能够强迫我，我的写作由此获得了自由。

信息时代太多的信息会让人无所适从
封闭状态中的作家未必就不会写出优秀作品
我很想放下一切躲回高密东北乡

记者：你怎么看世界文学呢？中国的文学在世界文学格局中的位置会不会影响你的写作，你想过自己的文学抱负吗？

莫言：实际上外国文学对中国文学对中国作家的影响是至关重要的。现在我们回首80年代的时候，任何一个坦率的作家都不能否认外国文学对自己的影响,1984、1985年的时候,拉美的爆炸文学在中国风行一时,很多作家都受到影响。没有80年代铺天盖地的对西方作家和西方文学思潮的翻译和引进,可以说就没有现在的这种文学格局。80年代作家就意识到对异域文学的借鉴是不可缺少的,但如果过分地借鉴甚至模仿就没出息了。实际上后来出现的"新写实"、"新乡土"的文学潮流也都是为了抵抗对西方文学的简单模仿。

对于作家个体来说,要写出跟别人不一样的作品来,然后再写出跟自己已经写出的作品不一样的作品就足够了,我想如果有众多的作家实现了这个愿望,那么集合起来我们的整个中国文学就会非常丰富非常有个性。只要有这么一批作家出现,那么我们的文学自然在世界文学的格局中就会取得不可替代的作用。

我觉得现在我们基本实现了这个愿望,我们没有必要妄自菲薄。我相信用不了多久,西方的年轻作家就会说他受到了中国某个作家的影响。交流是双向的,我们一旦进入这种交流的正常态势的话,我们在接受别人的东西,别人也会接受我们的东西。落差很大的两个湖泊之间,一旦闸门开放,只有水位高的向水位低的方向倾泻,你只有接受,但到了平衡的时候两个水位一样高的时候,就互换了。

记者: 现在很多作家开始关注国际视野,希望能走出国门参与到更广泛的国际间的交流中去,你有这种愿望吗?

莫言: 我觉得在信息如此发达、互联网普遍风行的时代,出去不出去已经没有什么区别,在以前一个人出过一次国是一件很大的事。但你要是长期地到一个国家,你在法国或美国住三年或五年,你自然会获得很多东西,反过来如果你仅仅是在巴黎呆了七天,在纽约呆了两周,就觉得获得了一种国际视野,那也太简单了,那跟旅游没什么区别。对文学创作没有任何帮助,不如静下心来,读一些书,看一些音像资料或许更有用。

回过头来讲,如果一个天赋很好的人从80年代就是在一种封闭状态中写作,根本不知道这个世界发生了什么,就按照他自己的想法写,未必就写不出好的作品。我觉得现在太多的信息会让人无所适从。我有时候真想放下一切躲回高密东北乡。

一个作家独立自由的写作，不为外部所惑，那会是很好很理想的状态。我希望这样的状态一直跟随我。

追忆与青春

—— 与《中国教育报》记者齐林泉对话

记者：莫老师，首先祝贺改编自您的小说《白狗秋千架》的电影《暖》东京电影节获得大奖！这部电影"诗意、散淡"的风格跟您的获得国际电影节大奖的《红高粱》和《太阳有耳》的红火、浓烈的特点很不一样，能谈谈您这部小说的创作情况以及与另外两部小说的不同吗？

莫言：这部小说写于1984年，那时我还在解放军艺术学院学习。这部小说对于我有特殊的意义，因为小说中第一次出现了"高密东北乡"这个文学地理概念，从此之后，我的小说有了一个自己的"王国"。

这部小说是一部游子返乡的小说，延续了自鲁迅那代作家开始的一个古老的主题。其中提到了一个"纯种"的概念，在后来的《红高粱家族》中得到了进一步的发挥。

记者：曾经看过《白狗秋千架》之前您写的一篇与这个故事相同的一篇散文，不管这个故事到底有没有发生在您身上，您对这种青春的情感毕竟是真实的，相信你们那一代也确实经历了这样的青春，现在过了大约20年了，您对此有什么特殊的感怀吗？

莫言：那篇散文实际上是在军艺时的一篇课堂作业。基本上是虚构。但我有一个小学同学的确一胎生了三个女孩。我回家时也没有见过她，只是听母亲说起过她。后来就生发成了《白狗秋千架》这样一个故事。与《白狗秋千架》类似的故事还有一篇《断手》，写一个残疾军人回乡后的爱情际遇，我曾经把它改写成电影剧本，发表在《八一电影》上，但没有拍摄。

记者：20世纪80年代初期，你们那一茬作家这样的青春故事还很多，像郑义的《老井》，路遥的《人生》，这两部小说也都被改编为电影，其中《老井》1987年就获得了东京电影节大奖，您的这个爱情故事与他们的相同与不同在哪里？

莫言：我这个故事比他们的故事更温馨一些，时代背景也往后推移了一些。这是一种淡淡的忧伤，其中包含着人生的诸多无奈。不像你说的前面那两部小说那样沉痛。

记者：青春可以说是每个古今中外的作家都无可回避的母题，在您的视野范围之内，您认为所有青春共同的苦难是什么？共同的梦想又是什么？

莫言：青春是说不清楚的一个阶段。但我们这个年龄段的人，青春期最大的痛苦是压抑。这有政治的原因，也有家庭的原因，还有愚昧的原因。至于梦想，当然很多，我们那时的梦想也是与政治紧密联系的。连爱情也是涂抹着政治色彩的。

记者：《四十一炮》这个故事也是由一个很有趣的小孩罗小通来讲的，据小说内容我们知道他是1980年出生的，属于80年代的"新人类"，在这个故事中我们发现他身上有多种教育因素起作用，父亲罗通身上的侠义、狭隘，母亲杨玉珍身上的刻薄、坚韧，老兰身上的钻营、大度，还有这三人之间明明暗暗的争斗。在罗小通思想上经历了一系列动荡之后，他变成了一台复仇的机器，并连自己也一并毁灭了，您认为这个罗小通悲剧的根源在什么地方？

莫言：悲剧的根源，就是这个病态的、欲望横流的社会环境。罗小通如果生在另外一个村庄，另外一个家庭，那他会成为完全不同的一个人。

记者：罗小通可说是一个没有"根性"的孩子，在父亲罗通出走之前，他与其说崇拜父亲，不如说崇尚武力和侠义，这可以从当父亲与老兰较量处于劣势时，他思想中要认老兰为父的想法中窥见，他对父亲罗通的崇拜是抱着批判态度的；在父亲出走之后，他崇尚的是"吃肉"，对于母亲苦行僧般的管制和仇恨（对野骡子和老兰的仇恨）的灌输是强烈反对和置若罔闻的；父亲归来后，在老兰的影响下，他吃上了肉，也出人头地，同时也陷入了功利主义和自我膨胀之中，但对老兰始终抱敌视态度，颇有些"吃肉骂娘"的味道，而当因罗通的自绝造成家破人亡后，他抛弃吃肉，而崇尚大炮的威力和毁灭的结果，从而坚决地与假想的敌人同归于尽！总的来说，众多的思想灌输造成了他信服一切又怀疑一切，从而炮轰一切，而当他怀疑的对象完全在他的主观臆想中毁灭后，他也就失去了存在的价值。不知我这样的理解是否妥帖？

莫言：实际上从父亲私奔之后，他就渐渐地对老兰产生了崇拜心理，尤其是父亲归来后，他对父亲的不满、对老兰的崇拜更是明显。他最后的复仇，其实是缺少心理动机的。他是做给那些认为他应该复仇的人看的。他的炮始终打不准目标，其实就是他心中并没有充足的理由把老兰当成敌人的表现。至于他的逃亡，与其说是他要逃脱老兰的报复，其实不如说他要逃离这个让他感到尴尬的环境。他心中始终忘不了老兰和老兰的叔叔，也就是被他当成了偶像的大和尚。

记者：罗小通在80年代新人类中，应该是不同于其他一些作家笔下和现实生活中的"新新人类"，也就更不同于这批80年代前后出生的人，像郁秀、韩寒、张悦然、郭敬明等写的有些自传性质的小说中的自己，他算是同代人中一个特立独行的人物，您是怎样看待罗小通同这一代人整体之间的不同的？

莫言：罗小通实际上是一个没有特别明确的时代特征的人物，跟那些少年作家笔下的很不一样。他们的人物因为与个人生活密切相关，时代感很强，罗小通基本上是我想象出来的人物，把他放在别的年代，也不是不可以。因为我最终要表现的并不是时代，而是人的基本欲念的病态发展，或者是说人的欲念发展到极致会是什么样子，会导致什么后果。

记者：您认为这代人应保持怎样的心态，来为自己寻找怎样的出路，才是一种理想的状态？

莫言：人的心态，不是靠别人的指点产生的。这与个人气质、社会环境密切相关。我相信每一代人都有自己的活法，前辈的经验，只能参考。现代人，面临激烈的竞争，这似乎是压力。但我们那时候，是得不到竞争的机会，也很痛苦。明明我很聪明，但却因为家庭出身不好，没有资格考大学，没有资格从政，只能被困在那块命定的土地上，苦熬到老，这也很残酷。人的一生，需要两种心态，一是奋斗，不满足；另一面就是知足常乐，随遇而安，这两种心态都需要。

记者：在当代作家中，对于中国改革开放20年来农村社会生活变革，迄今很少有人作出一个"断代史"的审视，您选择这一题材的初衷是什么？

莫言：我没有想到"断代史"的问题。但改革开放20年来的农村，的确发生了巨大的变化。这种变换不仅仅是物质上的，而且更重要的是观念上的。我觉得简单地去跟踪生活，并无太大的意义。许多作家已经在做这样的工作，我没有必要再去重复，而且我也未必比人家写得好。我是在考虑20世纪后五十年这样一个历史空间里，中国农村发生的巨大变化，这个历史空间里存在着一个深刻的哲学命题，把这个命题用小说的形式表现出来，可能会构成一部与《丰乳肥臀》对称的书。这部《四十一炮》反映的农村现实，还是片断的，表象的，远远达不到"断代史"的意义。我把小说背景放在这个时代，主要是想表现人的基本欲望在这个时代里的病态发展。

记者：从小在农村长大，对于农村生活您本来是非常熟悉的，但从1976年随着您离开故乡，参军入伍，后来一直在城市工作，之后的农村生活应该是您所不熟悉的，何况现在农村的小孩子跟您那代人的小时候也大相径庭，对于这些情况，您是怎样克服的，从而把握住了艺术真实跟生活真实之间这个度？

莫言：我参军离开家乡后的20多年，正是家乡当然也是全国发生天翻地覆巨大变化的时期。因为我的家一直在农村，直到1995年才搬到北京，在此之前，我每年都有几个月的时间回故乡生活、写作，应该说不陌生。近几年回去得少了，但因为信息畅通，也没感到陌生。我的老根在那里，回去呆上几天，所有的感觉都回来了。我参军离开家乡后出生的人，现在也都成家立业了，对他们的想法，我基本上还是可以把握的。他们的想法与我们年轻时，没有太大的区别，最大的区别就是他们头脑中已经没有"阶级斗争"这根弦，自然也就没有我们年轻时那么强烈的政治意识。我们那时候，每天都能感受到来自政治的压力和对于政治的恐惧，他们没有这种体验。他们现在这种强烈的商品意识和金钱意识，我完全可以理解。

记者：农村题材在您的创作中占了很重要的位置，迄今您创作的9部长篇中就有6部属于农村题材,另外3部也与农村生活紧密相连,在这些小说——当然也包括您大量的中短篇小说中,我们发现您很注重塑造农民英雄,如余占鳌、皮司令、司马库、孙丙等,并且发现您对农民英雄的态度不断在转变,可以说从《红高粱家族》中的余占鳌,经《丰乳肥臀》中的司马库、《檀香刑》中的孙丙等,最后到《四十一炮》中的罗通、老兰,您的倾向性表现出一条很明显的脉络:即农民英雄的逐渐陨落,这是否代表您对农业文明一种越来越大的失望呢?

莫言:农业的自然经济受到商品经济的巨大冲击后,人们的观念必然变化。"一切向钱看",成为势在必然。你如果不能适应这种变化,就要被淘汰。这种淘汰并不是说你会饿死,你也可以活下去,但你的生活质量就要低于别人了。更重要的,你就会被人瞧不起。现实的例子就是我们村子里那两户响当当的老贫农,在改革开放之前,人民公社吃大锅饭的时候,他们颐指气使,非常神气。那时候他们可以干最轻松的活,但可以拿到最高的工分,工分拿得多,他们分配到的钱粮就多。每逢灾年,上级发来救济粮款,每次都是发给他们。尽管当时有一些地主富农家的生活比他们还要凄惨,可地主富农饿死是活该,没人管的。但进入80年代,首先是大包干,然后就是分田到户,地主富农也都摘了帽子成为公民,那两户老贫农的好日子也就到了头。在人民公社时期,大家都让着他们。但土地分到户后,各家过起了各家的日子,这个时候,就要看你的本事了。你要会打算,会计划,有劳动技术,有生产资本,还要有商品意识,有经济头脑。那两户老贫农,在人民公社时期给惯坏了,都是嘴馋手懒,其实他们的父母在土地改革前就是这样,要不也成为不了雇农啊。这个时候,你舍不得往地里洒汗水,地就不给你打粮食。你如果不往地里投肥料,地也不给你创高产。结果几年过去,那两户赤贫农,又成了村子里最穷的人家。他们当年的神气,早就烟消云散了。我回家,在大街上,每次碰到他们,心中还是凉森森的,不自觉地就想靠边站定,立正,低头,弯腰,给他们让路,这是"文革"期间养成的习惯。当时他们横眉立目,说话恶声恶气,动不动就想举手打人。但现在的他们,见了我反倒低头哈腰,满嘴客气话，弄得我反倒很不习惯了。我说这些的意思是想说，每个时代都有每个时代的英雄。当代的英雄，流氓气越来越重，气节越来越低，不像余占鳌、孙丙他们，完全是为了一口气，而不惜身家性命，现代这些，老兰一类的人物，实际上是一种生存竞争中的"适者"，谋利是他们的终极目的。

记者：您小说中塑造的两尊神挺有意思，当罗小通发誓不再吃肉了，却被立成肉神，兰老大出家为僧了，却被立为五通神。

莫言：肉神和五通神，其实都是象征。这个大和尚，如其说是个人，不如说是罗小通心造的一个幻影。他在食的方面已经登峰造极，无以复加，但在性的方面，却是一片空白，所以，也可以说，那个大和尚，是罗小通的另一部分，罗小通和大和尚，最终合而为一，就是一个完整的、病态的、极致的、欲念横流时代的"英雄"。我是这样想的，但读者未必能够这样联想。罗小通在吃的方面到了极致，发誓不再吃肉；大和尚渔色到了极致，被打去男根。一个想出家，一个已经出家，我这样写，是想表达一个与佛教有关的观念：只有从红尘中滚出来，才能最终看破红尘。满脑子欲念没有满足，是很难看破的。

记者：虽然还没有公演，但我还是有幸先拜读了您的历史话剧《我们的荆轲》剧本，在这里面我最深刻的感受就是您把大家耳熟能详的易水悲风英雄故事，以新的视角映射成现代人生活的悲剧，让荆轲走进我们人格，化为我们在当今社会中或尴尬或无奈的真实处境。这些与以上所谈的肉欲相比，好像更强调了社会中人们对于名利的畸形追求，以及这种追求对于当事人及社会的伤害，您是否想以此警世，让人们和社会回到一条更加健康的轨道上来？

莫言：这部话剧，我是当讽刺剧写的。但到中间，沉痛的反思就出现了。尤其是到了燕姬和荆轲长夜对谈那一节，我感到荆轲向我打开了他的内心，突破了我为他设置的思想境界。我没有想利用一部话剧来警世，只是想对这段传奇历史，给予我自己的理解。

记者：就像荆轲临行前所唱的，"宝剑出鞘兮箭上弦，壮士欲行兮心茫然，心茫然兮仰天叹，雁阵声声兮泪潸然。"抱着这样的心态去做一件事情，无论对于一个人还是一个民族，后果是可想而知的。

莫言：悲壮的情怀，其实是一种古典的浪漫情怀。这种情怀在现代已经不太多见。而且也不太需要。我消解悲壮，其实正是怀念悲壮，感慨现实的轻浮。

记者：另外，燕姬在回顾自己的爱情时，引用了一个发人深省的典故：女人的感情不是永不枯竭的喷泉；女人的感情是金丝燕嘴里的唾液。这种华贵的小鸟，它的唾液只能垒出两个晶莹的燕窝；到了第三个，它吐出的全是鲜血。对此我印象非常深刻，我想这里面不止是爱情的内容，还含有更深一层的付出与回报、诚信与失信、希望与失落的问题，可以这样考虑吗？

莫言：这不是什么典故，只是我随机想到的一个比喻。其实，第二个燕窝已经掺杂着很多杂质了。

记者：最后，回到我们的青春话题，就像您的《白狗秋千架》一样，追忆青春是为了反思和汲取青春中最有价值的东西一样，您的创作同样给我们每个人提供了这样一个追忆的时刻，对吧？

莫言：如果我的作品能让读者联想到自己的青春岁月，那是我的荣幸。青春中的记忆，即便是失败的记忆，也是很有价值的。年轻人犯错误，上帝都会原谅。这好像是一部西方电影中的台词吧？

第一次来北海道

——2004年12月与北海道大学学生对话

学生：您对北海道印象如何？

莫言：我这是第一次来北海道，但是知道北海道已经20多年。

80年代初，许多日本电影、电视剧在中国热播，其中有两部电影给我留下深刻印象。这两部电影是《追捕》和《狐狸的故事》。《追捕》的男主角是高仓健，女主角是中野良子，我看过7遍。我相信，有许多人比我看得还多。一时间，中野良子和高仓健就成了中国年轻人崇拜的偶像。很多女孩子找对象都要找高仓健那样的。（众笑）很多男青年，都要学高仓健，板着脸，做出一副毫无表情的样子。当然，我们男的，也都希望像电影里的杜丘那样，找到一位真由美。事过近30年，有些台词还记得。当高仓健扮演的杜丘站在楼顶上，敌人诱惑他往前走、想要制造他坠楼自杀假象的时候，说：杜丘，你往前走，抬头看，多么蓝的天啊！这部电影的外景地就在北海道。我们通过电影知道了北海道的原野，也知道在北海道有深山老林，深山老林里有熊。我想，对北海道的向往是跟崇拜中野良子紧密地联系起来的。当然，后来有更多的日本电影介绍到了中国，其中许多女演员比中野良子还要艳丽。但是，中野良子在我这个年纪的中国男人心目中，那种地位是无法替代的。

另外一部电影是《狐狸的故事》，它教会了许多中国的父母怎么做父母。这个电影里面，当小狐狸长大的时候，它们不愿意离开自己的父母，狐狸爸爸、狐狸妈妈就用暴力把它们驱逐出去，让它们在外面独立生活。而中国的父母对自己的孩子特别溺爱，当他们长得很大的时候还不让他们出去，让他们在自己身边。所以，看完两部电影，我就明白了，如果想找到真由美，必定要像小狐狸那样，离开家，到外边去闯荡天下。（众笑）于是，在狐狸精神的感召之下，我离开家，当了兵，慢慢地走向了文学创作的道路。

还有一位是我故乡的人,他在日本比我有名得多。他就是在日本北海道的深山老林里跟野兽一起生活了13年的刘连仁。我感觉到,在这个人身上潜藏着非常了不起的精神。上学的时候,我利用暑假的时间,到他家里去采访了他。当时,他已经是70多岁的老人,但身体还非常健康。讲起北海道来,他依然是滔滔不绝,整整讲了一天一夜。当然,在他的讲述中,北海道不是那么可爱。我想,在他眼睛里面,北海道美丽的鲜花也是挺难看的。因为他是生怕被人看到,一直在山上隐藏着,白天躲着,晚上才敢出来活动。是什么样的力量支撑着这个人能够在与世隔绝的情况下生存了13年,是我至今没有完全想清楚的。我曾经在短篇小说里头,也曾经在长篇小说里面,写过以他为原型的人物。我在小说里面主要突出了这个人顽强的生命力。我想能够支撑着让他活下来的力量,就是他对故乡以及亲人的思念。他坚信,只要他坚持下去,终有一天会回去。后来,果然实现了。

今天,我终于来到向往已久的北海道。但是,我看到的北海道跟我想象的完全不一样。这里,街道整齐,空气新鲜,人们的脸上带着笑容。这样看起来,北海道跟中国北方的城市没有太多的区别。昨天下午,我们参观了北海道开拓纪念馆以后,我对北海道有了更深的了解。北海道有漫长的历史,它的文化也是一种"杂交"的文化。跟中国的文化与西方的文化融合一样,北海道的文化也是融合的文化。尽管我的故乡是平原,没有山,也没有森林,但是,在我的想象里面,我可以把北海道的山和北海道的森林挪过去。我的故乡没有鲑鱼,没有熊,我也可以把它们挪到我文学的故乡里去。我想,在我未来的小说里面,我在北海道看到的、听到的、感受到的很可能会出现。

学生: 您对札幌的印象如何?

莫言: 我们从飞机上俯瞰札幌,灯火璀璨,印象深刻。中国有很多大城市,从空中看上去没有札幌这么明亮。另外一个感觉是,这个城市的街道非常直,所以推测它是一个比较年轻的城市,历史不是很长。

再一个,我们吃得很好,这里的鱼呀,虾呀,味道非常鲜美。另外一个感觉,北海道的女孩子非常"抗冻",尤其是膝盖、腿这块儿不怕冻。母亲告诉过我，人最怕冻的就是膝盖这块，一定要在膝盖这儿包上棉花——这里的女孩子上下包裹严密，但裸露着膝盖，难道就不怕得关节炎吗？当然了，为了美，是要付出代价的。（众笑）

学生：我是来自中国的留学生，现在在北海道大学读书，我想请问您有过泡温泉的体验吗？是否会把这种体验写进您的小说？

莫言：北海道的温泉，我已经在电视上看到过很多次，人在里面泡澡，也有许多猴子在里面泡澡。我对北海道的向往当中很重要的一部分是对温泉的向往。20年前，我曾经写过一篇散文《洗热水澡》。那会儿在中国北方的农村，有很多人一辈子没洗过热水澡。我当兵离开农村以后，在部队里享受到洗热水澡的待遇。当然，也很不容易，每个星期天，我们要坐上大卡车走50公里路到城里的公共大澡堂子里洗热水澡。进去的时候，领导要我们每个人带上两包饼干，早上进去，晚上出来。那里面有三个巨大无比的池子，三种不同温度的水，一种是30度，一种是40度，一种是50度。我们从温度最低的30度的池子开始泡起，一直泡到50度。在那篇散文的最后我说：如果我将来有很多很多的钱，一定在家里建一个巨大的澡堂，中间漂着一张大桌子，桌子上摆放着茶水和香烟，把许多的文学青年、作家召集起来，一边泡澡，一边谈文学，那该是多美好的生活啊。

1999年，我曾经访问日本的伊豆半岛，在川端康成泡过的温泉里泡。那时候我就感觉到，日本的温泉比我当年洗过的澡堂子要高级多了。前辈川端康成在温泉里泡了一年才写出了短篇《伊豆歌女》，我当时就说，如果让我在这里泡上一年我能写出两个长篇来。当然也可能一篇也写不出来，太幸福了，晕了。我们这次的日程安排里面有好几次在温泉住宿，我们的幸福生活马上就要开始了。我想，回去后也许就会写一篇《与猴子共浴》的文章。

学生：能否谈谈已经出现在你小说中的北海道以及接下来的行程？

莫言：我来北海道之前，文字资料没看过，图片资料看过一些。我在小说里面关于北海道自然风光的描写，是按照中国的长白山来写的。因为我在地图上看到，北海道和中国的长白山差不多是在同一个纬度上。我还闹出来一个狼的笑话。我的小说《丰乳肥臀》里的人物鸟儿韩在深山里面和两匹狼打了很长时间的仗,翻译家吉田富夫教授就问我说,你在哪里看到的资料说北海道有狼?长白山有狼,但北海道的历史上从来就没有过狼。我对翻译家说,对于大自然的事物不要轻易否定,也许哪一天,动物学家就在北海道的深山老林里突然发现一头狼。这也可以说明在文学当中生活和想象的关系,没有狼,想象出来一匹狼终归不是一件好事。但是,在有狼的地方,我们想象出一匹会说人话的狼,这是可以的。在有狐狸的地方,我们想象它摇身一变成为美女也是可以的。接下来的行程我不知道,因为来到日本之后我只是跟着他们走,根本不考虑这些问题。(众笑)

"得诺贝尔奖不是一种责任"

学生:莫言先生,您曾说过,创作了《红高粱家族》等作品后,决心要与过去告别,您能否就此详细说一下?

莫言:我不记得我在什么地方说过我要与过去告别。相反的是我一直要用小说和过去建立联系。大部分写作者其实都是在写自己的记忆,就是要让自己的记忆出来说话。至于你说到的《红高粱家族》,第一点,这故事的原型就是在我的家乡发生的。第二点,这个故事是通过我的爷爷、奶奶,我的乡亲们,他们口口相传告诉我的。而任何历史上发生的事件经过几十年口口相传就会变得无比夸大。《红高粱家族》这部小说,中国的评论界把它作为战争小说、军事小说来研究,但我在写的时候并没有刻意表现战争。我写作的最直接的动机就是要用笔记录下来我的长辈们和乡亲们告诉过我的一件往事。所以,小说里的战争也仅仅是故事发生的一个背景,写作的重点放在描写战争背景下人的感情的变化,命运的变化。当然,《红高粱家族》这部小说之所以有这么大的影响,跟电影,跟巩俐、姜文、张艺谋这些人的关系很大。

学生:我是一名来自中国沈阳的学生,在这里读文学,请问您对现代中国文学,尤其是当下韩寒这样的作者——我觉得他是心理变态,完全靠商业炒作取得成功——有什么看法？另外，除了当年的老舍有可能凭借《猫城记》获得诺贝尔文学奖，还没有一位中国的作家获得这项荣耀，您作为中国一位德高望重的作家，是否有这个责任呢？或者您并不是为了什么奖，而单纯地为了兴趣进行创作？

莫言：你说的第一个问题，像韩寒这一批80年代出生的年轻作者，他们确实很火，有很多的读者，当然也赚了很多的版税。你觉得他心理不正常，他也许会觉得全中国根本没有正常人，只有他一个人是正常的。（众笑）他们这一批年轻作家都很自信。我们这样的老家伙在他们心目中究竟算不算作家还值得怀疑呢。（众笑）当然，我一直是在为这批青年作家说好话，而且也觉得他们是很有才华的。我想，每一个时代应该有每一个时代的作家，每一个时代应该有每一个时代的兴趣点，既然有那么多的年轻人喜欢他，必然有他的道理。至于他们将来的发展如何，这个也很难判断。我不能用我个人的文学标准来衡量他人的作品。这个经验我是从我女儿身上得到的。我经常对她诉苦说，你们现在多幸福啊，馒头都随便吃，我们当初红薯都吃不饱呢。她说，红薯多好吃啊。我说，我们当年怎么怎么痛苦，我们吃不饱、穿不暖，她说，你以为吃饱了就不痛苦了吗？（众大笑）我女儿教育我，不能用我们的标准来判断年轻人的行为。另外，诺贝尔奖这个问题很难回答。你讲到老舍先生差点得奖，国内也有人说从来没有这回事儿。得诺贝尔奖并不是一种责任，没有任何一位作家负有这个责任。我的写作的最直接动力，刚开始的时候很低下，为了挣一点稿费，买一块手表，回家去骗一个媳妇。（众笑）后来媳妇也骗到了，吃饭也吃饱了，衣服也穿好了，我想，这时候对小说艺术本身的追求就变成了我最大的写作动力。

学生：文学在经济上是一个很大的突破点，莎士比亚的名字可以招徕很多的人前去游览。在社会不景气的时候，文学是否有一种力量可以起到振奋的作用？

莫言：我觉得文学没有那么大的作用，当经济不景气的时候，没有哪一位作家能让经济景气起来。社会生活的状况会对作家的创作产生直接或者间接的影响。比如,20世纪60年代中国极其贫困的经济生活状况就对我个人的创作,甚至我个人的思维方法都产生了直接的影响,而且直到现在依然在发挥作用。真正优秀的文学作品、真正的作家,他会对社会生活发生持久的影响,就像你刚才所说的莎士比亚一样。莎士比亚生活的英国是怎样的社会状况,他的命运怎样,当时的老百姓对他有什么样的看法,现在我们也不知道。但我知道英国后来的作家,写有《儿子与情人》的劳伦斯,当时在他的故乡诺丁汉被乡亲们宣布为不受欢迎的人。他的乡亲们和当地的政府官员认为,有他这样的一个作家是他们故乡的耻辱。但几十年过去后,劳伦斯已经成了他故乡的重要的旅游资源。在诺丁汉到处可以看到这样的指路牌:这里通向劳伦斯的故乡。我在日本看到,日本人民非常注意这一点。在伊豆半岛,不但在那里出生的作家,凡在那里居住过的作家都留下了纪念馆或是纪念碑。札幌可能也是一样,有不少这样的文学纪念碑。至于札幌的作家怎样写作来反映札幌的生活,我很难说。毫无疑问,任何一位优秀的作家都会留下自己的痕迹,成为后人纪念的理由。日本和中国一样,当代的作家,活着的作家不太容易受到重视,受到尊敬。现在到我故乡去问:知道莫言吗?——他呀?!他还偷过我们家两棵大白菜呢!(众大笑)但再过一百年,偷大白菜的事情就忘掉了,《红高粱家族》就被记住了。

学生:您在写作的时候想象出来的影像和拍成电影之后的影像有什么区别?

莫言:一部长篇小说改编成一部电影肯定要放弃很多的东西。一部小说里面人物众多,情节复杂,但是改编成电影之后只有90分钟。我多次说过,小说改编成电影,实际是一个选择的艺术。至于《红高粱家族》这部小说跟这部电影,在脑海里原来的形象和在银幕上呈现出的形象,差别很大。首先,我的小说里面描写的和我头脑里面想象的高粱是红的,电影里面是绿的。再一个,我想象的"奶奶"应该是中年妇女,身体比较丰满,而巩俐当时还是小女孩呢。再有,高粱酒是白的,从来没有高粱酒是红的。本来是红的搞成了绿的,本来应该是白的,反而搞成了红的。当然,这都是细节问题,电影基本上是比较成功的，最重要是，把小说里面那种张扬个性、追求个性解放的这种精神传达出去了。我是一个比较好合作的作家，导演还是应该大胆地创造。

学生：你对未来的中国经济形势怎样看，您眼中的中国农村生活有什么变化吗？

莫言：经济问题，我觉得确实是难以预测，像押宝和猜谜语一样。中国民间的经济学家经常预测，今天说，人民币要升值，明天说，人民币要贬值。今年上半年，我的一个特别好的朋友，悄悄地告诉我，说：你有日元吗？我说，有。快换成人民币，日元马上要贬值！我赶快到银行里把我几十年挣得的几百万日元全部换回了人民币，（众笑）结果，不到半年时间，日元涨起来了，损失了好几万。经济增长率，看起来，跟天方夜谭一样。但是谈到农村的经济改革，我还是有发言权的。我的父亲和一个哥哥还在农村生活，这几年家里面的发展变化我还是非常清楚的。从20世纪80年代开始，中国的农村经济改革基本上解决了一个温饱问题。那么这几年最大的问题就是农产品向商品转化的问题。像我的老家，农民的经济收入直接受到国际条件的影响。我的父亲他们种大蒜，准备出口日本，突然说不要了，那么大蒜就要烂掉。后来国家说，你们不要大蒜，我们不要你们电器了。日本方面说，那么我们还是继续要你们的大蒜好了。于是，大蒜没有烂掉。农村的经济生活已经和国际的经济生活息息相关。

论金庸与张艺谋

学生：您觉得金庸的作品算不算文学作品？您对张艺谋有什么评价？

莫言：我读过金庸的全部作品，当然算文学作品。我读金庸是想研究一下，为什么这么多人喜欢他。但是，我也被他吸引住了。有人认为，金庸的小说里面只有情节，没有思想，我觉得这个也不对。他传达了一种江湖精神，而这种江湖精神是跟中国儒教的伦理道德紧密相连的。关于张艺谋的作品，近期确实有一些不太好的评价，而且，媒体制造出对张艺谋万众声讨的态势。

一个月前，北京的几十家媒体召集开会，张艺谋当然没去，他们把张艺谋骂得狗血喷头。批判他的《英雄》和《十面埋伏》。我觉得不要苛求一个导演，一部电影作品，只要有一点抓人，它就是好的。我想，张艺谋也没有想通过他的《十面埋伏》来教育中国人民，他只是想制造一些热闹的东西让人看得眼花缭乱。你在街上随便拉住一个美国人，问他中国的总理是谁，他可能不知道；你问他，知道张艺谋吗？他肯定知道。我第一次去美国使馆签证。他们问我，你知道张艺谋吗？我说，不认识。遭到拒签。我后来马上给美国邀请我去的人打电话，说，他们拒签了，他们说我不认识张艺谋，不让我去。对方听了很愤怒，说，你马上再去签，你拿着那个带子(《红高粱》)给他们放。第二次，我再去，他们又问我，你认识张艺谋吗？我说，我不但认识张艺谋，我还认识巩俐。结果，给了我一个三年多次往返，随时欢迎你到美国来！(众笑)你看，哪有一个中国人像张艺谋这么有影响力啊。

写作时要调动全部感受

——2004年12月在阿寒湖畔与记者对话

没有谈过恋爱的人写出的恋爱更美好

记者：今天早上在十胜川边，看到天鹅飞起来，看到白白的水汽，你说看到了仙境。我想问的是，是不是你接触到没见过的情景有一种很魔幻很文学的想法？还是你平常的日子里也会常常出现这种想法？

莫言：毫无疑问，我和大家一样生活在非常现实的人间，关于仙境之类的话完全是一种想象。尽管我已到日本三次，但此次与前两次感觉很不同，前两次都是在东部，季节也早得多。北海道有很多传闻，我们通过文字、图片、电影，多多少少对此地有了解，这里冰天雪地，和日本东部不同。我刚到札幌的第一个晚上，觉得这里还是人间，尽管她灯火辉煌，如银河降落，到处是冰雪，圣诞节气氛很浓。离开札幌后，我们离开了城市，离现代文明越来越远，尤其是我们到了襟裳岬以后，体会到了大自然的严酷，感觉越来越接触到北海道的本质。而十胜川又让我们感受到北海道的另一面。冰雪覆盖的地方是特别容易产生童话的地方，冰雪、蜡烛、温泉、天鹅，都是构成童话的要素，让人产生仙境般的联想。我们泡在露天风吕（即温泉——编者注）中看着茫茫冰原，看着雪的反光，在强烈的冷热对比中，我想到了中国人常说的一句话，澡雪精神，这是中国古代知识分子修身养性的一种说法，把身上、头脑中龌龊的沾染了世俗观念的东西像用雪洗澡一样洗去，使思想得到升华净化，十胜川的早晨和夜晚让我们真正体会到了澡雪精神。尽管我们没有直接泡在雪里，但我们感到了雪的洗礼。早上在天鹅湖边，温泉的蒸汽缭绕着，因为水很干净，每只天鹅都非常洁白，太阳刚刚升起来，空中闪烁着钻石般微小的雪的颗粒，当天鹅扬起它优雅的脖颈，对着长空发出嘹唳的叫声，这时候我们感到离北京离上海很遥远了，离札幌也很遥远了，离襟裳岬也很遥远了。我们完全进入了童话世界。

记者：如果不到北海道来，你也这样想吗？

莫言：没到北海道时，我对北海道有很多的想象，而且在我的小说里两次提到北海道，有一篇短篇小说是以北海道为背景的。那个时候的北海道完全是架叠在长白山之上的，因为我去过长白山，至于雪天，北京和山东也有，我在现实的基础上想象了一个北海道，但真正来到北海道才发现，我的想象有很大的偏差：雪比我想象的白，大自然的地形地貌以及人文风情都不同。

记者：现在看到的北海道的情形，比如天鹅游在温泉湖里，在你过去的现实和旅游中有类似的情形吗？

莫言：过去我不知道北海道有天鹅，据说鄱阳湖有天鹅，山东的威海卫有，西伯利亚有，还有芭蕾舞《天鹅湖》里有人扮演的天鹅，没想到北海道有天鹅。我们从很多风光纪录片里看到天鹅在湖里游动，但那里没有蒸汽，没有钻石雪，没有这么神秘，没有让人产生幻觉和联想的余地。

记者：在文学发生过程中，在接触某个现实情景之前，有一个想象，后来在现实中碰到了，这对以后的创作有什么影响？

莫言：我在20世纪80年代曾口出狂言：没有见过大海的人写出的大海更壮阔，没有谈过恋爱的人写出的恋爱更美好。经常在海里打鱼的人他同惊涛骇浪作斗争，他对大海很麻木甚至很厌烦很恐惧了。谈过很多恋爱的人他对爱情的酸甜苦辣品尝得太多，决不如一个没有感情经历的人把感情想象得那么完美无缺。就文学而言，完全对一个事物不了解是无法想象的，要有想象的素材。我毕竟要见过雪，见过雪的颜色，知道雪的六角的形状，这些关于雪的基本的常识我应该知道，然后我再想象雪落在原野上，降落在黑色的森林上，降落在起伏的山峦上，降落在尖顶的塔楼上，降落在平顶的房屋上，降落在街道上，降落在柳枝上。

记者：也就是说你80年代的文学观念得修正？

莫言：也不是说得修正，80年代之所以说这样的话，是对当时占统治地位的所谓现实主义写作作一种反抗。中国的文学理论曾经是现实主义一统天下，从20世纪50年代现实主义一直是主旋律，每一个作家都必须按现实主义的金科玉律写作，必须忠实于生活，要把作品当做对生活的刻意模仿。改革开放后，人们禁锢已久的思想得到了解放，文学理论也酝酿着一场巨大的变革。现实主义一统天下的格局被打破。任何事物都有一种矫枉过正的说法，为了表示对现实主义的反感和反抗，所以我口出狂言，说我没见过的事物写出来也许更加美好。当时写军事题材的老作家对我们这些年轻作家发出疑问：我们经过了战争的考验，现在我们老了，写不了了，你们没有战争的考验，怎么能写军事题材的小说呢？在这种情况下，我写了一篇论文，阐述的就是上述观点。

但真正进入创作过程后，确实还是需要想象的素材。我没来到北海道，我也在创作北海道的小说，但我的想象还是建立在我头脑中固有的材料之上的，我见过黑色的森林，我见过起伏的山峦，我见过尖顶的塔楼，我见过河流，我想象雪落在这些物体上。我来到北海道之后，我看到一条冒着热气的河，天鹅和野鸭在其间和平共处，有的在叫唤，有的在悠闲地游动，这个材料是我头脑里没有的。是我再怎么想象也想象不出来的。假如我将来写小说，这段材料就能发挥作用。如果我不写雪写雨，我可以让雨降落在天鹅和野鸭身上，完成一种嫁接。总而言之，创作需要一些基本的素材，就像做馒头需要酵母和面粉一样。

记者：这样的嫁接是不是只运用于情景的描写，描写人的心情会使用这样的嫁接吗？

莫言：描写人的心情，多半也是推己度人，当然也需要跳出常情，反向思维。想象力在文学创作过程中实际上就是一种联想的能力，举一反三，见此思彼，从牛骨头想到一头活蹦乱跳的牛，从牛骨头上的伤痕想到这是同老虎搏斗时留下的伤痕，然后想到一场牛与老虎的大战。

记者：你觉得这种联想的能力是一种天赋吗？

莫言：也不完全是天赋，我们每个人都具备这样的能力。每个人都会从一种事物联想到另一种事物,比如我嗅到一种气味我马上联想到这是我曾经嗅到过的气味。有名的例子是普鲁斯特的《追忆似水年华》。作家只是把联想能力强化了,又由联想产生各种比喻。一个作家想象力如何就看他的作品中是否有大量十分贴切的比喻,如果有大量独创的如钻石般闪光的比喻,他的想象力就非常好,相反,他的想象力是不丰满的。赵树理的小说、中国古典小说,就几乎没有比喻,只有描写和叙述,没有意识的自由流动。所以中国传统小说固然好看,但缺少现代小说的丰满,像干巴巴的动物标本。不是随时可以凌空起舞的仙鹤,而是摆在展览馆里的仙鹤标本。这种说法比较武断,也未必经得起评难,但我的感觉是这样的。

记者:你的小说比如《檀香刑》在故事的构架上很精彩,是不是你把故事的结构搭起来之后,在描写上特别注意,有意识地考虑怎么让它能飞起来?

莫言:小说的结构,也是作家想象力的体现,写小说像盖楼房一样需要一个基本的结构,盖五间还是盖八间,房型是尖的还是圆的,这都需要想象。我构思一部长篇,第一要有人物,第二要有故事,还要有历史背景,这些一旦确定后就可以开始了。长篇小说的结构本身也需要想象力,例如拉丁美洲作家略萨,他的最大长项就是每一部长篇在结构上都要出新,有人称他为结构现实主义。考验小说家的另一个标准是对细节的描写,好的小说家和差的小说家即使写同一个故事,由于细节的处理不同,作品依然会有很大的差别。比如一些作者在面见编辑时,常常说,这是我的亲身经历,我一边写一边流眼泪,但旁人看来这小说却极其虚假,味同嚼蜡。为什么,就是因为它没有令人信服的细节描写,产生不了说服力。我在20世纪70年代初看过一部描写一个战斗英雄的小说,写的是一个孤胆英雄,他不参加任何军队和游击队,每天晚上自己跳到敌军押运粮草的火车上去,用刀把敌人的头砍掉。瓦罐不离井口破,最后他的头也被敌人砍掉了,老百姓为了满足英雄不死的美好愿望,开始编造一些谎言,说每天晚上当月亮升起来的时候,英雄就会骑着一匹高头大马,从街道上打马奔驰而过,他左手托着下巴,右手提着一把大刀,脖子上系着一条红色的围巾,围巾上绣着鲜红的梅花图案。他是被敌人砍死的，脖子没有砍断，传说他又活过来了，这当然是假的，但后来这些描写却显得很真实，为什么要托着下巴，因为头快断了；为什么要在脖子上扎围巾，因为要将头固定住；为什么围巾上有梅花的图案，因为是血迹浸出来了。这些细节的描写把不真实的情节证实了，于是产生了艺术上的说服力，从而由生活的真实上升到艺术的真实。

写作时要调动全部的感受

记者：细节的描写是不是更多的是一种情景的描写？

莫言：一个作家在写作时要真正使情景变成作品的有机组成部分，必须带着感觉来写，中国古典小说少有风景描写，但每有必是精品。比如《水浒传》中林教头夜宿山神庙一章中关于雪的几句描写，《儒林外史》第一章中关于云与雨后荷塘的描写。而西方小说中烦琐冗长的情景描写，完全是为写而写，大家都跳过去不看。这也是因为作者没带感情，像照相机照的一样。一进房间，从地毯地板写起，这毫无意义，看起来非常枯燥。好的情景描写，应该带着作者、带着人物的丰富的情感来写。当看到一棵树或是一片雪原，正在恋爱中非常幸福的人与失恋中痛苦的人，感受是不同的。所以，要做到情景交融，写作时就要调动全部的感受，嗅觉、触觉、听觉、视觉，再加上你的超感的东西，即联想的功能。

记者：一部小说里不可能只有一个人物。比如说有四到五个人物，你说按照感觉来写，是把自己置换成小说里的人物来写，还是把自己看作小说世界里的国王？

莫言：当然要置换。一篇小说里，比如托尔斯泰的《战争与和平》里，有贵族，有枢密大臣的私生子，有少女，也有农奴、奴隶主，有军人，有流氓，每人一个性格，每人都有不同的教育文化背景，每人都有自己的家世。每个人都不一样，那么每个人感受到的外部世界就不一样。你不能让一个老农民看到白雪联想到爱情。他看到白雪，首先应该想到的是加上羊皮袄，以免冻伤。少女看到白雪她首先想到的是纯洁的爱情，想在雪地里跳舞。这就应该根据人物的身份，捕捉人物的感受，就像对话要符合人物的身份性格一样。每一个小说里的人物所感受到的外部事物并由此而联想产生的比喻都应该与人物的出身、文化程度相匹配，否则就不真实。

记者：是不是说小说家有些东西是不可能想象的，比如说莫言的小说世界的国王与另一个作家的国王是不一样的。

莫言：那毫无疑问。一切都受我的个人所受全部的教育及脑海里所储存的材料所限制。

记者：现在有一种观点，作家个人的东西要在小说中占一定的分量。

莫言：那是逃脱不了的。这是涉及到作家风格的问题，为什么一个作家和另一个不一样，为什么写同一件事物，两个人写法不一样，就是受作家本身的影响。作家的受教育程度、作家的心理特征，都会在作品中留下鲜明的痕迹。

记者：那您在创作中是作为一个旁观者呢，还是有意把自己写进去？

莫言：我想，这和东北的"二人转"一样，半进半出。刚才还是猪八戒，一转脸就骂拉琴的。半神半鬼，半真半假，半死半活。

中国作家不是缺乏思想，而是思想太多

记者：前一段时间，作家王安忆针对当前中国小说缺乏故事缺乏想象力提出批评。写小说的人需要想象，看小说的人需要想象，编小说的人也需要想象。您对当代中国的文学创作有什么意见？最需要的是什么？最缺乏的是什么？

莫言：这很难回答。实事求是地评价，从80年代起，中国的文学逐步回到文学的本位，过去很多不属于文学的东西被带到文学里，现在大家都慢慢认识到什么是真正的文学，像大浪淘沙一样一步步过来，80年代很多红得发紫的作品，现在已经无人关注，作者自己回头看，也会觉得自己浅薄幼稚。

改革开放初期的作品具有很强的社会性，希望作品能成为拨乱反正的工具，能够提出时代最需要解决的问题。后来大家渐渐认识到，这些恐怕不是文学要承担的责任。我的观点大概是在唱反调，不合时宜。前不久有人提出，中国作家缺乏思想，我认为不是缺乏思想，而是思想太多了。很多作家经常把自己错以为是国家领导人、救世主，肩负着改变社会的历史责任。而且经常在作品中灌注那些所谓的伟大思想，结果就是思想伤害了艺术。我始终认为好的小说是作家无意识中完成的，也就是说，当一个作家高举着思想的大旗，发誓要写出一部伟大作品时，那基本上是在发疯，伟大作品、有思想的小说，从来不是这样的人用这样的方式写出来的。我们现在评价那些伟大作品的思想性，作家写作时未必意识得到。比如《红楼梦》，每一个读者读完它都有自己的结论，毛主席从中看到了四大家族，看到了阶级斗争。另一个人可能看到了男女爱情，道学家和流氓看到的又不同。也有人看到了资本主义萌芽时的思想，看到了封建主义的必然灭亡。这些是曹雪芹写《红楼梦》时想到的吗？曹雪芹创作《红楼梦》的最初动机是什么，谁也不知道，但肯定不是我们后来所想到的这些所谓的思想。他绝对没有想要通过《红楼梦》来反映封建制度必然要灭亡，资本主义必取而代之的意图，如果想到，他就不是曹雪芹而是马克思了。但你不能说毛主席理解得不对，你不能说某一个红学家的解释是错误的，文学的魅力所在，它所以能吸引一代代读者，就在于它能被误读。文学的魅力就在于它能够不断地被误读。对作家而言，如果想得太多，思想大于形象，就犯了可怕的毛病。好的作品是形象大于思想，唯如此，作品才能超越时间、地域、阶级的限制，才可以走向世界。你如果让所有的人只能从中读出一个阶级斗争来，无产阶级和资产阶级的斗争，共产党和国民党的斗争，那这部小说的价值除了让无产阶级来读，或者让国民党当做反面教材来读，别的人还能读出什么？一部作品能吸引读者，能变成世界的文学，它没有那么多限制，它是从人物出发的，从感觉出发的，它描述的是人类最基本的——不论是白种人黄种人，美国人还是日本人——都能理解的共同感情。像托尔斯泰的作品，塞万提斯的《唐·吉诃德》，流传了几百年，每个时代都在读,每个时代都在解释。它把生活当中最本质的东西描述出来了,把人身上最本质的东西表现出来了。

所以我讲,作家最好没有思想,思想越多越写不好。这一观点经常被人批评,被很多人嘲笑。我实际上也是一种拨乱反正,一种过正的矫枉。我觉得现实情况是,浅薄的思想太多了,深邃的思想太少了。装模作样的思想太多了,实实在在的思想太少了;虚伪的思想太多了,诚实的思想太少了。你不能从思想出发来写小说,你得从人出发来写小说;你不应该从理性出发来写小说,而应该从感性出发来写小说。这又带出我的另一个谬论,即:作家理性思维能力越强大,其小说越缺乏感染力。当然,我如果完全没有思想没有逻辑,那我该进精神病院了。我意识到一些东西,但我不应该采取直露的方式来表现。我对很多事情想不明白,但我不能说没有想明白的东西就不能写,如果我对这种生活现象了如指掌,我就可以从感觉出发来写,从人物出发来写。有切肤之痛、切齿之恨、丢魂落魄之爱,或者有看破红尘之凄凉,管它有没有思想,都可以放手写来。我觉得这是文学创作所应遵循的一种方式。

记者:这是不是说小说家不应该被知识武装起来?

莫言:小说家也应该有知识,没有知识怎么写小说呢?

记者:那应该是什么样类型的知识?

莫言:感性和个人经验。

对作家毒害最严重的是权力和地位

记者:刚才您提到澡雪精神,古希腊哲学家有一句话,说冷水让人精神,热水会让人昏昏欲睡。从中我有两个问题,一是作家境遇的改变对其创作的影响。您现在是中国最有影响的作家之一,现在这种优裕的生活和众星捧月的局面,有没有影响到您的创作?

莫言:说到澡雪精神,我原来觉得很抽象,来这里后觉得具体化了。我们下半身在热水里,上半身在冰雪里,这种环境的变化让我们产生一种非常伟大的感觉。外界环境的变化确实带来心境的变化,大概每个人都能感受到。

　　作家境遇的变化——他过去没钱现在有钱了;他过去没书房,现在有书房了;他过去连笔都没有,现在有电脑了;这些变化肯定会对作家的创作产生影响,但我觉得这种外在的变化还不是最重要的,对作家毒害最严重的是权力和地位,比如一个作家突然变成了一个领导人,他想要保持不变是不可能的。香车宝马,前呼后拥,权力的腐蚀,跟鸦片对人的腐蚀一样。更加可怕的是,我们中国从前苏联学来的,文学的功能给予了无限的夸大,作家的社会地位和作用给予了极度的提高和极度的夸张,前苏联有许多人民作家,我们的一些人也动不动说"我是人民诗人","我是人民艺术家"。当他坐火车让他坐硬座时,他说"我是人民艺术家";当他住酒店没有热水洗澡时,他也说"我是人民艺术家"。这才是非常可怕的。

　　2001年,我在苏州大学小说家论坛作一个演讲,题目叫《作为老百姓写作》,我们都知道,现在流行的口号是"为人民写作",替老百姓说话,做老百姓的代言人,这样的写作态度好像是主流,显得很谦卑,但我觉得还是一种居高临下的态度。就像我们有的领导干部说是人民的公仆,是这么回事吗?正确的态度应该是,我作为老百姓来写作,我反映的就是我个人感受到的痛苦。当我真切地感受到老百姓所能感受到的痛苦时,我写我个人的痛苦,写我个人的愿望,也就代表了老百姓的痛苦和老百姓的愿望。我说的是我的心里话,恰好也是老百姓的心里话,这两个点契合了,这个作品就是非常好的作品,而且也能引起非常好的反响。如果你千方百计地想扮演救世主的角色,居高临下地看着芸芸众生,然后指点江山,激扬文字,批评政府,批评党派,这未必是在替老百姓说话,实际上你是在作为一个高等人说话。

　　记者: 但是作家和老百姓不是一回事。

　　莫言: 这种状况确实是存在的,我对此有着清醒的认识,不要被眼前种种东西所迷惑,而且也在某种程度上部分地纠正错误的立场,使自己的作品尽可能多地保持草根性,即所谓的老百姓气息。当然你现在把我赶回到高密东北乡去也不太现实。

记者：但可以去体验生活。

莫言：那种体验也是肤浅的，我向来讨厌为了创作去体验生活。这个问题与人的出身和本质有关系，当然有些出身低贱的人一旦爆发，会变得非常的坏，虚荣浅薄。但也可能朝另一个方向发展，时刻不忘根本。我是时刻不忘根本的，我可以坐飞机的头等舱，但我也完全可以坐牛车。可以住高级饭店，十几个人睡在一个房间里，我也睡得很香。

记者：适度的贫困，是人生的财富。在您声名鹊起的二十年中，有没有渴望过权力？包括话语权、支配权。

莫言：应该是没有，我从来是渴望被别人领导，从来没有渴望当官。年轻的时候不是没有，比如在部队的时候，想当连长，想提干。当我三十多岁成为师职干部时，我也曾经暗自得意过。但到了现在这个年龄还对权力恋恋不忘的话，那就荒唐可笑了。

我的贡献就是打破了作家的神秘感

记者：在您的写作生涯中，有没有过想要追求不朽的念头？

莫言：没有，从来没有。而且，我还经常产生巨大的疑问，我是不是浪得虚名？像我的《红高粱家族》出来后，我暗自思量：这是一部好小说吗？我真的成了一个作家吗？现在有人把一些夸张的字眼加在我头上，我感觉到无比的惶恐。另外，不朽不是追求来的，本来想不朽，却可能遗臭万年。没想不朽，却真的不朽了。我记得马尔克斯写了一个短篇，说一个人的小女儿死后尸体不腐，但渐渐失去了重量，这个人就抱着女儿的尸体，每年都到梵蒂冈去登记，希望梵蒂冈把他的女儿封为圣迹。坚持了几十年，最后，梵蒂冈没有封他女儿为圣迹，却把他封为圣者。不朽大概都是这样得来的。

记者：您是出生在农村的，现在到了北海道，可以说是到了日本北方的农村，这对您将来的写作有什么影响？

莫言：简单地说，此行所看到的都会成为我以后写作时所依据的想象材料。看到了那么大的树，看到那么肥壮的马拉着犁——在我们老家是牛拉的，看到阿依努人晒的鱼干，他们穿过的服装，用铁做成的大瓮。看过的一切都会变成素材，这些素材在什么时候发挥作用，现在还不知道。我很可能在下一部小说里写到大瓮，写到马拉犁，也可能永远使用不到这些素材。在我的高密东北乡虽然没有这种冒着热气的湖泊，但我很可能把它挪过去。我在20年前写过一部小说，名叫《生蹼的祖先》，里面描写了一种鱼类，它们是彩色的，一旦生气了以后，肚皮就充气像气球一样，漂到水面上，一片彩色的气球。我在飞机上看到的录像里，真有一种鱼，人一碰它，肚子就越鼓越大，好像气球。（插话：是河豚）你看，想象的东西在生活中得到了印证。再写的话，我可能会描写一个小男孩，在饥饿的年代，穿着短裤，上身赤裸着。他因为饥饿因为浮肿，肚皮变得很大。一群这样的小男孩在河里游泳，我会比喻他们像生气的河豚一样浮在水上。这样的比喻就很贴切，也很独特。类似的东西，就可以变成非常有原创意义的作品。假如一个短篇里有十个这样的比喻，这部短篇就很可能"不朽"了。

记者： 您在北海道看到的这些，是趁着新鲜就迅速记录下来，还是沉淀很长一段时间再说？

莫言： 我根本不管它。

记者： 我指的您追求的不朽是一种文学上的不朽。

莫言： 我自然渴望能写出一部真正不朽的作品来。到目前为止，我认为我写出的所有小说离这个标准都还差得很远。究竟是一种什么样的力量鼓励我这样一个人写了这么多年的小说还在不断地写作，而且把写作当做这么重要的事情来做，那就是对小说本身这种完美的追求。但能否写出不朽之作，既要有经历，有才华，还要有运气。这就像我在前面说过的，发誓要写伟大作品，很可能写出垃圾，无意之中，很可能写出精品。

记者： 记得您在演讲中说，最初写作是为了生存，有一些愿望要表达，对小说的标准也不同，后来生存问题解决了，对小说的艺术标准是不是也有了变化？

莫言：完美小说的标准并不一样，小说有各种各样的形态。所有好的小说，像马尔克斯的《百年孤独》，普鲁斯特的《追忆似水年华》，肖洛霍夫的《静静的顿河》，托尔斯泰的《战争与和平》，鲁迅的《祝福》、《故乡》，沈从文的短篇、散文，都是很好的作品，但它们的形态又是这么的千差万别，如果我写出来的小说和以上作品都是一样的，那就毫无价值，只有与它们不一样或者完全不一样，才是好的小说。

记者：您认为您对人类精神的贡献在什么地方？

莫言：我对人类精神毫无贡献，我的贡献就是打破了作家的神秘感。大家看看，我这么一个熊样的人，竟然被说成"中国著名作家"，对作家的神秘感和崇敬感，是不是顿时就会烟消云散呢？

影响我的作家

记者：说说您年轻的时候对您影响比较大的作家及作品。

莫言：那太多了。当然影响最大的有那么一两个：鲁迅的作品《铸剑》，《铸剑》跟我的生活经历产生了某种程度的契合，第一是《铸剑》里有很多神秘的东西，这种神秘的东西是从《搜神记》中演变发展出来的，这些东西和我童年时的生活很合拍。第二是里面有一种强烈的情感注入，我始终认为小说里面的黑衣人就是鲁迅自己的化身，作者带着强烈的感情来写，然后跟民族的、民间的传统文化接上血脉。这对我后来的写作产生了很大的影响，作品中有许多仇恨，但不是用沉重的方式，而是用调侃的方式去表达，有黑色幽默，里面甚至带着三分恶作剧，鲁迅的《故事新编》里有大量的恶作剧，有的特别直白，直接影射某一个人，但是《铸剑》最好，它也有恶作剧，但是藏得比较深，没有具体指向，这是一种写作态度。许多好作品，里边都有儿童般的恶作剧。

后来的影响就是马尔克斯的《百年孤独》，我看重它怎样把民间的传说用最现代化的方法来处理，它对我的创作产生了巨大的启示。读了这样的书，我才意识到，我们每个人身后都有一个巨大的文学宝库。我们过去认为不能写成小说的东西,实际上是上好的小说素材,这就像我们过去认为不能吃的东西,现在成为盘中美味。

记者:沈从文的作品呢?

莫言:沈从文最好的小说当然是《边城》,他最大的贡献我认为是他的散文《湘西》和《湘行散记》,这两本散文集里包含了许多小说的笔法,大家都认为沈从文写的是千真万确的事情,但我觉得里面有许多虚构的成分,看起来不像散文,像人物特写,《一个多情水手》、《一个爱惜鼻子的朋友》都像人物速写。这些小说化的散文可以直接变成现代的小说笔法。为什么我们刚开始写作时铆着很大的劲来写,老觉得下笔特别艰难,老觉得没有话说,当突然意识到我就把小说当散文来写,换一个写法,就很轻松了,结果就变得滔滔不绝了。

记者:回到刚才的问题,到底是什么原因使得您的创作激情驷马难追?

莫言:这很难说。童年生活的关系?我的童年生活在一个口头语言生动活泼、民间传说丰富多彩的地方,而且我很小就辍学了,没有经过正规学校的训练,从十一二岁就生活在民间。我接触的民间文化多数是从老百姓口口相传中来的。认识几个汉字是容易的,但是从老百姓口中听来那么多的故事是不容易的。这跟下到民间采风是两码事。在劳动的间隙里面,在炕头上,那些故事随便说出来,你可能忘记了,但突然某一天,你突然想起来:原来老爷爷讲过这么一个故事。这些经历使得我在素材方面准备得比较充分。我们的社会结构是宝塔状的,人处的地位越高级,身边接触的人就越少,相反老百姓接触的是最广大的社会。至于个人禀赋方面就不太好说了。

极端善良和懦弱的人才能写出残忍的情节

记者:您能不能以某部作品为例,讲一下您构思长篇的过程?

莫言:短篇小说是一闪念而成,长篇小说是一闪念接着又一闪念。这些一闪念通过人物串联起来,形成长篇初步的构思。

记者：那您的《檀香刑》最初一闪念是什么样的？

莫言：最初的一闪念是地方戏。我当兵后第三年，头一次回家。大约早晨六七点钟，我一下火车，从车站广场一个破破烂烂的卖油条的小铺子里传出茂腔的声音，我的眼泪哗哗地就下来了——如果故乡有声音的话，茂腔就是它的声音。单纯地写茂腔也不能构成一部小说，又跟胶济铁路的历史、民间抗殖民侵略的英雄故事、义和团、神话传说等等嫁接起来。先是有一些具体的细节，然后再慢慢地扩展，扩展到人物，再扩展到人物周围的人物，脉络就慢慢形成了。当然有时候也想得不太周到，先写了再说，许多人物许多故事在写作过程中就慢慢发展起来了。小说写到一半的时候，我就可以放下了。跑不了了。

记者：那主要人物已经想好了吗？

莫言：主要人物应该是已经想好了，但经常在变化，变化很多。剩下的部分我找个地方躲起来，有两个月的时间就完成了。

记者：您通常会做一些案头工作吗？

莫言：我也需要做一些案头工作，我要查证一些年代，当然这些对我比较次要，但我要装作很有学问的样子。比如《檀香刑》写到的光绪十五年到底是公元几几年，就需要查一下。非常具体的技术问题当然要搞清楚。

记者：当时的历史背景是您想象的吗？

莫言：这也不是我想象的，我们老家本来就有这样一件事，有一个农民领着一帮人扒了德国人修的铁路，现在看起来是破坏。解放后的近代史把它当做反帝反侵略的英勇的爱国壮举。

记者：您写了很多抗日题材的作品，您现在到日本来，与日本发生了这么紧密的联系，有何感受？

莫言：抗日抗的也不是现在的日本，抗的是当年的日本。首先，我们要有一个历史的眼光历史的态度看问题；第二，把发动战争的人和在战争中受苦的人区别开来。我见过翻译我的作品的吉田教授的老岳母，那么一个善良慈祥的老人，假如她的丈夫参加了当年的对华战争的话，在战场上肯定也要杀人。

难道那个人突然变得那么坏吗？那些日本士兵去中国前也就是高中生，或者他们都是丈夫、儿子、父亲，他们甚至带着家庭的合照。他为什么会变得残忍，我想就是因为战争的特殊性造成的。第一，战争鼓励人的兽性，唤起人杀人的愿望，就是要人消灭掉一切对人的慈悲和怜悯。第二，战争本身也有传染性。再就是战争对人有一种令人无可奈何的逼迫。在文化大革命中，我还是个小孩，我就感受到了这样的逼迫。红卫兵集合在一起斗我的一个老师，这个老师对我很好，很欣赏我，她的女儿跟我哥哥是很好的朋友，平常我到她家去她经常把好吃的东西拿出来给我吃。当时所有的人都对着这个老师吐唾沫，我违心地也要对着她吐，老师抬头看着我，那种目光一下子让我感到无地自容。我以后再也不敢见这个老师。她深深瞥过的那一眼，那里面是绝望：我对你这么好，你为什么也这样对我？但她无法体会到我那种矛盾和痛苦的心态，我这样做完全就是要让自己不被同学们排挤出去。我一旦不吐，他们可能会说，你就是走资派的狗，你是阶级敌人。我想大部分在特殊年代做过坏事的人都有这种心态。当然也确实有极其凶狠骨子里的坏人，但大部分坏人是被集团逼迫着做了违心的坏事的好人。

记者：您的《檀香刑》和《红高粱家族》里都写到了杀人的场面，尤其是《檀香刑》写到了一片片割人肉的场景。

莫言：我知道你要问什么。我认为对一部作品的批评应该遵循两个基本的原则，第一，要把作品和作家区别开来，第二，要把作品中人物的行为和心理，与作家的行为和心理区别开来。《檀香刑》中很多心理都是刽子手的心理。有些批评家，包括一般的读者，认为我是精神变态，惨无人道，网上就有人这么说，我看到这些很难过。其实，只有一个极端善良和懦弱的人，才有可能写出这么残忍的情节来。因为他对恶特别敏感。什么样的人对恶敏感，是善良的人；什么样的人对恶特别敏感，是特别善良的人。恶人认为是家常便饭、毫不在乎的事，在一个善良的人眼里可能无法忍受。小时候，我们队里一头牛因为抗拒劳动而挨打，我在一旁热泪滚滚，被人嗤笑许久。

记者：您写凌迟时，说一刀下去，是什么感受，又一刀下去，又是什么感受,你自己当时是一种什么样的状态?

莫言:我那时在努力揣摩刽子手的心理,我笔下的人物是在京城刑部里威望最高的刽子手,他一生当中杀了无数的人,看过了无数残酷的场面,因为他的资历,因为他出色地完成了任务,得到了当时的统治者给的无上的荣誉和奖赏,受到皇太后的亲自接见,并把皇帝坐过的龙椅赐予他——当然这都是我捏造的。这么一个人,他对自己的职业产生一种巨大的光荣感、荣耀感,这也是鲁迅开辟的主题——看客心理。鲁迅在他的作品中对这种看客心理进行了毫不留情的批判,让鲁迅弃医从文的最主要原因,就是看过一部片子,说的是俄国人杀中国人,围着看的是一群留着辫子的麻木的中国人,好像杀的不是人而是鸡鸭一样。鲁迅所开辟的题材,《檀香刑》依然没有完成。至于刽子手为什么会有这样的心理,他已经完全被异化了,他确实变态了。他认为他是在上对皇权负责,下对老百姓负责。他是在炫耀,他把行刑的过程当成了艺术的过程,表演的过程。这也是和《檀香刑》戏剧的结构相呼应——他在演戏,老百姓在看戏。那么这就有了一个"看客"心理,又有了一个"表演"心理,刽子手和受刑的人,都有表演心理。要死得辉煌,"二十年后又是一条好汉"。

记者:这种想象肯定是没有生活来源的。

莫言:难道你看不出来,我想象得极其贫乏?我写到第多少刀时,就加删节号了。总共五百刀,我只描写了五十刀。

小时候的年

——2004年12月在札幌王子酒店与记者对话

腊八粥、灶马与"打捡儿"——小时候的年

莫言：元旦前夕，在日本北海道首府札幌，我们一起来谈论过年，很有意思。大家知道，对我们中国人来说，西历新年，不太隆重。鲁迅先生说过，还是旧历的新年更像新年。所以让我来谈过年，我谈的肯定是春节。提起过年，说来话长。小时候天天盼过年，但年仿佛是一个路途遥远的地方，要经过长途跋涉才能到达。小学课本里有一篇课文描述说，秋天来了，柿子红了，一群大雁往南飞。然后又紧接着说，冬天到了，大雪覆盖土地，麦苗儿盖上了厚厚的被子。夏天时学这篇课文，眼前就出现了过年的情景，沉浸在幻想中，下课铃响，才知道距离年还很遥远。现在呢，好像做梦似的，一转眼就是一年，时光流逝得特别快，仿佛地球转动的速度发生了变化。

小时盼年，其实与食物有关。那时候生活困难，过年可以吃得好一些。农村最好的食物就是饺子，再就是年糕，这些食物，只有在过年时才可以吃到。春节期间吃的是素馅饺子，豆腐粉条菠菜白菜。为什么要吃素馅饺子呢？老人说是因为神不能吃荤，实际上是肉贵且很难买到，而豆腐粉条之类比较便宜而且也容易买到。一进腊月，节日就比较多了。首先是腊八，要喝腊八粥，凑够七种粮食加上大枣。这个粥非常稠，要熬很长时间，要一边熬一边搅动，否则就糊了锅底。大枣是珍贵的东西，锅里放进几颗枣，母亲是有数的。我们兄弟们眼巴巴地看着母亲手中的勺子，母亲就说：不用看，勺子有眼。

过了腊八之后就盼望辞灶，腊月二十三。辞灶也叫过小年，比较隆重，晚上吃一次饺子。关于辞灶，有很多说法，大意是灶王爷要上天，向玉皇大帝汇报一年的工作，然后在大年夜再回来。辞灶那天晚上，每家要焚烧一张事先从集市上"请"（买）来的"灶马"，所谓"灶马"就是一张木板印刷的画，

这张画分为三部分，最上边的一部分画一个穿着官服、骑着马飞奔的人，这才是真正的"灶马"，把它烧了，灶王爷就上天了；中间一部分叫"灶马头"，就是全年的月历，上边有二十四节气，几龙治水，几姑看蚕，几人几饼等（预测年成的）以及财神、喜神各在何方的神秘话语。辞灶这天，把这部分摘下来，贴在炕头上，以便经常查看；最下边的一部分画着一个三绺胡须的男人，他的两边各有一个圆脸的女人。我们知道那个男人就是灶王爷，那两个女人，自然是灶王奶奶。这一部分，辞灶那天要贴在灶台上方墙上，让他代替灶王值班，大年夜，灶王回来了，就把它揭下来烧掉。焚烧"灶马"时要念叨着："灶王灶王，吃了糖瓜上天堂，上天言好事，回宫降吉祥。"焚烧"灶马"前要在锅台上摆供，供品很简单，就是几样糖果、点心。糖果就是那种叫"糖瓜"的"关东糖"，吃着粘牙，有人说是要用这种糖粘住灶王爷的嘴巴，不让他在玉皇大帝面前说坏话。这些说法矛盾重重，如果粘住了灶王爷的嘴巴，坏话自然是不能说了，但好话不也说不成了吗？另外我还有一个巨大的疑问：难道说每个家庭都有一个灶王爷吗？如果是神的话，应该是一个灶王爷管了天下所有人家厨房里的事。每家都有一个灶王爷，那假如有的家里分家，是不是要重新再配给他一个灶王爷呢？拿这问题去问爷爷奶奶，他们也不回答，只说小孩子不要问那么多，知道那么多事干什么？闭嘴。

过了腊月二十三，再有七天，有时候是六天，就是除夕。那就一天一天数着，盼望着。到了腊月二十七八的时候，已经开始准备做过年的馒头。把最好的面放在大盆里和起来。面和得特别硬，加水很少。这个时候家里的男人会帮女人揉一揉面。我小时候，很喜欢帮母亲揉面。一边揉着，一边想到"百炼钢化为绕指柔"这样的句子。母亲夸我揉得好，我就更加来劲。馒头的中间揉上栗子和大枣，图个吉利。馒头蒸好了，就开始蒸年糕，蒸年糕用的是北方的黍子米，不是南方那种糯米也不是东北那种高粱米。要用石碾子把它轧碎，拉着石碾子来回转，一边碾一边要用箩不断地筛。这是可怕的体力劳动。1999年我去东京吃荞麦面，看到他们那复杂而认真的操作过程，就想到我们老家做年糕的情景。后来有了机器磨，人们就用机器磨把黍子米粉碎，但这样的面黏度会变小，因为粉碎的过程中高温让它失去了黏性，还是用石碾子轧出来的好，蒸出年糕特别黏。做出年糕来就用一块笼布把它抬出来平摊在高粱秆做的锅盖上。拍得平平的，按照图案插上大枣，冷却凝固后切成方尖碑的形状，供到"阁板"上。所谓"阁板"，就是在一进堂屋的正北面那个地方，摆着一张桌子。就像日本的榻榻米里面摆花瓶的地方，很神圣。祖先的牌位都要供在这个"阁板"上。农村有的妇女打架耍无赖的时候就跳到人家"阁板"上坐着，对这家来说是奇耻大辱。农村最怕的就是两件事，一个是女人跟邻居打架，这女人耍起无赖来，扑通一下跳到人家井里，赶快救人不说，还要把井水淘干好多次，才能饮用。再就是有的女人一下子就蹦到人家"阁板"上去坐着，那是安置老祖宗牌位的地方。

除夕下午，要把"轴子"挂起来。所谓"轴子"实际上就是祖先的牌位。是一张很大的扑灰年画——高密特有的一种年画——上面画着一些穿袍戴帽的官员，象征着官宦人家，巨大的门口有小孩儿放鞭炮，还有青松、仙鹤、麒麟。画面的上方印着很多格子，格子里填写着祖先的名讳。这张"轴子"只有过年时才挂起来，过完年后，就卷起来收藏。我猜想，之所以叫"轴子"，大概就是画轴之意。我2004年发表了一篇题目叫做《挂像》的小说，讲述的就是与春节时挂"轴子"有关的事。当然，也有人认为不应该写成"轴子"，而应该写成"祝子"，意思说这是祝祷时用的，还有人认为应写成"主子"，即祖先神主之意。我认为还是"轴子"比较符合我们那个地方老百姓的语言习惯。"轴子"悬挂在"阁板"后边的墙上，下边摆上供品。文化大革命期间，上边下令，让各家都把"轴子"烧了，过年时，每家发了一张毛主席像当"轴子"。我那篇小说《挂像》说的就是这事。后来有人就说，我们往常过年，供的都是死人，毛主席可是大活人啊，你们把毛主席让各家各户当死人供着，这是什么意思？我估计上边下这命令的人被吓坏了，所以第二年过年时就不强迫各家把毛主席当祖先供着了。

"阁板"上铺着红色的或者黄色的纸，桌子腿上还挂着围裙，围裙上描龙绣凤。总之是"轴子"一挂，供品一摆，就很有年的气氛了。除夕下午，男孩子就去祖先的坟墓前烧纸磕头放鞭炮,意思就是要请祖先回家过年。女孩大半在家帮着母亲包年夜吃的饺子。我们家去祖先坟墓前烧纸磕头的任务每年都是我来完成的,我很愿意去。跑到田野里去放鞭炮,然后在祖先的坟头前烧些纸,磕个头,在麦田里追追野兔子,找片野草茂盛的地方放一把野火,大呼小叫,十分欢乐。这时候家里的大人已经贴好了对联,而且在天井(院子)里铺上一层谷草,说是等祖先们回来给他们喂马。我想,铺了草是为了防范小偷,因为大年夜家家不关门,人来走在干草上咯吱咯吱响,容易被发现。等我回到家就是傍晚,该吃晚饭了。晚饭时多半有酒,家族里的男人们会利用这个机会聚聚,谈一些重要的事情。小孩子没有资格参加这个集会,胡乱给你一点东西吃,然后就让你睡觉,说快睡觉,睡到半夜起来过年。以前没有钟表,母亲一般不睡觉,整晚上忙活。把房间里还有灶房周围收拾干净。夜里要烧的柴火,下午就拿回家了。大年夜里最好烧豆秸。豆秸烧起来噼啪乱响,一些残余的豆粒在烧的过程中发出爆裂的声音,散出一股香气。实在没有豆秸烧,就烧棉花柴。说"烧豆秸出秀才,烧花柴出刀才"。出秀才我明白,就是出有文化的人。但刀才是什么?难道是刽子手吗?我母亲说好像也不是,谁家愿意出个刽子手呢?后来我想,大概在衙门口里干事儿,手里握有生杀大权的人就是刀才。

半夜时分,母亲就把孩子们都叫起来了,起来后都悄悄地不敢大声说话,因为在我们的意识里,这时候祖先们都回来了。然后就看见在被子上面放着母亲给我们准备好的新衣服。午夜时分,正是最冷的时候,农村的房子里没有暖气,房子都是破破烂烂的,到处漏风,每个人都打战,牙齿打战,得得地响。天特别的黑,那时农村没有电,平常的日子,每家就点一盏小油灯。大年夜里点着蜡烛,蜡烛插在蜡台里摆在"阁板"上,火苗抖动,辉映着"轴子"上的人物,闪闪烁烁,神气活现。我注视着"轴子"上的人物,感觉到他们眉眼活动,仿佛要跟我说话。我想这些老祖宗一定都认识我,因为是我下午从坟地里把他们请回来的。母亲在那里忙忙碌碌,豆秸烧得噼啪响,炉膛里的火很明亮,从来没觉得小房子里有这么亮过。蜡烛的光和炉膛里的火苗使烟熏火燎多年的黑色墙壁像上了釉一样闪闪发光。这时候我们都悄悄地等待着，一直等到母亲把煮好的饺子从锅里捞出来放在碗里。父亲就用托盘端着饺子，带着我们，走到街上按照"灶马头"上指示的方向去接财神。接财神的时间各家不一样，也有天一黑就接的，但多数人家是半夜时分，所以这时村子里突然之间就像战争爆发一样，家家放鞭炮，此伏彼起，连成一片。放过鞭炮后，父亲就带着孩子，回到"天井"里，先祭天地。所谓祭天地就是事先在"天井"里摆一张桌子，上面摆了供，这时把刚煮出来的饺子也摆上，焚香烧纸，连同从灶台后边揭下来的灶王爷画像一起烧掉。之后对着东西南北四个方向磕头。磕完头就回屋，在"阁板"前再焚香烧纸，面对"轴子"磕头。这样，这神圣的过年过程就基本上结束了。

　　然后就上炕吃饺子。炕中央放一张矮腿炕桌，全家人围桌而坐。这时候小孩子有一个任务就是给大人磕头，给爷爷、奶奶、父亲、母亲、哥哥、姐姐磕头，反正最小的就磕一圈，一边磕头还一边喊，给爹磕头给娘磕头。磕完头就要分磕头钱，就是压岁钱。有的小孩儿想钱想得太心切，该说"给爹磕头"都说成了"给爹磕钱"。磕完头，拿到压岁钱，就该吃饺子了。饺子里是包着钱的，谁在饺子里吃出一枚铜钱来，就预示他一年有钱花。早些年饺子里包的是铜钱，吃到这个饺子时满口铜臭。后来铜钱越来越少，就开始包硬币。小时候也不觉得硬币脏，长大之后觉得挺脏的。到小姑家去，看到她拿一个小碗倒上半碗酒，把那些要包进饺子里的硬币放在酒里面泡，完了之后点火烧，消毒。我回家后也照此办理。母亲说你祸害那些酒干什么？我已经用碱水洗了好多遍了。从饺子里吃出的钱归自己所有，所以孩子们都希望吃到硬币。有一年我吃了两碗饺子没有吃到硬币，不肯罢休，非要吃到，很执著。我母亲怕我撑坏了，悄悄地把一个硬币塞到饺子里，放在我碗里，我一咬，咯噔一下子，好了，终于就吃到钱了。吃完了饺子后，再到自己的叔叔家、大爷家，本族本姓的各家里去磕头，磕完头就回家睡觉。

　　大年初一、初二的时候，村子里的年轻人玩一种叫"打撽儿"的游戏，上点年纪的人，都站在一个避风的墙根下，双手插到袖筒里面，晒着太阳看热闹。所谓"打捡儿",就是把一根长约半尺的细木棍的两端,用刀子削成尖,这就是"捡儿",用一根粗木棍打这"捡儿"的一头,打得远就赢了,输了的要受惩罚。惩罚的方式是"摸糊",具体方法是先约定摸村子里某个地方,或是某棵大树,拿帽子将输者的头眼蒙住,然后就是"蹲三蹲、抢三抢、十二晃荡八大锤"。就是把这个要"摸糊"的人,抬起来抢着转三圈,再往地上蹲三蹲,前后推十二下,每个赢者再打他八拳头。输者此时已经晕头转向,在赢者监督之下去摸那个预先约定的目标。这时候几乎全村的人都跟着看热闹。"摸糊"者经常是与既定目标背道而驰,有时还会掉到猪圈里。

我们小孩子自己玩的游戏叫做"挤出大儿讨饭吃",以前农村人家儿子多,大儿子结婚后,多半会被父母从大家庭里分出去,让他们组建自己的小家庭。大儿被分出去,一般不会给他们什么家产,所以有"挤出大儿讨饭吃"的说法。具体玩法是,一群孩子,顺墙排开,脊梁紧贴着墙,从两端拼命往中间挤,中间的小孩谁被挤出去了,就成了出去讨饭吃的大儿。这个活动如果被家长看见了,肯定是拖出来给上两拳头,然后拧着耳朵拖回家。因为这游戏特费衣裳,玩上两三次,棉袄就开了花了。

初三初四就开始走亲戚。初三走姑姑家,初四去姥爷家。新姑爷也是这一天去岳父家。有的村子里有折腾新姑爷的习惯,一拨人把新姑爷灌得烂醉如泥,洋相百出。初五再走一些不太要紧的亲戚,初六七就要开始干活了。有时候在正月十五以前要演戏,各个村轮换着演。我们村是三县交界的地方,外县的剧团到我们村来演,我们也到外县的村子里去演。演吕剧、茂腔、柳腔。因为是相互娱乐,也是一种炫技,不存在报酬的问题,演完了后,分派到各家去吃饭。那些嗓子好、扮相美的姑娘、小伙子,总是受到特别的欢迎,被人家抢了去,隆重招待,我们这些跑龙套的鼻涕孩子,饭量又大,没人愿意要,最后随便塞到一户人家,一顿粗茶淡饭就给打发了。"文革"前还有一些新编的现代戏,"文革"期间演的都是样板戏,把样板戏比如《红灯记》、《智取威虎山》移植成茂腔或者吕剧。用地方小戏的调子唱样板戏,古怪而滑稽,我想江青要是看到了肯定会气个半死。春节期间演戏,也是青年男女谈恋爱找对象的大好时机。一方面是到外县去演戏能认识一些外面的人，扩大寻找的范围，本村的男女在演戏的过程中也可能产生感情。农村找对象是有季节性的，农忙时间，都是顶着星星出去披着月亮回来，没时间恋爱。到了春节前后，吃得也好，时间上有一点空余，各个村又能串着看戏演戏，大部分年轻人都是在这个时候找到配偶。

到了正月十五，基本就是总结性质的，过年期间留下一些肉、豆腐，拿出来包顿饺子吃，然后漫长的一年又开始了。

记者：您在国外过过年吗？

莫言：我在法国过过一次春节，但没有任何气氛，比平常还要冷清。只看到一些华人刚刚从什么地方舞狮子回来，华人开的餐馆里，也有贴上一副对联的。

记者：您谈了您在故乡过年的经验，那么您认为，年的本质是什么？

莫言：日本、韩国、朝鲜、泰国、越南等都是我们的汉文化圈里的国家，或者说都受过汉文化的影响。据说很早以前这些国家也过春节。过年这个活动，我想在中国农村，实际上就是一个年终总结，劳累了一年了，改善一下生活，作为一种庆祝。后来我想到，这很可能是农民在麻木的生活当中的唯一盼头，尤其是孩子们的盼头。我记得以前有本通俗课本叫《日用杂字》，其中就有关于过年的内容："过了辞灶日，新年在眼前。女要绒花戴，儿要新衣穿。一阵胡吵闹，令人不耐烦。糊弄糊弄吧，哪有这些钱。"一年劳累了几百天，这段时间休息一下，心情好一点，然后再重复。如果没有这个节日，那就更加残酷了。再一个，春节肯定是和农业生产有关系的，最早这应该是黄河流域的一个节日，南方未必是这样的。因为这个年是按照北方农业生产的季节，一步步推进过来的，绝对不会把年安排在收割小麦或者收割玉米期间，而是在田里最没有活儿干最清闲的时候。

我没有研究过，不知道中国人过年，或者说春节成为最隆重的节日，已经有多少年的历史。但毫无疑问，春节已经成为汉文化的重要构成部分，成为老百姓的一种心理期待。节日期间，人民的心态与平时是不一样的，就像鲁迅先生说的，仿佛连空气中都弥漫着年的气氛。就像现在的札幌市，我们即便在这个密封的饭店里，不也感到一种浓烈的年的氛围吗？其实这个饭店里什么也没添加。我们心中也充满了期待，再过几个小时，我们就会出现在万众欢腾的大通公园，在瑞雪中，仰望着高塔上频频变换的时间数字，看着舞台上歌舞的人们，等待那辞旧迎新的时刻到来，然后我们就会拥挤在参拜神社的人群中，去向神龛投钱，向神灵祈福。

母亲对我的影响比父亲大

记者：到养牛的农户家参观后您有何感受？跟您原来放牧的经历有什么呼应吗？

莫言：那不是一回事，我觉得他们的生产方式已经跟农业离得很远了，基本上工厂化了。他的牛奶仿佛不是从牛的乳房里挤出来的，而是用配方制造出来的。我想这里的牛奶与原来蒙古草原上的那种牛奶的味道肯定不一样。这里的牛吃的全是配方饲料，他们牛的粪便都是稀的，我们的牛的粪便都是饼子状的。说句不登大雅之堂的话：我对牛粪是很有感情的。以前农村小孩冬天里放牛，会把脚插到热牛粪里取暖。他们这里的农业是配方农业，或者叫做化学农业，跟我们农村那种自然经济状态下的农业不是一码事。再有它的生产目的完全是商品生产，而我们当时就是自给自足，我们就是自己种了粮食自己吃。当然他们这边劳动生产力大大提高，家里三口人再雇上两个季节工就可以养180头奶牛，还养了一群袖珍马当宠物。从夏天割草一直到冬天都完全自动化，包括喂牛都不像我们那样拿着笆箩往每个牛槽里倒，拿一个叉子搅拌，搅拌的过程当中牛还抢料吃，而他这里全都在机器里搅拌好了，然后哗啦啦流淌到每头牛前面的食料槽里，高度的自动化。我发现这里的牛比较傻，瞪着大眼，傻乎乎的，一点事也不想。我小时放那些牛，一头头都有性格，有的天真活泼，有的老奸巨猾。这里的牛，都是一个样子，都是一种表情，仿佛也是用统一的配方制造出来的。

记者：在您的一些文章中，经常提到母亲，但提到父亲比较少，您能说说这是为什么吗？

莫言：我母亲已经去世了。母亲对我的影响比父亲对我的影响大。在传统的家庭里，父严母慈。我父亲是非常严厉的人，他跟我们儿女从来都不苟言笑，我们在他面前也不敢撒娇。我父亲是家族里特别有威严的人，不但我们怕他，就是家族中血缘较远的人也怕他。我小时候如果在干什么调皮捣蛋的事，要是有人喊一声：你爹来了！我会吓得一下子立正，一身冷汗。他其实也不怎么打我们骂我们，但就是让我们望之生畏。这样孩子们自然就会向母亲靠拢。母亲负责打理日常生活，像换衣服之类的，如果感冒了或者哪个地方不舒服了，都是向母亲说。母亲言传身教，让我学到了很多东西。我母亲是一个极其平凡的农村妇女，但又是很伟大的。我们家和一般的农村家庭还是有区别的，因为我父亲有文化，不太把眼前的利益看得那么重。我父亲认为只有读书才能有前程，才有可能走上真正的光明大道。小时候我不喜欢读书，希望能像邻居家的小孩一样上哪儿去贩卖点花生赚点小钱，或者到周围的农场里去偷点人家的粮食，但这些想法我从来不敢说，更不敢付诸实施。我父亲要是知道了我有这样的想法肯定会对我不客气的，他认为好好念书是最重要的，不要为那些蝇头小利所迷惑。我想正是这样，我大哥才成了我们高密东北乡的第一个大学生，这对我也有影响。在这个方面，我母亲与我父亲的观点完全一致。1972年时，我们村子里一个青年弄到了一套《中国通史简编》，范文澜主编，一共五本，定价五块钱，他问我要不要。对当时的农村家庭来说，五块钱是很大的数目。我问母亲买不买这书，母亲说你只要看咱们就买，如果买了不看就不要买。我说我一定会看的。母亲就坚决地说：那就买吧，我跟你爹商量。现在回想起来，这套书对我很重要。我所有的历史方面的知识，几乎都是从这套书里来的。1976年我参军离开家乡，什么都没带，就带了这五本书。

我曾经当过财神爷

记者：两年以前，您和大江健三郎先生在您的家乡过了年，您当时是怎么招待他的？

莫言：我们非常尊重他，但也没有特别为他做什么。就像我们家多了一个人过年一样。我们现在也不像过去那么僵化了，知道客人住在家里不是特别方便，因为人很多，农村条件又很差，没有暖气，没有热水。大江先生年纪也比较大了，还是安排他到县府招待所去住，所以我们就在十点左右提前过年，提前庆祝了。放鞭炮、吃饺子、吃年糕。中午吃饭就吃了饺子，我记得有三十八人吃饭，我陪着大江先生在屋里吃，好多年轻的随行人员都站在院子里吃。家里从来没有招待过这么多客人，我的姐姐还有邻居的婶婶们也都过来帮忙。现在物质条件比过去好得多了，我在县城里当干部的朋友也帮了很大的忙，他们拿来很好的酒（三十年的茅台），送来了很多菜肴，中午和晚上的宴席，应该说还算丰盛。

记者：您印象中最深的关于过年的一些事是什么？

莫言：印象最深的就是各家各户接财神的时候，叫花子冒充财神来讨饭。这是他们一年当中最荣耀、最牛的时候。深夜十二点以后，他就站在各家门口，手里提着个竹篮子或者一个瓦罐，嘴里唱着自己编的顺口溜，比如"快答复，快答复，你家年年盖瓦屋"，"快拿、快拿，金子银子往家爬"，意思就是说你只要是赶快给我端出饺子来那好运气就全到你们家去了。叫花子之间会私下里预先做一些协商，要是在自己村当财神显得不太地道，所以就会和邻村的商量，比如说老李啊咱俩今天晚上换换，我到你们村当财神你到我们村来当，这样即使有的人还是认识，但大多数人觉得这个财神是陌生的。我想，西方的圣诞老人是不是有点像我们的财神爷呢？不过西方的圣诞老人要打扮，我们的叫花子没必要打扮，黑灯瞎火的，看不清他的脸，只听到一个人在黑影里吆喝。没有给钱的，给他饺子就不错了，因为以前农村过年的时候饺子也没有太多富余，能够省出几个给他就很不容易了。我母亲说有个叫花子命薄，提着瓦罐装财神，人家给饺子他就倒进瓦罐里，跑到凌晨，回家想把要来的饺子煮一煮，自己也过年，但瓦罐的底儿不知道什么时候冻掉了，只有两个饺子沾在瓦罐的沿儿上冻住了，当了一夜财神，就混这么两个饺子。这样的财神现在销声匿迹了。生活提高了，没有人为了几个饺子去装财神爷了。我写过一篇散文《我曾经当过财神爷》，记录了我小时候的一段经历。

我小时候脑子比现在好用，编顺口溜的能力比现在强得多，感觉到那些装财神的叫花子编那些词儿都不精彩，而且每年都一样，缺乏变化，就自编了很多新词，想大年夜里也去装财神。这计划没有实行，如果我父母过年时突然发现少了一个儿子，原来跑出去当财神爷了，我回来肯定没好果子吃。

还有一件事给我留下过深刻印象。我们村子里有一个很有性格的人，别人过年都往家接财神，只有他，在过年那个时刻，站在大街上，放过一串鞭炮，大声喊叫：穷神爷，穷神爷，别人都接财神，我接你，你到我家过年来吧。好玩的是，这个人自从接了穷神之后，日子反倒好过了。

记者：您说过您的文学里有故乡、记忆、少年、梦幻、传说等等这些，咱们这次行程中有没有一个具体的细节让你看到以后突然想起小时候的某一件事？

莫言：每时每刻都在进行对比。看到牛的时候马上想到我小时候在老家放过的牛，我放过的几头牛我是牢记在心里的，就像村子里的叔叔大爷一样。我们家哪一年养的哪一头牛，那头牛有什么特点，性格怎样，我记得清清楚楚。看到马的时候也会想到很多马的故事，我的小说里面写过很多马，也写过日本士兵骑的大洋马，也写过我的村庄附近的农场里那几匹进口的良种马。我把我写过的马，和在世界许多地方见过的马，都与日本马场里喂养的英国纯血马进行了比较，而且我也想到了汗血马，即阿尔捷金特马，想到了远古神话中那个马与少女的故事，想到了庄子的名篇《马蹄》，想到了徐悲鸿笔下的那些瘦马，想到了动画片《大闹天宫》中孙悟空管理的那些天马，想到印象最深、最有细节的是我们生产队里那匹任劳任怨的瞎马，想到它被牛虻叮咬时，身上皮肤的颤抖，就像微风吹过，水面上出现的细小波纹……

今天参观流冰馆,看了那么逼真的录像,和保存在展览室里历年的冰块,以及那蜷卧在冰块上的狐狸标本,还有那些神奇而美丽的冰下浮游生物,都让我想起了很多小时候听说的故事。多年以前,我们村子里面有人闯关东,那时候外兴安岭还是大清的版图,他沿着黑龙江一直往北到了庙街,也就是现在的俄罗斯的阿穆尔河入海口那个地方,在那里做生意。他在那边闯荡了几十年,到老了以后最大的愿望就是要尸骨还乡。他弄了一群狗,一架爬犁,让狗拉着自己往南跑。当时那里人烟稀少,大概比北海道还要荒凉许多。跑了一段之后,所有的粮食吃光了,后来就杀狗吃,狗也慢慢被杀光了。最后这个人对最后一条狗说:狗,我死后,你把我吃掉,但是吃的时候谨记一点,就是不要伤害到我的骨头,一定要把我的骨骸运回家乡去。这狗非常通人性,慢慢地把主人的尸体一点一点啃掉,最后把主人的尸骨运回家乡,到达之后,这条狗也倒地而死。为什么想到这个故事?一看到这浮冰,就想到这实际上是从我们黑龙江那边过来的。黑龙江的水注入到鄂霍斯克海,凝结成冰,往南漂浮到北海道一带。而黑龙江的水,应该是从小兴安岭和长白山上汇聚而来,所以我觉得这流冰融化时,应该散发出松树的气息。所以马上就联想到刚才的故事。我也同时想到我那个了不起的同乡刘连仁先生说过,他在北海道转了一圈,因为他最早的概念里北海道是与中国的黑龙江相连的,不过转了一圈之后发现不是那样的,这里是一个海岛,我想我们去的知床地区他可能也去过,看到那么多流冰澎湃而来,不知道他会产生什么样的联想?他会不会想象着借助流冰漂游回国呢?

莫言谈动物

狐狸的故事

记者：看到狐狸的时候想到了什么吗？

莫言：看到狐狸的时候想到很多。首先想到了我的伟大的老乡蒲松龄先生笔下那许许多多的狐狸。狐狸，我小的时候也见到过，但那都是如电光石火，一闪而过。农村对狐狸是极其崇拜的。农村的观念里面很多动物都是有灵性的，都可以成仙。像黄鼠狼能把很多女人的灵魂镇压住，让女人乱说乱跳又哭又唱。大树也可以成仙，蛇也可以成仙。但是法力最高的还是狐狸，狐狸仙的能量很大，而且狐狸有两种，一种叫草狐狸，一种叫火狐狸。草狐狸一般比较邪恶，老干坏事，比较淫荡。火狐狸是比较善良的一种，火狐狸个子比较小，但法术比较高。有很多传说。我姑姑是乡村医生，她经常要深夜出诊。她说有一次回来时忽然找不到路了，眼前一片漆黑。正在惊惧当中，就看到眼前出现一盏红色的小灯笼，引领着她前进。后来到了一个地方，那盏小灯笼突然变作一道火光，倏地消逝了。我姑姑定睛一看，发现原来到家门口了。这样能给人引路的，就是火狐狸。有一次我母亲深夜犯病，我们请姑姑来。看完病后，我们送姑姑回家，走到大街上，街外就是原野。我姑姑说：你们看，看到一个火球没有？那个火球就在上下跳动，好像两个人抛一个彩球一样。我姑姑说，这是两只狐狸在炼丹，从口里吐出一个丹来，你抛给我我抛给你，在空中画着非常优美的线条抛来抛去。她还讲过，旁边村里一个寡妇得了心口疼的病，每天都犯病，非常痛苦地呻吟，后来来了一个英俊的白面小生，跟她说看到你这么痛苦我帮你治治病吧，从嘴里吐出一个深红色的像李子那么大的东西来，让她含在嘴里痛苦就能缓解，但是千万不要咽下去。这女人把那东西含到嘴里面，马上就不疼了。后来村里的大婶就问她说半夜里怎么听不到你呻吟了，她就对大婶说有一天我疼得要命的时候来了一个年轻男子吐出一个东西来让我含着，含着就不痛了。大婶说那可是仙丹啊，等他再来的时候你把它咽下去你就成仙啦，后来等这小伙子再来的时候她就把丹给咽下去了。小伙子看着她，很失望地叹了口气，说想不到你会这样。走之前小伙子说咱俩交往这么长时间也算有缘分，明天中午能不能见最后一面，你到某一个坟墓后面去见我一面，然后就从此两别了。这女的想想有这么长时间的友情，第二天就去了，中午到那儿，一只狐狸从坟墓里钻出来了，全身伤疤，挂满了长尾巴蛆，散发着恶臭。女人恶心呕吐，把那个丹就吐出来了。狐狸找到丹吞掉以后变作一道火光"刷"就走了。女人就回家继续痛苦呻吟去了。这个故事我想可以写成小说，那我肯定要发展一下情节，让他们俩建立爱情关系。姑姑讲的时候，我们都是小孩子，所以不会讲到爱情，但是我马上就联想到这些了。

记者： 您在作品中对动物马啊牛啊之类的都有一种绝对的亲近感，从没听您说过动物的不好，总是看到您强调动物与人的亲密关系，强调杜撰的或者真实的动物善良的一面，是不是有对人类的一种失望？

莫言： 这也可以拿蒲松龄作例子。他笔下写了那么多狐狸、鬼，实际上还是在写人世，他书里描写的狐狸基本上都是非常善良、非常聪明、非常有才华的，很多小女狐狸都把那些大秀才调侃得一塌糊涂，骂得狗血喷头，寓意着他对人世生活的某些不满，尤其是对科举制度的不满。蒲松龄毫无疑问是大才子，但是中了秀才之后再也无法在科场得意，举人中不了，他的学问我想就是状元也比不了，但是他不敢公开攻击科举制度。再一个就是他骨子里还是对科举制度抱着深深的迷恋，但是得不到也没办法了。他谈狐谈妖实际上还是在针砭世事、鞭挞讽喻人世。再一个，人本性还是善良的，农村长大的人，像我母亲对我们进行的教育绝对是善良的教育。当然也有的家庭对孩子进行残酷教育，比如在哪儿看见一只兔子肯定要让自己儿子把兔子打死，哪个地方看到草丛里有一窝鸟蛋，他就把鸟蛋拿回家煮着吃去，如果我干这样的事的话我母亲肯定会骂我，说我伤害生灵不对。

一头特立独行的牛

我们家养的牛啊羊啊确实都很善良,很有性格。我们家也养过一头公羊,特别厉害,顶人,我就每天牵着让它跟农场的头羊打架去,农场进口了新疆卷毛羊,羊角都是卷曲的。我们的羊比较年轻,每天拉到那儿跟它对打。我爷爷说这是因为羊每天都会角发痒,早上我爷爷就拿着一把铁锹,这羊就顶着铁锹,当当当当的几百下,就像小学校上课敲钟一样,顶够了劲儿它就不顶了,这头羊也挺可爱的。我们养的动物接触的动物都是比较可爱的,偶尔有一两只特别有个性的动物,你也觉得它很好玩。比如我们生产队里有一头牛,长得非常漂亮,身体修长,角像钢铁一样,一看就是一头很好的牛,肯定是很好的劳动力,但这头牛对人民公社特别反感,一旦把牛套往它脖子上一挂它扑腾就仰倒了,四脚朝天像四门钢炮一样指向天空,翻着白眼就不起来。打死我也不起来,村里人拿着皮鞭子轮番打它,它就是不起来,打得皮开肉绽,点上火烧它的皮肉,烧得刺啦刺啦冒油它也不起来。后来说算了吧,说这个牛啊共产党员都没它这么厉害,宁死不屈。但是只要把牛套一摘,它噌一下子就蹦起来了。只要牛套再一套脖子它扑腾一下又跌倒了。"文革"期间不敢随便杀牛,牛是生产资料,杀牛是犯法的,所以只好卖到别的村里去。卖到别的村,人家拉回去之后我估计跟在我们村的命运是一样的,后来我们村里在县城工作的人回来就说,我们那头牛每隔上两个月就会到县城的牛市去晃一圈,又被另外一个村买走了,过了两个月又来了,它都成了赶集专业户了。到谁家去它都不干活,打死也不干。这是一头有个性的牛。

记者:我们看到自然遗产大海狮了,那些海狮也不是一直在北海道的,但它们来了以后就把渔民的网弄破,把鱼全都吃了,渔民很生气,就问政府怎么办。渔民的损失很大,鱼几乎被海狮吃光了,但要是不保护海狮,这种自然遗产就会消失。您怎么看?

莫言:保护还是对的。人和动物的紧张关系,随着科技的发展会愈演愈烈。

在过去粗犷的自然状态下，人和动物是保持着一种生态平衡的。当没有快枪，只有弓箭和梭镖的时候，你能获取的猎物是很少的，跑得再快也没用，投得再远50米也到头了，那么50米之外的动物是安全的。但是有了枪有了现代化的武器之后，猎杀变得太容易了。渔民也是一样，渔民过去靠那种原始的小帆船小木船，充其量也就深入海洋几十里，不可能到大洋里去。现在这种大型的拖网渔轮，太残酷了。再一个就是科技的发展导致环境的变化、气候的变化，污染也给很多生物的生存环境造成破坏。所以我觉得人跟动物之间的关系是科技越发展就越紧张。过去真的不存在所谓动物保护这个问题，那时候人吃一点喝一点都不在话下的。那时候我想更多的是动物对人的伤害而不是人对动物的伤害，但现在如果不保护动物的话那肯定是不行的。就像中国也发生过很多这样的事件，野猪太多了把农民的庄稼糟蹋得很厉害，但是不敢打。熊到村里来咬死牛，你要是打死它可是犯罪的，只好让当地的政府赔偿农民。这里的海狮和渔民的矛盾，只好是渔民不打鱼了，让海狮发展，要是海狮发展得特别多了再打海狮。这就跟前一段咱们说的狼和鹿的关系是一样的，这里不敢引进狼就是因为，引进来是把鹿群过多的问题解决了，但是到时候假如狼繁殖成灾了，还得打狼，很麻烦的。中国我记得大概是在解放初期在蒙古草原上引进过狼，就是要淘汰一些病畜之类的，后来就成灾了。另外还有一个岛上老鼠特别多，部队战士探亲回来背回几只猫，但结果是猫全都变成了野猫，它不吃老鼠，跟老鼠和平共处，它喝鸟蛋，猫拿小石子把鸟蛋打破了喝。还有就是吃鸟的幼雏，最后野猫成群结队，变成又一种公害。

记者：您小说里经常出现动物的形象，但是现在您生活在城市中也很少有机会见各种各样的动物。小说里的动物与您少年时期接触的真正的动物还有听到的传说有种种关系，那么是不是说您在小说里让动物出现的次数越多，就更加增强了您对少年时期记忆的浓度？

莫言：这是跟生活密切交融在一起的，或者说这在我的记忆、回忆当中是一个重要的组成部分。但是小说里如果出现了对动物的描写，那目的很显然，写动物还是为了写人。或者说写人和动物的关系。我觉得写动物的小说现在也变得很公式化，通过动物寄托一些所谓的人道主义理念啊，看着很虚假的。

记者：很多艺术家，包括文学家还有从事视觉艺术创作的艺术家，说在二十岁以后一直是生活在童年的记忆当中。对于您来说是否也是如此？

莫言：对于作家来说，童年的记忆可能比别人更加强化了，因为需要，写作就是些记忆里的东西。而我认为一个人真正不断地回忆童年和少年时期，三十岁以前是不太多的，都是随着年龄的增长，人到中年的时候就开始怀旧开始回忆过去，年龄越老越这样。很多老人能把他少年时期的很多事情记得很清楚，但眼前的事都忘得干干净净了。这可能是人的思维的一种定势，年纪越大越愿意沉浸在对过去的回忆当中。为什么这么多作家都愿意回忆童年或者用儿童、少年视角来写作，因为这样特别容易写得真切。

记者：莫言先生，这是此行最后一次对您采访。一路上一直听您说，来了北海道后，会对以后写冰雪的氛围更有把握，用不着再去东北的长白山体验生活了。我们注意到，您一路上尤其对各种各样的动物非常感兴趣。能否谈谈这些动物对您今后作品的影响？

莫言：此行中的确看到了很多动物，像地上奔跑的英国马、狐狸、鹿，天上飞的乌鸦，水里游的浮游生物、海狮等，有些以前在影像里看到过，有些从来没见过。这次竟然都能够如此近距离地看到甚至触摸到。使我意外的是，它们有些跟我们通常听到的传说不同。像狐狸，老百姓一般说起狐狸，都认为它是机敏、神秘的，尽量不与人照面，但在摩周湖一带，我们却看到不惧人的狐狸，可以与人贴得如此之近，就是为了讨食吃。

在一般文学作品中，动物总是被赋予一些神秘超感的东西。诸如写牛啊、马啊之类，往往把它拟人化，童话作品基本上是这样的写法，为的是让孩子把动物当做朋友与伙伴。成人作品中动物往往被寄托了更多的想法。比如杰克·伦敦《野性的呼唤》里的那条狗。本来和人是朋友，但当它的主人被人杀死之后，它去报了仇，之后就变成一匹狼。这里面有许多复杂的寓意，兽性与人性的转换、生存的竞争等等，总之在杰克·伦敦的系列作品中，其动描写远比童话作品中要复杂、凌厉得多，也严肃得多。

我也是一个爱在作品中表现动物的人，这可能跟童年的生活有关。当时我曾经放过我们生产队的三头牛，我还记得第一头叫"双脊"，生下来非常粗壮，脊背像刀一样尖削，脊椎骨像有两根，因此得名。另一头叫"蛇尾"，是一头蒙古母牛，两只角向前罩着，尾巴特别长，一直垂到地，尾巴中间像蛇一样弯曲；最后一头叫"鲁西"，是鲁西那个地方产的，个头大且蠢，是头忠实的牛。我后来把它们写进小说里，变成一头牛来写。我的早期作品里还写过麻雀、马、刺猬，还有羊，甚至写到猴子。到北海道，我一直设想会看到猴子泡温泉的场景，可惜没遇着，也许旅游开发，谁也不愿让猴子占着温泉吧，但我觉得应该留下一些，让大家看看猴子顶着满头白雪泡温泉时到底啥样。

因为童年的生活经历，我常常觉得一动笔，动物就会冲着我跑过来，手跟不上思维，而涉及到人的故事与情节时，反而会停下来想一想。我现在手头上还在写一部以动物为主角的小说。准确地说是借助佛教的六道轮回理念写的不断转世成动物的人，写他在转换成动物后对人世的观察。我想他既然已经转换成动物了，就必然带有一些动物性，就像《西游记》中的孙悟空、猪八戒那样，一半人性，另一半就是猴性或猪性。

在北海道接触到这么多动物后，我最大的感觉是以前写到的动物多少有些出入。比如早期小说《球状闪电》中那一群奶牛。那时我仅靠查阅的一些资料以及对黄牛的经验来写，这次看到草笛牧场的奶牛，发现某些习性与形态写得不对。奶牛原本是不戴缰绳的，而我那时却这么写了。还有狐狸，在我的想象中它的体型应该更大，色彩没这么鲜艳。

我想此行之后，我对动物的描述会更准确一些，我也会把写完的部分做一些调整补充。

途中，莫言诗兴极浓，曾信口戏作《北海道动物》诗一首，录以为证：

神游北海道，动物皆朋友。肥臀矮种马，丰乳大奶牛。天鹅戏野鸭，海豹伴沙鸥。仙鹤舞翩跹，乌鸦展歌喉。洞里熊冬眠，空中飞大鹫。狐狸迎宾客，野猫住高楼。不见山中狼,唯有都市狗。万物皆有灵,共处一地球。青山永不老,友谊存千秋。

谈谈战争

记者：此行除了动物，我们还和您一起感受了北海道冰天雪地的特别景致，去了刘连仁生还地当别，接触到了日本普通老百姓，这些对您有什么触动？

莫言：最主要的感受还是日本老百姓的生活态度与生命态度，和中国人多么不同。你看我们沿途经过了多少火山口、地震带，还有襟裳岬的风多么迅疾猛烈。而日本的老百姓，就是生活在这样的危险地带。那些建在火山口、大海边、公路边的建筑物，照中国人看来多么不安全，但他们却生活得安之若素。他们真是把大自然当成朋友一样看待。火山、台风来了，就当是它们发了脾气，一点没有改造、埋怨的意味。而中国人，好像总是想着要改天换地，把大自然当成假想敌。我觉得日本人的看法更符合大自然的定律。

记者：日本人曾做过一次调查问卷：如果世界末日来临，你将怎样度过最后的二十四小时？70%的日本人回答：像平常一样过。中国人的回答则是彻夜狂欢或是实现自己未了的心愿。通过此次北海道之行，您觉得日本人为什么会有这样的生命态度？

莫言：说到生命态度，一般人会想到日本人的樱花性格。不求生命之长，而要在最灿烂美丽的一瞬间结束自己的生命。但这次来日本，我觉得严酷的生存环境也是形成其性格的主要因素。他们生活在火山、地震与台风的频发带，早就学会了对大自然的顺从与适应。就连长期生活在日本的中国人，像毛丹青也有了改变。我记得行前，听说日本北海道东部发生了强烈地震，便发邮件问他会不会影响这次的行程？他说：早就习惯了，一切按原计划进行，我想这种影响就是在潜移默化中进行的。

记者：那么接触到这些，对您今后的写作有什么意义？

莫言：我的写作是从1981年开始，最初的几篇《春夜雨霏霏》、《民间音乐》等都是在保定的《莲池》杂志发表的。当初一心想提干，后来进了军艺，做了专业作家。20年的写作，早期的生活感受已经写了一遍，确实需要新的来填充了。来日本的意义就在于此。国内的笔会我向来不喜欢参加，因为一般都是在城市里，从饭店到会场，不会像此次一样，有这么充分的时间与大自然接触。另外我也觉得，见过多次的事物已经不能刺激人的思维了，需要新的感觉注入。

我知道东北也是冰天雪地，但我去的季节不对，所以冰天雪地的印象仍然停留在《林海雪原》式的影像上，只有白的雪，绿的树，没有雪的气味。在北海道，是真实体验到了，包括脚踏在雪上发出的声音，风吹过身体的反应，人的全身器官都在感受那种氛围，非常的立体化。

有了这些切实的感受，我才能离刘连仁更近一些。我之所以想来北海道，当然就是想写这个家乡的传奇人物。过去采访他时，在他家住了两天两夜，虽然细节知道得比当别町的村民还清楚，但躲在家中想象的北海道严酷氛围，仍然不免只是雪如何白得刺眼，风如何冷得刺骨，远不如实地考察体验到的充分。原来想象刘连仁呆的洞穴很大，看到当别町所塑的雕像，才知道实际很小。而救助刘连仁的乡民，也和想象的不一样。夸田清治其实也是当年的侵华日军，但和电影中的日军多么不一样。他现在已经是垂暮之人了，我相信参与营救时，他也是一个普通乡民。战争对他来说，也是一场厄运。

刘连仁的故事，是战争制造的传奇，战争从总体上看一片混乱，但具体到每个家庭、每个人身上时，使得许多家庭发生了悲欢离合，许多人因此堕入自己无法预测的命运。我想刘连仁来日本前，做梦也想不到他一生中会有这样一段经历，这是他的一场噩梦，我们作为局外人，无法想象这13年，他是如何一天一天、一分一分度过的。最重要的是，他身上蕴藏着令人敬仰的伟大生命力，当然他也有动摇的时候，三次想到自杀，但最终还是顽强地活了下来，对生命的热爱，对故乡的眷念支撑着他。他说过，刚开始，他逃到深山里，要逃得离人越远越好，但后来他越来越向村庄靠拢，他渴望与人交流，哪怕是日本人。到最后，他紧紧握着柴刀，我想这只是一种本能，我想如果他通晓日文，他很早就会进入一个日本家庭，和他们成为朋友。

人和人之间本来是非常亲近的，战争摧毁了这一切。当别人民发现刘连仁以后表现出的人道、善良和正直，以及此后40多年中为了刘连仁事迹的流传所做的一切努力，雄辩地证明了中日两国人民本该是友好的，不应该存在任何矛盾。时至今日，刘连仁事件由一个战争制造的传奇演变成一段友好的见证。我听了当别町的大和胡弓演奏，不禁眼眶潮湿。如果当年刘连仁在山洞里听到村庄中传来这样的音乐的话，我想他一定会热泪盈眶的。

无论是当别町还是刘连仁的家乡高密草泊村，在中日两国都属荒僻地带，战争把完全不相干的人推到一起，命运交集，这种小的具体的个例对我整体把握认识战争有很大的帮助。中国"文革"以及此前十七年的一些战争小说之所以没有生命力，读起来感到虚假，就是因为只从概念出发，没有把战争具体到每个家庭，每个个体，写不出命运感，不像俄罗斯战争小说，大气中有丰富鲜活的个体。有了北海道的体验，如果再写战争小说，我会把它尽量写得有血有肉。刘连仁的传奇让我知道，人在大的悲剧命运前是无能为力的，但同时又大有作为。战争不仅是血与血的抗衡，还有人与动物、人与自然的碰撞交融。具体到每个人，命运的走向与感受都会不同。甚至每一棵具体的树、每一块岩石、每一场风，都会对人的命运走向起决定作用。

谈谈孤独

记者：您在北海道的冰雪天涯中行走，思绪经常会跳转到您的高密东北乡。我们不妨在这一特殊时空让您回忆一下您的文学道路。现在看，是什么促使您走上文学的不归路的？

莫言：可能是孤独吧。小时候我的作文还不错，应该说还是受老师喜欢的，但我从小就喜欢用另外的声音说话，不愿意跟在老师后面人云亦云。那时就想着要占领舆论阵地。办了一个《蒺藜造反小报》，也就是黑板报，专写那种浑身是刺的打油诗，后来便被学校开除。后来复课闹革命，我也因为有前科而不能上学。只能去放牛。一个人牵着牛从校门经过时，心里备感凄凉。在田野里对着天空的鸟、河沟里的青蛙放歌，革命歌曲唱到第三句就改成自己的词了。那时是打着赤脚光着脊梁，一副前路茫茫的样子。但也因此，我有了与大自然亲密接触的一段时光。可以说从开除出校到长到十六七岁，我跟牛羊呆的时间远多于和人相处的时间。为把牛羊放得更肥一些，还会到更远的荒地去。母亲用手绢包裹着玉米饼或地瓜给我做午餐，但我常常在路上就把它吃光了。饿了就到地里找野果子吃，还吃过刘连仁吃过的野韭菜，渴了就喝河沟里的水，经常会把小蝌蚪喝下去。

这一段对我后来的写作起了决定性作用。一个人最早写作时，往往离不开自己的童年经验。我也是这样。像早期从儿童视角写的《透明的红萝卜》，小孩打铁的事，我自己就有，曾经在一个桥梁工地上给一位师傅当小工。评论家往往认为大自然、动物是我作品的重要构成，这其实就是那段经历造成的。因为天天就是和大自然打交道，一起笔就感到它们向我的作品里面跑。写出来听到的好评很多，以至于我一度的创作有些不加节制，写了七八章了人物故事还没出来。后来意识到这样有意为之远没自然流露效果好，现在反而主动节制了。

记者：最初拿起笔创作是出于什么心态？

莫言：那时候我是个战士，在保定当兵，做图书管理员，一心想提干。但是当时总政发文件，不允许从战士直接提，我的事就黄了。到了1980年，我们单位问我想不想当政治教员，暗含的意思是给一个提干机会。我那时哪懂什么政治经济学、哲学啊，但事关前途命运，一咬牙就应承了。花了三个月恶补《辩证唯物主义与历史唯物主义》，然后就说着一口山东话上讲台了。那时年轻，记忆力好，一口气往下讲，也能叽里呱啦不断词儿，颇受欢迎。但是有政策在先，我还是提不了干，苦闷中一是躲在图书馆看书，二是写小说。为写小说，也为备课，我每天都到树林里对着白杨树练演讲。那地方是老区，放羊的百姓觉悟高，还向我们单位领导汇报，说部队有个战士，每天早晨对着杨树训话。领导则说我是小才子。我的小说《春夜雨霏霏》和《民间音乐》就是这时发表的。发表后领导来考察，单位就安排我讲课，我讲生产力与生产关系，一边讲一边看政委在下面点头。事后还夸我逻辑性强，哪是我逻辑性强，是人家教学大纲逻辑性强。后来我就被总参特批提干了，还被调到北京来。在延庆写新闻简报，政委说我写得不像，太华丽而没有事实。他讲了自己的一件事，我印象深刻。说有一年带几个干事去历史博物馆，因为自认是学历史的，就充当了讲解工作，讲着讲着发现有一个身穿中式罩衫的老头在那儿听。讲完了，老头就走过来说，哪哪讲得不对。问他是谁，老头说：我是沈从文。听了这个故事，我便觉得一定不能目中无人，谁知道哪座深山有高人呢。

记者：还记得第一笔稿费多少钱吗？

莫言：72元。这个不会忘，因为在1981年，我的工资才26元，那一笔就是巨款了。我花了五元八角买了一瓶刘伶醉，一帮战士一起喝掉了，余下的，添上一点积蓄，就买了一块手表，是西安产的蝴蝶牌手表。

记者：那你最初发作品就是用莫言这个名字吗？我记得你在军艺时用的名字可是管谟业。

莫言：应该是莫言。正式改名为莫言是1987年，因为取稿费太麻烦了。那时在部队，改名很容易，给组织部写个报告就改了。

作家应该爱他小说里的人物

——与马丁·瓦尔泽对话

作家应该爱她小说里的所有人物

莫言：马丁·瓦尔泽先生著作等身，但遗憾的是，我仅仅读了您的三本书《批评家之死》、《惊马奔逃》、《哥德堡的婚事》，阿克曼先生说应该看他的《迸涌的流泉》，今天上午我骑车到了西单图书大厦，在电脑上搜索这本书，只有一本，在四楼外国文学专栏，匆匆跑上去，却发现那本书已经被一个小姑娘拿在手里了，我只好在网上看一些章节介绍。

《迸涌的流泉》这个书名有些拗口，叫《趵突泉》如何？这本书我一定要买到，因为我对它期望非常高。小说讲述了一个名叫约翰的小男孩在"二战"爆发时期，长达15年的生活经验。我从主人公约翰的身上也隐约看到瓦尔泽先生本人的经历。我看到约翰的母亲为生活所迫，参加了党卫队的时候，联想到瓦尔泽的母亲也曾为生计所迫参加党卫队的一些活动。当做家的个人经验和社会历史生活产生了一定程度的重合时，让我联想起另外两部德国作家的小说，一部是君特·格拉斯的《铁皮鼓》，一部是西格弗里德·伦茨的《德语课》。我觉得《铁皮鼓》、《德语课》、《迸涌的流泉》这三部书都是用儿童的视角对那段黑暗的历史进行反思。这种写作视角对中国当代文学产生过重大的影响，也影响了众多中国作家，这包括我本人的写作。我作品中的很多篇章，都是用儿童的视角去反映某个历史时期。我相信瓦尔泽先生的《迸涌的流泉》不仅会对中国作家产生影响，也会引发中国普通读者的思考和反思。

您前两天在社科院的演讲中说，即便写社会批评的文字，在对社会进行批判的同时，首先将批判的矛头指向的也是他自己，这个跟我的想法非常吻合。我也写过对社会进行批判的小说，如瓦尔泽先生读过的《天堂蒜薹之歌》。

这部小说在现实生活中是有其真实的原型的。在我故乡附近的一个县里,由于当地官员的腐败,导致农民种植的大批蒜薹卖不出去而腐烂,愤怒的农民包围了县政府,砸了县长办公室,造成了全国性的轰动效应。我看了这个报道之后,立刻放下了手边的《红高粱家族》系列小说的创作;仅用三十多天时间写出这部长篇。很多批评家听说我写得这么快,也许会质疑作品的质量。但是我就是写得这么快。因为我感觉到内心涌动着很多话,要赶紧写出来才踏实。在写作当中,我首先发现自己已然把故事转移到我熟悉的环境中来了。那里有我生活过的小村庄,我熟悉的亲人。最后我自己也进入到这部小说里去了。与其说我是在写别人的命运,不如说是在写自己的命运,与其是为别人、为农民呐喊,不如是为自己呐喊。因为我始终认为自己骨子里是个农民。这并不是虚伪和做作,我知道我只是个普通老百姓,一个生活在城市的农民。

我的小说跟中国过去的文学作品不一样,是在于我把好人当做坏人来写,坏人当好人写。中国的文学在很长一段时间内把好人写得跟神仙一样完美无缺,没有任何缺点;坏人写成一点好处都没有。但是我想大家都是人,于是我试着站在超越阶级利益的高度上,把所有人都当人来写。下一步就是把自己当罪人写。每个作家最后面对的肯定是自我,所谓一个作家的反思、文学的反思,最终都是要体现在作家对自己灵魂的剖析上。如果一个作家能剖析自己灵魂的恶,那么他看待社会、看待他人的眼光都会有很大的改变,也就可能实现瓦尔泽先生在演讲中的另一个观点:作家应该爱他小说里的所有人物,即便是那些读者不喜欢的人物。我们作家也要对他们有爱心,不能把读者不太喜欢的人物当做很坏的人,毫不留情地丑化他,而要把他当人来写。

瓦尔泽:当人们在另外一种语言中旅行的时候,作为一个作者,需要完全依赖译者,这种依赖感是如此强烈,没有其他的可比性,胜过女人对男人的依赖,超过了所有的依赖感。

我非常荣幸能与莫言相遇,得到了两本您的德文版作品。为了阅读您的小说,我甚至忽略了其他活动。我读了《红高粱家族》,我从这本书里挑了特别多的引文,后来我发现几乎要把整本书都摘抄下来了,所以我不能再摘抄了。我不知道中国语言能描述得如此形象,"在蓝紫色的土地当中,在河流之上,有微风",特别带有味觉的色彩,难以穷尽描述这种富于力量和表现力的语言,"月上中天",我本来讨厌那种明明是小说却要装扮成诗歌的文风,但是在译文中我能看到莫言描述自然的力量。当我读到这一段时,突然产生了嫉妒之情。在这一部关于20世纪三四十年代的小说中,作者能用这样的语言,对历史进行狂欢、赞赏、批判,却没有与历史发生间离的方式,恰好和我们对待德国历史的方式不同。在整个抗日战争中,小说中所有的人物,都是一个证明,而不是简单的反抗的证据。在这种反抗的实践的同时,中国人相互之间也正进行着残酷的斗争。我很吃惊,小说通过这样的情结产生如此充满美感的叙述。

杀过鸡和没杀过鸡

莫言:中国有句话叫"初生牛犊不怕虎",我想我写《红高粱家族》的时候就是这样的状态,那是1985年,中国军事文学的写法还是有很多条条框框的。我想写出与别人不一样的我想象中的战争来。我出生于1955年,没有经历过任何战争考验的人要以战争为背景写小说就要充分调动想象力。很多老一代作家对我的想法是不以为然的,他们说我们枪林弹雨真刀真枪跟敌人干过,你们这些孩子怎么可以写战争小说呢,我反驳说我虽然没有亲手杀过人,但是我确实杀过几次鸡,我会将这个经验转移到杀人的描写上。我试着将自己在看电影、阅读时得到的虚构性的体验和自身有限的真实经历移植到小说创作中去。后来事实证明,没有人质疑,没有人说你写的战争不像,也没有人说你描写人与人互相残杀的场面不真实,还有人以为莫言是老作家,亲自经历过这些场面。我另外的一个想法是,战争根本不是写作的目的,作家是要通过各种各样的手段来描写他的人物。我的想法也许是比较保守、传统的,一部好小说的标志应该是写出一个让人难以忘记的人物形象。这样的人物形象在过去的小说中没出现过的,生活当中可以有很多类似的人,能在人物身上看到自己的小说,这就是好的小说了。当然还要有好的语言、结构。

可以举瓦尔泽先生《惊马奔逃》这个小说为例,看完小说以后书中人物的很多对话我都忘记了,但是四个人物我记得很牢,两个老同学重逢,在班里面一直名列前茅的人反而混得不怎么样,而当时班里面调皮捣蛋的同学反而很成功,很有钱,这样的状况在中国的现实当中经常发生,最后这两对夫妻之间发生了很多微妙的心理冲突,表面和睦,内心深处却始终有非常激烈的冲突和波澜,最后一切回到了生活的原状。这样一对同学的形象让我难以忘却,也让我联系到了当年很多的同学,生活中很多次跟同学的见面,心里微妙的感情。我们写战争的目的是要把它作为实验室,培育某种科学试验的场所,把人放到特殊环境里测试灵魂。在和平年代里人性会沿着正常方向发展,人身上的恶得不到展示,但是在战争这种特殊环境里,每个人身上的善恶都充分暴露出来了,战争确实是人类历史上非常独特、荒诞的一种现象。在战争里,我想排除了阶级、正义非正义的观念,战争就是要杀人,杀人越多越是英雄,这从整体上来看,这种鼓励的杀人的行为是非常荒诞的,但在某些历史阶段,我们有正义的战争、非正义的战争,进步的阶级、落后的阶级,我觉得搞得就很混乱。写这个小说的时候我就排除具体对战争的描述,抽象化为一场试验,表现人的善恶。

瓦尔泽:我们也有鸡,但是我从来没有自己杀过鸡,有年长的人来做这件事。读莫言的书有这样一种问题,因为他有暴力、残忍的描述。我认为这是一种互补的,首先一个角色当中的善恶是非常明显的,但他是超越了这种善恶的,他总是能站在正确的立场上受益,如果在一个正确的立场上,我没有办法去描述别人,难道不是吗。比如说一个日本作者以另外一个方式来描述,他会描写忏悔、悲伤,每个人可以任其表现自己的残忍,一切都可能发生,日本人总会说对整个战争进行忏悔,他的角度完全不可能以中国作者来写,跟角度有关系。所有美妙的、诗一般的残忍,是为了善而发生的,在德国小说中,却是为了恶,所以以完全不同的角度进行描写。

我虽然经历了战争的年代,但我从来没有需求去写一本战争的小说,当然《趵突泉》是属于这里边的，我把整个角色尽量压缩，写他一个天主教，一直到部队，用的词，还用了一些迷彩的语词，从这些语言的角度来说的。我不想写我们的战争，有人也批评我不去反思战争，有这样一个表述，反法西斯小说。我从来不想写法西斯小说、反法西斯小说，我不想在历史当中用这个形容词，我认识作者这样的问题，所有要写战争的问题，莫言作为中国作家没有这样的窘境。

像卡夫卡那样写肯定会失败

莫言：我后来的小说也涉及到了国共两党的战争、土地改革，这就回到了我刚讲的两个阶段，写这些书的时候我要站在一个超阶级的立场上，我既不是用小说来歌颂共产党，也不是批判国民党，作为一个作家就应该站在人的角度，把两党人物当做人来研究、描写，两党战争说到底还是农民子弟跟农民子弟在打仗。比如邻居家大儿子参加国民党军队，小儿子参加共产党军队。我觉得这种战争是巨大的悲剧，我们毁掉的都是农民子弟，破坏的财富都是国家的财富，我想应该有更高明的方式来解决问题吧。我的小说很难分出正面人物、反面人物，我们过去小说正确的人物是一点缺点都没有，不仅思想正确，面貌也浓眉大眼、身体坚强，而反面的人物不但思想肮脏，道德水平很低，外貌也很丑陋，独眼龙、麻子、缺耳朵，从内心到外貌进行丑化。我的小说都是对他们当人来进行描写的，这个人物是国民党的，但是他很有英雄气，共产党的人物身上也有负面的东西，这样才比较符合历史的真实，生活的真实。我们在生活中的历史人物，通过长辈口口相传的生活就是这样的。过去的文学是历史原因造成的，八九十年代用这种方式写小说，也表现出中国社会一种巨大的进步。我的小说退回三四十年是不可能出版的，文学创作跟整个历史社会的发展，在某一个历史时期出现哪一样的，是综合性因素决定的，即便我有这样的想法，如果在20世纪六七十年代这样写小说，我小说还没写完，人就已经被抓到监狱里去了。

瓦尔泽：谈到了作家与社会的关系，如何建立与历史的关联，在最重要的条件下，我认为有一点是重要的，也证实了每一个作家首先描绘的是自己。他寻找着某种自我的肖像，对我而言，这时候并不存在任何意图，比如说写这样的小说，并没有说意图去写这样的小说去合适地评判历史，或者更自主地去如何描述，而是作者作为一个时代的参与者，自然而然地描述这样的时代，写一个非常极端的这样或那样的，就像莫言所说三十年前在中国不可能发表，当我在德国开始写作、写小说，我在大学五年研究卡夫卡，写卡夫卡的博士论文，我发现在整个欧洲这样一种寓言式的阅读方式，他们尝试，是一种完全失败的、毫无光泽的，必须要现实地写，像寓言的像卡夫卡那样写是没用的，肯定会失败的。

总是底下的人跟上面的人撒谎

莫言：我说过一句话：我们今天的乡土已经不再是过去的乡土，因此反映今天乡土的文学跟过去的也不一样。全球经济一体化也是过去十几年来中国知识分子、作家经常讨论的问题，很多人担忧地说全球经济一体化必然导致全球文化的趋同化，最后全世界的人变得面貌相似，语言也消亡，最后只剩下这几种主要的语言，各个地方的风俗习惯最后会慢慢统一起来。有点过虑了，起码现在还看不到这种可怕的现象出现，而且中国各地政府也强调保护地方文化、特色，很多地方修复了过去的建筑，恢复民间艺术。我的小说一直在描写一个叫"高密东北乡"的地方，这个地方在地理上来讲确实有，我的故乡是高密的东北部，习惯上叫东北乡，早期很多作品写个人经验、生活、家庭成员经历，但一个作家长期写作下去，只写自己的经历、家庭成员的故事很快会写完的，这个时候作家的经验就要不断地扩展，把别人的故事变成自己的故事，当然也可以把自己的故事放在小说人物中来表现。乡土也是扩展的，"高密东北乡"不是一个封闭的概念而是一个开放的概念，可以把发生在天南海北的，德国、日本的事情、故事移植到这儿来，用我的想象力变成个人、家庭、小说人物的故事，一个作家掌握了这些手段才能不断创作下去，只写小乡村会枯竭。我也看到一些批评家对我的批评，为什么老写高密东北乡，你在北京生活了二十多年，为什么没写过北京，没有写过北京的一条街道，一家饭店，当然这种批评有它的道理，一个人的经历毕竟是有限的，北京固然很熟悉，骑着自行车串来串去，但是我再拿起笔写小说我觉得这个地方不亲切，没有感情上的呼应，我做梦就梦到我生活的村庄、河流、田野、树、喜鹊窝，跟我息息相关。我可以把北京的东西挪到高密东北乡去，小说里也写了很多的饭店、街道，故乡都是没有的，我在北京生活二十多年的感受早就输送到东北乡了。

瓦尔泽：我不想反驳您，也根本没有办法反驳，我完全同意。我想这与语言有关，语言不仅仅是我们的语言，也是我们生活当中的语言、和人们交往的语言，我的表达，对于语言到底是什么，语言是永远的，所以语言本身是有问题的，我在小说当中有时会发现，一个人物对另外一个人物撒谎，我就突然觉得我们必须要通过一个人物的谎言来交往、来对待他，我就会发现，根本不存在谎言，只要这个人物做得是符合他天性的，从他的角度出发，即便在当时的情境中是谎言，但对于他本身来说，是不存在谎言的，所以语言当中是不存在谎言的。这可能是最廉价的道德宣判，说谎言是如何如何的道德败坏，我就发现，总是底下的人跟上面的人撒谎，因为身居高位的人可以承担得起真话、真实、真理。我渐渐发现，从我的角度来说，所有的问题，我认为谎言完全是一个语言学的问题。我们不断地有报纸、各种媒体，有各种各样的东西要求我们说真话，而作家可以有个更敏锐的感受，能生产更敏锐的语言，能超越，把谎言作为真话的对象去描述它，而不去做任何道德的评判，而我达到这样的结论根本不存在什么谎言，我说出来的就是真实的。

作家之间可以相互理解

——2008年5月与帕慕克、基兰·德赛对话

莫言：您是中国社会科学院邀请来的客人，我是他们的朋友，很高兴能有机会与您再次见面。

帕慕克：我非常高兴能来到北京，并在这里与您见面。

莫言：基兰·德赛，这些天我在网上做了一些功课，对您的出身、经历有了一些了解。网上说您喜欢在厨房里写作。

德赛：我在美国的许多书店里都看到过莫言先生的作品，并读过一篇非常漂亮的书评。

莫言：您那本《失落的传承》我已经读了一半，写得非常好。我读过帕慕克三部半作品，《我的名字叫红》、《雪》、《白色城堡》，《伊斯坦布尔》读了一半。我的一些中国朋友说《我的名字叫红》和我的拙著《生死疲劳》这两部作品的开头有相似之处，这真是一种奇妙的巧合。

帕慕克：可能正是因为这个原因，我们的共同朋友、日本作家大江健三郎先生喜欢我们的叙事方式，大江向我推荐了您的作品。我回去之后一定好好拜读。

莫言：我非常高兴在创作《生死疲劳》之前没有读过您的作品，不然则摆脱不了抄袭之嫌。

帕慕克：非常高兴听您这么说。您的故乡在哪里？

莫言：山东。下次您来中国，请您到我的故乡做客。

帕慕克：我非常想去。

莫言：我的朋友大都是基层的老百姓，开餐馆的、开出租车的、士兵、农民、路边修自行车的。

帕慕克：这些朋友是您的老朋友，还是近年新结识的朋友？

莫言：多数是老朋友。有的差不多有二十多年的友谊了。

帕慕克：正是因为您获得了成功，才又成了普通人。

莫言：您的情况呢？

帕慕克：我想想。我的情形有所不同。我在上学时结识的朋友多出身于中产阶级。我想知道，在您的日常生活里，什么令人感到快乐？什么让您感到困扰？您对文学评论怎么看？

莫言：有好吃的我就感到愉快（大笑）。中国的文学批评实际上可以分为两类：一类比较浅显、简单，一般只发表在报纸上，主要配合图书销售。第二类是比较严肃的有一定深度的评论，一般都发表在文学刊物上。

帕慕克：您的新书一旦发表后，出版社的期待是什么？作家又期待什么？会如何运作？

莫言：出版社当然期待书卖得越多越好。作家当然也希望书卖得多，但更看重来自文学朋友和专业读者的好评。很多卖得非常好的书文学品质并不好，而真正严肃的、好的文学作品则多半销售得不好。

帕慕克：全世界都是这个样子。大家都在抱怨。在中国有图书排行榜吗？

莫言：有各种各样的排行榜。

帕慕克：中国的图书排行榜可信吗？土耳其的许多图书排行榜不可信。

莫言：中国也有许多排行榜不可信。如果我是出版商，我出了基兰·德赛的书，第二天我也许就会发动一批人去买她的书，还有一些其他的方式，但并不是所有的出版社都这样。

德赛：您和帕慕克在中国的出版社是同一家吗？

莫言：不是。您的《失落》发表成多少种文字了？

德赛：40到45种。

帕慕克：但没有翻译成土耳其文，我感到内疚。

莫言：这个任务让帕慕克先生来完成。

帕慕克：好啊。（大笑）

莫言：在网上读到您在北京大学的演讲很成功，学生评论非常好，只可惜礼堂太小了。

帕慕克：我在过去三年间一直在美国哥伦比亚大学执教。我不是愿意在大学教书，而是因为在土耳其有很大的政治压力，只是想离开土耳其几个月。我教得越多，就说明我越危险。

莫言：您要是到北大教书，一定很受欢迎。

帕慕克：我很愿意。您也在教书吗？

莫言：我在山东大学教文艺学和创作。

帕慕克：您教学生写东西。之后在家里阅读、批改？

莫言：我每年会去讲几课，主要负责毕业论文。我是不拿薪水的教授，比较自由。

帕慕克：这样的话学生们对您会更感兴趣。

莫言：我的研究生开玩笑说，并不希望从我这里学到多少东西，只是想让我帮助找工作。

帕慕克：您所教的并不是您打算要教的。学生们看到了您的期待、您的渴望、您看待世界的眼光、您的阅读快感等等，这些都是耳濡目染的东西。在哥伦比亚大学，他们让我教文学创作，我拒绝了，我教绘画和文学。

莫言：您对北京的印象如何？

帕慕克：北京又大，又丰富。我不是说人富有，而是说这座城市非常有内涵。

莫言：基兰女士在小说中描写过喜马拉雅山，描写过边界地区的生活，很混乱也很传奇，您去过那地方吗？

德赛：去过。我母亲在那边有房子。

帕慕克：您认为欧美评论家对您的评论，对您的理解哪些是正确的？哪些是不正确的？

莫言：理解正确的方面是，他们看到我的小说反映了下层老百姓的生活。理解不正确之处在于，本来不是政治问题却被他们理解成了政治问题。

帕慕克：我很赞同。

莫言：我的小说中本来写象征和寓言的东西却被他们说成了现实的东西。

帕慕克：实际上是把象征主义的创作当成了现实主义创作。

莫言：是的。

帕慕克：您认为（中国的）批评家能否把握住您创作的原始动机吗？

莫言：偶尔可以把握住。多数情况下，他们的评论与我的期待不一样。这也非常正常，因为批评家总是想找自己感兴趣的话题来说。

帕慕克：我以前也有这种体验。我是个土耳其人，在美国和欧洲，他们把我的东西给曾经是土耳其的人来评论，但那些人根本没有文学感觉。

莫言：这就是西方人对东方人所持有的一种东方想象。

帕慕克：爱德华·萨伊德在这里很有名吗？

莫言：非常有名。他的几本重要著作都有了中文译本。您对他有何看法？

帕慕克：我只是见过他。我喜欢他。我们一起在哥伦比亚大学教书。我的许多朋友都崇拜他。在谈到西方人对东方表现不当（mis-presentation）时，我只是提提他。

莫言：但是作家与作家之间可以相互理解。当读过您的作品后，我认为所有的问题都找到了答案。

帕慕克：这个评价非常好。

莫言：所有的困扰，所有创作过程中的苦恼，解决创作过程中困难的方式都明朗了。

帕慕克：但这并不妨碍观察。

莫言：那天我在社科院听过您的演讲，我觉得您把创作中的复杂问题讲得很清楚。有的作家把自己的故事变成了别人的故事，有的作家把别人的故事变成了自己的故事。但像帕慕克这样的作家，两方面都很兼备。有一个难点，在把别人的故事变成自己故事的过程中，这一转化是依靠什么来完成的？

帕慕克：我不相信小说艺术会确切地告诉我们如何做。即使你写自传，别人也可以把它当成小说来阅读。是写作技巧，或者说文学手段把别人的故事转换成了你的故事，又把你的故事转化成了别人的故事。我的对策就是写小说，而后系上安全带坐在那里等待。

莫言：想象力。我的经验就是说在转化过程中还是作家有一种努力，推己度人。

帕慕克：当然，我们都在想象他者，在写作之后有人来阅读。

莫言：我认为最终还是自我在起作用。我对他人的所有想象都建立在个人经验的基础之上。对于作家来说，个人经验还是最重要的。

帕慕克：我完全赞同。在我23岁开始从事创作时，我的家人和朋友对我说，你还想写小说呢，你不了解生活，没有人生经历。我很胆怯，恨他们这么说。但三十多年过去后，我对此已经开始认同。现在我可以写作了。我觉得个人经验非常重要，但观察也非常重要。相信你在这方面比我了解得更多。

莫言：观察也是一种想象力。

帕慕克：是的。

莫言：《雪》里有个情节。房子里生了个炉子，炉子上有烟囱。当子弹把烟囱打破后，烟就像开水壶里冒出的蒸汽一样喷出来。我相信这个细节不是通过观察而来，而是通过想象而得来的。

帕慕克：当然。但是二者兼而有之，既有观察，又有想象。我去过那个房子，在那里生过炉子。对人们点炉子的方式很感兴趣。

莫言：但是您不可能看到子弹打穿烟囱的情景。

帕慕克：哈哈。那是想象。我小说中描写了许多杀人的场景，但我只看过一两个人被杀害。

莫言：这种想象非常美丽，非常真实。《雪》里有些细节描写。写在强烈灯光的映衬下，大雪纷飞，有的雪花向上飞舞，有的雪花往下降落，这是观察来的。

帕慕克：这种情景我在生活中看到过很多次，确实是通过观察而来的。一些雪花往下落，遇到热空气后向上飞舞。

莫言：这个细节描写表面上看违背了我们的生活常识，因为常识告诉我们雪花往下落，但我知道这种看似违背生活常识的细节是通过观察而来的，而许多没有违背常识的细节却是想象出来的。

先锋·民间·底层

——2007年1月与杨庆祥对话

杨庆祥： 莫言老师您好，非常荣幸能在人民大学和您就当代小说创作和批评的一些问题进行交流。从2005年底，程光炜教授在人民大学给我们中文系现当代文学专业的博士、硕士研究生开了一门"重返80年代文学"的课程，在程光炜教授看来，重返80年代文学"不是回到一些研究者所总结的关于它的若干结论，也不是回到某些形式化、仪式化的口号，主要是回到80年代文学所提出的我们至今尚未解决的问题上去"。作为80年代以来最重要的小说家之一，您以及您的作品自然也成了我们观察和讨论的重要对象。在此过程中，我们发现了一些问题，比如先锋小说的发生、民间与底层、创作与批评的关系等等，在这里提出来，一方面希望您能"解惑"，另一方面也借此为我们的研究提供一些有意思的话题。

我们还是从您的创作谈起吧，今天的文学史研究有个不好的倾向，就是把80年代文学简单化了，好像通过一个"思想解放"运动，我们一步就从70年代跨越到了80年代，实际上80年代文学充满了多种可能、多样选择，是一系列力量斗争、较量、妥协的结果。具体到当时的您的创作，我们注意到在1985年之前您的很多作品还没有什么"先锋性"，但是从1985年开始有了一个很大的突破，比如写出了《透明的红萝卜》、《红高粱家族》等被命名为"先锋文学"的小说，您觉得是哪些因素导致了您的这种变化？它和当时的意识形态、文学成规、翻译文学甚至文学教育有什么内在的关联？

莫言： 我的创作是有几个阶段的，1984年考入解放军艺术学院之前我已经发表过十几个短篇小说，这些作品大都是模仿之作。前不久我在网上看到一个读者揭发我早期的《售棉大道》和《民间音乐》是"抄袭"来的，《民间音乐》"抄"自美国作家卡森·麦卡勒斯的《伤心咖啡馆之歌》,《售棉大道》"抄"

自阿根廷作家科塔萨尔的《南方高速公路》，这个事情实际上我在二十年前就已经"坦白"了，后来也一再自我招供。我在讲课的时候多次谈到，几乎没有人是一下子就会写出很成熟的作品，大多数作家刚开始时都是模仿，包括我们伟大的鲁迅，他的好几部作品都可以找到模仿的原本。我的《售棉大路》是一部模仿之作，说"抄袭"似乎严重了些。这算不上多大的耻辱，当然也绝对不是光荣。

写《售棉大路》之前，我已经发表了三个短篇小说，那是很"白洋淀"的作品，当时我在保定当兵，对孙犁心向往之。尽管已经开始发表作品，但是一直找不到语言感觉。构思时想得很好，但写出来就不是么回事，连自己都觉得假。怎样才能摆脱学生腔调，使写出来的东西有说服力？后来我慢慢地悟到实际上就是要找到一种语感，找到语感，几乎就等于找到了小说。好的小说家的语言都有一种说服力，即使他说的是超出现实以外的事情，但由于他的语言营造出一种独特的氛围，读者就不去追究他的故事是真是假。比如卡夫卡、马尔克斯、蒲松龄等人的作品，大家知道这些故事是假的，但依然会津津有味地读下去。我读《南方高速公路》时，感到这篇小说的语言有一种摧枯拉朽的势能，就好像一条大河开了闸口，河水滚滚而下。我非常喜欢，反复阅读，拿起笔就写《售棉大路》，故事虽然是我的，但语言的感觉是人家的。《民间音乐》的情况也大致如此。语感找到了，故事似乎会自己向前推进。

我刚才所讲的语言自然都是翻译语言，我不懂外语，非常自卑，非常抱歉。《伤心咖啡馆之歌》是李文俊先生翻译的，他是优秀的翻译家，非常传神地把原来小说里面的语言风格在汉语里面找到了一种对应，因此我也是间接地受到了西方作家的语言影响。

尽管模仿、借鉴是大多数作家的必经之路，但一个作家不应该停留在模仿的阶段。他必须千方百计地发现自己的个性，这个性不仅是指语言的风格、故事的类型、构思的方法，也包括小说中经常出现的人物类型。我到解放军艺术学院文学系上学时这种追求个人风格的自觉才逐渐明确起来。我们班不是正规的本科班，而是一帮从部队里招来的已经有了一定创作成绩的青年作者。年龄差距很大,我们没有按部就班地像本科生一样从中国古代文学史、现代文学史学起,而是采用了一种八面来风式的教学方法,请了北大、北师大、人大的老师给我们上课,也请了当时一些很活跃的作家、哲学家、音乐家,甚至练气功的来给我们讲课,这种教学方式信息量很大,开阔了我们的眼界。

80年代的文学创作还有很多禁区,一部小说写得很好,但因为触及了某些"禁区"而被刊物的编辑或者出版社判了"死刑"的事经常发生。我们都在试探着打"擦边球",希望能够写出一部小说,既触及到了敏感的问题,又能勉强地通过,因为这样的作品一般都能够引起反响。

其实,对一个作家的真正限制并不是来自外部,而是来自作家的内心。虽然当时我们还很年轻,但我们每一个人的内心深处已经有了很多的关于文学的条条框框,这些对我们自己限制很大。随着我们对西方文学的阅读,随着我们听到很多的当时非常先锋的一些批评家和作家的讲座,我们心里关于文学的很多条条框框被摧毁了,这种自我的解放才能使一个作者真正发挥他的创作才华,才能真正使他放开喉咙歌唱,伸展开手脚舞蹈。在这样的背景下,我就写出了《透明的红萝卜》这部小说,我可以非常负责地说,这部小说确实没有借鉴、模仿别的作家的作品。

我之所以回忆"军艺"初期的这么一段写作经验,就是为了说明后来批评加给我的什么魔幻啊、民间啊等等的分析在当时我并没有非常清晰的认识,在1985年到1990年代初的这一段时期,我的写作基本上凭着的是一种直觉,是完全在无意识当中达到了这种效果。现在回头检讨起来,这一时期的作品还是无意识地受到了西方文学的影响,有人说我是受马尔克斯影响最大的中国作家,我想得出这个结论也主要是来自于我在80年代的这一批作品,像《金发婴儿》、《球状闪电》、《爆炸》等,但实际上关于马尔克斯,关于拉丁美洲的"爆炸文学"我也是浅尝辄止,直到现在,我依然没有把马尔克斯的《百年孤独》读完,因为当时读了大概有十几页,特别冲动,第一反应就是小说原来可以这样写,就像当年马尔克斯在法国读了卡夫卡的小说的感觉一样。第二个反应是我为什么没有想到小说可以这样写,如果早知道小说可以这样写,没准儿我就成了中国的"爆炸"文学的发起人了。也就是说马尔克斯实际上是唤醒了、激活了我许多的生活经验、心理体验，我们经验里面类似的荒诞故事，我们生活中类似的荒诞现象比比皆是，过去我们认为这些东西是不登大雅之堂的，这样的东西怎么可能写成小说呢？这样一种小说怎么能传达真善美去教育我们的人民呢？既然马尔克斯的作品是世界名著，已经得到了世界承认了，我们看后就恍然大悟，甚至来不及把他的小说读完，就马上拿起笔来写自己的作品，在这样一种状态下，马尔克斯就像一列火车一样，用巨大的惯性带你往前横冲直撞，所以我想我的《金发婴儿》、《球状闪电》等小说里面确实是受到了马尔克斯或者说拉美的爆炸文学的影响，当然这种影响也不是很单纯的，因为同时我也读了福克纳的小说，同时我还在"军艺"的图书馆里面反复阅读了欧洲印象派画家的很多作品，像梵高、高更等。这些现代派画家的作品带给我的震撼一点也不亚于《百年孤独》。那种用颜色的方式，那种强烈的对比，那种想象力，梵高笔下的树、星云等事物，都和我们日常所见到的完全不一样，这种对画家、对美术的学习对我的小说风格也产生了很大的影响，我早期的小说里面有大量的关于色彩的描写，有人说是一团一团化不开的色块，就来自于对这些绘画作品的学习和借鉴。我对美术是一窍不通的，完全是凭着感觉来看。

整个80年代的创作是一个解放头脑、唤醒自我、寻找自我，唤起自己的乡村和童年记忆的一个过程。我反复说过，与其说在军艺这两年是学习，不如说是在寻找自我。找到了自我就是一种成功，找不到自我就做不出太大的成绩。那么为什么我们能发现自我、找到自我，这也借助于外来的力量，一方面我们阅读了许多的西方作家的作品，这些外部来的成功的作品产生了一种摧枯拉朽的作用。另一种也来自于很多大学的老师们对我们的教育，因为他们带来了大量的信息。这些外来的力量，最后导致了我们内心的剧变。这种剧变后来变成了文学，就是80年代的先锋文学。

杨庆祥：进入21世纪以来，我们发现越来越多的批评家使用"民间"这样一个带有"范式"性的概念来对您的作品进行解读和文学史定位，而您本人，似乎也认可了并且在一定程度上呼应了这一说法,比如您在苏州大学的演讲就是以"文学创作中的民间资源"为题目。实际上从《红高粱家族》到《檀香刑》,农村和农民就一直是您创作的主要资源,那么,为什么在80年代我们不用"民间"来界定您(80年代使用的是"魔幻现实主义"、"先锋小说"),而现在却频繁使用这一概念来批评、阐释、定位您?您是怎么看待这样一种批评的变化的?

莫言:80年代至今,围绕我创作的批评发生了一些变化,这也是必然的。我现在回忆起80年代的一些批评文章,对我的定位和阐释也多半就是魔幻现实主义、感觉、印象等批评术语。到了21世纪的时候,关于"民间"说法甚嚣尘上,一提到"民间",就必然要提到我的创作。实际上莫言还是那个莫言,小说还是那些小说,由于批评本身发生了变化,对同样的一个作家及他的作品的解读也随之发生了变化。我觉得这其实是很正常的,时过境迁,批评家都已经换了好几茬了,现在的批评家可能都是第四、第五代了,随着批评主体发生的变化,批评本身必然会发生巨大的变化。总不能让现在的批评家去重弹80年代的老调吧?

批评看起来是客观的,实际上从某种意义上来讲是非常主观的。任何一个批评家都有自己的审美趣味,个人的生活经验,个人的理论学养,因为主体本身的这些变化,必然决定了对同一个作家甚至是同一部作品的看法大相径庭。批评从某种意义上讲也就是误读,这种误读我一直持非常欣赏的态度,我认为文学的魅力就在于误读,没有误读就没有文学,假如一件文学作品能得出一个统一的、标准的答案,那么我想批评家这个职业也就没有存在的必要啦,假如一个作家的作品能被别人给出一个标准答案,我想这也不是一部好作品,起码不是我心目中的理想的好作品。

我80年代写作的时候是根本就没有考虑到什么"民间"的问题。因为我那个时候应该是一个"素人"作家,这是一帮台湾的批评家发明的一个称呼,他们称没有受过多少学校教育的、没有读过多少书的作家为"素人"作家,没有受过文学理论方面的训练,凭着一种直觉、凭着他自己的生活经验,凭着他对文学的非常粗浅的理解，就拿起笔来写作品。我想这是一种状态，这种状态现在看起来也未必就是一种坏事。至于90年代关于我作品的"民间"批评，我想也和我后来说话有关系。我在苏州大学小说家论坛上提出了"作为老百姓写作"这么一个说法，在《檀香刑》的后记里面又提出来"大踏步地撤退"这样一个说法，我的这种自我的招供和我的作品恰好符合了他们的理论需要，然后我就被他们纳入到了"民间"的批评体系中去了。这没有什么不好。

我从来都说我是没有理论修养的作家，但我也在考虑一些理论问题，很肤浅，但这是我的思想自由。批评家也没有必要因为我说了几句略带"理论"色彩的话而深恶痛绝，其实，我的话起码可以给你们当做练习射击的靶子吧。另外，"你站在桥上看风景，楼上的人正在看你"，"山外青山楼外楼"，有许多事，眼下未必能说得清楚。

杨庆祥：实际上很多的批评家也意识到了"民间"这一概念的模糊和含混，可能任何一种写作都只是"知识分子"写作，任何一种"民间"都只是"知识分子"的民间，比如您在作品中所构建的"高密东北乡"在现实物质意义上是根本不存在的，它只是您作为一个作家所想象、虚构出来的，王德威在《千言万语，何若莫言》中就曾经指出："莫言的纸上原乡原就是叙述的产物，是历史想象的结晶。"就我个人的阅读经验而言，您小说中的女性想象、色情与政治的纠缠、对历史的解构和反讽等等都不是"民间"或者"乡土"所能涵盖得了的。实际上我比较担心对"民间"的过分关注会导致一个"虚构"的"莫言"，而您小说的丰富性反倒被简单化了。您是如何看待这个问题的？您觉得对"民间"的过分强调会不会对您的创作构成一种"限制"？

莫言：我想这对我既是一种"光荣"，也是一种限制，光荣的是被纳入"民间"的作家并不是特别多，限制我想就在于既限制了对我作品的更丰富的理解，也限制了批评家自己。

我对"民间"实际上有一个非常宽泛的理解，我觉得民间并不是像我们传统的界定。我们过去一提到"民间"就自然联想到荒郊野外、穷乡僻壤。认为只有偏僻、落后的地方才是真正的民间，而北京、上海甚至县城就不是民间,这种理解实际上是很褊狭的。我后来也反复地讲过,上海的里弄、北京的胡同实际上都算是"民间",每个人只要不是生活在达官贵族之家,就是在"民间"生活,每个人都有自己的故乡,每个人也都有自己的"民间"。我想对故乡和"民间"的理解应该有所扩展。

我这样把"民间"的概念一扩大化,和批评家们对"民间"的界定就发生了很大的冲突,既然"民间"可以扩展到每一个作家,故乡可以扩展到每一个作家,这个概念本身就没什么意义了。在我看来,"民间"的意义应该是在和"庙堂"的对抗中获得,是作为"庙堂"的对立面而存在的。我们有官方和体制,那么没有被纳入官方体制之内的就算是"民间"了,这个在诗人里面限定得比较清楚:凡是在官办的刊物上发表的作品都不叫"民间写作",只有在自费的、没有正式刊号的刊物上,或者是油印的刊物上的诗歌才叫"民间写作"。小说家没有这么清楚地界定。这样的界定也未必经得起推敲,"普天之下,莫非王土;率土之滨,莫非王臣",首阳山上的野薇也是周天子的啊。

杨庆祥:您刚才说到"民间"只有在与"体制"、"官方"相对立时才有意义。这使我想到另外一个问题,90年代以来,一直有关于先锋文学的"妥协"和"转向"的言论,这是否与先锋文学的"体制化"有关系?从前两年的"民间",到最近呼声甚高的"底层写作",写作姿态和方向的转变是否意味着先锋文学已经耗尽了它在80年代的巨大能量?"民间"与"底层写作"是否就是当下小说写作的唯一出路?它们带来了哪些洞见和盲见?

莫言:"民间"实际上和当下的所谓"关注底层"、"描写底层"的口号是互相关联的。前三五年的"民间"实际上就是现在的"底层"。现在的"底层"和前些年的"民间"单独存在都是没有意义的,它们只有跟体制、庙堂、官方产生一种对抗才有它的价值。这里的"对抗",当然是文学意义上的。

我想一个作家在写作的时候确实有一个立场的问题,在过去革命时期我们的革命文学理论已经反复强调过了,一个作家的屁股究竟是坐在无产阶级的立场上还是资产阶级的立场上决定了你会写出什么样的作品,这样说当然有点绝对,但它确实有一定的道理。一个作家的地位发生变化后,如果他的内心深处不保持一种高度的警惕，他的创作就会发生变化，这两年大家也在反复讨论先锋文学的转向问题，先锋文学本质的丢失和先锋的妥协、甚至先锋的"投降"，从某种意义上讲都和先锋作家的写作环境以及自身地位发生的变化有密切的关系。80年代所谓的先锋写作一个最基本的特征就是对权威的不满和对抗，也就是说对体制、对政治有一种敌意，这种敌意并不是说要去造反，要去炸什么大楼，要去破坏公共设施，它是一种文化意义上的敌意。一个作家把自己的位置放在和老百姓同样的位置上，他认为他是老百姓当中的一份子，他认为他就像那些最普通的老百姓一样，对那些权贵者或高贵者有一种天生俱来的敌意，对获得官方认可的道德价值标准有一种反叛的愿望，为反叛而反叛，未必是真喜欢，有时甚至很尴尬。我们在军艺文学系时，请来一个北京大学法文系研究存在主义的青年，男性，长发披肩，非常"叛逆"，一进教室，就蹦到讲台上坐着，开讲。但我看出来他在讲台上坐着很不舒服，没有靠背，两条腿悬空垂着，但蹦上来容易，跳下去坐到椅子上难。这大约就是那个时候的"先锋"心态的一种写照。先锋写作后来随着它自身的地位以及社会条件的变化，原来的那种敌意就渐渐不存在了。一个人只有在吃不饱的时候才会对食物产生一种强烈的渴望，一个人只有在遭到权贵的压制的时候才产生一种反叛或者造反的愿望，当一个人本身变成一种被人前呼后拥的新的权贵的时候，他这种原动力就不存在了。这是一个类似《金枝》的悖论，因为对权贵满怀敌意的写作，却使他自己变成权贵。今天你因为我"前呼后拥"而愤怒、批评乃至怒骂，但你因此而暴得大名，成为新的被"前呼后拥"者。

当然身份变换后的作家依然有写作的可能性，依然还有自己写作的天地。不是说非要处于一种非常弱势的写作状态，比如作品写了不能发表、发表后受不到公正的评价、住在筒子楼里面、生存艰难，未必非要在这种状态下的作家才能写出好的作品，那些功成名就的作家依然可以另寻出路。不能说一旦一个作家获得了名声，一个作家已经过上了优裕的生活，我们就立即判他创作的"死刑"，这样的话我想我自己也没法写作了。现在我们一方面应该向那些在底层写作的人表示高度的敬意，我们应该向提出了"关注底层"、"描写底层"的批评家们和作家们表示高度的认同和赞赏，另外一方面我们自己应该有自己的办法。

前不久在社科院组织的中日青年作家对话会上，我听到青年作家冯唐的发言，感到很受启发。他说要"生活在边缘"、"思想在高处"、"写作在当下"，他的意思大概是说，未必非要生存在灯红酒绿的豪华奢侈里，也未必要生活在饥肠辘辘、出卖劳动力、当牛做马而得不到报酬的凄凉恼怒中，而是在边缘冷眼旁观，但思考的却是终极的问题，写作的题材也是与现实生活息息相关的（因一时找不到冯唐的发言稿，如有歪曲，还请原谅）。我觉得这是很好的态度，当然未必人人如此。

作家是一个群体，它是由无数个有自己个性的作家组成的。有的作家当然可以写下面的生活，可以写打工妹打工仔；有的作家当然可以写写字楼里的白领；有的作家当然可以描写官场，去写官员之间的勾心斗角，官场之间的潜规则；有的作家也完全可以脱离现实生活，去写一种玄幻的小说，去描写一个只在他头脑里面存在的那种非人间的半真实半虚构的东西。比如说《西游记》，它没有关注现实，也没有描写"底层"，依然是我们的经典，《红楼梦》的作家曹雪芹也没有去写当时的劳苦大众，但他的《红楼梦》依然是我们中国人值得骄傲的几个理由之一。总之我想每一个作家都可以去想自己的出路，不要一刀切，一旦当某种写作变成一种热门，不管具备不具备这种优势的人一窝蜂地上来，势必就把这种写作引向它的反面。

我们现在确实认识到了面临的危机，我们在八九十年代所依赖的那种创作的素材，毫无疑问现在已经陈旧了，我们当时那些最宝贵的生活积累写到今天也已经写完了，面临着这种匮乏，我们怎么办？如果我们还是按照号召的那样，依靠去基层补充生活，到一个工厂去走马观花，白天化装成一个乞丐，晚上吃海参燕窝，这肯定是不行的。这种体验能解决一些技术上的问题，但绝对不能解决一种感情上的问题，你可以在技术上写一个农民工在建筑工地怎么样搬砖，怎么样和水泥，怎么样在脚手架上双腿发颤，怎么样饿得头晕眼花,但你无法准确地体会到一个站在云端里的脚手架上的民工的心情,他的孤独,他的向往,他的恐惧,他的理想;你更无法去想象一个真正的乞丐对这个豪华奢侈的美轮美奂的城市的感受,他是恨它还是爱它,他是留恋还是厌倦,他对那些出入在灯红酒绿豪华场所里面的那些衣冠楚楚的女士们先生们到底是一种什么样的想法。这个我想化装成乞丐是体验不到的,只有乞丐自己才知道,从这个意义上讲,最能写好乞丐的人最好还是曾经当过乞丐,鲁迅当然也说过,要想写强盗未必非要去杀人,但那是一种无奈的说法,假如一个乞丐本身就具备了一种写作的才华,他有这个潜质和才能,他又恰好是一个乞丐,那由他写出来的乞丐肯定是最好的,别人是比不了的,正是因为这种有文学才华的乞丐比较少,所以很多由"假乞丐"写出来的乞丐也得到了很好的反响。

前两天我在广州佛山参加了关于"打工文学"的会议,我说最好的打工文学应该是有过打工经验的人写的。专业作家当然也可以写,写出来也可以发表,别人看了也像那么回事,但最较劲处是虚假的。现在"底层文学"的作品也出来了一些很好的小说,深圳大学曹征路的《那儿》,还有他的《真相》,我都读了,觉得很震撼,但就我目前的阅读范围之内,我觉得很多关于"底层"的作品有一个问题,就是"虚假",也就是"概念先行",一说到"写底层",就是罗列苦难,苦上加苦,泪上加泪,像我们文化大革命诉苦一样。一写到打工仔,就以为他们个个苦大仇深,额头上布满皱纹,双眉间有三道竖纹,郁积着无数的忧伤和愤懑,而实际上生活当中未必都是这样,我见过很多打工仔,他们脸上也有着灿烂的笑容,我回老家时看到我的一些堂兄弟们,我的一些侄子们,他们在那些小工厂里打工,但是他们非常高兴,甚至欢天喜地。当然他们也有我不能体验到的苦恼,但我确实看到了他们的面孔不是单一的,反而是我们的文学作品里面他们的面孔是单一的,他们的感情都是一样的,他们所遭遇的只有苦难,只有强权的压迫,他们的生活中没有理想,没有爱,我想这都是不真实的。"底层文学"的口号里面实际上包括了一个重要的思想,就是要"真实再现",但恰好这些东西是"不真实的,不再现的",我想让所有人不管具备不具备条件都去写底层，有条件要"下"，没有条件创造条件也要"下"，这样写出来的东西就值得商榷。

"写底层"这个提法本身没有错误，我热烈欢迎。我想我这几十年来的写作早就是"底层写作"了，我写过《天堂蒜薹之歌》、《酒国》，早期那些中短篇，哪一篇不是血泪斑斑？所以写底层未必是现在才有的事情，你现在回头来想一想新时期文学，拿出来看一看，其实95%的作品是符合现在的"底层文学"的框框的，也就是说我们的作家早就在自觉地，未经任何人号召的情况下书写"底层"，已经写了几十年了，这不是一个新的发明。我认为"写底层"更多的是一种当下意义，就是要求作家们关注当下的生活，描写当下的生活，不要老是回忆过去那点事，老是回想我们过去那点苦难已经变得让人非常厌烦，即便读者不厌烦你，家里的孩子都厌烦你，天天说吃不饱，穿不暖，再这样说下去就像祥林嫂，变成一个笑柄，变成一种被人厌恶的对象了。

其实，写什么，怎样写，都可以忘记，只要记住"人"就行了。

杨庆祥：当代文学的创作和批评的关系一直非常密切，您也在不同的场合多次谈到了一些批评家的批评文章对您的影响，比如，《欢乐》、《红蝗》写出来后，批评界的反应比较激烈，《丰乳肥臀》出版后赞扬和批评的声音都很活跃，尤其是一些带有"左"的印记的大批判式的文章，对您伤害很大。据我所知，有的作家是很不在乎批评家的批评的，而您对这些批评是有过认真的阅读和思考的。您2002年对《丰乳肥臀》的修改就吸收了一些批评家的意见。请问，您的创作和批评家的批评之间存在着一个什么样的关系？如果把视野稍微拓展一些，您认为当代批评存在哪些问题和需要改进的地方？

莫言：作家与批评家的关系，这确实是一个非常敏感的问题，我是一个受批评家关注的作家，这是我巨大的荣幸。我对真正的批评家充满了敬意，这也是发自内心的，谁如果说我这句话虚伪，我将会非常难过。虽然由于精力所限我不可能阅读所有批评家的文章，但涉及到对我的批评，我能够找到的还是读了，我从批评家那里受到了很好的启发。

我觉得批评家和作家的关系应该是一种互相促进的关系，如果说文学是一辆马车的话，批评和创作就是马车的两个轮子，缺了哪个轮子马车都是不能运转前行的。批评家和作家之间也应该是一种"诤友"的关系，我在军艺学习时发表过一通歪论，我说批评家和作家应该跟狼和狗一样，见面就咬，狗也不怕狼，狼也不怕狗。我这个比喻其实是希望批评家和作家之间有交锋，而不是一味地互相吹捧，批评家不应该是一个吹捧作家的职业，批评家的文章应该是社会的公器，应该建立在文学的良心和文学的道德基础之上，不能被其他的因素所利用，不能被个人情感所左右。好的批评家应该站得很高，比如俄国的"别、车、杜"，这些批评家实际上站得比当时的作家高，他们甚至能为作家指出前进的方向。我一直盼着批评家给我指出前进的方向来，当然他们也指出了很多方向，但这些方向有时候我认为是一条绝路，如果我沿着这个方向走的话，也许就会陷入一个泥潭不可自拔，当然有时候我也从他们的文章里面看到了一线光明，是黑暗王国的一线光明，好的批评家就应该给我们指出黑暗王国的一线光明。当然我们也不能要求每一位批评家的每一篇文章都站得高、看得远，都高屋建瓴，头头是道，都是真正地说到疼处、搔到痒处，这个要求就太高了。

我对当下的批评家还是有一个基本的估计，我觉得二十年来涌现出来了一批优秀的批评者，他们写出了很多非常好的批评文章，而且新时期的批评相对于过去的批评有一个伟大的进步，这个进步比创作界还要明显。80年代之前的批评更多是一种政治批评，纯粹的艺术批评很少，更多的批评是在限制作家，是在阉割作家，80年代后的批评确实渐渐回归到本位上来了，这个本位就是以文本为本。很多批评家建立了自己的体系，发明了自己的理论，这就不仅仅是对作家作品的一种被动的机械的阐释，而是批评自身地位的确立。

好的批评家应该有几条最基本的标准，第一条我认为批评家批评作品只能有一个标准，不能因为一些其他的因素影响到自己对文学的判断，对张三、对李四应该都是一个标准，哪怕李四是我的仇敌，我在解读阐释他的作品的时候也不能被愤怒烧红了自己的眼睛从而作出不符合实际的判断。第二，我想批评家对一个作家的批评在一般情况下应该是一以贯之，不要因为我和这个作家的关系发生了一些变化，就否定自己的判断。去年认为这个作品是一部好作品，一两年以后因为某些非文学的原因自己打自己的嘴巴，来否定这部作品，反过来也是一样。我想可以允许一个批评家发展，一个批评家两年前认为某部作品是好的，或者某部作品是坏的，后来他进步了，他说这个作品不好，或者说好，这样当然是可以的，假如他并没有进步，仅仅是非文学的原因而发生改变，我想这是不应该的。第三就是我们的批评应该是以"文本"为本，也就是说要从作品出发。当然，任何一个人都有权利对作家的生活、作家的道德进行发问，甚至是问罪，但问罪者应该在适当的时刻扪心自问，就像《圣经》里边那些手持着石块准备投掷那个妓女的人们。这并不是要降低社会的道德标准，而是希望每个人都应该具有自我批评精神。我想一个真正的大批评家不会在文本之外去耗费过多的精力，他应该从文本出发，因为作家是短命的，而文本是长存的。用历史的眼光来看，普希金是一个流氓还是一个圣徒，并没有太多意义，有意义的是他的诗歌和小说。

　　如果一个批评家的理论很好，对一部作品的判断也很正确，我希望他在尽可能的情况下把批评文章写得委婉一点。用委婉的、与人为善的方式写出来的文章更容易让人接受。即便这个作家伤害了你，你以眼还眼以牙还牙是师出有名，但假如你能委婉为文，只能会让大家更加钦佩你的胸怀，更能显示你大批评家的风度。你的批评一方面是给读者看的，另一方面也是给这个批评对象看的。比如说一个批评家批评我的作品，你希望我看了你的批评文章，被你说服，然后在我今后的创作中吸收你好的观点，校正我的创作。同样一句话，恶狠狠地说出来和委婉地说出来的效果肯定不一样，后者更容易让人接受，所以我想，你能说得委婉尽量说得委婉，未必非要句句刀光剑影。毛主席曾经批评某些人的文章说：文章硬如铁，读来满嘴血。我们现在有些批评家的文章写得也确实是"先生文章硬如铁，读来满嘴吐鲜血"。实际上这样的文章起不到什么作用，反而遮蔽你的才华，也遮蔽你的观点。这是我的一个过分的要求，说说而已，批评家们不必当真。我自己也有刻薄为文的恶习，上边的许多说法，也是自我批评，但愿今后能变得好一点。

故乡·梦幻·传说·现实

——2008年8月与石一龙对话

我毫不犹豫地选择幸福的童年

石一龙：每一个作家都有一种经历，你可否讲讲你的成长经历，以及你的心路历程？

莫言：我的经历其实很简单。解放军艺术学院的朱向前先生曾经把军队的两类作家进行了分析。一类以朱苏进、周涛、乔良为代表的，出身于军人世家，从小在大院里长大，父辈、甚至祖辈都是解放军出身，所以他们对这支军队是非常了解的，从根上了解，后来他们也当了兵，他们与军队、军营、军装的感情就像我跟土地、牛羊、庄稼的感情是一样的。另一类就是以我和李存葆为代表的出生于乡土的地地道道的农村孩子，在农村长大，然后参军入伍，在部队里经过个人的奋斗，入党、提干、上学，慢慢地走上文学创作的道路。

我想，这两类作家的经历似乎泾渭分明，但在属于自己的类里，却有很多共同性。朱苏进、乔良都是在军营大院里长大的，区别就在于北京的军营或是南京的军营，共同性很多。我跟李存葆、阎连科、周大新也有很多共同性，大家都是在很贫困的农村长大，区别无非是山东的农村还是河南的农村，我了解的他们也全了解，我的经历在某种意义上讲也是他们的经历，这也决定了我们创作的一些共同的方向。

但为什么我跟阎连科的作品、李存葆的作品、周大新的作品还有不一样的地方呢？除了我们有共同点之外，我们每一个人的经历都有一些特殊的东西。同样是出身在农村，出生在一个贫农、雇农家庭与出身在一个地主、富农家庭的孩子对农村的感觉是截然不同的。我家是一个上中农，处在贫农与富农之间的成分,几十年来,始终有一种如履薄冰的感觉,现在世界发生了变化,但骨子里还有这种东西。所以说我的成长经历,跟部队的乡土作家有一样的地方,也有不一样的地方。

在解放后的中国,阶级斗争、政治斗争是社会生活中最重要的内容,在20世纪80年代以前,在中国老百姓的心目中金钱确实不是最重要的,当时农村的姑娘找婆家,假如你是一个地主或富农家的小伙子,家里日子过得很好,房子也盖得很好,小伙子也长得很漂亮,但由于你出身不好,贫农家的姑娘就不愿意嫁给你。反过来,你是一个贫农的孩子,你的长相不好,父母也不会过日子,家里邋邋遢遢、破破烂烂,但完全可能找到一个很好的对象。现在看起来不可思议的事,在当时却是很正常的。

在这种社会环境里,我感受最强烈的就是家庭出身问题——家庭出身介于敌人和自己人之间所承受的压力。因为这种夹缝状态,也就造成了我们所受的家庭教育,就是要老老实实、恭恭敬敬地做人,时刻不要忘记把自己的尾巴夹住,时刻在别人面前保持一种谦恭的、卑微的态度,能不说话尽量不说话,实在逼你说话时千万不要说得罪人的话,碰到什么不平的事情,千万不要充当第一个出头的人,这些都是保护自己的生存原则。中农家庭教育几乎都是这种东西。

我的天性在这种社会环境和家庭教育中受到了很大的压抑,我是一个喜欢说话,又具有极强模仿力、很好的记忆力的一个孩子,别人讲的快板书我听一遍就能背诵出来。在这种环境里面,我个人的天性受到压制,本来还算聪明的头脑也因为失去了受教育的机会而白白地浪费了,肥沃的土地上,你不种庄稼自然要长野草,我的脑袋里就长满了野草。

再具体到家里面的情况,我家是一个比较大的农村家庭,我的父亲在旧社会读过几年私塾,在农村算是知识分子。父亲头脑中封建的意识很重,使这个家庭非常严谨和保守。我父亲和我叔叔成家以后,有了很多孩子,为了满足祖父母三世、四世同堂的愿望,一直到了十三口人的时候还没有分家。家里孩子很多,同样都是孙子、孙女,在祖父母心中的地位是不一样的,这种大家庭的生活使我感到人世炎凉，当然极度的贫困也是家庭产生矛盾的重要原因。

"文革"开始以后，我被迫辍学，一是家庭出身有问题，二是因为"造反"得罪了管事的老师，必然被撵到学校外面去。当时有一个不成文的规定：地主富农的后代，原则上只允许上到小学毕业，中农的孩子表现好的，可以上到初中毕业，只有贫下中农的孩子可以往上升。事实上贫下中农的孩子也升不上去，升上去的大都是当官的孩子。我认为"文革"前后最残酷的不是打人，而是剥夺了一部分家庭出身不好的孩子受教育的权利。过早地辍学，使我和大自然建立了一种密切的联系。当别的孩子在学校琅琅读书的时候，我正在跟牛羊一块窃窃私语，这种经历养成了我孤僻，内向，怕见人，在人面前不善于表现自己，遇事萎缩往后退的一种怯懦性格。当然，假如你成了作家，当年的痛苦可以追本加息地补偿，如果成不了作家，过去的痛苦那就太痛苦了。有人问，假如让你回头经历一段，你是选当做家，还是选幸福的童年，我毫不犹豫地选幸福的童年。

石一龙：在城市文明和乡村文化之间，你的创作一直根植于乡村文化，而对城市文明进行了变通和图解，试图通过这种差异唤回乡村的美好与纯真。你能否谈谈你的理解和它们给你的文学创作带来了什么？

莫言：城市文明和乡村文化看起来是对立的，实际上也有它的一致性。但为什么在中国这个问题变得那么突出呢？因为解放以后，我们还有三大差别，其中之一就是城乡差别。

当60年代一大批城市青年下放到农村之后，他们才理解了城乡差别的真正含义是什么，那完全是天堂和地狱的差别。所以从某种意义上讲，我们推翻了剥削、推翻了阶级，但农民和工人、干部之间的差别，甚至大于以前地主和贫农之间的差别。一个工人年轻时有工资，退休后有退休金，每月不管天灾人祸都有稳定收入，生了病有公费医疗；干部的待遇更高。而一个农民，天不收成那就要活活饿死，生了病要是没钱那也只好在家等死。理论上人人平等，实际上根本就不是那么回事。解放后消灭了阶级，但产生了阶层，阶层的贵贱之分不亚于阶级。由于中国有了这种特殊的背景，就特别强化了城市文明和乡村文明的对抗，也使一大批作家，包括知青作家写的作品里面呈现了城乡这种强烈的对抗，这种对抗增强农民对城里吃"商品粮"人的反感、羡慕、嫉妒、仇视；也同样增强吃"商品粮"的人对农民落后、愚昧、狭隘的蔑视，这都是城乡差异造成的。很多作品里恰恰是表现这种东西，我想这两个东西对我有很大的影响。但要是我没有后来这段城里生活的话，如果我站在一个纯粹的农民立场的话，也可能写不出这样的作品。

我作为一个后来跳出农村的农民，由于有了城市的生活经验，回头来看农村生活，就有了比较和对照。我写农村的角度与完全没有离开农村的农民的角度是不一样的。但我作为一个农民出身的人，根还在农村，对城市文明有着天然的抵触，我也不能像王安忆写上海那样来写北京，不是不想写，是写不了，我只能找一条中间的道路。

我想这两种文明随着社会的逐渐发展，它们的界限会越来越小，将来真正存在的是一种人类的文明，真正存在的文学是人的文学。

自我的禁锢解脱了

石一龙： 在离开军队以后，你的生活与创作和以前相比较发生了什么变化？

莫言： 差不多，首先在物质上差不多。过去在军队工作，每月领工资，现在在报社工作，还是每月领点工资。但在心态上还是发生了变化，因为军队毕竟是一个高度集中的武装政治集团，要求部队的作家、艺术家创作出能够提高部队战斗力的作品，像很多部队首长讲的一样，你创作时首先想到自己是一个军人，然后才是一个作家，压力是挺大的。但到了地方之后，这种压力就不存在了。在地方上，我就是一个作家，我就从我的良心出发，反映我所认识的生活，我所认识的社会。应该说，思维的宽度增加了，那种意识深处对自我的禁锢解脱了，这可能是最大的一点变化。还有就是，在部队时，很多人说我是坏人，弄得我自己也觉得自己像个坏人，但到了地方之后，单位的领导和周围的同志都说我人品好，觉悟高，提高了我的自尊心，于是我觉得自己不是一个坏人了。

石一龙：作为一位久负盛名、曾为军旅的作家，你的小说里军事题材的作品似乎少了一些，是由于创作中受到了某种限制，还是有别的原因？你的非军事题材的小说和军事题材的小说比较一下，哪一种更符合文学创作的本质？

莫言：军事题材的作品我在部队时不是不想写，的确是写不好。写战争年代的军事题材，像《红高粱家族》、《丰乳肥臀》的很多章节也都大量涉及，说它是军事文学很勉强，说它不是军事文学也很勉强。关于军事文学和战争文学的定义是很难廓清的，像托尔斯泰的《战争与和平》算不算军事文学？里面描写战争的章节二分之一都不到，顶多三分之一，大量展示的是当时俄罗斯广泛社会生活的场景，如贵族的生活、平民的生活、奴隶的生活。

我确实很少写当下的和平军营生活的作品。我几乎没有野战军的生活经验，也没有连队生活的经验，所以就很难写出来。有朱苏进、乔良、朱秀海、江奇涛、柳建伟等与军队血肉相连的作家就足够了，他们的存在让我觉得自己是多余的，他们把该写的都写了。

石一龙：你上网有些时间了，网络是不是给你带来某种文学的"战斗性"？你对网络上的文学作品有什么看法？

莫言：我早都下线了，懒得上了。上网是在1999年，跟随着军队文艺部门的几个朋友去外地，是他们告诉了我上网的方法。我主要是浏览一下新闻，曾给千龙新闻网龇牙咧嘴地写了十来篇专栏文章。也当过一届网络文学的评委，看了一些作品，实际上目前网络文学与传统的纸媒体文学没有根本的区别。当然网上交流有它的特殊性，比如快速性、符号化，因为在线是要花钱的，为了快捷省钱，就创造了很多东西，比如一些独特的称谓。

毫无疑问，网络写作的存在会给文学带来一种新的气息。但如果要想出现一种与传统纸媒体不一样的文学，这是不可能的，甚至是永远不可能。无论怎么写，也不能违背汉语的基本语法吧？可以创作、发明新的词汇，可以颠倒一些基本语法，但要是让最基本的语法完全消除的话，那作品就是一片胡言乱语，任谁也看不懂了。

想象力是一个作家最重要、最宝贵的素质

石一龙：你曾经说过，考验一个作家最基本的就是想象力，就是"伪造"生活的能力……

莫言：想象力毫无疑问是一个作家最根本的东西。想象力是你在所掌握的已有的事物、已有的形象的基础上创造出、编造出的一种崭新的东西，事实上想象力是一种创新能力。当然想象力要借助于特殊语言——一种介乎于语言和图像之间的东西——任何想象都是用这种特殊的语言作为工具。一个作家想象能力的大小与一个作家这种特殊的语言能力的强弱有关系，一个没有这种强大的特殊语言能力的作家不可能拥有丰富的想象力。至今，我认为想象力是一个作家最重要的、最宝贵的素质。

石一龙：你有着饱受饥饿和欺凌之苦的少年时代的经历，而在你的作品里，总是"怀乡"和"怨乡"的双重情结。你一回到"高密东北乡"，就自然地掉进那块"红高粱地"。故乡对你已经成为一个符号，一种超越，一次次解构，故乡总是自然流淌在读者的灵魂里。故乡最终对你意味着什么？或者说你对于故乡是……

莫言：我在《红高粱家族》开篇说过，关于"高密东北乡"，我出生于斯，长于斯，我与这个地方血肉相连，它是我的血地。我的父母把我生在这块土地上，我一落土就落在"高密东北乡"这块黑土上。无论这个地方多么贫瘠、多么荒凉；这个地方的官员多么霸道；这个地方的老百姓多么愚昧，但是作为一个故乡的人，作为一个在外的游子，一旦踏上这块土地，你就会心潮激荡，那种感觉在别的地方是不可能产生的，这就是所谓的故乡的力量。

对于一个作家来讲，故乡是很重要的。余华说写作就是回故乡，我也说过类似的话。1984年我上军艺以前，找不到素材来写作，很多时间就是下去体验生活，翻报纸，看文件，采访，千方百计找能够让自己感动的故事。到了写《透明的红萝卜》的阶段，我一想到过去，想到童年，就想到了故乡的生活，感觉好像一条河流的闸门被打开，活水源源不断而来。故乡情结、故乡记忆毫无疑问是一个作家的宝库，为什么呢？第一，故乡与母亲紧密相连；第二，故乡与童年紧密相连；第三，故乡与大自然紧密相连。

当然，出生在城市的作家和大自然也有联系，出生在城市的作家也有故乡，像史铁生的《我与地坛》就是例子。他们的大自然不是我们认为的山川、河流、草木，可能是一个公园，一个街道。文学里有了童真、童心、童趣，才会好看。我想故乡对一个作家的意义，就是我刚才总结的三点：母亲、童年和大自然。

石一龙：大自然的亲近感是否源于你童年的农村经历，由此这种经历能否通达人类精神世界的发源地？

莫言：这种说法可能有点夸张了，刚才我们已经讲了，实际上任何一个人与大自然都有一种联系。像史铁生的《我与地坛》，看起来是一个北京的孩子写了北京的一个公园，但这个公园对史铁生而言也是大自然。

每个作家都有自己与大自然交流的方式。就我个人而言，作为一个孤独的少年，与牛羊、树木在一起伴随那么长时间，在和外界几乎没有交流的情况下，我一年有六个月的时间都在一片荒凉的草地上，与鸟、草木、牲畜相处，因而对我想象力的培养、对纯粹自然物的感受与一般作家不太一样，这可能是我的小说里有青草、水的气味的原因吧！

石一龙：你对导演高今拍你的电视剧《红树林》作何评价？你满意吗？

莫言：一个导演的才华，在电视剧里是很难表现的，一个真正有才华的导演，在电影上才能充分展示自己的艺术才华，在电视剧方面是很难展示的。因为电视剧更加商业化，他的投资方更是为了金钱而金钱，电视剧比电影更加通俗，电影还有所谓的纯电影、艺术电影，而电视剧就是商业性的。我们这个《红树林》除了商业目的外，它还是一个行业剧，它反映的是检察系统里的一个故事,除了要遵守商业规则外,还要遵守行业规则——你不可能把检察官写得很坏,你应该从正面树立检察官的光辉形象,写官员的腐败也应该有一定的尺度,一定的分寸,尽管有这么多的限制,但是,我觉得高今还是比较好地完成了电视剧本所赋予它的东西。如果说这个电视剧存在什么遗憾的话,就是我的剧本本身有先天性的欠缺,而高今为了尊重我就没有改动剧本中的某些缺陷,假如他胆子更大一点,在拍摄的过程中大胆对我的剧本进行修改,也就更好一点。我觉得《红树林》是一个中上水平的电视剧。

石一龙:小说的最终目的是"好看"还是"意义"呢?你是如何理解小说的,在小说创作中最重要的是什么?

莫言:前几年《北京文学》开始提小说要"好看",对于一个读者来讲,也确实需要小说"好看"。如果感觉不好看,即便是我这样的专业作家,也很难看下去。像乔伊斯的《尤里西斯》,我知道那是一部了不起的、伟大的作品,可实在不好看,我也很难从头到尾读完,即便我咬牙切齿地读,也没有得到像阅读金庸的《鹿鼎记》、《笑傲江湖》等武侠小说的那种快感。"好看"肯定是小说一个必要的标准,但并不是一个最好的小说标准。

现在对我来说,小说最重要的也不仅仅是"好看"的问题。小说最重要的,我想实际上有两点:一个就是要有好的语言,然后还要有好的故事,这跟衡量一个作家是不是一个好的作家也是一样的。一个好的作家,他肯定有好的语言,他有一种强烈的、非常自觉的文体意识。比如沈从文、鲁迅、张爱玲,为什么历久不衰呢?为什么他们的作品被改编成话剧、电影,收进了各种各样的教材,大家在对他的小说里的故事非常熟悉的情况下,为什么还能够把这本书读下去呢?这就是语言本身的魅力,也就是说,这些作家在语言方面,已经创造了一种无可代替的美。这些作家不仅仅是对文学有贡献,对我们民族的语言也作出了重大的贡献。高尔基说过,语言是小说的第一要素。这个说法是完全正确的。一个作家没有好的语言,当然是可以写出很好看的书,但是肯定很难写出经典意味的书来。所以文体语言非常重要。当然,故事也很重要,如果没有一个好故事,语言也无处附丽。意义呢?说到小说的意义,我想,就在故事里边了,这个故事有没有意义,这个小说有没有意义,就是说作家写这个故事所依据的这个素材有没有意义,如果这个素材本身有意义的话,那么故事也有意义。我就讲这两点,只要语言和故事好,小说就会好。

让我写小说观最要命

石一龙:你的话剧《霸王别姬》,票房收入非常好,也非常好看,受到广大观众的喜爱。话剧对于作家来说是一个梦想,那是一个真正可以投入激情和才华的创作。你是基于一种什么考虑创作《霸王别姬》的?并请你谈谈对当前中国话剧的看法?

莫言:《霸王别姬》是王树增还在广州军区话剧团工作的时候,他拉着我一起给空军话剧团一个叫王向明的导演写的。从1997年写出来一直放到2000年年底,才拿出来排。至于票房收入好,当然跟剧本好有一定的关系,但没有直接的关系。现在任何演出都是一种商业行为,需要宣传、促销和包装,如果一个好戏宣传没有跟上的话,票房也要大打折扣。

话剧在这两年逐渐走出冷落,进入繁荣,很多话剧都在赚钱。北京已经基本培养了一个相对稳定的观众队伍,它不单是话剧的立身之本,而且是促进话剧发展最基本的力量。观众的反应逼着话剧艺术家千方百计去探索,反过来话剧艺术家的探索又提高了观众的审美趣味,提高了观众的欣赏水准,所以,搞话剧在北京得天独厚。我们总认为搞话剧很简单,都以为曹禺、郭沫若、莎士比亚的东西是经典作品,实际上许多话剧已经走得很远了。现在回顾一下80年代以来话剧的探索,可圈可点的太多了,甚至比小说艺术走得还要远。最前卫的一个角落,就是小剧场话剧的演出。

石一龙:你今年的新短篇小说《倒立》又让我读回了小说的幸福,可以这样说,那结尾的精彩与意蕴使我从你的小说中获得一种天然的东西……

莫言:我去年写了两个短篇,年底写了一个《冰雪美人》,是在《上海文学》发的。然后,紧接着写了《倒立》,今年第1期《山花》发的。实际上我想试验一下我的所谓的写实的能力。因为这里面没有任何的圈套，也没有在技术上有任何所谓的现代派的实验。完全按照写实的方法，写典型、通过对话、通过人物的行为、尤其通过人们的口语，把一个人物的性格凸现出来。就是自己考验一下，能不能用这种现实主义手法写作。事实证明，我还是可以做到的。我看到刘梦溪写的一篇文章，评论《倒立》里面的人物的语言，认为有现实主义的魅力。我尽管没有对这个人物进行一笔一画的肖像描写，但是大家看到他说话以后，马上就会联想到一个在电影院旁边工作的大手大脚的中年的小手工业者。他内心里面是非常的怯懦，对省委组织部副部长这种权贵请他吃饭，内心里实际上是受宠若惊，但嘴上又是硬得要命，这就是小人物这种微妙的心态，通过他的语言表现出来了。这是一种试验，一个自我测验。

石一龙：你在一篇《旧"创作谈"批判》里回顾了你不同时期的小说观，其实我特别喜欢小说集《白棉花》序言"难以捕捉的幽灵"中的"在努力中等待好运气，好的小说就像幽灵一样。有朝一日让我逮到你……也许我永远也逮不到你……我总有一天要逮到你……冷静点。我"。一晃十多年过去了，不知道今天你最新的小说观是什么？

莫言：让我写小说观简直是要我的命，但有的小说家确实可以条理清楚把自己的小说观念写出来，我没有这方面的才能。真要是逼我写小说创作谈也只好胡言乱语，说一些似是而非、模棱两可，我自己也不知道就里的话。我曾经说过小说是"胡扯蛋"，写小说也就是作家下蛋。你要问一个母鸡为什么会下出一个蛋来，这个蛋在肚子里产生了怎样的化学、物理反应，它喝了什么样的水，吃过什么样的糠和高粱米，这对母鸡来说太痛苦了。这也就等于让小说家来分析自己遵循什么规则写小说是一个道理，是很痛苦的。

越是玄妙的小说观念越是不可信，包括能把自己的小说观念讲得玄而又玄的作家，我觉得他的东西可能对评论家有用，但是对读者没有任何帮助。我现在的小说观依然是稀里糊涂的，随着小说的发展，首先让我感动的肯定是一个画面，一个惊心动魄的细节，甚至是人脸上一个微妙的表情，或者是非常漂亮的句子。

石一龙：你的小说语言已经形成个人化的风格，它是天然而独特的，那么请你谈谈你的语言以及你对小说语言的见解？

莫言：我在军艺文学系上学时，徐怀中主任和我的同学雷铎在讨论小说语言时讲，语言是作家的一种内分泌。他的语言可以通过后天的努力来获得一些新质，但语言基本的风貌是一个作家天然就有的，或者说与一个作家的遗传因素以及他童年时期生活的环境、所接触的社会层面、所受的各种各样的教育决定了他语言的风格。对于我的小说语言，季红真在80年代中期曾有过一次比较准确的分析：第一，大量的民间口语进入语言；第二，通过在传统的经典典籍《三国演义》和文言文以及翻译小说中找来的东西。现在补充一点，就是从民间戏曲学来的东西，民间戏曲与元曲有那么多密切的联系，我的小说经常出现元曲的味道，尤其在《檀香刑》这部小说里这种民间戏曲的影响更加深重。我想一个作家的语言肯定是一种混成的东西，不可能非常纯。

深深为自己突发而至的灵感感到惊讶

石一龙：前段时间，诺贝尔文学奖得主大江健三郎来中国访问，在回答中国网友提问时说："莫言的短篇小说非常优秀，特别是他初期的短篇小说非常优秀，像《红高粱家族》等等。"而我认为你早期的《白狗秋千架》、《枯河》等几个作品已经进入世界级优秀短篇小说的行列。你是怎样看待自己早期的中短篇小说创作的？

莫言：大江对我很好的，他可能是看过《红高粱家族》，假如他看了《枯河》、《白狗秋千架》也会喜欢的。这是我1985、1986年在军艺上学期间写的几个小说（包括你提到的作品），是我第一个创作高潮时期的作品。现在回头看，也是深深为自己突发而至的灵感感到惊讶。但是它是否进入了世界级优秀短篇小说的行列，这是没有一个标准的，你可以这样认为，我也没法否定，另外一些人可能认为这是一堆臭狗屎，我也不能说人家说得不对。

石一龙：在那么多评论你的文章里，你个人认为谁的文学眼光准确，看得比较远？你怎样看评论家对你的批评？

莫言：评论家的批评，这是抬举你，看得起你嘛。你的作品触动了他，你应该感到骄傲和自豪，当然，也感到光荣。应该感谢人家为你做出的劳动。至于说谁的文章最能让我信服，我感到早期季红真写的系列文章，下了很大的功夫，确实是形成了一个系统，全面地解构了我的某些特质。还有军艺朱向前先生，应该也是对我的创作跟踪得比较紧密的一位，他从某些方面触及了我跟一般作家不一样的地方。包括他早期的对我的《白狗秋千架》这个短篇的批评。张志忠写《莫言论》是在80年代中期的时候，当时能够写出一本专论的书，我觉得是不容易的，起码他把我所有的作品去读了一遍。

石一龙：M·Yhomas Inge 在《史诗般的小说，一流的中国作家》中说："莫言是世界级的作家，可能是鲁迅、老舍以来最有前途的中国作家。但这两位前辈的文学才华都不如莫言。英译的《红高粱家族》的出现是英语文学的盛事，由此可预见中国小说在21世纪的活力和影响力。"对此，你持何种看法？

莫言：出版者引用这段话的时候，我就持反对意见。这会起一种消极的作用，会使很多人对莫言产生一种看法，认为这人真不知天高地厚，虽然这话是 M·Yhomas Inge 说的，不是莫言自己说的。

我觉得抬得太高了，第一，不管对鲁迅、老舍有多少批评意见，他们依然是两座难以逾越的高峰。我认为衡量一个作家才华最重要的标准，就是看一个作家有没有创造一种独特的文体，而鲁迅、老舍都是创造了一种独特文体的作家。鲁迅的文体再放50年依然不会过时，老舍的文体中对北京方言、土语的化用，依然是了不起的。从这个意义上讲，他们的才华是难以超越的，我肯定比不上他们，即使我再奋斗20年，我也不可能达到鲁迅的水准，老舍嘛，奋斗20年，有可能与他有些作品一样好。

和五四时期比较，我们一点也占不了便宜。五四新文化运动把文言文向白话文转化的过程中，任何一种东西都可以作为一种创新来出现。现在社会发展到这种程度,每一个角落几乎都有人在研究,包括语言,现代汉语发展将近100年,各种各样的语言方式,很多人都进行了大量的尝试,要想在语言方面做得突出、鲜明、明显高于同时代人,这是很难的。从这个意义上讲,大师很难产生了。如果我现在已经100岁,你们可以叫我大师,从年龄上你们就可以叫我大师了。

诚惶诚恐,不敢担当

石一龙:评论家朱向前先生曾撰文称你、周涛、朱苏进为"新军旅三剑客",你与另两位的创作风格、体裁都堪称天壤之别,你们之间是否存在着不可比性?

莫言:这个东西,怎么说呢?越是有天壤之别,越是可以比嘛。如果两个作家靠得太近,就没什么可比的,像我和阎连科可比性就很小。把我和朱苏进、周涛放在一起比较的话,这三个人的面貌很清楚。为什么这个比较是可以成立呢?就是那时我还在部队,朱向前的评论是提"军旅三剑客",假如现在拿我同朱苏进、周涛去比,就显得很难成立。

石一龙:在这次访谈的军旅作家中,我都问他们对你如何评价。大家都说你是大作家、新时期十分重要的作家以及文学大师。对这些评价你作何感想?

莫言:诚惶诚恐,不敢担当。作家哪有大小之分?什么是大,什么是小,谁来衡量?文学大师更是不可能。按照我的标准来衡量,眼下的中国,还没有出现一个文学大师。文学大师应该创造一种特别鲜明个性的语言,包括五四时期那么多作家,也就是鲁迅、沈从文可以称为文学大师。老舍就有点勉强,他的作品良莠不齐。张爱玲也很难说她是一个大师级的作家。

石一龙:在《檀香刑》中你从先锋作家的姿态进行了撤退和一种中国文化上的抵抗,回归了传统中的汉语写作,写的是一本真正中国式的小说。在采访乔良时,他对这本书,充满着溢美之辞,认为是特别优秀的长篇小说。你想通过《檀香刑》寻找什么呢?

莫言: 这个我在后记里面说得很清楚了,至于一个作家的姿态,撤退、抵抗,你千万不能作一种机械的理解。当一个作家感受到一种东西时,他就靠这种激烈情绪来刺激、支撑他的创作。在媚俗的、香软的写作中进行一种抵抗,是对西方小说故事、情感模式的对抗,这些东西肯定是支持我写《檀香刑》一种最原始、初始的激情。

前不久在大连开"长篇小说文体研讨会"时,陈思和就提出这样一个问题:翻译过来的小说,它到底是什么文学?你说它不是中国文学吗?从某种意义上讲,傅雷翻译的罗曼·罗兰的小说《约翰·克利斯朵夫》,也是中国文学宝库的组成部分,当你受了这部小说的影响,与其说是受了罗曼·罗兰的影响,还不如说受了傅雷的影响。这样讲我觉得也有道理。我说过,作家应该有自己的腔调,应该发出自己的独特的声音。鲁迅的小说很好,因为他有自己的腔调,但所有人都学习他一唱三叹腔调,读者肯定会感到厌烦,这时候突然出现沈从文式乡野抒情的腔调,大家都感到新鲜。从这个意义上讲,《檀香刑》的写作可能是一种自觉地改变腔调的写作,它让我激动的不仅仅是故事,不仅仅是小说里面的细节和人物,还有一些创作本体上的语言的问题、风格的问题等等。

石一龙: 近几年你经常出国访问,请问外国作家是怎样看中国文学的?你所进行的广泛的国际文化交流对你的创作有帮助或影响吗?

莫言: 外国作家对中国文学的了解还是很少的,我们现在应该实事求是地来评价我们中国文学在外国的影响。有时我们也会看到某些作家自己介绍说在外国某个大学讲过学,实际上这是很滑稽的。我去美国的几个大学讲课,所谓的讲学、讲课,就二三十个听众,多半还是自己的同胞,你拿出讲稿就会感到满脸通红,没必要一本正经来讲,索性随随便便和大家聊聊天,然后大家一起吃顿饭。我起初以为是自己魅力不够,但他们说能有这么多人已经很好了。所以我觉得中国文学在西方的影响,实际上是很微弱的,尤其是西方的大量作家并不太了解中国文学,西方作家对中国作家的了解,比我们对西方作家的了解和阅读量要小得多。

这些所谓的国际文化交流活动，尽管寒酸而尴尬，但对个人的创作还是有积极的作用的，起码我见到了一些西方的作家和评论家，当然也见到了西方的一些出版家，包括西方一些最基本的读者，也知道了西方现在正在流行什么东西、西方读者喜欢看什么东西。当然也更清楚我们中国作家的作品跟他们不一样的地方，你能够更清醒地写自己的作品，不会再像以前那样盲目地跟着别人去写。

当然，有的作家一辈子没有离开国门，也不妨碍他成为一个好作家；有些作家天天在国外混，写得还是一塌糊涂。

我们的文学正步入世界文学的圈子里去

石一龙：你如何评价阎连科的作品？

莫言：阎连科毫无疑问是目前军队里面最有才华的作家之一，创作成绩很突出。他跟我的出身、经历有很像的地方，都是出生在偏僻落后的乡村，对乡土和乡亲的情感深厚，有很多引起共鸣的地方，然后，我们都是从军艺文学系毕业，有校友之谊。我觉得阎连科的作品已经构建起了自己的文学世界，他的建筑物已经矗立在中国文学的版图上，他有特别强烈的文体意识和结构意识，但似乎有一点用力太过，我当面也跟他说过，他不同意。阎连科的语言应该是军队作家里面最有个性、最风格化的一种语言，他的语言确实跟其他的军旅作家形成鲜明的差异，你一读就可以知道这是阎连科的作品。他这种语言写中篇、短篇可以，比如《年月日》、《黄金洞》、《大校》这一类作品，我觉得就特别好。但他过分地雕琢、过分用力的语言放在一个长篇巨著里面，我就感到他累得可怜。

长篇小说过了40万字，应该留出一些松散的地方，甚至说人为地制造出一些"败笔"来，比如在托尔斯泰的《战争与和平》这个伟大的作品里面，确实出现了一些累赘和臃肿的地方，语言不太干净、不太利落的地方（我自然是看译本，原文如何不知道），如此才使这个作品显得粗犷、豪放，具有大的气质，有点"大行不拘细谨，大礼不辞小让"的意思。《静静的顿河》也是如此。如果每一个字都反复斟酌、雕琢，对长篇来说未必是一件好事。当我和他说了这个观点后，阎连科的观点是，要做就要做到极端，要把语言锤炼到无懈可击的地步，然后才能给读者留下深刻的印象，才能把自己和别人区别开来。我觉得连科说得也有他的道理。在文学领域里是没有真理的，我可以这样说，人家可以反驳，也是对的。

还有阎连科的故事寓言性很强，像他中篇小说《年月日》里，对一棵玉米的描写，他写的时候也没把它当一棵玉米来写，他想让读者通过玉米来意识到别的东西，包括他的《日光流年》，他也想通过卖皮这种细节，40岁去世这种宿命般的悲剧，让读者感受到一种更深远、更广大的具有哲学意味的东西。假如情节更朴素一点，更自然一点，预先设想好的东西更少一点，他就更了不起。

他最近的《坚硬如水》是一种语言的试验。如果研究"文革"期间的语言现象的话，《坚硬如水》可以当做一个语言学的病理切片来看。他写的"文革"生活是否真实，那是另外的事情。阎连科很有想法，我感到他写每一部作品都是挖空心思。我已经转业，不应该对军队的作家们说三道四，否则就会惹人生厌，我有自知之明。而且有必要说明，我对阎连科的作品提出一些批评，并不是说我的小说比他写得好，更不是说我就比他高明，我相信阎连科对我的小说也有他的看法。

石一龙：你对散文创作的基本看法是什么？

莫言：散文就是随意、随便，嬉笑怒骂皆成文章，就是好的散文。关于散文的真实性问题，我觉得已经有很多散文化的小说、小说化的散文。

石一龙：你认为当前中国文学创作在世界上大致处于怎样的一个水平？

莫言：我意识到一个国家的作家的地位、文学的地位，与这个国家在世界上的经济实力、军事实力有很大的关系。如果你是一个弱势国家的话，你的文学也不会有人重视。如果你是一个强大国家的话，你的文学、你的作家同样会引起别人的重视。随着中国在国际事务中扮演日益重要的角色,中国经济实力的提高,当然也包括中国作家几十年的努力创作,我觉得我们的文学正步入世界文学的圈子里去。从另外的角度上讲,即使是"文革"期间,我们的文学也是世界文学的构成部分,所谓的世界文学,也是有特定的含义的。

石一龙: 你下一步的创作计划是什么?或正在创作什么作品?

莫言: 我没有什么长远的创作计划。我也可能一年不写作,一写可能一个月写一部,但肯定要写小说嘛。

军事文学谁也预测不了

石一龙: 你在冯牧文学奖领奖时接受了《中国青年报》记者的采访,曾谈到当前军事文学创作的现状时,从大概念来说,目前军事文学的创作基本可以分为两部分:一是描述历史战争,一是描写当代战争。对历史战争的描述,总的来说写得更好一些——那些战争残酷又神奇,从文学的眼光来看,本身就具有奇异的魅力。能否请你预测一下军事文学创作的发展趋势?

莫言: 谁也预测不了,军事文学很难说。但是,我想军事文学肯定要跟战争有关系。和平年代的军事文学有了朱苏进的《醉太平》、柳建伟的《突出重围》这样的作品,我觉得都被写尽了,谁再写也是重复。另外,我觉得要出好的军事文学作品,就应该有战争,应该写出超越某个具体战争的一种战争文学、一种军事文学,这才有意思。这个有可能不是抗日战争、解放战争或对越自卫还击战,但这个确实写的是战争,概括了抽象了所有的战争之后出来的一种战争文学。我想这是一部伟大的作品,但不知道谁来完成。

石一龙: 20世纪是一个科学技术飞速发展的时代,爱因斯坦的相对论和玻尔的量子理论为基础引发了对于外部世界和内部世界的革命,给整个世界带来了一种前所未有的变化,现在的21世纪将会是一个高科技的时代,要给这个世纪带来不可预测的变化,这样的科学技术的发展对于文学、特别是战争文学将会产生什么样的影响?

莫言：文学与科学之间有交叉，但它们之间也有独立性。刚看过意大利作家艾柯的《诺顿演讲集》，说德国作家托马斯·曼拿了卡夫卡的《变形记》给爱因斯坦看，爱因斯坦第二天早晨就把书还给了托马斯·曼，说我看不懂，人脑没有这么复杂。而我们现在看卡夫卡的作品觉得一点都不复杂，但是在爱因斯坦这样的大科学家眼里，卡夫卡的小说比他的相对论要复杂多了。所以在这个意义上讲，自然科学日新月异的变化与文学的发展变化没有太直接的联系，但是科技的发展跟科幻小说有联系。文学实际上是研究一个最古老的课题，研究人类情感的变迁，展示人的生存、欲望和情感的种种变异。具体到战争文学里面，战争文学所遵循的创作原则是一样的，无非是为了分类的方便，给它前面加了一个战争的定语而已，纯战争的文学实际上是不存在的。

石一龙：你个人认为军事文学是否有一种武器论？冷兵器时代、常规武器时代、核武器时代、生化武器时代这几个时代的军事文学有何异同？你认为武器的变化对军事文学有什么具体的决定性的影响？

莫言：我觉得这是个技术的问题，向来不会影响文学本质的变化。当年，我看过波兰作家显克微支的《十字军骑士》，跟读托尔斯泰的《战争与和平》一样都是让我激动的，显克微支写的是大刀、长矛、盾牌，托尔斯泰写的是进入了热兵器时代的大炮、步枪，实际上涉及人的感情还是没有变化，都是爱与恨、民族仇恨、宗教仇恨等。但是进入了现代电子战之后，会不会变化我确实不知道。这个问题应该让乔良来回答，他对未来的战争有研究。

石一龙：我们的民族出现过像《三国演义》这样的战争题材的代表作，你是如何给中国20世纪军事文学定位的，有没有出现经典的作品，若有请指出并请说明理由。

莫言：这个问题我回答不了。有很多很优秀的作品，是不是可以说是经典呢？我没有资格给某一个作品冠以经典的定义。好的作品，肯定是有的，就我的阅读范围，有一些作品直到现在还可以读，但有它的历史局限性。像《红日》、《林海雪原》、《铁道游击队》、《苦菜花》、《红旗谱》等。而新时期的中短篇可圈可点的,像徐怀中老师的《西线轶事》、李存葆的《高山下的花环》等,这些在几十年后的当代文学史里,军事文学这个章节都会提到。

石一龙:你认为20世纪中国的军事文学在整个世纪中国文学版图处于什么样的地位?并请指出长篇小说、中篇小说、短篇小说、诗歌、散文、报告文学在各个门类的地位,占有什么样的位置?

莫言:20世纪的军事文学在中国文学的版图里占有一块十分突出的位置。"文革"前十七年的文学作品里面,百分之七八十都是军事文学作品,刚才我提到的几部长篇,农村题材的作品不是太多,包括周立波的《暴风骤雨》里也有很多军事化的描写。当时作家的构成就决定了作品的整体风貌,很多作家都是军旅出身。80年代以后,作家的出身发生了变化,军事文学日渐式微,数量很少。如果没有那场对越战争,境况还要凄凉。

石一龙:请你提出我们新时期军事文学有哪些最要害的问题?并请你对症下药给开个处方。

莫言:我知道有问题,也大概地知道症结所在,但是我不能跟你说。

石一龙:军事文学是不是必须有爱国主义、英雄主义、理想主义,多数评论家认为这是基本要素,你认为需不需要?我们的文学作品存在着主旋律和多样化,你认为军事文学也需要如此吗?

莫言:任何所谓的要求,作为一个口号提提可以,但要用来指导创作大概不行。在正常的社会环境里,很少有作家是在口号的鼓励下写作的,他总是要写具体的人。当然"文革"中的作品是另外一回事。爱国主义、英雄主义、理想主义,这些东西,我想是一个作家自然地具有的,我们不应该怀疑作家们的觉悟,尤其不应该怀疑军队作家的觉悟,军队作家百分之百的都是共产党员嘛,都是先进文化的代表嘛。作家写作时,让他感动的应该是具体的人物、具体的事件、具体的细节,甚至他亲身的经历,爱国主义、英雄主义的东西就在这个过程中自然地展示出来。一个作家应该写他感触最深的东西,讲他心里面最真实的话,写他心中最痛的东西,就会有好的作品。如果一个作家是一个反人民、反自由的作家,写出来肯定也是带着反动色彩的作品。我相信有反政府的作家,有反不自由的作家,但很少有反人民的作家和反自由的作家。

石一龙:我们的军事文学作品大都以现实主义为主,风格和流派是否在军事文学作品里有所反映,并且产生了怎样的影响?

莫言:实际上80年代以后也出现了这种风格化的东西,很多作家也进行了大量的实验。包括乔良、朱苏进,包括军艺毕业的师弟、师妹都进行了努力的探索。现实主义是个无边的东西,什么叫做现实主义?并没有权威的解释。过去那种所谓的现实主义作品,现在回过头一看就太虚假了嘛!

石一龙:请问军事文学这个概念在当代文学的发展里程中还存在吗?它是融入了大背景的文学格局,还是在近年来军事文学作品不景气时的一种悄然隐退或者是迷失了方向?

莫言:军事文学大概就是因为军队有了作家而存在。什么时候解放军里没有创作员了,军事文学这个概念就比较模糊了。现在有这样的一种分类,只要是军队作家写的作品,就算是军事文学。也就是说只要军队作家存在,军事文学就存在着。

石一龙:你现在是否关注军旅作家的创作?如果关心,关心谁?出于一种怎样的心态?

莫言:我真是不关心,原来也不关心。像阎连科、周大新、乔良,我关心他们的作品,也没有特别地想到他们是一个军队作家。我想他们也没有必要,也没有自觉意识或强调自己是一个军队作家的地位和身份,最好是让读者忘掉他们是军队作家,就是一个叫阎连科、周大新、乔良的作家写的作品。

石一龙:在《红树林》和你以前的作品里,女性往往被赞美,男性则显得有些卑琐。你是如何认识和看待女性的世界?

莫言:我没有理由不赞美女性,因为女性是我们的奶奶、母亲、妻子、情人、女儿、密友。我的遗憾是我还没把她们写得更好点。我作品中的男性角色也不都是卑琐的,也有余占鳌、鲁立人、司马库那样的好汉子。我的小说里没有完人,不论男女,都是有缺点的,正因为他们与她们有缺点,才显得可爱。我从来不去考虑男女性别差异这种麻烦透顶的问题。我是男人，我在写作，写作并不能改变我的性别，我也从来不去试图用女性的态度看男人或是其他，因为这是不可能的。梅兰芳在舞台上男扮女装时，胡子也在同时生长。一个男人能够自如地扮演的角色——其实也不须扮演——只能是孙子、儿子、丈夫、情人、父亲、爷爷，或者嫖客。《红树林》主要是写女人，当然是用男性的态度写女人。男性对女性的第一态度就是性爱，像《红树林》中的主人公林岚，自然也就是为了性爱而生，为了性爱而死，她的一生都被性问题围困着，就像我为本书写的卷首语："在欲火如炽的红树林里，烦躁不安的叙述，宛若一匹东奔西突的马驹……"

石一龙：当前我们的社会在道德、文化、传统等方面都发生了变化，你如何看待的？这些会带来什么影响呢？

莫言：从80年代开始，因为商品经济的发展，中国社会的道德标准发生了一些变化。过去的那种淳朴的乡村生活关系如今在很多方面被金钱关系所代替。但是这种代替在某种意义上是有进步性的。传统的道德、文化是封建的经济和社会关系的反映，有着浓郁的封建家族色彩。这种道德、文化有它迷人的一面，但也有它腐朽的一面。而金钱关系、契约关系确实有它冷酷无情的一面，但这种东西是商品社会的、在某种意义上也是法治社会的基础。我认为80年代以来中国社会的这些变化，是一个巨大的进步。在我的家乡有一句俗言："先小人，后君子。"这样尽管缺乏义气感和温情，但总比"先君子，后小人"要好。另外，任何一个社会时期的道德、价值标准不可能是纯粹的，比如我现在，脑子里或许有一些封建的东西、有一些资本主义的东西、有一些社会主义的东西，是掺杂在一起的。

我觉得目前还是个过渡时期，对旧标准怀疑的同时，新的标准也正在建立和发展。我想，没必要像从前那样用行政的手段强制人们都遵从一个统一的标准。一个社会应该有一个最低的道德底线，那就是遵纪守法。至于高尚的品德，无私的奉献，可以提倡，可以鼓励，但不能强制。

石一龙：你为什么会对楚汉战争特别感兴趣？

莫言：因为90年代初期，张艺谋对楚汉战争很感兴趣，派人到高密专门找到我，让我搞一个电影文学本，后来我发现可以查到关于楚汉战争的资料并不是特别多，无非是司马迁《史记》里记载的，除此之外就是野史和传说。后来我写的电影剧本叫《英雄美人骏马》，但因为各种各样的原因，这件事情就流产了。这一段的案头工作为后来的话剧剧本埋下了伏笔。

石一龙：从你的创作中看，你对项羽很崇拜？

莫言：我认为项羽是一个童心未泯的英雄，他在身体上毫无疑问的是"力拔山兮气盖世"的钢铁般汉子，而在感情方面脆弱得就像一个5岁的孩童。在我眼中，项羽身边的女人应该是母亲情人型，而项羽需要的也是那种母亲情人型的。至于说项羽是不是从一而终谁也不知道，只能靠想象。项羽很仁义，很厚道，但他是"妇人之仁"，他也爱手下的兵士，可以说项羽是个天才的战将，但从一个政治家的角度来要求，他差得还远，也包括他对女人的态度。真正的政治家决不会因为女人影响自己的事业。刘邦为了成就帝王之业，可以在逃亡的车上，一脚把自己的亲生女儿踹到车下；当他自己的父亲和妻子被扣押在楚霸王的军营里，要被烹了的时候，他说"烹了好，分我一杯羹"，不管他心里是不是真的有痛苦，但他表面上能做到这一点，是了不起的。这一点，就是项羽绝对不可能做到的。

石一龙：在你的戏里，主要想写的就是项羽的爱情和他对女人的依恋？

莫言：当初的想法很多，比如政治斗争和男女之爱之间的矛盾，男人成就帝王之业和正常感情之间的矛盾，这些矛盾是我们所关注的焦点。我们最终要说明的问题是：人实际上都是不彻底的。塑造刘邦和项羽时固然都定了一个方向，刘邦是个性格反复无常、为达到目的不择手段的人，但我想他的心中也应该有一分温情；项羽基本定位在思想性格都不成熟、有顽童心理的男人，但他同样有对霸业的向往；而虞姬和吕雉这两个女人，虞姬定位在男欢女爱、追求小儿女情长的纯情女子；吕雉则是一个识大局、可以牺牲个人感情来辅佐自己丈夫的女人。但是在第三场里，吕雉和虞姬经过一番唇枪舌剑之后，试图贬低对方的过程中，她们的思想都发生了一种变化，吕雉暗暗地对自己的感情生活不满意,而虞姬也意识到自己的问题,为自己把霸王的帝业毁掉了而自责。两个女人心理都产生了不平衡。

石一龙:在你的小说中涉及的战争题材还是比较多的。尤其是早期的作品,很多是以战争为背景的,像《红高粱家族》。那种战争的惨烈和女性的阴柔形成的强烈反差是不是使你的创作更有激情?

莫言:战争和女人肯定是特别对立的两个方面,女人代表了爱、代表了繁衍,而战争是破坏、撕裂、惨杀,所以女人是战争最主要的对立面,男人可能和战争还有一定的亲和力。我想这就构成了我早期作品《红高粱家族》浪漫的主调:极美和极丑陋的东西并列在一起,这种难以撕裂的关系,必然造成心理上和感官上的巨大刺激。这种效果就是19世纪那种浪漫主义所追求的,比如雨果的《悲惨世界》。

石一龙:这几年你经历过很多变迁,人生际遇文学环境都发生了变化,社会环境公众心态和以往也极不相同,现在你怎么看自己的写作,怎么看当下的时尚化写作。

莫言:文学发展到现在有了这样一个共识:每一个作家都有他自己的独特价值;每一个作家都有他自己的独特世界;每一个作家都要发出属于他自己的声音。在这种情况下所谓的时尚化写作就都有各自存在的价值。你当然可以反感可以拒绝,但他们还是有自己存在的理由和价值,他们会一步步走下去,他们有喜欢他们的读者。反过来他们对我们也可能不以为然,我觉得这些都需要以平常心看待。一个作家的突破很可能会在边缘,而一旦突破他马上会进入中心,变成一个流行话语作家,会逐渐走到自己的反面。我觉得现在真正可怕的是一些已经取得了写作话语权力的作家,他们用一种伪装得很悠闲很典雅的中产阶级的情调写作,这些人充斥出版和传媒界。这当然不只是一个孤立的文学现象,它还是一个社会现象。社会上确实有一些人发了财,不管通过什么手段,他们对西方中产阶级的一言一行进行模仿,包括他们的情调。大概在90年代中期的时候,北大的一些学者提出在21世纪谁决定一部书的命运,究竟是什么人在读书,他们提出一个"中产阶级"的概念,声称要为中产阶级写作。他们说你要想自己的书卖得好的话你就得讨中产阶级的欢心。我当时就说：在中国，中产阶级的提法还为时过早。我觉得一个中产阶级的审美情趣并不是有了钱就能培养起来的，而当今的中国有几个人能有超出普通中国人的意识呢？写作《檀香刑》如果有什么是有抵抗性的话，我觉得就是和这种中产阶级的写作抵抗。

石一龙：你说过你的写作是一种抵抗性的写作。几年前你就被看成是先锋作家，你怎么看当初的先锋或反叛的姿态？

莫言：我觉得先锋并不仅仅是一种姿态，也不仅仅是一种写作态度，实际上是一种人生态度。你敢于跟流行的东西对抗，你敢于为天下先，这就是先锋的态度。甚至在很多人都不敢说心里话的时候你敢说就是一种先锋的态度。"文革"期间敢跟流行话语对抗的地下文学就是一种先锋，巴金在80年代写《随想录》的时候就是先锋。在我看来实际上"文革"时期对作家的写作禁锢，有的是意识形态的控制，有的就是作家头脑本身就有的，你从小生长的环境和所受的教育、你的阅读等等决定了你不能那样写只能这样写。我当时的写作就是带着对这种禁锢的突破意识而写作的。

我写《欢乐》和《红蝗》的时候是一种抵抗式的写作，现在回头看都是一种表面化的抵抗。当时引人注目，让很多人咋舌。90年代以后，随着年龄的增长，创作量的累积，那种有意识的抵抗越来越少，到了《丰乳肥臀》又掀起一个高潮。1998和1999年以后的写作我变得低调，很多的锋芒被藏起来了，当时往后退了一步，有意识地压低调门。我觉得评论家喜欢的那种东西我知道怎么写，比如我写的《三十年前的一次长跑比赛》、《牛》、《我们的七叔》、《拇指铐》等等。当我突然变成我从前的调子的时候，很多人又不喜欢了，《檀香刑》就是这种写作。我已经压了三年了，用那种低调的比较优雅的态度写作。开始写《檀香刑》的时候也想写得不那么剑拔弩张，但压着压着就不想再压了。

石一龙：文学之所以能够以它的永恒性超越我们的现实生活，你认为这种超越主要来自于什么地方？

莫言：我觉得是一种既是现实又不是现实这种关系给我们打开的空间。我的小说《透明的红萝卜》里面有一个没有姓名的黑孩子。这个黑孩子能说话但很少说话，说话对他几乎是一种沉重的负担。黑孩子可以忍受别人不能忍受的苦难，他在大冬天可以穿一条短裤，光着双脚，他可以把烧红的钢铁握在手里，他可以不理自己身上的伤口。他有惊人的幻想能力，能够看到别人看不见的奇妙而美丽的事物，他能够听到别人听不到的声音，比如他能听到头发落到地上发出的声音，他能嗅到别人不能嗅到的气味。

当然，《丰乳肥臀》的上官金童也有这样的一种超人的缺陷与超人的能力。文学正是因为这些人物具有不同寻常之处，所以他感受到的世界就是在常人看来显得既奇特又新鲜的世界。

所以他就用自己的眼睛开阔了人类的视野，所以他就用自己的体验丰富了人类的体验，所以他既是我又超出了我，他既是人又超越了人，在科学技术如此发达，复制生活如此方便的今天，这种似是而非的超越，正是文学存在着，并可以继续存在下去的理由。

用自己的腔调说话

——2004年4月与《新京报》记者对话

记者：关于获得"华语文学传媒大奖"的很多感受您可能已经在答谢词里谈到了，如果我让您在获得这个奖的时候，说一句最想说的话，感谢一个最想感谢的人，您会说什么呢？

莫言：最想说的就是"文无第一，武无第二"。这也是我父亲曾经对我说过好多遍的话。与这句话意义有关联的就是"人外有人，天外有天。"这也是我父亲反复教导过我的。在我的文学道路上，帮助过我、扶植过我、对我产生过重大影响的人很多，我不好从中选出一个来。但我在心里，一直在念叨他们，从某种意义上说，他们的恩情和友谊，是支持我写作的重要力量。

记者：您这些年来获得的大大小小的奖项，作为一个记者我已经无从统计了，获奖和您的写作之间形成一种什么关系？

莫言：尽管说了实话会显得很不近人情，但我还是要说，得奖和写作，真的没有什么关系。我的意思是说，一个作家，第一，不会也不应该把得奖作为自己写作的动力；第二，得奖并不会使他的小说变得好起来。已经写出来的小说不管得奖与否，是好是坏，已经无法改变。还没写出来的小说，甚至必须与得奖小说大唱反调，才会有价值。

记者：这次的获奖作品《四十一炮》是您的第九部长篇，您说过在过去的作品里，了解您必须要读的是《丰乳肥臀》，您觉得《酒国》在形式的实验上也做得比较成功，而《红树林》是没有找到感觉的作品，对2003年的这部《四十一炮》您自己是如何评价的？

莫言：让作者评价自己的作品，是一个残酷的问题。但我也不忍心不回答你。博尔赫斯说，写出来的作品，一旦发表了，就尽量把它忘记。我没有博尔赫斯那样彻底，所以对《四十一炮》还是有点印象。《四十一炮》是一部成长小说,这有两层含义,一层是说,这部小说写了一个"炮孩子"叙述自己的成长并在叙述中成长;第二层意思是说,这是我的写作成长过程中的一部作品。这样说立即就面临着被讽刺挖苦的危险,一个写了二十多年的人,他的写作还可能成长吗?一个年近五十的人还可能成长吗?这是多么荒诞和无知啊!我也看到过一个年轻人写的文章,题目叫做《莫言老树抽新枝》。他的文章是在讽刺我老不知趣,但我看了这个题目大为感动。我马上联想到了意象派诗人庞德那首著名的《地铁车站》,"人群中出现的那些脸庞:潮湿黝黑树枝上的花瓣。"可以模仿着写一首《莫言新作》:"嘈杂吵嚷的《四十一炮》:黑色老树上抽出的绿枝。"——这个评价可是够高的了,自己夸奖自己,有时候也很必要。接下来我给你讲一个真实的事件。在20世纪40年代,我们村子里一户人家,儿子被炮打死了,儿媳也因病去世。撇下一个男婴。姥姥把这个男婴抱去抚养,最后,这个老妇人的乳房竟然又神奇地恢复了分泌乳汁的功能。山东籍作家冯德英的小说《苦菜花》里有这样的情节,马尔克斯也讲过类似的故事。本来我在写《丰乳肥臀》时要使用这个情节,因为别人用过了,只好放弃。可见,这种违反事物发展规律的情形,在现实生活中还是存在的。所以,我说我的写作还有可能成长,就不完全是在说梦话。

记者:"四十一炮"是这部小说章节的划分方法,在小说的结尾主人公罗小通又用四十一颗炮弹炸死了老兰,41这个数字的用意何在?"炮"的意思是什么?

莫言:《四十一炮》的章节划分,现在看来,有人为的痕迹,这里边有巧合,也有削足适履。小说中过分精巧的结构,其实都有技巧至上的塑料气味弥漫其间。司马迁说"大盗不动干戈",巴金说"文学的最高技巧是没有技巧",这是值得我检讨和反思的。至于"炮",可以简单地解释为"吹",或者是"侃","少年侃",大概有三分之一的小说可以归类到"少年侃"里,样板是那部《麦田守望者》,我唯一可以沾沾自喜的是《四十一炮》的叙事是在虚与实两个层面上穿梭游弋,而《麦田守望者》始终固守在现实的层面上。

记者:在《四十一炮》里,您通篇描写了主人公罗小通对肉的迷恋,我想在这部小说里肉不仅仅是肉,那么"肉"是什么呢?

莫言:肉是肉,也不是肉。肉和灵,是互相依存又相互排斥的对立统一。肉又是欲望,是人的本能,但精神的升华总是建立在本能和欲望的基础上。肉是象征,又是食物。我在写的时候,只是感到这个"肉"是一个丰富的意象,至于其中的内涵,那就不需要我来解释,我的解释,实际上是为自己画地为牢的愚蠢举动。

记者:在这部作品里您选择了罗小通这样一个孩子的视角来讲故事,您的小说好像经常从孩子的视角来讲故事,为什么选用这样的叙事方法?

莫言:说句投机取巧的话:不是我选择了这个视角,而是这个视角选择了我。

记者:以前说到《檀香刑》的语言选用了可以朗诵的口语的方式,而在谈到《四十一炮》的这部小说的语言的时候,您使用了"煞有介事",是什么意思?

莫言:涉及到小说的声音,这问题很复杂,我曾经想过书面语和口语的关系,也曾经看到过上海一个评论家探讨这个问题的文章,但最终是触到语言、意识、思维、思维材料等许多非常专业的概念的墙壁上而晕头转向。20世纪80年代中期,我曾经听过一部在广播电台连播的小说,感到非常好,但把这部小说买来阅读时,感觉非常差。也就是说,播音员的声音,可以给一部平庸小说增添许多光彩。但有些在文本上看很好的小说,未必适合朗诵。我写《檀香刑》时使用了大量的口语和韵文,其意是想和当下时尚的那种翻译小说腔调区别开来,是想用自己的腔调说话,并不是要让电台去连播。至于《四十一炮》中叙事主人公的腔调,那就是一种炮腔炮调。其实,故事的讲述者,都是"煞有介事"。你不"煞有介事",如何打动读者?

记者:在您的作品里最有争议的恐怕是《丰乳肥臀》了,但是您多次谈到它是最重要的作品,对于您如此看重的作品,对新出的增订本您做了哪些修订?为什么这么看重这部作品?(我上大学时候看过这部小说,我当时没有看懂这部小说)

莫言：《丰乳肥臀》修订本，主要是把过分累赘的地方做了删改，语言上做了加工，章节上重新划分。这部小说，我之所以看重，主要是因为，我的小说，大概的可以分为两条路线，一是《十三步》、《酒国》这条路线，技术至上，超现实的成分很多，将社会性的内容深藏其中。另外一条路线，就是《红高粱家族》、《天堂蒜薹之歌》这样的小说，注重地域、环境、历史、家族、命运等比较传统的小说因素。《丰乳肥臀》是沿着《红高粱家族》路线发展下来的那种小说的一个总结，这里边有比较多的我的人生体验和故乡、家族等原始素材，是对自己进行清算的一种写作方式。至于看懂看不懂，那是你的原因。写作过程，其实就是《诗经》上说的"嘤其鸣兮，求其友声"的过程。《红楼梦》比《丰乳肥臀》好九千九百九十九倍多，但我十几岁时，根本看不进去。比起《三国演义》、《水浒传》、《封神演义》，对于一个野孩子来说，《红楼梦》那是太不好看了。

记者：对于您的小说我记忆最深刻的就是残酷，像《檀香刑》我只翻了前面几页，就不敢看了。有一位作家说我们总是书写人性，认为存在就是合理的，但是我们的小说里是不是应该有人性的理想？对这个观点您怎么看？

莫言：我知道你根本就没看过《檀香刑》，你是人云亦云。因为，《檀香刑》中被人认为是"残酷"的那些描写，是到了书的二百多页之后才出现的。"娱记从来不看书"，你看不过来，这可以理解。而不看书又要评书论书，这是你们的职业需要，也可以理解。这是半开玩笑的话，你不要认真。但你发表时不要删去这段，因为这很好玩，也是我作为被采访者的一次温柔的反抗。我们这些作家，被你们这些娱记，像橡皮泥一样，捏了几十年，好不容易鼓起勇气，说几句反驳的话，希望你们也有点雅量，不要删改。

我们家乡有句老话，叫做"猫头鹰报喜——坏了名头"，意思是说，即便猫头鹰报告的是喜事，人们还是不喜欢它。也有人说，"一次为盗，终身是贼。"我写了几个残酷情节，就成了残酷作家，你没看到我小说中那些温柔得要死的情节吗？

从人性的角度讲，每个人，其实都是受刑者、观刑者、施刑者三位一体。

我相信当年在菜市口处决戊戌六君子时，那观刑的人山人海中，大多是可以用善良来定义的百姓。但那些刽子手，之所以要那样夸张地表演，就是为了满足这些善良的看客的需要。而那些受刑人，之所以能够那样慷慨悲歌，视死如归，其中也有为了看客而表演的成分。这样，受刑者、观刑者、施刑者，就是一种合谋的关系。我这样写，是希望人能认识自己。回家问问你爸爸，让他给你讲讲文化大革命时，有多少善良的百姓，变成了残酷的帮凶。当然，在受刑者、观刑者、施刑者背后，还站着一个集团，这些人，是受刑者、观刑者、施刑者共同的主人。

我的小说中，当然也写了理想和希望，《檀香刑》中，所有的人都死了，但我让那个身怀六甲的孙眉娘活了下来，这难道还不是理想和希望吗？我曾经在小说结尾处写上过"让鲜红的太阳照遍全球"这样的理想之歌，可惜让编辑删去了。真是遗憾，他们的武断，毁了我理想主义作家的名声。

记者：在您所有的作品中几乎都涉及到了您的故乡山东高密，您觉得在您的写作中故乡是什么？这个资源是无限的吗？您是否想过题材上来一种突破，比如您已经来北京这么多年，您关注城市人的焦虑和困境吗？

莫言：现实中的山东高密，和我小说中的山东高密，基本上不是一个地方了。至于写作中的故乡，实际上是关于故乡的记忆，而不断地回忆自己的记忆的过程，就是创造故乡的过程。至于所谓资源，好有一比：假如故乡是一片树林，而树上的鸟是资源，那么，总会有鸟飞来飞去。今天飞来西伯利亚的天鹅，明天也许飞来马来半岛的金丝燕，当然也允许东京的乌鸦前来筑巢。我生活在北京，从户籍管理的角度来看，也算北京市民。但我内心里不敢把自己当成北京人。城市人的焦虑和困境，我大概地知道一些，但我并没有去研究，这是我的局限。

记者：您谈到过自己很怕谈思想，思想很可怕，您觉得一个作家可以不靠思想来写作吗？

莫言：看起来今后我应该改变说话的方式，不应该使用这种反讽的腔调。一个作家，不可能没有思想。连智力障碍者也有自己的思想，连大猩猩都有自己的思想。我怕谈思想，一是怕那种向组织汇报的所谓"思想"，二是怕在小说中说教，或者在文章中冒充思想者把许多简单问题复杂化。真正的有用的思想其实都是从生活中抽象出来的大实话。孔夫子算不算有思想的？但一部《论语》，里边全是大实话，根本没有故弄虚玄。我看了某些所谓的"思想者"的文章，感到他们实在是欺负读者，他们不喜欢说通俗的话，他们从来不把狗屎说成是狗屎，非要说成是"狗，也就是 DOG 的排泄物"，这很优雅，但多么麻烦。另外我不喜欢看那些摆出一副"思想者"姿态的人，一摆姿态，立刻露馅。"思想者"是罗丹的著名雕塑，安放在一个露天的公园里，背对着马路。从前面看这幅雕塑，那是"思想"的姿态，但从后边看，那就是一副"刚刚完成了一个排泄排泄物的过程而寻找揩拭物"的姿态。——这是一个在法国开旅游公司的中国小导游说的，尽管我们给予了他很猛烈的文化抵抗，但回头一看，也只好无奈地承认，那姿态也真是挺像。

记者：有一位评论家跟我说，他很想告诉您，"莫言"，是他最想对您小说语言说的一句话，我想他的意思是关于您小说语言的不够讲究、拖泥带水的问题。

莫言：我会认真思考他的话。

我认为我是必要的

——2000年10月与《中华读书报》记者舒晋瑜对话

记者：您能简单地谈一下您的创作经历吗？

莫言：我的创作经历其实跟很多人都相似。从小就喜欢读小人书，小人书读完了就半通不通地硬读大人书。书读得多了，就跃跃欲试地想写。最初的写作动机很功利、很世俗，希望能靠写作改变自己的命运，吃饱饭，跳出农村。后来真正地走上了创作道路，创作的动机也就发生了很大的变化。80年代初期，我在河北的《莲池》发表了处女作，时在《花山》当编辑的铁凝还从自然来稿中编发了我的第一篇散文。1984年我考上了解放军艺术学院，在老师的指导和文学热潮的刺激下，觉悟到了很多东西。《透明的红萝卜》、《爆炸》、《金发婴儿》、《红高粱家族》等一批作品就是在军艺读书期间创作发表的。尤其是《红高粱家族》，更使我"名声大震"，改编成电影后，又一次推波助澜。现在我去参加什么活动，主持人在介绍我的时候，总是把我和《红高粱》联系起来。这也是没有办法的事情，一个作家一辈子可能写出很多作品，但人们记住的，也就是那么几部，甚至只有一部，而被记住的这一部，往往并不是作家最好的作品。这也就是说：每部作品都有它自己的命运。进入90年代后，我把精力主要放在了长篇创作上。写出了《十三步》、《酒国》、《丰乳肥臀》等作品。1996年到现在，我的主要精力放在了创作中短篇小说上，写出了《牛》、《我们的七叔》、《30年前的一次长跑比赛》、《野骡子》、《师傅越来越幽默》、《司令的女人》、《拇指铐》等。

记者：您的创作过程有没有明显的分界？

莫言：我自己当然是有数的。军艺之前的作品，基本上是一个门外汉的模仿，进了军艺后，渐渐地找到了自我并把自己的风格推到了极致，以至于使许多曾经喜欢过我的批评家也望之却步。这一时期的作品以《欢乐》和《红蝗》为代表。后来即进入了长篇小说创作阶段。我的真正意义上的第一部长篇应该是很有些写实风格的《天堂蒜薹之歌》,然后就是前面提到过的那三部长篇。如果说我的中短篇小说因为数量太多还有所重复的话,那么,这几部长篇,无论在故事、结构、语言风格上都有鲜明的区别,这也是我暗自得意的。1996年开始,我感觉自己进入了一个新的阶段,写了几十个中短篇小说。这批小说比较含蓄,不再那样子剑拔弩张。

记者:在我的印象中,您的小说题目都是很抽象的,比如《怀抱鲜花的女人》,据说您本意是想写一部哲理性的武侠小说,但一般读者却看成了爱情小说。《丰乳肥臀》也很容易被误解。还有《红树林》,如果您自己不加说明,读者也不会认为是欲望的象征。起书名的时候您是怎么想的?

莫言:还是有人能看明白的。我觉得好的书名应该有一点象征的意味。写一部作品要让每一个人说好是不可能的,同样,起一个让每个人都能理解的书名也是不容易的。人人都说好的作品,其价值反而值得怀疑。一部作品有争议甚至有激烈的争议,起码说明这部作品含义丰富,有多个侧面,是贴近生活的。我写了长长短短一百多篇小说,起题目的情况并不一样。有的是小说写完了,然后才起的题目,有的是先有了题目,然后才开始写小说。有的是先起了一个题目,但是在写作的过程中把题目改了,有的是编辑帮助改的。我认为,在最好的状态下,不应该是作家选择书名,而是书名跳出来选择了作家。一部好的作品,它的名字只能有一个,不可能有第二个。这也就是《丰乳肥臀》这个书名虽然遭到了强烈的批评和许多的误解,我也不愿更改一样。

记者:在南京的全国书市上,看到了你新近推出的三部短篇小说集《老枪·宝刀》、《苍蝇·门牙》、《初恋·神嫖》,在长篇小说走红的时候,许多作家不愿写短篇是怕浪费素材,您怎样看待这个问题?

莫言:从90年代初期,掀起了长篇小说创作热潮。许多人认为只有长篇小说才能反映广阔的社会生活,只有长篇小说才能奠定一个作家的地位。这样的认识不能说不对,但如果把问题绝对化了就不一定对了。我认为短篇、中篇、长篇不应该是等级递进的关系,而应该是平行并列的关系。写出好的长篇可以成为大家，没写出好的长篇但写出了好的短篇照样可以成为大家，中外文学史上这样的例子很多。至于写作的素材，我认为一个有想象力的作家是不必为素材发愁的。另外，许多在短篇里用过的材料，是可以再用到长篇里去的。许多大家都这样干过。

现在的许多短篇小说集大都是凑够了字数就出一本，并没有体现编者的眼光。我这三本集子却是从我写了二十年的将近八十个短篇中选出来的。选时考虑了风格和题材的统一，不是简单的字数的累加。我对这三本书充满了信心，因为它体现了我的创作风格的多样化和题材的丰富，里边有神有鬼有机智有幽默有爱情，当然也有残酷得令人不忍卒读的东西。

在西方，短篇小说集子经常会成为畅销书，一个作家完全可以靠着一个短篇集子奠定自己在文坛的地位，但这种现象在中国从来没有出现过。我认为现在的时代应该是短篇的时代，喜欢阅读短篇小说的读者大有人在，因此我对短篇小说的创作和销售都满怀信心。在某种意义上，读者也需要引导。

记者：您这次去南京签名售书，情况怎么样？

莫言：签名时，我的右边是台湾的刘墉，左边是上海的韩寒。他们面前都排着长长的队伍。韩寒的队伍里有许多少女；刘墉的队伍里有许多少妇。我的队伍里多半是一些面色苍茫的中年人。我的队伍人少，我签名速度又快，所以不到一个小时就签完了，韩寒和刘墉的队伍还是那样漫长。但我的心中很坦然，一个作家有多少自己的读者，这是你还没成为作家时就已经确定了的，炒作能使书的销售量上升，但是属于你的读者并没有增加。只要我还有自己的读者，我的存在就是有价值的，我的创作就是必要的。

记者：您现在读什么书？

莫言：我读书很杂，捞到什么读什么，基本上没有选择。我的刊物很多，有自己订的，有赠阅的。把这些刊物读完就要花很多工夫。

记者：您这样看重短篇小说，那您关注国内的作家吗？

莫言：当然，我十分关注同行们的创作。老一代的作家我就不评价了，跟我差不多同时出道的，比如苏童，短篇小说写得数量多，质量也很高。王安忆近年来也写了很多非常精粹的短篇。铁凝的许多短篇也达到了炉火纯青的程度。还有许多我就不能一一例举了。

记者：您还有什么写作计划？

莫言：计划很多，有若干个构思在蠢蠢欲动。但就是坐不下来。短篇小说肯定还是要写下去，明年无论如何要把一部四年前就动了笔的长篇写完。这部长篇动笔于1996年，写了一半就放下了，因为我原本想写一个中篇，但一写就是十几个。

记者：重新提笔会影响您的思路吗？

莫言：至少我得把已经写出来的重读几遍，接上气儿。

记者：这两年您创作颇丰。

莫言：写得比以前慢多了。一个是事情比从前多了，一个是体力不如从前了。

记者：您的家人读您的小说吗？

莫言：不读。

记者：最近大江健三郎到北京来，给予您很高的评价，听说还送给您一支笔。

莫言：大江先生对我的评价，让我感到很惶恐。其实，我知道有人比我写得好。中国作家成群结队，作品汗牛充栋，大江先生的阅读范围毕竟是有限的。至于那支笔，体现了一个老作家对一个比他年轻的作家的友谊和期望。大江健三郎先生是一位有世界影响的大作家，没有一点架子，像对待朋友一样对待我，使我很受感动。

记者：网上还发表了一篇文章，题目大概是：莫言，不敢面对大江健三郎。

莫言：这就有点过分了。网站为了提高点击率，往往是语不惊人死不休。我是对一个在网站工作的朋友说过，最好不去见大江健三郎，语言不通，无法很好地交流，再说我这个人最怕的就是热闹，能躲的事尽量地躲了。这篇文章在网上发表后，很多人问过我。也有人说我是在作秀，无所谓了，生活在网络时代，你就要有承受被人讽刺甚至辱骂的能力。

记者：您可以对自己的作品风格作一些评价吗？您的风格是否还会改变？

莫言：这好像是要让自己给自己写评语，虽然不是不能写，但总归是很别扭，就免了吧。至于今后，我的创作风格肯定还是要变化，不断地求变，是我二十年的奋斗轨迹。

小说的写作

——2004年5月与《北京文学》编辑对话

莫言：昨天是母亲节，我在街上看见很令人感动的景象：许多穿校服的女孩，骑自行车或者步行，举着康乃馨花束，满脸神圣，匆匆忙忙，在人潮中穿梭奔跑。我知道这些孩子急欲回家，把手中的鲜花，献给母亲。晚上我重读劳伦斯的短篇小说《菊花的幽香》的时候，脑海里不断地浮现出那些举着康乃馨的女孩形象和那些虽然我没有看到但可以想象到的那些接受了鲜花的母亲们的笑脸。我觉得《菊花的幽香》是一篇关于母爱的小说，或者说是一篇歌颂母性的小说。真正优秀的作品，必定会有多重意义。读者在自己人生的不同的阶段读同一部作品可能会得到不一样的甚至是截然相反的感受。二十年前我读《菊花的幽香》，当时的印象是作品中充满了神秘和压抑，最突出的印象是人的冷漠。劳伦斯是一个善于制造神秘气氛的作家。小说的很多地方充满了刻意或者是无意的象征。时间过去了二十年（最早读这篇小说是1984年，我在解放军艺术学院文学系读书的时候），当我再读这篇小说时，发现小说中洋溢着博大和温暖的母爱。我作为一个读者，随着年龄的增长和心态的变化，对同一篇小说的解读已经大不一样。过去感受不到的东西，现在感受到了。如果再过二十年，再来读这篇小说，会有什么读后感呢？现在无法知道。因此，我们今天来讨论这篇小说，只能是我们的看法，不是结论，更没有什么权威，仅供读者参考。我相信来自不同地域、出身和经历不同的读者肯定会对这篇小说有不同的看法。这也是文学的魅力所在。

编辑：在这么多小说里你为什么推荐了这一篇？

莫言：首先，这篇小说中有既古典又现代的特征，很多部分都是古典的写法，譬如写到人物之间对话的部分，非常见功力。但劳伦斯在许多部分又不知不觉地使用了现代的写法。这篇小说里的劳伦斯风格并不是特别突出。典型的劳伦斯风格的小说,比如说《普鲁士军官》、《骑马出走的女人》等,其中有大量作家站在全知全能的视角对人物的心理进行刻画和描写的段落,有一些非常奇特的感受。在《菊花的幽香》里,这种的描写较少。我选择这篇小说的另一个原因是它有鲜明的地域特征。读完这篇小说我们可以联想到劳伦斯的出身。即使是对劳伦斯的出身一无所知的读者也会知道这是一部写煤矿地区的小说。煤矿地区的小屋、小屋前有破烂的铁路和走得很慢的小火车,铁路旁边生长着杂乱的植物,空气中充满了煤矿地区特有的那种气味。小说中的环境描写让我们仿佛身临其境。劳伦斯对环境的描写非常见功力,看似漫不经心,并不浓墨重彩大肆铺张,而且一个景象反复使用,从而使景象产生了强烈的暗示。我们甚至可以闻到小火车冒出的这种煤烟的味道,我们可以看到矿工身上沾满了煤渣的皱纹。他反复地描写了矿井出口的卷扬机。卷扬机有时是无声的,有时是有声的。他还反复描写了矿井口的火光,时隐时现的,这样的描写看似蜻蜓点水,但总让人感到富有深意。

第三个好的地方就是这篇小说里有许多精彩的细节描写,这些描写发挥了巨大的作用。比如说为死者换上烘烤过的衬衣的细节。死了换一件干净的衬衣足够了,为什么还要烘烤呢?里面还写到她的儿子,他在楼梯的暗处用一把小刀在削一块白色的木头。如果说没有这个"白"字,就说他在楼梯的暗影里削一块木头,也不是不可以,但不够准确,有了这个"白"字就准确和生动多了。在这篇小说里这样的细节描写还有很多,一部好的小说里是离不开这种描写准确的细节的。另外劳伦斯的一些比喻也是非常的"原创",非常的贴切,他写葡萄藤爬满了小木屋,就像一个巨爪要把房子抓起来似的。我还没有在别处看到过这种比喻。这个比喻所产生的联想也很丰富,你能感到这个家庭的生活处处笼罩在外部的巨大压力之下,灾难仿佛随时都会发生。

编辑:我注意到开始的环境描写很像电影里的长镜头,很有画面感,很逼真。你曾说过作家的早期经历对他的写作是决定性的。劳伦斯的早期经历在这篇小说中也有表现:他的父亲也是一个矿工,母亲受教育的程度高于父亲。父母感情不和,等等。这篇小说中是不是有劳伦斯的童年经验的转换?

莫言：如果熟悉劳伦斯的出身经历就会知道，《菊花的幽香》中有他的婶婶的亲身经历。他的叔叔在矿井里出了事，他的婶婶就在家里等待。我想在伊丽莎白的形象里不但有劳伦斯婶婶的影子，也有劳伦斯母亲的影子。劳伦斯的父亲是一个矿工，母亲受过中等教育，应该是一个中产阶级出身的妇女，他的父母之间隔阂很大，于是他的母亲对劳伦斯有一种病态般的母爱。甚至这种爱到后来妨碍了劳伦斯和女人们打交道，他一恋爱他的母亲就妒忌。劳伦斯之所以这样写作，之所以写了这样一些作品，肯定和他的亲身经历有直接关系。《恋爱中的女人》、《儿子与情人》、《查泰莱夫人的情人》等等，都可以看出他的家庭环境在他的心灵上刻下的深刻烙印。

很多作家在刚开始写作的阶段都会有从自己的生活和经历中汲取创作素材的过程。如何将自己亲身经历的事情变成一篇小说，超越简单和局限，使它复杂化、艺术化，《菊花的幽香》为我们提供了一个范例。小说中的故事很简单，讲述了女主人公等待丈夫不归，出门打听，回家等来了丈夫的尸体，和婆婆一起清洗尸体的过程。但劳伦斯洋洋洒洒写了这么多而不令我们觉得沉闷，这样的效果是从哪里来的？他用什么样的语言和细节把一个简单的故事写得这么层次丰富意义深刻？如何从看似平凡没有戏剧性的生活事件中提炼出写作素材？我想这对于初学写作者来说是很有启发意义的，对我们这样的老写手，同样也很有意义。我觉得介绍这篇小说的意义在于，启示一个作家怎样把个人的经历个人的经验变成一篇小说。

编辑：童年的经历决定了他一生的写作方向和写作主题。你在和大江健三郎的对话中也提及这一点。

莫言：作为一个普通的读者读一篇小说的时候没有必要了解一个作家的出身和经历。而如果你要想深入地理解一篇小说，就有必要深入地了解这位作家的出身和经历，这样就会加深我们对他作品的理解。读劳伦斯的《菊花的幽香》也好，读他的其他作品也好，如果我们了解了他的出身经历，就会不由自主地把小说中的人物与作家联系起来。我们会把作品当中人物的经历和作家的亲身经历联系起来，会获得一种亲切的感受。这属于创作心理学的课题。

　　历史往往也是跟人开玩笑，劳伦斯在世时，名誉很不好。他的大多数作品出版后都是一片谴责声。在劳伦斯生前他的家乡把他当做一个巨大的耻辱，说我们这个地区竟然出了这么一个道德败坏的人。现在劳伦斯已经成了他故乡的巨大的旅游资源。

关于菊花的象征意义

　　编辑：菊花这个意象在这篇小说里出现了很多次，你是怎么看这个意象的？它起到了一种什么样的作用？

　　莫言：关于菊花的象征性，应该是我们讨论的重点。让我们假设一下，假设这篇小说的题目不叫《菊花的幽香》，假使翻译家在书的前言里也没有指出菊花的象征意义，读者会不会注意到菊花的象征意义？菊花会不会给他留下深刻的印象？这都值得考虑。我想如果题目里没有菊花，翻译家也没有特别强调这种象征性，一般的读者就会忽略了菊花的象征性。昨天晚上我也在猜想，劳伦斯的这篇小说开始就叫《菊花的幽香》吗？我想如果起题目的话可能有许多的题目比这个《菊花的幽香》来得更准确。《菊花的幽香》这个题目，看起来与小说的整个内容没有什么直接的关系。我猜想劳伦斯在写的时候很可能是把菊花当成闲笔来写的，而在他写完后重新来读这篇小说的时候，突然发现菊花对于这篇小说来说是有意义的，然后重新起了这样一个题目。当然我们现在看来这个题目相对于这篇小说来说，起得确实太好了。一下子把这篇小说拔高了许多，从写实层面上一下子拔到了象征的层面上来。

　　编辑：我觉得在这个小说里，菊花是背景性的，甚至是背景之上的背景，就像窗帘上面的花。也就是你说的那种游离。它在表层传达的是一种轻和美，而小说的内容相当的重量。这让我想到你的那篇《养兔手册》，这类的题目与主题与具体内容都有相当的反差，然而细想一下却有画龙点睛的妙处。

　　莫言：《养兔手册》原来不是这个题目，它叫《与同学相遇》之类的题目，或者说没有想好题目，先写完了再说。写完后我突然觉得《养兔手册》作题目很有意思，于是就叫了《养兔手册》。我把一个很写实的题目换掉了，而用上了这样一个很游离的题目。我想许多作家包括劳伦斯在给小说命题的过程当中肯定会有类似的情况。他在写作中的一处闲笔，突然发现它非常有力，就像一束强光，能够照亮全篇。这就涉及营造象征的问题。许多小说里的象征营造其实是不成功的，你让读者发现了这种象征，带着很浓的人为的痕迹，就显得非常虚假。我们可以再比较一下劳伦斯写的另一篇叫做《狐》的小说，"狐"在劳伦斯这篇小说里的象征意义就过于明显，他用了很多的笔墨，反复地描写狐狸的耀眼的皮毛，它是一只公狐狸，而养鸡人又是一个老姑娘，没有结婚的老姑娘当然处在那种性饥渴的状态，精神非常痛苦，她每天晚上都要用枪打这只狐狸，而当那只狐狸以优雅、美丽的姿态出现在她面前的时候，她总是打不准，当然她肯定打不准，她肯定是要抬高了枪口的。狐狸在《狐》这篇小说里指向非常明确，劳伦斯的意图、劳伦斯的指向非常明显，我们不可能再给予它别的理解。而菊花在这里究竟象征了什么？我想谁也说不准，如果非要我说，那我会说菊花的幽香象征着母爱。每个人都可以说出他的理解来，好的象征就应当这样。

编辑：有时候菊花在小说里还作为一种暗示，起到推动情节的作用。譬如说一开始说插到围裙里的菊花，我这样解读，我觉得它象征女主人公伊丽莎白对爱情的一种超越苦难生活的象征，对过去美好生活的象征。然后到后面，她丈夫喝醉之后，"纽扣眼里也是别着一朵褐色的菊花"，那菊花可能是他丈夫过一种浪荡生活的象征，或者是暗示她丈夫有外遇……

莫言：你可以展开这种联想，可我没有想得这么复杂。我觉得可以从另外一个层面来理解，她丈夫衣扣里别着一朵褐色的菊花，这个形象是非常生动的，它是鲜活的，我觉得他是一个非常热爱生活的、生气蓬勃的年轻人的形象，也许这个形象激起了她在生活里并不太多的甜蜜的回忆。在她丈夫死去之后，她回忆起的大部分应当是，和她丈夫在一起的美好时光。并不会有关于她丈夫的外遇方面的暗示。你这样联想当然谁也推翻不了。

编辑： 在她女儿说"这菊花闻起来多香啊"的时候，伊丽莎白说，"不，我不觉得香。我和他结婚的时候，菊花正开着；你生下来的时候，菊花也正开着；他们第一次把他送回家来……"这一段多次提到了菊花。我觉得这里，作家的故意性太强了，太做作了，太想强调象征了，这段话的出现与伊丽莎白母亲的身份并不相符。我个人觉得它属于败笔。

莫言： 我也正想说这一点。我猜想这是劳伦斯在确定了小说题目之后，这段话是后加上去的。他要强调菊花，要读者注意菊花的象征性。我读到这里也感觉到过分。假如没有这些特别的强调的话，我觉得可能更好一些。假如没有刚才的这些话，菊花的意义会不会看出来呢？这么集中地展示是不是在他确定了《菊花的幽香》这个题目之后，感到应当加强一下，再加上一段，从而使菊花和这篇小说产生了更密切的联系？这是我们非常善于做的也是非常愿意做的一件事啊。生怕读者看不到。假如不过分的话还好，如果过分了，就显得不自然了。菊花是不是象征死亡？这会不会是劳伦斯的本意？有一次我们在意大利，要去一个人家做客，到花店里买花，花店里有许多紫色的菊花，我们想买，但人家说去朋友家做客送菊花是不合适的。

关于小说的主题

编辑： 谈到菊花就可能会涉及到小说的主题。以我的解读，我觉得这篇小说是写一种令人绝望的东西。这跟你刚才说的母爱的主题截然不同。实际上，对她丈夫的不归来，伊丽莎白一直是在期待和焦虑。她觉察到她的生活变成了这种样子，她无能为力但又不知道会变成这样。同时，她丈夫作为她焦虑的焦点和中心，却始终没有出现，等到出现的时候已经死了。而且小说暗示，她的丈夫很可能是自杀。她的丈夫在此之前的浪荡和酗酒可能就是因为他也绝望了。

莫言： 关于这个绝望的主题的提炼，我是不太同意的，我不这样认为。读完这篇小说，在我的脑海里马上会出现两个母亲的形象。一个是女主角伊丽莎白,一个是她的婆婆。还有一个潜在的母亲,那就是她的女儿安妮这个"头发已经由金色变成栗色"的小姑娘。(小说中多次写到这个女孩的头发,仿佛在暗示着这个少女的成熟,另外还请你们注意一下这个女孩对他的父亲称谓的变化,前面称"爹",后边称"他",这里边我感觉到有很微妙的东西)我觉得伊丽莎白对她丈夫还是有着很深的感情。通过某些细节可以表现出来。另外她对于未来生活也不是绝望的,因为她是一个孕妇,肚子里有一个六个月的孩子,而且她还有两个孩子。当她听到她丈夫很可能死了的时候,她首先想到的是,并不是说多么绝望,或者像我们的小说描写得那样"典型":眼前一片昏暗,什么都忘记了,手脚冰凉,如果手里拿着一个什么的话肯定会掉到地上,没有,她马上想到的是在他死后我们靠着这些微薄的救济金能不能活下去,而且必须要活下去。而未出生的孩子也得出生,还得养大。这非常真实。我觉得这是一种更高层次的真实。我读到这里联想到的是冰心在一篇文章中写的情节。在云南时,她的丈夫吴文藻经常生病,有一天他又发高烧,当她把医生叫来的时候发现在她丈夫的身边围了十几个人,而她丈夫身上蒙着一个白床单。她马上想到他肯定是已经死去了。这时她没有哭也没有叫,她马上想到今后我应当干的事情会非常多。她抬头看到窗台上摆着两碗冒着热气的稀饭,她根本没有顾上她的丈夫,也没有哭嚎,而是坐下来一气把这两碗饭喝完。吃完了饭后她看见她丈夫在床上翻了一下身,才知道他还没死。我原以为冰心肯定会大哭小叫,昏倒了啊,悲痛欲绝啊,没有。她首先想到的是我要活下去,丈夫死后,有许多事情需要我去做,我要有力气,而吃饭会使我有力气。这非常真实,一下子把女人的这种坚强、冷静和伟大给表现了出来。所以伊丽莎白得知她丈夫死去之后马上想到的是我要活下去,我要照顾我的两个孩子和肚子里未出生的孩子。我没有读出你所体味到的绝望。

编辑:最令人惊讶的就是伊丽莎白在得知她丈夫死后的那种冷静。和我们的期待相反的那种冷静。

莫言:她的这种冷静我觉得来源于母性。为什么她会这么冷静?为什么她面对一个这样突然爆发的巨大的事件,还能那么有条不紊,相反倒是另一个女人，她的婆婆乱了阵角，为什么？因为她有两个孩子，她肚子里还有一个孩子。对一个女人来说，对男人的爱和对孩子的爱，不是一码事。对男人的爱，可以选择也可以放弃，对孩子的爱，却是源于一种本能，永远不会消失。她的两个孩子在楼上，她跟送来丈夫尸体的矿工和她婆婆反复地强调，不要吵，不要把孩子惊醒，她要保护孩子。哪怕只是暂时的，只让孩子们在今夜睡个好觉，明天再让他们面对父亲去世的现实。她没有把她丈夫安排在客厅而是安排在起居室里面，跟送来丈夫尸体的矿工和她婆婆反复地强调，不要吵，不要把孩子惊醒，并做各种各样的准备工作，然后跑到二楼安慰她的女儿。我为什么说它是表达母爱的小说呢？因为她面对灾难首先想到的是未来，是自己的两个孩子和未出生的孩子，所以她才这样冷静，有条不紊。

我说她和她丈夫还是很有感情的根据是，她在丈夫的尸体即将运来之前，拿出了一件干净的衬衣，放到炉边烘了烘。当她面对丈夫的尸体大段的联想结束之后，她婆婆问她要不要给他换一件干净的衣服，她说用这件烘过的。一个死人已经没有知觉了，烘不烘无所谓了。这是一个非常棒的细节，把女主人公的细心、她和丈夫的感情一下子表现出来了。小说中还有一句话，她"用脸蛋和嘴唇亲遍了丈夫的身体"，如果没有爱，很难想象她会这样做。

编辑：可是，在她丈夫死后，通过大段的心理描写回溯了她和她丈夫之间的关系。她对他们之间的关系根本是否定的，她说她丈夫一下子变成了一个陌生的人。说她丈夫这么陌生，如果他们在天堂里相遇的话会相互感到不好意思，不知如何是好。并说到腹中的胎儿是冰冷的。

莫言：这是我今天想到和你们讨论的重点之一。假如说这个小说让我来写的话那么这三大段我会删掉它。这也是典型的劳伦斯式的风格。劳伦斯的联想。我认为这是败笔，他在代替女主人公伊丽莎白思想。我想一个人在那种状况下是不会想这么深刻的、富有哲理性的问题的。什么天堂啊地狱啊，男人和女人的关系啊，什么爱情和生活的意义啊，她会想这么复杂吗？这里的思辨也不是很明晰。我会删除它，用一两句话直接过渡到给他换衬衣就行了。我想这样这篇小说可能会更好，起码是好读。这一大段的心理描写，正是劳伦斯的风格（如果不用败笔来说的话）。换另一个作家可能不会这样写。从我个人的阅读趣味来讲，我常常对这些章节是跳过去不看的。

所以我觉得他的那三大段不是太好。从她丈夫的尸身运回家里之后，劳伦斯应该一直保持一种冷静的描写，这种冷静的描写也包括对女主人公心理活动的终止。他描写她怎么活动，怎么和婆婆对话，怎么烘烤衬衣，怎样上楼去安慰女儿。这篇小说的心理描写，除了那三大段之外，都非常准确非常可信。只有一个作家对他所写的人物像对他自己那么熟悉的时候，才会写得这么好。尽管我们读这篇小说的时候把她是当做一个文学人物来看待的，但由于劳伦斯那种特殊的出身，由于是他婶婶家的一件真事儿，由于他的父亲母亲，由于他生活的矿区，由于他对矿区矿工那么熟悉，所以像伊丽莎白这样一个人物，就是劳伦斯生活里的一个人，甚至就是劳伦斯自己。他完全做到了就像写自己的心理一样来写伊丽莎白，他的推己度人是准确的。他的伟大还在于一旦进入到小说的第二部分，丈夫的尸身进家之后，只写行为和对话，主人公伊丽莎白的内心活动停止了。这就是余华反复地说过的"内心之死"。他在分析陀斯妥耶夫斯基的《罪与罚》的时候说，男主人公在把放高利贷的老太太砍死之后，他的内心活动停止了，剩下的只是外部活动的描写，只是他的生理上的感受：热、凉、软、硬、滑，而且有很多感觉的变形，声音变小了，听觉丧失了，某种气味被特别地放大，等等。威廉·福克纳的《烧马棚》里也有这样的描写。许多作家都使用过这种在突然降临的灾难面前让主人公内心停止活动的技巧。请注意，现在这种写法已经成为技巧。在这时，任何的有关思辨都会变得很肤浅。而不去描写心理活动，只写人物的外在表现，只写人物的生理感受，可能会收到最好的效果。这也是一个给读者留下想象空间的问题。肖洛霍夫的《静静的顿河》里，当葛利高里带着婀克西妮亚逃跑，婀克西妮亚被打死之后，对葛里高利来说，这是毁灭性的打击，在这种情况下怎样写？如果肖洛霍夫让葛里高利回忆他跟婀克西妮亚在一起时的美好时光，峥嵘岁月，恩爱情仇，哭天抢地，捶胸顿足，那就大落俗套。可他没有写这些，他只写葛里高利不知不觉地栽倒在地，抬头看到天上出现了一轮黑色的、耀眼的太阳。这是一个变态的生理感受，不是心理活动。当然生理感受和心理活动二者之间也不是有一条不可逾越的鸿沟。

编辑：我在这里面，至少是初读的时候并没有读出你所说的母爱。我觉得更多的是冷漠和"局外"感。当然，我们注意到，在最初的时候，伊丽莎白一直在等待和焦虑，还到外面去找她的丈夫，这里面包含更多的可能不是爱而是"在意"，她的生活里，她孩子的生活里需要这个人，他是这个家庭的一个潜在的支撑。在得知她丈夫死去之后，她突然地冷静了下来，我个人的理解，她的冷漠、冷静在于她在此不得不审视自己和丈夫的关系，她发现自己和这个叫丈夫的人的理解和爱是那么少得可怜。我愿意拿它和加缪的《局外人》进行比较。伊丽莎白在她丈夫的尸体面前，"局外人"莫尔索在他母亲的尸体面前都有一种局外的感觉，但他们之间的局外感并不太相同。伊丽莎白的"局外"感是因为爱和被爱的缺少而被抛出这个局而到局外的，她有局内的意识，至少以为自己曾在局内；而在加缪那里，莫尔索一直身处局外，因为他先天地为自己和他人设置了"隔"，它的支点是怀疑和不信任。在这里，是死亡使她对自己的生存得到了审视，她和她丈夫之间的关系就变成了一种陌生的关系。

莫言：生死之间肯定有一种巨大隔膜，哪怕是最亲近的人一旦死去，你要面对他的时候也会感觉非常的遥远非常的冷漠。会感觉到很不真实，会产生很多的想法。这时候，是否有爱，很难用外部的形态来判断。我在农村看过很多死了丈夫的女人，那种号啕，那种呼天抢地，带着很浓的表演意味。有一个一直跟人私通的女人，在他丈夫的尸身前多次晕倒。但我知道，这个时候，她心中其实非常冷静。外表的丧失理智，其实恰好是内心冷静的表现。伊丽莎白的冷静也是外表，这不能说她内心没有波澜，不能说她对丈夫没有爱。还是那句老话，她的冷静源于母爱。没有孩子的话，她会这样冷静吗？我想不会。前面已经说过了。照顾自己的孩子是她的责任，她首先想到的是未来，就是孩子，母爱和责任，产生了巨大的力量，然后她才会像一个局外人那样来处理这件事情。

编辑：我还是认为，这篇小说的主题也可以用冷漠和局外来概括。在指出小说的意义的这一部分,劳伦斯揭示了人和人之间的关系的冷漠。

莫言:你当然可以坚持你自己的看法。但我觉得小说的结尾也证明了这部小说不是"冷漠"更不是"局外",这个结尾似乎是伊丽莎白经过了巨大的灾难和痛苦的思索之后,得出的一个总结:"她们用一条被单遮盖着他,让他躺在那儿,脸全部包扎起来。然后,她把那间小起居室的门锁上,以免孩子们看见是放在什么地方。接下来,她带着平静而沉郁的心情,尽力把厨房收拾整齐,她知道自己顺从了生活,生活是她的直接主宰。然而,她却畏惧而羞愧地向后退缩,想躲避开她最后的主宰:死亡。"她顺从了生活,生活就是这样,丈夫突然死亡,这也是生活的一部分,顺从生活就是承认现实,面对现实。丈夫死后,新的生活开始了,我要活下去,先把厨房收拾好再说,明天孩子要起床,要吃饭、要继续上学,生活还要继续。这一部分和我前面的分析是完全合拍的。而后面的两句:"她却畏惧和羞愧地向后退缩,想躲避开她最后的主宰:死亡",比较费解,死亡是每个人的最后主宰,而惧怕死亡,也是人的本能,为什么要"羞愧"呢?这里我感到了伊丽莎白经过这场变故之后非常通透的生死观念,她逃避死亡,大概还是为了孩子。父亲死去,母亲就成了孩子的唯一。

编辑:"她是一位母亲,可现在她知道做一位妻子是多么可怕。而他呢,他现在已经死了,他一定感到做一位丈夫多么可怕。"这句话如果放到(一篇主题是)母爱的小说里怎么理解?

莫言:放到母爱里无法理解。(笑)我觉得这和我说的并不矛盾,也能成立。在现实生活中,一对夫妻没有任何感情,但繁衍了后代,并不妨碍这个父亲或者母亲对他们的孩子的那种关爱。尽管可能夫妻间的感情很淡漠很冷漠,甚至构成"敌人"的关系,但母爱不会消失。这些话我还是觉得是劳伦斯强加给伊丽莎白的。像劳伦斯这样的大家一旦跳出来这样议论、这样描写,往往变成了自说自话,把人物变成了自己的传声筒。中国古典小说的一个最基本的准则就是什么样的人说什么样的话。每个人物的话和他的身份是符合的。你不能让一个不识字的老农民去讲一个很深刻的哲理,当然,哲理可以通过很生活化的语言、跟他的人物的身份符合的修辞表现出来。

关于当代小说

编辑：你认为当代小说写作里古典主义的写作方法是不是已经很没有位置了？

莫言：我不觉得没有位置，因为我觉得小说无论怎么变还是万变不离其宗，再怎么变基本的要素还是不能排除掉。

编辑：但是刚才说到的很多常规性的东西在当代小说中已经完全被忽略。当代小说其实真又很多问题，比如说对话问题，当代小说里一个老农民说出大段的哲理。有些常识性的东西大家可能会忽略掉。你怎么看待当下小说的整体状况？我觉得现在有些作品，真的不如80年代的作品经看。那时的好作品真是很多的。

莫言：现在的作品，水平还是蛮高的，单从小说的技巧上看，应当说比我们这拨人起点要高。但是如果作为一个整体来看，就会发现他们之中有一些不约而同的东西。有趋同化的倾向。为什么出现这种状况？我想可能是这些作家的出身经历、生活状况、接受的教育和阅读经验都太相似了。所以在他们千方百计地追求个性化写作的时候反而走到了同一条路上，极致的个性化追求结果造成的是一种雷同。20世纪80年代我们这些作家起码可分成几类：出身于农家、成年后来到城市接受城市文明和国外文学影响的；知青作家；右派作家；出身小城镇和城市的作家。虽然我们后来的阅读和接受都差不多，但被激活的个人记忆却是全然不同的，所以出来的小说状态也是不一样的。现在这些年轻作家读的书和所受的外来影响都基本差不多，他们的个人经验又差不多，所以他们的小说也就面目相似。但我这个判断，很可能因为我阅读面的狭窄而失之偏颇。我也看了韩少功关于个性化写作的文章，我觉得他的说法是没有错的。关键是这个口号应用到不同的写作群体身上产生的效果就会不一样。对于我们那一批作家，是要特别地强调彰显、突出自己的个性。

我们那个时代所受的教育影响太强大了，我们一直想个性化个性化，不知不觉地就滑向了共性的泥潭。强调个性才有生存之路。而现在的年轻人，受到的压抑比较少，个性发展得相对健全，对他们来说，多关注一些社会性的东西，也许对写作有帮助。

编辑：我再提一下方言的问题，它好像已经被吞噬了，原初的生动性和多样性不存在了。再就是年轻人谈恋爱的方式都在仿照电视剧。我觉得现在的年轻人对生活没有一种原初的经验，这是不是我们现代社会的一种危机，在我们的生活里表现出来？

莫言：当然是一种危机。然而这更是一种存在。危机我们可以扭转，然而存在就无法改变。最初艺术是在模仿生活，它来源于生活，可是当艺术泛滥、艺术过剩，那么生活反过来就开始模仿艺术。我在这里谈一下想象的问题，我们这一茬和更老一些的作家的想象是建立在物质基础之上的，建立在具体的、可感的形象上的，譬如玉米、高粱、牛马羊、战争……现在年轻人的想象建立在想象的产物之上。动画片、电脑游戏、电视剧、别人的小说，把别人想象的产物当成自己的想象的起点，这是一种延伸的想象。这样的想象当然可以产生很好的作品，但是缺少那种感同身受的、原创的东西。

另外关于方言，方言直接进入小说，历史证明是失败的。北方方言因为和普通话比较接近，进入小说的可能性更大一些。但方言，或者说老百姓的口语，毫无疑问是我们必须重视的，那是生动鲜活的语言的源头。老百姓的语言永远是生动活泼的，问题在于我们学习老百姓语言的热情和能力是否高涨和强大。

编辑：那可不可以作这样总体化的判断：因为这种情况会导致文学的一种丧失，或损失？

莫言：好像会出现另外一种文学了。起码是那种我们熟悉的现实主义的巨作出现的可能性小了，难度非常大了。倒可能出现一些技术至上的小说，或者是我难以想象的品类。

编辑：我想问一下你们这批作家会不会是最后一批具有乡土经验的作家？

现在,在农村的一些作家,他们的思想同样也被电视、网络这种强势的传媒所统治和控制着,他们的想象可能也已经被抑制了,那么你们的那种乡土经验是不是以后会很难体会到了?

莫言:这方面是很难了。但乡土作家还是会出现的。我们一提到乡土,马上会联想到农村、贫困、封闭,其实每个人都有自己的乡土,这个乡土和每个人的童年环境有关,甚至是可以画等号的。乡土也未必是乡村,一个上海作家他在里弄里长大,上海就是他的乡土。在北京胡同里长大的孩子胡同就是他的乡土。现在这些少男少女写的小说你也可以理解成一种乡土小说。酒吧、电影、电脑、游戏,扩展一下也可以看成是乡土,当然,这种乡土和过去的乡土肯定是不一样的。由于各自乡土的不同,每个人对乡土的留恋也就显得不同,每个人的个人趣味也就不同了。

编辑:我是觉得这样会很危险。因为以前建立的关于文学最基本的观念都会被推翻,因为文学最重要的是人的最本始的经验。在现在的这种生活状况下面这种本真的经验实际上是不存在了。

莫言:这个问题其实我们早就遇到了,我们好像感觉它是突然出现的似的。在六七十年代西方作家已经面临了这个问题。为什么会出现那么多的现代派?出现新小说?某一种资源被挖掘到一定程度差不多枯竭的时候,后面的作家就必须"另谋生路"。作家和读者都由此分成了各种各样的群体,因此小说也就变得丰富多样了。好像我们的面前出现了好多条道路,每一条道路看起来又都通向光明,不存在谁对谁错的问题。谁要用一个统一的标准对一个时代的小说做判断的话,浅谈还可以,一旦深入就会陷入到自己设置的矛盾中。

编辑:影响好作品出现的最大问题是什么?是刚才谈的,还是商业化,还是其他?

莫言:现在好作品还是很多的,而且什么是好作品,标准也不一样。当然对那些经典,看法还是比较一致的。我觉得我们不要期待每一月每一年都有大作品,不要那么急功近利。天天都出经典,经典也就不是经典了。

编辑：可是一个创作的整体平庸期也确实影响大作品的出现。

莫言：我们看一下唐诗。盛唐有李、杜，这是高入云霄的，谁也攀登不上去的。而在中唐则出现了一个创作的"高原"。都写得很好，但无法与李、杜相比。我觉得我们的小说现在就是进入了一个"高原期"。它比60年代的确高得多。但是像李、杜那样的大家，还没有出现。

编辑：这还是一个很高的评价嘛。

作家需要加强技巧

——2006年7月与新华社记者平悦对话

记者： 福冈文化奖颁奖辞中提到的，文化的多样性和社会的复杂性是指您作品中的哪些？是《檀香刑》中的乡土气息，还是《生死疲劳》中的佛法轮回从不同的视角看社会？

莫言： 亚洲文化的多样性和丰富性，这是一个现实的存在。福冈亚洲文化奖的宗旨也就是要保持这丰富和多样。这仅仅是问题的一个方面，更重要的是，在保持和继承文化传统的同时，还要创造新的东西，创造和保持并不构成矛盾关系。我个人理解，保持旧的文化不是根本目的，根本目的是要借助这些传统，创造新的亚洲文化。我想，他们是整体上考量了我的创作后，才决定把这个奖授给我。当然，我想，你提到的《檀香刑》、《生死疲劳》等作品，也许更加突出地表现了我的创作个性。也可以把《檀香刑》里的猫腔和《生死疲劳》里的六道轮回看成是多样性的亚洲文化的构成部分，但我个人在写作时，从来没有想到要用小说来保存亚洲文化。而且，小说也负担不起这样沉重的担子。我想，作为一个中国的作家，必然地会从本土的文化里去汲取创作的营养，必然地会从民间的生活中去寻找创作的资源，根本的目的是要写出具有中国特色和个性的小说，但也许，这样的努力客观上也具有了保存亚洲文化的作用。

记者： 您觉得"为亚洲文学通向世界开辟了一条道路"是怎样的一条道路呢？是指表现手法还是作品所反映的内容现象？

莫言： 这是夸大的褒奖之词，不能也不必去认真地分析。我想，文学和艺术，除了具有特殊性之外，还必须具有共性或者是普遍性。你的小说，描写了中国人的生活，展示了中国人生活中的特殊性，但你的小说必须揭示了人的普遍情感，才能让中国之外的读者接受并被感动。中国文学应该是世界文学的构成部分,因此,作家在写作时,必须要站在超越国家和民族的全人类的高度上,过分地强调民族性,就像强调文学的阶级性一样,很可能会造成对文学的伤害。

我想,文学作为一门艺术、技巧或者说手法,是它的重要的表征,尽管我们可以说"最大的技巧就是没有技巧",但这是经过长期的技巧训练之后才可能达到的境界。至于内容,当然也非常重要。但我要把话说得极端一点:对于大多数中国作家来说——当然包括我——需要加强技巧训练。

记者:您有多次到日本演讲和交流的经历,您能具体介绍一下您所了解的目前日本文学的现状和发展吗?前不久,我读过一篇关于村上春树先生的文章,村上春树先生对日本一些右翼作家和否认历史的行为进行批判,他也提到日本的一些作家是反华的。当然我们对日本文学整体的情况并不清楚,对这种现象到底达到什么程度并不了解,所以想请您介绍一下,您在日本的经历、见闻?

莫言:我虽然去过几次日本,但对日本文学界的了解很少。我比较熟悉的,还是像川端康成、三岛由纪夫等那一批老作家。日本跟中国一样,近年来涌现出了很多年轻作家,他们的作品,据说都很前卫,很"反叛",很"另类",而这些年轻作家的作品,大都没有什么政治性。日本的历史问题,不是他们关心的内容。但我相信村上春树说的,日本作家中,有的很右翼,这是正常的。作家的文学成就和作家的政治态度,是个比较复杂的问题,譬如说三岛由纪夫,他的文学成就很大,但他的政治态度很右,对这样的作家,如何评价,的确比较困难。

记者:您进行文学创作多年,优秀的作品很多,一路走来,您觉得中国文学与其他亚洲文学比如日本文学有什么不同?在亚洲和世界文学中的独特性在哪里?

莫言:首先是内容不同。其次是继承的文学传统不同。关于亚洲文学的独特性,我觉得,除了可以说的表征外,还有一种只可意会,不可言传的东西,那就是"东方情调",我们可以在艺术作品中感受到这种"东方情调",但要具体地谈则比较困难。

记者：您认为中国文学在受到外来文化的影响下有什么变化和发展趋势？

莫言：世界文学，是一个整体。不但中国文学受到外来文化的影响，外国文学，也会受到中国文化的影响。但这种影响，并不会使文学的个性消灭，而是会产生新的充满个性的文学。我们应该敞开胸怀接受外来的东西，要有一种世界性的眼光和胸怀，只有知道别人已经写了什么，我们才可能写出跟别人不一样的东西。

记者：您曾经说过您的作品带有很浓的中国特色，有些甚至是乡土气息，如果翻译成其他国家的文字，外国人不一定能够理解，文学的价值也会下降。现在您有一些作品被翻译成日文，您之前的担心还有吗？是不是有想法将自己的文学推向世界？

莫言：文学翻译，起码有三种情况，一种是把一流的翻译成一流的，一种是把一流的翻译成二流的，还有一种是把二流的翻译成了一流的。这要看翻译者的水平。具体地说，是翻译家要寻找对应的东西。譬如我的《檀香刑》里的"猫腔"，这部小说的语言是这部小说的重要价值，如果仅仅是把故事翻译过去，那没有什么意义。翻译家用日本的一个民间戏剧，来对应我的猫腔，收到了很好的效果。这样的翻译就是成功的。对我们这些中国作家来说，作品被翻译，基本上靠运气，你碰到一个优秀的翻译家，你的作品就会得到外国读者的喜爱。我的运气不错，我的英文、法文、意大利文的翻译，都是卓越的翻译家。

记者：今年您用很短的时间就创作发行了《生死疲劳》。现在您是否又有新的想法和创作冲动，有没有新作的计划？

莫言：想法很多，冲动也有，但今年我不会写大的东西了。我在读书，思考，也在通过多种方式，了解当下的社会生活。

童年记忆

——2006年7月与《亚洲新闻人物》记者对话

福冈获奖

记者：此次得奖，是您的意料之中吗？您是什么时候收到获奖通知，能否谈谈此次获奖的细节？

莫言：当然是意料之外。因为获过这个奖的中国人，像巴金、费孝通他们，那是真正的大师级人物，我无法跟他们相比。我是今年三月份接到了福冈方面的通知，四月份福冈市的官员来我家拜访过，就七月份他们来北京召开新闻发布会和我九月份去福冈领奖事征求了我的意见。我不希望他们来北京发布，太张扬，会招人骂，但这是他们的惯例，不会因为我而更改。

记者：此次日本获奖，您被誉为"亚洲和世界文学的旗手"，对于这一称号，您怎么看待？

莫言：担当不起，绝对担当不起。我自己知道自己那点分量。我在新闻发布会上已经说过，中国有成千上万的作家，比我写得好的人很多，我得奖是运气，这不是谦虚，是真心话。这样说很可能又被"骂"成虚伪，那就"骂"吧，我自己心中有数就行了。

记者：对于《檀香刑》在茅盾文学奖的落选与在日本福冈的获奖，您作何感想，中国文学奖与世界文学奖的距离到底有多远？

莫言：这两个奖没有什么可比性。我已经很怕回答关于得奖的问题，因为该说的都说过了。

记者：日本的大江健三郎先生与您神交已久，也曾在高密会面，能讲讲您和他的缘分吗，他又是如何评价您的作品的？

莫言：我跟大江先生，也就是见过几面，他是前辈，我很尊敬他，也看过他很多作品。他能读法文、英文和中文,学问很大。他早期的作品很符合我的口味,近年来的作品,思辨色彩浓厚,当前世界的许多热点问题,都在他的小说里有反映。他是一个关注现实并勇于发言的知识分子型作家,也是一个在需要的时候敢于拍案而起的斗士。因为我一点外语不懂,通过翻译,对话很难深入。即便没有语言障碍,我也不是他的谈话对手,我没有正儿八经上过学,没受过系统训练,虽然近年来恶补理论,但终究是一知半解,难登大雅之堂,惭愧。

记者: 川端康成给过您有关故乡这一灵感,北海道是您喜欢的一个地方,日本料理您也非常喜欢,您的作品在日本深受喜欢,请问,日本文化对您的创作有着什么样的影响?

莫言: 我读过一些日本小说。像川端康成、谷崎润一郎、夏目漱石、水上勉等,很喜欢,自然就会受到影响。至于日本文化,我只去过几次日本,每次就那么几天,走马观花,浮光掠影,甚至连皮毛都算不上了解。至于北海道,因为我有一个老乡刘连仁先生,在那里的深山里,当了14年"野人",我60年代就听过刘连仁的报告,80年代到他家采访过他,一直被他的事迹感动着,一直有实地考察一下的愿望,这次,终于看到了他最后栖身的地方,对他当年的"野人"生活,有了一些想象的依据。我当然很希望能把刘连仁的事迹写成小说或戏剧,但即便不写,他也在我的心中,以他的那种精神,激励着我前进。

记者: 西方文化,诸如文学、影视、美术,对您产生了什么影响?

莫言: 影响确实是存在的,但要说得很具体,则比较困难。首先说美术,80年代中,我在军艺学习时,经常去图书馆翻阅画册,我不懂美术,看不出名堂,但感觉还是有的。我看梵高的画,燃烧的树,旋转的星空,看莫奈的睡莲什么的,带着很强烈但说不清的感受,就回去写小说,写《透明的红萝卜》、《红高粱家族》之类,就把画里的那种情绪,转移到语言中了。影视,那影响更大,电影中的特写镜头,蒙太奇之类,也被我在小说中运用了。譬如《爆炸》中,小说主人公被父亲扇了一个耳光,我就写了一千多字。文学是我的本行,影响最大。有人说我受了马尔克斯的影响,说得很对,但真正成为我的导师的,其实并不是马尔克斯。这个没有必要多说。我的写作,确实存在很多问题,这些问题,我自己最清楚,我当然会在今后的写作中,力图有所矫正。

童年记忆

记者:《暖》改编自您的小说《白狗秋千架》,荡秋千是高密东北乡真实的情景吗,您幼时喜欢荡秋千吗,那时候都会想些什么?

莫言:荡秋千,每年的清明节,村里会在打谷场上竖一架秋千,全村的人都挤在那里,排不上队。而且在打秋千这种事上,也有阶级歧视,出身好的人,霸着;出身不好或不太好的,自己知趣,不敢往前,远远地看着。后来自己在两棵树之间,拴一条绳子,放上一块木板,就是一个简易秋千。坐在秋千上,一边悠荡,一边看小儿书,是童年时代的美好回忆。后来就写到小说里了。

记者:辍学的那段日子里,是如何度过的?现在回想,那个孤独的童年除了培养出您丰富的想象力,还给您的一生留下了什么?

莫言:辍学之后,因为太小,干不了重活,就放牛。放了有三年的时间,主要是春夏秋三季,有时候冬天也放。这段生活,让我对动物比较了解,也认识了很多植物。更重要的是,让我跟大自然之间,有了一种特别的亲近感情。

记者:您的家庭中,父亲母亲对您的教育有白脸红脸之分吗,他们对于您童年的孤独感有过深入的了解吗?

莫言:我是一个不招人喜欢的孩子,饶舌,嘴馋,处处讨人嫌。中篇小说《牛》里那个罗汉,就有我的影子。后来连我自己也很厌恶自己。我父亲很严厉,母亲基本上是维护父亲的,但比父亲温和许多。我现在经常想起自己少年时的一些事,心中非常歉疚,感到自己对不起父母,也对不起这个世界。我母亲从小就教育我少说话,我也改名"莫言"以自警,但总是管不住自己的嘴巴，得罪了许多人，招人家恨我，修理我，这是咎由自取。今后，我应该三缄其口，尽量地避免和文坛的人聚会，实在躲不过，也要尽量地装聋作哑，决不要逞一时口舌之快，招致无穷的后患。实际上，嘴巴上占上风，是愚蠢的，文学的事，每个人都有自己的看法，非要强迫着别人接受自己的观点，那是不可能的。我童年时代，我父母最操心的事一是要想法弄点吃的，不把孩子们饿死，二是要小心翼翼，不被社会入了另册，至于孩子的孤独感，这个问题太奢侈了。这都是我自己长大后总结出来的。

记者：您有过最绝望的时候吗？

莫言：我绝望的时候太多了，但最终还是找到了用写作来疗治绝望的方法。

记者：成年的孤独与儿时的孤独，哪一种让您感触更深？

莫言：这两种孤独，感触都很深。童年时孤独，还希望往人堆里钻，凑热闹，现在，孤独着，是安全的，也是幸福的。

记者：在生活中，您的家人和朋友是如何形容您的脾性的？

莫言：我不知道朋友们怎么评价我。家人认为我脾气暴躁。我知道自己脾气不好，最坏的是管不住自己的嘴，一冲动就要说过激的话。现在，找到了一个比较好的办法，那就是不跟圈子里的人打交道。我有很多别的行当的朋友，跟他们相处，既愉快，又安全。

记者：您的读者有过这样的评论，说您的作品里充满了"屎尿横飞"的文学描述，让幼年读者备感亲切，这是您童年情结的延续吗？

莫言：随便说吧，但我自己知道，这种说法其实并不全面。而且，幼年读者不会对这样的描写感兴趣。

记者：您怎么看待一个人的成熟与一个作家的成熟？

莫言：一个人成熟了，其实就是他不会跟人正面交锋了。一个作家成熟了，其实他就成为工匠了。两种成熟，都算不上什么好事。所以，既要躲避成熟，又要不惹人生气，只能采取回避的办法，"躲进小楼成一统"，只管埋头看书写小说吧。

中国作家的社会地位是很高的

——2001年4月与以色列记者阿基瓦·埃达对话

莫言的文学创作

记者：您的作品被译成了多种文字是吗？

莫言：有十几种文字吧。除了《枯河》之外，我还有两部长篇小说被译为希伯来文，一部是《红高粱家族》，一部是《天堂蒜薹之歌》。

记者：您的小说中，许多是写农村生活和人们的苦难的，您怎样看待当前中国的贫富分化现象？您有什么解决方法？

莫言：我已有二十多年的创作历史，写了二十多本书，大概可分为两类：一类是写历史的，一类是写现实生活的。我的被译成希伯来文的两部作品刚好具有代表性，《红高粱家族》写的是历史，《天堂蒜苔之歌》写的是80年代的中国现实生活。

我本身就是中国下层社会成长起来的作家，我对下层百姓的生活非常熟悉。对于当前中国的贫富分化现象，我与任何一个有良知的人一样在关注着，而且作为作家我会更加关注。作家只可能是提出问题、反映问题，比如作家只能是把当前存在的一些黑暗腐败现象通过作品表现出来，他的任务也就完成了，但是如何解决这些问题，应该是政府的事情。

记者：您刚才说您的作品大体上分为两类，在《红高粱家族》中您写到了中日战争，那么对您的创作影响较大的还有哪些历史事件？

莫言：我刚刚出版的小说《檀香刑》，就是讲的1900年德国人在中国山东修铁路的故事。在此书中，一个乡村戏班的班主用唱戏的方式与德国人对抗，当然这种对抗对他们而言没有所谓的反侵略反殖民意识，只是因为铁路从他们祖坟中穿过，他们认为被破了风水。这是一个很质朴的故事。

记者： 您是否认为写历史要更容易一些呢？

莫言： 历史与现实，这两种题材好比是我的两条腿，都一样重要。写历史事件更容易调动我的想象力，写现实则可以表现我的良心。在写现实故事时，我就是和老百姓站在一个立场上的。

记者： 您怎么看待人生经历对小说创作的影响？

莫言： 对于作家，童年的经历、记忆非常重要。我真正理解文学，始于我发现了童年记忆、理解童真之时，因为童年是与故乡、母亲、爱人等等联系在一起的，一个作家的童年经历决定了他的文学。我是在农村长大的，后来又进入了城市，受到了城市的影响，但这是一种对照，可以说是我的城市生活照亮了我对农村生活的记忆。

记者： 在西方，有的作家是靠写书卖钱来生活的。

莫言： 我的书在中国也卖得很多，我完全可以靠写书来生活。《檀香刑》第一版就印了8万册。

作家与社会的关系

记者： 当前中国在道德、文化、传统等方面都发生了变化，您如何看待？这对中国社会、经济、普通人的生活都会有什么影响呢？

莫言： 从80年代开始，因为要适应中国商品经济的发展，中国社会的道德标准发生了一些变化。过去的那种淳朴的乡村生活关系被如今的金钱关系所代替。但是这种代替在某种意义上是有进步性的。传统的标准、文化也有着浓郁的封建家族色彩。这种契约关系的、金钱关系的标准确实代表社会在向更合适、更法治化的方向进步。任何一个社会的道德标准也不可能是纯粹的，比如我现在，我的脑子里或许有一些封建的东西、一些资本主义的东西、一些社会主义的东西，是掺杂在一起的。

我觉得目前应该是个过渡时期，对旧的标准的怀疑造成了我们对新的标准的建立和发展。我想，没必要像从前那样用行政的手段强制人们都遵从一个统一的某个标准。一个社会应该有一个最低的道德底线,只要人人都做到遵纪守法就可以了,至于高尚的品德,那是另外一回事了。

记者: 刚才说到了法律的问题。美国认为,中国一直在人权方面有欠缺,所以每年在日内瓦,美国都会针对中国的人权问题提出议案。您怎么样看待这个问题?

莫言: 有比较才有鉴别。作为中国人,我在与我过去生活的比较中,我觉得生活在各方面都有了变化。在几十年前的"文革"时期,中国人确实没有说话的权利,如果一句话没有说好,都有可能会锒铛入狱。但是现在这种情况已经不存在了。现在,在公共场合,人们可以高声地用很尖锐的语言发表自己的看法,甚至嘲笑某些政府官员,什么话都可以说。现在的媒体也有很大变化,过去,中国的媒体不能从反面抨击社会黑暗现象,但是现在揭露腐败现象的内容在报刊中占了很大版面。我所在的《检察日报》就是专门跟贪官污吏作对、揭批腐败现象、替人民讲话的一份报纸。

中国幅员广阔,人口众多,出现一些腐败现象也是可以理解的。在某些地方、部门,蔑视法律的现象肯定存在,但这个问题要从整体来看,看它是主流还是个别。美国的媒体也常常会揭露出他们的政府腐败或者不讲人权的地方。

每个国家都有每个国家的国情,对于人权的理解都有不一样的地方。我作为作家、作为一个普通百姓,确实感受到了这二十年来中国的变化,包括对人权、对人的尊重等等。比如说,如果在"文革"期间,我在大街上吻一个姑娘,人们可能会把我当成流氓送进派出所,但是现在当人们在大街上看见有年轻人接吻时,都会用很美好的眼光来看待他们。

记者: 我去过印度、日本,但是我看见中国人似乎更高兴,更爱歌唱。

莫言: 就我去过的国家而言,我觉得中国人的生活压力最小。他们可能没有高大的别墅,没有豪华的轿车,但是他们心情愉快。要知道,人对于物质的追求是没有止境的,关键是人的心里要知足,只要自己高兴就成。

西方文化对中国文学创作的影响

记者：作为中国作家，您认为接触西方文化有否必要？西方文化诸如文学、影视、美术，对中国社会有什么影响？

莫言：西方文化其实是一种消费文化。西方文化对中国影响有个过程。80年代以前，中国基本上是封闭的，那时我们不知道西方发生了什么事情。在改革开放之后，西方文化铺天盖地地引进，让人眼花缭乱。我们在看了卡夫卡、海明威等等的小说之后，第一次知道小说还可以这样写，跟我们以前的"三突出"写作完全不同。那时真有眼界大开的感觉。

1984年，我读到了马尔克斯的《百年孤独》，我很震惊，就像马尔克斯在50年代第一次读到卡夫卡的作品时感觉一样，原来小说还可以这样写！但我除了佩服之外，也有些不服气，我觉得我的生活有更丰富的东西，如果我早些知道小说还可以这样写法，说不定我早就写出了一部《百年孤独》了。就是在这种情况下，中国一大批青年作家模仿西方文学，学习马尔克斯、福克纳、海明威、卡夫卡的东西，但是很快意识到这样是不行的，这仅仅是也只能是模仿，是二流的。大家都想尽快地写出有中国气派的小说，这样才能走向世界。虽然这是个很艰难的过程。

西方作家打开了我们的思路，使我们意识到，一个作家不应该受到什么清规戒律的束缚。

记者：您的作品在海外也有译本，有没有外国读者跟您联系？

莫言：普通读者要与我联系的话，即使写信，也会存在语言障碍的问题。跟我联系较多的是国外大学里的研究生，他们以研究我的作品为课题。

关于中国作家的创作

记者：您感觉在中国作为一名作家是否是一种荣耀并受到人们的尊敬？

莫言：一到国外，我就感觉到中国作家的社会地位是很高的。

记者：在以色列我们的报社中，也有一些作家，但他们得坚持做一些记者工作，写些评论文章，因为在以色列，如果只靠写作为生恐怕是难以为继。

莫言：在中国，作家们生活得比较轻松。中国的作家有一个很大的组织——中国作家协会，这是一个庞大的机构，每个省都有分会。有的作家即使许多年没有作品，政府还是会给他发薪水。

记者：以色列也有很好的作家和很好素质的读者。

莫言：是的。我知道去年有一位很有名的以色列作家阿摩司·奥兹在中国出版了五部书。

记者：在以色列，阿摩司·奥兹受到广泛的欢迎，而且他是一位很有影响的社会评论家。在中国，作家也会受到这样的欢迎吗？

莫言：中国的作家很多。据我所知，中国作协有6000多会员，中国有数百家文学刊物，有500多家出版社，每年公开出版的长篇小说非常之多，去年就有1000多部。当前比较活跃的作家、评论家就有数百个。所以，在中国，不会像以色列人集中关注阿摩司·奥兹那样，人们的眼光不会集中到某一个作家身上。对于某些重大事件，作家还是愿意发表自己的意见的。但也有作家是愿意过寂寞生活的，不想参与社会生活的，也有的作家非常热心于社会生活，愿意当人民的代言人。我可能介于二者之间。

与《检察日报》

记者：您到《检察日报》工作是您自己的选择？

莫言：是的。报社里有许多年轻人，每当我烦闷孤独的时候，我就来跟他们说说话。而且《检察日报》是一份反腐倡廉、替人民说话的报纸，这符合我的性格。

记者：您在《检察日报》具体做什么工作呢？

莫言：在报社的影视部，我主要策划一些影视剧本的创作。

记者：这份报纸创刊有多长时间？

莫言：今年整整10周年，我认为这与中国法制建设的进程有关。

记者：您对最近发生的美国军用飞机撞毁中国军用飞机的事件怎么看？

莫言：作为一个老百姓，我觉得美国是在欺负人。

记者：您觉得美国做得不公正？

莫言：是的。

记者：感谢您接受我的采访。我衷心地邀请您去以色列访问。

莫言：谢谢。我小时候是在农村生活，如果我去以色列的话，请你们安排我去看一看农场的农作物，最好到基布兹去看看。

记者：哈哈，当然可以。

耳朵的盛宴

——与《亚洲周刊》记者对话

记者：从《红高粱家族》一路走到今天的《檀香刑》，由"性"到"刑"，有人说性与暴力是您小说的至爱，这种说法是否贴近您的创作意旨？您是怎样通过性与暴力来推动情节的？据说《檀香刑》已销到8万册，这份阅读热情是受性与暴力的情节吸引，还是当下民众对民间艺术的热衷？

莫言：我在《红高粱家族》中的确写到了性，但我写的性是建立在爱的基础之上的；在《檀香刑》中当然写到了刑，但我写的刑并不是为了展示暴力，而是想展示人性中的阴暗，而是想揭示一种不仅存在于历史中，也存在于现实中甚至存在于人心中的酷虐文化。我想，在我那么多的作品中，除了性与暴力，大概还有别的东西吧？性与暴力是任何一个写历史题材的作家都无法回避的，并不是我的专利，我也从来没想过要把这些东西作为自己的"至爱"。《檀香刑》的实际销量如果算上盗版，起码有三五个八万了吧？至于为什么会有这么多的读者读这本书，我不知道是什么吸引了他们。

记者：我倒是认为《檀香刑》的魅力恰在于您精雕细刻这"酷虐文化"的刀工，真可谓是将它写得晶莹剔透。刽子手赵甲那"手"的特殊与非凡，它凝聚了中国人一生的抱负、家传世代"艺"的精湛，再配合对这个人物心理丝丝入扣的剥离，使得惨无人道之举在体验高峰路转峰回沉浸于赏析之境。而受刑者孙丙既有可笑的质朴，又有慷慨的豪迈，加上猫腔绕梁不绝的渲染，刑场幻化为剧场。不只有男声，还有媚娘的哭唱，钱大老爷的九曲回肠，落落实实一个"众声喧哗"的多声部交响对唱。虽然孙丙受刑场景容易让人想起鲁迅笔下经典阿Q的赴刑，但受现代意识影响至深的鲁迅揭示的是群群看客，无论是看者还是被看者，都仅仅只有愚昧，唯一等待的就是启蒙知识分子"哀其不幸，怒其不争"的慨叹。《檀香刑》不同的是：刑场的看者也是民间说唱演出中的听众，不只是听众，他们还"帮腔补调"，每个在场的个体都以其情感投注参与这场"广场艺术"。它的特点在于个个平等自由的职责，正是书中写到的"台下的百姓们仿佛突然意识到了自己的职责，他们不约而同地发出了形形色色的'咪呜'。在这大片的'咪呜'之声里，出现了一声凄凉激越的哀鸣，如一柱团团旋转的白烟直冲云霄"。

在此我想问的是：您作为中国远古文化的后裔，在将残暴通过叙述技巧逼向极致时，对文化的沉迷与耽溺是否某种程度上遮蔽了本当有的批判立场？

莫言：我觉得批评者或是读者应该把作者与书中的人物区别开来，赵甲对酷刑的沉迷并不等同于我对酷刑的沉迷，这是问题的一个方面。文化的批判者，首先应该是、或者曾经是一个文化的沉迷者，这是问题的另一个方面。作者的批判立场，并不一定要声嘶力竭地喊出来，这是问题的又一个方面。展示的本身具有沉迷和批判的二重性，这是问题的第四个方面。

记者：媒体和评论界都注意到您在《檀香刑》后记中的"撤退"之说，能否在此作些具体解释？

莫言：这种撤退是指追求真正的民间风格，语言上追求民间口语、戏剧的特点，与现代那种追求儒雅的文学不同。《檀香刑》后记中曾指出：1996年秋天，我开始写《檀香刑》。围绕着有关火车和铁路的神奇传说，写了大概有五万字，放了一段时间回头看，明显地带着魔幻现实主义的味道，于是推倒重来，许多精彩的细节，因为很容易魔幻气，也就舍弃不用。最后决定把铁路和火车的声音减弱，突出了猫腔的声音，尽管这样会使作品的丰富性减弱，但为了保持比较多的民间气息，为了比较纯粹的中国风格，我毫不犹豫地做出了牺牲。

记者：也就是说您在自觉地追求中国民间艺术形态，并将"民间俗艺"作为"庙堂雅言"的对立面加以强调和坚持？所以您将"猫腔"与"辉煌殿堂与意大利的歌剧、俄罗斯的芭蕾"相对立。但是，我清楚记得，从您的作品《透明的红萝卜》到《红高粱家族》，批评界一致将您纳入"魔幻现实主义"行列，今天您对这种归类有何看法？可否以您自身经验谈谈中国作家对西方文艺的接受状态?

莫言：我在80年代初期受西方文学影响很大，其实不仅仅是我，我们那茬作家都不同程度地受到了西方文学的影响，我想这没有什么好避讳的。造成这种状况的原因，一是我们长期在文化上闭关锁国，对西方几十年来的文学和艺术发展状况根本不了解，看人家的作品就更谈不上了。80年代一开禁，大量的作品被翻译了过来，大家看了后都感到耳目一新，这才知道，小说其实可以有多种多样的写法。在这种情况下，学习、借鉴甚至是模仿都是正常的甚至是必要的。但大家很快就意识到，一味的模仿是没有出路的，尽管说文学是人学，是没有国界的，但事实上，每个国家、每个民族，都要也应该通过小说表现出自己的特质。所谓的特质其实也是很难说清的东西，譬如语言，譬如故事，都要有自己的鲜明的风格。到了写《檀香刑》时，我的追求已经十分自觉。我想我首先要用一种跟自己过去的语言、跟流行的翻译腔调不一样的语言。这时候我想到了茂腔的戏文。所谓"撤退"，其实就是向民间回归。所谓"撤退得还不够"就是说小说中的语言还是有很多洋派的东西，没有像赵树理的小说语言那样纯粹。在今后的写作中，我也许再往后退几步，使用一种真正土得掉渣，但很有生命的语言，我相信我能掌握。

记者：说得好！难得中国作家有这样一份语言意识。但我曾经在讨论中国现代汉语的"失语"状态时有一个观点，我不认为今日能找出一个纯粹的东方或是西方，我们不可逃避、也毋庸讳言已是文化杂交的后代。仅就现代意识而言，如果语言是表达一份存在，那么，现代中国人遭遇的生存场景是世界性的，我们同样经历了战争和工业文明，它们对我们的思维起到了翻天覆地的影响，迫使我们更换视角，趋近丰富而复杂的生命机理。因此中国人在表达自身的体验时从来就不曾有失语。问题在于现代白话文是一种从语法到句式都革新了的语言，它的发展亦只有区区百年。且在它形成之初，由于某种革命性行为，造成了它与自身汉语传统的断裂，因此才有翻译体的蔓延。今日我们要续接的是传统资源，一如"猫腔"给予您的养分。

故在此我想追问的是：您对自我小说语言的清醒认识，是否隐含了中国文学发展的理想追求？另外，当您说德国人修铁路，"便有德国的士兵把许多中国健壮男子的辫子剪去，铺在铁路的枕木下边，丢了辫子的男人就成了木头一样的废人"。有无隐喻意义？您的小说常有对先人英勇的崇拜，对后人血性、野性不足的讽喻，那么只能在广场上为劳苦大众演出的茂腔，是因了西方和权力者合谋才遭灭绝，还是种族本身的退化？

莫言：关于一个民族的语言，这是一个非常深奥而专业的话题，我大概很难说出什么有价值的东西，只能是凭着感性的认识来勉强地与你对话。诚如您所言，现在的世界越来越小，不仅仅是物质生活日益趋同，就连文化也在趋同。对流行文化来说，甚至已经感觉不到语言的障碍。在这种所谓的"世界一体化"的大背景下，最集中地蕴藏着、表现了一个民族的深层心理结构和文化积淀的语言，也以加快了无数倍的速度汲取着它种语言的素养，当然也在影响着别种的语言。语言的这种吐故纳新、融合交流大概是从语言产生之日就开始了吧？只不过因为外在的原因而在程度上有所区别。具体到汉语，五四时期的白话文，我想就是一个大量地吸收他种语言元素的运动。现代汉语除了大量地吸纳了外来语的词汇之外，是不是在语法上也学习了外来语的一些结构？但这种积极地汲取外来语元素的语言活动，在大陆的"文革"期间基本上停滞了。"文革"期间我们发展了汉语中最坏的东西，那就是"假、大、空、虚、霸"，白话文运动努力想缩小典雅的书面语与口语的距离，"文革"期间又把这种距离拉大了。人们在家里说的是人话，到了社会上说的就是鬼话，当然报纸上、书刊上的文章更是一句人话也不说。"文革"的语言遗毒至今还没消除，这已经不是一个语言问题，而是一个政治问题了。据《圣经》说人类之初，使用的都是同样的语言，这种力量可怕到影响了上帝的安全，于是上帝就把人类的语言多样化了。我还看过一本语言学的书，说南美洲许多经常大雨倾盆的地方，因为人们不能经常出去活动，所以，小的语种就特别多。由此可见，随着科学的日益发达，人类的交流越来越多，语言的互相学习机会自然也就越多。再下去三千年，人类的语言会不会像当初一样变成一种语言呢？在这个意义上，我的所谓追求语言的民族化，就显得可笑而悲壮。但就像我们明明知道地球总有一天要陨落、太阳总有一天会熄灭但我们依然还在为了这样那样的目标而努力奋斗一样,我明知人类的语言总有一天要趋同,但我还是想与那些翻译腔、港台腔对抗一下。不是说翻译腔、港台腔就不好,而是我不喜欢。我想一个有追求的作家,最大的追求就是语言的或曰文体的追求,总是想发出与别人不一样的声音或者不太一样的声音,这个追求其实根本不涉及到民族语言的问题,当然也不关乎小说的民族化问题,说穿了这是作家个人的事情,但放在一个大的背景下,你的创作不管好坏毕竟是民族文学的一个组成部分,这样也就使作家的个人努力获得了一种集体的意义。至于茂腔这种民间戏曲的灭绝,就像唐诗宋词的衰落一样,是艺术样式的更替,当然这种更替是与人类社会的进化有关系的,外来的文化当然也起了作用,但不是最重要的。还有割去男人辫子的问题,所谓"隐喻意义",您说有就有,您说没有就是没有。

记者:但"有"与"无"是能体现中国文学未来的色彩啊!您是否认为说唱艺术是中国小说的根本和未来?

莫言:我不敢回答您提出的这个问题。民间说唱艺术对我这样的作家产生了积极的影响,但对于年轻人来说,却不一定有影响。我之所以把这古老的东西挖掘出来,就像前面说过的那样,只是为了使自己的语言与别人的,抑或与流行的语言有所区别而已。别的真没想过。

记者:据说王家卫有意拍《檀香刑》?而前不久电视放映的《大宅门》也不时借用戏剧的锣鼓夸张,倘若您对民间叙述立场的坚持,最后也逃脱不掉滚滚红尘的后现代大机器的拼贴制作,有何感慨?

莫言:《檀香刑》的影视版权,我委托给了别人代理。我对民间的叙述立场的迷恋,不仅仅是一个语言问题,也涉及到了一个作家的文化态度。而且也必须说明,纯粹的民间也是不存在的,对"民间"的理解也因人而异。影视运用的手段是声光化电,声光化电与民间立场并没有不可调和的矛盾。

记者:最后再问一个问题:当您强调《檀香刑》是"听"的阅读,您是为"声音"而写作时,是否有意着重语言的动感?而且语言已不再是工具,而是有内容质感可行使意念之体?

莫言：语言的节奏与韵律，看起来是奢侈的东西，也就是说，没有韵律和节奏，并不影响你去买菜，但如果你要写诗写小说，那就必须要有这些东西。韵律和节奏，是通过声音表现出来，即便你阅读时不出声，但声音还是在你的意识深处轰鸣着。所以我在小说后记里提到的"听"，其实也是自己念给自己听，无声地朗诵，用意识聆听。

记者：关于结构呢？

莫言：《檀香刑》的结构，有人说好，有人说故弄玄虚。其实这不是我的发明，记得在一本书上看到过，说最好的小说，开篇应该像凤凰的头部一样简洁秀丽，结尾应该像豹子的尾巴一样刚劲有力，中间部分应该像猪的肚子一样肥大丰满。我采用这种结构，纯粹是为了叙述上的便利，当然也是为了读者阅读时的明朗。如果不采用这种结构，这部小说的篇幅会拉长很多，在小说的叙事时空上，也会遇到很多麻烦。

记者：谈谈斗须和比脚。

莫言：我在写这两个情节时，想到的就是情节本身，也是"忠实"于生活。在那个时代，男人的胡须是不是像公鸡的羽毛一样是雄性的象征，我不知道，但美髯公总是受到普遍的尊重。至于女人的小脚，那是一种病态审美的产物，其意义对于那个时期的女人，甚至胜过美丽的容貌。总而言之，一个好的情节，确实应该具有象征的意义，但这象征着的意义，作家在写作时往往是意识不到的，即便是意识到了，也不应该是很清楚的，否则，小说就失去了弹性和丰富性。

写什么是一种命定

——2003年9月与《文艺报》记者刘颋对话

记者：您的创作，从开始到现在的《四十一炮》，一直都把视线定格在农村。中间当然也有城市题材的，但只是极小的部分。可以说，一直关注农村表现农村，您是中国作家中为数不多的一个。而您的农村题材的写作，又和一般的作家有很大的区别。能否请您谈谈您的这种写作选择。

莫言：我觉得这好像是一种命定。我想一个作家能写什么、能怎样写，大概在他二十岁以前就基本决定了。刚开始写作时，一般都是写熟悉的生活。我最熟悉的生活，当然是农村。我21岁时才当兵离开家乡，当了三四年兵后开始学习写作，部队生活也了解了一些，但刻骨铭心的记忆肯定还要回到当兵以前。我在当兵以前唯一的一次出远门是去青岛。1972年的春天，送哥哥和侄子去青岛坐船，那次去青岛是我当时生活中的一次重大事件，也是我们村子里的一件大事。我们村有很多人一辈子都没有到过县城。我开始写作时，虽然"四人帮"已经粉碎了，但极"左"思想的影响还是很厉害，很多有名刊物的编辑给我们讲课也说要抓重大题材，要有政治敏感性。当时我就天天看报纸，听说刘少奇要平反了，我就写了一篇《老贫农怀念刘主席》的小说，等消息公开了，我的小说就到了编辑手里了。事实证明这样的小说是不行的。当兵头4年其实我也没有离开过农村，新兵训练没有结束，我就被总参下属一个部队抽调去了，到驻地后，心凉了半截。一个破败的小院子，两三排平房，一边堆着陈年的煤堆，旁边就是露天厕所，半个篮球场，绳上挂着军队家属晾的孩子的尿布，满院子跑的是鸡，前面是老百姓的庄稼地，左边是老百姓晾粉丝的地方，就是有名的龙口粉丝，后面就是制造粉丝的作坊，臭气熏天，根本没有苍蝇和蚊子，估计它们都被熏跑了。右边是老百姓的牛棚，里面拴着人民公社的牛或马。我就在这样的环境中呆了四年。这个地方比我的家乡还破烂。过了这个寻找重大题材的阶段后，我考到了解放军艺术学院。接受了各种各样的文学思潮的冲击，冲掉了原来脑子里带有很浓政治色彩的文学观念。这时候我意识到最重要的是借各种外力来冲破我们原有的文学观念，通过这个过程发现自我找到自我，找到自我也就找到了文学。这时候写的《大风》、《石磨》，就开始开启了我的少年记忆和农村记忆，这种状态以《透明的红萝卜》作为标志，它发表以后，我再也不愁没东西可写了。《透明的红萝卜》得到肯定以后，我有了一种强大的自信：我什么都可能缺乏，比如才华等，但就是不会缺乏素材。20多年的农村生活，就像电影连环画一样，一部接一部地纷至沓来。它都可以写成小说，都可以用语言描述出来。这也就是为什么我的城市题材写得比较少的原因。因为农村题材还没有写完，不断地有东西出现。当然客观地说，如果我不当兵离开农村，而且也在那个地方走上了文学道路，我写的肯定也是农村生活，但那样情况下写出的农村生活跟现在写的农村生活肯定是不一样的。因为我进入了城市，接受了城市的文明，受到了职业化的文学教育，对我回顾自己的童年、发现自己的童年非常有作用。没有职业化，以前那些东西都不可能成型。用了这种文明催化剂后，它一下子该凝固的凝固了，该变色的变色了，一切都明朗了。也就是说尽管我写的是农村题材，但城市是对我起作用的。没有城市也就没有现在这样的农村题材的小说。当然后来我的一些小说中也不纯然写农村，像《酒国》那个长篇。

记者：您离开农村已经很长时间了，就算我们常说的童年记忆，也会有用完的时候。像很多从农村出来的作家，他们写了几部之后，可能就没有什么好写的了，转向了别的题材。而且您现在生活在北京，难道北京的生活经验就没有冲击您的农村记忆吗？

莫言：我是1976年当兵的，尽管当兵头几年还是在农村的环境里，但按照习惯的说法，当兵就是参加革命，只要是吃国库粮就算参加革命了，那我"参加革命"已经27年了。1982年从河北山沟里调到延庆，1984年我考到军艺，延庆是北京的地盘，所以说我到北京已经有20多年了。为什么我的小说中始终没有出现北京呢，因为我觉得我的农村题材还没有写完，还经常冒出一些让我激动、觉得有意义的东西想写。另外一个，有些作家的个人经历一两本书写完后没有可写的了，或转向写别的东西了，我觉得我大概能知道其中的原因。比如50年代的一些老作家，他们写的是亲身的经历，比如剿匪，当武工队员，小说中很多是照搬了生活，无非是加了点文学工而已。但为什么这些小说出来后那么感人？因为生活中确实包含了很多超出人想象的东西，比如《林海雪原》。东北森林里的剿匪本来就很传奇很惊险，如实记录下来就会很好看。所以他们第一部作品一般是很轰动的，尤其是50年代，小说比较少，每一部小说的出版都是一件大事。但写完这些后就没什么东西可写了，再写就编造了。我看过曲波后来写的《山呼海啸》、《桥隆飙》还看过那个写过《野火春风斗古城》的李英儒重获解放后写的一部长篇，编造得太过虚假，令人啼笑皆非，跟他们的成名作无法相比。小说家要不要编造？当然要。不编造不是小说家，胡编乱造甚至不是一个贬义词。但怎样编得真实有说服力，这就是对一个作家的考验。这个能力就是用自己的情感来同化生活的能力。为什么我们这代作家可以持续不断地写，就是因为我们掌握了一种同化生活的能力。同化就是可以把听来的看来的别人的生活当做自己的生活来写。可以把从某个角度生发想象出来的东西当做真实来写。这种用自己的情感经历同化别人生活的能力，说穿了也就是一种想象力。当编辑的大概都有这样的经历：有的作者说我写的都是真的，是真的发生过的事，是我家里的事，但你一看还是觉得虚假。有的人就是编，但读来却感觉逼真，仿佛写的就是自己身边的事。这就是作家的能力。要达到这个程度，第一，就是要有一种煞有介事的具有说服力的语言，当这种具有说服力的语言确立以后，读者马上就会建立起一种对你的信任。比如马尔克斯的《百年孤独》，那肯定是瞎编的，吹得无边无沿，但他就是确定了一种腔调，吸引了你，文本和读者建立了一种信任，达成了默契。有些明明是真的事情，但写出来别人感觉假，那就是语言不过关。再有就是没有深入到人物的内心里去，描写的是事情的过程，这就是你并没有准确地把握到人物的性格。当然鲁迅也说过，你要写刽子手未必真要去杀人，这就是要求作家应该有想象力，这种想象力就是当你写刽子手时你就应该把自己想象成刽子手，深入到刽子手的内心里去。也就是说，当你写一个人物时，这个人物应该在你的头脑里活灵活现，像相处多年一样。《檀香刑》就是这样写的。我现在生活在城市里，每天都有无数的信息。你看我现在好像闲着，其实头脑里一直在忙碌着，哪一个信息有文学价值，头脑里马上就会有一根神经兴奋起来，就像电脑里程序的待命状态一样。发现小说素材，马上就会反应。城市的生活好像是封闭的静止的，但记忆中的故乡是一条河流，在不断地流动着，当然，最根本的还是过去。

记者：你曾经说过，"故乡和人是有血脉关系的，尤其对小说家。故乡释放了无穷的自由，但对我是一种束缚。""不管将来有多少故事，有什么经历，也还是要把它放回到故乡的情景之中，这样你的故事才能活，哪怕你的故乡是一个马店，但这个道理也是会通用的。"这就涉及到另外一个问题，故乡和童年记忆在一个作家身上的烙印如此深，表现如此强烈的，您是突出的一个，无论故乡还是童年记忆，在一般作家身上随着时间的推移会淡化，但在您身上，我的感觉是，随着您离开故乡越远，年头越长，它们没有淡化而是在不断地强化，不断地被突出。阅读《四十一炮》第一个联想是"小黑孩"，好像他们之间一直有一条线联系着，从来没断过，虽然他们中间有不同有变化。除了您前面说的原因，还有没有别的原因？为什么所有的东西都放回到故乡里去了？

莫言：故乡对作家是一种限制。这个限制首先指的是经历上的，当然这种限制我们后来可以突破。比如我离开故乡20多年了，经历会慢慢用完。但当我把这种情感经历变成一种情感经验，就一下和后来的生活接通了。我把在农村训练出来的思想方法感情方式，用来处理后来听到的别人的故事，用我的童年记忆处理器，它一下就把故乡生活这个封闭的记忆和现代生活打通了。

记者：也就是说，现在您的故乡是开放的。

莫言：对。它是开放的，是一个无边的概念。所谓故乡的限制，我觉得更是一种语言的限制。一个作家的语言有后天训练的因素，但他语言的内核、语言的精气神,恐怕还是更早时候的影响决定的。我觉得我的语言就是继承了民间的和民间艺术家的口头传说是一脉相承的。第一,这种语言是夸张的流畅的滔滔不绝的。第二,这种语言是生动的有乡土气息的。在农村我们经常看见一个大字都不识的人,当你听他讲话时你会觉得他的学问大得无边无沿。他绘声绘色的描述非常打动人,语言本身有着巨大的魅力。炮人炮孩子,尽管你知道他是瞎说八道,但你听得津津有味,因为你会把它当故事听,这是一种听觉的盛宴。我想我的语言最根本的来源就在这。第三,我想,是中华民族的传奇文学的源头,或者是一种文学表达的方式。传奇文学主要是靠口口相传的,越往前推,识字的人越少,当然现在大家都认字了。口头的故事本来就是经过加工的,每一个讲述故事的肯定要添油加醋,所以200年前一件普通事,经过口口相传,到现在肯定了不得了。所以说,第一从语言上第二从经历上,故乡对人是有制约的。尽管后来我看了很多西方的翻译过来的著作,也看了很多我们古典的文学作品和当代的,但为什么我的语言没变成和余华的一样,为什么我的语言和苏童叶兆言的不一样,虽然我们后来的基础都差不多。我和余华是鲁院同学,听的东西都是一个老师讲的,看的书也差不多,但我们的语言风格差别是十分鲜明的。王安忆作品中的上海乡下、苏童的苏州,我觉得都是故乡因素的制约在起作用。这一方面是好事,一方面也是坏事,是无可奈何的存在事实。这样更多的作家才有存在的价值。当然大家都试图在突破,试图在变化自己,但深水的鱼到了浅水就难以存活,是一个道理。我们现在能做的是千方百计把这种限制变得有弹性一点,努力地增长它,往里面填充新的材料。我必须把故乡记忆故乡经历的闸门打开,必须把它从死水变成流动的河流,必须要学习学习再学习,任何新鲜东西都要努力地去接受,天南海北发生的事都要过滤接受。这样说,我小说里的故乡高密东北乡完全不是一个地理概念了,真实的"高密东北乡"和它已经完全不是一回事,它是一种文学的情感的反映。而且我小时候的高密东北乡和记忆里的也不是一回事,比如我现在回老家,就发现哪还有高密东北乡啊,完全不是一回事。但母本还是过去的那点东西,比如说河流、街道,而且还有很多传说中的,并不是现实生活中存在的。清朝的事我不可能知道,凭的是邻居乡亲在茶余饭后或田间地头休息时说的话和典故,那些都变成了我的东西,而且可能长时间保存,突然在某一天被激活。台湾一个作家写的《旱魃》,我看到第三页的时候就猜到了他的结尾,觉得那就是我的故事,我在十二三岁时听过的。

记者:您的作品一直没有离开农村的土地,但您和很多作家写农村的方法是不一样的。我们注意到,您的作品如果连贯起来其实就是农村的心灵史,不知道您是否有意在这方面创作一部完整的,比如表现百年农村心灵史的作品?

莫言:你说的是《静静的顿河》一样的作品吧。其实我们国家60年代是有人可能完成这样的作品的,但时代限制了他们的才华。从新中国成立到现在,又是50多年,这50多年的乡村生活,其实并没有得到深刻的表现,如果能把这50多年写出来,肯定是了不起的,这50多年发生了多少悲喜剧荒诞剧啊?写出来,很可能成为经典。但我也有些疑问,当今这个时代,这样的书还有人看吗?

记者:现在的读者并不拒绝经典,而是目前也没有经典可以期待。

莫言:读者对经典不要有太大的期望,每个时代,能产生几部经典就行了。即便发动全国的作家来制造经典,即便设上几亿的文学基金,给作家们提供优裕的创作条件,也无济于事。经典恰恰是在油灯下窑洞里写出来的,经典是淡化了经典意识之后写出来的。经典都是作家孤独心灵的产物,轰轰烈烈,标语口号,披红戴花,敲锣打鼓,那是大炼钢铁,不是写作。

记者:关于您的作品,我的一个阅读记忆,好像您的小说中所有的动植物都是活的,都是有生命的。《四十一炮》中,似乎每一个物件都是活的。在您的作品中,看到的是您对每一个生命、每一个个体的灵性的表达和尊重。

莫言:台湾的出版社刚给我寄来了他们翻译的《马尔克斯传》,开篇第一句话就是:"万物都有生命,问题是怎样唤起它们的灵性。"在我的写作过程中,并没有刻意要表达它们的灵性,那为什么在我的作品中有些动植物仿佛能够通灵呢？我想这还是和我的童年有关系。我11岁辍学，辍学后有过一段大约三五年特别孤独的时候。那时候还是生产队，11岁的孩子连半劳力也算不上，只能放一放牛、割一割草，做一些辅助性的劳动，我的主要工作就是放牛。一天挣三个工分。牵了牛到荒地去，早上去晚上回，中午自己带点干粮，整整一天，太阳冒红就走，直到日落西山才回。一个认得点字的孩子，对外界有点认知能力，也听过一些神话传说故事，也有美好的幻想，这时候无法跟人交流，只能跟牛、跟天上的鸟、地上的草、蚂蚱等动植物交流。牛是非常懂事的，能够看懂我的心灵。这样一直到十五岁，成了半劳力，可以参加生产队的集体劳动了。这三五年真的是太孤独了，想说话又没有说话的对象，有时候在田野里大喊大叫，更多的时候是躺在草地上，看天上缓缓飘过的白云，看天上鸣叫的小鸟，胡思乱想。我对鸟也很了解，像云雀。它在天上叫我就能准确地在地上找到它的巢。我曾经把麻雀的幼鸟放到云雀的窝里，看着云雀把它养大了。我就猜测云雀母亲看到自己养大的这个怪物后的心情。1984年我写了一个中篇《球状闪电》，很多动物植物都有心理活动。听到的故事对我也有影响。农村是泛神论，万物都可以成精，比如一棵大树，百年之后就是老树精了，我们村头就有这样一棵树。还有蛇。我对蛇的恐惧到了无以复加的地步，而且有种心灵感应。村里的一个老坟头上面长了茂密的小树，我感觉里面有蛇，喊一声，果然就有一条小蛇游了出来。小时候为什么我是不受家长喜欢的孩子呢，就是因为我的胆子太小，想象力太丰富。割草的时候胆大的孩子很快就割满一箩筐回家了，我总是很长时间还割不满。有草的地方我就害怕有蛇、有刺猬，但又盼望着草里有小鸟，发现有小鸟就爱不释手，怎么还能割草？发现蛇就不断地摸乱头发，因为传说只要头发的根数被蛇数清，人的魂就被蛇摄去。然后就召唤孩子们来打。只要发现一条蛇，一个上午就过去了，哪里还能割满草筐？小时候我每时每刻都感到怕，至于究竟怕什么，也说不清楚。孤独的童年生活和听了太多这样的故事，导致了我不怎么和人交流。这和城市孩子不一样。所以我想，是不是科技越发达的地方，这种人和自然的交流就越退化。

记者：但这种人和自然的交流对文学创作来说是非常重要的。

莫言：（笑）所以我认为，要训练一个作家的话，小时候应该把他放到一个没有电的地方。晚上太明亮了，童话就没有了，想象力也就萎缩了。有一年和王安忆一起去瑞典，我就知道了丹麦产生安徒生是和那时候他们特别落后有关系。因为他们靠近北极，有一个漫长的冬天，白天只有三四个小时，晚上一家人围坐火炉，这不产生童话产生什么？如果到了北京上海，灯火通明，每一个角落都照得纤尘毕现，童话就消失了。所以有电灯以后就没有童话了（笑）。

记者：我看过一个材料，说王安忆最喜欢的作家就是您。

莫言：这是北京《晨报》前几年登的。我想那是王安忆答记者问时随口说的。马上被记者捕捉了，变成了一个标题，显然缺乏深思熟虑。

记者：可我感觉王安忆说话是很慎重的，她不会随意说，也不会说违心的话。

莫言：我觉得她这么说，是因为我和她在创作上反差比较大，离得比较远。如果一个人发现别人的东西写得和自己很相似，他是不会喜欢他的。我写农村，她写上海，她当然也写过农村，她是写苏北的。但是我觉得她是用城市的眼光写的，当然写得也非常地道，但是还是不一样，视角不一样。

记者：我感觉您和她之间还是有共通之处。就是作品中对心灵、对世界、对每一个生命体都非常关注，是一种内心的真诚的关注。

莫言：我想这是任何作家都不能忽视的一个问题，就是对人物内心的关注。我记得文学界20世纪80年代有个讨论，就是文学要向内转，作家应该从人物的内心出发写作。

记者：作家要具备一种能力，能深入到人物的内心深处去。

莫言：或者说在某一瞬间自己的内心完全和人物的内心同化，这和戏剧演员在舞台上的移情还不一样。《檀香刑》中刽子手浸泡檀香木时的心理，完全是一种想象，我相信历史上没有过，杀一个人哪用得着那么费事。

记者：那是一种近乎宗教般的情结和举动。

莫言：它要求写作的时候要自信。而且某个时候，我就是他，我就是这么想的，我认为我应该得到这种荣耀（被太后赏赐）。那么细节紧接着就来了，既然我是把刽子手这个职业看得无比荣耀的，那我就是在替皇帝做事，我就是国家法律物化的表现，国家法律最后就体现在我身上。既然如此神圣如此庄严，那檀香刑每一个步骤每一个刑具的制作都是非常庄严的事情。

记者：您给他找到了庄严的依据。

莫言：对，为了发扬刽子手行当的职业精神。也是一种表演。受刑执刑都是戏。

记者：《檀香刑》是想象力的大爆发，您的文学创造力也是受到人们承认的。但当代文学的想象力似乎成了一个问题。还有就是现在的作品中表现出的讲故事的能力。比如说，我们就可以说，莫言有很强的讲故事的能力，但似乎现在的一些作家不屑于讲故事。想象力、讲故事的能力在文学创作中究竟有什么样的位置？

莫言：讲故事的能力就是想象力。有的人可以讲一个活灵活现的故事，就因为他有想象力。当然想象力比讲故事的能力要宽阔一点。语言方面调动词汇方面，都是需要想象力的。小说的结构，也需要想象力。语言方面，确定叙述的调门就好像电脑里确定了一套程序，它会自动搜索需要的语言。比如写一个省委书记，肯定有一套他的词汇，讲一个老农民，他也有他的一套词汇。但归根到底是需要想象力的。有些比喻，像《围城》里的，婚姻比作鸟笼，像这种精彩的比喻是都需要想象力的。如果对一个文本进行分析，可以看出，比喻用得多少，可以显示出这个作家想象力的强弱。当比喻用得多而贴切有创意时，这个作家的想象力就是比较强大的。当一个作家在他的作品中没有用什么比喻或是一些烂透了的比喻，起码就是他的想象力和创造力不够。再有一个是故事的编撰。编得合情合理又出乎意外，这就是一种想象的能力。现在不少作家编故事的能力都很强，写电视电影剧本时，主要是编撰故事。但有时就是差那么一点点，结果就完全不一样。

记者：说到讲故事，现在很多作家似乎不屑于讲故事。

莫言：有一种认为是，最好的小说是不讲故事或淡化故事的。这种淡化故事的倾向在80年代中期就开始了，它主要受西方的影响。一些人认为传统的讲故事的小说已经司空见惯，太多了，要进行小说革命，要全面革命。不仅革掉语言，而且要改变小说最基本的要素。有人就淡化故事，但淡化故事并不等于没有故事，没有故事短篇可以，像马尔克斯的《伊丽莎白在马孔多时的观雨独白》，就写一个女人看着窗外的暴雨胡思乱想。但如果是长篇，或是一个中篇小说，没有故事，那怎么读？而且在现在，它拿什么去吸引读者？我一直强调小说的第一个因素是小说应该好看，小说要让读者读得下去。什么样的小说好看？小说应该有一个很好的故事精彩的故事。因为所谓思想、人物性格的塑造、时代精神的开掘，所有的微言大义，都是通过故事表现出来的。而且做评论文章，单纯从结构和文体，也是没有多少话好讲的。所以我认为还是应该有故事，而且应该有精彩的故事。尤其是在长篇小说里，更应该有让人看了难以忘记的故事，这样才有可能产生让人难以忘记的可以进入文学画廊的典型人物，那些美丽的语言才有可能附丽。皮之不存，毛将焉附？这样故事淡化的短篇存在，像孙甘露的一些小说，《信使之函》等，但后来的第三、第四、第五篇还有人读吗？我觉得作为一种实验是可以存在的，如果所有的长篇所有的小说都这样了，那将是小说的末日。

记者：您刚才说电视剧都在讲故事。但我的感觉是在滥讲故事，讲烂故事，模式化了。一方面现在的电视剧不好看，很多导演也把目光投向了作家，另一方面，小说家现在的写作也有小说剧本化的问题。您是比较早触电的作家，不知道您关注过这些问题没有？

莫言：这是个老问题了。一是电视剧好看的不多，这也不能勉强，因为电视就是一种商业性的操作。很多导演在拍电视剧时不把它当艺术作品来拍。有很多时候是一种捞钱的手段。因此不要指望所有的电视剧好看。但每年还是有那么几部值得看的。为什么不好看，同类题材克隆的太多。还有就是现有的限制制约了电视剧的精彩。比如现在一些现实题材的，没办法深入。我在《检察日报》工作，了解了很多贪污反贪之类的事情。我也写过，也和别的作者写的差不多。比如涉及到公检法自身的腐败黑暗，怎么把握尺度？还有一些影视化的小说，作家创作时就希望自己的作品受到导演的注意，这完全是一种功利行为。但这样做是无可厚非的。但我的经验是不能这样做。如果一开始就考虑我的小说要改编影视剧，那小说写得肯定就变了。我觉得写小说就是写小说，绝对不要去考虑影视。而且，真正的好导演，他不需要你向他靠拢，他会向你靠拢。这个我有亲身经历。写《红高粱家族》时，谁想到要改编电影啊？而且那时候我觉得我离电影非常遥远，但张艺谋看了后很激动。后来大概是1990年时，张艺谋找到我，说想要我写一个农村题材的场面宏大的有意义的故事。我给他写了一个。他说，你千万不要想张艺谋改变电影的事，你就按你的小说写。但事实上做不到。我写的时候，加强了故事性，加强了悬念，注意到哪个细节可能在电影里会有用，写出来的这个中篇《白棉花》，我认为是我的中篇里不成功的，简直就是把有意思的东西给糟蹋了。张艺谋看了，他认为也很难拍。他看了以后没被我打动。为什么我千方百计想向他靠拢的时候打动不了他，而在我根本不知道他的时候他反而被我的小说吸引来了呢？所以我认为，不要向什么靠拢，好的小说自然会吸引好的导演。千方百计地靠拢也许反而背离了影视。或者说，如果真的想搞影视，就不要经过小说这个环节。从一开始就按影视剧本来构思。还有，好的影视作品，都是有很强的文学性的，尤其体现在它们的台词上。给我留下印象的像《大明宫词》，虽然它的台词过于优美了，像话剧，但毫无疑问它充分考虑了台词的文学性，而这也恰恰是它的特点。《走向共和》台词也很精到，人物的台词让人觉得塑造出来的人物形象让人信服。

　　记者：您的小说语言，有评论家用"汁液横流"来评价，而您在《四十一炮》后记中也说是"语言的浊流冲决了堤坝"，可以想象，需要什么样的语言的洪流才能冲决一个堤坝，小溪流是不可能冲决一座堤坝的。您自己认为，《四十一炮》的语言有点转，转到了有点优雅上，但我还是感觉到了您语言上一以贯之的"狠"，而且您的语言还被称为"动物语言"，这个动物，一是指没有羁绊和规范的野性，二是动物性。您一直强调小说是语言的艺术，这些来自读者和评论界的概括，您怎么理解？

莫言：我觉得语言就是一种说服力。对语言的技术化的量化的分析是很困难的，有一些可以量化，比如常用的词汇；但作家的语感是无法量化的，语感是有独特性的，我们读鲁迅读沈从文，差别是很明显的。我相信让鲁迅和沈从文讲同一个故事，两篇小说都会是好小说。在这个意义上，故事不重要了。他们的语言本身就已经变成了艺术，成了小说。故事情节是附在语言之上的。80年代中期一批年轻作家要消灭故事，可能就从这儿来的。所以它也是有道理的。

真正写到那种泥沙俱下的时候，是一种下意识。所有的词汇都不是想出来的，是它自己涌出来的。再有就是你对笔下写的东西的认知深度。至于为什么会进入这种状态，我觉得作家自己是很难进行条分缕析的。有时候过了十年八年后再读原来的作品，还会纳闷：这词从哪来的，我怎么现在想不出来。我的语言的形成，主要还是和童年的关系，和原野乡村文化有关系。当然后来的学习丰富了我的语言。

记者：对您的创作，陈思和认为，是革命性和破坏性相结合。

莫言：我的确没有想到过要革谁的命。但这种感受这种情绪是有的。现在回忆80年代在军艺学习时，就是感觉到不服气。我就觉得你们写的东西不是我心目中最好的东西，为此当然得罪了很多人，说了很多刻薄的话。好小说是什么样的，你让我说，我真说不出来，但我就是觉得当时文坛走红的给了很高声誉的作品不好，我觉得这不是我要写的小说。当然只能用作品来说话。我觉得作家的气是很重要的。当你处在胸怀大志急于想表现又表现不出来的时候，那时候可能就把你的很多潜能都调动起来了。一旦稳定下来有评论家这样那样指点后，我的创作反而进入了比较难的时候。现在我就进入了一种创作要特别小心的时候。

记者：这个小心是什么意思？

莫言：这个小心就是千方百计地减少对自己的重复，但却是非常困难的。比如说《四十一炮》，我尽量想写得语言和《檀香刑》不一样，但读者可能还是感受到一以贯之。可能语言内核的东西还没有变掉。故事变化很容易，比如我可以写一个《师傅越来越幽默》这样的作品，但它为什么会有不像的感觉呢？就是因为语言没有说服力。这个不像就产生于我写这个人物时没有像其他人物一样，我在某一时刻可以变成他。因为我毕竟对这么一个老工人的心态不是特别熟悉。当然我也接触过这样一些老工人。他放在县城里我还是很熟悉的，但放在大城市里就不熟悉了。《师傅越来越幽默》的故事如果放在县城放在乡镇可能就好一些。第一我有自信啊，我一有自信我的语言就有说服力。当然《师傅越来越幽默》你看了也挑不出什么毛病，但可以感受到它缺乏说服力。

记者：您自己认为，《檀香刑》是您创作的一个分野，此前多少还是受到魔幻现实主义影响，此后完全转到了本土的乡土文化。但就像您刚才说的，我感觉您的创作从始至终是有口气贯穿下来的。对民间传说、民间文化的继承一直没有变，只是在表现方式、结构或叙述方式上发生了一些变化。内核是以一贯之的。

莫言：我觉得是这样的。地方小戏是民间文化中对我产生影响的很重要的艺术样式。这些东西在我过去的小说里肯定已经发生作用，《透明的红萝卜》、《檀香刑》里都有，后者用小说的方式来写乡村的戏剧，这个时候作家的主观意图就比较明确了。这也很难说好还是不好。

记者：韩少功的丙崽，阿来的土司二儿子，您的炮孩子和肉神，都是有种通灵色彩的形象。如果用正常人的标准来衡量，他们都是非正常的。但恰恰是这样的形象，往往使作品内涵更丰富。为什么塑造这样形象的作品往往更吸引人或更容易成功？

莫言：这确实是世界文学中的一个普遍现象。回想一下，这样的主人公是太多太多了。格拉斯的《铁皮鼓》、伦兹的《德语课》、拉什迪的《午夜的孩子》、欧·本茨《饥饿的道路》，这种傻孩子或超常孩子，为什么会有说服力呢？我想，这样的小说反映的都是打破了平庸的非正常的奇特生活，通过这样的孩子的眼睛看来是不是更准确一点。再有，我的小说为什么要确定罗小通的炮腔炮调，就是考虑到这种生活的说服力。我怕读者难以相信这种生活的说服力，所以我就先框定这是一个炮孩子的炮言炮语。他在讲述的时候就是一种创造，不要用现实的条框来框定。这是可以从创作心理学上来研究的一个课题。很多世界的国内的著作都有这种超常的小孩在里面，一群傻瓜。傻孩子现在太多了（笑）。也可能傻作家太多了，很多题材雷同。我刚给《小说选刊》原创版写那个《火烧花篮阁》的结尾：接下来的故事，无论他怎样努力地想不落俗套，都会变成对时下流行小说的拙劣模仿。

时下一些作者挖空心思搞一个创新，回头一看，又落入另一个圈套了。怎么办？只能尽量做到不重复自己也不重复别人，但实际上你以为没有，其实还是在重复。

记者：《四十一炮》的后记您有一句话，说"我不谈思想"。在您和大江健三郎的对话中，也有一句话"作为一个农民的儿子，我有一颗农民的良心，不管农民采取了什么方式，但我和农民的观点是一致的"。这是谈到《天堂蒜薹之歌》时说的。"我是从乡村出发的，我也坚持写乡村农村，这看起来离中国当今的现实比较远，如何把我在乡村小说中描写的感受延续到新的题材中来，这是我思考的问题。因为我写的是小说，而不是大批判的文章。""经过了一段创作以后，我发现作家是不能脱离社会的。一个作家可以千方百计地逃避现实对你的影响，但现实会过来找你。"前面谈到的这些作品，看上去好像离现实有一段距离，但是否从这样的角度反而更利于切入我们生活的本质？表现生活的力度更大更直接一些？就像您离开高密东北乡后，因为距离反而获得了更好的表达？

莫言：作家写的时候未必会考虑这个问题。但现实的影响还是有的，我读《爸爸爸》，这个小说对"文革"的批判的意图是非常明确的。《尘埃落定》中，可以看到阿来的藏人立场。《四十一炮》，我尽量地把这个故事变成童话或寓言，但罗小通讲到90年代的农村时，我对农村的看法也是掩盖不了的。我没有批判老兰，没有骂老兰，但实际上我对他的态度是明显的。作家应该尽量往后藏，不谈思想不代表没有思想，我对老兰这样的人物肯定是持一种批判的态度的。但是不是这个小说就完全把他掩盖住了呢？我并不知道。当然有些作家可以在作品里直接表达爱憎表达思想。我的意思是，我不代替人物说话。既然是罗小通这个炮孩子在讲话，那么所有的思想都是罗小通的，现实生活中，我对老兰这种人物深恶痛绝，但罗小通对他很赞赏；我对父亲这样的人物有同情，但罗小通是瞧不起他的。这也是文学作品的批评方法的问题。究竟怎样看待作家和小说人物之间的关系，究竟怎样把作家的思想和作品中人物的思想区分开来？当然，作家的思想最终也制约他对小说素材的选择，也制约了他作品水平的高低，但完全把作家思想和小说人物的思想画等号，这种批评方法非常的陈旧。

记者：在这个作品中，无论罗小通最后怎样，读者是能读到一种非常尖锐的批判的。

莫言：写作时，我在里面也表达了很多的讽喻。起码我觉得是对现在社会人的变态的夸大的欲望的一种批判，罗小通在吃肉上表现出的病态和夸大，以及肉神庙、肉神节，就是人的非正常欲望的表现。和尚的性史，就是对现在泛性的讽刺。写《酒国》时，这个主题也是非常鲜明的：对酒文化的反讽和批判。但我没必要自己跳出来骂，这就是我说的不谈思想的意思。作家的思想没有直接表现而读者能感受到，这是一种最好的境界。

记者：现在有一些作家，不谈批评，不谈思想，这个不谈和您说的不一样。您觉得，小说家要不要批判精神？小说应不应该有批判精神？

莫言：小说家应该有强烈的批判精神。实际上每个人都在批判，作家不能简单跳出来，像骂大街的，但这种批判精神应该是支撑小说的时代精神。你选择了作家这个职业，你就选择了一个反叛者的行当。扮演了一个反叛的批判的角色。任何一个时代的好作家都是扮演了一个批评者的角色。像铁凝、王安忆、张平，他们的作品中都有着批判的精神，但表现方式却是大不相同。

记者：这也正是为什么读者老百姓喜欢他们的作品的原因。

莫言：如果真是要歌功颂德，看《人民日报》就行了，还要看什么小说。

记者：您现在在山大文学院带研究生。原来是作家纷纷到学院去充电，现在是作家纷纷到学院去讲课、任教，对此您有什么体会？

莫言：我觉得我是不称职的。作家有两种，一种是学者型，还有一种，像台湾说的，叫"素人作家"。我更多地还应该是素人作家，靠灵性、直觉、感性和生活写作，不是靠理论、知识写作。当然，有一种作家是完全可以到大学里去当博导的，像叶兆言、格非，他们都是读书破万卷的，又家学渊博。而且他们掌握了做学问的全套的方法，我觉得我是滥竽充数。再有一种，像王蒙、梁晓声，他们也可以当教授。他们经验很丰富，理论的能力很强，口才也好。

记者：您不觉得作家介入到当代文学的教学，对这个学科的发展对文学的发展来说是有利的吗？

莫言：总体上说，我觉得这个现象是好现象。但乱套了也不好。如果每个大学里掺杂这么一两个作家，起码可以消灭学生对作家行当的神秘感。

作为老百姓写作

——2002年与大江健三郎、张艺谋对话

大江：来这里之前我读了你的小说，很有意思。莫言先生读了我的作品有何感想？

莫言：1994年的时候知道您在讲话里提到了我，感到惊讶而兴奋。这之前我只看过您的那部《饲育》，后来又看了您的《个人的体验》、《性的人》、《万延元年的足球队》等，发现我们俩的创作有许多类似的地方。有一些对您的作品和我的作品都比较熟悉的人，也认为大江先生喜欢莫言的作品是有道理的。最重要的一点就是我们都来自于偏远的农村，你来自日本四国被森林包围的小山村，我则来自位于中国山东的高密东北乡的一个虽然没有森林但曾经有过许多草地的闭塞村落。我们的故乡文化都比较落后、地理环境比较闭塞、老百姓的物质生活比较贫困。我看了你的散文随笔集，知道你是十八岁的时候才离开故乡去东京的，在这之前，您一直生活在那个小山村，而我在二十岁以前也从未离开过我的那个地方，最远也就是跟着村子里的马车，去过一次县城，对了，我十八岁时为了送我的大哥和侄子，去过一次青岛，但在那里迷了路，在一个木材厂的木头堆里转了一个下午，我回家后，母亲问我在青岛看到了什么，我说青岛全是木头。但这次迷路也没有白迷，后来我写《酒国》时，写那个侦察员丁钩儿，迷失在木材堆里，失去了理智。二十岁以后才离开了我的村庄，整个青少年时期的美好时光都是在非常荒凉、非常闭塞的地方度过的。后来我走上了文学道路，这段农村生活就成了我整个创作的基础。我所写的故事和我塑造的人物，甚至我使用的语言都是有乡土风味的。我早期的作品里写的大都是自己的亲身经历，小说里许多人物都有原型。我的小说语言里面使用了大量的高密东北乡的方言土语。这些方言土语，略加改造后，能够表现生动活泼的景象，产生不同寻常的修辞效果，跟流行的书

面用语有很大差别。这种语言上的异质,是我引起文坛瞩目的一个重要原因。如果我的小说有一个出发点的话,那就是高密东北乡,当然这里也是我人生的出发点。我在这个地方出生、长大,成为青年,然后又离开了家乡。没有离开家乡以前,我不但没有觉得这个地方有多么宝贵,反倒觉得它是一个令人厌烦的地方,所以我千方百计地想要摆脱这个地方,哪怕离开一个月也行,离得越远越好。1976年我应征入伍后,就盼望能坐上火车,走得越远越好,到西藏啦,新疆啦,云南啦,远离我的小村庄。结果汽车只开了两个多小时,就说到了。下了车,看到跟我的家乡几乎一样的地形地貌,感到深深的失望。您的《小说的方法》里面也提到,逃离故乡好像是20世纪的作家们共同的情结,经过二十年的创作以后,我才意识到,为什么大家都有这样的心理体验?那就是,作家只有逃离了故乡才能真正认识他的故乡。

大江:虽然日本的农村和中国农村不同,但也有相似的地方。我生在一个小村子里,父母亲和祖母都很清晰地记得村里的传说和口头传承的故事,他们讲了很多给我听,对我后来的创作产生了很大的影响。莫言先生的作品总是以"我爷爷我奶奶这样说过"作为叙述的开头,这就和我听故事的经历很相似。不过实话说,有关农村的记忆也不全是美好的和亲切的,也有坏的方面的记忆。比如说我最初受到的负面的冲击,就发生在战争临近结束的时候。有一天,一个杀狗的人来到我们村,把狗集中起来带到河对岸的空场去,我的狗也被带走了。那个人从早到晚一整天都在打狗杀狗,剥下皮再晒干,然后拿那些狗皮到满洲去卖,也就是现在的中国东北。当时,那里正在打仗,这些狗皮其实是为侵略那里的日本军人做外套用的,所以才要杀狗。那件事给我童年的心灵留下了巨大的创伤。在那以后,我离开村子,生平第一次离开村子坐上火车去了东京,然后进了东京大学。我在大学给学校的报纸写的第一篇作品,也就是我最初的短篇小说,便是关于杀狗人的故事。读莫言先生非常有名的早期作品《白狗秋千架》的开头时,我想起了那篇小说,让我非常怀旧,当时我就想这个作者和我见解一致,同样记得过去,而且也在为自己的心灵疗伤。尽管现在和作者本人面对面谈他的小说的开头有点儿奇怪,但我觉得这是文学中重要的地方,所以还是说了。还记得那部小说的开头是:我的村子里已经没有白狗了。狗都是混血的,有的狗看上去是白色的,但总有哪个地方是发黑的等等。写得非常巧妙。然后从"自己"搭上公共汽车回到村里,进村前在河边洗脸,脚边来了条黑狗开始接着写下去。而我的小说的开头是杀狗的人来了,对着我们这些为了想把自己的狗带回家去而聚在一起的村里的孩子们,教我们长大以后要杀狗的时候该如何让狗老实下来的方法。那件事让我觉得很窝心,因为他说的都是些可憎的方法。我的小说就是这么开的头。回头来讲我和莫言先生的相似点,我认为首先是:如何将故乡小小村庄里的想法,离开家乡后的想法,以及当时的伤痕,还有现在的自己担负的行为造成的伤痕等等这些作为现代文学写出来。而这一点就是出发点。其次,我们现在想把自己的文学推向世界,这一点也非常相似。关于这些,我想听听莫言先生是怎么想的。

莫言:我还可以说一段关于狗的趣话。这是我听爷爷奶奶说的:大概是1938年,八路军进村,掀起了一场打狗运动。因为狗到了夜里总是要叫,而只要狗叫起来八路军就有暴露目标的危险,他们的装备很差,一旦暴露就会很危险,所以只能把狗杀掉。我爷爷说我们家当时有一条大狗,是一条老狗,它非常通人性,知道外面在打狗,所以无论白天黑夜都不出来。饿了就晚上悄悄地溜回家,要一个馒头吃,然后就跑到菜园的草垛里面藏起来,无论外边发生了什么事情,它都一声不吭。这条狗足足半年都没有叫一声。后来,八路军撤退了,这条狗跑出来,整整一个上午,在院子里狂吠不止。它好像在叫:我可真的憋坏啦!类似这样的故事在我们的青少年时期听到过很多。许多作家,都从祖辈的口头传说中,汲取过宝贵的创作资源。

我在故乡生活了整整20年,当时最迫切的想法就是逃离。为什么逃离?道理很简单,因为我在那个地方生活得很痛苦。这种痛苦,一是物质生活的极度贫困,二是政治上的压迫造成的精神苦闷。我感到在这样的地方生活,前途一片黑暗,人跟牛马没有什么区别。我跟故乡的生活,有尖锐的对抗和冲突,但这些对抗和冲突只能深深地埋藏在我的内心。我想自由,想真实,想自由地表达自己的真实想法,但在那个环境里,这是不可能的。等到真的逃离之后,发现在城市的环境里,我的故乡经验和城市生活产生了更加尖锐的矛盾和对抗,城市对我的压迫更加严重。这种"外乡人"的感觉,我想许多作家都是体验过的。所以这个时期,我感到每日里都是惶惶不安。这时,我开始了写作,通过写作,来救助自己,克服那种对未来、对人生的惶恐和绝望。城市毕竟是文明之地,它使我接受了外来思想,为我的写作提供了一个参照,或者说为我提供了批判的武器,使我的关于故乡的写作,具有了批判的精神。我的许多作品,看起来是对乡村生活的批判,其实这里边也包含着对自我的批判。对过往生活的反思和批判,尤其是对自我的反思和批判,是80年代中期之后,中国文学中才出现的重要现象,而在此之前的文学中,大多都是虚假的歌颂,即便是有批判,也是对外部政治环境的批判,是"诉苦"文学,没有涉及到对自我的批判,因此那些文学,不能算作真正的文学。所以那个时期的中国文学,只能是党派的文学,是政治的婢女,当然也就算不上世界文学,当然也就走不上世界。我理解,您提出的亚洲文学乃至世界文学的概念,就是希望在我们这些亚洲作家的作品中,真实地表现我们的独特生活,并对社会和自我进行反思和批判,这两者结合,就是特殊性和普遍性的统一,这样的作品才可能跳出阶级和党派的樊篱,获得一种普遍精神,被世界上不同国度、不同肤色的读者接受、理解,并且使他们的感情和我们的感情产生共鸣,这样的文学,也就是走向世界的文学。譬如您那篇《个人的体验》,虽然写的是一个人的非常独特的生活经验,但那里边表现的情感,却是很能被人理解的。我在读的时候,经常会把自己想象成那个"鸟",读者可能永远不会遭遇"鸟"那样的困境,但一旦遭遇到那样的困境,都会成为一个"鸟"。这样,作家的个性化的写作,就是世界性的写作了。

您在作品中,曾经提到过家乡的一棵柿子树,说这棵树让你突然感觉到大自然中这么多树木、这么多草、这么多植物都是有生命的,有感觉的。我想这个感悟对文学创作是有重大意义的。童年时代,还有少年时代,我也有过类似的感悟。我十一岁就失学了,去劳动,又干不动什么重活儿,只能是一个人在草地上放牛放羊，非常孤独，每天早出晚归，饭就是在草地上吃，通常是一个红薯，或一个窝头。我当时就感觉到身边的树木、草，还有牛和羊都是可以跟人交流的。它们不但有生命，而且还有情感。我读到你对柿子树的描写，当时就觉得我们是心有灵犀的。你家乡的那棵柿子树还在吗？

大江：我母亲去世的时候我回到乡下。虽然家后面的树都砍掉了，但柿子树还是留下来了。一般来说，日本农村的房子比中国农村的房子还要小一些。我作为小孩子没有自己的房间，所以就自己在屋后边的树上搭一间小屋看书，我把它称作我的图书馆。不过我搭建图书馆的那棵树已经没有了。回想当年我看着柿子树感悟到的是：所谓"物"，无论是树叶还是小花，又比如你写的在故乡水塘上漂浮的白莲花这样的景致也一样，还有我看见的柿子树的叶子也是一样的，都在不停地颤动着。是那种不能辨明是否真的有风在吹拂的轻微的震颤。我这才发现柿子树的叶子原来是那样不停地在颤、在摇晃的啊。这是我第一次用笔写下观察到的事物，这和我现在的文学有很大的联系。因此我想，孩提时代我们如何使用眼睛、耳朵、鼻子，是否能嗅到清晨的气息等等，都是我们文学根本的出发点。我的狗被杀的时候，因为它不怎么机灵，一下子就被抓住杀掉了。那简直就是人和动物之间最残酷的模式的重演。人类为了自己的利益去杀狗。而大家一边思量村里的人为什么不反抗，一边就那样眼睁睁地看着狗被杀掉。我的那条狗是当着我的面被杀的，它的血流出来染红了我的白衬衫。我看到狗被杀的时候，使劲咬着自己的手都咬出了血，朋友们全都觉得不可思议，讥笑我觉得我很可笑。我回到家以后，母亲说："日本和中国的戏剧里都有在悲伤的时候不哭泣，而是咬着自己的手或者衣服宣泄感情的动作和表演方法。"那时我父亲还在世，他听了母亲的话以后说："不是那样吧，健三郎是为了要表现出他想去咬杀狗的人的手，才会咬自己的手给他看的，不是吗？"其实他们说得都不对，我只是因为悲伤才那样做的。但我还是觉得父母理解了我，说的虽然不对，但他们理解了我的心情。这件事至今难忘。就是这样的事情造就了我的文学，也造就了我的人际关系。

莫言：这条狗留给您的记忆，是那样的深刻，在某种意义上，孩子，经常能从大人对待动物的态度上，判断出一个人的善恶。可惜我们没有太多的时间，把各自记忆中的动物故事，来讲述一遍。但在我今后的小说中，那些动物都会出场，并且充当重要的角色。

我走上文学道路后，有段时间里，许多年轻作家认为小说应该远离政治，这是对以往的"文学要为政治服务"的错误观念的反叛，有它的合理性。但我经过一段时间的创作实践以后，发现作家是不可能脱离社会的，也就是说文学其实也脱离不了广义的政治。即使作家千方百计地想逃避现实，现实也会找上门来。有一个典型的例子，就是我的《天堂蒜薹之歌》。在我的创作计划中，根本就没有这部书，当时我想写的是《红高粱家族》系列，《红高粱家族》主要写了爷爷奶奶他们那一代，接下来我想写父亲母亲这一代，然后写我这一代。可是到了1987年，在我的故乡山东省的一个县里突然发生了一个重要的事件：因为当地官员的腐败无能、思想保守加上官僚主义，使得农民生产的几百万斤蒜薹卖不出去，最后都烂在了家里。愤怒的农民们就拖着蒜薹，拉着蒜薹，扛着蒜薹，把县政府包围了。整个县政府周围都弥漫着腐烂蒜薹的臭气。接着他们放火焚烧了县政府的大楼，还有一帮胆大的农民把县长办公室砸了，吓得县长躲起来不敢再露面，家里的围墙上还安装了铁丝网。这场农民的造反在中国影响很大。后来领头的农民都被抓起来了，县委书记也被撤职，调离当地。而当时的媒体却各打五十大板，一方面批评了县政府的无能和官僚主义，另一方面又指出农民不应该用非法的手段跟政府对抗，所以应该受到法律的制裁。这件事对我的触动很大，一下子就叫我把写《红高粱家族》系列的笔放下了。尽管我在城市里住了好多年，但是作为一个农民的儿子，农民的蒜薹卖得出去卖不出去对我的生活是有很大影响的。因为我是农民出身的作家，所以我有一颗农民的心，而这颗心在这样的事件面前，是不可能无动于衷的。不管农民采取了什么方式，我的观点都是跟他们一致的。我绝对站在农民一边。所以我当时就找了一个地方，只用了三十五天时间就完成了这部长篇小说。这部小说发表以后引起了巨大的反响，大家对我这种突然的转向似乎难以理解。本来《透明的红萝卜》、《红高粱家族》已经很红了,我完全可以按照这个路线走下去,然而这次的转向却让我对现实社会进行了直接的干预。这样写眼前发生的事情是我的责任感和良心在起作用。这两年我在检察日报社工作,那是中国人民检察院的一张报纸,报上每天都在披露全国各地的各种案件。这份报纸源源不绝地给我提供创作素材,而且我也跟各地搞法律的人打交道,也有人找我告状。我的办公桌上总是有许多来信,都是要我帮他们打官司的。

这几年,有关法律题材的小说、电视剧是大热门。打开电视机,经常会看到播放的是反腐败反贪污的戏,畅销书也有很多是这样的题材。但现在这些作品,都不能让我感到满意,我认为写这样的题材应该把贪官污吏当成人来写,从人的角度考虑,从自我的内心考虑,或者说,要把贪官污吏当做"我"自己来写。在当前的社会机制下和法律状况下,假如我变成了某一个部门或者某一个级别的官员时,能不能保持清廉?会不会也跟那些贪官一样变成了人民的罪人?并由此对我们的社会制度进行反思,这是如果我要创作所谓的"反腐败小说"的出发点,这里边应该包含着对社会的批判和对于自我的批判,涉及到人的根本弱点,和一个存在诸多问题的社会对人的弱点的纵容,否则就不是好的文学,当然也不是我们前面提到过的那种世界文学。

大江:我在柏林自由大学教过书。当时学生中有一个是从台湾来的。他特别喜欢《天堂蒜薹之歌》,被深深打动了。因为当时我们手头只有英译本,于是大家聚在一起让他给我们讲《天堂蒜薹之歌》的大意。刚才您讲到的几点他也说到了。最后,他选了几段自己从英文版转译成德语读给大家听。还记得有一个非常幽默的部分得到大家热烈的掌声。像把蒜薹扔来扔去的场面就很滑稽,而且是很快乐的人性化的描写。你的政治批判和写作手法里的那种莫言式的现实感,再加上幽默感等等让我们深为敬服。虽说是反映社会问题的小说,但是最终还是让人感受到了对人的信任、对农民的信任之情。这一点很重要,让人对你今后的作品也充满了期待。日本也有官僚腐败的现象,所以我对这个问题也很有感触,但我更关心的是你能够以真实的眼光面对中国现在官场腐败的一个具体事例,并能够真实地对其进行描写。我说过我的童年经历是如何形成了现在作为作家的基轴,我现在从事的文学是和孩提时代的经历紧密相连的,这一点我和莫言先生很相似。同时,还有一点让我强烈感到他是我的文学的同路人:我的文学不是从儿时开始,而是大约从青年时代才开始的,我也是自那时起一直把日本这个国家的样态——阴暗面也好光明面也好都包含在内——用文学的方式持续地讲述着的。我最初开始文学生涯时也写了很多受到好评的短篇。而莫言先生写了更多深受好评的有趣作品。一般来说,这样的小说家最后总是会变得愿意重复最初获得成功的老路数。然而,我却想要放弃开始写作时的路子。因为,我是一个活着的日本人,身边还有其他的日本人,还有内在的自我,于是就总是想要变换自己的表现方式。我自己也觉得永远无法对自己的文学下一个定论。现在也没有百分之百接受我的评论家。我又没有什么读者。莫言先生基本上也是用自己的文学支撑着中国,虽说好像变成了一名批判者,但那正是我尊敬他的地方。最近,我从报纸上读到你又在一边审视中国的现状,一边写新的作品,是什么作品呢?

莫言:我是从农村起步的,一直坚持写中国农村的往昔生活,离中国当今的现状比较远,要是突然让我写那些发生在眼前的事件,我会感到有困难。但也不是不能写,关键的问题是,这个发生在眼前的事件,能不能激发我的写作冲动。只要有了冲动,就能找到解决问题的办法。我在写《天堂蒜薹之歌》时,找到了一个诀窍,那就是把我要写的故事移植到高密去,当然这种移植不是照搬,而是大加改造。《天堂蒜薹之歌》里描述的事件本来发生在高密县西南方的一个地方,我把它改头换面放在我的家乡来写,一下子找到了一种血肉相连的感受。那种在《透明的红萝卜》和《红高粱家族》等作品中对生命的感受和对大自然的感受在这种现实题材的小说中也得到了延续。作家应该扬长避短,我的长处就是对大自然和动植物的敏锐感受,以及对生命的丰富感受。比如我能嗅到别人嗅不到的气味,听到别人听不到的声音,看到比人家更加丰富的色彩,这些因素一旦移植到了我的小说中来,我的小说就会跟别人的不一样。我写的这类政治小说还是植根于乡土的,它不是为了描写事件,事件只是一个框架,而支撑着这个框架的,是那些个性鲜明的人物,和我自己对生命的深刻体验。有了这些东西就能让人体会到小说中的感情。如果小说不能把作家对生命的感觉移植进去的话,即便你写了现实生活中确实发生的一件事也不会显得真实。而如果写了自己的生命体验,即便是完全虚构的作品,也可以产生巨大的说服力。

我现在正在构思的小说叫《灵魂出窍》,这部小说的结构从略萨的一篇讲话中受到了启发。他曾经讲过文学时间的相对性:在小说中,一分钟可以被无穷放大,可以写成三十万字;反过来,三十年也可以压缩成一瞬间。在这本小说里,我的主人公上了刑场,突然一阵大风把他坐的囚车掀翻了,于是他逃跑了,并且开始追寻他自己人生的整个进程:他如何从一个放牛娃爬到了省级高干的位子,如何结识了那么多的女人和男人……他逃跑的目的是为了回到故乡去看望母亲,还为了要找到一个曾经出卖过他的女人。整个过程充满了虚幻的色彩,但当他跑到母亲身边的时候已经经历了千辛万苦,还感觉后面始终有人在追捕他,最后他终于赶到了母亲的跟前,他跪下了。他的母亲摸着他的头说:你这一辈子算是白过了。这时,他猛然惊醒,原来他根本没有逃跑,而是被人按倒在地。执刑的法官对他说:你可以选择站着,或者跪着,我要枪决你了。他说让我跪着吧。

大江:我昨天到达北京。当天傍晚时分我就去了城里,与中国社会科学院外国文学研究所的朋友会面,一起讨论计划于北京召开的"世界文学论坛"的相关事宜。我们会面的地点被安排在长安大剧院,之后我们在剧场旁的餐厅里吃了饭。两年前,我来北京时曾在那里观看京剧《三打祝家庄》,那是一出描绘拼命三郎石秀等梁山好汉如何凭借智慧攻陷祝家庄的名戏。然而,看看昨天剧场周围立着的广告,我注意到,演出的剧目是《宰相刘罗锅》,听说北京市民都喜欢看这样反腐倡廉的故事。我觉得在大众真心关注腐败现象的时候,一个叫莫言的作家能与老百姓的关注点一致实在了不起。虽然反腐倡廉的主题本身不是什么大题目,但我觉得作家和大众的关注点能非常好地重合在一起很重要。对于就这种主题写作时采取的小而化之的方法我想到两个原因。第一，作为生活在一个国家里的个人，质问这个国家中的一些不公之处确实有些困难。这就是为什么文学工作者，不论哪个国家的文学工作者都在考虑自己小说的表现方法，考虑用什么方式写作才比较得体。比如，你的小说《酒国》也描写了腐败问题，写法实在是精彩，后来出版以后卖得很好，在全世界都有共鸣的读者，我听说在法国都有读了这本书的人，这一点实在值得骄傲。尽管刻画了腐败的主题，但你的小说经常会给人很光明、向着希望前进的感觉。我觉得饱含对人的信任这一点是我们文学的首要任务，而表现出确信人类社会是在从漆黑一片向着些许光明前进是文学的使命。我六十几岁了，但我写的小说里不能没有光明的结尾，必须是信任人的，必须有对人的生命力的发现和喜悦。我就像冒险一样，把非常可怕、黑暗的世界当做大河流淌一般描写着。但是我文学的支点是：文学不论描写多么黑暗的地方，最重要的是要看最后来临的喜悦是什么。我觉得所谓文学，应该是以显示对人的希望、对人类社会的信赖为终结的，应该是让故事圆满结束的。虽然我的小说大多比较阴郁，但是我认为还是富含刚才说的那些积极的光明点的。莫言先生同样把重点放在了表现值得信赖的人上面。小说的构成结构，还有如何体现出对人的信赖，如何表现人的特点等等既是小说写作方法的问题，也是社会中一个作家的职责。这也正是莫言先生作为生活在中国社会里的作家的职责。你认为把精力用在小说的写法、小说的表现方法，还有如何表现人这些方面是不是当今中国作家的职责和使命呢？

莫言：你说的关于作家的职责等等问题，我是这样想的：中国的作家在50年代和60年代被捧到了一个非常高的地位，("文革"中虽然被打倒了，但也是从反面说明了这个职业的重要）当时就说作家是人类灵魂的工程师，作家是时代的代言人，是人民的喉舌，这已经把作家捧到了无以复加的高度。而且不仅是对作家，就是对小说的作用也有一种不太正确的估价。比如，认为一个作家可以用一篇小说反对一个党派，甚至可以用一篇小说颠覆一个社会。这种对文学和对作家的评价都是不切实际的。科学越发展、社会越进步、老百姓的生活水平越提高，作家的地位就越低，文学的光环也就会渐渐消失。我不大赞同"作家要为老百姓去写作"这样的口号。因为这口号虽然听起来平易近人，好像是平等对人说话一样，但实际上它是一个居高临下的姿态，好像作家肩负了为人们指明方向的责任似的。我觉得这个口号应该改成"作家要作为老百姓去写作"。因为我本身就是老百姓，我感受的生活，我灵魂的痛苦是跟老百姓感受到的是一样的。我写了我个人的痛苦，我写了我在社会生活中的遭遇，我写了我一个人的感受，那么很可能它是具有普遍意义、代表了很多人的感受的。中国有句话叫"文章憎命达"。一个人如果在政治上春风得意，生活非常富裕，处处顺心，高官厚禄，香车宝马，扈从如云，那大概很难写出好的作品来。比如，无锡有一个民间音乐人叫阿炳，他写了许多名曲，其中《二泉映月》已经成为中国音乐的经典。我们能在许多音乐会上听到各种不同风格演奏的这首乐曲。可是当时他创作《二泉映月》的时候，只是一个沿街乞讨的瞎子。他的妻子用手牵着他，一边走一边乞讨。他的贫困和内心痛苦已经达到了极致，所以才能写出震撼人灵魂的音乐。

另外，关于作品中要表现出光明和希望，要表现出对人的信任，这个问题比较复杂，复杂的不是问题本身，而是对"光明"、"希望"、"信任"这些概念的理解。我们中国的许多作品，哪怕是满篇血泪，最后也要安上一条"光明的尾巴"，这种人为的"光明"，其实是很虚伪的。我比较认同福克纳在他的诺贝尔奖演讲词中说的那些话：人类不朽的根本原因，是因为人类具有灵魂，有能够怜悯、牺牲和耐劳的精神。人类的希望和光明，也都在这些精神中。

大江：我从心里赞同莫言先生的话。我生在小村子里，但是没有一直生活在农村，现在住在东京。我一直以来为了自己变成了一个不能真实地描写自己和村子相连的东西——用你的话说，血脉联系，也即和人民的联系——的东京知识分子而苦恼不已。现在正在写的小说题目是《愁容童子》，已经差不多写完了，是讲我这种在东京生活的知识分子回乡的故事。从主人公的母亲过世，他打算和残疾的孩子一起在家乡生活一年开始叙述。看到题目里愁容这两个字大家就会明白，这是以人们称为愁容骑士的唐·吉诃德为模特的，而童子是孩子的意思。主人公是可以岔开脚把全世界当虚幻一般踏在足下的一个魔幻现实主义的存在，就是这样一个自由自在的孩子，如今变成了东京的知识分子，接着又再一次返回乡里作为愁容童子生活。他之所以会回到乡间也是因为他已经老了，已经六十七岁，是个过不久就要离开、要死去的人。你的新小说中写到过被处决时失去力气站不直的人之死和小说家之死没什么两样。我想试图表现出主人公再一次成为大众的故事——生长在地方的一个孩子，长大后去东京生活成为知识分子，现在又回到村里，在那里思索自己的真实等等。所谓文学，从身为村童的时代开始就一直和现在紧密相连，我觉得那是小说最根本的特点。小说家作为那样行事的人，和一般人是不一样的。

莫言：您早期的许多作品，描写了森林、山谷、河流和大量的山村生活经验，我相信这些经验，还会生发出新的小说。后来您的作品，描写了都市生活，并且写得那样得心应手，这说明您是一个极具观察能力、适应性很强的作家。我在城市里生活了将近二十年，对城市生活，尽管比较隔膜，但也有写的愿望，也许过个十年八年，我也会把生活在城市中的自己，作为描写的对象。您的这部《愁容童子》，我想会很有意思。最近我一直在思索一个问题，世界上许多事物，都以循环的形式存在并发展着，日出日落，岁月流年是循环，人生也是循环。但每一次循环的起点和终点，都不是完全一样的。当初我们是那样迫切地逃离家乡，但到了一定的时候，又想回归故乡。但这个回归，其实很难回到原点。第一，现在的故乡，已经不是我们回忆中的故乡；第二，现在的我们，也不是当年的我们。譬如我们现在坐在我故乡的院子里，但这个地方，对于我来说，只是一个似曾相识的地方，一切都发生了变化，别人变了，我也变了。因此我觉得，这个回归的过程，是一种徒劳，就像古希腊哲学家所说的那样：人不能踏进同一条河流。您把这部新的小说，定名为《愁容童子》，和唐·吉诃德那种精神建立联系，这里边所包含的深重的痛苦和无奈，我是能够感受到的。这种精神，其实也就是福克纳等欧美作家作品中一以贯之的精神。这也是思想者的精神特征，我们中国的圣人孔夫子，提出"克己复礼"，但他自己知道这是不可能的，是"知其不可而为之"，这其实也是一种唐·吉诃德的精神。但人类的希望,也就在这种看似绝望但实际上是充满了理想和希望的苦苦挣扎之中。这样的理想和希望,许多人是难以理解的。我期待着读到您这部作品。

现实生活中有各式各样的作家,每个作家的作品都应该有自己鲜明的风格。也就是说风格是和作家熟悉的社会阶层、他选择表现的生活素材有关系。因此,既有这个叫莫言的作家,也有郑义那样的作家、阿城那样的作家。生活的多样性决定了作家的多样性。作家个人经历的不同也决定了他们各自风格的不同,这是很正常的。要是大家都趣味一致,用同样的手法写作,只要一个作家就足够了。您的写作,看起来跟个人的精神历程有一定的关系,您是个沉思型的、关注内心并透过自己的内心投射照亮周边生活的作家,您晚近的作品,与社会现实的联系其实非常紧密。您思考的许多问题,其实不仅仅是日本的问题,也是全人类的问题。

大江:小说家的另一个职责就是留下记忆。作为见证人在第一时刻记录下同时代发生的事情。现在发展的速度非常快,比如说,我两年前来的北京,经过两年再来北京这里已经大变样了。同时代发生的事情往往会被遗忘,时代就是这样在飞速前进。但是在这样的时候,比如说记下十年前发生的事情的这种责任,我认为是在作家身上的。就这一点而言,现代中国受到的最重的打击就是天安门事件。我在法国的朋友、美国的朋友和德国的朋友都觉得天安门发生的事是重大的。君特·格拉斯,美国的萨义德也这样认为。我也是这样认为的,和他们见面的时候我们就这一问题探讨过。导致天安门事件的、现在流亡美国的郑义是我在普林斯顿教过的学生,我们最初见面就是在普林斯顿。我想到一边有莫言,一边有郑义,觉得是中国文学最好的景致。一个离开中国,作为流亡者继续写作,另一个在国内工作。同时,我还感受到你们两位作为作家非常诚实的创作态度。两位各有各的苦恼,我想也都有超越时空的快乐。莫言先生是怎么理解天安门事件的呢?

莫言:天安门事件的时候我正在鲁迅文学院读研究生。学生游行最热烈的时候我在西单附近的医院做阑尾切除手术,做完手术出来,看见同学在街上走，我就也要参加。一个同学很严肃地对我说："莫言，你来干吗？革命就要成功了，你想来摘取胜利果实吗？"因为抗日战争胜利时，毛泽东在文章里写蒋介石打山上下来，要摘取抗战的胜利果实，所以他才那么说的。我对这个同学的说法很反感，就赌气不跟他们一起活动了。天安门事件无疑是中国近代史上的重大事件，也是我一生中所遇到的第一个重大事件。这件事给我的教训是，对于群众运动不能只相信一面之辞。我看过一些天安门事件的参加者写的回忆性文章，发现往自己脸上贴金的现象很多。天安门事件开始的时候群众比学生还激进，站在坦克前边放火。但是事件快结束的时候，很多群众的观点一下子就变了。一下子就站到了学生的对立面上。这让我想起"文革"。当时人们根本没用大脑思考。一大群人跟着一个人，没有理性的判断。再往前追溯，和"二战"时期的德国也很相似。当时德国人对希特勒的狂热崇拜和我们的文化大革命十分相似。这让我产生了很大的疑问。以前我认为群众是决定历史前进的动力。群众的呼声是正确的，领导一定要听群众的意见。但是经过天安门事件，我觉得必须要正确分析群众的呼声。引导得当的话可能改变世界，但引导失当，或是被野心家利用了的话群众是有摧毁社会的巨大能量的。我觉得对于"六四"，没有必要回避，因为事件过去之后，就是历史。这是谁也不能改变的。对于一个以写小说为职业的作家，我还是觉得，你最好还是用自己的小说说话，只有用小说，你才可能完整地、毫不隐讳地表现出你对事件的看法。

中国前几年流行一种文学——报告文学。主要是记录眼前发生的事情。这本来应该是新闻报道的责任，但被作家抢了过来。随着媒体的开放和网络的日益发达，这种文体，正在走向没落。不论什么样的小说家，在记录社会发生的事件时，都会加上一些东西，这样就不能完全真实地再现现实生活，也不能客观反映现实事件。小说家肯定有自己的观点，然后把某个事件进行综合加工、分析，同时虚构。我觉得用小说记录一个时代完整的背景是很难的，尽管好像巴尔扎克曾经说过：作家应该是时代的书记员。但我认为这是难以做到的。即便是如左拉那样的所谓的"自然主义"作家，其实反映的现实也是添加了他的许多主观意识的。当然，小说家受现实事件的刺激，产生创作冲动，写出作品，从一个侧面、局部，反映出社会生活的部分真相，也是很有价值的。

大江：这一点我也赞成。我觉得报告文学作家写出的报告文学和小说家写的报告和记录是不同的。虽然我们小说家记录现实，但是会从这一记录出发，用我们的想象力或是说设想能力，毫无畏惧地往上添砖加瓦。尽管大多数时候想象力都是指向现实的，但是也还有创造改变现实的部分。不过我认为文学的根本还是在留下记录并且报告出来这一点上。去年十二月在斯德哥尔摩举行了诺贝尔奖百年庆典。在那里讨论了《证言的文学》这一论题。最早来自中国的高行健、南非的纳丁·戈迪默也参加了。在那里，正如刚才所言，大家讨论了把一个事件清晰地写出并留存下来才是我们想象力的职责，以及发现众人不知的事情是非常重要的等等论题。再比如，我和巴勒斯坦裔的美国文学评论家E.W.萨义德就阿富汗战争问题通过信，我们最终得出的结论也是世界需要多样性。在世界中有各种各样的多样性、各种各样的民族，还有各种各样的想法和论调，就是伊斯兰也不是完全一致的，所以最先需要说清的就是存在着各式各样的人。对此，萨义德认为，揭露出、让众人意识到人所不知的事实是必要的。在我日本的那个小村子里也有人所不知的事实。我凭自己的意愿写作，就是为了让人们意识到这些东西。读你关于20世纪30年代中国农村的作品时看到很多日本不知道的事实，让我学到很多东西，增加了新的认知。我觉得中国人的见解也在不断地变得多种多样起来。我认为这正是文学的职责所在。我们把在小村子里经历的事情写成文学，并且推向世界；或是能够将世界的问题，在自己创制的一个小小的模型里放大，这种在世界和小村子之间的往返就是文学的原点。我觉得你的主人公在被处决之前，乘着大风飞往他方的那一幕，没准儿就表现了我们小说家的职责。

莫言：我想，一个作家，面对着各种各样的事件，总是要发言的。但发言的方式有两种，一种是把自己的想法糅合到作品里去，用作品发言，一种是对事件直接发表评论。在一个民主政治不是太成熟的国家里，用后一种方式发言，可能需要一定的勇气。我钦佩像左拉那种敢于发出"我抗议"这种慷慨激昂的声音的作家，但我同样也崇敬像普鲁斯特那样在自己封闭在小屋子里，沉溺在对往昔生活的缠绵回忆中的作家。至于我自己，并不缺乏路见不平挺身而出的勇气，但用文学的方式发言可能更符合我的性格。

中国在近十年来发生了巨大的变化。这些变化里有看得见的。比如，眼前的高楼大厦和宽阔的大道。当然在精神上也有变化，这却是看不见的。在这十年里，中国的民众比毛泽东时代时更成熟了。生活上政治的自由度大了。我们大伙一起吃吃喝喝时经常会说些政治笑话。对上层的批判和嘲笑也很普遍。更为重要的是，人们心理上有了新的东西，就是法律的力量。十多年以前，对大众来说法律是与己无关的事。现在已经懂得利用法律手段保护自己的自由了。生活上遭遇了意外事件或是受到了他人的伤害时，可以上告法院等待法律的判决来解决问题。这样的事例越来越多，我认为这是巨大的进步。这显示着中国正向着法制社会迈进，大众心中有了法律观念是迄今为止的人治社会的一大进步。人治社会和封建社会都是帝王思想。皇帝一句话、毛泽东一句话就是真理，谁也不能改变。现在大家都觉得那是个人迷信。当然现在社会也还有不能依靠法律解决的事情。但是这也将随着社会进步得到解决。中国这十年的进步，表现在大众个人意识的觉醒、法律制度的逐步健全，以及人治社会向法治社会的逐渐过渡。以前我们没有自我，大家都信奉集体主义，聚在一面红旗之下。但是到了90年代，个体意识开始风起云涌。80年代拍摄的《红高粱》也让很多人觉醒。为什么《红高粱》能有那么大的反响，我想是因为影片中那种张扬的个性，天不怕地不怕的精神，引起了人们的强烈共鸣。个人意识的觉醒在中国来说是有巨大意义的。过去没有自我，不允许有自我的存在，大家都不得不相似地生活着。穿的衣服也是这样，色彩单调，式样统一。一直到80年代，一些所谓的青年导师，还对年轻人的服装和发式进行批评。一个男子如果留了长发，会被当成流氓。现在不论穿什么衣服，留何种发型，既不会被人议论也不会被人干涉了。

大江：张艺谋的电影《红高粱》我一共看了三次。第一次是和伊丹十三一起看的。从童年时代开始他就是我的朋友,不过很不幸他已经自杀了。看《红高粱》的时候他问我:为什么当时大陆和台湾同时向世界推出了一批非常出色的电影。我回答说因为那是中国人拍的。接着我对伊丹先生说我看《红高粱》这部电影非常感动,我问为什么他拍不出这样的电影,伊丹回答,因为我是日本人。第二次看这部片子是在柏林。当时我在柏林自由大学当客座教授,带着四十个学生,那次是和那四十个学生一起去看的这个电影。获得柏林电影节金熊奖的张艺谋导演的这部电影后来在很长一段时间也经常在柏林放映。看完电影我们去了电影院前面的希腊餐馆,我在那里就莫言先生的原作和电影进行比较,给学生上了一堂课。我的班上有个特别漂亮可爱的女学生,在我介绍了小说以后,她问了一个问题。说小说里有一幕是奶奶在县长来的时候抱住县长的腿说你是我爸爸,但电影里没有。还有一个情节说女主人公回家和他爸爸闹别扭赌气绝食,她爸爸强迫她进食的时候她把饭碗扔了以示反抗,而这一幕在电影里给人的感觉是她反抗得很温顺。我也对这两点试着比较着作了说明。于是她问是不是张艺谋导演不太推崇女性主义或女权主义。还有人问那时候中国是否真的有奋力反抗、为了反抗不遗余力的女性,对此我没能作出回答。因此,下次你要是去柏林的话还希望你能替我回答这个问题。第三次看这个电影是自己借了录像带回来,看了好几遍。我发现一个细节,我肯定二位都没有注意到。电影中日本军队打过来以后,对中国的老百姓又打又杀。这个细节发生在中国人被杀的一幕里。这是我看过的刻画日本军队在战争中的罪行刻画得最有水平的电影,而且是用艺术的手法体现的。尽管这个场面中的日本兵可能是中国人演的,但电影里的日语说得很快很地道。里面的话,比如说——"把他杀了"、"打他"、"啰嗦"等等。其中夹杂着这样一句话,一句说得特别地道的日语:"真荒诞。"这句话用法语解释既有荒谬的意思,也有大为可笑和毫无条理的意思。在那个战争场景下日军干的事情真的就是荒谬、大为可笑而毫无条理的。我听到了这句"真荒诞"。不知道你们二位是否注意到过我特别提到的这一点。请问张艺谋导演,你下决心拍摄莫言的小说《红高粱家族》是出于一种什么样的动机呢?

张艺谋：当时我还是摄影师，我想改做导演，一直在找戏，一个偶然的机会朋友推荐我看了这本小说，看完之后我就被深深地吸引了。我印象最深的是小说里对画面、对色彩的描述。电影里面能体现的色彩小说里都写出来了，那是一种非常写意的感觉。同时因为我也是北方人，与莫言一样有着特别典型的北方人性格，所以喜欢编得很豪迈、很壮阔的故事。人和人之间的行为都非常有力量，故事也非常有力量，这特别吸引我。于是我就联系莫言。那时候还有一件很好玩的事情，我们之间都还不认识，我拍《老井》在农村刚体验生活回来。后来听莫言说他当时也根本都不了解我，好多人都找他要脚本，他自己后来跟记者说他当时看到我像个生产队长，就把版权给了我。

大江：莫言从电影《红高粱》中学到了些什么吗？有没有通过电影在自身中发现什么？

莫言：当然有。张艺谋刚才也提到了，我为什么说他像个农民呢，人家都说我是农民作家，而农民作家肯定只相信农民导演。因为都市里的人和知识分子拍不出农民的影片。80年代中期是中国文学的黄金时代。当然也是中国电影的黄金时代，人们特别关心音乐、美术等等艺术方面的事情。我现在特别怀念那个时代。《红高粱》，不论是小说还是电影，在国内能引起那么大的反响，还是因为中国人自"文革"以来长期受到压抑、心里饱含冤屈的缘故。而这部小说还有电影都歌颂了个性的重要，因此让人们觉得能一吐郁愤吧。任何小说被改编成电影的时候，其实都面临一个取舍选择的问题。一部长篇几十万字，改成电影的时候要考虑时间长度是有限的，不可能把所有的人物、情节全部体现出来，只能选取他认为最重要的部分把它发扬光大，进行特别的强调。《红高粱》电影应该说做到了这一点，把我小说中最有力量的部分提取了出来，仿佛从大堆花瓣里提取了一瓶香水。当时改编的时候我对张艺谋说，我不是鲁迅，也不是茅盾，改编他们的作品要忠实原著，但是改编莫言的作品随你，爱怎么改就怎么改。我的小说无非是给你提供了材料，激发了你创作的欲望。添加情节，添加人物，导演完全可以放心大胆地按照他的激情去发挥。电影的影响比小说大得多，小说写完以后，除了文学圈内的人以外没有什么人知道，但当1988年春天我从高密回北京，走在马路上即便是深夜里还能听到有人在高声大唱"妹妹你大胆地往前走"。我就感到电影确实是影响巨大，非小说能比。能遇到张艺谋这样的导演是我的幸运。

大江：中国的文化大革命之后，不论是文学还是电影都有过辉煌的时期。那个时期是否因为天安门事件受到了影响？大家都说中国文学和电影最辉煌的时代过去了，是否是说现在跌回到稍微黑暗一些的时代了呢？

莫言：我觉得文艺衰退和天安门事件没有直接的联系。应该说80年代文学艺术的风起云涌其实是不太正常的。"文革"十年期间，文学、电影等艺术一片空白。进入80年代改革开放时期出现了成熟的作家。当时人们对文艺的期待和那种膨胀的热情是十年"文革"压抑的结果。进入90年代，随着商品经济的发展，老百姓日常生活发生了翻天覆地的变化。在80年代，家里如果有一台彩色电视机就很了不起了，现在一台彩电还不如一条好烟值钱。各种艺术门类，各种娱乐方式如雨后春笋般地涌现。人们打发业余时间的方式太多了，导致小说、诗歌的读者减少，当然也导致去电影院看电影的观众减少。这里面有物质方面的原因，我觉得和天安门事件没有直接联系。即使没有天安门事件，现在的状况也会是这样的。

张艺谋：我跟莫言一样也很怀念80年代。现在的人已经不去电影院了，什么电影都不看了。不是因为没有钱，而是钱都花在打麻将、旅行、美食上面了。电影院和舞台根本无法与之抗衡。人类有个共同的癖好，一场灾难结束之后就特别愿意思考，比如中国的十年"文革"结束后，或是日本"二战"结束后，包括欧洲、美国，在苦难发生之后的一段时期里，都会因为思考产生高质量艺术，形成艺术的复兴时期。这样的时候每个人都很关心、渴望了解艺术的情况。而现在是和平时期，连出了那么多大师的日本电影现在都不行了。和平时代丰衣足食，娱乐和消费成为主流。严肃的艺术就失去了观众，剩下的就只是好莱坞的流行。在这个时代，做导演比做文学家幸运。因为电影还有娱乐片和武侠片这种片种，比如我现在拍的武侠片《英雄》。当然我也要讲求艺术性，但也只是当做一个动作片的包装讲究一下而已。而做一个从事严肃文学创作的作家，致力于创作有深度的作品，读者就会越来越少。

大江：我在上个世纪60年代也是没什么读者的作家。但到了七八十年代却被广泛地阅读，有了大量的读者，那是我一生中唯一幸福的时期。在那之后又过了快三十年但是读者减少了，没有什么人读我的作品。然而我反倒可以非常自由地写作。倒也尝到了这种情况下喜悦的滋味。莫言先生在痛苦的时期积淀了自己的文学，写出极为出色的作品，不仅向中国人也向全世界展现了迷人的风采。我也要向莫言先生学习，将生命中的能量注入到创作中去，进行晚年的工作。

莫言：这是互相影响的。我读大江先生的《小说的方法》，经常会有些段落让我掩卷沉思，我想这个地方我也可以顺着同样的思路发展下去，发展成一篇小说。比如你讲到麦克威尔在他的《白鲸》里，引用了《圣经·约伯记》里的那句话，"唯有我一人逃脱，来报信给你。"你说这是你的小说创作的最基本的准则，这饱含深意。我认为这也是我的创作原则。我们搞文学也好，做电影也好，完全可以用这样自信的口吻来叙述，这才是作家写作应该持有的态度。想怎么说就怎么说，我是唯一的报信者，我说是黑的就是黑的，我说是白的就是白的。真正有远大理想的导演或小说家，应该有这种开天辟地的勇气，有这种唯一一个报信者的勇气。说不说是我的问题，读不读是你的问题。拍不拍是你的问题，看不看是他的问题。但我要按我的想法来说，哪怕只剩下一个读者，只剩下一个观众。

张艺谋：我到现在也没能够当成作家。我所有的电影都是由小说改编的。我觉得最难的就是面前铺开一张白纸、拿起笔，或是打开电脑，从零开始写，反正我是做不到的。所以我从心底佩服作家。怎么就能从一张白纸开始写出那么多故事来呢？那是一般人做不到的。所以我特别敬佩作家和诗人。

大江：认为张先生没当成作家而深感遗憾的只有张先生一个人吧。但是认为张先生没当成作家是个幸福的不单有莫言也有其他作家，还有我们这些看电影的观众。看来你没当做家还是正确的选择啊。电影《幸福时光》经十二年之隔，又用了莫言先生的小说当脚本，这是为什么呢？

张艺谋：其实我是一直在期待着和莫言的再次合作的。我发现莫言的作品有了很明显的改变，变得更加关注现状了。当然这是跟我们大家的生活环境有关的，从最早写人的传奇、家乡的故事，慢慢到写身边的事情，恰恰我当时也正想拍身边的小人物。后来看到《收获》杂志上发表的《师傅越来越幽默》，我一看标题就觉得特别有趣，一看是莫言写的，我就把它先搁起来准备重点阅读。到了晚上，一口气读完，我觉得非常有意思，而且能反映时代的变化，于是就产生了很大的兴趣，想去改编。我觉得在转换成电影的过程中，最大的遗憾就是小说中人物的身份在电影里不好表现。莫言故事里的人物是过去时代的一个劳动模范，到了新时代，他的观念、生活甚至生存环境都发生了一系列的变化，由此围绕他产生了一个很幽默很荒诞的故事。但要拍电影这个人物只能改，不能是劳动模范，只能改成是退休职工，还不能是下岗职工。其实我们也力图要保持作品的戏剧性以便折射时代的变化，让大家的目光来关注这些普通人的生活，但最后我觉得《幸福时光》表现出来的莫言想传达的东西太少了。现实题材的限制还是比较大的，没有像《红高粱》那样得到他很多"真传"。

莫言：我看了这部电影。就像张艺谋说的那样，拍的时候有很多限制，这一点我与艺谋有同感。中国有句老话说，艺术家是戴着镣铐跳舞，而他的镣铐过于沉重。我的小说写的是一个劳动模范临近退休突然下岗了，他整个人落到了一个不尴不尬被晾起来的境地，由此才产生了一系列黑色幽默的荒诞故事。张艺谋的电影把人物的身份变换了以后，就面临着再创作的巨大困难。如此一来，小说所反映的社会环境就没有意义了。小说中在汽车壳子里所发生的故事又涉及到一点性的问题，在电影里也是不太好表现的。假如这部电影有什么遗憾的话，就是因为这个题材本身具有挑战性，而张艺谋非常想拍，结果却遭遇了很多障碍。绕来绕去，他心里很多想表现的东西只能是曲曲折折暧昧地表现出来。这与《红高粱》直接"吼"出来是不同的。作为小说作者，我看了以后，有的地方还可以会意，但观众看了以后就很难感受到我们原来的创作初衷。不过，不能否定这个电影是一次有价值的尝试。任何一个大导演或者任何一个作家的创作生涯都不会是一片坦途，肯定会有起有伏，而这种起伏恰恰是一个艺术家向高处攀登的表现。

张艺谋：其实我自己没有很认真地去问自己：你到底为什么想拍电影。我有点像逛商店，不知道想买什么的时候，突然被一个东西打动，不知道为什么就是喜欢。有时候很可能是一种视觉的东西在吸引我，对我来说就是颜色，对！颜色。我对视觉的东西是很敏感的，很迷恋的，很希望莫言能再写一个特别有颜色的作品，我就会觉得很兴奋。《红高粱》就是凭视觉上的印象俘获的我。

大江：刚才说的很有意思。事实上，我觉得还有一个问题也很难回答。那就是，现代的中国作家和导演，也就是说在努力"表现"着的人，他们要表现什么。这个问题要是问我，我是不知如何作答的。因为尽管我也是日本的"表现者"，也就是"作家"，可是要问我关于现代日本或是现代世界应该表现些什么，我答不出来。我说得出来的也就是现在手头写的作品是反映了某某主题，作品表现了某一点，对某一点我可以负责等等。

莫言：一个作家有时候做不了自己的主，本来今天想写一个反腐败题材，写着写着突然对另一个题材又发生了兴趣。有很多小说写到一半就放下了，放下后就永远捡不起来了。我最近有两个长篇的开头都作为中篇发表了。开始写的时候觉得很兴奋，写了三五万字，突然又觉得灵感全无了。在今后的创作中这种情况肯定还会出现。从某种意义上，我是跟着感觉走。但有一点是肯定的，不管你做什么不管你写什么，都要写原创性的，都要是唯一的。别人做过的，你就不能用同样的腔调重复。最好是别人没写过的题目，用的也是自己和别人没用过的手法才好。但这是非常困难的。不过我们可以把这当做终身追求的目标，哪怕只实现了自己构想的30%，也是一部好作品。

在山东省高密莫言老家

大江：我已经去过莫言先生降生的、以前的那个家了。在那个田间小屋里，莫言先生给我作了详细的解说。他在谈话中说到了对自己小时候的回忆,也说了回忆起来的小动物等等有趣的话题。听了这些详细的解说,生长于农村的少年莫言能成就现在的文学造诣就比较好理解了。我也再次思考了自己是如何成为小说家这一问题。在他出生的老屋那里,我们一进老屋的玄关,就说要打开正面的窗户。莫言先生打开了窗户,对面是为加固而砌起来的砖块。他说,对面的河流曾经发过大洪水。在莫言的早期作品《秋水》里,写到了发了大洪水的场面。我在读了以后产生了一些不能理解的地方,比如你写到洪水变得像马头一样。我当时想那可能是说洪水的高度和马头差不多吧。直到你对我说起了你小时候记忆中的洪水,解释了马头的含义,我才在眼前真的看到了一个眺望洪水的少年的背影。同时,我觉得自己理解了你的文学。你能再次解释一次马头的含义吗?

莫言:带你们到这么一个偏僻的地方来,我心里忐忑不安。我在想大江先生到这里来,会不会觉得一点意思都没有呢?直到你刚才说有很大收获,我才松了一口气。你能千里迢迢飞越大洋,来到中国偏僻的农村高密东北乡,这种力量肯定是来于文学。也说明我们两个人的人生起点和文学的起点有很多相似之处——你说你的人生开始于日本四国一个被森林包围着的小村庄,我也很有同感。我的起点就是你们今天看到的这几间又矮又旧的老屋。后面曾经有河水流淌,前面是一望无际的田野。我与河流的关系非常密切。刚才大江先生讲到我在小说中写河水像马头一样冲过来,在我们这里把这种现象叫做"河水头"。每年的夏秋季节,只要上游地区下了大暴雨,过那么半天或一天的时间,洪水就顺着河道流到我们这里来了。我们首先会听到很远的地方传来的隆隆隆隆的响声,然后孩子们就往河堤上跑,看着河水仿佛从天边沿着河道滚滚涌来。河水头比河面要高出许多,就像一群扬着鬃毛狂奔的烈马,所以说河水像马头一样冲过来。河水头一过,水面一下就会涨上来与岸齐平。这时候的河水全是浑浊的黄色,因为带了上游大量的泥沙下来。这是孩子们欢天喜地的时候,有些水性比较好的小孩子在河堤上观望,看着河里漂下来的东西。有时候河里漂下一棵树,也许是一棵果树,树上还挂着果实。

有时候漂下一棵玉米来。我记得有一年河里漂下来一个西瓜,在水里滚来滚去,孩子们就争先恐后地跳下河去,水性最好的那个孩子把西瓜捞上来,大家就在河边把西瓜分着吃掉了。河水不单为我们提供了食物,而且后来也给我提供了文学灵感。有河的地方肯定是文明产生的地方,也是文学产生的地方。紧挨着河流是一片草原和荒地,这与你刚才提到的《透明的红萝卜》也有关系。其实是因为河水太大了,为了保卫村庄,大家就在河对岸——对岸是一片洼地——修建了一个滞洪闸,在河堤上修了几十个涵洞然后用闸闸住。平常河面很低的时候就让水沿着河床往下流,而一旦河水涨到要威胁村庄安全的时候就把闸门拉起来让洪水流到荒地里去,这就减轻了河堤的压力,保卫了村庄。读者可能也知道,我写的《透明的红萝卜》里有一段个人的亲身经历。我十一二岁的时候在滞洪闸上当过小工,那还是在中国的人民公社时期,五十个村庄里每一个村选出十几个人,集中起来有三百人左右,全都住在桥洞里面,每天拉来石头修建滞洪闸。因为必须用铁钻把石头刨成平面,所以需要一个铁匠,而我当时就在铁匠的手下做小工,他打铁我给他拉风箱,烧那个铁钻。那是我的一段亲身经历。几十年以后当我写完《透明的红萝卜》,回到家乡又到那个涵洞下面去看了看。那时我发现这个涵洞和我记忆中的涵洞全然不同:在一个孩子的记忆里,那个涵洞高大宏伟,但是当我故地重游时才发现那个涵洞原来是这么矮小,一伸手就可以摸到顶。所以我想童年记忆里的很多事物都被自己放大了,所以童年的记忆如果用真实来衡量的话是不可靠的,但是从文学的角度来看它却是非常有意思的。

大江:在我看来,河流是从其他的世界,也就是从异界通往自己生存的地方的通路。尽管也还有通往森林的通路,但是我总觉得只有河流这个通路才能让人造访一下天国、献一献花之类的。我坚信日常生活中的真实是在生活的时间中浮现出来的。说到对于祖先的信仰,我太太的哥哥伊丹十三先生五年前去世了。尽管他死了,我写的小说还是仿佛他仍然活在现实中,并且还在参与我的日常生活一样。我写的这一本书去年出版了。我觉得作品写出了死与生的日常性,以及非常深刻的悲痛。现在,在桃树林中看到莫言先生和先祖相会，我体会到一些与我在日本都市中写的事物十分相似的东西。而且我似乎也找到了还是日本农村人的我自己。在文学中，洪水是很大的一个主题。在我最早写的长篇小说《掐去病芽，勒死坏种》里，暴发的大洪水使得一个村子与其他的市镇和村庄隔绝起来。我在小说里写了孩子们如何在村里生活、如何与朋友对立等等事情。但我从未考虑过为什么写作时非要写上发洪水小说才能行得通。刚才听了你的谈话，我突然明白了一点：我写的洪水和我少年时代经历过的日本的战争密不可分。只有被卷入大战、打着仗，并且觉得离绝望不远的孩子们才能明白这一点。同时我还感觉到，因为我终究是个农村人，所以对洪水抱有与生俱来的恐惧。还有一点，在继续叙述这样的大题目的同时，也想起了在我体内生了根的孩提时代对洪水的一些具体的回忆。因为战争时期没有粮食，于是大家想法子挖了野菜的球状根茎，磨成淀粉，用水洗去毒素，把它当粮食。我叔叔和妈妈办了个小工厂，屋子里放置了保存淀粉的桶。那些桶顺着河滩摆成一排。但是因为洪水来了就顺着水一只一只被冲走了，那发生在夜里。发现以后，我在水里一边游一边拖回一两只桶来。但是下水那一刹那，我身上被像草刺儿那样的东西扎了，觉得特别疼。我想是因为这件事一直在我脑海里盘桓，我才会把它写进小说中去。这样一来，我越来越觉得你和我都是农村小孩转变成的作家。然而，尽管本人常用"我"这一人称写自己的事情，却没有能够像你一样把自己儿童时代的经历大量地写出来。莫言的作品中有一部可以称得上和《秋水》并称早期杰作的作品《透明的红萝卜》，我来到高密县真的看到了里面描述的景象，既有大河，也有调节水位的闸门。你少年时代好像也在那里劳动过，作品里提到说那里有个被人称为"黑孩子"的少年，是个不可思议的孩子，浑身洋溢着男孩子的生命力。作品里也描写了人民公社的生活。你就这样把你少年时代的记忆发挥出来，以人民公社为主题，用非常现实主义的手法，创造出甚至超越了魔幻现实主义的真实的形象，由此形成了莫言的世界。

莫言：我在刚开始创作的时候，有一段时间很苦闷，因为我觉得找不到东西可写。我看报纸，听广播，到处收集素材，但是觉得什么都不好用。我曾经在部队当过保密员,那时候我甚至想从保密文件里找到一些普通老百姓不知道的东西写进小说,可是后来发现这样也不行。到了1984年,我写了一篇小说,就是你刚才讲到的《秋水》,文中出现了"高密东北乡"这个字眼,出现了河流,出现了无边无际的洪水,我一下子感到自己少年时期的生活被激活了。《秋水》之后,还写了一篇叫《白狗秋千架》的小说,其中也写到了玉米地、河流。《秋水》写出来以后试着投了三家刊物,都被拒绝了,后来是发表在河南省的一家刊物上。发表以后有几个评论家说好,说很有意思。于是我的自信心受到了鼓舞——原来这些东西都可以写到小说里去,而且大家还说好。我觉得我一下子打开了通往小说宝库的大门,我童年的记忆被激活了,闸门一开,河水滚滚而来。说到少年时期的记忆,我想肯定与我们村所处的地理环境有关。我们村是在三县交界的地方,这三个县分别是胶县、高密、平度。七八十年前,这里的人口很少,我的爷爷奶奶、曾祖父母从县城附近搬到这里来的时候,村子里只有三户人家,当时名叫大栏村。因为处在三县交界的地方,所以三个县都不管,只有一片荒地,地势又都很低洼,老百姓就到这里放牧牛羊,所以都管这个村叫大栏。60年代的时候,这里的水流特别大。我六七岁时印象最深的事情,就是一推开我家的后窗就能看浑浊的河水滚滚东去。发洪水的时候,河水比我们家的屋顶还要高。但凡有劳动力的家庭都要出人在河堤上守护,抱着被子、抱着墙上搬下来的砖头,甚至抱着刚摘下来的葫芦、冬瓜,随时准备往出现缺口的地方填东西补缺。我站在我们家窗口看着滔滔的洪水觉得既恐怖又壮观。还有一个深刻的印象就是青蛙的叫声。到夜晚的时候,村子外边的田野里,成千上万的青蛙一起鸣叫,震耳欲聋,简直就是青蛙的大合唱。洪水和青蛙的叫声是我童年时期的两大记忆。

大江:小说家把自己童年的记忆加深,再加上自己的记忆和想象力,使得自身能够在童年的自己和成人的自己之间自由移动,这是小说家应有的能力。从这一点上,我看到了莫言先生作为小说家的特点,也看到了我们的共通性。但听你说的话里面提到小学的时候为了修堤坝劳动,又在铁匠铺当小工等等,这是普通人家的小孩子不大会经历的事情。莫言先生家里也不像是特别贫穷的。那个时代的孩子为什么会到铁匠铺里劳动呢？这对小说家来说倒是很好的过去，因为多少可以积累一些人生经验。但是说到原因，是不是和文化大革命有直接的关联呢？

莫言：在那个时代里，你挣的工分多一点就能多分得一些东西，挣的工分少就得不到什么。"文革"的时候我没有能够上学是因为政治的原因。所有的人被分为地主、富农、贫农、下中农这样的阶层，地主和富农的孩子肯定是不能上学的，小学都不允许上。中农的孩子可以读到初级中学，极少数的可以读完高中。只有贫农和下中农的孩子才可以读到高中甚至大学。我之所以没有能够上中学，第一点是因为我们家是中农而且是中农靠上的成分，虽然本来是团结的对象，但因为我在学校里表现得不太好，"文革"期间老是跟老师调皮捣蛋、造反、给老师写小字报，结果就被剥夺了上学的权利。当时我也很苦闷，十一二岁的小孩儿都在学校里面读书玩耍，而我只能一个人牵着一头牛、赶着两只羊，在荒原上河道里放牧，觉得特别孤独。当然后来这些变成了我小说里的素材，是我创作的财富，但是当时精神上是非常苦闷的。后来我的小说里出现了那么多大自然里的动物、青蛙的叫声、鸟的叫声以及牛、马、骡子、河水等等事物，可能就是因为我没能够上中学。假如上了中学接着再顺利地上了大学，如果现在还是当做家的话，我写的作品可能跟现在的风格不会一样。童年的生活尽管十分艰苦，很贫困，但是乐趣很多。比如我每天在桥梁工地上，仍旧是感到欢天喜地的。工地上那么多大人，有男女青年，在休息的时候有人唱戏，有人摔跤，所以尽管我饿得要命，但还是打闹着快活着。"文革"期间政治上十分黑暗，人与人之间的关系非常紧张，阶级斗争搞得特别离谱，可以说是人人自危，有时候一句话说得不好，就可能招来祸殃。大人们心里都很沉重。但是孩子们还是生机勃勃，拿着铁皮卷的喇叭，沿街高喊政治口号，把喉咙都喊哑了。我当然希望童年能吃得好一些，穿得好一些，受到更好的教育，但从文学的角度来讲，没有受完整的教育，吃不好，穿不暖，十五岁以前光着屁股，参加了一些不应该是孩子参加的劳动，这些独特的经历，就成为了创作的财富。对一个作家来讲，童年少年时期非常重要，而且命运的力量比教育的力量要大得多。如果不是命运把我降生在这样一个村庄，如果不是把我放在那么艰苦的条件之下，我的想象力无论多么丰富，也不可能写出《透明的红萝卜》那样的作品。

大江：我看了莫言先生的小说，想到的也是命运这个问题。你作为农村的孩子生长在文化大革命这样的时代，现在则一边关注中国的现状一边坚持写作。这真的只能说是作为中国人活着的莫言先生的命运。我也愿意相信这一命运就是莫言先生的文学。看看过去，"文革"时代有很多从都市来的被称作是下放青年的人来到地方，因此农村一下子有了很多的知识人。那些人里面也出了作家。我也读过他们的作品。但是，从都市来的"文革"时代被迫害的知识分子和作家，与生长于农村、长大后开始写作的莫言的文学完全不同。你这样的作家，也许在中国只有你一个，全世界也只有你一个。

莫言：中国确实有一个知识青年作家的群体，他们就是在"文革"初期的时候从北京、上海等城市下放到农村的年轻学生。我们村里就有很多从青岛下放来的知识青年。这些知识青年里面有一部分后来开始写作，也写农村生活。这些人是80年代文坛上最为活跃的一个群体，直到现在，他们还是很活跃。您认识的许多中国作家就是这样的出身。我后来认真比较了一下，我跟他们的主要区别在于出身。知识青年作家在农村确实也吃不饱，也从事着繁重的体力劳动，但他们感受到的物质生活的贫困程度跟我们感受到的是一样的，然而尽管他们可以把农村生活也写得凄凄惨惨的，但是他们不了解农民的思维方法，因为他们不是农民，而是城市里的孩子。在城里长到十六七岁的时候才下到农村，眼前的生活和他过去的生活产生了强烈的对比，所以他们精神上的痛苦比我们深重得多。而我们农民生来就在这个地方，没有见过外面繁华的世界，所以我们本身也没感到生活有多么痛苦，我们认为生活本来就是这个样子的，天经地义，我们甚至还认为自己生活在一个最幸福最美满的地方，而世界上许多人，都比我们痛苦，都生活在水深火热之中，需要我们去解救他们。所以即使我在小说里写痛苦，但是里面还是有一种狂欢的热闹的精神。就像你在《万延元年的足球队》里面写的东西。我看了那部作品以后,就觉得那与我们在"文革"时期一帮孩子今天组织一个战斗队明天组织一个战斗队、来回乱跑乱窜乱革命很相似。知识青年作家们可能就体会不到这一点,他们好比从天堂一下子坠入到地狱,痛苦得不能再痛苦,已经感受不到什么生活的乐趣了。还有就是他们的思维方法还是城市人的思维方法,甚至是一种小知识分子的思维方法,我们则完全是农民的思维方法。60年代的时候雨水很多,阴雨连绵,农民看见今天又下雨,就会很焦虑,会想南边那块玉米地要涝了,北边那块地瓜也要涝死了,那我今年年底可能要没饭吃,因为从生产队分到的粮食会非常少等等。但是知识青年就不会这样想,他们看见下雨就会特别高兴,想今天又可以不出工了,又可以在家里休息,看书,或是打扑克。所以我跟知识青年作家的区别在于,我了解农民,我知道农民碰到某一个事物时会怎么想,而他们是不同的。

大江: 我虽然不是农民的孩子,但生在农村。我非常想清晰地用某种形象表达农村生活里带有的一种积极的东西、某种活力、一种强大的力量——用你的话说就是生命力——这就是我的文学。当年,我没有继续在农村住下去而是去了东京,成了东京大学的学生,学习法国文学。当我把这一点当做自己的人生问题重新回头考虑时,总是不由自主地想要把自己求学,而后在学生生活中体验各种经历并且开始作家生活的种种,与莫言先生参军在军队中开始文艺活动成为作家这一经历相提并论。我非常赞同日本宪法里规定的不允许葆有战争目的的军事力量这一思路,那也是我的想法。但是因为我是这样坚持写作的人,又觉得不得不把大学比作是我的军队,我在那里受训成长。日本的听众会觉得这样自相矛盾的言语特别滑稽吧。我最初丝毫没有要放弃农村生活——那种充满欢乐的生活——从可以说是我幼年的天堂的村庄离开、去东京成为作家的打算。当时仅仅是什么东西让我疏远了农村,让我下决心要尝试以前从未接受过的学问的训练。那时候我相当痛苦,因为原来几乎没有怎么好好学习过,去了东京以后也没有通过大学的入学考试,就只好在那里打起了工。每天苦恼度日。想起那样的生活,我想问莫言是怎样参加了解放军?又是如何写出了最初的优秀短篇小说集的呢?

莫言：当兵是我人生经历中的一个重大的转折。在农村也不是不可能搞文学创作，但是会非常艰难。首先，你白天要参加繁重的体力劳动，经常戴着星星出发，顶着月亮回家。有的时候中午饭就在田野里吃。回家以后累得只想睡觉，根本没有精力去写作。当时我们农村是没有电的，只能点着很小的油灯看书写字。而且油也是凭票供应，每家每月一斤，点完就没有了。火柴也是供应的，每月每户两盒。纸张、墨水就更少了。所以说在农村搞创作需要极大的毅力和吃苦耐劳的精神。一个人在基本的生活都得不到保证的时候，首先要考虑的是想办法吃饱、想办法穿暖这些问题，然后才可能是从事艺术活动。然而部队为我提供了这种在农村生活下去不会有的可能性。还有就是当时的农村青年把当兵看成是一件非常光荣的事，现在我们家门口还挂着"光荣人家"的标牌，就是因为我参军当了兵的缘故。那时候地主还有富裕家庭出来的孩子是根本不可能参军当兵的，因为他们属于阶级敌人的后代。中农的孩子从理论上讲是可以当兵的，但实际上却十分困难，因为村里有几十个上百个贫农雇农的孩子——那是真正的革命力量——准备要参军当兵，每个村庄每年顶多征一两个士兵，那么要从一百个几十个孩子中选出一两个孩子，出身三代贫农的家庭都不一定轮得上，所以在正常情况下一个中农的孩子要想当兵几乎是不可能的。那时候大学已经停止招生了，我成绩再好，即使是天才也不可能去上大学；当工人也不可能轮到我；如果我能当兵，凭我的写作才华，凭我的在农村劳动多年不怕吃苦的精神，也许还能闯出一条路来。当时我确实也没想到到了部队我要写作，要成为作家等等，也没有把当兵看作是当做家的阶梯。我只是认为当兵能改变我的命运，能离开农村，到一个广阔的天地里施展我的才能。我记得你在一篇文章里讲过，20世纪作家的一个共同的特点就是要千方百计地摆脱他的故乡。对此我深有同感。当时我想，如果有朝一日能离开这个村庄，我永远都不想再回来了，所以我十八岁那年就报名参军，结果身体合格，什么都合格，只是政审不合格，家庭成分太高。十九岁那年又去，还是不行，二十岁那年再去，还是不行。一直到1976年我二十一岁，那是年龄期限的最后一年，当时我们村里的支部书记、民兵连长都到遥远的水利工地去劳动去了,我在一家棉花加工厂做临时工,利用这个机会钻空子,找了朋友走了后门,才当上了兵走了。我记得民兵连长来给我送录取通知书的时候,满脸冰霜,还离我挺远就扔下通知书走了。我当兵走的时候,很多贫农在街上大骂,"我们贫下中农的孩子当不了兵,竟然让一个老中农的孩子当了兵!这是什么世道?阶级斗争还搞不搞了?"所以我当时想赶快走,走得越远越好,我感到一种威胁,感到这个村庄伸出无数双手要把我拖回来。所以我上了军车以后,希望车一直往前开,一直往前开,结果只开了几个小时它就停住了,说到了,我一看是在黄县,离我的家乡才三百多里路。这时我心里面真是忐忑不安,我想最好去西藏、去新疆、去云南,去一个非常遥远的地方,到这些人伸手不可及的地方去才好。果然后来就发生了一件事印证了我的不安。到了部队以后,新兵连要经过一个阶段的训练,然后再分配到部队去。有一天新兵连的指导员把我叫到他的办公室,拿出一封信给我看,我一看完,全身冷汗都冒出来了,这是一封告状信,说这个人家庭出身不好,他们家还有海外关系,说我的一个堂叔在台湾国民党军队里,说我是混入革命队伍里的一个坏人等等。我当时差点给指导员跪下了,说你千万别让我回去,如果让我回去,我就完蛋了。他说我把你叫来就是告诉你有这么一件事,就是让你珍惜这个机会,你要加倍努力,好好干。因为他自己也是中农出身,当年也有人写过告状信,所以他没有为难我。我当时眼泪也流下来了,汗水也出来了,向他保证我一定要干出个样子来。新兵训练结束以后,我被分到了一个单位,这个单位人很少,只有十几个人。营房就在老百姓的玉米地、牛圈旁边,跟我的村庄差不多的地方,每天就是站两班岗,白天一班,晚上一班。站岗时,我的脑子里胡思乱想,想过去对文学的爱好,想我自己写作的才能等等,于是就开始手痒起来,想写东西。这时候正好是1976年,毛泽东去世了,"四人帮"也粉碎了,文学也复苏了,当时一个短篇小说写得好的话,可以闻名全国。于是我决定开始写作。部队给我提供了时间,提供了吃饱穿暖的机会。我站岗时身体站得笔直,但脑子里考虑的全是小说的事。我早期的作品大江先生可能没有看到过,我在80年代初期写了一些小说，完全是模仿"文革"期间那种写法：好人都是浓眉大眼，坏人都是歪鼻子斜眼。你看到的这一批作品已经是我打开童年记忆闸门以后的那一批了，比如《秋水》、《白狗秋千架》、《透明的红萝卜》、《红高粱家族》等等。这一批作品，一是跟大自然联系起来，二是有童年的梦幻和童话色彩，那是因为我的家乡是一个民间故事和传说比较发达的地方。我记得小时候有很多老人家讲故事，说今天路过的这座桥下面有一个白鳝精，有一天晚上一个男人路过那座桥，遇到一个很漂亮的女人在哭，于是男人说："你别哭了，你是白鳝精变的吧。"那个女人就跳到河里消失了。大人们讲过很多鬼故事、狐狸的故事、各种妖魔鬼怪的故事等等。我记得我七岁的时候到我的大爷爷家去听他讲故事，都是鬼故事，听完了以后都不敢往家走，越怕越想听，越听越不敢往家走。我后来找到了一个克服恐惧的办法，就是一边跑一边高声歌唱。我经常会感觉到身旁有很多小动物在追赶我，或者旁边的墙头上正在走着一个妖怪。小时候夜里想小便都不敢下床，结果尿了床挨打的事是常有的。我想这些是源自对鬼怪的传说以及对大自然的恐怖。

大江：文学的效用之一、职责之一就在于赋予孩子们和人们一种方法，比如说教给孩子们和人们如何克服恐惧。我认为文学的一个目的在于，对孩提时代想象过结果在现实中真实上演的战争带来的冲击，以及对自己会死去这一点带来的冲击如何进行正面激励，以及如何让人们更有勇气。莫言在表现这一点上也特别突出，作品中经常出现大声唱歌的场面。在莫言文学的各个作品里真的总有放声唱起自己创作的歌曲——好像是自己创作的歌曲——经常描述这样放声歌唱的人的场面。听过你刚才的话，这一点也变得清晰易懂了。读《白狗秋千架》的时候，开头说——村子里纯白的狗越来越少，混血以后叫白狗的狗前爪上也总是带一点黑颜色，这就是我们村的狗的状况——作为叙述来说真是写得精妙。小说接着就进入主人公儿时的朋友、他远亲的女人这一话题。主人公的青年现在在城市里学习，他终于成了知识阶层的一员并将这样生活下去，而今他回到和今天我造访的村子的河流、荒地和平原一样的地方，见到一位女性，然后写到女性的眼睛有残疾。勾起了他孩提时代痛苦的记忆：荡秋千时自己让女孩子受了伤。关于这个女子从描写她是个漂亮姑娘开始，到现在这个姑娘和有残疾的人结了婚、饱受农村生活的苦楚为止。这个结尾非常特别。人们会问，这是善吗？还是恶？在这一天，一个少年仿佛真切地感受到了些什么，他大叫着放声歌唱。作品结尾好像让出场的人物散发出了活力，有一种不可思议的力量。这一作品中写到少年和少女原本都有希望能进入解放军的音乐学校学习，还有青年进城以后的生活和以往的农村生活一点不相称等等，这些让我觉得这部作品真是杰作。不可思议的是，我读过的《透明的红萝卜》这个作品里，也写到一个少女为救少年眼睛受了伤。《白狗秋千架》也是从眼睛受伤开的头。为什么两部作品连续出现这一幕？我想问问在莫言心里或是灵魂深处有什么特别的原因吗？在我的小说里，有几次写到主人公"我"被其他孩子们丢石块伤了一只眼睛，所以单眼视力很弱这一幕。我之所以会这样写自己眼睛受伤，可能是因为我离开村庄去都市有一定的负罪感。对我这样靠读书谋生的人来说眼睛是我在都市里生活下去最重要的东西。想问问作者关于《白狗秋千架》的事。

莫言：您不提醒我还真的忘记了在这两部小说里我都写了眼睛受伤的女人。这两部小说的创作时间几乎是差不多的。《白狗秋千架》在前，这部小说的意义在于第一次出现了"高密东北乡"这个概念，我写这部小说的时候受到日本作家川端康成的影响，阅读他的《雪国》的时候，当我读到"一条壮硕的黑色秋田狗蹲在那里的一块踏石上，久久地舔着热水"时，脑海中犹如电光石火一闪烁，一个想法浮上心头。我随即抓起笔，在稿纸上写下这样的句子："高密东北乡原产白色温驯的大狗，绵延数代之后，很难再见一匹纯种。"《雪国》的这句话确定了《白狗秋千架》的写作基调，而且我下意识地把"高密东北乡"这五个字在小说里写出来了，此后在我的很多小说里"高密东北乡"成了我专用的地理名称。我的很多小说都发生在这个环境里面。它已经不完全是一个地理上的概念，而是一个文学的王国。我在这里开创着自己的文学世界。这里面的女主人公和男主人公在少年时期的游戏过程中，从秋千架上掉下来，跌落在一丛灌木里把眼睛扎伤了。他们俩从小青梅竹马，结果女的变成了残疾人，男的后来离开了乡村，到城市里面有了很好的前途，显然就和农村人拉开了很大的距离，他们两人在社会地位上已经很不平等。他们之间的这种爱情肯定是不可能继续的，所以最后这个姑娘只好嫁给了一个哑巴生下了三个哑巴孩子。这是一个很古老的小说的模式：知识分子从城市回到乡村，用现代文明人的观点和视角看农村的现实生活，回忆他过去的生活。中国从"五四"时期开始就产生了一大批这样的小说，叫做"还乡小说"。从鲁迅的《故乡》开始。我的作品里，《透明的红萝卜》带有浓厚的童话色彩，是用儿童的视角写的，和《白狗秋千架》的视角是不一样的，后者是一个成人的视角，所以这两部小说在叙述和思想方面区别都比较大，有一个共同的地方就是都出现了眼睛有残疾的女人，都是因为意外的事故导致了美丽的东西被毁灭。不过我自己并没有意识到这个共同点，这说明写作当中是有潜意识的，要用弗洛伊德的心理学来分析可能还能发现一些东西。

我在念小学的时候，曾经参加了学校的一个文艺宣传队，每天晚上，到很远的村子去演出。我的一位家庭出身很好、人也长得很漂亮的女同学，也是宣传队的队员，有一天晚上，我们出发到一个村子去，路过一个小桥时，我捡起一块石片，想在河水上打一个水漂，但没有想到，那块石片飞到了这个女同学的眼睛上。这个女同学捂着眼睛就蹲在了地上，老师们赶紧把她送到医院里去。我吓得屁滚尿流，不知如何是好。因为这个女同学家出身很好，但我家的出身不是很好，如果她的眼睛出了问题，等待着我的会是什么结局，那就可想而知了。后来，这个女同学的眼睛幸亏没有出现什么大的问题，只是受了一点轻伤。这件事给我留下了难以磨灭的印象，每次想起来就感到后怕。这是不是就是让我在小说中下意识地写了两个眼睛意外受伤的女孩子的潜意识呢？

大江：我也多少读出些从川端的《雪国》里获得灵感的意思。对我来说，那原本是个谜团。我一直在想川端康成和莫言是如何连接的。现在终于明白了。作家和作家的意向之间的那种出于意图的拉扯关系、皮球一般的互动关系真是不可思议。

莫言：作家与作家之间的关系是很微妙的，作家与作家之间的影响有时候连评论家也发现不了。苏联的肖霍洛夫写了《一个人的遭遇》之后，海明威给肖霍洛夫写了一封信，说我看了你写的《一个人的遭遇》发现你学我的《老人与海》学得很好。我们作为普通的读者来读这两篇小说，根本就联想不到这两篇小说之间有这样的关系，所以如果我不说的话一般的人也根本发现不了我的《白狗秋千架》和《雪国》有什么关系。我想再过几年很可能我的小说里面也会出现受大江先生作品影响的情况。两个作家之间可能会产生心灵上的感应，尽管看起来他们写的东西可能很不相似。世界上这么多作家，但是能够成为影响其他作家的作家并不多。托尔斯泰尽管很伟大，但他的作品对我的创作影响却很小；有的作家虽然距我很遥远，但我一读他的作品就会产生灵感。我记得80年代读马尔克斯的作品时就产生过灵感。读两行我就不想读了，因为我的脑子里有很多的记忆被他的作品激活了。我不是要读他的书而是要放下书赶快写作我的东西。这几年我读大江先生的书也产生过这种感受。你生活中跟我生活中有很多东西很相似，我读你的小说的过程中很可能会构思出我的小说。

大江：我自己也是一边想着森林环绕的山间小村一边写小说的。可以说我的文学大部分是基于对那个村子的描写而成型的。仔细想想尽管我的村庄和小说中出现的森林中的村子有相似之处，但从根本上来讲是不同的。我把历史和现象等自己的东西掺进去创造了一个村庄。然而尽管不同，而且我是离开村子到都市生活的人，但是我认为深深刻在我记忆中的村子和我造出来的村子是紧密相连的。在莫言先生的作品里，这一点比我体现得更加现实主义。而且，莫言还在现实主义的基础上描绘出有趣的主人公，这是莫言文学对世界发出的强烈信号。我算不上一个一直在写农村主题的作家。然而你却一直坚持在写农村的事情。我觉得那也是你的命运。我认为作为能表现真正的农村和农民的人来写属于中国现代史的一部分、体现了中国现代史某一侧面的农村和都市，以及都市里的知识分子眼中的农村是非常重要的。中国现在迎来了改革开放的经济时代，很繁荣。我事隔两年再次来访发现这发展之快，或是说变化之大是令人震惊的。从身为日本人的我的经验来看，这样的时代里城乡差别会越来越大。我感觉日本农村已经失去了的那种强大的力量在中国的乡村中仍旧存在。读你的小说，又来到这里，见到你的亲属，也会了你老家的女性们，亲身感受到了那种能量。想问问你作为现在住在都市中心还在一边继续写农村的作家是怎么想的？

莫言：中国的城乡差别是比较严重的，城市和乡村明显地形成了两个不同的阶层。在过去的年代里，差别主要表现在经济上。城里人无论是荒年还是丰年，每个月都可以凭证购买粮食，不存在饿肚子的危险。而农民收成不好就要饿肚子，没有人管你。也许不是不想管，而是根本管不过来。城里人可以享受公费医疗，拿退休金，而农村则没有人管。这跟我国从建国以来重视工业轻视农业，重视城市轻视乡村，重视工人轻视农民的政策有关。80年代以后城乡差别在某种程度上有所缩小，农民解决了温饱问题，时间上也有更大的自由。当时在生产队时期，人们每天要去参加劳动，没有任何自由，因为不劳动就没有工分，没有工分就没有粮食和烧火做饭的草。现在分地到家以后，农民有了相对的自由。当然城乡差距仍然很大，城里文化科技比较发达，文明程度更高，法制化程度也高，而农民文化素质相对较低，农村干部素质也低。我想在很长的时间里城乡差别还是会存在的。再过十年二十年中国的城乡差别会是什么样，我作为一个作家很难预测。很难说生活在城市里面的我，写过去的或者当前的农村生活究竟会对改变现状发生什么作用。一个小说家的写作实际上是在寻找他已经失落的精神家园。小说中的故乡和我现实中的故乡差别已经很大了，我小说里的故乡既不是过去的也不是现在的，而是我想象中的，我是在想象中生活。

大江：我很关心你的小说《红高粱家族》。真是优秀的作品。《红高粱家族》被译成英文，是企鹅出版社出版的吧，那时候无论是美国还是欧洲都出现了很多书评。那边的评论说《红高粱家族》是魔幻现实主义的作品。在日本也有同样的评论，说这是魔术般的现实主义。比如说加西亚·马尔克斯这位拉美作家把潜伏在现实中的多种多样的侧面原样表现，或是描写能够自由飞越现实的人们。《红高粱家族》不但超越了历史，而且魔幻现实主义特有的那种贯穿国家和民族的东西和所有的要素也全都有。我最有感触的是，第一章和第二章里有刚才说到的那种形象的飞跃和假想，也可以说就是魔幻现实主义。然后进入第三第四章，小说的表现深入还表现出很多其他的东西。一部很复杂的小说，进入这一章以后却变得那么的安静。然后就开始表现人的复杂和深度。作为小说家，这样从第一章开始写到第三第四第五章，渐渐加厚的写法是有的。你作为天才的年轻作家，到那时为止的短篇小说大师，为了加深自己的厚度写的《红高粱家族》获得了非常大的成功。身为作家我对你作为作家的创造方式深有感触。《红高粱家族》是怎样写成的呢？还想请你讲讲它和现在中国的联系。

莫言：《红高粱家族》是1984年的冬天写的，当时我在军队的艺术院校里学习，作品就是在那里写成的。之所以写这部作品有一些偶然性，有一次在开会的时候，一些老作家说："中国共产党有二十八年的战争历史，我们这些亲身经历过战争的人有很多的素材，但我们已经没有精力把它们写出来了，因为我们最好的青春年华在'文革'中耽搁了，而你们年轻的这一代有精力却没有亲身的体验，你们怎么写作呢。"我当时站起来发言说："我们可以通过别的方式来弥补这个缺陷。我没有听过放枪但我听过放鞭炮；我没有见过杀人但我见过杀鸡；我没有亲手跟人拼过刺刀但我在电影上见过。因为小说家不是要复制历史，那是历史学家的任务。小说家写战争——人类进化过程中很愚昧的现象，这种对人的灵魂扭曲或者人性在战争中的变异才是作家关注的重点。从这个意义上讲没有经过战争也可以写战争。"我的发言完了以后有的老作家说我口出狂言，怎么能写得好呢？于是我就开始写，没用一个星期就写完了。在落笔之前我确实是很费心斟酌了一番，"文革"前大量的小说实际上都是写战争的。当时的小说追求的主要目标是再现战争过程，注重描写从战前动员开始到一场战争的胜利为止这一过程，如果写得很逼真，这个小说就会成功。我们这批新的小说家如果再这样写，就不会有什么意义。战争无非是小说家借用的一个外壳，小说家应该利用这个环境来表现人在这个环境中感情发生的变化。在考虑的时候，我首先想到了我的家乡曾经存在过的那片高粱地。在我十岁左右的时候，天经常下雨，每年都会洪水成灾，种矮秆庄稼要被淹死，所以只好种高粱，因为高粱的秆很高不会受影响。而且当时土地宽广人口稀少，在我爷爷和我奶奶那个时代，出了村子就是高粱地，一眼望不到边沿。人们把高粱地作为舞台，在那里边发生过很多很多的故事。后来很多评论家说在我的小说里红高粱已经不仅仅是一种植物，而是具有了某种象征意义，象征了民族精神。像我们这种年纪的作家毫无疑问都受到了西方文学的影响，因为在80年代以前中国是封闭的，西方文学发生了哪些变化有哪些作家出现，出现了哪些了不起的作品我们是不知道的。改革开放以后大量的西方文学被翻译介绍进来，我们有两三年的疯狂阅读时期，来自西方文学的影响就自然而然地产生了。不知不觉地就把某个作家的创作方式转移到自己的作品中来了。但必须说明的是我的《红高粱家族》系列作品没有受马尔克斯的影响，因为他的最有名的作品《百年孤独》1986年春天我才看到，我写《红高粱家族》则是在1985年的冬天，我在写到第三部的时候才看到《百年孤独》。当时感到很遗憾我为什么没有早一点想到用这样的方式来创作自己的作品？假如我在动笔之前看到了马尔克斯的作品，《红高粱家族》系列很可能是另外的样子。我之所以在80年代要写这么一部小说，或者说这样一部写历史写战争的小说之所以在中国引起了这么大的反响，恰好是因为这部作品表达了当时中国人一种共同的心态：中国在长时期的个人自由饱受压抑之后，《红高粱家族》恰好张扬了个性解放的精神——我要敢说、敢想、敢做。我当时并没有意识到我这样做是一件有意义的事，也没有想到老百姓会需要这样一种东西，所以说从某种意义上作家的写作也是一种撞大运。

　　大江：《红高粱家族》有作家独创的空间，我觉得是命运般的东西。这个作品里还有两点我特别喜欢。首先，作品里的那位女性散发出迷人的光彩。作品从一开始就写了神话里国家的形成、世界的被创造，以及家族的诞生等等。这样把中世纪的历史、近代史、现代史相连的写法也是魔幻现实主义的表现手法之一。《红高粱家族》一开始就创造出一个家……精悍的男青年遇上了女神般的少女。那个少女很迷人，而且最初还有神话般的趣味。然后渐渐地随着第三步第四步的深入，那个少女摇身变成了一个非常复杂的女人。这样复杂的女性让人几乎要觉得是电影无法表现的。但是作品里描绘出了一位生龙活虎、勇敢迷人、要好好过自己人生的少女。回想中国近代史上，表现30年代到40年代直到现在中国女性的生活方式的作品中，你描绘的女性形象非常独特，并且烙刻着中国女人的印迹。还有一点我非常喜欢，那就是作品的背景反映出在日本和中国的战争里日方是如何侵略中国的。然而，日本人不去想象日军破坏了什么样的村庄，毁掉了什么人的生活，带给别人甚至是妇女儿童什么样的痛苦经验，以及日本人对人类是否有罪行等等，他们想要避免了解这些事情。但是你的小说里，有像神话中的男女，还有人们在广袤的高粱地里作战以及村子几乎全部毁掉这样忠实的记叙。还有日军的反扑、村子几乎被烧光的情节，并且以此迎接新的情节展开。对于战争的描写莫言也有自己独特的手法。我想问的是，那个女性形象从何而来？为了描绘中国女性，作家应该关心什么、有什么野心等等。还有想问一问你笔下的日本对中国的侵略以及非常残暴的虐杀。

莫言：我确实不太了解女性，我写的都是我想象中的女性，在30年代农村的现实生活中，像我小说里所描写的女性可能也很少存在，小说里的"我奶奶"也是个幻想中的人物。至于《红高粱家族》这部小说的独创性，二十年过去后，我认为比较满意的地方是我使用的视角。过去的小说里有第一人称、第二人称、第三人称，《红高粱家族》一开头就是"我奶奶"、"我爷爷"，既非第一人称也非第二人称。叙述起来非常方便，我一下子就变成了一个"唯一逃出来向你报信的人"，实际上既是第一人称视角又是一个全知的客观视角。写到"我"的时候是第一人称，一写到"我奶奶"，就立刻变成了"我奶奶"，她的所有的内心世界"我"全都了解。这就比简单的第一人称视角要丰富、要宽阔得多。就视角而言，《红高粱家族》也许是一个首创，但后来有人写文章说，这样的视角，前苏联的一个作家曾经使用过。关于抗日战争，这在近代的中国历史上延缓的时间比较长，一共八年，中国的老百姓，尤其是山东的老百姓对此印象深刻。昨天我们路过的那个村庄就是《红高粱家族》小说故事原型的地方。当时实际上是一个误会,日本军队本来是要去包围另外一个村子的,但因为一个人指错了路,使得这个村子的一百多口人突然间丧命。

我小说中的女性与当时实际生活中的女性是不一样的,当然勤劳与吃苦是一样的,但"我奶奶"的那种浪漫精神是独特的。小说的后边部分,还出现了一个"二奶奶",这个人物倒是有原型的。我的真实的三奶奶,也就是我的爷爷的三弟的太太,在一次日本人包围村子的战斗中,没有来得及跑出去避难,看到一个日本士兵手持生殖器从厕所里出来,对着她走过来,把她吓昏了,尽管这个日本士兵并没有对她做什么,但吓得她得了很重的病,后来就神经错乱,闹神闹鬼,半个村子都能听到她令人毛骨悚然的喊叫声。我母亲后来对我说起这事,还是心有余悸。对这场战争,我感到这是巨大的悲剧和谬误,因为战争不仅仅给中国人民带来了深重的灾难,也给日本人民带来了灾难。前几年去了日本,回来后这种感觉更加强烈。

大江:《红高粱家族》是世界闻名了,你还有一部名叫《酒国》的小说,也被译成了很多种文字。这部小说里写到你到一个地方去,那里的当权者对火车站的女站员说,这位老师就是电影《红高粱》的原作者等等。我对你这本小说深有感触。

《酒国》是部非常独特的小说。我从小说家的视角来看,认为它是一部非常感人的作品。这部小说对于如何写作,以及如何用新的手法达到这样的高度等进行了非常诚实的实践。莫言自己也在小说中时隐时现。《酒国》和《红高粱家族》之间路途遥远,莫言是如何超越了这种距离写出的《酒国》?

莫言:我开笔写《酒国》是1989年的下半年,您知道,那是一个特殊的时期,许多人理想破灭,许多作家弃笔从商。我在经过了短期的痛苦和徘徊之后,认识到,只有拿起笔来写作,才可能把自己从痛苦中解救出来。而且,我也认为,越是在这样的时刻,越是要写作,用小说发言,这是我的责任。

《酒国》看上去写的是与酿酒、饮酒有关的故事,但其实我写的是一个巨大的寓言。小说中有许多看起来荒诞不经的情节,和许多戏谑的语言,但我真正要表达的还是那样一种对人世悲悯的精神。写这部小说的一个诱因是:

我看到一篇报道，说一个大学毕业家庭出身不好的人被分配到煤矿的一个学校教书，由于他具有喝酒不醉的特异功能，因此被提拔到宣传部门专门陪人喝酒，并因此飞黄腾达。到了晚年，他回顾自己的一生到底干了什么，结果发现自己是无所作为，就是喝了几吨白酒而已。这个故事激发了我的创作灵感。毫无疑问，《酒国》在我作品中是最具有挑战性的。一是艺术上的挑战，刚才你也说了，它看起来是侦探小说的框架，写一个侦查员到煤矿侦查一个腐败的吃人案件，中间也穿插了很多神秘色彩的描写和魔幻的神秘情节。在结构上我也进行了大胆的探索，譬如我刚开始是一个作家，在写一部小说，我在写作的同时开始和一个业余作者通信，他源源不断地把他的作品寄给我，结果他小说中的故事、人物，和我写的小说中的人物和故事融为一体，成为了一部小说。最后，写作者我，也就是莫言，也作为一个人物直接进入了小说。二是题材的挑战性，写当前社会的"吃人"现象，揭露官员的腐败堕落，写得如此大胆、尖锐的作品确实不太多。当然说到吃人的问题首先是从鲁迅先生的小说中开始的。我在《酒国》里所描写的吃人和鲁迅先生所描写的吃人一样都是一种象征，真正描写吃人是没有什么文学价值的。我看到某些外文版，在宣传时，特别强调所谓的"吃人"事件，其实这是一种误解，是一种噱头，读者看完小说后，就会明白，《酒国》中的吃人，是一个象征。《酒国》里充满了象征，喝酒是象征，吃人是象征，那些肉孩子、小黑驴、小侏儒等，都不应该用现实主义的态度来读解。《酒国》的象征意义还不仅仅是指腐败现象，也象征了人类共同存在的阴暗心理和病态欲望，比如说对食物的需求已远远超出了身体需要的程度等。人的欲望是对大自然的一种强烈的破坏力量，欲望在正常的域值内是社会发展的动力，但一旦过度，马上就走向反面。

大江：《酒国》的最后，调查事实的检察官被困在酒国盛大的酒宴里，到底没能揭露出犯罪的真相来。小说最后产生了一个疑问，我对这与你后来写的追问地方政治不公正，追问内部有何种联系、有何新的影响这一点深有感触。那么，《酒国》之后，写出来发表的作品题目是叫《丰乳肥臀》吧。我认为这部作品很重要。理由的第一条，《酒国》远离了"高密东北乡"，但这部作品又回到了此处。这里是舞台。开头写的是《红高粱家族》里写过的非常悲惨的遭遇,日本兵和农村游击队的交锋这样的大事件带给住在这个村的别的村子的怪盗和别的阶层的人们的影响等,然后再深入挖掘。正因为是这样的小说所以才非常重要。读到对中国文学不怎么报道的日本方面的消息说这部作品出了点事,首印数很大,都卖出去了。但后面的第二版、第三版都没有能够发行。从新闻上看到说盗版的《丰乳肥臀》反倒风行全国。这本书被翻译成日语了。发行量很大,也有很多读者喜欢。我想这还是活在现在的莫言在文学史上的一部重要的作品。第一,正如刚才所言它沿着《红高粱家族》的思路又回到了农村,描述了那里的事物和人物。第二,对现在中国残存之物的追问。也就是,莫言从中国农村神话的往昔开始,一直讲述着祖父辈和父辈以来一直未变的故事。那之后就是现在我们这一代。一直在叙述与中国农村现实紧密相连的故事。因此说中国农村是莫言先生文学上的命运。你这样的作家,我认为可以算得上是现代中国文明的一部分。我想从以上几点听听你讲关于最长的小说《丰乳肥臀》。

莫言:一部作品的产生有必然和偶然的双重性,写完《红高粱家族》之后,我又写了几部好像与"高密东北乡"不太沾边的东西。但我知道我肯定还要沿着《红高粱家族》这条路往前走,这是写《丰乳肥臀》的必然性。为什么说还有偶然性呢? 在1990年的一天,我在北京地铁的出口处看见坐着一个农村来的妇女,她一手抱着一个孩子,两个孩子都坐在她腿上吃奶,这个女人看起来很憔悴很瘦弱,好像她全身的血液都变成了乳汁,要被两个孩子吸光了一样。我感到很震动。阳光照在她们母子身上,像圣母玛丽亚一样。于是我就决定写这么一部书。但迟迟也很难下笔,到了1994年我母亲去世,我住在高密县城里,下决心要把这部书写出来,要歌颂人类劳动女性怎么样繁殖怎么样哺乳。但写的过程中,跟构思的不一样,大量有关高密东北乡的历史细节争先恐后涌到我笔下。我想这部小说主要写了两个人物,一个是母亲,生过很多孩子,我想通过这个母亲为了生儿育女和男人的复杂性关系来揭示中国封建制度对女性的残酷迫害。她要受丈夫的虐待,受公婆的歧视,受社会的欺压，但深层的是揭示一个女人为了取得在社会在家庭中的地位而作的牺牲。另一个是叫上官金童的人物，这个人物具有高度的象征意义，他是一个眷恋乳房的男人，刚开始离了母亲的乳汁就无法生存，吃别的食物都会呕吐。到了四十多岁还是离不开母亲的乳房，对乳房有特别痴迷的眷恋，以至于他母亲后来都痛骂他："我本来想生一个站着撒尿的儿子，没想到生了一个窝囊废，我不要一个整天吊在女人乳房上的男人，我要的是一个顶天立地的男人。"我觉得小说的价值在于塑造了一个中国近代小说史上没有出现过的这么一个典型人物，当然也还描写了这样一种充满象征意味的母子关系。

小说发表之后，得了一个大奖，有很多的赞扬声，但也有强烈的批评，有些人还往上告状。我在压力之下给出版社写信，说你们不要再版这本书了。过了几年，也就是90年代末，我看到很多评论家重新注意这部书，一位哲学教授在他的一本书里用一章的篇幅，论述了上官金童这个人物形象，他说就像人人的灵魂深处都隐藏着一个小小的阿Q一样，我们认真考虑一下，我们近代的中国人每个人的灵魂深处都有一个小小的上官金童。我们每个人都在眷恋着一些其实并不重要的东西，就像那个上官金童眷恋着乳房一样。

大江：我，作家大江健三郎和作家莫言，从摄制组人员那里拿来问题，相互讨论。这些问题是为了探讨21世纪里中国小说家的责任。我成为小说家已近40年，要是问我作家生活在那个国家应该承担什么样的责任，我从来都没有能作出认真的回答。我研究的领域是作家如何创造出一种方法来写作，我认为作家必须找到相互之间的相似点是作家不得不做的自觉的工作。我现在已经67岁了。莫言比我年轻20岁，前方的路还很长。对我来说小说家是什么呢？要是真有什么责任的话又会是什么呢？我现在终于考虑起来了。现在，我能把它作个简要的归纳。那是德国著名作家托马斯·曼说过的话。他说，所谓作家，就是想象、构筑未来的人性——假设现在是21世纪的开始的话，那么就是想象、构筑21世纪中叶或是21世纪末的人性会是什么样。我出生在托马斯·曼思考的未来里，工作着、考虑着21世纪日本人会有何种人性，会遇到何种困难。

图书在版编目（CIP）数据

莫言对话新录 / 莫言著. —北京：文化艺术出版社，2009
（莫言心声系列）
ISBN 978-7-5039-4109-2
Ⅰ. 莫… Ⅱ. 莫… Ⅲ. 莫言—访问记 Ⅳ. K825.6

中国版本图书馆CIP数据核字（2009）第231320号

莫言对话新录
（莫言心声系列）

著　者	莫　言
责任编辑	李世跃
责任校对	方玉菊
封面设计	顾　紫
版式设计	杨林青　姚雪媛
出版发行	文化艺术出版社
地　址	北京市东城区东四八条52号（100700）
网　址	www.whyscbs.com
电子邮箱	whysbooks@263.net
电　话	（010）84057666（总编室）　84057667（办公室） 　　　　84057691—84057699（发行部）
传　真	（010）84057660（总编室）　84057670（办公室） 　　　　84057690（发行部）
经　销	新华书店
印　刷	国英印务有限公司
版　次	2010年2月第1版
印　次	2012年11月第3次印刷
开　本	710毫米×1000毫米　1/16
印　张	33.75
字　数	520千字
印　数	14001—22000册
书　号	ISBN 978-7-5039-4109-2
定　价	39.80元

版权所有，侵权必究。如有印装错误，随时调换。